桥梁结构动力学

主　编　谭国金
副主编　王　华　周培蕾　毕海鹏　何　昕

吉林大学出版社
·长　春·

图书在版编目(CIP)数据

桥梁结构动力学 / 谭国金主编. —长春：吉林大学出版社，2023.11

ISBN 978-7-5768-2736-1

Ⅰ. ①桥… Ⅱ. ①谭… Ⅲ. ①桥梁结构－结构动力学 Ⅳ. ①U443

中国国家版本馆 CIP 数据核字(2023)第 238145 号

书　　名：**桥梁结构动力学**

　　　　　QIAOLIANG JIEGOU DONGLIXUE

作　　者：谭国金
策划编辑：黄国彬
责任编辑：甄志忠
责任校对：张采逸
装帧设计：姜　文
出版发行：吉林大学出版社
社　　址：长春市人民大街 4059 号
邮政编码：130021
发行电话：0431-89580028/29/21
网　　址：http：//www.jlup.com.cn
电子邮箱：jldxcbs@sina.com
印　　刷：天津鑫恒彩印刷有限公司
开　　本：787mm×1092mm　1/16
印　　张：21.75
字　　数：460 千字
版　　次：2024 年 5 月　第 1 版
印　　次：2024 年 5 月　第 1 次
书　　号：ISBN 978-7-5768-2736-1
定　　价：98.00 元

前　言

近年来，随着我国基础设施建设飞速发展，新技术、新材料、新工艺已被应用于我国各类桥梁中，桥梁结构也更趋于大跨径、多样化、复杂化。科技工作者对复杂桥梁动力学问题认识日渐清晰，车桥耦合振动、地震、洪水等自然灾害以及风荷载、冲击荷载、爆炸荷载等多种因素不可避免地威胁着桥梁结构安全，对桥梁结构的动力性能进行分析研究的需求更加迫切。

本教材在2005版吉林大学道路与桥梁工程系编著的《桥梁动力学》基础上，按照新世纪研究生培养的总体目标，编者队伍通过桥梁结构动力学热点调研、国内外同行专家交流合作、文献查阅等手段，归纳总结现有理论与方法，借鉴国内外科技信息和科研成果，融入桥梁领域新技术、新进展，紧跟科技前沿动态。结合编者在桥梁结构振动、车桥耦合振动及桥梁动力参数测试与分析等方面的教研工作与工程应用，融入编者原创性科研成果与工程案例，新增变截面欧拉-伯努利梁的弯曲自由振动、刚构桥振动分析、车桥耦合振动分析、冲击荷载作用下桥梁振动分析、桥梁动力参数测试与分析、桥梁振动典型案例等章节，丰富了桥梁结构振动基本理论的介绍，有助于桥梁结构设计、力学行为分析和状态评定的发展，为解决日趋复杂的工程实际问题、对桥梁结构的动力性能进行准确分析奠定基础。

《桥梁结构动力学》为吉林省普通本科高校省级重点教材、吉林大学研究生精品教材，教材适用于高等学校土木工程专业和交通运输工程专业的研究生教材，也可供大四年级本科生选修参考教材，也可作为其他工科专业参考教材，亦可以供桥梁工程相关专业的技术人员参考。本教材在丰富理论知识的基础上拓展科研实践，以案例分析为切入点，充分结合理论与实践，生动流畅，清晰易懂，符合学术型、专业型硕士研究生多元化培养模式，有利于培养学生科研创新能力与解决工程问题能力。

全书共分为 12 章。第 1 章桥梁动力学概述，分别介绍了结构动力学的基本概念、动力学方程的建立和桥梁动力学问题；第 2 章振动分析基础，分别介绍了单自由度系统的振动、二自由度系统的振动和多自由度系统的振动；第 3 章梁桥的振动分析，详细叙述了基于达朗贝尔原理和哈密顿原理建立的梁振动方程，重点介绍了欧拉-伯努利梁的振动响应分析；第 4 章拱桥振动分析，分别介绍了拱桥的固有振动和拱桥振动分析的有限单元法；第 5 章悬索桥振动分析，分别介绍了悬索桥的固有振动和悬索桥振动分析的有限元法；第 6 章刚构桥振动分析，分别介绍了刚构桥振动的理论模型和 Wittrick-Williams 算法；第 7 章车桥耦合振动分析，分别介绍了移动车辆作用下欧拉-伯努利梁的动力响应分析、等截面裂缝欧拉-伯努利梁的动力特性求解方法和移动车辆作用下裂缝桥梁动力方程建立及求解，并通过算例分析了裂缝类型、车辆移动速度对连续梁桥动力响应的影响；第 8 章冲击荷载作用下桥梁振动分析，分别介绍了冲击系数法和车辆冲击作用下桥梁动力响应分析；第 9 章桥梁地震振动分析，分别介绍了桥梁地震作用下运动方程、桥梁地震动输入、反应谱分析法和时程分析法；第 10 章桥梁风致振动分析，分别介绍了风荷载、桥梁的风致颤振分析、桥梁的风致驰振分析、桥梁的风致涡激分析和桥梁的风致抖振分析；第 11 章桥梁动力参数测试与分析，分别介绍了桥梁动力参数测试系统组成、桥梁动力参数现场测试和测试数据的处理与分析；第 12 章桥梁振动典型案例，分别介绍了基于动力特性的梁桥冲刷深度识别、简支梁桥震后残余位移分析、爆炸作用下简支梁桥的动力响应及损伤状况、桥梁的风致振动和桥梁的人致振动。

本书在编写过程中得到了刘寒冰教授、秦绪喜副教授、吴春利副教授、艾永明老师、顾正伟老师等多位学者的帮助，在此谨向所有为本书编写付出努力和提出宝贵意见的同仁们表示感谢。由于作者水平有限，书中难免会有错误和疏漏之处，希望读者批评指正。

目 录

第 1 章　桥梁动力学概述

1.1　结构动力分析的意义和特点

一个结构受随时间变化的动力荷载与仅受不随时间变化的静力荷载作用时所表现出的力学现象是不同的。一个给定幅值的静力荷载作用于某个结构时，可能远不致使它产生破坏，但是同样幅值的动力荷载作用于该结构时，就有可能使结构破坏，即使不造成结构破坏，由动力荷载所引起的结构振动也可能会影响结构的正常工作。然而要使结构不受动力荷载的作用是难以保证的，因此对于工程实际结构，无论是在设计还是在使用时常常需要准确而迅速地分析或预测它们的动力特性[1]。

结构动力学是力学的一个分支学科，其基本任务是研究结构在动力荷载作用下所表现出来的动态特性，为工程结构的设计提供科学依据。结构动力特性中最基本的两个特性就是自由振动和受迫响应，前者取决于初始条件，反映了结构本身的固有特性，后者取决于外部对结构的输入。动力分析的方法是把通常仅适用于静力荷载的结构分析方法加以推广，使之也可以适用于动力荷载，此时静力荷载可以看作动力荷载的一种特殊形式。在线性结构分析中，通常把荷载中的静力分量和动力分量分开，分别计算每种荷载分量的结构响应，然后将两种响应结果叠加，即可得到总的响应。当这样处理时，静力和动力分析方法在性质上是根本不同的。

结构动力分析包括三个部分：输入的荷载、系统和输出的响应[2]。

(1)荷载。荷载是动态的，即大小、方向或作用点随时间变化的任意荷载。荷载的变化规律可以是周期的、瞬态的或随机的；荷载的形式可以是力，也可以是位移。

(2)系统。系统中不仅有弹性力，惯性力和阻尼力也参与动力作用。结构中的内力不仅要平衡动力荷载，而且要平衡结构的变形加速度所引起的惯性力。结构的动力方程中除了动力荷载和弹性力外，还要引入因其质量产生的惯性力和耗散能量的阻尼力。而且，除了需要知道结构的质量分布、几何形态，还应该知道反映结构动力性能的参数，如动弹性模量、动切变模量等。系统可以是线性的，也可以是非线性的。对于线性系统，叠加原理成立，系统自由振动的频率、振型是系统所固有的，其特性不随时间改变；非线性系统没有相对应的固有特性。本书只讨论线性系统。同时，系统可分为保守系统和非保守系统，有阻尼的系统存在能量耗散，是非保守系统。

(3)响应。由于荷载是时间的函数，结构的响应也是时间的函数。结构行为表现为随时间变化的振动响应，按随时间变化的特点可分为周期振动、瞬态振动和随机振动等；根据空间特点可分为纵向振动、弯曲振动、扭转振动及组合振动等。不论什么样的结构，也不论什么样的输入，响应都将以一定的形式表现出来。荷载和响应随时间变化的特点使得动力问题不像静力问题那样具有单一的解，而必须建立相应于响应过程全部感兴趣时间点的一系列解答。

1.2 结构动力学基本概念

1.2.1 动力荷载的分类

荷载的不同导致了结构静力响应和动力响应的不同。根据荷载是否随时间变化，或随时间变化速率的不同，可以把荷载分为静力荷载和动力荷载两大类。

静力荷载是大小、方向和作用点不随时间变化或变化缓慢的荷载，例如结构的自重、雪荷载等；动力荷载是随时间快速变化或在短时间内突然作用或消失的荷载。如果从荷载本身性质来看，绝大多数实际荷载都应属于动力荷载。但是，如果荷载随时间变化得很慢，荷载对结构产生的影响与静力荷载相比相差甚微，这种荷载作用下的结构计算问题仍可以简化为静力荷载作用下的结构计算问题；如果荷载不仅随时间变化，而且变化较快，荷载对结构产生的影响与静力荷载相比相差较大，这种荷载作用下的结构计算问题就属于动力计算问题。

动力荷载作用的基本特点是使结构的质量产生显著的加速度，继而使结构产生较大的惯性力，引起结构的振动。荷载变化的快与慢是相对于结构的固有周期而言的，确定一种随时间变化的荷载是否为动力荷载，须将荷载本身的特征与结构的动力特性结合起来考虑。若荷载从零增至最大值的加载时间远大于结构自振周期，例如，前者为 10 s，后者为 1 s，则加载过程可认为是缓慢的，荷载可作为静力荷载对待；若荷载从零增至最大值的加载时间接近或小于结构自振周期，则加载过程应认为是快速的，这种荷载应作为动力荷载来处理。

根据荷载的变化特点，动力荷载又可以按以下方式分为不同的类型[3-4]。

(1)根据荷载是否具有随机性，可将动力荷载分为确定性荷载和非确定性荷载。确定性荷载随时间变化的规律预先确定，是完全已知时间过程的，常见的确定性动力荷载其方向、作用点位置不变，而其大小随时间变化，如周期荷载。非确定性荷载随时间变化的规律预先不确定，是一种随机过程，虽然这种荷载不能用时间的确定性函数来表达，但却可以用概率统计规律来描述，如地震荷载、海浪荷载、风荷载等。根据这两类动力荷载的不同，结构动力分析方法可划分为确定性分析和随机振动分析。进行结构体系的确定性分析时，选用哪种方法将根据荷载的类型而定。

(2)根据荷载随时间的变化规律，动力荷载可分为周期荷载和非周期荷载，而周期荷载又可分为简谐荷载和非简谐周期荷载，非周期荷载又分为冲击荷载和一般任意荷载。

①简谐荷载。

简谐荷载随时间周期性变化，可以用简谐函数表达。简谐荷载作用下结构的动力响应分析非常重要，不仅实际工程中存在这类荷载，而且非简谐周期荷载可以用一系列简谐荷载的和来表示，这样，一般周期荷载作用下结构的动力响应问题就可以转化为一系列简谐荷载作用下的响应问题进行分析。此外，结构对简谐荷载的响应规律可以反映出结构的动力特性。

②非简谐周期荷载。

非简谐周期荷载随时间周期性变化，是时间的周期函数，但不能简单地用简谐函数来表示，如平稳情况下波浪对堤坝的动水压力。

③冲击荷载。

冲击荷载的幅值大小在很短时间内急剧增大或急剧减小，如爆炸引起的冲击波、突加重量等。

④一般任意荷载。

一般任意荷载的幅值变化十分复杂，难以用解析函数进行描述，如地震引起的地面运动、脉动风引起的结构表面风压时程等。

(3)根据荷载作用的时间，动力荷载可分为脉冲荷载和长期荷载。脉冲荷载持续的时间很短，具有短持续时间内突变，随后又迅速返回其初始值的特点，如爆炸荷载。长期荷载的持续时间很长，甚至贯穿结构生命周期始终，如结构自重。需要注意，脉冲荷载作用下，结构在很短时间内就达到最大响应，阻尼来不及从结构中吸收太多能量，因此对于承受脉冲荷载的结构来说，阻尼在结构动力分析中的作用就显得不太重要了。对于长期荷载，长期的含义是荷载作用的时间长，而不是荷载大小的绝对不变，如预应力损失。

1.2.2　结构动力自由度

在振动过程中，结构上凡有质量处均产生惯性力，为了确定结构的位移和内力，必须确定每一质量的独立位移参数。在振动过程中任意一个时刻全部质量位置所需独立几何(位移)参数的数目，称为结构的动力自由度。

任何实际结构的质量都是连续分布的，有的还附以若干个附加集中质量，因而都是无限自由度结构。但是，当结构中构件的质量与附加集中质量相比甚小，或者为了简化计算，把构件的连续质量集中成若干个集中质量，则此时结构就变成有限自由度结构。一个集中质量在空间需由 6 个独立的位移参数来确定其位置，即沿 3 个坐标轴的独立线位移和绕 3 个坐标轴的角位移，因而具有 6 个自由度。图 1-1 为一个位于悬臂杆件端点的集中质量，在空间它具有 6 个自由度[5]。

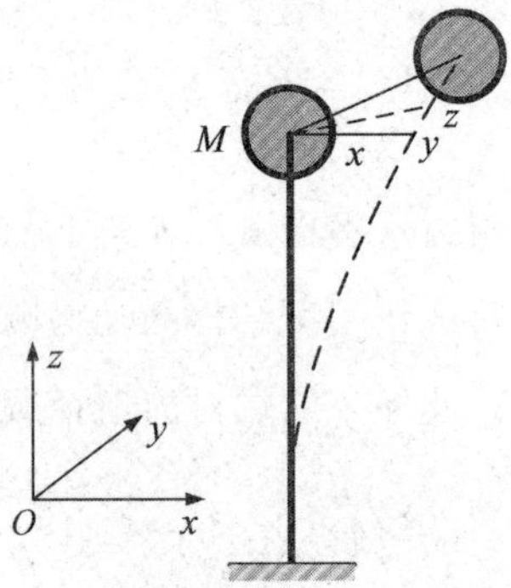

图 1-1　**单质量结构**

对一个结构来说，其自由度数目并不是固定的，会随着结构计算的假设而变化。对图 1-1 所示的结构，如果作为平面问题来处理，它只有 3 个自由度，即沿 2 个坐标轴的独立线位移和绕 1 个坐标轴的角位移；如果将图中集中质量看作一个质点来处理时，它只有 2 个自由度，即沿 2 个坐标轴的独立线位移；当只考虑杆件的弯曲或剪切变形而忽略轴向变形时，集中质量沿杆轴方向的位置是确定的，因而只能沿着垂直于杆轴方向运动，所以，此时只有 1 个自由度了。以下对于受弯杆件，如无特殊说明，通常均忽略轴向变形的影响。

图 1-2(a)所示为带有集中质量的简支梁，不计梁的质量，梁在振动过程中的变形如图中虚线所示，由于质量 M 只有 1 个独立的位移参数，因而结构只有 1 个自由度。图 1-2(b)所示双伸臂梁的一端为刚性支座，一端为弹性支座，假定梁的抗弯刚度 $EI=\infty$，则在振动时梁不产生弹性变形、轴线永远保持直线，整根梁绕着刚性支座转动，梁上虽有 3 个集中质量，但只需知道梁的转角就可以确定这些集中质量在振动时的位置，所以该结构在振动中的独立坐标只有 1 个，因此只有 1 个动力自由度。图 1-2(c)所示为带有两个集中质量的简支梁，不计梁的质量，两个集中质量在振动时的位置可仅用独立坐标 y_1 和 y_2 来表示，因此该结构具有 2 个动力自由度。图 1-2(d)所示为带有 3 个集中质量的框架结构，不

计框架的质量，振动过程中集中质量 M_1、M_2 只能在水平方向产生位移(忽略杆件的轴向变形)，集中质量 M_3 可沿水平方向和竖直方向产生位移，完全确定 3 个集中质量的位置共需 4 个独立坐标，因此，该框架结构具有 4 个动力自由度。

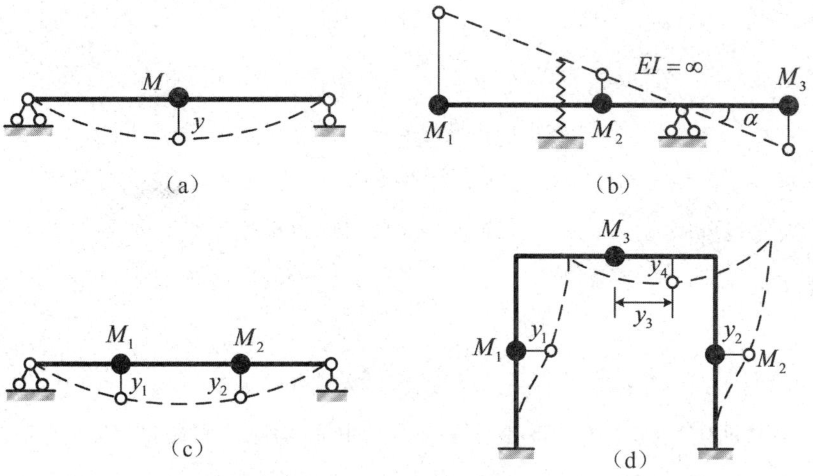

图 1-2　自由度分析示例

如果结构的质量沿杆件长度分布，除杆件刚度 $EI=\infty$ 的特殊情形外，其他情况都属于无限自由度结构，用有限的独立坐标无法确定振动时分布质量的位置，例如图 1-3 所示自重为 p kN/m 的简支梁就是无限自由度结构，其 $\mathrm{d}x$ 微段的质量 $\mathrm{d}m$ 为 $p\mathrm{d}x/g$。

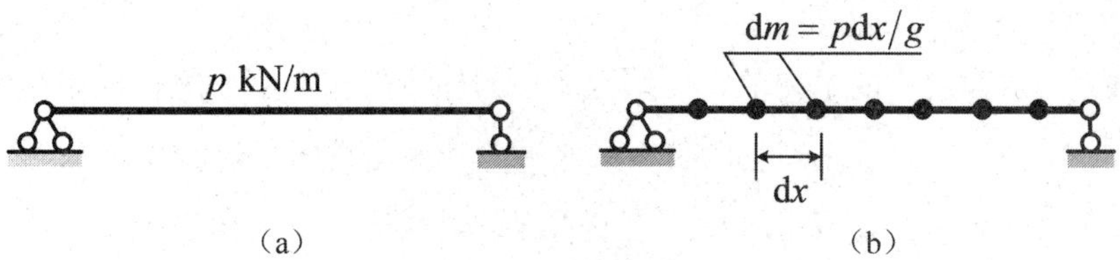

图 1-3　无限自由度示例

注意：

(1)结构动力自由度数目与集中质量数目无关，例如图 1-2(d)所示结构有 3 个集中质量，但其具有 4 个动力自由度。

(2)结构动力自由度数目与超静定次数无关，例如图 1-2(d)所示结构为三次超静定结构，但其具有 4 个动力自由度。

(3)结构动力自由度数目与计算假定有关，一般地，自由度数目越多就越能反映结构的实际动力性能，但计算工作量也就越大。

1.2.3 动力分析的力学模型

质量、弹性和阻尼是振动系统力学模型的三要素[6]。结构之所以会产生振动是因为它本身具有质量和弹性，阻尼则使振动受到抑制。实际结构的质量是连续分布的，弹性也是如此。分析这种连续系统的振动需要用到偏微分方程，而偏微分方程只有几种特殊情况能得到闭合解。为了求解实际结构的动力学问题，通常将结构考虑为离散系统，就是将实际的连续系统经过简化，变成具有若干集中质量并由相应的弹簧和阻尼器联结在一起的系统。根据所研究系统的特点及所研究问题的要求，离散系统所具有的质量个数是不同的。如果结构体系可以简化为由 1 个质量、1 个弹簧和 1 个阻尼器组成，而且质量在空间的位置仅用 1 个坐标就可以完全描述，这样的系统称为单自由度系统；如果结构体系的质量必须由多个独立坐标才能完全描述其在空间的位置，这样的系统称为多自由度系统。

1. 质量

质量是表示力和加速度关系的元件，在力学模型中它被抽象为不能变形的刚体。刚体的惯性力 F 与加速度 $\ddot{x}$ 成正比，即 $F=m\ddot{x}$，其中 m 为刚体的质量。对于扭转振动系统，广义力为扭矩 M，广义加速度为角加速度 $\ddot{\theta}$，则 $M=J\ddot{\theta}$，其中 J 为转动惯量。对于具有无限自由度的连续系统，系统中质量则体现为分布质量特性。

2. 弹簧

弹簧是表示力与位移关系的弹性元件，在力学模型中，一般不计弹簧的质量。对于线性弹簧，其具有线性的力-位移关系，也就是遵循胡克定律 $F=kx$，其中 k 为弹簧刚度系数；对于非线性弹簧，弹簧刚度与弹性恢复力之间存在导数关系。

3. 阻尼器

振动过程中引起结构能量耗散，使结构振动的幅值逐渐变小的这种作用称为阻尼，也称为阻尼力。结构振动过程中阻尼力有多种来源，产生阻尼力的物理机制有很多，如：①固体材料变形时的内摩擦，或材料快速应变引起的热耗散；②结构连接部位的摩擦，如钢结构焊缝螺栓连接处的摩擦、混凝土中微裂纹的张开与闭合；③结构构件与非结构构件之间的摩擦，如填充墙与主体结构间的摩擦等；④结构周围外部介质引起的阻尼，如空气、流体的影响等。实际问题中，以上影响因素几乎同时存在。

在结构动力分析中，一般采用黏性阻尼假设，黏性阻尼通常由阻尼器表示。在力学模型中，阻尼器被抽象为无质量、具有线性阻尼系数的元件，阻尼力 F 与速度 $\dot{x}$ 成正比关系，即满足 $F=c\dot{x}$，其中 c 为黏性阻尼系数。实际振动系统的阻尼不一定满足黏性阻尼假设，但可通过等效方法等效为相应的黏性阻尼。

1.2.4 结构动力分析的方法

结构动力学的研究方法和一般工程技术科学的研究方法有很多相似之处，当然也有它自己的特点，大致可以分为以下三类方法，即理论分析方法、数值方法和试验方法。

1. 理论分析方法

理论分析方法的首要任务是建立系统的力学模型和数学模型。结构动力学的力学模型可分为离散模型和连续模型两大类，单自由度系统、多自由度系统都是离散模型，而连续体系统为连续模型。工程中的结构都是连续系统，但为了研究问题的方便和便于计算机处理，通常都把它们处理为离散系统来分析。结构动力学中离散系统的数学模型多为常微分方程或常微分方程组，而连续系统的数学模型常用偏微分方程。为了计算机处理的方便，我们又可将时间变量离散化，这样以上的数学模型都可以用代数方程来表示。

理论分析方法要求解数学方程，对一些简单问题可以得到相应的精确解，精确解可以方便地看到结果随参数变化的关系，了解问题的本质。

2. 数值方法

数值方法主要是弥补理论分析方法的不足。因为并不是所有问题都能找到解析解，一方面对于实际问题的建模就带有许多假设，即模型本身就很难是精确的；另一方面，由于数学上的困难使方程难于求解。目前已发展了许多数值求解的方法，无论是求解结构的固有特性问题，还是结构的响应都是行之有效的。因此，在结构动力学分析中应用较多的是数值分析方法。数值分析方法能给出一定精度的数值解，通过这些解同样能分析得到结构动力特性中的种种规律。

数值方法的计算模型可以从理论分析方法得到，也可以由各种近似方法得到，在工程中应用最多的是有限元方法，已形成了很多商业软件，目前在结构动力学分析中常用的有 ANSYS、ABAQUS、NASTRAN 等。

3. 试验方法

试验方法是科学研究中重要的方法，是直接的方法。结构动力学的试验非常重要，一般可分为模态试验和环境试验两大类。模态试验又称为动力学特性试验，主要测试结构的固有频率和相应的振型以及阻尼等动力学特性。模态试验按激振的方式可分为正弦激振、脉冲激振和随机激振等；按激振器的多少，又可分为单点激振和多点激振两类。环境试验使用的设备主要是振动台，它利用振动台产生各种振动环境，使被试验的结构承受和在工作中相当的振动环境，以考察结构对动力学环境的承受能力。现在的振动台可分为单轴、三轴和多轴等类型，可以模拟各种振动环境。

结构动力学的建模方法很多，一般可分为正问题方法建模和反问题方法建模两类。正问题方法建模又称为理论建模，建立的模型称为分析模型(机理模型)，因为正问题方法建模时，我们对系统(结构)有足够的了解，这样的系统称为白箱系统或透明箱系统。建模的方法是首先将结构分为若干个简单的元件或元素，然后对每个元件和元素直接应用力学原理(如平衡方程、本构方程和哈密顿原理等)建立方程，再基于几何约束条件综合建立系统的数学模型，这是传统的建模方法。如果所取的元素是一个无限小的单元，则所建立的是连续模型；如果所取的是一个元件或有限单元，则所建立的是离散模型。反问题建模方法适用于对系统不了解(称黑箱系统)或不完全了解(称灰箱系统)的情况，它必须对系统进行动力学试验，然后利用系统的输入和输出数据，根据一定的准则建立系统的数学模型，这种建模方法称系统辨识或参数辨识，也称为试验建模方法，所建立的模型称为统计模型。

现代结构动力学中常将上述两种建模方法相结合建立系统的数学模型，如对一些大型复杂结构，可以先利用有限元方法建立系统的数学模型，然后再利用试验数据修改该数学模型，使得修改后的数学模型的输出数据与试验数据一致，这个过程称为模型的修正。一般来说，数学模型的规模越大，自由度越多，则模型的精度越高，但同时计算耗费越大，因此模型规模的选择要根据实际问题的需要来确定。

1.3 动力学方程的建立

力学模型确定之后，便可建立系统参数、激励(输入)及响应(输出)这三者关系的动力学方程。动力学方程是系统振动行为的数学描述，因此从动力学方程可清楚地了解振动的类型。若动力学方程是偏微分方程，那么系统一定是连续系统；反之，若动力学方程是常微分方程，那一定是集中质量系统。若微分方程是齐次的，那一定是自由振动，也就是在初始作用后靠系统恢复力维持的振动；若微分方程是非齐次的，那一定是受迫振动，即系统是在外部激励作用下的振动。若方程是联立的，那必定是多自由度系统的振动，反之则是单自由度系统的振动。若微分方程是线性的，那么系统一定是线性的，反之系统就是非线性的。

动力学方程的建立是振动力学的核心问题，下面介绍几种建立动力学方程常用的基本原理。

1.3.1 达朗贝尔原理

根据牛顿第二定律，任何质量 m 的动量变化率等于作用在这个质量上的力(包括恢复力、阻尼力、外力)，即

$$p(t)=\frac{\mathrm{d}}{\mathrm{d}t}[m\dot{y}(t)] \tag{1-1}$$

如果质量 m 不随时间 t 变化，则式(1-1)可写为

$$p(t)=m\ddot{y}(t) \tag{1-2}$$

即

$$p(t)-m\ddot{y}(t)=0 \tag{1-3}$$

式(1-3)表示作用在质量上的力 p 与惯性力 $-m\ddot{y}(t)$ 平衡，也就是说，如果把 $-m\ddot{y}(t)$ 加

到原来受力的质量上，则动力问题就可作为静力平衡问题来处理。这种列动力学方程的方法称为动静法，该方法较为方便，应用比较广泛。

1.3.2　拉格朗日方程[7]

根据作用在任意质量 m_i 上的所有力对任意虚位移 δy_i 所做的功等于零，可得

$$\sum_i p_i \delta y_i - \sum_i m_i \ddot{y}_i \delta y_i = 0 \tag{1-4}$$

设任一质量处的位移 y_i 可用 n 个广义坐标 q_1，q_2，…，q_n，来表示，即

$$y_i(t) = y_i(q_1(t),\ q_2(t),\ \cdots,\ q_j(t),\ \cdots,\ q_n(t)) \tag{1-5}$$

此时，由恢复力、阻尼力、外力组成的力 p_i 在虚位移上所做的功为

$$\begin{aligned}\sum_i p_i \delta y_i &= \sum_i p_i \left(\frac{\partial y_i}{\partial q_1}\delta q_1 + \frac{\partial y_i}{\partial q_2}\delta q_2 + \cdots + \frac{\partial y_i}{\partial q_j}\delta q_j + \cdots + \frac{\partial y_i}{\partial q_n}\delta q_n\right)\\ &= \sum_j \left(\sum_i p_i \frac{\partial y_i}{\partial q_j}\right)\delta q_j = \sum_j \left(-\frac{\partial U}{\partial q_j} + \frac{\partial W_{阻尼}}{\partial q_j} + \frac{\partial W_{外力}}{\partial q_j}\right)\delta q_j\end{aligned} \tag{1-6}$$

式中：U 为变形能；$W_{阻尼}$ 和 $W_{外力}$ 分别为阻尼力和外力所做的功。

惯性力在虚位移上所做的功为

$$\begin{aligned}-\sum_i m_i \ddot{y}_i \delta y_i &= -\sum_i \sum_j m_i \ddot{y}_i \frac{\partial y_i}{\partial q_j}\delta q_j\\ &= -\sum_i \sum_j \left[\frac{\mathrm{d}}{\mathrm{d}t}\left(m_i \dot{y}_i \frac{\partial y_i}{\partial q_j}\right)\delta q_j - m_i \dot{y}_i \frac{\mathrm{d}}{\mathrm{d}t}\left(\frac{\partial y_i}{\partial q_j}\right)\delta q_j\right]\\ &= -\sum_i \sum_j \left[\frac{\mathrm{d}}{\mathrm{d}t}\left(m_i \dot{y}_i \frac{\partial y_i}{\partial q_j}\right)\delta q_j - m_i \dot{y}_i \frac{\partial \dot{y}_i}{\partial q_j}\delta q_j\right]\end{aligned} \tag{1-7}$$

根据动能 $T = \frac{1}{2}\sum_i m_i \dot{y}_i^2$，则 $\frac{\partial T}{\partial \dot{q}_j} = \sum_i m_i \dot{y}_i \frac{\partial \dot{y}_i}{\partial \dot{q}_j} = \sum_i m_i \dot{y}_i \frac{\partial y_i}{\partial q_j}$，$\frac{\partial T}{\partial q_j} = \sum_i m_i \dot{y}_i \frac{\partial \dot{y}_i}{\partial q_j}$，继而有

$$-\sum_i m_i \ddot{y}_i \delta y_i = -\sum_j \frac{\mathrm{d}}{\mathrm{d}t}\frac{\partial T}{\partial \dot{q}_j}\delta q_j + \sum_j \frac{\partial T}{\partial q_j}\delta q_j \tag{1-8}$$

将式(1-6)和式(1-8)代入式(1-4)，取第 j 项，根据 δq_j 的任意性，可得

$$\frac{\mathrm{d}}{\mathrm{d}t}\frac{\partial T}{\partial \dot{q}_j} - \frac{\partial T}{\partial q_j} + \frac{\partial U}{\partial q_j} - \frac{\partial W_{阻尼}}{\partial q_j} - \frac{\partial W_{外力}}{\partial q_j} = 0 \tag{1-9}$$

式(1-9)即为拉格朗日(Lagrange)方程，由该方程可直接导出动力学方程。对于特别复杂的结构，按 Lagrange 方程仍可方便地导出运动方程。

1.3.3　哈密顿原理

直接采用变分概念进行分析时，最常用的就是哈密顿(Hamilton)原理。对于任意时段 t_1 到 t_2，在一切可能的运动中，只有真实运动使某一物理量(称为“作用量”)取得极值。Hamilton 提出的作用量为

$$H=\int_{t_1}^{t2}(T-U+W_{阻尼}+W_{外力})\,\mathrm{d}t \tag{1-10}$$

根据变分极值原理，Hamilton 原理可表示为

$$\delta H=\delta\int_{t_1}^{t2}(T-U+W_{阻尼}+W_{外力})\,\mathrm{d}t \tag{1-11}$$

Hamilton 原理说明，在任何时间段 t_1 到 t_2 内，动能、变形能、阻尼力和外力做功的变分必须等于零，这时得到的才是真实的运动。在数学上，它是固定边界条件下的泛函极值问题。

Hamilton 原理与 Lagrange 方程是可以互相转化的，如果说 Hamilton 原理是积分形式的变分原理，则 Lagrange 方程实际是 Hamilton 原理用微分方程来表示的另一种形式，结果是相同的。Lagrange 方程对于多自由度体系振动分析较方便，Hamilton 原理则经常用于物理性质连续分布的结构振动分析。

1.4　桥梁动力学问题

1.4.1　主要动力荷载

1. 车辆移动荷载

车辆移动荷载是车辆在行使过程中对桥梁的动力作用[8]。早期研究中对车辆的简化有以下几种形式：①将车辆荷载简化为在桥梁上移动的集中力，采用这种简化可以简便、快捷地对桥梁进行初步估算；②将车辆简化为在桥梁上移动的质量；③将车辆简化为在桥梁上移动的简谐力；④将车辆简化为在桥梁上移动的弹簧-质量单元，这种简化最为合理，也最为复杂。

随着国民经济和交通事业的蓬勃发展，近年来我国修建了许多大跨度桥梁，同时作为交通运输的重要途径之一，伴随交通量日益增加，部分地区超载现象严重，车辆移动荷载成为引起桥面损坏主要的原因之一，威胁着桥梁的安全使用。因此，关于车辆行驶过程中作用于桥面的荷载仿真及车辆-桥梁动力相互作用成为桥梁动力分析中的一个重要问题。

研究桥梁在移动车辆荷载下的受迫振动，也要分析其共振条件。所不同的是，由于荷载是移动的，而且车辆荷载本身也是一个带有质量的振动系统，使桥梁-车辆耦合系统的动力特性随荷载位置的移动而不断变化，其结果是共振条件只能在短时间内满足，这给理论分析带来了困难。在铁路桥梁中，由于列车动力荷载的大小与桥梁质量相比不可忽略，车桥耦合振动的作用更加显著。

2. 地震荷载的动力作用

人类历史对地震的记载已有千年，然而工程结构实际中考虑地震的影响却不足百年。大量的震害资料表明，合理的结构形式和较强的抗震能力可以大大减轻甚至避免震害的产生。为了设计具有抗震能力的结构，必须研究结构抗震计算的地震力理论、确定抗震设计

的破坏准则，这二者是密切相关的。

地震力理论也称地震作用理论，它研究地震时地面运动对结构物产生的动态效应。地面运动可用强震仪以加速度时程曲线(两个水平、一个竖向)的形式记录，在工程应用中简称地震波记录。结构在地震波作用下的受迫振动属于随机振动，求解十分复杂。在桥梁抗震计算中早期采用简化的静力法，20 世纪 50 年代后发展了动力法的反应谱理论，近 20 年来对重要结构物采用动力法的动态时程分析法。

2. 风荷载的动力作用

1940 年秋，美国华盛顿州建成才 4 个月的 Tacoma 悬索桥在不到 20 m/s 的风速下发生强烈的风致振动而破坏，这一严重事故震惊了桥梁工程界，由此桥梁的风致振动问题被提出。而在这以前的很长时间内，人们把风对桥梁结构的作用只看成一种由风压所形成的静力作用。在为调查 Tacoma 桥事故原因而收集有关桥梁风毁的历史材料时，人们惊异地发现，从 1818 年起，至少有 11 座悬索桥毁于暴风，而且从目击者所描述的风毁景象中可以明显地感到事故的原因是风引起的强烈振动，虽然对于这种风致振动的机理当时还无法做出科学的解释。

Tacoma 悬索桥的风毁开辟了土木工程界考虑空气动力问题的新纪元。近 80 年来，在结构工程师和空气动力学家的共同努力下，基本弄清了各种风致振动的机理，并在结构工程这一领域逐渐形成了一门新兴的分支学科——结构风工程学。

1.4.2　其他振动问题

1. 桥梁人致振动

行人行走在人行桥上时，人行桥在步行荷载作用下产生振动响应。当行人行走的步频接近于人行桥的固有频率时，容易引起人行桥的大幅振动，将行人步行荷载导致人行桥发生的振动称为人致振动。目前，随着各种新型结构材料的应用、桥梁计算理论的迅速发展，人行桥的建设正朝着美观、纤细、大跨度和结构复杂的方向发展。同时，随着桥梁跨度的增加，人桥共振问题就越来越突出，实际运营中的一些大跨度人行天桥已出现了振动过大等问题。最早报道的人行桥人致振动事件是 1850 年法国 Angers 桥垮塌事件，该桥建于 1839 年，结构形式为主跨为 102 m 的悬索人行桥，1850 年 4 月 16 日，一列法国士兵经过该桥导致桥梁坍塌，造成 200 多人死亡。世界著名的三个人行桥人致振动事件，即英国伦敦千禧桥、法国 Solferino 人行桥和日本户田公园的双索面斜拉人行桥，引起了桥梁工程界广泛关注[9]。

人行荷载不同于其他单向激励荷载，其不仅在结构的竖向而且在侧向及纵向均会产生周期性变化荷载激励，该荷载的大小取决于行人的步频、行走速度及步幅大小。单人的步行激励是研究人行荷载的基础，从 20 世纪 50 年代开始，学者们对单人步行力进行了测量并做了归纳。英国学者 Harper 等是较早完成单人步行荷载测量的，他们使用测力板测量了一个人走一步产生的水平力和竖向力。之后，Barton 和 Blanchard 等依据 Harper 提出的试验方法对不同行人进行了水平力、竖向力及纵向力测试，测量结果和 Harper 得到的单个行人正常步伐下的激励曲线相似。

试验中发现，行人正常行走时产生的竖向力含有两个峰值和一个最低值，而且步长和荷载力峰值随着速度的增加而增加。这个试验说明了人行动力荷载的复杂性以及对很多因素的依赖性。对步伐频率、行进速度或者步长中的某一个变量进行控制，都会产生该变量与其他变量之间不同的关系。在正常行进速度下，纵向力的变化最小。在连续行走的过程中会出现短时间双脚着地，因此，力的时程曲线就会有重叠。

2. 拉索振动问题

斜拉桥拉索具有质量小、柔度大、阻尼低等特点，容易受外荷载激励(如风荷载、车辆荷载等)发生振动。导致拉索发生振动的原因很多，不同的致振机理会激发不同的拉索振动形式，因此了解拉索不同形式振动的特点非常重要[10]。

影响拉索振动的因素很多，从振动机理和激励源出发，拉索振动主要分为三大类：风致振动、风雨激振、索端部激励引起的振动。其中，风致振动又可分为拉索涡振、驰振和抖振。

涡振是由于风的旋涡在拉索表面脱落而引起的拉索振动。涡振在发展初期表现为受迫振动，但随着振幅的增加，拉索运动对旋涡脱落和涡激力产生反馈影响，使其具有部分的自激特性。据相关研究及现场实测，拉索涡振一般以高阶振动模态出现，发生的风速范围很广，振动幅值不大，通常情况下不会对斜拉桥造成大的损害。驰振是一种具有自激特征的单自由度振动形式，可以分为尾流弛振和横流驰振。尾流驰振指拉索受前方结构物波动尾流的激发而引起的振动，横流驰振则是由于升力曲线的负斜率所引起的发散性振动。驰振具有发散性，是各类拉索风致振动中最为危险的振动形式，在工程上有必要采取针对性的抑振措施。抖振是由自然风中的紊流成分引起的结构顺风向响应。拉索的抖振是一种限幅的受迫振动，具有发生风速低、频率大等特征，容易造成拉索连接处的疲劳破坏。

拉索风雨激振是在风和雨的联合作用下拉索发生的大幅振动形式。风雨激振发生时，雨水会在拉索表面形成稳定的水线，沿倾斜的拉索向下流动。1986 年，日本学者在 Meiko-Nishi 大桥上首次观察到这一发生在风雨天气的拉索大幅振动现象，并将其命名为风雨激振，迄今国内外已有多座大跨度斜拉桥的拉索发生过这种振动。

3. 冲击振动问题

车辆在桥上行驶时，遭遇突发事件可能撞上桥面护栏或其他车辆，从而引起冲击振动[11]；航行中的船舶或水上漂流物有可能撞上桥梁墩台，甚至桥跨结构，也会引起冲击振动。从结构动力学角度出发，在车辆或船舶冲击作用下，桥梁受力状态分析可分为冲击接触和冲击后结构振动两类问题。

精确的车辆或船舶冲击作用可以采用接触有限元分析方法进行分析，涉及车辆或船舶与桥梁构件的接触、变形、脱离，以及桥梁结构-地基-流体系统的振动等十分复杂的动力学问题。从工程计算的角度来看，考虑车辆或船舶对桥梁冲击动力效应的概念最清晰、最实用的方法，是根据车辆或船舶对桥梁撞击作用力的时程过程，将其作为激励力施加到桥梁被冲击点上，采用受迫振动方法求解桥梁结构的冲击响应，这就是简化的冲击振动分析方法。

4. 爆炸振动问题

战争或偶发事故所造成的桥梁爆炸振动事件正日益增多。桥梁墩柱与桥面结构作为桥梁结构的主要组成部分，在爆炸荷载作用下的损伤破坏直接影响到桥梁结构的稳定与安全。

由于爆炸作用在短时间内会对目标产生巨大的冲击作用，混凝土等结构受爆炸冲击时会表现出与受静载时很大的区别，包括承载能力、动力响应与破坏模式等，常规的静力理论大多不适用于爆炸作用下结构的动力分析，因此有必要运用动力学理论来分析桥梁结构受爆炸冲击时的响应特征，揭示结构的非线性行为和损伤破坏机理，为桥梁结构抗爆设计提供切实有效的科学依据。

本章主要参考文献

[1]李东旭．高等结构动力学[M]. 2 版 北京：科学出版社，2010.

[2] CLOUGH W R，PENZIEN J. Dynamics of structures [M]. 3rd ed. CA：Computers & Structures，Inc，2003.

[3]邹经湘，于开平．结构动力学[M]. 2 版. 哈尔滨：哈尔滨工业大学出版社，2009.

[4]同济大学，浙江大学，兰州交通大学，等．高等桥梁结构动力学[M]. 北京：人民交通出版社股份有限公司，2020.

[5]张相庭，王志培，黄本才，等．结构振动力学[M]. 2 版. 上海：同济大学出版社，2005.

[6]胡茑庆，胡雷，程哲．机械振动[M]. 长沙：国防科技大学出版社，2017.

[7]钱振东，张磊，陈磊磊．路面结构动力学[M]. 南京：东南大学出版社，2010.

[8]夏禾，张楠，郭薇薇．车桥耦合振动工程[M]. 北京：科学出版社，2014.

[9]刘隆．人群与梁的竖向相互作用及人行桥侧向振动机理研究[D]. 武汉：武汉理工

大学，2013.

[10]陈兵．斜拉桥拉索的风雨激振和风载性能气动控制[D]. 上海：同济大学，2017.

[11]翟威威，杨建荣．各国桥梁设计规范中的汽车荷载冲击系数[J]. 中国水运，2018，18(9)：190-192.

第 2 章　振动分析基础

2.1　单自由度系统的振动

在振动力学中，单自由度体系的振动是最为简单的振动，但这部分内容又十分重要，因为从中可得到有关振动理论的一些最基本概念和分析问题的方法，同时它也适用于更为复杂的振动问题。因此，搞清楚了单自由度体系的振动，将有助于我们提高分析和解决其他各种振动问题的能力。另外，在工程实际中，确实有许多振动问题可简化为单自由度问题或近似地用单自由度理论去分析解决。

2.1.1　无阻尼单自由度系统的自由振动

图 2-1 为一个简单的无阻尼弹簧-质量系统，假设系统仅有沿竖直方向的运动，质量块的位移可以表示为从弹簧-质量系统静平衡位置 O 处定义的关于时间的函数 $x=x(t)$，该单自由度系统的振动方程可以写为[1]

$$m\ddot{x}(t)+kx(t)=0 \tag{2-1}$$

其中：m 表示质量块的质量，kg；k 表示弹簧的刚度，N/m；x 上面的点表示对时间的微分。

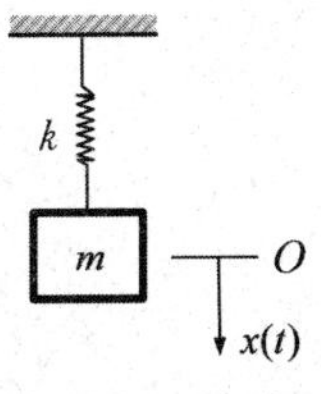

图 2-1　弹簧-质量系统

一旦从静态实验中确定了质量块的质量 m 和弹簧的刚度 k，就可以求解方程(2-1)。

根据观察的振动系统实验现象，假定式(2-1)的解为下述周期运动的形式：

$$x(t)=A\sin(\omega_n t+\theta) \tag{2-2}$$

其中：$\omega_n=\sqrt{\dfrac{k}{m}}$，表示固有圆频率，常简称为固有频率，rad/s；$A$ 和 θ 分别为振幅和相位，由初始条件确定。如果给定初始位移 x_0 和初始速度 v_0，则可以确定振幅 A、相位 θ，即式(2-2)表示的解可写为

$$x(t)=\sqrt{\frac{\omega_n^2 x_0^2+v_0^2}{\omega_n^2}}\sin\left[\omega_n t+\tan^{-1}\left(\frac{\omega_n x_0}{v_0}\right)\right] \tag{2-3}$$

当然，通过简单的三角函数变换，式(2-3)也可以表示成如下形式：

$$x(t)=\frac{v_0}{\omega_n}\sin\omega_n t+x_0\cos\omega_n t \tag{2-4}$$

无阻尼自由振动为简谐振动，振动的自然周期 T 由 $\omega_n T=2\pi$ 确定，即

$$T=\frac{2\pi}{\omega_n}=2\pi\sqrt{\frac{m}{k}} \tag{2-5}$$

则固有频率 f_n 为

$$f_n=\frac{1}{T}=\frac{1}{2\pi}\sqrt{\frac{k}{m}} \tag{2-6}$$

以上这些量也可以用弹簧-质量系统的静位移 x_s 来表示，在质量块的自重作用下，弹簧-质量系统满足 $kx_s=mg$。因此，式(2-6) 可用静位移 x_s 表示为 $f_n=\dfrac{1}{2\pi}\sqrt{\dfrac{g}{x_s}}$。注意，$T$，$f_n$，$\omega_n$ 仅取决于系统的质量和刚度，它们是系统的固有属性。

此外，求解方程(2-1)的纯数学方法是假设指数形式的解 $x(t)=A\mathrm{e}^{\lambda t}$，并求解 λ。将假设的指数解代入式(2-1)，得

$$mA\lambda^2\mathrm{e}^{\lambda t}+kA\mathrm{e}^{\lambda t}=0 \tag{2-7}$$

由于 $\mathrm{e}^{\lambda t}\neq 0$，$A\neq 0$，因此

$$\lambda^2+\frac{k}{m}=0 \tag{2-8}$$

即

$$\lambda=\pm\mathrm{j}\left(\frac{k}{m}\right)^{1/2}=\pm\omega_n\,\mathrm{j} \tag{2-9}$$

其中，$\mathrm{j}=(-1)^{1/2}$。则方程(2-1)的通解为

$$x(t)=A_1\mathrm{e}^{-\omega_n \mathrm{j}t}+A_2\mathrm{e}^{\omega_n \mathrm{j}t} \tag{2-10}$$

其中，A_1和 A_2是由初始条件确定的一对共轭复数，利用欧拉公式可得出式(2-2)和式(2-4)。对于更复杂的系统，数学的经验解法通常比通过观察运动猜测解的形式(正弦曲

线)更合适。

注意：只有当弹簧是线性时，方程(2-1)及其解答才有效；如果弹簧拉伸过远或施加过大的力，方程(2-1)将是非线性的。如果要使用线性分析方法，应始终检查初始条件和弹簧，以确保它们在线性区域内。

2.1.2　有阻尼单自由度系统的自由振动

前节讨论的是只有质量和刚度，而不考虑阻尼作用的无阻尼自由振动，振动不会衰减，振动的幅值不随时间而改变。实际上这种理想的振动过程并不存在，所有的自由振动都会因为存在阻尼而消耗振动能量，使得振动在一段时间内减弱下来。数学上处理这一问题最简单的方法是在方程(2-1)中引入与黏性阻尼相关的速度项 $c\dot{x}$ ，方程变为如下形式：

$$m\ddot{x}+c\dot{x}+kx=0 \tag{2-11}$$

如图 2-2 所示，在系统中添加阻尼器来耗散能量，黏性阻尼系数 c 不能像质量 m 和刚度 k 那样通过静态方法测量。

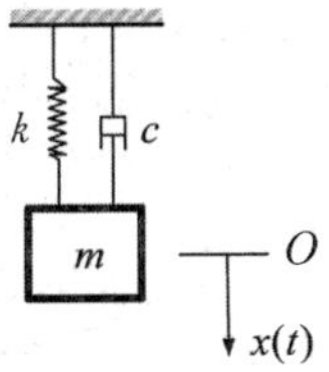

图 2-2　弹簧-质量-阻尼系统

同样，假设式(2-11)具有指数形式的解 $x(t)=Ae^{\lambda t}$ ，并求解 λ 。将假设的指数解代入式(2-11)，得

$$A\left(\lambda^2+\frac{c}{m}\lambda+\frac{k}{m}\right)e^{\lambda t}=0 \tag{2-12}$$

由于 $e^{\lambda t}\neq 0, A\neq 0$，因此

$$\lambda^2+\frac{c}{m}\lambda+\frac{k}{m}=0 \tag{2-13}$$

即可以求得

$$\lambda_{1,2}=-\frac{c}{2m}\pm\frac{1}{2}\sqrt{\frac{c^2}{m^2}-4\frac{k}{m}} \tag{2-14}$$

为了便于分析，引入无量纲参数阻尼比 ζ ，即

$$\zeta=\frac{c}{2\sqrt{km}} \tag{2-15}$$

因此，式(2-14)可写为

$$\lambda_{1,2}=-\zeta\omega_n\pm\omega_n\sqrt{\zeta^2-1} \tag{2-16}$$

显然，阻尼比 ζ 的取值决定了式(2-11)的解的性质，对于不同的阻尼比，式(2-16)将给出实根或复根。

1. 过阻尼情况($\zeta > 1$)

当阻尼比 $\zeta > 1$ 时称为过阻尼情况，这时特征根(2-16)是一对不同的实根，方程(2-11)的通解为

$$x(t) = A\mathrm{e}^{(-\zeta+\sqrt{\zeta^2-1})\omega_n t} + B\mathrm{e}^{(-\zeta-\sqrt{\zeta^2-1})\omega_n t} \tag{2-17}$$

式中：待定系数 A 和 B 由初始位移 x_0 和初始速度 v_0 确定，即

$$A = \frac{v_0 + (\zeta + \sqrt{\zeta^2 - 1})\omega_n x_0}{2\omega_n \sqrt{\zeta^2 - 1}}, \quad B = -\frac{v_0 + (\zeta - \sqrt{\zeta^2 - 1})\omega_n x_0}{2\omega_n \sqrt{\zeta^2 - 1}} \tag{2-18}$$

过阻尼情况下系统响应的形式如图 2-3 中实线所示，过阻尼系统没有振荡特性，而是以指数形式返回到静止位置。

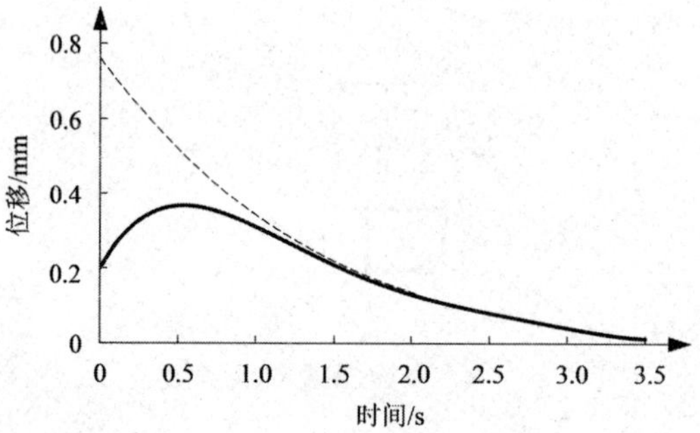

图 2-3　过阻尼情况下的响应

2. 临界阻尼情况($\zeta = 1$)

当阻尼比 $\zeta = 1$ 时称为临界阻尼情况，这时特征根(2-16)是一对相等的实根，方程(2-11)的通解为

$$x(t) = \mathrm{e}^{-\omega_n t}[(v_0 + \omega_n x_0)t + x_0] \tag{2-19}$$

图 2-4 给出了不同初始条件 x_0 和 v_0 下临界阻尼情况的响应，这种运动也按指数规律很快衰减，至多只过平衡位置一次，没有振荡特性。临界阻尼系统是非振荡系统中阻尼比最小的系统，也可以认为临界阻尼是振荡与非振荡的分界。

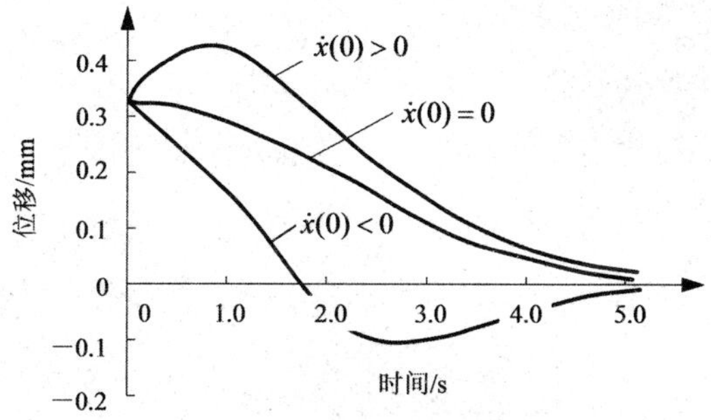

图 2-4　临界阻尼情况下的响应

3. 欠阻尼情况($0<\zeta<1$)

当阻尼比 $0<\zeta<1$ 时称为欠阻尼情况，这时特征根(2-16)是一对共轭复根，方程(2-11)的通解为

$$x(t)=\mathrm{e}^{-\zeta\omega_n t}(A\cos\omega_{\mathrm{d}}t+B\sin\omega_{\mathrm{d}}t) \tag{2-20}$$

或

$$x(t)=C\mathrm{e}^{-\zeta\omega_n t}\sin(\omega_{\mathrm{d}}t+\theta) \tag{2-21}$$

式中：$\omega_{\mathrm{d}}=\omega_n\sqrt{1-\zeta^2}$ 为系统的阻尼振动频率或自然频率，小于系统的固有频率 ω_n 。待定系数 A，B，C 和相位角 θ 可由初始位移 x_0 和初始速度 v_0 确定，分别为

$$A=x_0,\ B=\frac{v_0+\zeta\omega_n x_0}{\omega_{\mathrm{d}}},\ C=\frac{\sqrt{(v_0+\zeta\omega_n x_0)^2+(x_0\omega_{\mathrm{d}})^2}}{\omega_{\mathrm{d}}},\ \theta=\tan^{-1}\left(\frac{x_0\omega_{\mathrm{d}}}{v_0+\zeta\omega_n x_0}\right) \tag{2-22}$$

欠阻尼情况系统的响应如图 2-5 所示，它在系统平衡位置附近往复振动，但幅值不断衰减，不再是周期振动。实际系统多属于欠阻尼情况，且一般阻尼比 $\zeta<0.2$。所以，通常所说的阻尼系统自由振动都是指欠阻尼情况。

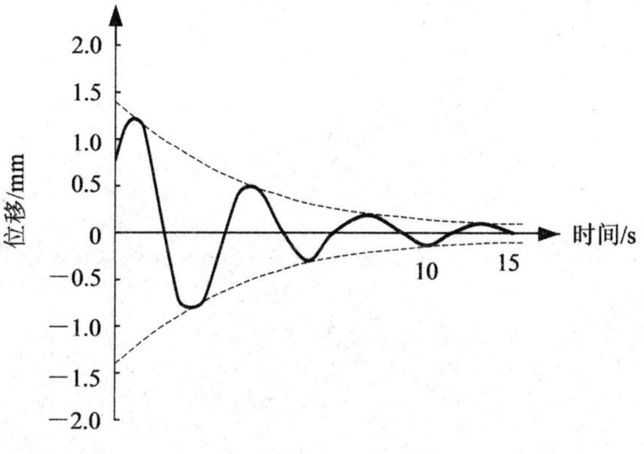

图 2-5　欠阻尼情况系统的响应

2.1.3 简谐力激励下的受迫振动

前面的分析将系统的振动视为一些初始扰动(即 x_0 和 v_0)的结果，当弹簧-质量-阻尼系统受简谐力 $F(t)=F_0\sin\omega t$ 作用时，如图 2-6 所示，系统的运动方程为[2]

$$m\ddot{x}+c\dot{x}+kx=F_0\sin\omega t \tag{2-23}$$

其中，F_0 表示所施加的力的幅值；ω 表示所施加力的频率或驱动频率，rad/s。

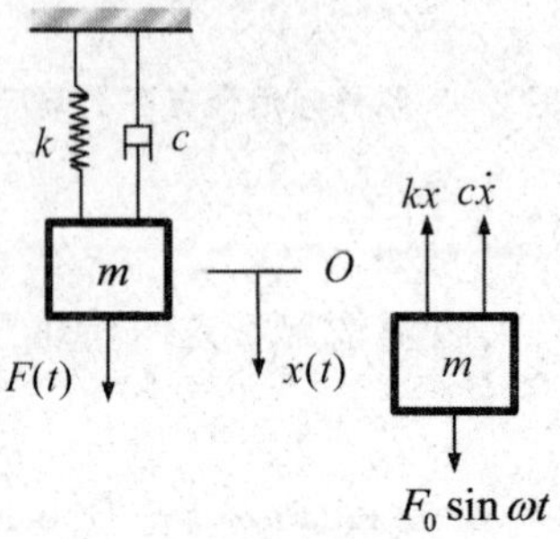

图 2-6 简谐激励下的黏性阻尼系统

式(2-23)为一个二阶线性非齐次常微分方程，其解应为相应齐次方程的通解和非齐次方程的一个特解叠加而成，齐次方程的通解即为有阻尼单自由度系统自由振动的解，即式(2-20)。假设非齐次方程的特解为

$$x_{\mathrm{P}}(t)=X\sin(\omega t-\theta_{\mathrm{P}}) \tag{2-24}$$

式中，X 是稳态振幅；θ_{P} 是稳态时的相位。

将式(2-24)代入方程(2-23)，可得

$$X=\frac{F_0/k}{\sqrt{(1-m\omega^2/k)^2+(c\omega/k)^2}} \tag{2-25}$$

或

$$\frac{Xk}{F_0}=\frac{1}{\sqrt{[1-(\omega/\omega_n)^2]^2+[2\zeta(\omega/\omega_n)]^2}} \tag{2-26}$$

且

$$\tan\theta_{\mathrm{P}}=\frac{(c\omega/k)}{1-m\omega^2/k}=\frac{2\zeta(\omega/\omega_n)}{1-(\omega/\omega_n)^2} \tag{2-27}$$

可以看出，无量纲的振幅 $\dfrac{Xk}{F_0}$ 和相位 θ_{P} 仅是频率比 $\dfrac{\omega}{\omega_n}$ 和阻尼比 ζ 的函数。

继而，可以求得简谐力激励下系统的响应为

$$x(t)=C\mathrm{e}^{-\zeta\omega_n t}\sin\left(\sqrt{1-\zeta^2}\,\omega_n t+\theta\right)+\frac{F_0/k}{\sqrt{[1-(\omega/\omega_n)^2]^2+[2\zeta(\omega/\omega_n)]^2}}\sin(\omega t-\theta_{\mathrm{P}}) \tag{2-28}$$

式中，C 是由初始条件和激励力确定的待定系数，通常与自由振动响应中确定的 C 值不同。

式(2-28)表示的响应是由两个简谐振动合成的：第一部分是频率为自然频率 $\sqrt{1-\zeta^2}\omega_n$ 的自由振动，由于阻尼的存在该部分振动会逐渐衰减下去，称为瞬态响应；第二部分是频率为简谐激励力频率 ω 的受迫振动，振幅不随时间变化，是标准的简谐振动，称为稳态响应。当简谐激励力的频率接近无阻尼自由振动的固有频率时，即 $\omega \approx \omega_n$，稳态响应系数或特解会变大，这种现象被称为共振，共振在结构设计、振动分析和测试中非常重要。

2.1.4　任意激励下的受迫振动

许多实际问题中，激励是任意的时间函数，或者是在极短时间间隔内的冲击作用。例如，列车在启动时各车厢挂钩之间的冲击力，火炮在发射时作用于支承结构的反作用力等。在这种激励情况下，系统通常没有稳态振动，而只有瞬态振动。在激励停止作用后，振动系统将按固有频率进行自由振动。但只要激励持续，即使存在阻尼，由激励产生的响应也将会持续。下面首先研究弹簧-质量系统的脉冲激励响应，这对理解更一般的任意激励响应非常重要[3-5]。

1. 脉冲激励

这种情况通常通过引入一个单位脉冲函数或 δ 函数来分析，δ 函数由以下两个属性定义：

$$\delta(t-\xi)=\begin{cases}0, & t\neq\xi\\ \infty, & t=\xi\end{cases} \tag{2-29}$$

$$\int_{-\infty}^{\infty}\delta(t-\xi)\,\mathrm{d}t=1 \tag{2-30}$$

$\delta(t-\xi)$ 与任意函数 $f(t)$ 乘积的时间积分为

$$\int_{0}^{\infty}f(t)\delta(t-\xi)\,\mathrm{d}t=f(\xi),\quad 0<\xi<\infty \tag{2-31}$$

冲击力 $F(t)$ 在无限短时间内产生了有限冲量 $\hat{F}=\int F(t)\,\mathrm{d}t$ 。零初始条件 $x_0=0$，$v_0=0$ 下，单自由度系统在 $t=0$ 时刻受到冲量 $\hat{F}$ 作用，则系统的运动方程为

$$\begin{cases}m\ddot{x}+c\dot{x}+kx=\hat{F}\delta(t)\\ x_0=0,\ v_0=0\end{cases} \tag{2-32}$$

冲量在无限短时间内施加到系统上，故可认为该瞬时系统位移保持不变，而只是获得了一个初始速度 $v_0=\dfrac{\hat{F}}{m}$；冲击结束后，系统为自由振动。因此，式(2-32)等价为

$$\begin{cases} m\ddot{x}+c\dot{x}+kx=0 \\ x_0=0,\ v_0=\dfrac{\hat{F}}{m} \end{cases} \tag{2-33}$$

根据有阻尼单自由度系统的自由振动分析，式(2-33)的解为

$$x(t)=\frac{\hat{F}}{m\omega_n\sqrt{1-\zeta^2}}\mathrm{e}^{-\zeta\omega_n t}\sin\sqrt{1-\zeta^2}\,\omega_n t=\hat{F}h(t),\quad t\geqslant 0 \tag{2-34}$$

式中，$h(t)=\dfrac{1}{m\omega_n\sqrt{1-\zeta^2}}\mathrm{e}^{-\zeta\omega_n t}\sin\sqrt{1-\zeta^2}\,\omega_n t$ ，称为单位脉冲响应函数。

若单位冲量不是作用在 $t=0$ 时刻，而是作用在 $t=\xi$ 时刻，则冲击响应也将滞后时间 ξ ，即

$$x(t-\xi)=\frac{\hat{F}}{m\omega_n\sqrt{1-\zeta^2}}\mathrm{e}^{-\zeta\omega_n(t-\xi)}\sin\sqrt{1-\zeta^2}\,\omega_n(t-\xi),\quad t\geqslant\xi \tag{2-35}$$

2. 任意激励

如果单自由度系统受图 2-7 所示的任意激励力 $F(t)$ 作用，$F(t)$ 曲线下部的面积就是其产生的总冲量。利用微积分思想，将面积分解成一系列小曲边梯形，当间距无限小时，小曲边梯形的面积可用相应的小矩形面积代替。

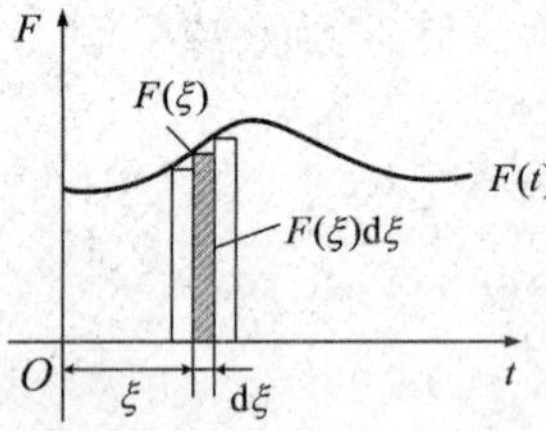

图 2-7　瞬态激励的分解

考察 $t=\xi$ 时刻的小矩形，其面积即冲量为 $F(\xi)\mathrm{d}\xi$ ，在这一时刻冲量 $F(\xi)\mathrm{d}\xi$ 引起的响应为 $h(t-\xi)F(\xi)\mathrm{d}\xi$ 。需要注意的是，$F(\xi)\mathrm{d}\xi$ 引起的响应 $h(t-\xi)F(\xi)\mathrm{d}\xi$ 仅在 $t\geqslant\xi$ 时才存在，即响应的产生不能超前相应的激励，小矩形面积代表的冲量激励对其作用时刻 ξ 之后的响应有贡献。根据线性系统的叠加原理，激励力 $F(t)$ 引起的系统响应等于时间区间 $0\leqslant\xi\leqslant t$ 上所有脉冲激发起的系统响应总和，即

$$x(t)=\int_0^t h(t-\xi)F(\xi)\mathrm{d}\xi \tag{2-36}$$

式(2-36)称作杜哈梅尔(Duhamel)积分或卷积积分。Duhamel 积分是在系统为零初始条件 $x_0=0$、$v_0=0$ 下得到的，一般情况下，系统的完整响应还应包含由初始条件引起的响应部分，即

$$x(t)=e^{-\zeta\omega_n t}\left(x_0\cos\sqrt{1-\zeta^2}\,\omega_n t+\frac{v_0+\zeta\omega_n x_0}{\omega_n\sqrt{1-\zeta^2}}\sin\sqrt{1-\zeta^2}\,\omega_n t\right)+\int_0^t h(t-\xi)F(\xi)\mathrm{d}\xi \tag{2-37}$$

注意，由 Duhamel 积分所得到的响应包含了受迫振动的稳态响应和瞬态响应两部分，因而由初始条件产生的响应可从自由振动响应公式直接计算，再与 Duhamel 积分叠加。

2.2　二自由度系统的振动

如果确定一个振动系统的位置所需独立参数只有两个，则称这样的系统为二自由度系统。二自由度系统是最简单的多自由度系统，多自由度系统与二自由度系统的振动性质十分相似，研究方法也基本相同，研究二自由度系统是分析和掌握多自由度系统的基础。自由度由一增加到二，会引起系统行为发生质变，带来一系列新的物理概念，即会引起性质上的一些变化。而二自由度和三自由度系统以及更高自由度系统的区别，主要体现在数量、系统的复杂程度及计算的难度上。因此掌握好二自由度系统的基本概念、性质和分析方法，就能推广到具有更多自由度的系统[6-8]。

2.2.1　二自由度系统的自由振动

1. 无阻尼自由振动

图 2-8 为一典型的无阻尼二自由度系统，弹簧刚度分别为 k_1、k_2，x_1 和 x_2 为确定质量块 m_1 和 m_2 位置的独立坐标。系统做自由振动时，分别对质量块 m_1 和 m_2 列出振动微分方程为

$$\begin{cases} m_1\ddot{x}_1+(k_1+k_2)x_1-k_2x_2=0 \\ m_2\ddot{x}_2-k_2x_1+k_2x_2=0 \end{cases} \tag{2-38}$$

写成矩阵形式即

$$\begin{bmatrix} m_1 & 0 \\ 0 & m_2 \end{bmatrix}\begin{bmatrix} \ddot{x}_1 \\ \ddot{x}_2 \end{bmatrix}+\begin{bmatrix} k_1+k_2 & -k_2 \\ -k_2 & k_2 \end{bmatrix}\begin{bmatrix} x_1 \\ x_2 \end{bmatrix}=\begin{bmatrix} 0 \\ 0 \end{bmatrix} \tag{2-39}$$

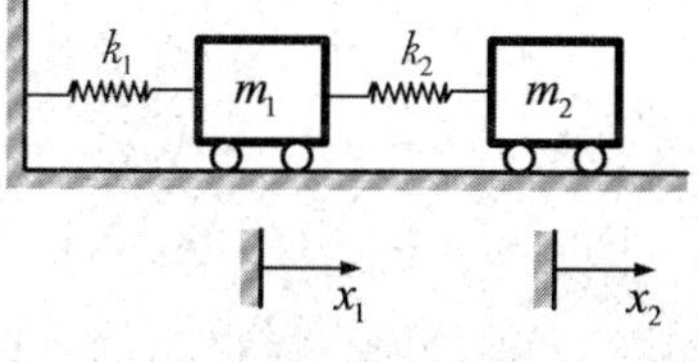

图 2-8　无阻尼二自由度系统

根据微分方程理论，设方程组(2-39)的解为

$$\begin{bmatrix} x_1 \\ x_2 \end{bmatrix} = \begin{bmatrix} A\cos(\omega t - \theta) \\ B\cos(\omega t - \theta) \end{bmatrix} \tag{2-40}$$

将式(2-40)代入式(2-39)，消去不恒为零的项 $\cos(\omega t - \theta)$，则有

$$\begin{bmatrix} (k_1 + k_2) - m_1\omega^2 & -k_2 \\ -k_2 & k_2 - m_2\omega^2 \end{bmatrix} \begin{bmatrix} A \\ B \end{bmatrix} = \begin{bmatrix} 0 \\ 0 \end{bmatrix} \tag{2-41}$$

式(2-41)有非零解的充要条件是系数行列式的值为零，即

$$\begin{vmatrix} (k_1 + k_2) - m_1\omega^2 & -k_2 \\ -k_2 & k_2 - m_2\omega^2 \end{vmatrix} = 0 \tag{2-42}$$

式(2-42)为方程(2-39)的频率方程或特征方程，展开后可得到关于 ω^2 的一元二次方程，求得 ω^2 的两个根为

$$\omega_{1,2}^2 = \frac{(k_1 + k_2)m_2 + m_1k_2}{2m_1m_2} \mp \sqrt{\left[\frac{(k_1 + k_2)m_2 + m_1k_2}{2m_1m_2}\right]^2 - \frac{k_1k_2}{m_1m_2}} \tag{2-43}$$

此两根 ω_1 和 ω_2 均为正实根，它们只与系统本身的参数 (m_1，m_2，k_1，k_2) 有关，称为固有频率，其中第一个根 ω_1 较小，称为一阶固有频率，第二个根 ω_2 较大，称为二阶固有频率。这里得到了两个特征根 ω_1 和 ω_2，说明系统可能按两种不同的频率振动。一般情况下，系统的振动是两种不同频率简谐振动的叠加，即

$$\begin{bmatrix} x_1 \\ x_2 \end{bmatrix} = \begin{bmatrix} A_1\cos(\omega_1 t - \theta_1) + A_2\cos(\omega_2 t - \theta_2) \\ B_1\cos(\omega_1 t - \theta_1) + B_2\cos(\omega_2 t - \theta_2) \end{bmatrix} \tag{2-44}$$

其中，A_i，B_i，$\theta_i (i = 1, 2)$ 由系统初始条件确定。对于二自由度系统，只有 4 个初始条件，而式(2-44)中却有 6 个未知数，因而必须找到其中某些参数之间的关系。

把式(2-43)表示的 ω_1 和 ω_2 分别代入式(2-41)中的任何一个方程都应该使方程成立，取其中之一就可以得到两个质量按同一频率振动时的振幅比，即

$$\begin{cases} \omega = \omega_1 \rightarrow \quad \dfrac{B_1}{A_1} = \dfrac{(k_1 + k_2) - m_1\omega_1^2}{k_2} = \dfrac{-k_2}{m_2\omega_1^2 - k_2} = \mu_1 \\ \omega = \omega_2 \rightarrow \quad \dfrac{B_2}{A_2} = \dfrac{(k_1 + k_2) - m_1\omega_2^2}{k_2} = \dfrac{-k_2}{m_2\omega_2^2 - k_2} = \mu_2 \end{cases} \tag{2-45}$$

即

$$\begin{cases} \omega = \omega_1 \rightarrow \quad B_1 = A_1\mu_1 \\ \omega = \omega_2 \rightarrow \quad B_2 = A_2\mu_2 \end{cases} \tag{2-46}$$

上式说明，当系统按一阶固有频率 ω_1 振动时，质量 m_2 和质量 m_1 的振幅比为 $\mu_1 : 1$；当系统按二阶固有频率 ω_2 振动时，质量 m_2 和质量 m_1 的振幅比为 $\mu_2 : 1$。

因此，可得二自由度系统在初始扰动下的无阻尼自由振动响应为

$$\begin{bmatrix} x_1 \\ x_2 \end{bmatrix} = \begin{bmatrix} A_1\cos(\omega_1 t - \theta_1) + A_2\cos(\omega_2 t - \theta_2) \\ A_1\mu_1\cos(\omega_1 t - \theta_1) + A_2\mu_2\cos(\omega_2 t - \theta_2) \end{bmatrix} \tag{2-47}$$

将系统的初始位移 $x_1(0)=x_{10}$，$x_2(0)=x_{20}$ 和初始速度 $\dot{x}_1(0)=\dot{x}_{10}$，$\dot{x}_2(0)=\dot{x}_{20}$ 代入式(2-47)，解得

$$\begin{cases} A_1 = \dfrac{1}{|\mu_2-\mu_1|}\sqrt{(x_{20}-\mu_2 x_{10})^2 + \dfrac{(\mu_2\dot{x}_{10}-\dot{x}_{20})^2}{\omega_1^2}} \\ A_2 = \dfrac{1}{|\mu_2-\mu_1|}\sqrt{(x_{20}-\mu_2 x_{10})^2 + \dfrac{(\dot{x}_{20}-\mu_1\dot{x}_{10})^2}{\omega_2^2}} \\ \theta_1 = \begin{cases} \arctan\dfrac{(\mu_2\dot{x}_{10}-\dot{x}_{20})}{\omega_1(\mu_2 x_{10}-x_{20})} & \dfrac{\mu_2 x_{10}-x_{20}}{\mu_2-\mu_1} > 0 \\ \pi + \arctan\dfrac{(\mu_2\dot{x}_{10}-\dot{x}_{20})}{\omega_1(\mu_2 x_{10}-x_{20})} & \dfrac{\mu_2 x_{10}-\dot{x}_{20}}{\mu_2-\mu_1} < 0 \end{cases} \\ \theta_2 = \begin{cases} \arctan\dfrac{(\mu_1\dot{x}_{10}-\dot{x}_{20})}{\omega_2(\mu_1 x_{10}-x_{20})} & \dfrac{x_{20}-\mu_1 x_{10}}{\mu_2-\mu_1} > 0 \\ \pi + \arctan\dfrac{(\mu_1\dot{x}_{10}-\dot{x}_{20})}{\omega_2(\mu_1 x_{10}-x_{20})} & \dfrac{x_{20}-\mu_1 x_{10}}{\mu_2-\mu_1} < 0 \end{cases} \end{cases} \tag{2-48}$$

2. 有阻尼自由振动

对图 2-9 所示的有阻尼二自由度系统，阻尼系数分别为 c_1，c_2，系统振动的微分方程为

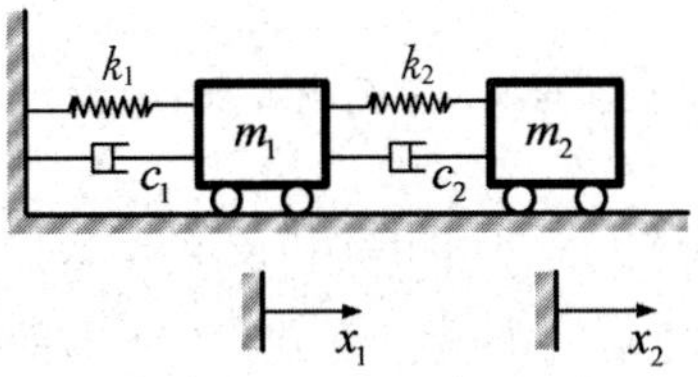

图 2-9　有阻尼二自由度系统

$$\begin{bmatrix} m_1 & 0 \\ 0 & m_2 \end{bmatrix}\begin{bmatrix} \ddot{x}_1 \\ \ddot{x}_2 \end{bmatrix} + \begin{bmatrix} c_1+c_2 & -c_2 \\ -c_2 & c_2 \end{bmatrix}\begin{bmatrix} \dot{x}_1 \\ \dot{x}_2 \end{bmatrix} + \begin{bmatrix} k_1+k_2 & -k_2 \\ -k_2 & k_2 \end{bmatrix}\begin{bmatrix} x_1 \\ x_2 \end{bmatrix} = \begin{bmatrix} 0 \\ 0 \end{bmatrix} \tag{2-49}$$

设式(2-49)的解为

$$\begin{bmatrix} x_1 \\ x_2 \end{bmatrix} = \begin{bmatrix} A \\ B \end{bmatrix} e^{\lambda t} \tag{2-50}$$

将式(2-50)代入方程(2-49)，由 $e^{\lambda t} \neq 0$ 可得

$$\begin{bmatrix} m_1\lambda^2 + (c_1+c_2)\lambda + (k_1+k_2) & -c_2\lambda - k_2 \\ -c_2\lambda - k_2 & m_2\lambda^2 + c_2\lambda + k_2 \end{bmatrix}\begin{bmatrix} A \\ B \end{bmatrix} = \begin{bmatrix} 0 \\ 0 \end{bmatrix} \tag{2-51}$$

式(2-51)有非零解的充要条件是系数行列式的值为零，即

$$\begin{vmatrix} m_1\lambda^2+(c_1+c_2)\lambda+(k_1+k_2) & -c_2\lambda-k_2 \\ -c_2\lambda-k_2 & m_2\lambda^2+c_2\lambda+k_2 \end{vmatrix}=0 \tag{2-52}$$

式(2-52)表示的频率方程为一元四次代数方程，可以求得 4 个根，形式如下：

$$\lambda_{1,2}=\alpha_1\pm \mathrm{i}\beta_1,\quad \lambda_{3,4}=\alpha_2\pm \mathrm{i}\beta_2 \tag{2-53}$$

当 $\alpha_1=\alpha_2=0$ 时，系统做无阻尼振动；当 $\beta_1=\beta_2=0$ 时，系统不振动；当 α_i，$\beta_i(i=1,2)$ 均不为零时，若 $\alpha_i>0$，系统的响应随时间按指数函数规律增加，系统处于不稳定状态；若 $\alpha_i<0$，系统的响应随时间按指数函数规律衰减，系统处于稳定状态，即系统在其平衡位置附近受到初始扰动后，它的运动仍然在静平衡位置附近。

2.2.2 二自由度系统的受迫振动

如图 2-10 所示，系统受到简谐激励力 $\boldsymbol{F}\mathrm{e}^{\mathrm{i}\omega t}$ 的作用，系统的振动微分方程为

$$\begin{bmatrix} m_1 & 0 \\ 0 & m_2 \end{bmatrix}\begin{bmatrix} \ddot{x}_1 \\ \ddot{x}_2 \end{bmatrix}+\begin{bmatrix} c_1+c_2 & -c_2 \\ -c_2 & c_2 \end{bmatrix}\begin{bmatrix} \dot{x}_1 \\ \dot{x}_2 \end{bmatrix}+\begin{bmatrix} k_1+k_2 & -k_2 \\ -k_2 & k_2 \end{bmatrix}\begin{bmatrix} x_1 \\ x_2 \end{bmatrix}=\begin{bmatrix} F_1 \\ F_2 \end{bmatrix}\mathrm{e}^{\mathrm{i}\omega t} \tag{2-54}$$

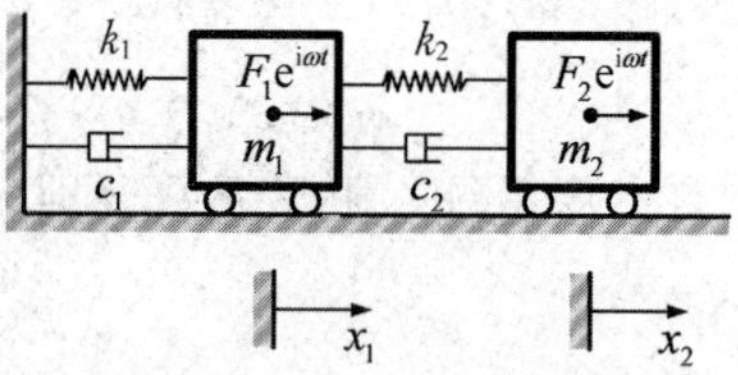

图 2-10 有阻尼二自由度系统的受迫振动

方程(2-54)的解由相应齐次方程的通解和非齐次方程的特解两部分组成，其中齐次方程的通解即二自由度系统自由振动的响应。设方程(2-54)的一组特解为

$$\begin{bmatrix} x_1 \\ x_2 \end{bmatrix}=\begin{bmatrix} X_1 \\ X_2 \end{bmatrix}\mathrm{e}^{\mathrm{i}\omega t} \tag{2-55}$$

将式(2-55)代入方程(2-54)，由 $\mathrm{e}^{\mathrm{i}\omega t}\neq 0$ 可得

$$\begin{bmatrix} (k_1+k_2)-\omega^2 m_1+\mathrm{i}(c_1+c_2)\omega & -k_2-\mathrm{i}c_2\omega \\ -k_2-\mathrm{i}c_2\omega & k_2-\omega^2 m_2+\mathrm{i}c_2\omega \end{bmatrix}\begin{bmatrix} X_1 \\ X_2 \end{bmatrix}=\begin{bmatrix} F_1 \\ F_2 \end{bmatrix} \tag{2-56}$$

根据方程组特解，可得式(2-56)的稳态振幅为

$$\begin{cases} X_1=\dfrac{Z_{22}F_1-Z_{21}F_2}{Z_{11}Z_{22}-Z_{12}^2} \\ X_2=\dfrac{-Z_{12}F_1+Z_{11}F_2}{Z_{11}Z_{22}-Z_{12}^2} \end{cases} \tag{2-57}$$

式中，$[Z_{ij}]$ 称为阻抗矩阵，它代表系统的固有特征，有

$$Z_{ij}=k_{ij}-\omega^2 m_{ij}+\mathrm{i}\omega c_{ij} \quad (i, j=1, 2) \tag{2-58}$$

现考察无阻尼系统对简谐激励的响应。设图 2-10 中阻尼为零，且激励力 $F_2=0$，根据式(2-58)可得 $Z_{11}=(k_1+k_2)-\omega^2 m_1$，$Z_{12}=Z_{21}=-k_2$，$Z_{22}=k_2-\omega^2 m_2$，继而可求得相应的稳态振动的振幅为

$$\begin{cases} X_1=\dfrac{(k_2-\omega^2 m_2)F_1}{[(k_1+k_2)-\omega^2 m_1](k_2-\omega^2 m_2)-k_{12}^2} \\ X_2=\dfrac{k_2 F_1}{[(k_1+k_2)-\omega^2 m_1](k_2-\omega^2 m_2)-k_{12}^2} \end{cases} \tag{2-59}$$

根据系统的参数，利用式(2-59)可画出 $X_1(\omega)$ 和 $X_2(\omega)$ 对 ω 的响应曲线。

2.3　多自由度系统的振动

2.3.1　多自由度系统的振动方程

将二自由度系统的振动方程推广到更高自由度系统，即可得到 n 自由度系统矩阵形式表示的振动微分方程，即

$$\begin{cases} \boldsymbol{M}\ddot{\boldsymbol{x}}(t)+\boldsymbol{C}\dot{\boldsymbol{x}}(t)+\boldsymbol{K}\boldsymbol{x}(t)=\boldsymbol{F}(t) \\ \boldsymbol{x}(0)=\boldsymbol{x}_0,\ \dot{\boldsymbol{x}}(0)=\dot{\boldsymbol{x}}_0 \end{cases} \tag{2-60}$$

式中：$\boldsymbol{M}$、$\boldsymbol{C}$ 和 $\boldsymbol{K}$ 均为 $n\times n$ 方阵，分别表示系统的质量矩阵、阻尼矩阵和刚度矩阵；$\boldsymbol{x}(t)$和 $\boldsymbol{F}(t)$为 n 维列向量，分别表示系统的位移向量和激励力向量；n 维列向量 $\dot{\boldsymbol{x}}(t)$ 和 $\ddot{\boldsymbol{x}}(t)$ 分别是系统的速度向量和加速度向量；n 维列向量 $\boldsymbol{x}_0$ 和 $\dot{\boldsymbol{x}}_0$ 分别是系统的初始位移向量和初始速度向量。

从式(2-60)可以看到，它在形式上与单自由度系统受迫振动的运动微分方程相同。只因系统有多个自由度，描述系统质量、阻尼和刚度特性的 $\boldsymbol{M}$、$\boldsymbol{C}$ 和 $\boldsymbol{K}$ 不再是三个常数，而是三个常数矩阵。从二自由度系统的受迫振动方程式(2-59)可以看出，系统中各质量块的运动是相互关联的，这反映在式(2-60)中刚度矩阵 $\boldsymbol{K}$ 和阻尼矩阵 $\boldsymbol{C}$ 的非对角元素不全为零，通常将这种相关联称作耦合，这是多自由度系统有别于单自由度系统的一个基本特征。

2.3.2　无阻尼系统的振动响应

1. 无阻尼多自由度系统的固有振动

1)固有振动的形式和条件

在选定的物理坐标 x 下，令式(2-60)中矩阵 $\boldsymbol{C}(t)=\boldsymbol{0}$、$\boldsymbol{F}(t)=\boldsymbol{0}$，可得无阻尼系统自由振动的微分方程和相应的初始条件为[4]

$$\begin{cases}\boldsymbol{M}\ddot{\boldsymbol{x}}(t)+\boldsymbol{K}\boldsymbol{x}(t)=\boldsymbol{0}\\ \boldsymbol{x}(0)=\boldsymbol{x}_0,\ \dot{\boldsymbol{x}}(0)=\dot{\boldsymbol{x}}_0\end{cases} \tag{2-61}$$

假设各质点做简谐振动，且振动的频率 ω 和初相位 θ 都相同，只是振动的振幅不同，即

$$\boldsymbol{x}(t)=\boldsymbol{\varphi}\sin(\omega t+\theta) \tag{2-62}$$

其中，$\boldsymbol{x}$ 和 $\boldsymbol{\varphi}$ 均为 n 维列向量，即 $\boldsymbol{x}=[x_1\quad x_2\quad \cdots\quad x_n]^{\mathrm{T}}$，$\boldsymbol{\varphi}=[\varphi_1\quad \varphi_2\quad \cdots\quad \varphi_n]^{\mathrm{T}}$。各质点的振幅 $\varphi_i\ (i=1,\ \cdots,\ n)$、频率 ω 以及初相位 θ 都是待定的参数。

将式(2-62)代入式(2-61)，整理后可得

$$(\boldsymbol{K}-\omega^2\boldsymbol{M})\boldsymbol{\varphi}=\boldsymbol{0} \tag{2-63}$$

要使得上式有非零解 $\boldsymbol{\varphi}$，则必有系数行列式为零，即

$$|\boldsymbol{K}-\omega^2\boldsymbol{M}|=0 \tag{2-64}$$

这是一个关于 ω^2 的 n 次代数方程，称作特征方程，也叫频率方程，由该方程可以解出 ω^2 的 n 个正实根，从而求出 n 个频率 $\omega_i(i=1,\ 2,\ \cdots,\ n)$，将其称为系统的固有频率，这些固有频率都只与系统本身的参数有关而与其他条件无关。将系统的固有频率 $\omega_i(i=1,\ 2,\ \cdots,\ n)$ 按大小顺序排列，即 $\omega_1<\omega_2<\omega_3<\cdots<\omega_n$，其中 ω_1 称为第一阶固有频率或基频，其余的频率统称为高阶频率。

将 $\omega_i^2(i=1,\ 2,\ \cdots,\ n)$ 代回式(2-63)，可得实系数齐次线性方程

$$(\boldsymbol{K}-\omega_i^2\boldsymbol{M})\boldsymbol{\varphi}_i=\boldsymbol{0}\ (i=1,\ 2,\ \cdots,\ n) \tag{2-65}$$

由此确定的特征向量 $\boldsymbol{\varphi}_i$ 是实向量，称为系统的固有振型。因对于任意非零实常数 a，$a\boldsymbol{\varphi}_i$ 仍是对应特征值 ω_i^2 的特征向量，所以仅能确定 $\boldsymbol{\varphi}_i$ 中各分量间的比例。n 个自由度的系统，有 n 个固有频率，相应地有 n 个固有振型 $\boldsymbol{\varphi}_i(i=1,\ 2,\ \cdots,\ n)$。

从而系统的确可产生设想的振动

$$\boldsymbol{x}_i(t)=\boldsymbol{\varphi}_i\sin(\omega_i t+\theta_i)\quad(i=1,\ 2,\ \cdots,\ n) \tag{2-66}$$

其运动特征是系统中各质点以同一频率 ω_i 和同一初相位 θ_i 振动，而振幅按特征向量 $\boldsymbol{\varphi}_i$ 规定的比例分配。将无阻尼系统的这种自由振动称作其第 i 阶固有振动，ω_i，$\boldsymbol{\varphi}_i$ 分别为第 i 阶固有频率和第 i 阶固有振型，固有频率和固有振型这两者合在一起被称作系统的第 i 阶固有模态。

根据系统的初始条件 $\boldsymbol{x}(0)=\boldsymbol{x}_0$，$\dot{\boldsymbol{x}}(0)=\dot{\boldsymbol{x}}_0$，第 i 阶固有振动在零初始时刻应满足下式：

$$\boldsymbol{x}_i(0)=\boldsymbol{\varphi}_i\sin\theta_i,\quad \dot{\boldsymbol{x}}_i(0)=\omega_i\boldsymbol{\varphi}_i\cos\theta_i(i=1,\ 2,\ \cdots,\ n) \tag{2-67}$$

如果式(2-67)的条件不能满足，则系统的自由振动将是各阶固有振动的线性组合，即

$$\boldsymbol{x}(t)=\sum_{i=1}^{n}\alpha_i\boldsymbol{\varphi}_i\sin(\omega_i t+\theta_i)=\sum_{i=1}^{n}\boldsymbol{\varphi}_i(A_i\cos\omega_i t+B_i\sin\omega_i t) \tag{2-68}$$

式中，实常数 α_i，θ_i 或等价的 A_i，B_i 可由初始条件确定。

2)固有振型的加权正交性

互异固有频率所对应的固有振型关于质量矩阵、刚度矩阵加权正交，即

$$\boldsymbol{\varphi}_i^{\mathrm{T}}\boldsymbol{M}\boldsymbol{\varphi}_j = M_i\delta_{ij}，\quad \boldsymbol{\varphi}_i^{\mathrm{T}}\boldsymbol{K}\boldsymbol{\varphi}_j = K_i\delta_{ij} \tag{2-69}$$

式中：$\delta_{ij} = \begin{cases} 1 & (i = j) \\ 0 & (i \neq j) \end{cases}$，称作 Kronecker 符号；$M_i = \boldsymbol{\varphi}_i^{\mathrm{T}}\boldsymbol{M}\boldsymbol{\varphi}_i$ 为对应第 i 阶固有振型的广义质量，也称为主质量；$K_i = \boldsymbol{\varphi}_i^{\mathrm{T}}\boldsymbol{K}\boldsymbol{\varphi}_i$ 为对应第 i 阶固有振型的广义刚度，也称为主刚度。加权正交性是无阻尼系统固有振型最重要的性质，这一性质表明无阻尼系统的各阶固有振动间的能量是不耦合的。

若固有振型向量 $\boldsymbol{\varphi}_i$ 已关于主质量归一化，即 $\boldsymbol{\varphi}_i^* = \dfrac{\boldsymbol{\varphi}_i}{\sqrt{\boldsymbol{\varphi}_i^{\mathrm{T}}\boldsymbol{M}\boldsymbol{\varphi}_i}}$ $(i = 1，2，\cdots，n)$，则式(2-69)可写为 $\boldsymbol{\varphi}_i^{*\mathrm{T}}\boldsymbol{M}\boldsymbol{\varphi}_j^* = \delta_{ij}$，$\boldsymbol{\varphi}_i^{*\mathrm{T}}\boldsymbol{K}\boldsymbol{\varphi}_j^* = \omega_i^2\delta_{ij}$。

n 自由度无阻尼系统总有 n 个线性无关的固有振型 $\boldsymbol{\varphi}_i$ $(i = 1，2，\cdots，n)$，其中任意两个振型关于系统质量矩阵 $\boldsymbol{M}$ 和刚度矩阵 $\boldsymbol{K}$ 加权正交。引入固有振型矩阵 $\boldsymbol{\Phi}$：

$$\boldsymbol{\Phi} = [\boldsymbol{\varphi}_1 \quad \boldsymbol{\varphi}_2 \quad \cdots \quad \boldsymbol{\varphi}_n] \tag{2-70}$$

该矩阵为可逆方阵，并且满足矩阵形式的正交关系，即

$$\begin{cases} \boldsymbol{\Phi}^{\mathrm{T}}\boldsymbol{M}\boldsymbol{\Phi} = \underset{1\leqslant i\leqslant n}{\mathrm{diag}}\,[\boldsymbol{\varphi}_i^{\mathrm{T}}\boldsymbol{M}\boldsymbol{\varphi}_i] = \underset{1\leqslant i\leqslant n}{\mathrm{diag}}\,[M_i] \\ \boldsymbol{\Phi}^{\mathrm{T}}\boldsymbol{K}\boldsymbol{\Phi} = \underset{1\leqslant i\leqslant n}{\mathrm{diag}}\,[\boldsymbol{\varphi}_i^{\mathrm{T}}\boldsymbol{K}\boldsymbol{\varphi}_i] = \underset{1\leqslant i\leqslant n}{\mathrm{diag}}\,[K_i] \end{cases} \tag{2-71}$$

若固有振型向量 $\boldsymbol{\varphi}_i$ 已关于主质量归一化，则式(2-71)可简化为

$$\boldsymbol{\Phi}^{*\mathrm{T}}\boldsymbol{M}\boldsymbol{\Phi}^* = \boldsymbol{I}，\quad \boldsymbol{\Phi}^{*\mathrm{T}}\boldsymbol{K}\boldsymbol{\Phi}^* = \underset{1\leqslant i\leqslant n}{\mathrm{diag}}\,[\omega_i^2] \tag{2-72}$$

式中，$\boldsymbol{\Phi}^*$ 为关于主质量归一化的固有振型。

2. 运动的解耦

根据上节可知，n 自由度无阻尼系统总共有 n 个线性无关的固有振型 $\boldsymbol{\varphi}_i$ $(i = 1，2，\cdots，n)$，因此，可用它作基底来形成一个描述系统运动的空间。引入一组新的广义坐标 $\boldsymbol{q} = [q_1 \quad q_2 \quad \cdots \quad q_n]^{\mathrm{T}}$，使新坐标 $\boldsymbol{q}$ 与原物理坐标 $\boldsymbol{x}$ 之间满足下式的变换关系：

$$\boldsymbol{x} = \boldsymbol{\Phi}\boldsymbol{q} \tag{2-73}$$

式中，$\boldsymbol{\Phi}$ 为式(2-70)表示的固有振型矩阵。

则运动微分方程(2-61)可以用广义坐标进行表达：

$$\boldsymbol{M}_q\ddot{\boldsymbol{q}}(t) + \boldsymbol{K}_q\boldsymbol{q}(t) = \boldsymbol{0} \tag{2-74}$$

由加权正交性条件式可知，广义坐标 $\boldsymbol{q}$ 下的质量矩阵 $\boldsymbol{M}$、刚度矩阵 $\boldsymbol{K}$ 是对角矩阵，因此广义坐标 $\boldsymbol{q}$ 也称为主坐标。在主坐标下，式(2-74)是独立的 n 个标量函数 $q_i(t)$ 的微分方程，即

$$M_i\ddot{q}_i(t)+K_iq_i(t)=0\ (i=1,\ 2,\ \cdots,\ n) \tag{2-75}$$

这说明在主坐标下系统的运动是解耦的，解耦的系统运动正是它的 n 个固有振动，即

$$q_i(t)=A_i\cos\omega_it+B_i\sin\omega_it\ (i=1,\ 2,\ \cdots,\ n) \tag{2-76}$$

3. 无阻尼多自由度系统的自由振动

1)无刚体自由度系统

前面已经指出，多自由度系统产生固有振动必须满足特定的初始条件，否则系统自由振动则是各阶固有振动的线性叠加。对于无刚体自由度系统，由式(2-73)和式(2-76)可知

$$\boldsymbol{x}(t)=\boldsymbol{\Phi q}(t)=\boldsymbol{\Phi}\begin{bmatrix}A_1\cos\omega_1t+B_1\sin\omega_1t\\ \vdots\\ A_n\cos\omega_nt+B_n\sin\omega_nt\end{bmatrix}=\boldsymbol{\Phi}\underset{1\leqslant i\leqslant n}{\operatorname{diag}}[\cos\omega_it]\boldsymbol{A}+\boldsymbol{\Phi}\underset{1\leqslant i\leqslant n}{\operatorname{diag}}[\sin\omega_it]\boldsymbol{B} \tag{2-77}$$

式中，$\boldsymbol{A}$ 和 $\boldsymbol{B}$ 都是 n 维列向量，分别为 $\boldsymbol{A}=[A_1\ \ \cdots\ \ A_n]^{\mathrm{T}}$，$\boldsymbol{B}=[B_1\ \ \cdots\ \ B_n]^{\mathrm{T}}$。

对于给定的初始位移 $\boldsymbol{x}(0)=\boldsymbol{x}_0$ 和初始速度 $\dot{\boldsymbol{x}}(0)=\dot{\boldsymbol{x}}_0$，由式(2-77)可得

$$\boldsymbol{x}_0=\boldsymbol{\Phi A},\ \dot{\boldsymbol{x}}_0=\boldsymbol{\Phi}\underset{1\leqslant i\leqslant n}{\operatorname{diag}}[\omega_i]\boldsymbol{B} \tag{2-78}$$

则参数向量 $\boldsymbol{A}$ 和 $\boldsymbol{B}$ 分别为

$$\boldsymbol{A}=\boldsymbol{\Phi}^{-1}\boldsymbol{x}_0,\ \boldsymbol{B}=\underset{1\leqslant i\leqslant n}{\operatorname{diag}}\left[\frac{1}{\omega_i}\right]\boldsymbol{\Phi}^{-1}\dot{\boldsymbol{x}}_0 \tag{2-79}$$

因此，多自由度系统的自由振动为

$$\boldsymbol{x}(t)=\boldsymbol{\Phi}\underset{1\leqslant i\leqslant n}{\operatorname{diag}}[\cos\omega_it]\boldsymbol{\Phi}^{-1}\boldsymbol{x}_0+\boldsymbol{\Phi}\underset{1\leqslant i\leqslant n}{\operatorname{diag}}\left[\frac{\sin\omega_it}{\omega_i}\right]\boldsymbol{\Phi}^{-1}\dot{\boldsymbol{x}}_0=\boldsymbol{X}(t)\boldsymbol{x}_0+\boldsymbol{V}(t)\dot{\boldsymbol{x}}_0 \tag{2-80}$$

式中，$\boldsymbol{X}(t)=\boldsymbol{\Phi}\underset{1\leqslant i\leqslant n}{\operatorname{diag}}[\cos\omega_it]\boldsymbol{\Phi}^{-1}$，$\boldsymbol{V}(t)=\boldsymbol{\Phi}\underset{1\leqslant i\leqslant n}{\operatorname{diag}}\left[\frac{\sin\omega_it}{\omega_i}\right]\boldsymbol{\Phi}^{-1}$，分别代表各自由度具有单位初始位移和单位初始速度引起的系统自由振动。

实际计算中，为避免求解 $\boldsymbol{\Phi}^{-1}$，可采用关于主质量归一化的固有振型 $\boldsymbol{\Phi}^*$，根据加权正交关系有 $\boldsymbol{\Phi}^{*-1}=\boldsymbol{\Phi}^{*\mathrm{T}}\boldsymbol{M}$。

2)刚体运动

如果系统具有刚体自由度，则自由振动中还有刚体位移成分。刚体运动可表示为

$$\boldsymbol{x}_i(t)=\boldsymbol{\varphi}_0(A_0+B_0t) \tag{2-81}$$

式中：A_0 和 B_0 由初始条件确定；$\boldsymbol{\varphi}_0$ 描述了系统做刚体运动时各自由度位移间的相对比例，称作刚体运动振型。

刚体运动振型对应于固有频率为零的情况，将零固有频率和相应的振型称为刚体模态。刚体模态与弹性模态线性无关，故可以完全类似地确定系统的运动。

4. 无阻尼多自由度系统的受迫振动

无阻尼多自由度系统受迫振动的微分方程和相应的初始条件为

$$\begin{cases} \boldsymbol{M}\ddot{\boldsymbol{x}}(t)+\boldsymbol{K}\boldsymbol{x}(t)=\boldsymbol{F}(t) \\ \boldsymbol{x}(0)=\boldsymbol{x}_0,\ \dot{\boldsymbol{x}}(0)=\dot{\boldsymbol{x}}_0 \end{cases} \tag{2-82}$$

线性系统的响应可分为零初始状态下激励引起的响应及零激励条件下初始条件引起的响应，即零状态响应及零输入响应。系统的响应可以是其中某一种或两种的线性组合。前面几节所分析的系统自由振动正是零输入响应，此处主要分析零状态响应。

1)单位脉冲响应矩阵

引入主坐标变换 $\boldsymbol{x}(t)=\boldsymbol{\Phi}\boldsymbol{q}(t)=\sum\limits_{i=1}^{n}\boldsymbol{\varphi}_i q_i(t)$，则式(2-82)可转换为 n 个单自由度系统的零状态响应问题：

$$\begin{cases} M_i\ddot{q}_i(t)+K_i q_i(t)=\boldsymbol{\varphi}_i^{\mathrm{T}}\boldsymbol{F}(t) \\ q_i(0)=0,\quad \dot{q}_i(0)=0 \end{cases} \quad (i=1,\ 2,\ \cdots,\ n) \tag{2-83}$$

当系统第 j 个自由度受单位脉冲激励后，第 i 阶主坐标的响应满足下式：

$$\begin{cases} M_i\ddot{q}_i(t)+K_i q_i(t)=\varphi_{ji}\delta(t) \\ q_i(0)=0,\ \dot{q}_i(0)=0 \end{cases} \quad (i=1,\ 2,\ \cdots,\ n) \tag{2-84}$$

可得

$$q_i(t)=\frac{\varphi_{ji}}{M_i\omega_i}\sin\omega_i t \tag{2-85}$$

将式(2-85)代入坐标变换关系 $\boldsymbol{x}(t)=\boldsymbol{\Phi}\boldsymbol{q}(t)=\sum\limits_{i=1}^{n}\boldsymbol{\varphi}_i q_i(t)$ 中，可得系统响应为

$$\boldsymbol{x}(t)=\sum_{i=1}^{n}\frac{\boldsymbol{\varphi}_i\varphi_{ji}}{M_i\omega_i}\sin\omega_i t \tag{2-86}$$

注意这是单位脉冲响应矩阵的第 j 列，故单位脉冲响应矩阵为

$$\boldsymbol{h}(t)=\sum_{i=1}^{n}\frac{\boldsymbol{\varphi}_i\boldsymbol{\varphi}_i^{\mathrm{T}}}{M_i\omega_i}\sin\omega_i t \tag{2-87}$$

继而可推得

$$\boldsymbol{h}(t)=\boldsymbol{\Phi}\underset{1\leqslant i\leqslant n}{\mathrm{diag}}\left[\frac{\sin\omega_i t}{M_i\omega_i}\right]\boldsymbol{\Phi}^{\mathrm{T}}=\boldsymbol{\Phi}\underset{1\leqslant i\leqslant n}{\mathrm{diag}}\left[\frac{\sin\omega_i t}{\omega_i}\right]\boldsymbol{\Phi}^{-1}\boldsymbol{\Phi}\underset{1\leqslant i\leqslant n}{\mathrm{diag}}\left[\frac{1}{M_i}\right]\boldsymbol{\Phi}^{\mathrm{T}}=\boldsymbol{V}(t)\boldsymbol{M}^{-1} \tag{2-88}$$

式中，$\boldsymbol{V}(t)$是各自由度由单位初速度引起的自由振动，这说明在各自由度上依次作用单位脉冲引起的初速度列向量排成的矩阵恰好就是 $\boldsymbol{M}^{-1}$ 。

2)任意激励下的响应

有了单位脉冲响应矩阵，系统受任意激励 $\boldsymbol{F}(t)$ 后的零状态响应为

$$\boldsymbol{x}(t)=\int_0^t \boldsymbol{h}(t-\xi)\boldsymbol{F}(\xi)\mathrm{d}\xi \tag{2-89}$$

考虑系统初始状态对响应的贡献时，系统的响应为

$$\boldsymbol{x}(t)=\boldsymbol{X}(t)\boldsymbol{x}_0+\boldsymbol{V}(t)\dot{\boldsymbol{x}}_0+\int_0^t \boldsymbol{h}(t-\xi)\boldsymbol{F}(\xi)\mathrm{d}\xi \tag{2-90}$$

上述采用主坐标解耦、分析、再线性组合的方法分析了无阻尼系统的振动问题，称作振型叠加法，该方法是一种处理线性振动问题的通用方法。

3)简谐激励下稳态响应的直接解法

无阻尼系统在简谐激励 $\boldsymbol{F}(t)=\boldsymbol{f}\sin\bar{\omega}t$ 作用下的稳态响应除了可以采用振型叠加法进行求解之外，还可以采用下面的直接解法求得。在稳态受迫振动阶段，各质点也都做简谐振动，设稳态响应为

$$\boldsymbol{x}(t)=\boldsymbol{A}\sin\bar{\omega}t \tag{2-91}$$

其中，$\boldsymbol{A}$ 是振幅的常数列向量。将式(2-91)代入式(2-82)，得

$$(\boldsymbol{K}-\bar{\omega}^2\boldsymbol{M})\boldsymbol{A}=\boldsymbol{f} \tag{2-92}$$

在一般情况下，由已知的刚度矩阵 $\boldsymbol{K}$、质量矩阵 $\boldsymbol{M}$ 和激励列向量 $\boldsymbol{f}$ 代入式(2-92)可求出振幅 $\boldsymbol{A}$，再代入式(2-91)从而得到任意 t 时刻各质点的位移。

当激振频率 $\bar{\omega}$ 与任意一个不考虑阻尼的自振频率 ω_i 相等时，$\boldsymbol{K}-\bar{\omega}^2\boldsymbol{M}$ 将成为奇异矩阵。这时，只要式(2-92)中 $\boldsymbol{f}$ 的某些元素有微小的非零分量，$\boldsymbol{A}$ 将产生无穷大的分量，说明当荷载频率和系统的自振频率相同时，系统发生共振。一般来说，当荷载频率变动时，n 自由度系统将出现 n 个共振点，这是无阻尼系统共振的特点。即使考虑了阻尼，在共振点仍将产生很大的振幅。

2.3.3 比例阻尼系统的振动响应

1. 瑞利(Rayleigh)阻尼

假设阻尼矩阵 $\boldsymbol{C}$ 为质量矩阵 $\boldsymbol{M}$ 和刚度矩阵 $\boldsymbol{K}$ 的线性组合，即

$$\boldsymbol{C}=\alpha\boldsymbol{M}+\beta\boldsymbol{K} \tag{2-93}$$

式中：α 和 β 为两个待定常数。这种形式的阻尼被称为瑞利(Rayleigh)阻尼或比例阻尼，对许多小阻尼结构采用这种阻尼模型进行分析可以获得比较好的结果。

引入主坐标变换 $\boldsymbol{x}(t)=\boldsymbol{\Phi}\boldsymbol{q}(t)=\sum\limits_{i=1}^{n}\boldsymbol{\varphi}_i q_i(t)$ 后，n 自由度系统的振动微分方程式(2-60)可以写为下述形式：

$$\begin{cases}\boldsymbol{M}_q\ddot{\boldsymbol{q}}(t)+\boldsymbol{C}_q\dot{\boldsymbol{q}}(t)+\boldsymbol{K}_q\boldsymbol{q}(t)=\boldsymbol{\Phi}^{\mathrm{T}}\boldsymbol{F}(t)\\ \boldsymbol{q}(0)=\boldsymbol{\Phi}^{-1}\boldsymbol{x}_0,\ \dot{\boldsymbol{q}}(0)=\boldsymbol{\Phi}^{-1}\dot{\boldsymbol{x}}_0\end{cases} \tag{2-94}$$

式中：$\boldsymbol{M}_q=\boldsymbol{\Phi}^{\mathrm{T}}\boldsymbol{M}\boldsymbol{\Phi}$、$\boldsymbol{K}_q=\boldsymbol{\Phi}^{\mathrm{T}}\boldsymbol{K}\boldsymbol{\Phi}$、$\boldsymbol{C}_q=\boldsymbol{\Phi}^{\mathrm{T}}\boldsymbol{C}\boldsymbol{\Phi}$ 分别为主坐标 $\boldsymbol{q}$ 下的质量矩阵 $\boldsymbol{M}_q$、刚度矩阵 $\boldsymbol{K}_q$ 和阻尼矩阵 $\boldsymbol{C}_q$，此时质量矩阵 $\boldsymbol{M}_q$ 和刚度矩阵 $\boldsymbol{K}_q$ 均为对角矩阵。根据阻尼矩阵 $\boldsymbol{C}$ 与质量矩阵 $\boldsymbol{M}$、刚度矩阵 $\boldsymbol{K}$ 的关系式(2-93)，有

$$\boldsymbol{C}_q=\boldsymbol{\Phi}^{\mathrm{T}}\boldsymbol{C}\boldsymbol{\Phi}=\boldsymbol{\Phi}^{\mathrm{T}}(\alpha\boldsymbol{M}+\beta\boldsymbol{K})\boldsymbol{\Phi}=\alpha\,\boldsymbol{\Phi}^{\mathrm{T}}\boldsymbol{M}\boldsymbol{\Phi}+\beta\,\boldsymbol{\Phi}^{\mathrm{T}}\boldsymbol{K}\boldsymbol{\Phi}=\alpha\,\boldsymbol{M}_q+\beta\,\boldsymbol{K}_q \tag{2-95}$$

显然，此时 $\boldsymbol{C}_q$ 为对角矩阵，称为主阻尼矩阵。

在比例阻尼情形下，系统振动方程式(2-94)可解耦为主坐标 $\boldsymbol{q}$ 下 n 个独立的单自由度阻尼系统振动：

$$\begin{cases}M_i\ddot{q}_i(t)+C_i\dot{q}_i(t)+K_iq_i(t)=\boldsymbol{\varphi}_i^{\mathrm{T}}\boldsymbol{F}(t)\\ q_i(0)=q_{0i},\quad \dot{q}_i(0)=\dot{q}_{0i}\end{cases}\quad(i=1,\ 2,\ \cdots,\ n) \tag{2-96}$$

式中：$C_i=\boldsymbol{\varphi}_i^{\mathrm{T}}\boldsymbol{C}\,\boldsymbol{\varphi}_i(i=1,\ 2,\ \cdots,\ n)$。

2. 系统的自由振动

令式(2-96)中右侧荷载项为零，可得系统的自由振动方程为

$$\begin{cases}M_i\ddot{q}_i(t)+C_i\dot{q}_i(t)+K_iq_i(t)=0\\ q_i(0)=q_{0i},\quad \dot{q}_i(0)=\dot{q}_{0i}\end{cases}\quad(i=1,\ 2,\ \cdots,\ n) \tag{2-97}$$

仿照单自由度阻尼系统的自由振动解答，可得 n 个独立主坐标下的运动为

$$q_i(t)=X_i(t)q_{0i}+V_i(t)\dot{q}_{0i}(i=1,\ 2,\ \cdots,\ n) \tag{2-98}$$

式中：

$$\begin{cases}X_i(t)=\mathrm{e}^{-\zeta_i\omega_it}\left(\cos\sqrt{1-\zeta_i^2}\,\omega_it+\dfrac{\zeta_i}{\sqrt{1-\zeta_i^2}}\sin\sqrt{1-\zeta_i^2}\,\omega_it\right)\\ V_i(t)=\dfrac{\mathrm{e}^{-\zeta_i\omega_it}}{\omega_i\sqrt{1-\zeta_i^2}}\sin\sqrt{1-\zeta_i^2}\,\omega_it\end{cases}\quad(i=1,\ 2,\ \cdots,\ n) \tag{2-99}$$

$$\omega_i=\sqrt{\frac{K_i}{M_i}},\quad \zeta_i=\frac{C_i}{2\sqrt{M_iK_i}}\ (i=1,\ 2,\ \cdots,\ n) \tag{2-100}$$

将式(2-98)写成矩阵形式，有

$$\boldsymbol{q}(t)=\operatorname*{diag}_{1\leqslant i\leqslant n}[X_i(t)]\,\boldsymbol{q}_0+\operatorname*{diag}_{1\leqslant i\leqslant n}[V_i(t)]\,\dot{\boldsymbol{q}}_0 \tag{2-101}$$

结合初始条件 $\boldsymbol{q}(0)=\boldsymbol{\Phi}^{-1}\boldsymbol{x}_0$ 和 $\dot{\boldsymbol{q}}(0)=\boldsymbol{\Phi}^{-1}\dot{\boldsymbol{x}}_0$，则系统自由振动的响应为

$$\begin{aligned}\boldsymbol{x}(t)&=\boldsymbol{\Phi}\boldsymbol{q}(t)=\boldsymbol{\Phi}\left(\operatorname*{diag}_{1\leqslant i\leqslant n}[X_i(t)]\,\boldsymbol{q}_0+\operatorname*{diag}_{1\leqslant i\leqslant n}[V_i(t)]\,\dot{\boldsymbol{q}}_0\right)\\&=\boldsymbol{\Phi}\operatorname*{diag}_{1\leqslant i\leqslant n}[X_i(t)]\,\boldsymbol{\Phi}^{-1}\boldsymbol{x}_0+\boldsymbol{\Phi}\operatorname*{diag}_{1\leqslant i\leqslant n}[V_i(t)]\,\boldsymbol{\Phi}^{-1}\dot{\boldsymbol{x}}_0\\&=\boldsymbol{X}(t)\,\boldsymbol{x}_0+\boldsymbol{V}(t)\,\dot{\boldsymbol{x}}_0\end{aligned} \tag{2-102}$$

式中：

$$\boldsymbol{X}(t)=\boldsymbol{\Phi}\underset{1\leqslant i\leqslant n}{\operatorname{diag}}[X_i(t)]\boldsymbol{\Phi}^{-1},\quad \boldsymbol{V}(t)=\boldsymbol{\Phi}\underset{1\leqslant i\leqslant n}{\operatorname{diag}}[V_i(t)]\boldsymbol{\Phi}^{-1} \tag{2-103}$$

其中，$\boldsymbol{X}(t)$，$\boldsymbol{V}(t)$分别为比例阻尼系统因各自由度单位初始位移和单位初始速度引起的自由振动矩阵。

如果比例阻尼系统的初始条件满足：

$$\boldsymbol{x}_0=\boldsymbol{\varphi}_i\boldsymbol{q}_{0i},\quad \dot{\boldsymbol{x}}_0=\boldsymbol{\varphi}_i\dot{\boldsymbol{q}}_{0i} \tag{2-104}$$

其自由振动将是衰减振动，即

$$\boldsymbol{x}(t)=\boldsymbol{\varphi}_i q_i(t)=A_i\mathrm{e}^{-\zeta_i\omega_i t}\sin\left(\sqrt{1-\zeta_i^2}\,\omega_i t+\theta_i\right)\boldsymbol{\varphi}_i \tag{2-105}$$

式(2-105)称为第 i 阶纯模态自由振动，$\boldsymbol{\varphi}_i$ 为比例阻尼系统的第 i 阶振型，它等于第 i 阶固有振型。$\boldsymbol{\varphi}_i$ 给出了第 i 阶纯模态自由振动时各自由度振幅的比例关系，而各自由度的振动相位是相同的，均为 θ_i 。

3. 系统的受迫振动

结合 2.3.2 节对无阻尼多自由度系统受迫振动的分析，利用固有振型矩阵 $\boldsymbol{\Phi}$ 对比例阻尼系统 $\boldsymbol{C}=\alpha\boldsymbol{M}+\beta\boldsymbol{K}$ 的解耦作用，可导出系统单位脉冲响应矩阵为

$$\boldsymbol{h}(t)=\sum_{i=1}^{n}\frac{\boldsymbol{\varphi}_i\boldsymbol{\varphi}_i^{\mathrm{T}}}{M_i\omega_i\sqrt{1-\zeta_i^2}}\mathrm{e}^{-\zeta_i\omega_i t}\sin\sqrt{1-\zeta_i^2}\,\omega_i t \tag{2-106}$$

利用式(2-99)和式(2-103)，继而可得

$$\begin{aligned}\boldsymbol{h}(t)&=\boldsymbol{\Phi}\underset{1\leqslant i\leqslant n}{\operatorname{diag}}\left[\frac{V_i(t)}{M_i}\right]\boldsymbol{\Phi}^{\mathrm{T}}=\boldsymbol{\Phi}\underset{1\leqslant i\leqslant n}{\operatorname{diag}}[V_i(t)]\underset{1\leqslant i\leqslant n}{\operatorname{diag}}\left[\frac{1}{M_i}\right]\boldsymbol{\Phi}^{\mathrm{T}}\\&=\boldsymbol{\Phi}\underset{1\leqslant i\leqslant n}{\operatorname{diag}}[V_i(t)]\boldsymbol{\Phi}^{-1}\boldsymbol{\Phi}\underset{1\leqslant i\leqslant n}{\operatorname{diag}}\left[\frac{1}{M_i}\right]\boldsymbol{\Phi}^{\mathrm{T}}=\boldsymbol{V}(t)\boldsymbol{M}^{-1}\end{aligned} \tag{2-107}$$

式中：$\boldsymbol{V}(t)$由式(2-103)定义，是比例阻尼系统由单位初速度引起的自由振动矩阵。

系统在任意初始条件和激励下的响应表达式仍形如式(2-90)，即

$$\boldsymbol{x}(t)=\boldsymbol{X}(t)\boldsymbol{x}_0+\boldsymbol{V}(t)\dot{\boldsymbol{x}}_0+\int_0^t\boldsymbol{h}(t-\xi)\boldsymbol{F}(\xi)\mathrm{d}\xi \tag{2-108}$$

式中：矩阵 $\boldsymbol{X}(t)$和 $\boldsymbol{V}(t)$由式(2-103)给出；$\boldsymbol{h}(t)$由式(2-106)给出。

本章主要参考文献

[1]THOMSON T W，DAHIEH D M. Theory of vibration with applications [M]. 5th ed. America：Pearson Education，Inc. ，1998.

[2]MARIO P，YOUNG H K. Structural dynamics：theory and computation . [M]. 6th ed. Switzerland：Springer International Publishing，2019.

[3]刘延柱，陈立群，陈文良 . 振动力学[M]. 3 版. 北京：高等教育出版社，2019.

[4]胡海岩 . 机械振动基础[M]. 北京：北京航空航天大学出版社，2005.

[5]SINGIRESU S R. Vibration of continuous systems[M]. America：John Wiley & Sons，Inc.，2019.

[6]胡茑庆，胡雷，程哲．机械振动[M]. 长沙：国防科技大学出版社，2017.

[7]邹经湘，于开平．结构动力学[M]. 2 版. 哈尔滨：哈尔滨工业大学出版社，2009.

[8]李东旭．高等结构动力学[M]. 2 版. 北京：科学出版社，2010.

第3章　梁桥的振动分析

梁桥是一种常见的桥型，其中最常见的是简支梁桥和连续梁桥。讨论梁的振动求解方法，具有重要的工程应用价值。在研究具有竖向对称面的梁桥竖向振动特性时，可不考虑桥宽的影响，将结构简化为一维的单梁，即梁的质量、刚度等物理性质可用单一的、沿梁轴线的位置来描述，因而振动方程中只包含时间 t 和沿梁轴线的距离 x 这两个独立自变量[1]。本章考虑了梁的自由振动和受迫振动，基于欧拉-伯努利(Euler-Bernoulli)梁理论、铁木辛柯(Timoshenko)梁理论，采用达朗贝尔(d'Alembert)原理和哈密顿(Hamilton)原理，推导了梁的振动微分方程。Euler-Bernoulli 梁理论忽略了转动惯量和剪切变形的影响，适用于细长梁的分析；Timoshenko 梁理论同时考虑了转动惯量和剪切变形的影响，可用于深梁的分析。本章介绍了单梁和连续梁的振动特性及振动响应分析方法，该部分也是其他体系桥梁结构振动分析的基础。

3.1　欧拉-伯努利梁的弯曲振动方程

图 3-1(a)为一变截面、简支约束的 Euler-Bernoulli 梁(不考虑剪切变形的影响，变形前后梁的截面均保持与梁轴线垂直)，其长度为 l，取梁的轴线作为 x 轴。记抗弯刚度为 $EI(x)$，单位长度的质量为 $m(x)$，不考虑阻尼的影响。在如图所示竖向分布荷载 $f(x,t)$的作用下，梁 x 截面的中性轴在 t 时刻的竖向位移记为 $y(x,t)$，以向下为正。取长为 $\mathrm{d}x$ 的微段作为分离体，其受力如图 3-1(b)所示，$Q(x,t)$ 和 $M(x,t)$ 分别为截面上的剪力和弯矩，$m\ddot{y}$ 为梁微段的惯性力[2]。

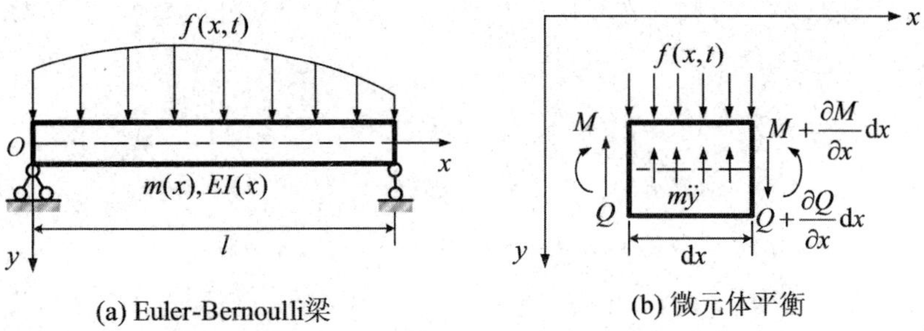

图 3-1　**变截面** Euler-Bernoulli **梁**

下面分别基于 d′Alembert 原理和 Hamilton 原理推导 Euler-Bernoulli 梁的竖向弯曲振动方程。

1. 基于 d′Alembert 原理

根据竖向的受力平衡，有

$$f(x,t)\mathrm{d}x+\left(Q+\frac{\partial Q}{\partial x}\mathrm{d}x\right)-Q-m\ddot{y}(x,t)\mathrm{d}x=0 \tag{3-1}$$

整理后可得

$$f(x,t)+\frac{\partial Q}{\partial x}-m\ddot{y}(x,t)=0 \tag{3-2}$$

忽略截面绕中性轴的转动惯量，对微元体右端面的中点取矩，则

$$M+Q\mathrm{d}x+m\ddot{y}(x,t)\mathrm{d}x\cdot\frac{1}{2}\mathrm{d}x-f(x,t)\mathrm{d}x\cdot\frac{1}{2}\mathrm{d}x-\left(M+\frac{\partial M}{\partial x}\mathrm{d}x\right)=0 \tag{3-3}$$

略去高阶微量，整理后可得

$$Q(x,t)-\frac{\partial M(x,t)}{\partial x}=0 \tag{3-4}$$

将式(3-4)代入式(3-2)，则有

$$f(x,t)+\frac{\partial^2 M}{\partial x^2}-m\ddot{y}(x,t)=0 \tag{3-5}$$

由材料力学可知

$$M=-EI(x)\frac{\partial^2 y(x,t)}{\partial x^2} \tag{3-6}$$

将式(3-6)代入式(3-5)中，整理后有

$$m(x)\ddot{y}(x,t)+\frac{\partial^2}{\partial x^2}\left[EI(x)\frac{\partial^2 y(x,t)}{\partial x^2}\right]=f(x,t) \tag{3-7}$$

式(3-7)表示的微分方程对任意 $\mathrm{d}x$ 微段都成立，因此对整个梁结构也满足，该式即为 Euler-Bernoulli 梁竖向弯曲振动方程的一般形式。

由式(3-4)和式(3-6)可知，在梁两端支承($x=0$ 和 $x=l$)处的弯矩 M_0、M_l 和剪力 Q_0、Q_l 应满足下式：

$$\begin{cases} Q_0 = Q(x, t)\big|_{x=0} = -[EI(x)y''(x, t)]'\big|_{x=0} \\ Q_l = Q(x, t)\big|_{x=l} = -[EI(x)y''(x, t)]'\big|_{x=l} \\ M_0 = M(x, t)\big|_{x=0} = -EI(x)y''(x, t)\big|_{x=0} \\ M_l = M(x, t)\big|_{x=l} = -EI(x)y''(x, t)\big|_{x=l} \end{cases} \tag{3-8}$$

对于等截面 Euler-Bernoulli 梁，梁的抗弯刚度 EI 和单位长度的质量 m 均为常量，由式(3-7)可知，此种情况梁的弯曲振动微分方程可简化为

$$m\ddot{y}(x, t) + EI\frac{\partial^4 y(x, t)}{\partial x^4} = f(x, t) \tag{3-9}$$

2. 基于 Hamilton 原理

梁在振动时的动能用挠度 $y(x, t)$表示如下：

$$T = \frac{1}{2}\int_0^l m(x)\dot{y}^2(x, t)\mathrm{d}x \tag{3-10}$$

梁在振动时的位能为

$$U = \frac{1}{2}\int_0^l EI(x)\left[\frac{\partial^2 y(x, t)}{\partial x^2}\right]^2 \mathrm{d}x \tag{3-11}$$

由哈密尔顿原理可知

$$\int_{t_1}^{t2}\delta(T-U)\,\mathrm{d}t + \int_{t_1}^{t2}\delta W\mathrm{d}t = 0 \tag{3-12}$$

其中，$W=W(x, y, t)$表示外力在梁振动时做的功。

由于在 t_1，t_2 瞬时的运动已经给定，即变分 $\delta y\big|_{t1} = \delta y\big|_{t2} = 0$，则根据式(3-10)，动能的变分可写为

$$\begin{aligned}\int_{t_1}^{t_2}\delta T\,\mathrm{d}t &= \frac{1}{2}\int_{t_1}^{t_2}\delta\int_0^l m(x)\dot{y}^2(x, t)\mathrm{d}x\,\mathrm{d}t = \int_{t_1}^{t_2}\int_0^l m(x)\dot{y}(x, t)\delta\dot{y}\,\mathrm{d}x\,\mathrm{d}t \\ &= -\int_{t_1}^{t_2}\int_0^l m(x)\ddot{y}(x, t)\delta y\,\mathrm{d}x\,\mathrm{d}t + \int_0^l\int_{t_1}^{t2} m(x)\frac{\partial}{\partial t}[\dot{y}(x, t)\delta y]\mathrm{d}t\,\mathrm{d}x \\ &= -\int_{t_1}^{t_2}\int_0^l m(x)\ddot{y}(x, t)\delta y\,\mathrm{d}x\,\mathrm{d}t + \int_0^l m(x)[\dot{y}(x, t)\delta y]\big|_{t_1}^{t_2}\mathrm{d}x \\ &= -\int_{t_1}^{t_2}\int_0^l m(x)\ddot{y}(x, t)\delta y\,\mathrm{d}x\,\mathrm{d}t \end{aligned} \tag{3-13}$$

根据式(3-11)，位能的变分可写为

$$\begin{aligned}\int_{t_1}^{t_2}\delta U\,\mathrm{d}t &= \frac{1}{2}\int_{t_1}^{t_2}\delta\int_0^l EI(x)\left[\frac{\partial^2 y(x, t)}{\partial x^2}\right]^2\mathrm{d}x\,\mathrm{d}t = \int_{t_1}^{t_2}\int_0^l EI(x)y''(x, t)\delta y''(x, t)\mathrm{d}x\,\mathrm{d}t \\ &= -\int_{t_1}^{t_2}\int_0^l [EI(x)y''(x, t)]'\delta y'\,\mathrm{d}x\,\mathrm{d}t + \int_{t_1}^{t_2}\int_0^l [EI(x)y''(x, t)\delta y'(x, t)]'\mathrm{d}x\,\mathrm{d}t\end{aligned}$$

$$
\begin{aligned}
&=-\int_{t_1}^{t_2}\int_0^l [EI(x)y''(x,t)]'\delta y'\mathrm{d}x\mathrm{d}t+\int_{t_1}^{t_2}EI(x)y''(x,t)\delta y'\Big|_0^l\mathrm{d}t\\
&=\int_{t_1}^{t_2}\int_0^l [EI(x)y''(x,t)]''\delta y\mathrm{d}x\mathrm{d}t-\int_{t_1}^{t_2}\int_0^l\{[EI(x)y''(x,t)]'\delta y\}'\mathrm{d}x\mathrm{d}t+\int_{t_1}^{t_2}EI(x)y''(x,t)\delta y'\Big|_0^l\mathrm{d}t\\
&=\int_{t_1}^{t_2}\int_0^l [EI(x)y''(x,t)]''\delta y\mathrm{d}x\mathrm{d}t-\int_{t_1}^{t_2}[EI(x)y''(x,t)]'\delta y\Big|_0^l\mathrm{d}t+\int_{t_1}^{t_2}EI(x)y''(x,t)\delta y'\Big|_0^l\mathrm{d}t
\end{aligned}
\tag{3-14}
$$

式(3-12)中第二项表示除弹性力以外的主动力所做的虚功之和，其中作用在梁上的分布荷载 $f(x,t)$ 在梁的虚位移 δy 上所做的虚功为

$$
\int_{t_1}^{t_2}\delta W_f\mathrm{d}t=\int_{t_1}^{t_2}\int_0^l f(x,t)\delta y\mathrm{d}x\mathrm{d}t \tag{3-15}
$$

作用在梁两端支承处的弯矩 M_0、M_l 和剪力 Q_0、Q_l 在对应的梁端虚位移上所做的虚功为

$$
\int_{t_1}^{t_2}\delta W_{\mathrm{p}}\mathrm{d}t=\int_{t_1}^{t_2}(M_0\delta y'_0-M_l\delta y'_l-Q_0\delta y_0+Q_l\delta y_l)\mathrm{d}t \tag{3-16}
$$

式中：梁端力的正方向规定与材料力学中一致；虚位移的正方向与坐标系一致；虚转角以顺时方向为正。

由式(3-15)和式(3-16)，可得

$$
\begin{aligned}
\int_{t_1}^{t_2}\delta W\mathrm{d}t&=\int_{t_1}^{t_2}\delta W_f\mathrm{d}t+\int_{t_1}^{t_2}\delta W_{\mathrm{p}}\mathrm{d}t\\
&=\int_{t_1}^{t_2}\int_0^l f(x,t)\delta y\mathrm{d}x\mathrm{d}t+\int_{t_1}^{t_2}(M_0\delta y'_0-M_l\delta y'_l-Q_0\delta y_0+Q_l\delta y_l)\mathrm{d}t
\end{aligned}
\tag{3-17}
$$

将式(3-13)、式(3-14)和式(3-17)代入式(3-12)中，整理化简之后可得

$$
\begin{aligned}
&-\int_{t_1}^{t_2}\int_0^l\{[EI(x)y''(x,t)]''+m(x)\ddot{y}(x,t)-f(x,t)\}\delta y\mathrm{d}x\mathrm{d}t\\
&-\int_{t_1}^{t_2}\{[EI(x)y''(x,t)]'|_0+Q_0\}\delta y_0\mathrm{d}t+\int_{t_1}^{t_2}[EI(x)y''(x,t)|_0+M_0]\delta y'_0\mathrm{d}t\\
&+\int_{t_1}^{t_2}\{[EI(x)y''(x,t)]'|_l+Q_l\}\delta y_l\mathrm{d}t-\int_{t_1}^{t_2}[EI(x)y''(x,t)|_l+M_l]\delta y'_l\mathrm{d}t=0
\end{aligned}
\tag{3-18}
$$

对于给定的位移边界，变分 $\delta y_0=\delta y'_0=\delta y_l=\delta y'_l=0$；而对于力的边界条件则是任意的，要使式(3-18)成立，必须满足以下各式

$$
\int_0^l\{-m(x)\ddot{y}(x,t)-[EI(x)y''(x,t)]''+f(x,t)\}\delta y\mathrm{d}x=0 \tag{3-19}
$$

$$
\begin{cases}
\{[EI(x)y''(x,t)]'|_0+Q_0\}\delta y_0=0\\
[EI(x)y''(x,t)|_0+M_0]\delta y'_0=0\\
\{[EI(x)y''(x,t)]'|_l+Q_l\}\delta y_l=0\\
[EI(x)y''(x,t)|_l+M_l]\delta y'_l=0
\end{cases}
\tag{3-20}
$$

根据变分 δy 在域内的任意性，由式(3-19)可得

$$m(x)\ddot{y}(x,\ t)+\frac{\partial^2}{\partial x^2}\left[EI(x)\frac{\partial^2 y(x,\ t)}{\partial x^2}\right]=f(x,\ t) \tag{3-21}$$

此式即为 Euler-Bernoulli 梁竖向弯曲振动微分方程的一般形式。

对于 Euler-Bernoulli 梁，式(3-20)显然必然满足。由式(3-20)可以得到梁两端力的边界条件，即

$$\begin{cases}Q_0=-\left[EI(x)y''(x,\ t)\right]'\big|_{x=0}\\ Q_l=-\left[EI(x)y''(x,\ t)\right]'\big|_{x=l}\\ M_0=-EI(x)y''(x,\ t)\big|_{x=0}\\ M_l=-EI(x)y''(x,\ t)\big|_{x=l}\end{cases} \tag{3-22}$$

为方便起见，在以后 Euler-Bernoulli 梁的竖向弯曲振动方程推导中，不再引入梁端力所做的虚功项。

表 3-1 给出了不同类型端部支承相对应的梁的边界条件[3-4]。

表 3-1　**梁的边界条件**

边界条件	左端($x=0$)	右端($x=l$)
自由端 (弯矩=0， 剪力=0)	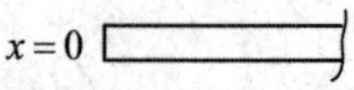 $EI\frac{\partial^2 y}{\partial x^2}\bigg\|_{(0,\ t)}=0$，$\frac{\partial}{\partial x}\left(EI\frac{\partial^2 y}{\partial x^2}\right)\bigg\|_{(0,\ t)}=0$	 $EI\frac{\partial^2 y}{\partial x^2}\bigg\|_{(l,\ t)}=0$，$\frac{\partial}{\partial x}\left(EI\frac{\partial^2 y}{\partial x^2}\right)\bigg\|_{(l,\ t)}=0$
固定端 (竖向位移=0， 转角=0)	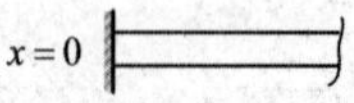 $y\|_{(0,\ t)}=0$，$\frac{\partial y}{\partial x}\bigg\|_{(0,\ t)}=0$	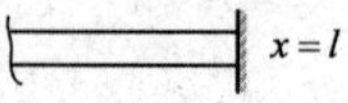 $y\|_{(l,\ t)}=0$，$\frac{\partial y}{\partial x}\bigg\|_{(l,\ t)}=0$
简支端 (竖向位移=0， 弯矩=0)	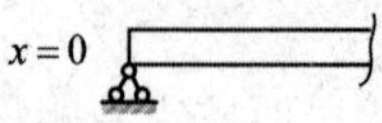 $y\|_{(0,\ t)}=0$，$EI\frac{\partial^2 y}{\partial x^2}\bigg\|_{(0,\ t)}=0$	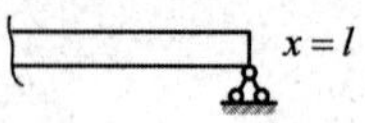 $y\|_{(l,\ t)}=0$，$EI\frac{\partial^2 y}{\partial x^2}\bigg\|_{(l,\ t)}=0$

续表

边界条件	左端($x=0$)	右端($x=l$)
滑动端 (转角=0， 剪力=0)	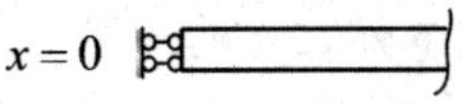 $\left.\frac{\partial y}{\partial x}\right\|_{(0,t)}=0$，$\left.\frac{\partial}{\partial x}\left(EI\frac{\partial^2 y}{\partial x^2}\right)\right\|_{(0,t)}=0$	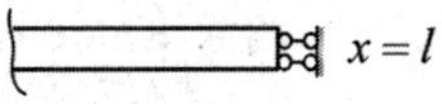 $\left.\frac{\partial y}{\partial x}\right\|_{(l,t)}=0$，$\left.\frac{\partial}{\partial x}\left(EI\frac{\partial^2 y}{\partial x^2}\right)\right\|_{(l,t)}=0$
端部弹簧 (弹簧刚 度=k)	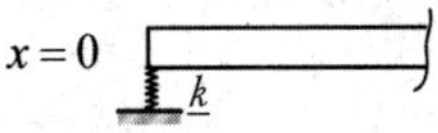 $\left.\frac{\partial}{\partial x}\left(EI\frac{\partial^2 y}{\partial x^2}\right)\right\|_{(0,t)}=-ky\|_{(0,t)}$ $\left.EI\frac{\partial^2 y}{\partial x^2}\right\|_{(0,t)}=0$	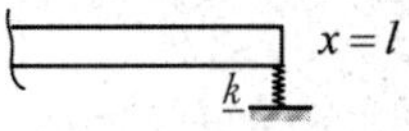 $\left.\frac{\partial}{\partial x}\left(EI\frac{\partial^2 y}{\partial x^2}\right)\right\|_{(l,t)}=ky\|_{(l,t)}$ $\left.EI\frac{\partial^2 y}{\partial x^2}\right\|_{(l,t)}=0$
端部阻尼 (阻尼系 数=c)	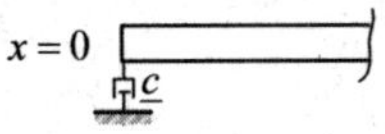 $\left.\frac{\partial}{\partial x}\left(EI\frac{\partial^2 y}{\partial x^2}\right)\right\|_{(0,t)}=-c\left.\frac{\partial y}{\partial t}\right\|_{(0,t)}$ $\left.EI\frac{\partial^2 y}{\partial x^2}\right\|_{(0,t)}=0$	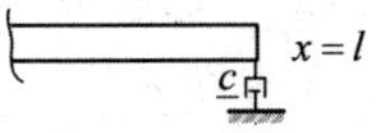 $\left.\frac{\partial}{\partial x}\left(EI\frac{\partial^2 y}{\partial x^2}\right)\right\|_{(l,t)}=c\left.\frac{\partial y}{\partial t}\right\|_{(l,t)}$ $\left.EI\frac{\partial^2 y}{\partial x^2}\right\|_{(l,t)}=0$
端部质量 (质量=m， 忽略转动惯量)	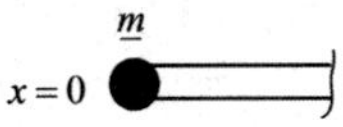 $\left.\frac{\partial}{\partial x}\left(EI\frac{\partial^2 y}{\partial x^2}\right)\right\|_{(0,t)}=-m\left.\frac{\partial^2 y}{\partial t^2}\right\|_{(0,t)}$ $\left.EI\frac{\partial^2 y}{\partial x^2}\right\|_{(0,t)}=0$	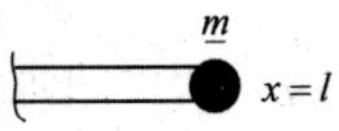 $\left.\frac{\partial}{\partial x}\left(EI\frac{\partial^2 y}{\partial x^2}\right)\right\|_{(l,t)}=m\left.\frac{\partial^2 y}{\partial t^2}\right\|_{(l,t)}$ $\left.EI\frac{\partial^2 y}{\partial x^2}\right\|_{(l,t)}=0$
有转动惯量 的端部质量 (质量=m， 转动惯量=J_0)	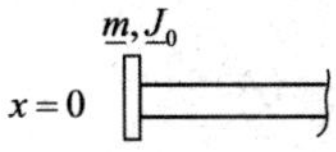 $\left.EI\frac{\partial^2 y}{\partial x^2}\right\|_{(0,t)}=-J_0\left.\frac{\partial^3 y}{\partial x\partial t^2}\right\|_{(0,t)}$ $\left.\frac{\partial}{\partial x}\left(EI\frac{\partial^2 y}{\partial x^2}\right)\right\|_{(0,t)}=-m\left.\frac{\partial^2 y}{\partial t^2}\right\|_{(0,t)}$	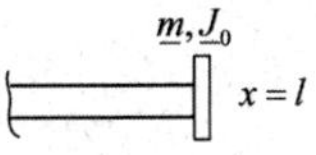 $\left.EI\frac{\partial^2 y}{\partial x^2}\right\|_{(l,t)}=J_0\left.\frac{\partial^3 y}{\partial x\partial t^2}\right\|_{(l,t)}$ $\left.\frac{\partial}{\partial x}\left(EI\frac{\partial^2 y}{\partial x^2}\right)\right\|_{(l,t)}=m\left.\frac{\partial^2 y}{\partial t^2}\right\|_{(l,t)}$

3.2 等截面欧拉-伯努利梁的弯曲自由振动

3.2.1 弯曲自由振动解析法

式(3-9)为等截面 Euler-Bernoulli 梁弯曲振动微分方程的一般形式，令式中荷载项 $f(x,t)=0$，可得自由振动的微分方程为[1]

$$EI\frac{\partial^4 y(x,t)}{\partial x^4}+m\ddot{y}(x,t)=0 \tag{3-23}$$

这是一个四阶常系数线性齐次偏微分方程，根据数学物理方程基本理论可用分离变量法进行求解。

令

$$y(x,t)=\varphi(x)q(t) \tag{3-24}$$

式中：$\varphi(x)$ 是梁轴线坐标 x 的函数，代表梁轴线在振动中的变形形状，称之为振型；$q(t)$ 是时间 t 的函数，代表梁轴线在振动中的形状变化因子。

将式(3-24)代入式(3-23)中，整理可得

$$\frac{EI\varphi^{(4)}(x)}{m\varphi(x)}=-\frac{\ddot{q}(t)}{q(t)} \tag{3-25}$$

式中左边项仅是坐标 x 的函数，右边项仅是时间 t 的函数，且 x 和 t 彼此独立，为保证等式成立，它们应等于同一个非负常数 ω^2，即

$$\frac{EI\varphi^{(4)}(x)}{m\varphi(x)}=-\frac{\ddot{q}(t)}{q(t)}=\omega^2 \tag{3-26}$$

则式(3-26)可写为如下两个方程：

$$\frac{d^4\varphi(x)}{dx^4}-\beta^4\varphi(x)=0 \tag{3-27}$$

$$\frac{d^2q(t)}{dt^2}+\omega^2q(t)=0 \tag{3-28}$$

式中：

$$\beta^4=\frac{m}{EI}\omega^2 \tag{3-29}$$

式(3-28)为一个二阶齐次常微分方程，其解可写为

$$q(t)=A\cos\omega t+B\sin\omega t \tag{3-30}$$

该式即为自由振动广义坐标 $q(t)$ 的响应函数表达式。式中，A 和 B 是待定常数。

假设式(3-27)的解满足下述指数形式，即

$$\varphi(x)=Ce^{sx} \tag{3-31}$$

其中，C 和 s 为常数。将式(3-31)代入式(3-27)，可得

$$(s^4-\beta^4)Ce^{sx}=0 \tag{3-32}$$

进而可求得 s 的 4 个根，即

$$s_1=\beta,\quad s_2=-\beta,\quad s_3=\mathrm{i}\beta,\quad s_4=-\mathrm{i}\beta \tag{3-33}$$

则式(3-27)的解为

$$\varphi(x)=C_1e^{\beta x}+C_2e^{-\beta x}+C_3e^{\mathrm{i}\beta x}+C_4e^{-\mathrm{i}\beta x} \tag{3-34}$$

式中：C_1，C_2，C_3 和 C_4 为待定常数。为了便于分析，式(3-34)中解的形式常用三角函数及双曲函数表示为

$$\varphi(x)=C_1\cos\beta x+C_2\sin\beta x+C_3\cosh\beta x+C_4\sinh\beta x \tag{3-35}$$

或

$$\begin{aligned}\varphi(x)=&C_1(\cos\beta x+\cosh\beta x)+C_2(\cos\beta x-\cosh\beta x)+\\&C_3(\sin\beta x+\sinh\beta x)+C_4(\sin\beta x-\sinh\beta x)\end{aligned} \tag{3-36}$$

式(3-35)和式(3-36)中是两组待定常数 C_1，C_2，C_3 和 C_4。

梁的固有频率由式(3-29)确定，即

$$\omega=\beta^2\sqrt{\frac{EI}{m}}=(\beta l)^2\sqrt{\frac{EI}{ml^4}} \tag{3-37}$$

函数 $\varphi(x)$ 称为梁的固有振型或特征函数，ω 称为梁振动的固有频率。无论何种梁结构，都会有无穷多个固有振型，每个固有振型都对应一个固有频率。式(3-35)或式(3-36)中的未知常数 $C_1\sim C_4$，以及式(3-37)中的 β 值，可以通过梁的边界条件确定。

如果将第 i 阶固有频率记为 ω_i，对应的固有振型记为 $\varphi_i(x)$，则梁自由振动的响应可以通过叠加固有振动表示如下：

$$y(x,t)=\sum_{i=1}^{\infty}\varphi_i(x)(A_i\cos\omega_i t+B_i\sin\omega_i t) \tag{3-38}$$

3.2.2　不同边界条件下梁的固有频率和振型

$y(x,t)=\varphi(x)q(t)$ 中 $\varphi(x)$ 与 $y(x,t)$ 具有相同的物理含义，对应的边界条件也相同。

1. 两端简支梁

由表 3-1 可知，简支梁端的边界条件为

$$\varphi(x)\big|_{x=0}=0,\quad \left.\frac{\mathrm{d}^2\varphi(x)}{\mathrm{d}x^2}\right|_{x=0}=0 \tag{3-39}$$

$$\varphi(x)\big|_{x=l}=0,\quad \left.\frac{\mathrm{d}^2\varphi(x)}{\mathrm{d}x^2}\right|_{x=l}=0 \tag{3-40}$$

将式(3-36)代入边界条件式(3-39)中，可求得

$$C_1=C_2=0 \tag{3-41}$$

将式(3-36)代入边界条件式(3-40)中，可求得

$$\begin{cases} C_3(\sin\beta l + \sinh\beta l) + C_4(\sin\beta l - \sinh\beta l) = 0 \\ -C_3(\sin\beta l + \sinh\beta l) + C_4(\sin\beta l - \sinh\beta l) = 0 \end{cases} \tag{3-42}$$

式(3-42)是关于两个未知量 C_3 和 C_4 的方程组，要求得 C_3 和 C_4 的非零解，系数行列式必须等于零，因此有

$$-(\sin\beta l + \sinh\beta l)^2 + (\sin\beta l - \sinh\beta l)^2 = -4\sin\beta l \sinh\beta l = 0 \tag{3-43}$$

由于当 $\beta \neq 0$ 时，$\sinh\beta l \neq 0$，则有

$$\sin\beta l = 0 \tag{3-44}$$

此即为频率方程，该方程的解为

$$\beta_n l = n\pi,\quad n = 1,\ 2,\ \cdots \tag{3-45}$$

因此，振动的固有频率为

$$\omega_n = (\beta_n l)^2\sqrt{\frac{EI}{ml^4}} = n^2\pi^2\sqrt{\frac{EI}{ml^4}},\quad n = 1,\ 2,\ \cdots \tag{3-46}$$

将频率方程式(3-44)代入式(3-42)中，可得 $C_3 = C_4$。因此，式(3-36)表示的振型可写为

$$\varphi_n(x) = C_n \sin\beta_n x = C_n \sin\frac{n\pi x}{l},\quad n = 1,\ 2,\ \cdots \tag{3-47}$$

图 3-2 给出了简支梁振动的前四阶固有频率和相应的振型。

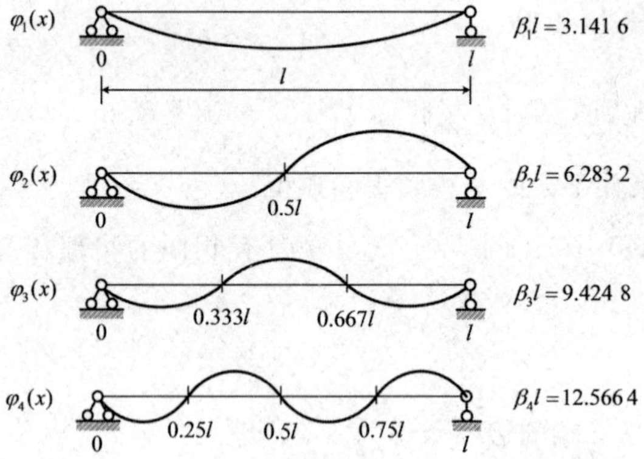

图 3-2　两端简支梁的前四阶模态($\omega_n = (\beta_n l)^2\sqrt{\frac{EI}{ml^4}}$，$\beta_n l = n\pi$)

梁的固有振动为

$$y_n(x,\ t) = \varphi_n(x)(A_n\cos\omega_n t + B_n\sin\omega_n t),\quad n = 1,\ 2,\ \cdots \tag{3-48}$$

因此，等截面简支梁的自由振动响应为

$$y(x,t)=\sum_{n=1}^{\infty}y_n(x,t)=\sum_{n=1}^{\infty}\sin\frac{n\pi x}{l}(A_n\cos\omega_n t+B_n\sin\omega_n t) \tag{3-49}$$

式中，A_n 和 B_n 为待定系数，由梁振动的初始条件确定。

对于给定的如下初始条件：

$$y(x,0)=y_0(x),\quad \frac{\partial y(x,0)}{\partial t}=\dot{y}_0(x) \tag{3-50}$$

将自由振动解答(3-49)代入初始条件(3-50)，则有

$$\sum_{n=1}^{\infty}A_n\sin\frac{n\pi x}{l}=y_0(x),\quad \sum_{n=1}^{\infty}\omega_n B_n\sin\frac{n\pi x}{l}=\dot{y}_0(x) \tag{3-51}$$

将式(3-51)乘以 $\sin\frac{m\pi x}{l}$，并从 0 到 l 积分，可得待定系数

$$A_n=\frac{2}{l}\int_0^l y_0(x)\sin\frac{n\pi x}{l}\mathrm{d}x,\quad B_n=\frac{2}{\omega_n l}\int_0^l \dot{y}_0(x)\sin\frac{n\pi x}{l}\mathrm{d}x \tag{3-52}$$

2. 两端固端梁

固定端的竖向位移和转角都为零，因此对应的边界条件为

$$\varphi(x)\big|_{x=0}=0,\quad \left.\frac{\mathrm{d}\varphi(x)}{\mathrm{d}x}\right|_{x=0}=0 \tag{3-53}$$

$$\varphi(x)\big|_{x=l}=0,\quad \left.\frac{\mathrm{d}\varphi(x)}{\mathrm{d}x}\right|_{x=l}=0 \tag{3-54}$$

将式(3-36)代入边界条件式(3-53)中，可求得

$$C_1=C_3=0 \tag{3-55}$$

将式(3-36)代入边界条件式(3-54)中，可求得

$$\begin{cases}C_2(\cos\beta l-\cosh\beta l)+C_4(\sin\beta l-\sinh\beta l)=0\\-C_2(\sin\beta l+\sinh\beta l)+C_4(\cos\beta l-\cosh\beta l)=0\end{cases} \tag{3-56}$$

式(3-56)是关于两个未知量 C_2 和 C_4 的方程组，要求得 C_2 和 C_4 的非零解，系数行列式必须等于零，因此有

$$(\cos\beta l-\cosh\beta l)^2+(\sin^2\beta l-\sinh^2\beta l)=2(1-\cos\beta l\cosh\beta l)=0 \tag{3-57}$$

即频率方程为

$$\cos\beta l\cosh\beta l-1=0 \tag{3-58}$$

该方程属于超越方程，不能给出显式解，一般需借助数值近似方法进行求解。

由式(3-56)中第一式，可得

$$C_4=\frac{\cos\beta l-\cosh\beta l}{\sin\beta l-\sinh\beta l}C_2 \tag{3-59}$$

如果 $\beta_n l$ 为方程(3-58)的第 n 个根，通过将式(3-55)、式(3-59)代入式(3-36)，可以得到相应的振型为

$$\varphi_n(x)=C_n\left[(\cos\beta_n x-\cosh\beta_n x)-\frac{\cos\beta_n l-\cosh\beta_n l}{\sin\beta_n l-\sinh\beta_n l}(\sin\beta_n x-\sinh\beta_n x)\right] \tag{3-60}$$

图 3-3 给出了两端固端梁振动的前四阶固有频率和相应的振型。

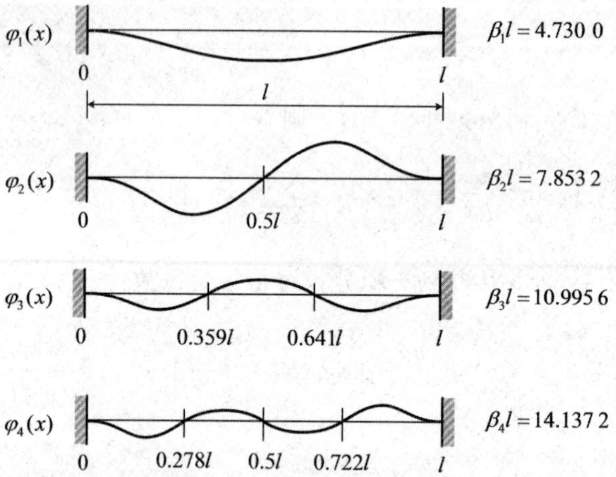

图 3-3　两端固端梁的前四阶模态($\omega_n=(\beta_n l)^2\sqrt{\frac{EI}{ml^4}}$, $\beta_n l=\frac{(2n+1)\pi}{2}$)

梁的第 n 阶固有振动为

$$y_n(x,t)=\varphi_n(x)(A_n\cos\omega_n t+B_n\sin\omega_n t) \tag{3-61}$$

因此，两端固端梁的自由振动响应为

$$\begin{aligned}y(x,t)&=\sum_{n=1}^{\infty}y_n(x,t)\\&=\sum_{n=1}^{\infty}\left[(\cos\beta_n x-\cosh\beta_n x)-\frac{\cos\beta_n l-\cosh\beta_n l}{\sin\beta_n l-\sinh\beta_n l}(\sin\beta_n x-\sinh\beta_n x)\right]\cdot\\&\quad(A_n\cos\omega_n t+B_n\sin\omega_n t)\end{aligned} \tag{3-62}$$

式中：A_n 和 B_n 由梁振动的初始条件确定，与两端简支梁的求解方法一样，此处不再赘述。

3. 两端自由梁

自由端的弯矩和剪力都为零，因此对应的边界条件为

$$\left.\frac{\mathrm{d}^2\varphi(x)}{\mathrm{d}x^2}\right|_{x=0}=0,\quad \left.\frac{\mathrm{d}^3\varphi(x)}{\mathrm{d}x^3}\right|_{x=0}=0 \tag{3-63}$$

$$\left.\frac{\mathrm{d}^2\varphi(x)}{\mathrm{d}x^2}\right|_{x=l}=0,\quad \left.\frac{\mathrm{d}^3\varphi(x)}{\mathrm{d}x^3}\right|_{x=l}=0 \tag{3-64}$$

通过对式(3-36)求微分，可得

$$\begin{aligned}\frac{\mathrm{d}^2\varphi(x)}{\mathrm{d}x^2}=\beta^2\,[&C_1(-\cos\beta x+\cosh\beta x)+C_2(-\cos\beta x-\cosh\beta x)+\\&C_3(-\sin\beta x+\sinh\beta x)+C_4(-\sin\beta x-\sinh\beta x)]\end{aligned} \tag{3-65}$$

$$\frac{\mathrm{d}^3\varphi(x)}{\mathrm{d}x^3}=\beta^3\left[C_1(\sin\beta x+\sinh\beta x)+C_2(\sin\beta x-\sinh\beta x)+C_3(-\cos\beta x+\cosh\beta x)+C_4(-\cos\beta x-\cosh\beta x)\right] \tag{3-66}$$

将式(3-65)和式(3-66)代入式(3-63)中，可得

$$C_2=C_4=0 \tag{3-67}$$

将式(3-65)和式(3-66)代入式(3-64)中，可得

$$\begin{cases}C_1(-\cos\beta l+\cosh\beta l)+C_3(-\sin\beta l+\sinh\beta l)=0\\ C_1(\sin\beta l+\sinh\beta l)+C_3(-\cos\beta l+\cosh\beta l)=0\end{cases} \tag{3-68}$$

为了求得 C_1 和 C_3 的非零解，式(3-68)中方程的系数行列式必须等于零，则有

$$\begin{vmatrix}-\cos\beta l+\cosh\beta l & -\sin\beta l+\sinh\beta l\\ \sin\beta l+\sinh\beta l & -\cos\beta l+\cosh\beta l\end{vmatrix}=0 \tag{3-69}$$

即频率方程为

$$\cos\beta l\cosh\beta l-1=0 \tag{3-70}$$

注意，两端自由梁的频率方程(3-70)与两端固端梁的频率方程(3-58)一样，主要的区别在于，$\beta_0 l=0$ 对应两端自由梁的刚体模态。

跟前述求解过程一样，可以求得两端自由梁的第 n 阶振型为

$$\varphi_n(x)=C_n\left[(\cos\beta_n x+\cosh\beta_n x)-\frac{\cos\beta_n l-\cosh\beta_n l}{\sin\beta_n l-\sinh\beta_n l}(\sin\beta_n x+\sinh\beta_n x)\right] \tag{3-71}$$

图 3-4 给出了两端自由梁振动的前五阶固有频率和相应的振型。

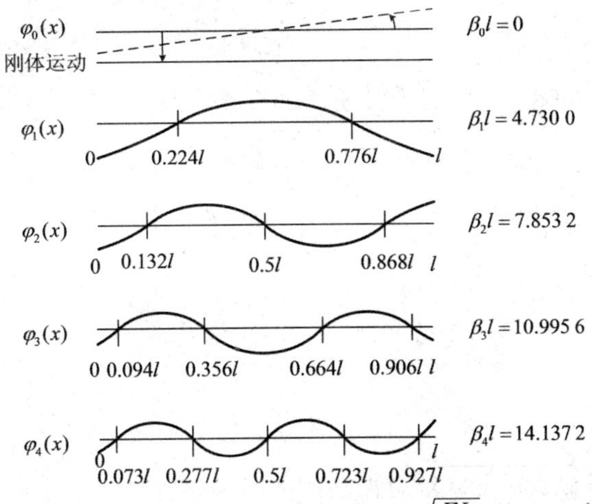

图 3-4　两端自由梁的前五阶模态($\omega_n=(\beta_n l)^2\sqrt{\frac{EI}{ml^4}}$，$\beta_n l=\frac{(2n+1)\pi}{2}$)

梁的第 n 阶固有振动为

$$y_n(x, t)=\varphi_n(x)(A_n\cos\omega_n t+B_n\sin\omega_n t) \tag{3-72}$$

因此，两端自由梁的自由振动响应为

$$\begin{aligned}y(x, t)&=\sum_{n=1}^{\infty}y_n(x, t)\\&=\sum_{n=1}^{\infty}\left[(\cos\beta_n x+\cosh\beta_n x)-\frac{\cos\beta_n l-\cosh\beta_n l}{\sin\beta_n l-\sinh\beta_n l}(\sin\beta_n x+\sinh\beta_n x)\right]\cdot\\&\quad(A_n\cos\omega_n t+B_n\sin\omega_n t)\end{aligned} \tag{3-73}$$

式中，A_n 和 B_n 由初始条件确定。

4. 一端固端一端简支梁

固端约束处的竖向位移和转角都为零，简支约束端的竖向位移和弯矩均为零，如果梁在 $x=0$ 处为固端约束，在 $x=l$ 处为简支约束，则相应的边界条件为

$$\varphi(x)\big|_{x=0}=0,\quad \left.\frac{d\varphi(x)}{dx}\right|_{x=0}=0 \tag{3-74}$$

$$\varphi(x)\big|_{x=l}=0,\quad \left.\frac{d^2\varphi(x)}{dx^2}\right|_{x=l}=0 \tag{3-75}$$

将式(3-35)代入边界条件式(3-74)，可得

$$C_1+C_3=0,\quad C_2+C_4=0 \tag{3-76}$$

因此，式(3-35)表示的解可以改写为

$$\varphi(x)=C_1(\cos\beta x-\cosh\beta x)+C_2(\sin\beta x-\sinh\beta x) \tag{3-77}$$

将边界条件(3-75)代入式(3-77)中，则有

$$\begin{cases}C_1(\cos\beta l-\cosh\beta l)+C_2(\sin\beta l-\sinh\beta l)=0\\-C_1(\cos\beta l+\cosh\beta l)-C_2(\sin\beta l+\sinh\beta l)=0\end{cases} \tag{3-78}$$

根据系数行列式为零，可得

$$\begin{vmatrix}\cos\beta l-\cosh\beta l & \sin\beta l-\sinh\beta l\\-(\cos\beta l+\cosh\beta l) & -(\sin\beta l+\sinh\beta l)\end{vmatrix}=0 \tag{3-79}$$

进而可求得频率方程为

$$\cos\beta l\sinh\beta l-\sin\beta l\cosh\beta l=0 \tag{3-80}$$

或

$$\tan\beta l=\tanh\beta l \tag{3-81}$$

根据频率方程的根 $\beta_n l$，可以求得振动的固有频率为

$$\omega_n=(\beta_n l)^2\sqrt{\frac{EI}{ml^4}},\quad n=1, 2, \cdots \tag{3-82}$$

如果将对应于 β_n 的 C_2 值记为 C_{2n}，则它可以用 C_{1n} 表示如下：

$$C_{2n}=-C_{1n}\frac{\cos\beta_n l-\cosh\beta_n l}{\sin\beta_n l-\sinh\beta_n l} \tag{3-83}$$

因此，式(3-77)可以写为

$$\varphi_n(x)=C_{1n}\left[(\cos\beta_n x-\cosh\beta_n x)-\frac{\cos\beta_n l-\cosh\beta_n l}{\sin\beta_n l-\sinh\beta_n l}(\sin\beta_n x-\sinh\beta_n x)\right] \tag{3-84}$$

图 3-5 给出了一端固端一端简支梁振动的前四阶固有频率和相应的振型。

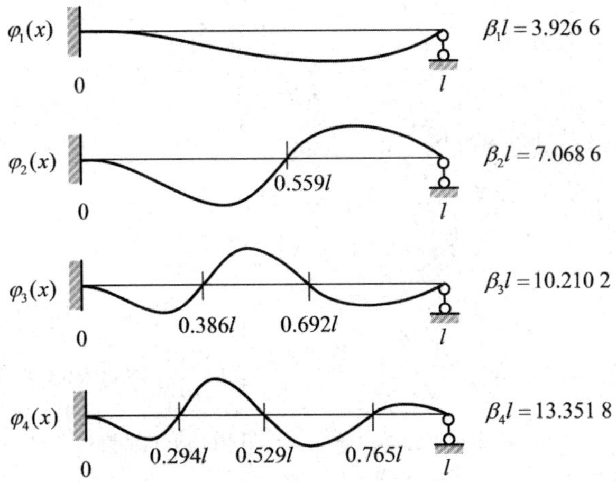

图 3-5　一端固端一端简支梁的前四阶模态($\omega_n=(\beta_n l)^2\sqrt{\frac{EI}{ml^4}}$，$\beta_n l=\frac{(4n+1)\pi}{4}$)

梁的第 n 阶固有振动为

$$y_n(x,t)=\varphi_n(x)(A_n\cos\omega_n t+B_n\sin\omega_n t) \tag{3-85}$$

因此，一端固端一端简支梁的自由振动响应为

$$\begin{aligned} y(x,t)&=\sum_{n=1}^{\infty}y_n(x,t)\\ &=\sum_{n=1}^{\infty}\left[(\cos\beta_n x-\cosh\beta_n x)-\frac{\cos\beta_n l-\cosh\beta_n l}{\sin\beta_n l-\sinh\beta_n l}(\sin\beta_n x-\sinh\beta_n x)\right]\cdot\\ &\quad(A_n\cos\omega_n t+B_n\sin\omega_n t) \end{aligned} \tag{3-86}$$

式中：A_n 和 B_n 由初始条件确定。

实际上，一端固端一端简支等截面梁的竖向弯曲振动模型就是地面固结、采用固定支座柱式墩的水平振动模型，相应的振动固有频率和振型函数与本节一样。

5. 一端固端一端自由的悬臂梁

如果梁在 $x=0$ 处为固端约束，在 $x=l$ 处为自由端，则相应的边界条件为

$$\varphi(x)\big|_{x=0}=0,\quad \frac{d\varphi(x)}{dx}\bigg|_{x=0}=0 \tag{3-87}$$

$$\left.\frac{\mathrm{d}^2\varphi(x)}{\mathrm{d}x^2}\right|_{x=l}=0,\quad \left.\frac{\mathrm{d}^3\varphi(x)}{\mathrm{d}x^3}\right|_{x=l}=0 \tag{3-88}$$

将式(3-36)代入边界条件式(3-87)，可得

$$C_1=C_3=0 \tag{3-89}$$

将式(3-36)代入边界条件式(3-88)，可得

$$\begin{cases}C_2(\cos\beta l+\cosh\beta l)+C_4(\sin\beta l+\sinh\beta l)=0\\ C_2(-\sin\beta l+\sinh\beta l)+C_4(\cos\beta l+\cosh\beta l)=0\end{cases} \tag{3-90}$$

由式(3-90)可导出频率方程为

$$\cos\beta l\cosh\beta l+1=0 \tag{3-91}$$

由式(3-90)中的第一式，可得

$$C_4=-\frac{\cos\beta l+\cosh\beta l}{\sin\beta l+\sinh\beta l}C_2 \tag{3-92}$$

因此，第 n 阶振型可以表示为

$$\varphi_n(x)=(\cos\beta_n x-\cosh\beta_n x)-\frac{(\cos\beta_n l+\cosh\beta_n l)}{\sin\beta_n l+\sinh\beta_n l}(\sin\beta_n x-\sinh\beta_n x) \tag{3-93}$$

图 3-6 给出了悬臂梁振动的前四阶固有频率和相应的振型。

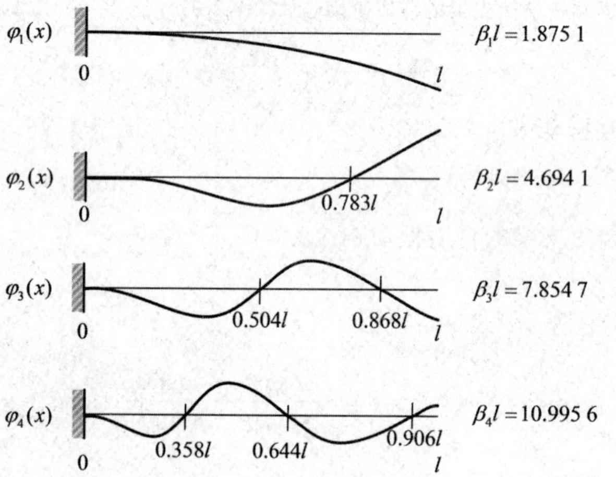

图 3-6 悬臂梁的前四阶模态($\omega_n=(\beta_n l)^2\sqrt{\frac{EI}{ml^4}}$ ，$\beta_n l=\frac{(2n-1)\pi}{2}$)

梁的第 n 阶固有振动为

$$y_n(x,t)=\varphi_n(x)(A_n\cos\omega_n t+B_n\sin\omega_n t) \tag{3-94}$$

因此，悬臂梁的自由振动响应为

$$y(x,t)=\sum_{n=1}^{\infty}y_n(x,t)$$

$$= \sum_{n=1}^{\infty} \left[(\cos\beta_n x - \cosh\beta_n x) - \frac{(\cos\beta_n l + \cosh\beta_n l)}{\sin\beta_n l + \sinh\beta_n l} (\sin\beta_n x - \sinh\beta_n x) \right] \cdot$$
$$(A_n \cos\omega_n t + B_n \sin\omega_n t) \tag{3-95}$$

式中：A_n 和 B_n 由初始条件确定。

实际上悬臂梁的竖向弯曲振动模型就是地面固结的柱式墩或索塔的水平振动模型，相应的振动固有频率和振型函数与本节完全一致。

3.3　变截面欧拉-伯努利梁的弯曲自由振动

3.3.1　一类特殊变截面欧拉-伯努利梁的自由振动

1. 振型函数的解析解

如果能够得到类似于式(3-35)或式(3-36)所示的振型函数的解析解，利用边界条件便可以方便、快捷地求解到频率和振型。鉴于微分方程求解的复杂性，能够得到振型函数解析解的变截面梁的类型是十分有限的，例如横截面抗弯刚度和单位长度质量分别服从 $EI(x)=\alpha(1+\beta x)^{n+4}$，$m(x)=\alpha(1+\beta x)^n$ 和 $EI(x)=\alpha e^{-\beta x}$，$m(x)=\alpha e^{-\beta x}$ 分布的变截面 Euler-Bernoulli 梁的弯曲振动[5]。

在此，介绍一类特殊变截面梁的振型函数解析解推导过程，以及基于振型函数解析解的动力特性求解方法，该类特殊变截面梁的抗弯惯性矩和单位长度质量分别服从 $I(x)=\alpha_1(1+\beta x)^{r+4}$ 和 $m(x)=\alpha_2(1+\beta x)^r$ 分布。这类变截面梁是土木工程领域常见的结构形式，例如梁高按 $h(x)=h_0(1+\beta x)^2$ 变化的梁式结构。

式(3-7)为任意截面 Euler-Bernoulli 梁弯曲振动微分方程的一般形式，令式中荷载项 $f(x,t)=0$，可得变截面梁自由振动的微分方程为

$$m(x)\ddot{y}(x,t) + \frac{\partial^2}{\partial x^2}\left[EI(x)\frac{\partial^2 y(x,t)}{\partial x^2}\right]=0 \tag{3-96}$$

将 $I(x)=\alpha_1(1+\beta x)^{r+4}$，$m(x)=\alpha_2(1+\beta x)^r$ 和 $y(x,t)=\varphi(x)q(t)$ 代入式(3-96)中，根据等截面 Euler-Bernoulli 梁弯曲自由振动解析解的求解过程，可得

$$\frac{d^2 q(t)}{dt^2} + \omega^2 q(t) = 0 \tag{3-97}$$

$$\begin{aligned} &E\alpha_1(1+\beta x)^4 \frac{d\varphi^4(x)}{dx^4} + 2E\alpha_1\beta(r+4)(1+\beta x)^3 \frac{d\varphi^3(x)}{dx^3} \\ &+ E\alpha_1\beta^2(r+4)(r+3)(1+\beta x)^2 \frac{d\varphi^2(x)}{dx^2} - \omega^2\alpha_2\varphi(x) = 0 \end{aligned} \tag{3-98}$$

令

$$z=\ln(1+\beta x),\quad D=\frac{d}{dz} \tag{3-99}$$

由式(3-99)可得

$$\frac{\mathrm{d}^k\varphi(x)}{\mathrm{d}x^k}(1+\beta x)^k=\beta^k D(D-1)(D-2)\cdots(D-k+1)\varphi(z),\quad (k=1,\ 2,\ \cdots,\ n) \tag{3-100}$$

将式(3-100)代入式(3-98)中，则有

$$\begin{aligned}&E\alpha_1\beta^4 D(D-1)(D-2)(D-3)\varphi(z)+2E\alpha_1\beta^4(r+4)D(D-1)(D-2)\varphi(z)\\&+E\alpha_1\beta^4(r+4)(r+3)D(D-1)\varphi(z)-\omega^2\alpha_2\varphi(z)=0\end{aligned} \tag{3-101}$$

对式(3-101)进行化简，可得

$$\begin{aligned}&\Big\{D^4+[2(r+4)-6]D^3+[(r+4)(r+3)-6(r+4)+11]D^2\\&+[4(r+4)-(r+4)(r+3)-6]D-\frac{\omega^2\alpha_2}{E\alpha_1\beta^4}\Big\}\varphi(z)=0\end{aligned} \tag{3-102}$$

令

$$\begin{cases}a_1=2(r+4)-6\\a_2=(r+4)(r+3)-6(r+4)+11\\a_3=4(r+4)-(r+4)(r+3)-6\\a_4=-\dfrac{\omega^2\alpha_2}{E\alpha_1\beta^4}\end{cases} \tag{3-103}$$

则式(3-102)可以改写为

$$(D^4+a_1D^3+a_2D^2+a_3D+a_4)\varphi(z)=0 \tag{3-104}$$

式(3-104)的特征方程为

$$d^4+a_1d^3+a_2d^2+a_3d+a_4=0 \tag{3-105}$$

式(3-105)的 4 个根分别为

$$\begin{cases}d_{1,2}=\dfrac{g-\dfrac{a_1}{2}\pm\sqrt{\left(\dfrac{a_1}{2}-g\right)^2-4\left(\dfrac{t}{2}-f\right)}}{2}\\[2ex]d_{3,4}=\dfrac{-g-\dfrac{a_1}{2}\pm\sqrt{\left(\dfrac{a_1}{2}+g\right)^2-4\left(\dfrac{t}{2}+f\right)}}{2}\end{cases} \tag{3-106}$$

其中，$t=3\sqrt{-\frac{q}{2}+\sqrt{\frac{q^2}{4}+\frac{p^3}{27}}}+3\sqrt{-\frac{q}{2}-\sqrt{\frac{q^2}{4}+\frac{p^3}{27}}}+\frac{a_2}{3}$；$p=a_1a_3-\frac{1}{3}a_2^2-4a_4$；$q=\frac{1}{3}a_1a_2a_3-\frac{2}{27}a_2^3-a_1^2a_4+\frac{8}{3}a_2a_4-a_3^2$；$f=\left|\left(\frac{t^2}{4}-a_4\right)^{\frac{1}{2}}\right|$；$g=\dfrac{\left(\frac{a_1t}{4}-\frac{a_3}{2}\right)}{f}$。

变截面梁的振型函数可表示为

$$\varphi(x)=c_1\mathrm{e}^{d_1 z}+c_2\mathrm{e}^{d_2 z}+c_3\mathrm{e}^{d_3 z}+c_4\mathrm{e}^{d_4 z} \tag{3-107}$$

其中，c_1，c_2，c_3，c_4 为待定系数。

由式(3-103)可知，$a_4<0$，由此可以判定 $f>\frac{t}{2}$ 和 $\frac{t}{2}-f<0$，进而可以确定 d_1 和 d_2 为两个实数根。由式(3-106)中的第 2 式可知，当 $\left(\frac{a_1}{2}+g\right)^2>4\left(\frac{t}{2}+f\right)$ 时，d_3 和 d_4 为两个实数根；当 $\left(\frac{a_1}{2}+g\right)^2<4\left(\frac{t}{2}+f\right)$ 时，d_3 和 d_4 为一对共轭虚根。根的形式不同，振型函数的表达式会有所差异，因此，需要依据根的形式对振型函数的表达式进行讨论。

(1)当 d_1，d_2，d_3 和 d_4 为实数根时，把 $z=\ln(1+\beta x)$ 代入式(3-107)中，可得

$$\varphi(x)=B_1(1+\beta x)^{d_1}+B_2(1+\beta x)^{d_2}+B_3(1+\beta x)^{d_3}+B_4(1+\beta x)^{d_4} \tag{3-108}$$

式中：$B_i\ (i=1,2,3,4)$ 为待定常数。

(2)当 d_1 和 d_2 为实数根，d_3 和 d_4 为共轭虚根时，令 $s_1=\dfrac{-g-\frac{a_1}{2}}{2}$，$s_2=\left|\dfrac{\sqrt{4\left(\frac{t}{2}+f\right)-\left(\frac{a_1}{2}+g\right)^2}}{2}\right|$，则 d_3 和 d_4 两个根可表示为 $d_3=s_1+s_2\mathrm{j}$，$d_4=s_1-s_2\mathrm{j}$。把 $z=\ln(1+\beta x)$，$d_3=s_1+s_2\mathrm{j}$，$d_4=s_1-s_2\mathrm{j}$ 代入式(3-107)中，可得

$$\begin{aligned}\varphi(x)=&B_1(1+\beta x)^{d_1}+B_2(1+\beta x)^{d_2}+\\&B_3(1+\beta x)^{s_1}\cos s_2\ln(1+\beta x)+B_4(1+\beta x)^{s_1}\sin s_2\ln(1+\beta x)\end{aligned} \tag{3-109}$$

式中：$B_i\ (i=1,2,3,4)$ 为待定常数。

式(3-108)和式(3-109)为这类变截面梁振型函数的解析解。为了方便表达，把这两类振型采用统一的形式进行表达，则有

$$\varphi(x)=\sum_{i=1}^{4}B_iS_i(x) \tag{3-110}$$

当振型函数为式(3-108)时，$S_i(x)=(1+\beta x)^{d_i}\ (i=1,2,3,4)$；当振型函数为式(3-109)时，$S_1(x)=(1+\beta x)^{d_1}$，$S_2(x)=(1+\beta x)^{d_2}$、$S_3(x)=(1+\beta x)^{s_1}\cos s_2\ln(1+\beta x)$，$S_4(x)=(1+\beta x)^{s_1}\sin s_2\ln(1+\beta x)$。

2. 动力特性求解

图 3-7 所示的多段变截面梁共有 m 个梁段，每个梁段在局部坐标系中其抗弯惯性矩 $I(x)$ 和单位长度质量 $m(x)$ 均服从 $I(x)=\alpha_1(1+\beta x)^{r+4}$ 和 $m(x)=\alpha_2(1+\beta x)^r$ 分布。采用 l_k，$I_k(x)$ 和 $\varphi_k(x)$ 分别表示第 k 个梁段的长度、抗弯惯性矩和振型函数。

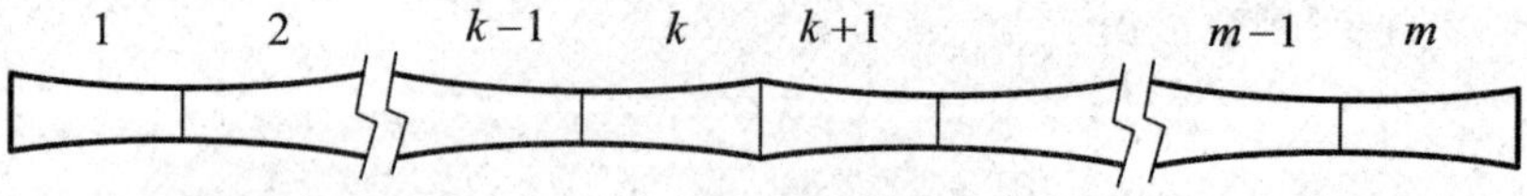

图 3-7　多段变截面梁

根据第 k 个梁段右端和第 $k+1$ 个梁段左端的变形连续与弯矩、剪力平衡条件，可得

$$\begin{cases} \varphi_k(x)\big|_{x=l_k} = \varphi_{k+1}(x)\big|_{x=0} \\ \varphi'_k(x)\big|_{x=l_k} = \varphi'_{k+1}(x)\big|_{x=0} \\ E\left[I_k(x)\cdot\varphi''_k(x)\right]\big|_{x=l_k} = E\left[I_{k+1}(x)\cdot\varphi''_{k+1}(x)\right]\big|_{x=0} \\ \left.\dfrac{\mathrm{d}\left[EI_k(x)\cdot\varphi''_k(x)\right]}{\mathrm{d}x}\right|_{x=l_k} = \left.\dfrac{\mathrm{d}\left[EI_{k+1}(x)\cdot\varphi''_{k+1}(x)\right]}{\mathrm{d}x}\right|_{x=0} \end{cases} \tag{3-111}$$

把 k 个梁段和第 $k+1$ 个梁段的振型函数代入式(3-111)中，可得

$$\begin{cases} \sum\limits_{i=1}^{4} B_i^k S_i^k(l_k) = \sum\limits_{i=1}^{4} B_i^{k+1} S_i^{k+1}(0) \\ \sum\limits_{i=1}^{4} B_i^k S'^k_i(l_k) = \sum\limits_{i=1}^{4} B_i^{k+1} S'^{k+1}_i(0) \\ I_k(l_k)\sum\limits_{i=1}^{4} B_i^k S''^k_i(l_k) = I_{k+1}(0)\sum\limits_{i=1}^{4} B_i^{k+1} S''^{k+1}_i(0) \\ I'_k(l_k)\sum\limits_{i=1}^{4} B_i^k S''^k_i(l_k) + I_k(l_k)\sum\limits_{i=1}^{4} B_i^k S'''^k_i(l_k) = I'_{k+1}(0)\sum\limits_{i=1}^{4} B_i^{k+1} S''^{k+1}_i(0) + I_{k+1}(0)\sum\limits_{i=1}^{4} B_i^{k+1} S'''^{k+1}_i(0) \end{cases} \tag{3-112}$$

式中：B_i^k 表示第 k 个梁段振型函数的第 i 个待定系数；S_i^k 表示第 k 个梁段振型函数的第 i 项。

把式(3-112)写成矩阵的形式，可得

$$\boldsymbol{H}_k\,\boldsymbol{U}_k = \boldsymbol{H}_{k+1}\,\boldsymbol{U}_{k+1} \tag{3-113}$$

式中：

$$\boldsymbol{U}_k = [B_1^k \quad B_2^k \quad B_3^k \quad B_4^k]^{\mathrm{T}},\ \boldsymbol{U}_{k+1} = \{B_1^{k+1} \quad B_2^{k+1} \quad B_3^{k+1} \quad B_4^{k+1}\}^{\mathrm{T}}$$

$$\boldsymbol{H}_k = [\boldsymbol{H}_{k1} \quad \boldsymbol{H}_{k2} \quad \boldsymbol{H}_{k3} \quad \boldsymbol{H}_{k4}]、\boldsymbol{H}_{k+1} = [\boldsymbol{H}_{(k+1)1} \quad \boldsymbol{H}_{(k+1)2} \quad \boldsymbol{H}_{(k+1)3} \quad \boldsymbol{H}_{(k+1)4}] \tag{3-114}$$

其中，

$$\boldsymbol{H}_{ki}=\begin{bmatrix} S_i^k(l_k) \\ S'^k_i(l_k) \\ I_k(l_k)S''^k_i(l_k) \\ I'_k(l_k)S''^k_i(l_k)+I_k(l_k)S'''^k_i(l_k) \end{bmatrix},\ \boldsymbol{H}_{(k+1)i}=\begin{bmatrix} S_i^{k+1}(0) \\ S'^{k+1}_i(0) \\ I_{k+1}(0)S''^{k+1}_i(0) \\ I'_{k+1}(0)S''^{k+1}_i(0)+I_{k+1}(0)S'''^{k+1}_i(0) \end{bmatrix} \tag{3-115}$$

令

$$\boldsymbol{T}_k=\boldsymbol{H}_{k+1}^{-1}\boldsymbol{H}_k \tag{3-116}$$

可得

$$\boldsymbol{U}_{k+1}=\boldsymbol{H}_{k+1}^{-1}\boldsymbol{H}_k\boldsymbol{U}_k=\boldsymbol{T}_k\boldsymbol{U}_k \tag{3-117}$$

式(3-117)表征了 k 个梁段振型函数待定系数和第 $k+1$ 个梁段振型函数待定系数之间的传递关系，$\boldsymbol{T}_k$ 为传递矩阵。依据式(3-117)，可以方便地得到多段变截面梁中第 1 个梁段振型函数待定系数与最后一个梁段振型函数待定系数之间的传递关系，即

$$\boldsymbol{U}_m=\boldsymbol{T}_{m-1}\boldsymbol{T}_{m-2}\cdots\boldsymbol{T}_2\boldsymbol{T}_1\boldsymbol{U}_1=\boldsymbol{T}\boldsymbol{U}_1 \tag{3-118}$$

基于得到的振型函数解析解[公式(3-110)]和各梁段振型函数待定系数之间的传递关系以及边界条件，便可以求解多段变截面梁的动力特性(频率和振型)。在此，只列举悬臂和简支两种支承条件下变截面梁动力特性的求解。

(1)对于多段变截面悬臂梁，边界条件可表示为

$$\begin{cases} \varphi_1(0)=0 \\ \varphi'_1(x)\big|_{x=0}=0 \\ EI_m(x)\cdot\varphi''_m(x)\big|_{x=l_m}=0 \\ E\dfrac{\mathrm{d}[I_m(x)\cdot\varphi''_m(x)]}{\mathrm{d}x}\bigg|_{x=l_m}=0 \end{cases} \tag{3-119}$$

把振型函数表达式和振型函数待定系数传递关系代入式(3-119)中，可得

$$\begin{bmatrix} \boldsymbol{C}_1 \\ \boldsymbol{C}_m\boldsymbol{T} \end{bmatrix}\boldsymbol{U}_1=\boldsymbol{0} \tag{3-120}$$

其中，$\boldsymbol{C}_1=\begin{bmatrix} S_1^1(0) & S_2^1(0) & S_3^1(0) & S_4^1(0) \\ S'^1_1(0) & S'^1_2(0) & S'^1_3(0) & S'^1_4(0) \end{bmatrix}$，

$$\boldsymbol{C}_m=\begin{bmatrix} S''^m_1(l_m) & S''^m_2(l_m) & S''^m_3(l_m) & S''^m_4(l_m) \\ S'''^m_1(l_m) & S'''^m_2(l_m) & S'''^m_3(l_m) & S'''^m_4(l_m) \end{bmatrix}。$$

(2)对于多段变截面简支梁，边界条件可表示为

$$\begin{cases}\varphi_1(0)=0\\EI_1(x)\cdot\varphi''_1(x)|_{x=0}=0\\\varphi_m(l_m)=0\\EI_m(x)\cdot\varphi''_m(x)|_{x=l_m}=0\end{cases}\tag{3-121}$$

与悬臂支撑条件类似，可得

$$\begin{bmatrix}\boldsymbol{C}'_1\\\boldsymbol{C}'_m\boldsymbol{T}\end{bmatrix}\boldsymbol{U}_1=\boldsymbol{0}\tag{3-122}$$

其中，$\boldsymbol{C}'_1=\begin{bmatrix}S_1^1(0) & S_2^1(0) & S_3^1(0) & S_4^1(0)\\S''^1_1(0) & S''^1_2(0) & S''^1_3(0) & S''^1_4(0)\end{bmatrix}$，

$\boldsymbol{C}'_m=\begin{bmatrix}S_1^m(l_m) & S_2^m(l_m) & S_3^m(l_m) & S_4^m(l_m)\\S''^m_1(l_m) & S''^m_2(l_m) & S''^m_3(l_m) & S''^m_4(l_m)\end{bmatrix}$。

把式(3-120)和式(3-122)写成统一的格式，可得

$$\boldsymbol{C}\boldsymbol{U}_1=\begin{bmatrix}c_{11} & c_{12} & c_{13} & c_{14}\\c_{21} & c_{22} & c_{23} & c_{24}\\c_{31} & c_{32} & c_{33} & c_{34}\\c_{41} & c_{42} & c_{43} & c_{44}\end{bmatrix}\begin{bmatrix}B_1^1\\B_2^1\\B_3^1\\B_4^1\end{bmatrix}=\boldsymbol{0}\tag{3-123}$$

式中：元素 $c_{ij}(i，j=1，2，3，4)$ 是变截面梁频率 ω 的函数。

式(3-123)非零解存在的条件是

$$|\boldsymbol{C}|=\boldsymbol{0}\tag{3-124}$$

依据式(3-124)得到频率后，把频率数据代入式(3-123)中便可得到第 1 个梁段振型函数的 4 个待定系数，基于各梁段待定系数之间的传递关系可以得到每个梁段振型函数的待定系数，进而求解到整个变截面梁的振型。一般情况下，从式(3-124)中并不能直接计算出频率，需要借助一些数值计算方法，如半区间方法。

3.3.2 任意变截面欧拉-伯努利梁的自由振动

对于任意变截面形式的 Euler-Bernoulli 梁，可以采用多项式来近似其截面抗弯惯性矩和单位长度质量沿梁长的分布。为了不失一般性，令梁式结构的抗弯惯性矩 $I(x)$ 和单位长度质量 $m(x)$ 分别为

$$\begin{cases}I(x)=b_1x^n+b_2x^{n-1}+\cdots+b_nx+b_{n+1}\\m(x)=c_1x^m+c_2x^{m-1}+\cdots+c_mx+c_{m+1}\end{cases}\tag{3-125}$$

式中：$b_1，b_2，\cdots，b_{n+1}，c_1，c_2，\cdots，c_{m+1}$ 为多项式系数，由结构的几何尺寸和材料密度等参数决定。

将 $y(x，t)=\varphi(x)q(t)$ 和式(3-125)代入变截面梁自由振动的微分方程式(3-96)中，

可得

$$\frac{\mathrm{d}^2 q(t)}{\mathrm{d}t^2}+\omega^2 q(t)=0 \tag{3-126}$$

$$\begin{aligned}&E(b_1x^n+b_2x^{n-1}+\cdots+b_{n-1}x+b_{n+1})\frac{\mathrm{d}^4\varphi(x)}{\mathrm{d}x^4}\\&+2E[nb_1x^{n-1}+(n-1)b_2x^{n-2}+\cdots+b_n]\frac{\mathrm{d}^3\varphi(x)}{\mathrm{d}x^3}\\&+E[n(n-1)b_1x^{n-1}+(n-1)(n-2)b_2x^{n-3}+\cdots+2b_{n-1}]\frac{\mathrm{d}^2\varphi(x)}{\mathrm{d}x^2}\\&-\omega^2[c_1x^m+c_2x^{m-1}+\cdots+c_mx+c_{m+1}]\varphi(x)=0\end{aligned} \tag{3-127}$$

采用广义幂级数方法来求解方程(3-127)，令

$$\begin{cases}\varphi(x)=\sum\limits_{i=0}^{\infty}a_{i+1}x^{k+i}\\\dfrac{\mathrm{d}\varphi(x)}{\mathrm{d}x}=\sum\limits_{i=0}^{\infty}(k+i)a_{i+1}x^{k+i-1}\\\dfrac{\mathrm{d}^2\varphi(x)}{\mathrm{d}x^2}=\sum\limits_{i=0}^{\infty}(k+i)(k+i-1)a_{i+1}x^{k+i-2}\\\dfrac{\mathrm{d}^3\varphi(x)}{\mathrm{d}x^3}=\sum\limits_{i=0}^{\infty}(k+i)(k+i-1)(k+i-2)a_{i+1}x^{k+i-3}\\\dfrac{\mathrm{d}^4\varphi(x)}{\mathrm{d}x^4}=\sum\limits_{i=0}^{\infty}(k+i)(k+i-1)(k+i-2)(k+i-3)a_{i+1}x^{k+i-4}\end{cases} \tag{3-128}$$

将式(3-128)代入式(3-127)中，可得

$$\begin{aligned}&E(b_1x^n+b_2x^{n-1}+\cdots+b_{n-1}x+b_{n+1})\sum_{i=0}^{\infty}(k+i)(k+i-1)(k+i-2)(k+i-3)a_{i+1}x^{k+i-4}\\&+2E(nb_1x^{n-1}+(n-1)b_2x^{n-2}+\cdots+b_n)\sum_{i=0}^{\infty}(k+i)(k+i-1)(k+i-2)a_{i+1}x^{k+i-3}\\&+E[n(n-1)b_1x^{n-1}+(n-1)(n-2)b_2x^{n-3}+\cdots+2b_{n-1}]\sum_{i=0}^{\infty}(k+i)(k+i-1)a_{i+1}x^{k+i-2}\\&-\omega^2[c_1x^m+c_2x^{m-1}+\cdots+c_mx+c_{m+1}]\sum_{i=0}^{\infty}a_{i+1}x^{k+i}=0\end{aligned} \tag{3-129}$$

对式(3-129)进行分析可知，x 的最低次幂为 -4 次。对式(3-129)进行化简，可得

$$\sum_{i=-4}^{\infty}[Eb_{n+1}(k+i+4)(k+i+3)(k+i+2)(k+i+1)a_{i+5}+$$
$$Eb_n(k+i+3)(k+i+2)^2(k+i+1)a_{i+4}+\cdots+$$
$$Eb_2(k+i+6-n)(k+i+5-n)(k+i+2)(k+i+1)a_{i+7-n}+ \tag{3-130}$$
$$Eb_1(k+i+5-n)(k+i+4-n)(k+i+2)(k+i+1)a_{i+6-n}-$$
$$\omega^2c_{m+1}a_{i+1}-\omega^2c_m a_i-\cdots-\omega^2c_2a_{i+3-m}-\omega^2c_1a_{i+2-m}]x^{k+i}=0$$

对式(3-130)进行分析可知，若使方程恒成立，则必有

$$Eb_{n+1}(k+i+4)(k+i+3)(k+i+2)(k+i+1)a_{i+5}+$$
$$Eb_n(k+i+3)(k+i+2)^2(k+i+1)a_{i+4}+\cdots+$$
$$Eb_2(k+i+6-n)(k+i+5-n)(k+i+2)(k+i+1)a_{i+7-n}+ \tag{3-131}$$
$$Eb_1(k+i+5-n)(k+i+4-n)(k+i+2)(k+i+1)a_{i+6-n}-$$
$$\omega^2c_{m+1}a_{i+1}-\omega^2c_m a_i-\cdots-\omega^2c_2a_{i+3-m}-\omega^2c_1a_{i+2-m}=0$$

由式(3-131)可知，当 $i=-4$ 时有最小的非零系数 a_1，通过定义 $a_i=0(i\leqslant 0)$，把 $i=-4$ 代入式(3-131)中，可得

$$k(k-1)(k-2)(k-3)a_1=0 \tag{3-132}$$

因为 a_1 不为零，故 k 的值只可取 0，1，2，3 这四个数。通过式(3-130)可以得到 a_i 之间的递推关系为

$$a_{i+5}=-\frac{b_n(k+i+2)}{b_{n+1}(k+i+4)}a_{i+4}-\frac{b_{n-1}(k+i+2)(k+i+1)}{b_{n+1}(k+i+4)(k+i+3)}a_{i+3}-\cdots-$$
$$\frac{b_2(k+i+6-n)(k+i+5-n)}{b_{n+1}(k+i+4)(k+i+3)}a_{i+7-n}-\frac{b_1(k+i+5-n)(k+i+4-n)}{b_{n+1}(k+i+4)(k+i+3)}a_{i+6-n}+$$
$$\frac{\omega^2c_m}{Eb_{n+1}(k+i+4)(k+i+3)(k+i+2)(k+i+1)}a_{i+1}+$$
$$\frac{\omega^2c_{m-1}}{Eb_{n+1}(k+i+4)(k+i+3)(k+i+2)(k+i+1)}a_i+\cdots+$$
$$\frac{\omega^2c_2}{Eb_{n+1}(k+i+4)(k+i+3)(k+i+2)(k+i+1)}a_{i+3-m}+$$
$$\frac{\omega^2c_1}{Eb_{n+1}(k+i+4)(k+i+3)(k+i+2)(k+i+1)}a_{i+2-m} \tag{3-133}$$

由于 a_i 为非零常数，可假设 $a_1=1$，把 $i=-3$ 代入式 (3-133)中，可得

$$a_2=-\frac{b_n(k-1)}{b_{n+1}(k+1)} \tag{3-134}$$

把 $i=-2$ 和式(3-134)代入公式(3-133)中，可得

$$a_3=-\frac{(b_n^2+b_{n+1}b_{n-1})k(k-1)}{b_{n+1}^2(k+2)(k+1)} \tag{3-135}$$

把 $i=-1$、式(3-134)和式(3-135)代入式(3-133)中，可得

$$a_4=-\frac{(b_n^3+2b_{n+1}b_nb_{n-1}+b_{n+1}^2b_{n-2})}{b_{n+1}^3(k+3)(k+2)(k+1)}\cdot\frac{(k+1)k(k-1)}{b_{n+1}^3(k+3)(k+2)(k+1)} \tag{3-136}$$

依次代入 $i=-2$，-1，…，$n(m<n)$ 或 $i=-2$，-1，…，$m(m\geqslant n)$，最后所有 a_i 全部确定下来。它们只和 k 的取值相关，因此，可得到任意变截面梁的振型函数为

$$\varphi(x)=A_1f_1(x,0)+A_2f_2(x,1)+A_3f_3(x,2)+A_4f_4(x,3) \tag{3-137}$$

式中：$A_j(j=1,2,3,4)$ 为待定系数；$f_{k+1}(x,k)$ 为

$$f_{k+1}(x,k)=\sum_{i=0}^{\infty}a_{i+1}(k)x^{k+i}(k=0,1,2,3) \tag{3-138}$$

在得到任意变截面梁的振型函数[式(3-137)]后，便可以采用本书 3.3.1 节中类似的方法求解频率和振型，此处不再赘述。

3.4　多跨连续梁的自由振动

连续梁桥在工程中得到了广泛使用，因此给出连续梁桥的动力特性求解方法十分必要。

3.4.1　连续梁桥的固有频率

图 3-8 为具有 $n+1$ 个支承点的 n 跨连续梁。对于梁的振动分析，将每对连续支承之间的跨度(或截面)视为一个单独的梁，其原点位于各跨的左侧支点位置，用 x 表示各跨的局部坐标，第 i 跨的支点编号分别为 i 和 $i+1$、跨径为 l_i、抗弯惯性矩为 $I_i(x)$、单位长度质量为 $m_i(x)$。

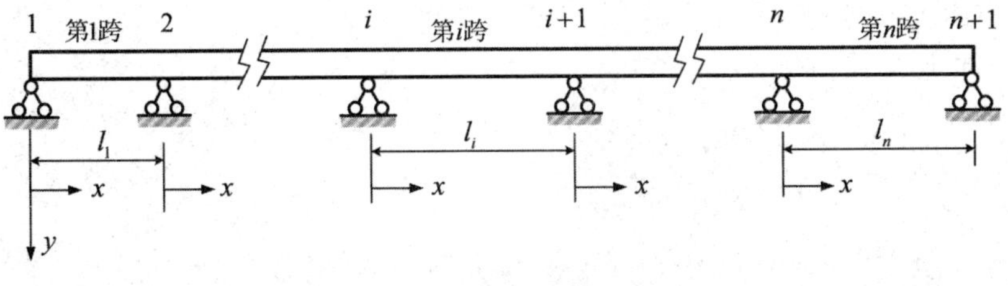

图 3-8　连续梁示意图

对本书 3.2 节中的单跨等截面梁、3.3 节中的单跨变截面梁的振型函数进行分析可知，它们的振型函数可以统一表示成

$$\varphi(x)=\sum_{j=1}^{4}A_jS_j(x) \tag{3-139}$$

其中，$A_j(j=1, 2, 3, 4)$ 为振型函数的待定系数。

如果连续梁第 i 跨的截面为等截面，或 3.3.1 节中几类特殊变截面的一种，或 3.3.2 节中方便用多项式表示的任意变截面，并且整跨截面的抗弯惯性矩和单位长度质量服从同一变化函数，根据式(3-139)，第 i 跨梁的振型函数可表示为

$$\varphi_i(x)=\sum_{j=1}^{4}A_j^iS_j(x_i),\quad 0\leqslant x_i\leqslant l_i \tag{3-140}$$

如果第 $i+1$ 跨梁截面的抗弯惯性矩和单位长度质量在整跨内也服从同一变化函数(但并不要求与第 i 跨梁相同)，则第 $i+1$ 跨梁的振型函数可表示为

$$\varphi_{i+1}(x)=\sum_{j=1}^{4}A_j^{i+1}S_j(x_{i+1}),\quad 0\leqslant x_{i+1}\leqslant l_{i+1} \tag{3-141}$$

式(3-140)和式(3-141)中：x_i 和 x_{i+1} 分别为第 i 跨梁和第 $i+1$ 跨梁的局部坐标；A_j^i 和 $A_j^{i+1}(j=1, 2, 3, 4)$ 分别为第 i 跨梁和第 $i+1$ 跨梁的振型函数待定系数，由下述条件确定。

(1)每跨原点处的竖向位移为零(可能除了第 1 跨)；由于在每个中间支承处竖向位移为零，因此每跨终点处的竖向位移为零(可能除了第 n 跨)，即

$$\varphi_i(0)=0,\quad \varphi_i(l_i)=0,\quad (i=1, 2, \cdots, n) \tag{3-142}$$

将式(3-140)代入式(3-142)，则有

$$\begin{cases}\varphi_i(0)=A_1^iS_1(0)+A_2^iS_2(0)+A_3^iS_3(0)+A_4^iS_4(0)=0\\ \varphi_i(l_i)=A_1^iS_1(l_i)+A_2^iS_2(l_i)+A_3^iS_3(l_i)+A_4^iS_4(l_i)=0\end{cases} \tag{3-143}$$

(2)由于梁是连续的，任何中间支承 $i+1$ 处左侧和右侧的弯矩和转角都相同，即

$$\begin{cases}\dfrac{\mathrm{d}\varphi_i(l_i)}{\mathrm{d}x}=\dfrac{\mathrm{d}\varphi_{i+1}(0)}{\mathrm{d}x}\\ EI_i\dfrac{\mathrm{d}^2\varphi_i(l_i)}{\mathrm{d}x^2}=EI_{i+1}\dfrac{\mathrm{d}^2\varphi_{i+1}(0)}{\mathrm{d}x^2}\end{cases},\quad (i=1, 2, \cdots, n-1) \tag{3-144}$$

将式(3-140)和式(3-141)代入式(3-144)，则有

$$\begin{aligned}&A_1^iS'_1(l_i)+A_2^iS'_2(l_i)+A_3^iS'_3(l_i)+A_4^iS'_4(l_i)\\ &=A_1^{i+1}S'_1(0)+A^{i+1}{}_2S'_2(0)+A^{i+1}{}_3S'_3(0)+A_4^{i+1}S'_4(0)\end{aligned} \tag{3-145}$$

$$\begin{aligned}&EI_i(l_i)\left[A_1^iS''_1(l_i)+A_2^iS''_2(l_i)+A_3^iS''_3(l_i)+A_4^iS''_4(l_i)\right]\\ &=EI_{i+1}(0)\left[A_1^{i+1}S''_1(0)+A_2^{i+1}S''_2(0)+A_3^{i+1}S''_3(0)+A_4^{i+1}S''_4(0)\right]\end{aligned} \tag{3-146}$$

式中：$I_i(l_i)$ 和 $I_{i+1}(0)$ 分别为单跨局部坐标系中第 i 跨 $x=l_i$ 和第 $i+1$ 跨 $x=0$ 处的截面抗弯惯性矩。

(3)假设每跨梁在整个梁跨内服从同一种变化，则每跨梁的振型函数可以采用式(3-140)表示，即每个梁跨内有 4 个待定系数，因此 n 跨连续梁共有 $4n$ 个待定系数。每个中

支点能够列出 4 个待定系数方程[式(3-144)～式(3-146)]，共 $n-1$ 个中支点可列出 $4(n-1)$ 个方程，每个边支点利用位移和弯矩条件可列出 2 个待定系数方程，两个边支点(支点 1 和支点 $n+1$)可列出 4 个待定系数方程，最终可以得到包含待定系数的 $4n$ 个齐次代数方程，采用矩阵的形式可表示为

$$\boldsymbol{CU}=\boldsymbol{0} \tag{3-147}$$

式中：$\boldsymbol{C}$ 是含有自振频率的系数矩阵；$\boldsymbol{U}$ 是待定系数组成的列向量，$\boldsymbol{U}=[A_1 \quad A_2 \quad A_3 \quad A_4 \quad \cdots \quad A_1^i \quad A_2^i \quad A_3^i \quad A_4^i \quad \cdots \quad A_1^n \quad A_2^n \quad A_3^n \quad A_4^n]^{\mathrm{T}}$。

使 $\boldsymbol{U}$ 有非零解的条件为

$$|\boldsymbol{C}|=0 \tag{3-148}$$

通过式(3-148)可以求得连续梁的固有频率，把得到的固有频率代入式(3-147)中便可求解到待定系数向量 $\boldsymbol{U}$，把待定系数代入振型函数表达式(3-140)中，便可得到连续梁的固有振型。然而，当矩阵 $\boldsymbol{C}$ 的维数较高时，从式(3-148)中并不能直接计算出连续梁的固有频率，需要借助数值计算方法来进行求解，这里介绍求解固有频率的半区间方法，其具体过程如下：

①给定第 i 阶频率的初始值 ω_{ai}。

②把 ω_{ai} 代入系数矩阵 $\boldsymbol{C}$ 中，并计算其行列式的值 $D_{ai}=|\boldsymbol{C}(\omega_{ai})|$。

③令 $\omega_{bi}=\omega_{ai}+\Delta\omega$，$\Delta\omega$ 为频率增量(读者可自行给定一个合适的值)。把 ω_{bi} 代入系数矩阵 $\boldsymbol{C}$ 中，并计算其行列式的值 $D_{bi}=|\boldsymbol{C}(\omega_{bi})|$。

④计算 $d_i=D_{ai}\times D_{bi}$。

⑤如果 $d_i<0$，则认定第 i 阶频率的区间为 $[\omega_{ai} \quad \omega_{bi}]$；如果 $d_i>0$，令 $\omega_{ai}=\omega_{bi}$。重复步骤①～⑤，直至确定第 i 阶频率的区间 $[\omega_{ai} \quad \omega_{bi}]$。

⑥令 $\omega_{ci}=(\omega_{ai}+\omega_{bi})/2$，计算 D_{ai}、D_{ci}，$D_{ci}=|\boldsymbol{C}(\omega_{ci})|$。

⑦计算 $\mathrm{dd}_i=D_{ai}\times D_{ci}$。

⑧如果 $\mathrm{dd}_i>0$，则 $\omega_{ai}=\omega_{ci}$；如果 $\mathrm{dd}_i<0$，令 $\omega_{bi}=\omega_{ci}$，得到一个新的频率区间 $[\omega_{ai} \quad \omega_{bi}]$。重复步骤⑥～⑧，直至系数矩阵 $\boldsymbol{C}$ 行列式的值为零，便可得到第 i 阶固有频率。

例 3-1　图 3-9 所示为一等截面两跨连续梁，每跨具有均布质量和均布刚度，其中第一跨的长度、单位长度质量和刚度分别为 l_1、m_1 和 EI_1，第二跨的长度、单位长度质量和刚度分别为 l_2、m_2 和 EI_2，连续梁两端均为简支支承，求连续梁的固有频率和振型。

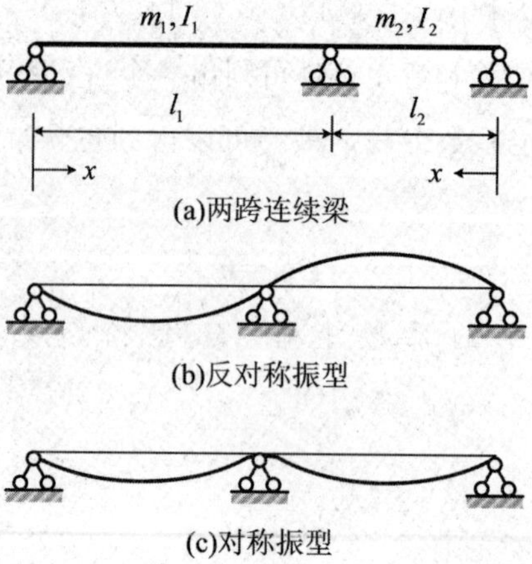

图 3-9　两跨连续梁及振型

解：连续梁两跨的振型函数分别为

$$\varphi_1(x) = A_1\cos\beta_1 x + B_1\sin\beta_1 x + C_1\cosh\beta_1 x + D_1\sinh\beta_1 x \tag{E3-1-1}$$

$$\varphi_2(x) = A_2\cos\beta_2 x + B_2\sin\beta_2 x + C_2\cosh\beta_2 x + D_2\sinh\beta_2 x \tag{E3-1-2}$$

为简化计算，对于第 1 跨，x 以支承 1 为坐标原点向右；对于第 2 跨，x 轴以支承 3 为坐标原点向左。

对第 1 跨，支承 1 处的边界条件为

$$\varphi_1(0) = 0,\quad \frac{\mathrm{d}^2\varphi_1(0)}{\mathrm{d}x^2} = 0 \tag{E3-1-3}$$

将式(E3-1-1)代入式(E3-1-3)，则有

$$A_1 = C_1 = 0 \tag{E3-1-4}$$

因此，式(E3-1-1)可以改写为

$$\varphi_1(x) = B_1\sin\beta_1 x + D_1\sinh\beta_1 x \tag{E3-1-5}$$

在支承 2 处位移为零，即 $\varphi_1(l) = 0$，代入式(E3-1-5)，则

$$D_1 = -B_1\frac{\sin\beta_1 l_1}{\sinh\beta_1 l_1} \tag{E3-1-6}$$

因此，式(E3-1-5)可以写为

$$\varphi_1(x) = B_1\left(\sin\beta_1 x - \frac{\sin\beta_1 l_1}{\sinh\beta_1 l_1}\sinh\beta_1 x\right) \tag{E3-1-7}$$

对第 2 跨，支承 3 处的边界条件为

$$\varphi_2(0) = 0,\quad \frac{\mathrm{d}^2\varphi_2(0)}{\mathrm{d}x^2} = 0 \tag{E3-1-8}$$

将式(E3-1-2)代入式(E3-1-8)，则有

$$A_2 = C_2 = 0 \tag{E3-1-9}$$

因此，式(E3-1-2)可以改写为

$$\varphi_2(x) = B_2 \sin\beta_2 x + D_2 \sinh\beta_2 x \tag{E3-1-10}$$

将支承 2 处位移为零的边界条件代入式(E3-1-10)，则

$$D_2 = -B_2 \frac{\sin\beta_2 l_2}{\sinh\beta_2 l_2} \tag{E3-1-11}$$

因此，式(E3-1-10)可以写为

$$\varphi_2(x) = B_2\left(\sin\beta_2 x - \frac{\sin\beta_2 l_2}{\sinh\beta_2 l_2}\sinh\beta_2 x\right) \tag{E3-1-12}$$

根据支承 2 处的转角连续条件，则

$$\frac{d\varphi_1(l_1)}{dx} = -\frac{d\varphi_2(l_2)}{dx} \tag{E3-1-13}$$

将式(E3-1-7)和式(E3-1-12)代入式(E3-1-13)，可得

$$B_1\beta_1\left(\cos\beta_1 l_1 - \frac{\sin\beta_1 l_1}{\sinh\beta_1 l_1}\cosh\beta_1 l_1\right) + B_2\beta_2\left(\cos\beta_2 l_2 - \frac{\sin\beta_2 l_2}{\sinh\beta_2 l_2}\cosh\beta_2 l_2\right) = 0 \tag{E3-1-14}$$

根据支承 2 处的弯矩连续条件，则

$$E_1 I_1 \frac{d^2\varphi_1(l_1)}{dx^2} = E_2 I_2 \frac{d^2\varphi_2(l_2)}{dx^2} \tag{E3-1-15}$$

将式(E3-1-7)和式(E3-1-12)代入式(E3-1-15)，可得

$$B_1 E_1 I_1 \beta_1^2 \sin\beta_1 l_1 - B_2 E_2 I_2 \beta_2^2 \sin\beta_2 l_2 = 0 \tag{E3-1-16}$$

式(E3-1-14)和式(E3-1-16)组成了包含待定系数 B_1 和 B_2 的齐次代数方程组，为了求解 B_1 和 B_2 的非零解，对应的系数矩阵的行列式必须等于零，因此可求得频率方程为

$$\begin{aligned} &\beta_1\left(\cos\beta_1 l_1 - \frac{\sin\beta_1 l_1}{\sinh\beta_1 l_1}\cosh\beta_1 l_1\right) E_2 I_2 \beta_2^2 \sin\beta_2 l_2 \\ &+ \beta_2\left(\cos\beta_2 l_2 - \frac{\sin\beta_2 l_2}{\sinh\beta_2 l_2}\cosh\beta_2 l_2\right) E_1 I_1 \beta_1^2 \sin\beta_1 l_1 = 0 \end{aligned} \tag{E3-1-17}$$

对于具有相同跨径的等截面均质梁，$E_1 = E_2 = E$，$I_1 = I_2 = I$，$l_1 = l_2 = l$，$\beta_1 = \beta_2 = \beta$，频率方程式(E3-1-17)可以简化为

$$\left(\cos\beta l - \frac{\sin\beta l}{\sinh\beta l}\cosh\beta l\right)\sin\beta l = 0 \tag{E3-1-18}$$

进而有

$$\sin\beta l = 0 \tag{E3-1-19}$$

或

$$\tan\beta l - \tanh\beta l = 0 \tag{E3-1-20}$$

第 1 种情况：$\sin\beta l = 0$

则有 $\beta_n l = n\pi (n = 1, 2, \cdots)$，可得固有频率为

$$\omega_n = n^2\pi^2\sqrt{\frac{EI}{ml^4}}, \quad n = 1, 2, \cdots \tag{E3-1-21}$$

可以看出，这些固有频率与长度为 l 的两端简支梁的固有频率相同。

根据式(E3-1-14)可得 $B_1 = -B_2$，因此第 1 跨的振型函数 $\varphi_{1n}(x)$、第 2 跨的振型函数 $\varphi_{2n}(x)$ 分别为

$$\begin{cases} \varphi_{1n}(x) = C_{2n}\left(\sin\beta_n x - \dfrac{\sin\beta_n l}{\sinh\beta_n l}\sinh\beta_n x\right) \\ \varphi_{2n}(x) = -C_{2n}\left(\sin\beta_n x - \dfrac{\sin\beta_n l}{\sinh\beta_n l}\sinh\beta_n x\right) \end{cases} \tag{E3-1-22}$$

为简单起见，式中系数 C_{2n} 可以设为 1。式(E3-1-22)给出的振型表示相对于中间支承 2 的一个反对称振型，如图 3-9(b)所示。

第 2 种情况：$\tan\beta l - \tanh\beta l = 0$

可以看出，这种情况对应于长度为 l 的一端固端一端简支梁，根据式(E3-1-16)可得 $B_1 = B_2$，因此第 1 跨的振型函数 $\varphi_{1n}(x)$、第 2 跨的振型函数 $\varphi_{2n}(x)$ 分别为

$$\varphi_{1n}(x) = \varphi_{2n}(x) = C_{2n}\left(\sin\beta_n x - \frac{\sin\beta_n l}{\sinh\beta_n x}\sinh\beta_n x\right) \tag{E3-1-23}$$

为简单起见，式中系数 C_{2n} 可以设为 1。式(E3-1-23)给出的振型表示相对于中间支承 2 的一个对称振型，如图 3-9(c)所示。

3.4.2 基于传递矩阵的自由振动分析

在本书 3.4.1 节中，假定横截面在单跨梁内的变化形式一致，即单位长度质量在整跨内服从一种函数分布，抗弯刚度在整跨内服从一种函数分布。对于梁式桥梁结构，在单跨梁中经常会存在多种变截面形式，例如在跨中区域为等截面形式，在中支点截面同样也为等截面形式(但腹板、底板和顶板厚度与跨中截面区域不同)，跨中区域截面向中支点截面变化的过渡段中的变截面形式。对于单跨梁存在多种变截面形式的梁式结构，传递矩阵是一种实用和简便的自由振动分析方法。

为了不失一般性，假设图 3-8 所示的 n 跨连续梁桥的第 i 跨中有 m 种变截面形式。依据变截面形式的不同，把第 i 跨梁划分成 m 个梁段，如图 3-10 所示。在图 3-10 中，梁段编号为 $b_1, b_2, \cdots, b_j, b_{j+1}, \cdots, b_m$，每个梁段表示服从一种变截面形式，$l_1, l_2, \cdots, l_j, l_{j+1}, \cdots, l_m$ 分别为梁段长度。

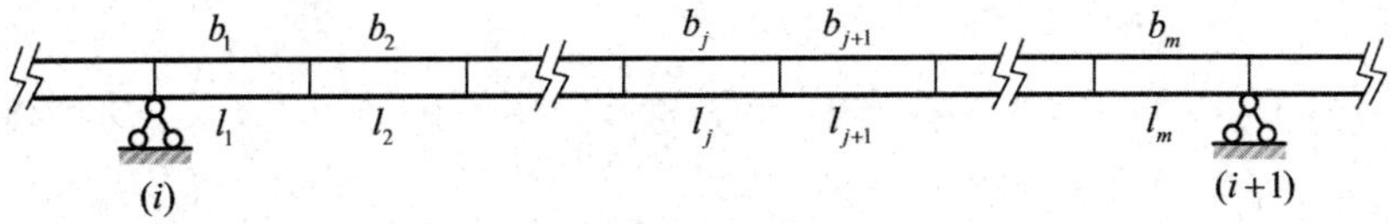

图 3-10　第 i 跨梁变截面形式

把图 3-10 中的梁段 b_j 等间距地划分成 s 个子梁段，如图 3-11 所示。图 3-11 中，b_j^1，b_j^2，…，b_j^p，b_j^{p+1}，…，b_j^s 为子梁段编号，每个子梁段的长度为 $l_{msj}=l_j/s$。

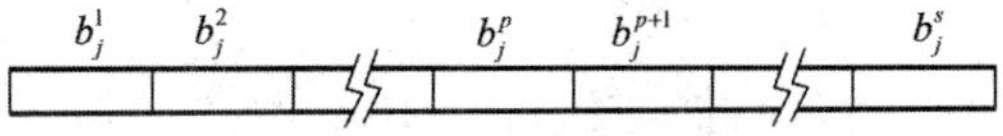

图 3-11　第 i 跨第 j 个梁段划分示意图

如果子梁段的长度足够小，可以把子梁段近似为等截面梁。子梁段 b_j^p 的截面惯性矩 $\overline{I}_j^p$ 和单位长度质量 $\overline{m}_j^p$ 可等效为

$$\begin{cases}\overline{I}_j^p=\dfrac{1}{l_{msj}}\displaystyle\int_0^{l_{msj}} I_j^p(x)\mathrm{d}x, \quad 0\leqslant x\leqslant l_{msj}\\[2ex] \overline{m}_j^p=\dfrac{1}{l_{msj}}\displaystyle\int_0^{l_{msj}} m_j^p(x)\mathrm{d}x, \quad 0\leqslant x\leqslant l_{msj}\end{cases}\tag{3-149}$$

式中：$I_j^p(x)$ 和 $m_j^p(x)$ 为 b_j^p 在局部坐标系中的截面惯性矩和单位长度质量。

依据等截面梁弯曲自由振动的振型函数表达式，子梁段 b_j^p 在局部坐标系 $0\leqslant x\leqslant l_{msj}$ 中的振型函数可表示为

$$\varphi_j^p(x)=A_j^p\sin\alpha_j^p x+B_j^p\cos\alpha_j^p x+C_j^p\sinh\alpha_j^p x+D_j^p\cosh\alpha_j^p x\tag{3-150}$$

式中：$(\alpha_j^p)^4=(\omega^2\overline{m}_j^p)/(E\overline{I}_j^p)$，$\omega$ 为整个结构的固有频率；A_j^p，B_j^p，C_j^p 和 D_j^p 为子梁段 b_j^p 的振型函数待定系数。

由子梁段 b_j^p 右端与子梁段 b_j^{p+1} 左端的位移、转角连续和弯矩、剪力平衡的条件，可得

$$\begin{cases}\varphi_j^{p+1}(0)=\varphi_j^p(l_{msj})\\ \varphi'^{p+1}_j(0)=\varphi'^p_j(l_{msj})\\ E\overline{I}_j^{p+1}\varphi''^{p+1}_j(0)=E\overline{I}_j^p\varphi''^p_j(l_{msj})\\ E\overline{I}_j^{p+1}\varphi'''^{p+1}_j(0)=E\overline{I}_j^p\varphi'''^p_j(l_{msj})\end{cases}\tag{3-151}$$

将式(3-150)代入式(3-151)中，可得

$$\begin{cases}B_j^{p+1}+D_j^{p+1}=A_j^p\sin\alpha_j^p l_{msj}+B_j^p\cos\alpha_j^p l_{msj}+C_j^p\sinh\alpha_j^p l_{msj}+D_j^p\cosh\alpha_j^p l_{msj}\\ \alpha_j^{p+1}(A_j^{p+1}+C_j^{p+1})=\alpha_j^p(A_j^p\cos\alpha_j^p l_{msj}-B_j^p\sin\alpha_j^p l_{msj}+C_j^p\cosh\alpha_j^p l_{msj}+D_j^p\sinh\alpha_j^p l_{msj})\\ (\alpha_j^{p+1})^2 EI_j^{p+1}(-B_j^{p+1}+D_j^{p+1})\\ =(\alpha_j^p)^2 EI_j^p(-A_j^p\sin\alpha_j^p l_{msj}-B_j^p\cos\alpha_j^p l_{msj}+C_j^p\sinh\alpha_j^p l_{msj}+D_j^p\cosh\alpha_j^p l_{msj})\\ (\alpha_j^{p+1})^3 EI_j^{p+1}(-A_j^{p+1}+C_j^{p+1})\\ =(\alpha_j^p)^3 EI_j^p(-A_j^p\cos\alpha_j^p l_{msj}+B_j^p\sin\alpha_j^p l_{msj}+C_j^p\cosh\alpha_j^p l_{msj}+D_j^p\sinh\alpha_j^p l_{msj})\end{cases}$$

(3-152)

将式(3-152)写成矩阵的形式，则有

$$\boldsymbol{C}_j^{p+1}\boldsymbol{U}_j^{p+1}=\boldsymbol{C}_j^p\boldsymbol{U}_j^p \tag{3-153}$$

式中：

$$\boldsymbol{C}_j^{p+1}=\begin{bmatrix}0 & 1 & 0 & 1\\ a_j^{p+1} & 0 & a_j^{p+1} & 0\\ 0 & -EI_j^{p+1}(a_j^{p+1})^2 & 0 & EI_j^{p+1}(a_j^{p+1})^2\\ -EI_j^{p+1}(a_j^{p+1})^3 & 0 & EI_j^{p+1}(a_j^{p+1})^3 & 0\end{bmatrix}$$

(3-154)

$$\boldsymbol{C}_j^p=\begin{bmatrix}s_1 & s_2 & s_3 & s_4\\ a_j^p s_2 & -a_j^p s_1 & a_j^p s_4 & a_j^p s_3\\ -EI_j^p(a_j^p)^2 s_1 & -EI_j^p(a_j^p)^2 s_2 & EI_j^p(a_j^p)^2 s_3 & EI_j^p(a_j^p)^2 s_4\\ -EI_j^p(a_j^p)^3 s_2 & EI_j^p(a_j^p)^3 s_1 & EI_j^p(a_j^p)^3 s_4 & EI_j^p(a_j^p)^3 s_3\end{bmatrix} \tag{3-155}$$

其中，$s_1=\sin\alpha_j^p l_{msj}$，$s_2=\cos\alpha_j^p l_{msj}$，$s_3=\sinh\alpha_j^p l_{msj}$，$s_4=\cosh\alpha_j^p l_{msj}$。

$\boldsymbol{U}_j^{p+1}=[A_j^{p+1}\quad B_j^{p+1}\quad C_j^{p+1}\quad D_j^{p+1}]^{\mathrm{T}}$，$\boldsymbol{U}_j^p=[A_j^p\quad B_j^p\quad C_j^p\quad D_j^p]^{\mathrm{T}}$。

由式(3-153)可得

$$\boldsymbol{U}_j^{p+1}=\boldsymbol{T}_p^{p+1}\boldsymbol{U}_j^p=[\boldsymbol{C}_j^{p+1}]^{-1}\boldsymbol{C}_j^p\boldsymbol{U}_j^p \tag{3-156}$$

其中，$\boldsymbol{T}_p^{p+1}=[\boldsymbol{C}_j^{p+1}]^{-1}\boldsymbol{C}_j^p$ 为待定系数传递矩阵，表示子梁段 b_j^p 和子梁段 b_j^{p+1} 振型函数待定系数之间的传递关系。

基于式(3-156)表示的待定系数传递关系，可以得到第 j 个梁段中最后一个子梁段(第 s 个子梁段)和第 1 个子梁段待定系数之间的传递关系：

$$\boldsymbol{U}_j^s=\boldsymbol{T}_j\boldsymbol{U}_j^1 \tag{3-157}$$

式中，$\boldsymbol{T}_j=\boldsymbol{T}_{s-1}^s\cdots\boldsymbol{T}_p^{p+1}\cdots\boldsymbol{T}_1^2$。

把第 $j+1$ 个梁段划分成 q 个子梁段，采用矩阵传递方法，同样可以得到第 $j+1$ 个梁段中最后一个子梁段(第 q 个子梁段)和第 1 个子梁段待定系数之间的传递关系：

$$\boldsymbol{U}_{j+1}^q=\boldsymbol{T}_{j+1}\boldsymbol{U}_{j+1}^1 \tag{3-158}$$

类似于式(3-156)，可以得到第 j 个梁段中最后一个子梁段和第 $j+1$ 个梁段中第一个子梁段待定系数之间的传递关系：

$$\boldsymbol{U}_{j+1}^{1}=\boldsymbol{T}_{j+1}^{j}\boldsymbol{U}_{j}^{s} \tag{3-159}$$

综合式(3-157)～式(3-159)，可得

$$\boldsymbol{U}_{j+1}^{q}=\boldsymbol{T}_{j+1}\boldsymbol{T}_{j+1}^{j}\boldsymbol{T}_{j}\boldsymbol{U}_{j}^{1} \tag{3-160}$$

式(3-160)表示了振型函数跨梁段传递关系，即第 $j+1$ 个梁段中最后一个子梁段与第 j 个梁段中第一个子梁段待定系数之间的传递关系。

综合式(3-157)、式(3-158)和式(3-160)，可以得到整个第 i 跨内的待定系数传递关系，采用该传递关系可以得到整跨内任意两个子梁段待定系数之间的传递关系，即整跨内可以采用 4 个待定系数来表征其振型函数的待定系数。在得到每跨梁式结构振型函数待定系数的传递关系后，便可以采用本书 3.4.1 节中的方法求解连续梁的固有频率和振型。

以上方法的基本思想是把变截面梁段划分成若干子梁段，把子梁段等效成等截面梁，进而构建每个梁段、梁段与梁段之间的待定系数传递关系。如果图 3-10 所示的第 j 个梁段和第 $j+1$ 个梁段服从本书 3.3.1 中的变截面形式，或可采用多项式较为方便地逼近截面刚度分布和单位长度质量分布(本书 3.3.2 节)，基于式(3-139)，第 j 个梁段和第 $j+1$ 个梁段的振型函数可分别表示为

$$\begin{cases}\varphi_j(x)=A_jS_j^1(x)+B_jS_j^2(x)+C_jS_j^3(x)+D_jS_j^4(x)\\ \varphi_{j+1}(x)=A_{j+1}S_{j+1}^1(x)+B_{j+1}S_{j+1}^2(x)+C_{j+1}S_{j+1}^3(x)+D_{j+1}S_{j+1}^4(x)\end{cases} \tag{3-161}$$

式中：$\varphi_j(x)$ 和 $\varphi_{j+1}(x)$ 分别为局部坐标系中第 j 个梁段和第 $j+1$ 个梁段的振型函数；$A_j(x)$，$B_j(x)$，$C_j(x)$ 和 $D_j(x)$ 为振型函数 $\varphi_j(x)$ 的待定系数，$A_{j+1}(x)$，$B_{j+1}(x)$，$C_{j+1}(x)$ 和 $D_{j+1}(x)$ 为振型函数 $\varphi_{j+1}(x)$ 的待定系数；$S_j^i(x)$（$i=1, 2, 3, 4$）为振型函数 $\varphi_j(x)$ 的基函数，$S_{j+1}^i(x)$（$i=1, 2, 3, 4$）为振型函数 $\varphi_{j+1}(x)$ 的基函数。

依据第 j 个梁段右端和第 $j+1$ 个梁段左端位移、转角连续和弯矩、剪力平衡条件可得

$$\begin{aligned}&A_{j+1}S_{j+1}^1(0)+B_{j+1}S_{j+1}^2(0)+C_{j+1}S_{j+1}^3(0)+D_{j+1}S_{j+1}^4(0)\\&=A_jS_j^1(l_j)+B_jS_j^2(l_j)+C_jS_j^3(l_j)+D_jS_j^4(l_j)\end{aligned} \tag{3-162a}$$

$$\begin{aligned}&A_{j+1}S'^1_{j+1}(0)+B_{j+1}S'^2_{j+1}(0)+C_{j+1}S'^3_{j+1}(0)+D_{j+1}S'^4_{j+1}(0)\\&=A_jS'^1_j(l_j)+B_jS'^2_j(l_j)+C_jS'^3_j(l_j)+D_jS'^4_j(l_j)\end{aligned} \tag{3-162b}$$

$$\begin{aligned}&EI_{j+1}(0)(A_{j+1}S''^1_{j+1}(0)+B_{j+1}S''^2_{j+1}(0)+C_{j+1}S''^3_{j+1}(0)+D_{j+1}S''^4_{j+1}(0))\\&=EI_j(l_j)(A_jS''^1_j(l_j)+B_jS''^2_j(l_j)+C_jS''^3_j(l_j)+D_jS''^4_j(l_j))\end{aligned} \tag{3-162c}$$

$$
\begin{aligned}
&EI_{j+1}(0)(A_{j+1}S'''^{1}_{j+1}(0)+B_{j+1}S'''^{2}_{j+1}(0)+C_{j+1}S'''^{3}_{j+1}(0)+D_{j+1}S'''^{4}_{j+1}(0)) \\
&+EI'_{j+1}(0)(A_{j+1}S''^{1}_{j+1}(0)+B_{j+1}S''^{2}_{j+1}(0)+C_{j+1}S''^{3}_{j+1}(0)+D_{j+1}S''^{4}_{j+1}(0)) \\
&=EI_{j}(l_{j})(A_{j}S'''^{1}_{j}(l_{j})+B_{j}S'''^{2}_{j}(l_{j})+C_{j}S'''^{3}_{j}(l_{j})+D_{j}S'''^{4}_{j}(l_{j}))+ \\
&EI'_{j}(l_{j})(A_{j}S''^{1}_{j}(l_{j})+B_{j}S''^{2}_{j}(l_{j})+C_{j}S''^{3}_{j}(l_{j})+D_{j}S''^{4}_{j}(l_{j}))
\end{aligned}
\tag{3-162d}
$$

把式(3-162)写成矩阵形式，则有

$$
\boldsymbol{C}_{j+1}\boldsymbol{U}_{j+1}=\boldsymbol{C}_{j}\boldsymbol{U}_{j} \tag{3-163}
$$

式中：

$$
C_{j+1}=\begin{bmatrix}
S^{1}_{j+1}(0) & S^{2}_{j+1}(0) & S^{3}_{j+1}(0) & S^{4}_{j+1}(0) \\
S'^{1}_{j+1}(0) & S'^{2}_{j+1}(0) & S'^{3}_{j+1}(0) & S'^{4}_{j+1}(0) \\
KS''^{1}_{j+1}(0) & KS''^{2}_{j+1}(0) & KS''^{3}_{j+1}(0) & KS''^{4}_{j+1}(0) \\
KS'''^{1}_{j+1}(0)+K'S''^{1}_{j+1}(0) & KS'''^{2}_{j+1}(0)+K'S''^{2}_{j+1}(0) & KS'''^{3}_{j+1}(0)+K'S''^{3}_{j+1}(0) & KS'''^{4}_{j+1}(0)+K'S''^{4}_{j+1}(0)
\end{bmatrix}
$$

$$
C_{j}=\begin{bmatrix}
S^{1}_{j}(l_{j}) & S^{2}_{j}(l_{j}) & S^{3}_{j}(l_{j}) & S^{4}_{j}(l_{j}) \\
S'^{1}_{j}(l_{j}) & S'^{2}_{j}(l_{j}) & S'^{3}_{j}(l_{j}) & S'^{4}_{j}(l_{j}) \\
KS''^{1}_{j}(l_{j}) & KS''^{2}_{j}(l_{j}) & KS''^{3}_{j}(l_{j}) & KS''^{4}_{j}(l_{j}) \\
\bar{K}S'''^{1}_{j}(l_{j})+\bar{K}'S''^{1}_{j}(l_{j}) & \bar{K}S'''^{2}_{j}(l_{j})+\bar{K}'S''^{2}_{j}(l_{j}) & \bar{K}S'''^{3}_{j}(l_{j})+\bar{K}'S''^{3}_{j}(l_{j}) & \bar{K}S'''^{4}_{j}(l_{j})+\bar{K}'S''^{4}_{j}(l_{j})
\end{bmatrix}
$$

$$
\boldsymbol{U}_{j+1}=[A_{j+1}\quad B_{j+1}\quad C_{j+1}\quad D_{j+1}]^{\mathrm{T}},\ \boldsymbol{U}_{j}=[A_{j}\quad B_{j}\quad C_{j}\quad D_{j}]^{\mathrm{T}}
$$

其中，$K=EI_{j+1}(0)$，$\bar{K}=EI_{j}(l_{j})$ 。

由式(3-163)可得

$$
\boldsymbol{U}_{j+1}=\boldsymbol{T}^{j}_{j+1}\boldsymbol{U}_{j}=\boldsymbol{C}^{-1}_{j+1}\boldsymbol{C}_{j}\boldsymbol{U}_{j} \tag{3-164}
$$

式(3-164)表示了第 j 个梁段振型函数待定系数与第 $j+1$ 个梁段振型函数待定系数之间的传递关系，$\boldsymbol{T}^{j}_{j+1}$ 为传递矩阵。

依据式(3-164)，可以得到如图 3-10 所示的整个第 i 跨梁中振型函数待定系数之间的传递关系：

$$
\boldsymbol{U}_{m}=\boldsymbol{T}^{m-1}_{m}\cdots\boldsymbol{T}^{j}_{j+1}\cdots\boldsymbol{T}^{1}_{2}\boldsymbol{U}_{1} \tag{3-165}
$$

由式(3-165)可知，可以采用 4 个待定系数来表示整个第 i 梁中振型函数的待定系数，基于这个表征关系，便可以采用本书 3.4.1 节中的方法求解连续梁的固有频率和振型。

3.5 欧拉-伯努利梁固有振型的正交性

非均匀梁的特征值问题可以通过假设为简谐运动求得，即令

$$
y(x,t)=\varphi(x)\sin(\omega t+\theta) \tag{3-166}
$$

其中，$\varphi(x)$ 为振型函数，ω 为频率。

将式(3-166)代入式(3-7)，令分布荷载 $f(x,t)=0$，可得

$$\frac{\mathrm{d}^2}{\mathrm{d}x^2}\left[EI(x)\frac{\mathrm{d}^2\varphi(x)}{\mathrm{d}x^2}\right]=\omega^2 m(x)\varphi(x) \tag{3-167}$$

为了推导梁的正交关系，考虑两个特征值 ω_i^2，ω_j^2，以及相对应的振型函数 $\varphi_i(x)$ 和 $\varphi_j(x)$，即

$$\frac{\mathrm{d}^2}{\mathrm{d}x^2}\left[EI(x)\frac{\mathrm{d}^2\varphi_i(x)}{\mathrm{d}x^2}\right]=\omega_i^2 m(x)\varphi_i(x) \tag{3-168}$$

$$\frac{\mathrm{d}^2}{\mathrm{d}x^2}\left[EI(x)\frac{\mathrm{d}^2\varphi_j(x)}{\mathrm{d}x^2}\right]=\omega_j^2 m(x)\varphi_j(x) \tag{3-169}$$

将式(3-168)的两端同时乘以 $\varphi_j(x)$，并沿梁长对 x 积分，则有

$$\int_0^l \varphi_j(x)\frac{\mathrm{d}^2}{\mathrm{d}x^2}\left[EI(x)\frac{\mathrm{d}^2\varphi_i(x)}{\mathrm{d}x^2}\right]\mathrm{d}x=\omega_i^2\int_0^l m(x)\varphi_j(x)\varphi_i(x)\mathrm{d}x \tag{3-170}$$

对式(3-170)的左端进行两次分部积分，并利用包含固端约束、简支约束、自由端的任意组合的边界条件，可得

$$\begin{aligned}&\int_0^l \varphi_j(x)\frac{\mathrm{d}^2}{\mathrm{d}x^2}\left[EI(x)\frac{\mathrm{d}^2\varphi_i(x)}{\mathrm{d}x^2}\right]\mathrm{d}x\\&=\left\{\varphi_j(x)\frac{\mathrm{d}}{\mathrm{d}x}\left[EI(x)\frac{\mathrm{d}^2\varphi_i(x)}{\mathrm{d}x^2}\right]\right\}\Bigg|_0^l-\left\{\frac{\mathrm{d}\varphi_j(x)}{\mathrm{d}x}\left[EI(x)\frac{\mathrm{d}^2\varphi_i(x)}{\mathrm{d}x^2}\right]\right\}\Bigg|_0^l+\\&\quad\int_0^l EI(x)\frac{\mathrm{d}^2\varphi_j(x)}{\mathrm{d}x^2}\frac{\mathrm{d}^2\varphi_i(x)}{\mathrm{d}x^2}\mathrm{d}x\\&=\int_0^l EI(x)\frac{\mathrm{d}^2\varphi_j(x)}{\mathrm{d}x^2}\frac{\mathrm{d}^2\varphi_i(x)}{\mathrm{d}x^2}\mathrm{d}x\end{aligned} \tag{3-171}$$

因此，式(3-170)可以写为

$$\int_0^l EI(x)\frac{\mathrm{d}^2\varphi_j(x)}{\mathrm{d}x^2}\frac{\mathrm{d}^2\varphi_i(x)}{\mathrm{d}x^2}\mathrm{d}x=\omega_i^2\int_0^l m(x)\varphi_j(x)\varphi_i(x)\mathrm{d}x \tag{3-172}$$

用上述同样的方法，将式(3-169)的两端同时乘以 $\varphi_i(x)$ 并沿梁长对 x 积分，可以得到

$$\int_0^l EI(x)\frac{\mathrm{d}^2\varphi_i(x)}{\mathrm{d}x^2}\frac{\mathrm{d}^2\varphi_j(x)}{\mathrm{d}x^2}\mathrm{d}x=\omega_j^2\int_0^l m(x)\varphi_i(x)\varphi_j(x)\mathrm{d}x \tag{3-173}$$

将式(3-172)与式(3-173)相减，得

$$(\omega_i^2-\omega_j^2)\int_0^l m(x)\varphi_i(x)\varphi_j(x)\mathrm{d}x=0 \tag{3-174}$$

由于特征值是不同的，根据式(3-174)可得

$$\int_0^l m(x)\varphi_i(x)\varphi_j(x)\mathrm{d}x=0,\quad i,\ j=1,\ 2,\ \cdots,\quad \omega_i^2\neq\omega_j^2 \tag{3-175}$$

根据式(3-175)，式(3-172)或式(3-173)可写为

$$\int_0^l EI(x)\frac{\mathrm{d}^2\varphi_i(x)}{\mathrm{d}x^2}\frac{\mathrm{d}^2\varphi_j(x)}{\mathrm{d}x^2}\mathrm{d}x=0,\ \ i,\ j=1,\ 2,\ \cdots,\ \omega_i^2\neq\omega_j^2 \tag{3-176}$$

式(3-175)称为固有振型函数的正交性，式(3-176)表示固有振型正交性的另一种形式。

事实上，通过对第 i 阶固有振型进行主质量归一化，即

$$\int_0^l m(x)\varphi_i^2(x)\mathrm{d}x=1,\ \ i=1,\ 2,\ \cdots \tag{3-177}$$

式(3-175)和式(3-177)可以表示为

$$\int_0^l m(x)\varphi_i(x)\varphi_j(x)\mathrm{d}x=\delta_{ij} \tag{3-178}$$

式中：δ_{ij} 为狄拉克函数，即

$$\delta_{ij}=\begin{cases}0, & i\neq j\\ 1, & i=j\end{cases} \tag{3-179}$$

将式(3-178)代入式(3-170)中，可以导出另一种形式的正交关系，即

$$\int_0^l \varphi_j(x)\frac{\mathrm{d}^2}{\mathrm{d}x^2}\left[EI(x)\frac{\mathrm{d}^2\varphi_i(x)}{\mathrm{d}x^2}\right]\mathrm{d}x=\omega_i^2\delta_{ij} \tag{3-180}$$

根据展开定理，任何满足梁边界条件的函数 $\varphi(x)$ 都可以表示梁的一个可能的竖向位移，能够用固有振型函数的和来表达，即

$$\varphi(x)=\sum_{i=1}^{\infty}c_i\varphi_i(x) \tag{3-181}$$

式中：系数 c_i 定义为

$$c_i=\int_0^l m(x)\varphi_i(x)\varphi(x)\mathrm{d}x,\ \ i=1,\ 2,\ \cdots \tag{3-182}$$

$$c_i\omega_i^2=\int_0^l \varphi_i(x)\frac{\mathrm{d}^2}{\mathrm{d}x^2}\left[EI(x)\frac{\mathrm{d}^2\varphi(x)}{\mathrm{d}x^2}\right]\mathrm{d}x,\ \ i=1,\ 2,\ \cdots \tag{3-183}$$

注意，假设式(3-183)中导数 $\frac{\mathrm{d}^2}{\mathrm{d}x^2}\left[EI(x)\frac{\mathrm{d}^2\varphi(x)}{\mathrm{d}x^2}\right]$ 是连续的。

3.6 初始条件下欧拉-伯努利梁的自由振动响应

梁的自由振动响应可以表示为梁的所有固有振动的线性组合，固有振动由固有振型乘以与时间相关的、频率等于梁固有频率的简谐函数组成，为了说明这一点，考虑以下形式的响应：

$$y(x,\ t)=\sum_{i=1}^{\infty}\varphi_i(x)q_i(t) \tag{3-184}$$

式中：$\varphi_i(x)$ 为第 i 阶固有振型；$q_i(t)$ 是一个与时间相关的待定函数。将式(3-184)代入

式(3-7)，并令荷载 $f(x, t)=0$，可得

$$\sum_{i=1}^{\infty}\frac{\mathrm{d}^2}{\mathrm{d}x^2}\left[EI(x)\frac{\mathrm{d}^2\varphi_i(x)}{\mathrm{d}x^2}\right]q_i(t)+\sum_{i=1}^{\infty}m(x)\varphi_i(x)\frac{\mathrm{d}^2q_i(t)}{\mathrm{d}t^2}=0 \tag{3-185}$$

将式(3-185)两端乘以 $\varphi_j(x)$，并沿梁长对 x 积分，则有

$$\sum_{i=1}^{\infty}\left\{\int_0^l\varphi_j(x)\frac{\mathrm{d}^2}{\mathrm{d}x^2}\left[EI(x)\frac{\mathrm{d}^2\varphi_i(x)}{\mathrm{d}x^2}\right]\mathrm{d}x\right\}q_i(t)+\sum_{i=1}^{\infty}\left[\int_0^l m(x)\varphi_j(x)\varphi_i(x)\mathrm{d}x\right]\frac{\mathrm{d}^2q_i(t)}{\mathrm{d}t^2}=0 \tag{3-186}$$

根据正交条件式(3-178)和式(3-180)，式(3-186)可以写成下面形式：

$$\frac{\mathrm{d}^2q_i(t)}{\mathrm{d}t^2}+\omega_i^2q_i(t)=0,\quad i=1,\ 2,\ \cdots \tag{3-187}$$

该式被称为模态方程。其中，$q_i(t)$ 称为第 i 阶模态位移(或坐标)；ω_i 为梁的第 i 阶固有频率。式(3-187)中的每个方程都类似于单自由度系统的运动方程，其解可以表示为

$$q_i(t)=A_i\cos\omega_it+B_i\sin\omega_it,\quad i=1,\ 2,\ \cdots \tag{3-188}$$

式中：A_i 和 B_i 为由初始条件确定的常数。

如果模态位移和模态速度的初始值分别为

$$q_i(t=0)=q_i(0),\quad \frac{\mathrm{d}q_i}{\mathrm{d}t}(t=0)=\dot{q}_i(0) \tag{3-189}$$

则式(3-188)可以表示为

$$q_i(t)=q_i(0)\cos\omega_it+\frac{\dot{q}_i(0)}{\omega_i}\sin\omega_it,\quad i=1,\ 2,\ \cdots \tag{3-190}$$

如果梁的初始位移和速度为

$$y(x,\ t=0)=y_0(x),\quad \frac{\partial y}{\partial t}(x,\ t=0)=\dot{y}(x,\ 0)=\dot{y}_0(x) \tag{3-191}$$

则可以利用下面过程确定模态位移和模态速度的初始值。

将式(3-191)代入式(3-184)，则有

$$y(x,\ t=0)=\sum_{i=1}^{\infty}\varphi_i(x)q_i(0)=y_0(x) \tag{3-192}$$

$$\frac{\partial y}{\partial t}(x,\ t=0)=\sum_{i=1}^{\infty}\varphi_i(x)\dot{q}_i(0)=\dot{y}_0(x) \tag{3-193}$$

将式(3-192)两端同时乘以 $m(x)\varphi_j(x)$，并沿梁长对 x 积分，利用正交条件式(3-178)，则有

$$q_i(0)=\int_0^l m(x)\varphi_i(x)y_0(x)\mathrm{d}x,\quad i=1,\ 2,\ \cdots \tag{3-194}$$

同理，利用式(3-193)可以导出

$$\dot{q}_i(0)=\int_0^l m(x)\varphi_i(x)\dot{y}_0(x)\mathrm{d}x,\quad i=1,\ 2,\ \cdots \tag{3-195}$$

一旦 $y_0(x)$ 和 $\dot{y}_0(x)$ 为已知量，梁在指定初始条件下的响应便可以通过式(3-184)、式(3-190)、式(3-194)和式(3-195)求出。

例 3-2　图 3-12 为长度 l 的均质等截面简支梁，其刚度为 EI、单位长度上的质量为 m，突然将均布荷载 f_0 卸掉，求梁的振动响应。

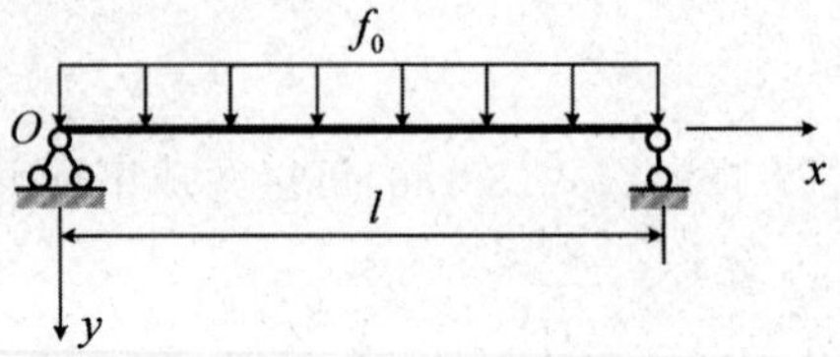

图 3-12　受均布荷载的简支梁

解：由静态挠曲线可知，均布荷载作用下梁的初始位移为

$$y_0(x)=\frac{f_0}{24EI}(x^4-2lx^3+l^3x) \tag{E3-2-1}$$

假设梁的初始速度为零，即

$$\dot{y}_0(x)=0 \tag{E3-2-2}$$

等截面均质简支梁的固有频率和固有振型分别为

$$\omega_i=\frac{i^2\pi^2}{l^2}\sqrt{\frac{EI}{m}},\quad i=1,\ 2,\ \cdots \tag{E3-2-3}$$

$$\varphi_i(x)=C_i\sin\frac{i\pi x}{l},\quad i=1,\ 2,\ \cdots \tag{E3-2-4}$$

式中：C_i 为常数。根据正交关系式(3-178)，有

$$\int_0^l m(x)\varphi_i^2(x)\mathrm{d}x=mC_i^2\int_0^l \sin^2\frac{i\pi x}{l}\mathrm{d}x=1 \tag{E3-2-5}$$

得

$$C_i=\sqrt{\frac{2}{ml}},\quad i=1,\ 2,\ \cdots \tag{E3-2-6}$$

即，关于主质量归一化的振型为

$$\varphi_i(x)=\sqrt{\frac{2}{ml}}\sin\frac{i\pi x}{l},\quad i=1,\ 2,\ \cdots \tag{E3-2-7}$$

由式(3-184)和式(3-190)，可知初始条件下梁的振动响应为

$$y(x,\ t)=\sum_{i=1}^{\infty}\varphi_i(x)\left[q_i(0)\cos\omega_i t+\frac{\dot{q}_i(0)}{\omega_i}\sin\omega_i t\right] \tag{E3-2-8}$$

式中：$q_i(0)$ 和 $\dot{q}_i(0)$ 分别为

$$q_i(0)=\int_0^l m(x)\varphi_i(x)y_0(x)\mathrm{d}x$$

$$=m\sqrt{\frac{2}{ml}}\int_0^l \sin\frac{i\pi x}{l}\frac{f_0}{24EI}(x^4-2lx^3+l^3x)\mathrm{d}x$$

$$=\frac{2\sqrt{2ml}f_0l^4}{EI\pi^5i^5},\quad i=1,\ 3,\ 5,\ \cdots \tag{E3-2-9}$$

$$\dot{q}_i(0)=\int_0^l m(x)\varphi_i(x)\dot{y}_0(x)\mathrm{d}x=0,\quad i=1,\ 2,\ \cdots \tag{E3-2-10}$$

因此，当突然将均布荷载 f_0 卸掉，梁的振动响应为

$$y(x,t)=\sum_{i=1,3,\cdots}^{\infty}\sqrt{\frac{2}{ml}}\sin\frac{i\pi x}{l}\left[\frac{2\sqrt{2ml}f_0l^4}{EI\pi^5i^5}\cdot\cos\omega_it+0\cdot\sin\omega_it\right]$$

$$=\frac{4f_0l^4}{EI\pi^5}\sum_{i=1,3,\cdots}^{\infty}\frac{1}{i^5}\sin\frac{i\pi x}{l}\cos\omega_it \tag{E3-2-11}$$

3.7　欧拉-伯努利梁的受迫振动

分布竖向力作用下 Euler-Bernoulli 梁的运动方程[见式(3-7)]如下：

$$m(x)\ddot{y}(x,t)+\frac{\partial^2}{\partial x^2}\left[EI(x)\frac{\partial^2y(x,t)}{\partial x^2}\right]=f(x,t) \tag{3-196}$$

利用模态分析法，式(3-196)的解可以假设为梁固有振型的线性组合，即

$$y(x,t)=\sum_{i=1}^{\infty}\varphi_i(x)q_i(t) \tag{3-197}$$

式中：$\varphi_i(x)$ 为求解方程(3-198)得到的固有振型(基于四种梁的边界条件)；$q_i(t)$ 为广义坐标或模态参与系数。

$$\frac{\mathrm{d}^2}{\mathrm{d}x^2}\left[EI(x)\frac{\mathrm{d}^2\varphi_i(x)}{\mathrm{d}x^2}\right]-m(x)\omega_i^2\varphi_i(x)=0 \tag{3-198}$$

将式(3-197)代入式(3-196)，可得

$$\sum_{i=1}^{\infty}\frac{\mathrm{d}^2}{\mathrm{d}x^2}\left[EI(x)\frac{\mathrm{d}^2\varphi_i(x)}{\mathrm{d}x^2}\right]q_i(t)+m(x)\sum_{i=1}^{\infty}\varphi_i(x)\frac{\mathrm{d}^2q_i(t)}{\mathrm{d}t^2}=f(x,t) \tag{3-199}$$

利用式(3-198)，式(3-199)可以写为

$$m(x)\sum_{i=1}^{\infty}\omega_i^2\varphi_i(x)q_i(t)+m(x)\sum_{i=1}^{\infty}\varphi_i(x)\frac{\mathrm{d}^2q_i(t)}{\mathrm{d}t^2}=f(x,t) \tag{3-200}$$

将式(3-200)的两端同时乘以 $\varphi_j(x)$，并从 0 到 l 积分，即

$$\sum_{i=1}^{\infty}q_i(t)\int_0^l m(x)\omega_i^2\varphi_j(x)\varphi_i(x)\mathrm{d}x+\sum_{i=1}^{\infty}\frac{\mathrm{d}^2q_i(t)}{\mathrm{d}t^2}\int_0^l m(x)\varphi_j(x)\varphi_i(x)\mathrm{d}x$$

$$=\int_0^l\varphi_j(x)f(x,t)\mathrm{d}x \tag{3-201}$$

根据正交条件式(3-178)，等式(3-201)中等号左侧每个求和中都只剩下 $i=j$ 这一项，即上式可简化为

$$\frac{d^2 q_i(t)}{dt^2}+\omega_i^2 q_i(t)=Q_i(t),\quad i=1,\ 2,\ \cdots \tag{3-202}$$

其中，$Q_i(t)$ 是对应于第 i 个模态的广义力，表达式如下：

$$Q_i(t)=\int_0^l \varphi_i(x)f(x,\ t)dx,\quad i=1,\ 2,\ \cdots \tag{3-203}$$

利用杜哈梅尔积分，可以得到式(3-202)的解为

$$q_i(t)=A_i\cos\omega_i t+B_i\sin\omega_i t+\frac{1}{\omega_i}\int_0^t Q_i(\tau)\sin\omega_i(t-\tau)d\tau \tag{3-204}$$

因此，根据式(3-197)和式(3-204)，式(3-196)的解为

$$y(x,\ t)=\sum_{i=1}^{\infty}\left[A_i\cos\omega_i t+B_i\sin\omega_i t+\frac{1}{\omega_i}\int_0^t Q_i(\tau)\sin\omega_i(t-\tau)d\tau\right]\varphi_i(x) \tag{3-205}$$

注意，式中括号内的前两项表示梁的自由振动，第三项表示梁的受迫振动。式(3-205)中的待定系数 A_i 和 B_i 由梁的初始条件确定。

例 3-3　图 3-13 所示为一等截面均质简支梁，梁长为 l，刚度为 EI，单位长度上的质量为 m，在梁上 $x=\xi$ 处作用一阶跃力 F_0，求零初始条件下梁的振动响应。

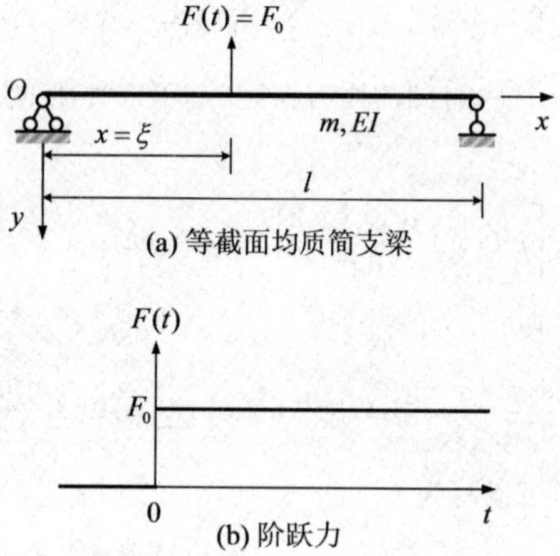

(a) 等截面均质简支梁

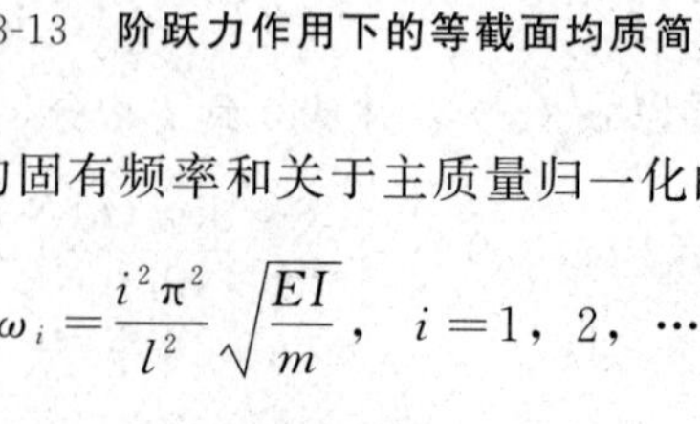

(b) 阶跃力

图 3-13　阶跃力作用下的等截面均质简支梁

解：等截面均质简支梁的固有频率和关于主质量归一化的振型分别为

$$\omega_i=\frac{i^2\pi^2}{l^2}\sqrt{\frac{EI}{m}},\quad i=1,\ 2,\ \cdots \tag{E3-3-1}$$

$$\varphi_i(x)=\sqrt{\frac{2}{ml}}\sin\frac{i\pi x}{l},\quad i=1,\ 2,\ \cdots \tag{E3-3-2}$$

作用在梁上的阶跃力可以表示为

$$f(x, t)=F_0\delta(x-\xi) \tag{E3-3-3}$$

利用式(3-203)，可以求得对应第 i 阶模态的广义力 $Q_i(t)$ 为

$$Q_i(t)=\int_0^l \varphi_i(x)f(x, t)\mathrm{d}x=\sqrt{\frac{2}{ml}}\int_0^l \sin\frac{i\pi x}{l}F_0\delta(x-\xi)\mathrm{d}x=\sqrt{\frac{2}{ml}}F_0\sin\frac{i\pi\xi}{l} \tag{E3-3-4}$$

利用式(3-204)，第 i 阶模态的广义坐标为

$$\begin{aligned}q_i(t)&=A_i\cos\omega_i t+B_i\sin\omega_i t+\sqrt{\frac{2}{ml}}F_0\sin\frac{i\pi\xi}{l}\frac{1}{\omega_i}\int_0^t \sin\omega_i(t-\tau)\mathrm{d}\tau\\&=A_i\cos\omega_i t+B_i\sin\omega_i t+F_0\sqrt{\frac{2}{ml}}\sin\frac{i\pi\xi}{l}\frac{1}{\omega_i^2}(1-\cos\omega_i t)\end{aligned} \tag{E3-3-5}$$

式中：待定系数 A_i 和 B_i 由梁的初始条件确定。

由梁的初始条件为零，因此

$$q_i(t)=F_0\sqrt{\frac{2}{ml}}\frac{l^4}{i^4\pi^4}\frac{m}{EI}\sin\frac{i\pi\xi}{l}(1-\cos\omega_i t) \tag{E3-3-6}$$

即梁的振动响应为

$$y(x, t)=\frac{2F_0 l^3}{\pi^4 EI}\sum_{i=1}^{\infty}\frac{1}{i^4}\sin\frac{i\pi x}{l}\sin\frac{i\pi\xi}{l}(1-\cos\omega_i t) \tag{E3-3-7}$$

例 3-4　图 3-14 所示的等截面均质梁的长度为 l，刚度为 EI，单位长度上的质量为 m，梁上 $x=\xi$ 处作用集中简谐力 $F_0\sin\Omega t$，求：(1)找到零初始条件下适用于所有支承条件的梁的振动响应表达式；(2)零初始条件下简谐力作用于梁长 $l/2$ 处时简支梁的振动响应。

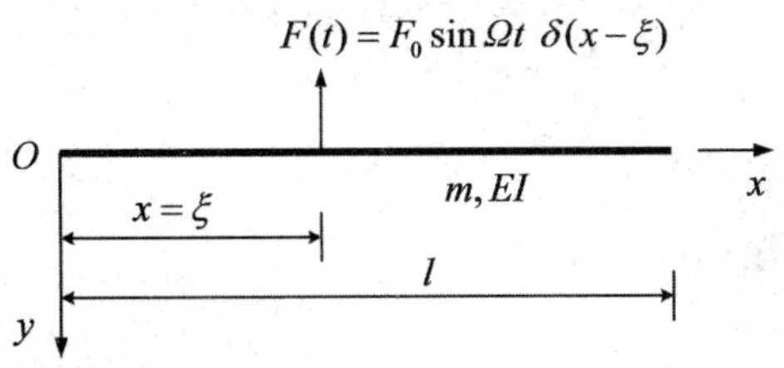

图 3-14　集中简谐力作用下的等截面均质梁

解：(1)对应第 i 阶模态的广义力为

$$Q_i(t)=F_0\int_0^l \varphi_i(x)\sin\Omega t\delta(x-\xi)\mathrm{d}x=F_0\varphi_i(\xi)\sin\Omega t \tag{E3-4-1}$$

零初始条件下，第 i 阶模态的广义坐标可以写为

$$
\begin{aligned}
q_i(t) &= \frac{1}{\omega_i}\int_0^t Q_i(\tau)\sin\omega_i(t-\tau)\mathrm{d}\tau \\
&= \frac{F_0}{\omega_i}\int_0^t \varphi_i(\xi)\sin\Omega\tau\sin\omega_i(t-\tau)\mathrm{d}\tau \\
&= \frac{F_0}{\omega_i^2}\varphi_i(\xi)\frac{1}{1-\Omega^2/\omega_i^2}\left(\sin\Omega t-\frac{\Omega}{\omega_i}\sin\omega_i t\right)
\end{aligned} \tag{E3-4-2}
$$

因此，梁的振动响应为

$$
y(x, t) = F_0\sum_{i=1}^{\infty}\frac{\varphi_i(x)\varphi_i(\xi)}{\omega_i^2-\Omega^2}\left(\sin\Omega t-\frac{\Omega}{\omega_i}\sin\omega_i t\right) \tag{E3-4-3}
$$

式中：$\varphi_i(x)$ 和 $\varphi_i(\xi)$ 为相应的关于主质量归一化后的振型。

(2)对于简支梁，关于主质量归一化的振型为

$$
\varphi_i(x) = \sqrt{\frac{2}{ml}}\sin\frac{i\pi x}{l}, \quad i=1, 2, \cdots \tag{E3-4-4}
$$

当 $\xi=\frac{l}{2}$ 时，有

$$
\varphi_i\left(\xi=\frac{l}{2}\right)=\sqrt{\frac{2}{ml}}\sin\frac{i\pi}{2}=\begin{cases}0, & i=2, 4, 6, \cdots \\ \sqrt{\frac{2}{ml}}, & i=1, 5, 9, \cdots \\ -\sqrt{\frac{2}{ml}} & i=3, 7, 11, \cdots\end{cases} \tag{E3-4-5}
$$

因此，简支梁的振动响应为

$$
\begin{aligned}
y(x, t) = \frac{2F_0}{ml}\Bigg[&\sum_{i=1, 5, 9, \cdots}^{\infty}\frac{\sin(i\pi x/l)}{\omega_i^2-\Omega^2}\left(\sin\Omega t-\frac{\Omega}{\omega_i}\sin\omega_i t\right)- \\
&\sum_{i=3, 7, 11, \cdots}^{\infty}\frac{\sin(i\pi x/l)}{\omega_i^2-\Omega^2}\left(\sin\Omega t-\frac{\Omega}{\omega_i}\sin\omega_i t\right)\Bigg]
\end{aligned} \tag{E3-4-6}
$$

式中：$\omega_i=\frac{i^2\pi^2}{l^2}\sqrt{\frac{EI}{m}}$。

简支梁的受迫振动响应也可以表示为

$$
\begin{aligned}
y(x, t) &= \sum_{i=1}^{\infty}\varphi_i(x)q_i(t) \\
&= \frac{2F_0}{ml}\sum_{i=1}^{\infty}\sin\frac{i\pi}{2}\sin\frac{i\pi x}{l}\frac{1}{\omega_i^2}\frac{1}{1-\Omega^2/\omega_i^2}\left(\sin\Omega t-\frac{\Omega}{\omega_i}\sin\omega_i t\right)
\end{aligned} \tag{E3-4-7}
$$

当仅考虑第一阶振动响应时，令 $i=1$，有

$$
y_1(x, t) = \frac{2F_0}{ml\omega_1^2}\sin\frac{\pi}{2}\sin\frac{\pi x}{l}\frac{1}{1-\Omega^2/\omega_1^2}\left(\sin\Omega t-\frac{\Omega}{\omega_1}\sin\omega_1 t\right) \tag{E3-4-8}
$$

由于 $\dfrac{2F_0}{ml}\dfrac{1}{\omega_1^2}=\dfrac{2F_0l^3}{EI\pi^4}\approx\dfrac{F_0l^3}{48EI}$，相当于集中力 F_0 静态作用于跨中时简支梁的跨中静挠度，式(E3-4-8)可写为

$$y_1\left(\frac{l}{2},\ t\right)=y_{s1}\left(\frac{l}{2}\right)\frac{1}{1-\Omega^2/\omega_1^2}\left(\sin\Omega t-\frac{\Omega}{\omega_1}\sin\omega_1 t\right)\tag{E3-4-9}$$

式中，$y_{s1}\left(\dfrac{l}{2}\right)=\dfrac{F_0l^3}{48EI}$ 为集中力 F_0 静态作用于跨中时简支梁的跨中静挠度。

当在 $\Omega\rightarrow\omega_1$ 时，式(E3-4-9)将具有 $\dfrac{0}{0}$ 的极限形式，视 Ω 为自变量。利用洛必达法则(L′Hospital rule)，有

$$\begin{aligned}y_1\left(\frac{l}{2},\ t\right)&=y_{s1}\left(\frac{l}{2}\right)\lim_{\Omega\to\omega_1}\frac{\omega_1^2}{\omega_1^2-\Omega^2}\left(\sin\Omega t-\frac{\Omega}{\omega_1}\sin\omega_1 t\right)\\&=y_{s1}\left(\frac{l}{2}\right)\lim_{\Omega\to\omega_1}\frac{\omega_1^2}{-2\Omega}\left(t\cos\Omega t-\frac{1}{\omega_1}\sin\omega_1 t\right)\\&=y_{s1}\left(\frac{l}{2}\right)\frac{1}{2}(\sin\omega_1 t-\omega_1 t\cos\omega_1 t)\\&=\mu_d(t)y_{s1}\left(\frac{l}{2}\right)\end{aligned}\tag{E3-4-10}$$

式中：$\mu_d(t)$ 为动力放大系数，即

$$\mu_d(t)=\frac{1}{2}(\sin\omega_1 t-\omega_1 t\cos\omega_1 t)\tag{E3-4-11}$$

显然，动力放大系数 $\mu_d(t)$ 随着时间 t 做正负值变化，绝对值在做周期性增大，但不会出现振幅趋于无穷大的共振现象。当 $\omega_1 t=\pi$ 时，可以取得第一个极值 $\mu_{d\max}=\dfrac{\pi}{2}$，表明此时无阻尼梁的动挠度振幅比跨中静挠度大 50%。

例 3-5　求简谐荷载 $f(x,\ t)=f_0\sin\dfrac{n\pi x}{l}\sin\omega t$ 作用下等截面均质简支梁的动力响应，其中 f_0 为常数、n 为整数、l 为梁长、ω 为荷载变化的频率。梁的刚度为 EI，单位长度上的质量为 m，假设梁的初始位移和初始速度均为零。

解：梁的运动方程为

$$EI\frac{\partial^4 y(x,\ t)}{\partial x^4}+m\frac{\partial^2 y(x,\ t)}{\partial t^2}=f_0\sin\frac{n\pi x}{l}\sin\omega t\tag{E3-5-1}$$

式(E3-5-1)的解可以利用式(3-197)求得，这里不再赘述。由于荷载的特性，可以采用更简单的方式求解式(E3-5-1)，式(E3-5-1)的自由振动解答(齐次通解)可以写为

$$y(x,\ t)=\sum_{i=1}^{\infty}\sin\frac{i\pi x}{l}(C_i\cos\omega_i t+D_i\sin\omega_i t)\tag{E3-5-2}$$

式中，$\omega_i=i^2\pi^2\sqrt{\frac{EI}{ml^4}}$ 为梁的固有频率。

式(E3-5-1)的特解部分可以表示为

$$y(x,\ t)=a_n\sin\frac{n\pi x}{l}\sin\omega t \tag{E3-5-3}$$

通过将式(E3-5-3)代入式(E3-5-1)中，可以求得 a_n 为

$$a_n=\frac{f_0 l^4}{EI\ (n\pi)^4\ [1-(\omega/\omega_n)^2]} \tag{E3-5-4}$$

将齐次通解式(E3-5-2)与特解式(E3-5-3)相加，即可求得式(E3-5-1)的解为

$$y(x,\ t)=\sum_{i=1}^{\infty}\sin\frac{i\pi x}{l}(C_i\cos\omega_i t+D_i\sin\omega_i t)+a_n\sin\frac{n\pi x}{l}\sin\omega t \tag{E3-5-5}$$

梁的初始条件为

$$y(x,\ 0)=0,\quad \frac{\partial y}{\partial t}(x,\ 0)=0 \tag{E3-5-6}$$

将式(E3-5-5)代入初始条件式(E3-5-6)，可得

$$C_i=0 \tag{E3-5-7}$$

$$D_i=\begin{cases}0, & i\neq n\\ -a_n\dfrac{\omega}{\omega_n}, & i=n\end{cases} \tag{E3-5-8}$$

因此，简谐荷载作用下梁的动力响应为

$$y(x,\ t)=\frac{f_0 l^4}{EI\ (n\pi)^4\ [1-(\omega/\omega_n)^2]}\sin\frac{n\pi x}{l}\left(\sin\omega t-\frac{\omega}{\omega_n}\sin\omega_n t\right) \tag{E3-5-9}$$

3.8 有阻尼欧拉-伯努利梁的振动分析

阻尼是影响桥梁振动响应幅值的重要动力参数之一。阻尼消耗能量，使振幅衰减，对桥梁的安全是有利的，阻尼的大小直接关系到桥梁在动力荷载作用下振动响应的强弱。因此，研究桥梁的阻尼是提高桥梁动力响应计算精确度的关键因素之一。形成桥梁结构阻尼的因素十分复杂，大致可以认为有两大类，即结构内部材料或周围介质产生的固有阻尼、特别制造的阻尼器加给结构的外加阻尼[6]。

3.8.1 阻尼的分类

1. 固有阻尼

在桥梁结构振动中，固有阻尼主要由以下三部分组成：①材料的内阻尼，主要指桥梁振动时由其建筑材料分子间的内摩擦力所形成的阻尼；②摩擦阻尼，主要指由桥梁支座及其连接处的摩擦力等所形成的阻尼，又称为干摩擦阻尼或库仑阻尼；③其他介质阻尼，主

要由周围空气介质或与桥墩接触的水对桥梁结构运动的阻力所形成，它与前两者比较微不足道。

一般来说，桥梁结构中阻尼的主要来源是支承点和结构材料。然而，桥梁结构必须在自然环境中工作，这种环境将显著影响到总阻尼。虽然自然环境中空气动力阻尼本身甚小，但对于小阻尼结构，它可能是很重要的。对于深水区域桥墩，同样会受到水的动力阻尼作用。这些小阻尼虽然常常被忽略不计，但它们对结构是有利的。

2. 附加阻尼

如果桥梁结构中的固有阻尼不够大，就可以采用下列两种方法来增加结构阻尼：一种是用具有很高阻尼特性的夹层材料来制造结构或结构的一部分，另一种是在桥梁结构上加一个阻尼器系统。

1)限制(约束)层阻尼

现有聚合物材料具有很高的阻尼特性，但缺乏足够的刚度，而且也缺乏抗徐变的强度，从而不能用它们制作结构。因此，如取用其高阻尼的优点，就必须使用钢板等刚性材料与层状阻尼材料相黏结的复合构造，这种复合构造一般做成梁或板式构件。将高阻尼材料组合装配起来的构件可用于桥梁结构中，作为一部分构件使用，构件中的层状高阻尼黏弹性材料是被黏结在金属层之间的。当复合结构振动时，受限制的阻尼材料层承受剪切效应，它使振动能量被转化为热能，从而耗散能量。

在一块复合构件中，可以用 2～5 层或更多层黏弹性材料和金属交叉叠层。每层可以有每层的各自特性、厚度和相对于中性轴的位置，以便作为一个整体复合构件时具有最理想的结构性能和动力性能。

上述的复合构件通常以高阻尼橡胶板式支座的形式应用在公路桥梁结构中。

2)附加阻尼器和减震器

大多数阻尼装置可能是靠黏滞、干摩擦或滞变效应做成的，其阻尼效果通常都能应用相关理论做出相当好的预计。同时，在许多情况下它还能进行某种程度的调整。

然而，这些附加阻尼器所起的作用仅在于降低桥梁结构的振动响应幅值。如果存在特别难以避免的共振，则应加上一个减震器。减震器就是加在结构上的一个简单的弹簧-质量系统，其参数选择旨在使原有共振频率下结构的振幅大大减小甚至消失。

3.8.2　有阻尼等截面梁的弯曲自由振动解析解

桥梁结构材料内阻尼使结构振动幅值按指数规律随时间衰减，而桥梁的摩擦阻尼则使振动幅值按直线规律随时间衰减，二者作用的性质不同，附加阻尼的原理与上述相类似。至于微小的空气介质阻尼和水力阻尼作用的性质则大致与材料内阻尼相似。考虑到实际情况和计算上的便利性，在桥梁结构振动分析中，通常以一种使振动幅值按指数规律衰减的阻尼来代表桥梁结构的全部阻尼，这种阻尼相当于阻尼力与振动速度成正比的黏性阻尼。下面就来讨论带有这种黏性阻尼梁的弯曲固有振动。

在等截面梁的振动微分方程(3-9)中，令荷载 $f(x, t)=0$，引入与速度 $\dot{y}(x, t)$ 成正比的黏性阻尼力 $c\dot{y}(x, t)$，则有阻尼等截面梁的振动方程为

$$EI\frac{\partial^4 y(x, t)}{\partial x^4}+c\dot{y}(x, t)+m\ddot{y}(x, t)=0 \tag{3-206}$$

式中：c 为梁的黏性阻尼系数，假设为常量。

利用分离变量法求解式(3-206)，令 $y(x, t)=\varphi(x)q(t)$，则式(3-206)可写为

$$EI\frac{\mathrm{d}^4\varphi(x)}{\mathrm{d}x^4}q(t)+[c\dot{q}(t)+m\ddot{q}(t)]\varphi(x)=0 \tag{3-207}$$

整理后，有

$$\frac{EI\varphi^{(4)}(x)}{m\varphi(x)}=-\frac{\frac{c}{m}\dot{q}(t)+\ddot{q}(t)}{q(t)} \tag{3-208}$$

式(3-208)中左边项仅是坐标 x 的函数，右边项仅是时间 t 的函数，且 x 和 t 彼此独立，为保证等式成立，它们应等于一个非负常数，令该常数为 ω^2，则

$$\frac{EI\varphi^{(4)}(x)}{m\varphi(x)}=-\frac{\frac{c}{m}\dot{q}(t)+\ddot{q}(t)}{q(t)}=\omega^2 \tag{3-209}$$

继而可得两个等式，即

$$\begin{cases}\dfrac{\mathrm{d}^4\varphi(x)}{\mathrm{d}x^4}-\beta^4\varphi(x)=0\\ \ddot{q}(t)+2\zeta\omega\dot{q}(t)+\omega^2q(t)=0\end{cases} \tag{3-210}$$

式中：$\omega=\beta^2\sqrt{\dfrac{EI}{m}}$，为无阻尼梁振动的固有频率；$\zeta=\dfrac{c}{2\omega m}$，为阻尼比，是一个无量纲参数。

类似于无阻尼梁的弯曲振动解析法，式(3-210)第一式的解可写为

$$\varphi(x)=C_1\cos\beta x+C_2\sin\beta x+C_3\cosh\beta x+C_4\sinh\beta x \tag{3-211}$$

式中：未知常数 $C_1\sim C_4$ 以及 β 值，可以通过梁的边界条件确定。

仿照有阻尼单自由度系统自由振动的响应，式(3-210)中第二式的解为

$$q(t)=\mathrm{e}^{-\zeta\omega t}(A\cos\omega_{\mathrm{d}}t+B\sin\omega_{\mathrm{d}}t) \tag{3-212}$$

式中：$\omega_{\mathrm{d}}=\omega\sqrt{1-\zeta^2}$ 为有阻尼梁振动的频率；待定系数 A，B 可由初始条件确定。

如果将第 i 阶固有频率记为 ω_i，对应的固有振型记为 $\varphi_i(x)$，有阻尼梁第 i 阶振动的频率记为 $\omega_{i\mathrm{d}}$，利用模态叠加法，可得有阻尼等截面 Euler-Bernoulli 梁的弯曲自由振动

响应为

$$y(x, t)=\sum_{i=1}^{\infty}\varphi_i(x)q_i(t)=\sum_{i=1}^{\infty}\varphi_i(x)\mathrm{e}^{-\zeta_i\omega_i t}(A_i\cos\omega_{i\mathrm{d}}t+B_i\sin\omega_{i\mathrm{d}}t) \tag{3-213}$$

因此，黏性阻尼使梁的各阶振动固有频率稍许降低，并使各阶响应振幅按指数曲线衰减，这在性质上和单自由度弹簧-质量系统的振动是相近的。

3.8.3　初始条件下有阻尼梁的弯曲自由振动响应

设梁的总阻尼可简化为黏性阻尼 $c(x)$，将式(3-7)左边加上阻尼力 $c(x)\dot{y}(x, t)$ 一项，可得有阻尼 Euler-Bernoulli 梁的弯曲自由振动方程，即

$$m(x)\ddot{y}(x, t)+c(x)\dot{y}(x, t)+\frac{\partial^2}{\partial x^2}\left[EI(x)\frac{\partial^2 y(x, t)}{\partial x^2}\right]=0 \tag{3-214}$$

根据 3.8.2 节的分析，设梁的自由振动响应为如下形式：

$$y(x, t)=\sum_{i=1}^{\infty}\varphi_i(x)q_i(t) \tag{3-215}$$

式中：$\varphi_i(x)$ 为第 i 阶固有振型；$q_i(t)$ 是一个与时间相关的待定函数。将式(3-215)代入式(3-214)，可得

$$\sum_{i=1}^{\infty}m(x)\varphi_i(x)\ddot{q}_i(t)+\sum_{i=1}^{\infty}c(x)\varphi_i(x)\dot{q}_i(t)+\sum_{i=1}^{\infty}\frac{\mathrm{d}^2}{\mathrm{d}x^2}\left[EI(x)\frac{\mathrm{d}^2\varphi_i(x)}{\mathrm{d}x^2}\right]q_i(t)=0 \tag{3-216}$$

将式(3-216)两边同乘以 $\varphi_j(x)$，并沿梁长对 x 积分，则有

$$\begin{aligned}&\int_0^l\varphi_j(x)\sum_{i=1}^{\infty}m(x)\varphi_i(x)\mathrm{d}x\ddot{q}_i(t)+\int_0^l\varphi_j(x)\sum_{i=1}^{\infty}c(x)\varphi_i(x)\mathrm{d}x\dot{q}_i(t)\\&+\int_0^l\varphi_j(x)\sum_{i=1}^{\infty}\frac{\mathrm{d}^2}{\mathrm{d}x^2}\left[EI(x)\frac{\mathrm{d}^2\varphi_i(x)}{\mathrm{d}x^2}\right]\mathrm{d}xq_i(t)=0\end{aligned} \tag{3-217}$$

利用振型的正交性，式(3-217)等号左边第一项、第三项中只有当 $j=i$ 时的项存在，其余均为零。但第二项中 $\int_0^l c(x)\varphi_k(x)\varphi_n(x)\mathrm{d}x$ 一般情况下不存在积分为零的正交条件，为简化分析，假设黏性阻尼与质量、刚度成正比，此时该项积分就可以利用振型的正交性条件。

根据正交条件式(3-178)、式(3-180)，式(3-217)可以写成下面形式

$$\ddot{q}_i(t)+2\zeta_i\omega_i\dot{q}_i(t)+\omega_i^2q_i(t)=0,\quad(i=1, 2, 3, \cdots) \tag{3-218}$$

式中：ω_i 为对应无阻尼梁的第 i 阶固有频率；$\zeta_i=\dfrac{C_{i\mathrm{eq}}}{2\omega_i M_{i\mathrm{eq}}}$ 为梁的第 i 阶阻尼比。

对于进行主质量归一化的固有振型 $\varphi(x)$，第 i 阶等效刚度 $K_{i\mathrm{eq}}$、等效质量 $M_{i\mathrm{eq}}$ 分别为

$$K_{i\mathrm{eq}}=\int_0^l \varphi_i(x)\frac{\mathrm{d}^2}{\mathrm{d}x^2}\left[EI(x)\frac{\mathrm{d}^2\varphi_i(x)}{\mathrm{d}x^2}\right]\mathrm{d}x=\omega_i^2 \tag{3-219}$$

$$M_{i\mathrm{eq}}=\int_0^l m(x)\varphi_i^2(x)\mathrm{d}x=1 \tag{3-220}$$

相应的，第 i 阶等效阻尼 $C_{i\mathrm{eq}}$ 可用 Rayleigh 阻尼的形式表示为

$$C_{i\mathrm{eq}}=a_0M_{i\mathrm{eq}}+a_1K_{i\mathrm{eq}}=a_0+a_1\omega_i^2 \tag{3-221}$$

即

$$\zeta_i=\frac{a_0}{2\omega_i}+\frac{a_1\omega_i}{2} \tag{3-222}$$

式(3-222)表示的 Rayleigh 阻尼比与频率的关系如图 3-15 所示。

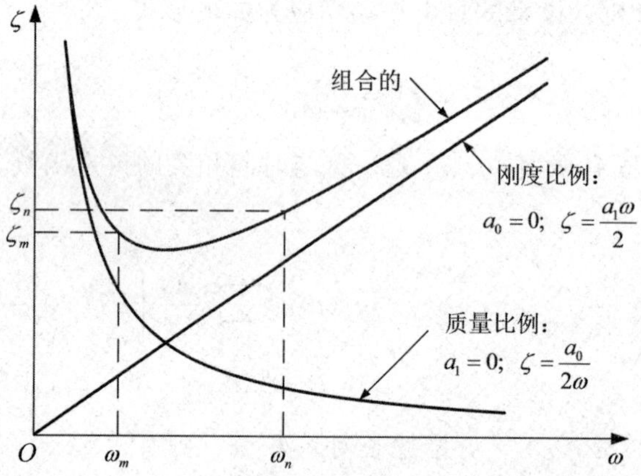

图 3-15 Rayleigh 阻尼比 ζ 与频率 ω 的关系

显然，如果已知与两个特定的频率 ω_m，ω_n 相关的阻尼比 ζ_m，ζ_n，就可以通过求解一对联立方程得到两个 Rayleigh 阻尼矩阵的系数 a_0 和 a_1，求解得

$$\begin{bmatrix}a_0\\a_1\end{bmatrix}=2\frac{\omega_n\omega_m}{\omega_n^2-\omega_m^2}\begin{bmatrix}\omega_n & -\omega_m\\ -\frac{1}{\omega_n} & \frac{1}{\omega_m}\end{bmatrix}\begin{bmatrix}\zeta_m\\ \zeta_n\end{bmatrix} \tag{3-223}$$

因为很少能够得到阻尼比随频率变化的详细信息，因此通常假设应用于两个控制频率的阻尼比相同，即 $\zeta_m=\zeta_n=\zeta$，因此，式(3-223)可简化为

$$\begin{bmatrix}a_0\\a_1\end{bmatrix}=\frac{2\zeta}{\omega_n+\omega_m}\begin{bmatrix}\omega_n\omega_m\\1\end{bmatrix} \tag{3-224}$$

在将上述付诸实践时，建议 ω_m 通常取多自由度体系的一阶固有频率，而 ω_n 在对动力反应有显著贡献的高阶振型中选取，这样能够保证对于这两个振型可以得到所需要的阻尼比，即 $\zeta_m=\zeta_n=\zeta$。由图 3-15 可见，在这两个频率之间的其他频率对应的振型将具有较低的阻尼比，而频率大于 ω_n 的所有振型的阻尼比将大于 ζ_n，并随频率的增加而单调递增。最

终具有很高频率的振型反应将因其高阻尼比而被有效消除。通常取第一阶、第二阶振型的自振频率 ω_1、ω_2 和阻尼比 ζ_1、ζ_2 代入式(3-223)确定系数 a_0 和 a_1。

仿单自由度体系振动方程的解，可得式(3-218)的解为

$$q_i(t)=\mathrm{e}^{-\zeta_i\omega_i t}\left[q_i(0)\cos\omega_{i\mathrm{d}}t+\frac{\dot{q}_i(0)+\zeta_i\omega_i q_i(0)}{\omega_{i\mathrm{d}}}\sin\omega_{i\mathrm{d}}t\right] \tag{3-225}$$

式中：$\omega_{i\mathrm{d}}=\sqrt{1-\zeta_i^2}\,\omega_i$，为有阻尼梁的第 i 阶固有振动频率；$q_i(0)$ 及 $\dot{q}_i(0)$ 为广义坐标的第 i 阶初始值，零初始条件下的求解见式(3-194)、式(3-195)。

最后，由振型叠加法，可求得有阻尼梁在初始条件下的弯曲自由振动响应为

$$y(x,t)=\sum_{i=1}^{\infty}\varphi_i(x)\mathrm{e}^{-\zeta_i\omega_i t}\left[q_i(0)\cos\omega_{i\mathrm{d}}t+\frac{\dot{q}_i(0)+\zeta_i\omega_i q_i(0)}{\omega_{i\mathrm{d}}}\sin\omega_{i\mathrm{d}}t\right] \tag{3-226}$$

3.8.4 有阻尼梁的受迫振动响应

分布竖向力作用下有阻尼 Euler-Bernoulli 梁的振动微分方程为

$$m(x)\ddot{y}(x,t)+c\dot{y}(x,t)+\frac{\partial^2}{\partial x^2}\left[EI(x)\frac{\partial^2 y(x,t)}{\partial x^2}\right]=f(x,t) \tag{3-227}$$

利用模态叠加法，式(3-227)的解可假设为如下形式：

$$y(x,t)=\sum_{i=1}^{\infty}\varphi_i(x)q_i(t) \tag{3-228}$$

将式(3-228)代入式(3-227)，得

$$m(x)\sum_{i=1}^{\infty}\varphi_i(x)\ddot{q}_i(t)+c\sum_{i=1}^{\infty}\varphi_i(x)\dot{q}_i(t)+\sum_{i=1}^{\infty}\frac{\mathrm{d}^2}{\mathrm{d}x^2}\left[EI(x)\frac{\mathrm{d}^2\varphi_i(x)}{\mathrm{d}x^2}\right]q_i(t)=f(x,t) \tag{3-229}$$

利用振型的正交性，式(3-229)可以写为

$$\ddot{q}_i(t)+2\zeta_i\omega_i\dot{q}_i(t)+\omega_i^2 q_i(t)=Q_i(t),\quad (i=1,2,\cdots) \tag{3-230}$$

式中：ω_i 为对应无阻尼梁的第 i 阶固有频率；$\zeta_i=\dfrac{C_{i\mathrm{eq}}}{2\omega_i}$ 为梁的第 i 阶阻尼比，由式(3-222)计算，其中第 i 阶等效阻尼 $C_{i\mathrm{eq}}$ 按式(3-221)计算；$Q_i(t)=\int_0^l\varphi_i(x)f(x,t)\mathrm{d}x$ 是对应于第 i 个模态的广义力。

利用杜哈梅尔积分，可以求得任意激扰力 $f(x,t)$ 作用下方程(3-230)的特解为

$$q_i^*(t)=\frac{1}{\omega_{i\mathrm{d}}}\int_0^t Q_i(\tau)\mathrm{e}^{-\xi_i\omega_i(t-\tau)}\sin\omega_{i\mathrm{d}}(t-\tau)\mathrm{d}\tau \tag{3-231}$$

因此，方程(3-230)的解可以表示为

$$q_i(t)=\mathrm{e}^{-\zeta_i\omega_i t}(A_i\cos\omega_{i\mathrm{d}}t+B_i\sin\omega_{i\mathrm{d}}t)+\frac{1}{\omega_{i\mathrm{d}}}\int_0^t Q_i(\tau)\mathrm{e}^{-\xi_i\omega_i(t-\tau)}\sin\omega_{i\mathrm{d}}(t-\tau)\mathrm{d}\tau \tag{3-232}$$

根据式(3-228)和式(3-232)，有阻尼梁在任意激扰力 $f(x, t)$ 作用下的受迫振动响应为

$$y(x, t)=\sum_{i=1}^{\infty}\varphi_i(x)\left\{e^{-\zeta_i\omega_i t}(A_i\cos\omega_{id}t+B_i\sin\omega_{id}t)+\frac{1}{\omega_{id}}\int_0^t Q_i(\tau)e^{-\xi_i\omega_i(t-\tau)}\sin\omega_{id}(t-\tau)d\tau\right\} \tag{3-233}$$

注意，式(3-233)中括号内的前两项表示梁的自由振动，第三项表示梁的受迫振动，式中待定系数 A_i 和 B_i 由梁的初始条件确定。

例 3-6　图 3-16 所示为一均质等截面简支梁，梁的长度为 l，刚度为 EI，单位长度上的质量为 m，梁上 $x=\xi$ 处作用一简谐力 $F_0\sin\Omega t$，考虑 Rayleigh 阻尼的影响，求梁的振动响应。

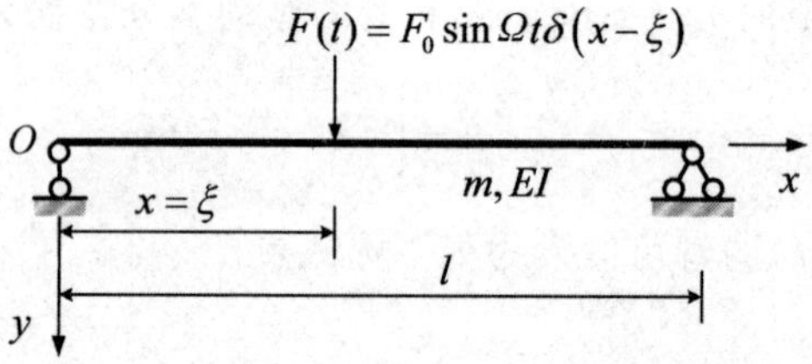

图 3-16　**集中简谐力作用下的简支梁**

解： 对于简支梁，关于主质量归一化的振型为 $\varphi_i(x)=\sqrt{\frac{2}{ml}}\sin\frac{i\pi x}{l}$，$(i=1, 2, \cdots)$，则第 i 阶模态的广义力为

$$Q_i(t)=F_0\int_0^l\varphi_i(x)\sin\Omega t\delta(x-\xi)dx=F_0\sqrt{\frac{2}{ml}}\sin\frac{i\pi\xi}{l}\sin\Omega t \tag{E3-6-1}$$

则，式(3-230)可写为

$$\ddot{q}_i(t)+2\zeta_i\omega_i\dot{q}_i(t)+\omega_i^2q_i(t)=F_0\sqrt{\frac{2}{ml}}\sin\frac{i\pi\xi}{l}\sin\Omega t \tag{E3-6-2}$$

式中：$\omega_i=\left(\frac{i\pi}{l}\right)^2\sqrt{\frac{EI}{m}}$ 为无阻尼梁的第 i 阶固有频率；$\zeta_i=\frac{a_0}{2\omega_i}+\frac{a_1\omega_i}{2}$ 为梁的第 i 阶阻尼比。

对于一般的简谐振动系统，式(E3-6-2)对应的齐次方程的通解为

$$\bar{q}_i(t)=e^{-\zeta_i\omega_i t}(A_i\cos\omega_{id}t+B_i\sin\omega_{id}t) \tag{E3-6-3}$$

设式(E3-5-2)所示的非齐次方程的特解为

$$q_i^*(t)=D_1\sin\Omega t+D_2\cos\Omega t \tag{E3-6-4}$$

将式(E3-6-4)代入方程(E3-6-2)，得

$$\left[(\omega_i^2-\Omega^2)D_1-2\zeta_i\omega_i\Omega D_2-F_0\sqrt{\frac{2}{ml}}\sin\frac{i\pi\xi}{l}\right]\sin\Omega t \\ +\left[2\zeta_i\omega_i\Omega D_1+(\omega_i^2-\Omega^2)D_2\right]\cos\Omega t=0 \tag{E3-6-5}$$

由正弦函数与余弦函数的任意性可知，保证式(E3-6-5)成立则必有系数项为零，可得

$$\begin{cases}(\omega_i^2-\Omega^2)D_1-2\zeta_i\omega_i\Omega D_2=F_0\sqrt{\dfrac{2}{ml}}\sin\dfrac{i\pi\xi}{l}\\ 2\zeta_i\omega_i\Omega D_1+(\omega_i^2-\Omega^2)D_2=0\end{cases} \tag{E3-6-6}$$

即

$$\begin{bmatrix}\omega_i^2-\Omega^2 & -2\zeta_i\omega_i\Omega\\ 2\zeta_i\omega_i\Omega & \omega_i^2-\Omega^2\end{bmatrix}\begin{bmatrix}D_1\\ D_2\end{bmatrix}=\begin{bmatrix}F_0\sqrt{\dfrac{2}{ml}}\sin\dfrac{i\pi\xi}{l}\\ 0\end{bmatrix} \tag{E3-6-7}$$

求解可得

$$\begin{cases}D_1=F_0\sqrt{\dfrac{2}{ml}}\sin\dfrac{i\pi\xi}{l}\dfrac{1}{\omega_i^2}\dfrac{1-\nu_i^2}{(1-\nu_i^2)^2+4\zeta_i^2\nu_i^2}\\ D_2=F_0\sqrt{\dfrac{2}{ml}}\sin\dfrac{i\pi\xi}{l}\dfrac{1}{\omega_i^2}\dfrac{-2\zeta_i\nu_i^2}{(1-\nu_i^2)^2+4\zeta_i^2\nu_i^2}\end{cases} \tag{E3-6-8}$$

式中：$\nu_i=\dfrac{\Omega}{\omega_i}$ 为激扰频率与第 i 阶固有频率之比。

将求得的系数 D_1，D_2 代入式(E3-6-4)，可得特解为

$$q_i^*(t)=F_0\sqrt{\frac{2}{ml}}\sin\frac{i\pi\xi}{l}\frac{1}{\omega_i^2}\frac{(1-\nu_i^2)\sin\Omega t-2\zeta_i\nu_i\cos\Omega t}{(1-\nu_i^2)^2+4\zeta_i^2\nu_i^2} \tag{E3-6-9}$$

即，方程(E3-6-2)的解为

$$\begin{aligned}q_i(t)&=\bar{q}_i(t)+q_i^*(t)\\ &=e^{-\zeta_i\omega_i t}(A_i\cos\omega_{id}t+B_i\sin\omega_{id}t)+\\ &\quad F_0\sqrt{\frac{2}{ml}}\sin\frac{i\pi\xi}{l}\frac{1}{\omega_i^2}\frac{(1-\nu_i^2)\sin\Omega t-2\zeta_i\nu_i\cos\Omega t}{(1-\nu_i^2)^2+4\zeta_i^2\nu_i^2}\end{aligned} \tag{E3-6-10}$$

将初始值 $q_i(0)$ 及 $\dot{q}_i(0)$ 代入式(E3-6-10)，便可确定待定系数 A_i 和 B_i，即

$$\begin{cases}A_i=q_i(0)+F_0\sqrt{\dfrac{2}{ml}}\sin\dfrac{i\pi\xi}{l}\dfrac{1}{\omega_i^2}\dfrac{2\zeta_i\nu_i}{(1-\nu_i^2)^2+4\zeta_i^2\nu_i^2}\\ B_i=\dfrac{\dot{q}_i(0)+\zeta_i\omega_i q_i(0)}{\omega_{id}}-F_0\sqrt{\dfrac{2}{ml}}\sin\dfrac{i\pi\xi}{l}\dfrac{1}{\omega_i^2\omega_{id}}\dfrac{(1-\nu_i^2)\Omega-2\zeta_i^2\nu_i\omega_i}{(1-\nu_i^2)^2+4\zeta_i^2\nu_i^2}\end{cases} \tag{E3-6-11}$$

因此，可得方程(E3-6-2)的解为

$$q_i(t)=\mathrm{e}^{-\zeta_i\omega_i t}\left[q_i(0)\cos\omega_{id}t+\frac{\dot{q}_i(0)+\zeta_i\omega_i q_i(0)}{\omega_{id}}\sin\omega_{id}t\right]+$$

$$F_0\sqrt{\frac{2}{ml}}\frac{1}{\omega_i^2}\sin\frac{i\pi\xi}{l}\frac{1}{(1-\nu_i^2)^2+4\zeta_i^2\nu_i^2}\left\{\mathrm{e}^{-\zeta_i\omega_i t}\left[2\zeta_i\nu_i\cos\omega_{id}t-\frac{(1-\nu_i^2)\Omega-2\zeta_i^2\nu_i\omega_i}{\omega_{id}}\sin\omega_{id}t\right]+\left[(1-\nu_i^2)\sin\Omega t-2\zeta_i\nu_i\cos\Omega t\right]\right\} \quad \text{(E3-6-12)}$$

从式(E3-6-12)可见，右边带因子 $\mathrm{e}^{-\zeta_i\omega_i t}$ 的第一项表示梁对外荷载的瞬态响应，其中含有初始值 $q_i(0)$ 及 $\dot{q}_i(0)$ 的项；带因子 $\mathrm{e}^{-\zeta_i\omega_i t}$ 的第二项是与激扰力关联的伴生项，即使初始值 $q_i(0)$ 及 $\dot{q}_i(0)$ 全为零也存在，但它们很快就会衰减至接近于零状态；第三项则为稳态响应。振动体系从开始振动到稳态振动的那一段振动是处于过渡状况，振幅和周期都在变化，所以称作非稳态振动或过渡态振动。过渡态振幅的最大值可能会大于稳态振幅，但它会逐渐衰减至小于第三项，衰减的快慢程度随 $\zeta_i\omega_i$ 的大小而定。

稳态响应项包含 $(1-\nu_i^2)\sin\Omega t-2\zeta_i\nu_i\cos\Omega t$，可以看出随激扰频率 Ω 在做简谐振动，它是受迫振动研究中最为关心的稳态响应部分。

稳态响应形式为

$$y(x,t)=\sum_{i=1}^{\infty}\varphi_i(x)q_i(t)=\frac{2F_0}{ml}\sum_{i=1}^{\infty}\sin\frac{i\pi x}{l}\sin\frac{i\pi\xi}{l}\frac{\left[(1-\nu_i^2)\sin\Omega t-2\zeta_i\nu_i\cos\Omega t\right]}{\omega_i^2\left[(1-\nu_i^2)^2+4\zeta_i^2\nu_i^2\right]} \quad \text{(E3-6-13)}$$

当仅考虑第一阶振动响应时，令 $i=1$，有

$$y_1(x,t)=\frac{2F_0}{ml\omega_1^2}\sin\frac{\pi x}{l}\sin\frac{\pi\xi}{l}\frac{\left[(1-\nu_1^2)\sin\Omega t-2\zeta_1\nu_1\cos\Omega t\right]}{\left[(1-\nu_1^2)^2+4\zeta_1^2\nu_1^2\right]} \quad \text{(E3-6-14)}$$

由于 $\frac{2F_0}{ml}\frac{1}{\omega_1^2}=\frac{2F_0l^3}{EI\pi^4}\approx\frac{F_0l^3}{48EI}$，相当于集中力 F_0 静态作用于跨中时简支梁的跨中静挠度，式(E3-6-14)可写为

$$y_1(x,t)=y_{s1}\left(\frac{l}{2}\right)\sin\frac{\pi x}{l}\sin\frac{\pi\xi}{l}\frac{\left[(1-\nu_1^2)\sin\Omega t-2\zeta_1\nu_1\cos\Omega t\right]}{\left[(1-\nu_1^2)^2+4\zeta_1^2\nu_1^2\right]} \quad \text{(E3-6-15)}$$

式中：$y_{s1}\left(\frac{l}{2}\right)=\frac{F_0l^3}{48EI}$ 为集中力 F_0 静态作用于跨中时简支梁的跨中静挠度。

当 $x=\xi=\frac{l}{2}$ 时，即简谐力 $F_0\sin\Omega t$ 作用在跨中时，由式(E3-6-15)可得简支梁跨中最大动挠度为

$$y_1\left(\frac{l}{2},t\right)\bigg|_{\max}=\frac{1}{\sqrt{(1-\nu_1^2)^2+4\zeta_1^2\nu_1^2}}y_{s1}\left(\frac{l}{2}\right)=\mu_d y_{s1}\left(\frac{l}{2}\right) \quad \text{(E3-6-16)}$$

式中：μ_d 为动力放大系数，其与激扰频率 Ω 有如下关系：

$$\mu_d = \frac{1}{\sqrt{(1-\nu_1^2)^2 + 4\zeta_1^2\nu_1^2}} \tag{E3-6-17}$$

式中：$\nu_1 = \dfrac{\Omega}{\omega_1}$，为激扰频率 Ω 与第一阶固有频率 ω_1 之比。动力放大系数 μ_d 与激振频率比 $\nu_1 = \dfrac{\Omega}{\omega_1}$ 的关系如图 3-17 所示。

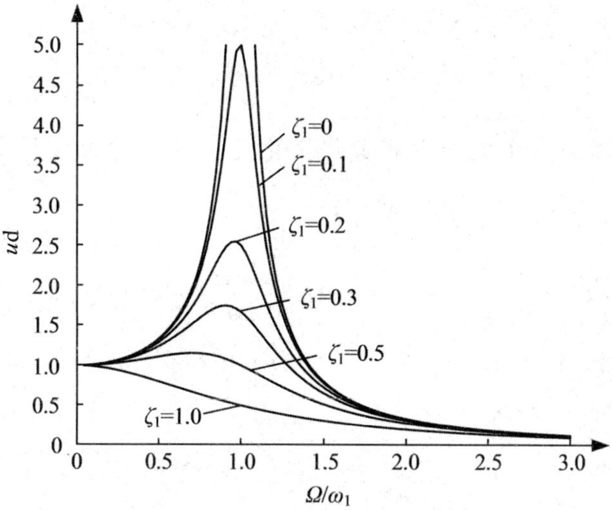

图 3-17　动力放大系数 μ_d 与激励频率比 Ω/ω_1 的关系

当 $\omega_1 = \Omega$ 时，由式(E3-6-17)可得共振时简支梁的动力放大系数为

$$\mu_d = \frac{1}{2\zeta_1} \tag{E3-6-18}$$

说明简支梁弯曲共振时的动挠度振幅与阻尼比 ζ_1 成反比关系。因此，增大梁的阻尼比可以显著减小梁的弯曲振动幅值。

对于仅考虑稳态响应的情况，当不计阻尼时，即 $\zeta_1 = 0$，由式(E3-6-17)可得动力放大系数为

$$\mu_d = \left| \frac{1}{1-\nu_1^2} \right| \tag{E3-6-19}$$

称为无阻尼梁的弯曲受迫振动动力放大系数。当 $\omega_1 = \Omega$ 即 $\nu_1 = 1$ 时，动力放大系数 $\mu_d \to \infty$，其振动幅值无限大。但实际中，梁总是存在着阻尼的。

例 3-7　图 3-18 所示为一均质等截面简支梁，梁的长度为 l，刚度为 EI，单位长度上的质量为 m，梁上 $x=\xi$ 处作用一个冲击力 $F(t) = I_0\delta(t-t_1)$，I_0 为在 $t=t_1$ 时刻极短时间 Δt 内的外力冲量，考虑 Rayleigh 阻尼的影响，求梁的振动响应。

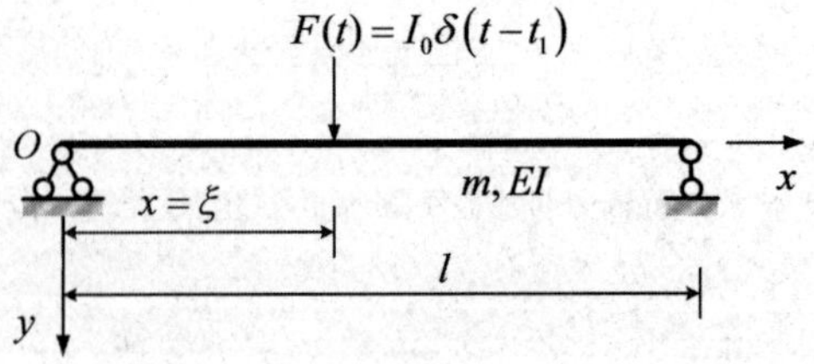

图 3-18　集中冲击力作用下的简支梁

解：在 $x=\xi$ 处作用冲击力 $F(t)$ 时，则

$$f(x,t)=F(t)\delta(x-\xi)=I_0\delta(x-\xi)\delta(t-t_1) \tag{E3-7-1}$$

已知均质等截面简支梁关于主质量归一化的振型函数为 $\varphi_i(x)=\sqrt{\dfrac{2}{ml}}\sin\dfrac{i\pi x}{l}$，$(i=1,2,\cdots)$，则第 i 阶模态的广义力为

$$Q_i(t)=\int_0^l\varphi_i(x)f(x,t)\mathrm{d}x=\sqrt{\frac{2}{ml}}I_0\delta(t-t_1)\sin\frac{i\pi\xi}{l} \tag{E3-7-2}$$

对于零初始条件，即 $t=0$ 时，由式(3-232)可知，系数 $A_i=B_i=0$，于是得梁的受迫振动解为

当 $0\leqslant t<t_1$ 时，

$$q_i(t)=0 \tag{E3-7-3}$$

当 $t\geqslant t_1$ 时，

$$\begin{aligned}q_i(t)&=\frac{1}{\omega_i}\int_{t_1}^t Q_i(\tau)\mathrm{e}^{-\zeta_i\omega_i(t-\tau)}\sin\omega_{id}(t-\tau)\mathrm{d}\tau\\&=\sqrt{\frac{2}{ml}}\frac{I_0}{\omega_{id}}\sin\frac{i\pi\xi}{l}\int_{t_1}^t\delta(\tau-t_1)\mathrm{e}^{-\zeta_i\omega_i(t-\tau)}\sin\omega_{id}(t-\tau)\mathrm{d}\tau\\&=\sqrt{\frac{2}{ml}}\frac{I_0}{\omega_{id}}\sin\frac{i\pi\xi}{l}\mathrm{e}^{-\zeta_i\omega_i(t-t_1)}\sin\omega_{id}(t-t_1)\end{aligned} \tag{E3-7-4}$$

最后，可得当 $t\geqslant t_1$ 时冲击力作用下有阻尼简支梁的振动响应为

$$\begin{aligned}y(x,t)&=\sum_{i=1}^{\infty}\varphi_i(x)q_i(t)\\&=\frac{2I_0}{ml}\sum_{i=1}^{\infty}\sin\frac{i\pi x}{l}\frac{1}{\omega_{id}}\sin\frac{i\pi\xi}{l}\mathrm{e}^{-\zeta_i\omega_i(t-t_1)}\sin\omega_{id}(t-t_1)\end{aligned} \tag{E3-7-5}$$

当仅考虑第一阶振型响应时，令 $n=1$，则有

$$y_1(x,t)=\frac{2I_0}{ml\omega_{1d}}\sin\frac{\pi x}{l}\sin\frac{\pi\xi}{l}\mathrm{e}^{-\zeta_1\omega_1(t-t_1)}\sin\omega_{1d}(t-t_1) \tag{E3-7-6}$$

当集中力 $F(t)$ 突然作用于跨中时，即 $\xi=\dfrac{l}{2}$，简支梁跨中 $x=\dfrac{l}{2}$ 处的动挠度为

$$y_1\left(\frac{l}{2},\ t\right)=\frac{2I_0}{ml\omega_{1d}}e^{-\zeta_1\omega_1(t-t_1)}\sin\omega_{1d}(t-t_1) \tag{E3-7-7}$$

式中：$\omega_1=\left(\frac{\pi}{l}\right)^2\sqrt{\frac{EI}{m}}$ 为无阻尼简支梁的第一阶固有频率；$\omega_{1d}=\sqrt{1-\zeta_1^2}\,\omega_1$ 为有阻尼梁的第一阶固有频率。

3.9　轴向受力欧拉-伯努利梁的振动分析

3.9.1　振动微分方程

图 3-19 所示 Euler-Bernoulli 简支梁，除受竖向分布荷载 $f(x,t)$作用外，还受到轴向压力 $N(x,t)$作用。由于梁轴线发生弯曲变形，致使轴力 N 的作用点发生改变。假设变形前后梁轴线的长度不变，即梁轴线不可压缩，只是在竖向平面上的位置发生变化。记梁的抗弯刚度为 $EI(x)$，单位长度的质量为 $m(x)$，不考虑阻尼的影响。取长为 $\mathrm{d}x$ 的微段作为分离体，其受力如图 3-19(b)所示，$N(x,t)$、$Q(x,t)$ 和 $M(x,t)$ 分别为截面上的轴力、剪力和弯矩，$m\ddot{y}$ 为梁微段的惯性力，轴线转角为 $\theta=\frac{\partial y(x,\ t)}{\partial x}$。

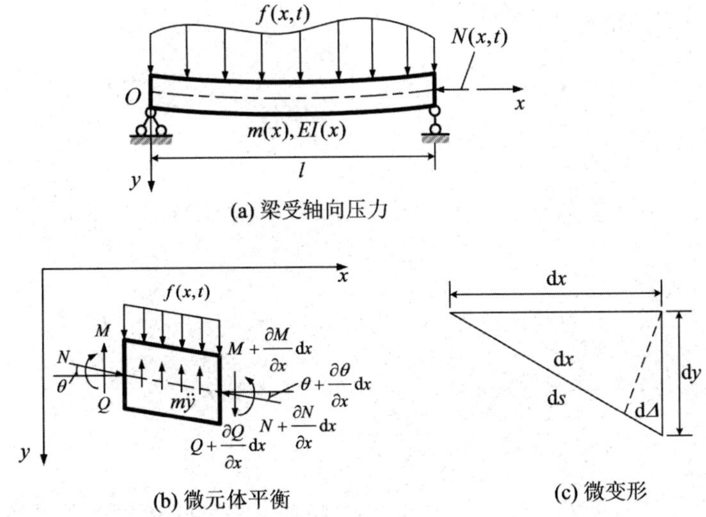

图 3-19　轴向受压 Euler-Bernoulli 梁

下面分别基于 d'Alembert 原理和 Hamilton 原理推导梁的弯曲振动方程。

1. 基于 d'Alembert 原理

根据竖向的受力平衡，有

$$f(x,\ t)\mathrm{d}x-m\ddot{y}(x,\ t)\mathrm{d}x+\left(Q+\frac{\partial Q}{\partial x}\mathrm{d}x\right)-Q-\left(N+\frac{\partial N}{\partial x}\mathrm{d}x\right)\sin\left(\theta+\frac{\partial\theta}{\partial x}\mathrm{d}x\right)+N\sin\theta=0 \tag{3-234}$$

在小变形假设下 $\sin\theta \approx \theta$，略去高阶微量，整理后可得

$$f(x, t) - m\ddot{y}(x, t) + \frac{\partial Q}{\partial x} - \frac{\partial(N\theta)}{\partial x} = 0 \tag{3-235}$$

对微元体右端面的中点取矩，则

$$M + Q\mathrm{d}x + m\ddot{y}(x, t)\mathrm{d}x \cdot \frac{1}{2}\mathrm{d}x - f(x, t)\mathrm{d}x \cdot \frac{1}{2}\mathrm{d}x - \left(M + \frac{\partial M}{\partial x}\mathrm{d}x\right) = 0 \tag{3-236}$$

略去高阶微量，整理后可得

$$Q(x, t) - \frac{\partial M(x, t)}{\partial x} = 0 \tag{3-237}$$

利用转角 $\theta = \dfrac{\partial y(x, t)}{\partial x}$ 和弯矩 $M = -EI(x)\dfrac{\partial^2 y(x, t)}{\partial x^2}$，并结合式(3-237)，最终式(3-235)可以表示为

$$m(x)\ddot{y}(x, t) + \frac{\partial^2}{\partial x^2}\left[EI(x)\frac{\partial^2 y(x, t)}{\partial x^2}\right] + \frac{\partial}{\partial x}\left[N(x, t)\frac{\partial y(x, t)}{\partial x}\right] = f(x, t) \tag{3-238}$$

对于轴向为拉力的情况，方程为

$$m(x)\ddot{y}(x, t) + \frac{\partial^2}{\partial x^2}\left[EI(x)\frac{\partial^2 y(x, t)}{\partial x^2}\right] - \frac{\partial}{\partial x}\left[N(x, t)\frac{\partial y(x, t)}{\partial x}\right] = f(x, t) \tag{3-239}$$

式(3-238)、式(3-239)即为轴向力作用下 Euler-Bernoulli 梁竖向弯曲振动微分方程的一般形式。

当轴向压力 N 关于 x 为常量，即 $N = N(t)$ 时，式(3-238)可以简化为

$$m(x)\ddot{y}(x, t) + \frac{\partial^2}{\partial x^2}\left[EI(x)\frac{\partial^2 y(x, t)}{\partial x^2}\right] + N(t)\frac{\partial^2 y(x, t)}{\partial x^2} = f(x, t) \tag{3-240}$$

比较式(3-7)和式(3-240)可见，轴向压力和梁竖向弯曲曲率的乘积形成了作用在梁上的附加等效竖向分布荷载。

2. 基于 Hamilton 原理

在弯曲小变形假设条件下，利用泰勒展开公式并略去高阶微量，求得梁中性轴弯曲后的弦向几何变形为

$$\begin{aligned} \mathrm{d}\Delta &= \mathrm{d}s - \mathrm{d}x = \sqrt{(\mathrm{d}x)^2 + (\mathrm{d}y)^2} - \mathrm{d}x \\ &= \sqrt{1 + (y')^2}\,\mathrm{d}x - \mathrm{d}x = \left[1 + \frac{1}{2}(y')^2 + \cdots\right]\mathrm{d}x - \mathrm{d}x \approx \frac{1}{2}\left(\frac{\mathrm{d}y}{\mathrm{d}x}\right)^2\mathrm{d}x \end{aligned} \tag{3-241}$$

式中：$d\Delta$ 为微元上轴向压力 N 的作用点在梁弯曲变形后的轴线位移。

轴向压力 N 在梁轴线上所做的功为

$$W_N=\int_0^l N(x,t)\mathrm{d}\Delta=\frac{1}{2}\int_0^l N(x,t)\left(\frac{\mathrm{d}y}{\mathrm{d}x}\right)^2\mathrm{d}x \tag{3-242}$$

考虑到只对动挠度 $y(x,t)$ 或动转角 $y'(x,t)$ 进行变分，轴向力 N 在梁上所做的虚功为

$$\begin{aligned}\delta W_N&=\delta\int_0^l\frac{1}{2}N(x,t)\left(\frac{\mathrm{d}y}{\mathrm{d}x}\right)^2\mathrm{d}x=\int_0^l N(x,t)y'\delta y'\mathrm{d}x\\&=\int_0^l\{[N(x,t)y']\delta y\}'\mathrm{d}x-\int_0^l[N(x,t)y']'\delta y\mathrm{d}x\\&=\{[N(x,t)y']\delta y\}\Big|_0^l-\int_0^l[N(x,t)y'(x,t)]'\delta y\mathrm{d}x\\&=-\int_0^l[N(x,t)y'(x,t)]'\delta y\mathrm{d}x\end{aligned} \tag{3-243}$$

竖向分布荷载 $f(x,t)$ 所做的虚功为

$$\delta W_f=\int_0^l f(x,t)\delta y\mathrm{d}x \tag{3-244}$$

将式(3-243)与式(3-244)相加，并将式(3-11)、式(3-12)代入式(3-10)，整理化简后可得

$$\int_{t_1}^{t_2}\int_0^l\{-m(x)\ddot{y}-[EI(x)y'']''-[N(x,t)y']'+f(x,t)\}\delta y\mathrm{d}x\mathrm{d}t=0 \tag{3-245}$$

根据变分 δy 在域内的任意性，由式(3-245)可得

$$m(x)\ddot{y}(x,t)+\frac{\partial^2}{\partial x^2}\left[EI(x)\frac{\partial^2 y(x,t)}{\partial x^2}\right]+\frac{\partial}{\partial x}\left[N(x,t)\frac{\partial y(x,t)}{\partial x}\right]=f(x,t) \tag{3-246}$$

此式即为轴向力作用下 Euler-Bernoulli 梁竖向弯曲振动微分方程的一般形式。

3.9.2　均质等截面梁的弯曲固有振动

对于不受竖向力、仅轴向受压力作用的均质等截面梁，梁单位长度上的质量 m，截面抗弯刚度 EI 和轴向压力 N 均为常量，由式(3-240)或式(3-246)可知，梁的振动方程为

$$EI\frac{\partial^4 y(x,t)}{\partial x^4}+N\frac{\partial^2 y(x,t)}{\partial x^2}+m(x)\ddot{y}(x,t)=0 \tag{3-247}$$

利用分离变量方法进行求解，假设

$$y(x,t)=\varphi(x)(A\cos\omega t+B\sin\omega t) \tag{3-248}$$

式中：待定系数 A 和 B 由初始条件确定。将式(3-248)代入式(3-247)，得

$$EI\frac{\mathrm{d}^4\varphi(x)}{\mathrm{d}x^4}+N\frac{\mathrm{d}^2\varphi(x)}{\mathrm{d}x^2}-m\omega^2\varphi(x)=0 \tag{3-249}$$

假设 $\varphi(x)$ 的解满足下面形式：

$$\varphi(x)=C\mathrm{e}^{sx} \tag{3-250}$$

将式(3-250)代入式(3-249)，整理化简后可得

$$s^4+\frac{N}{EI}s^2-\frac{m\omega^2}{EI}=0 \tag{3-251}$$

式(3-251)的根为 $s_{1,2}=\pm \mathrm{i}\alpha$，$s_{3,4}=\pm\beta$，其中 α，β 分别为

$$\alpha=\left(\sqrt{\left(\frac{N}{2EI}\right)^2+\frac{m\omega^2}{EI}}+\frac{N}{2EI}\right)^{\frac{1}{2}},\quad \beta=\left(\sqrt{\left(\frac{N}{2EI}\right)^2+\frac{m\omega^2}{EI}}-\frac{N}{2EI}\right)^{\frac{1}{2}} \tag{3-252}$$

将上面求得的 4 个根代入式（3-250）中，可得轴向压力作用下 Euler-Bernoulli 梁的弯曲振型函数为

$$\varphi(x)=C_1\cosh\beta x+C_2\sinh\beta x+C_3\cos\alpha x+C_4\sin\alpha x \tag{3-253}$$

式中：α，β 满足式(3-252)；待定常数 C_1，C_2，C_3 和 C_4 由边界条件确定。

当轴向为拉力 N 时，可采用上述同样的方法求得梁的弯曲振型函数为

$$\varphi(x)=C_1\cosh\alpha x+C_2\sinh\alpha x+C_3\cos\beta x+C_4\sin\beta x \tag{3-254}$$

式中：α，β 满足式(3-252)；待定常数 C_1，C_2，C_3 和 C_4 由边界条件确定。

例 3-8　如图 3-20 所示简支梁受轴向拉力 N 作用，其中拉力 N 为常量，梁长为 l，刚度为 EI，单位长度上的质量为 m，求梁振动的固有频率。

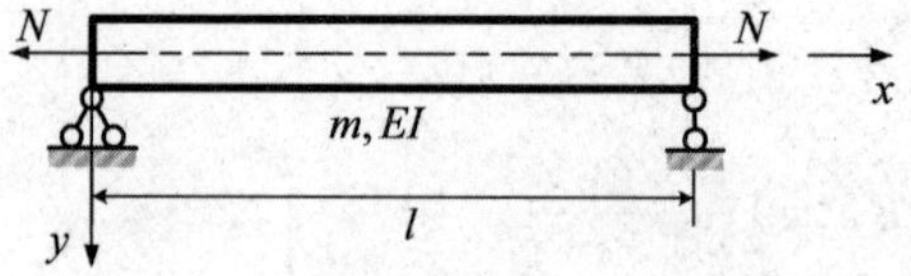

图 3-19　轴向受常值拉力的简支梁

解：简支梁端的边界条件为

$$\varphi(x)\big|_{x=0}=0,\quad \left.\frac{\mathrm{d}^2\varphi(x)}{\mathrm{d}x^2}\right|_{x=0}=0 \tag{E3-8-1}$$

$$\varphi(x)\big|_{x=l}=0,\quad \left.\frac{\mathrm{d}^2\varphi(x)}{\mathrm{d}x^2}\right|_{x=l}=0 \tag{E3-8-2}$$

将式(3-254)代入边界条件式(E3-8-1)，可得 $C_1=C_3=0$，则有

$$\varphi(x)=C_2\sinh\alpha x+C_4\sin\beta x \tag{E3-8-3}$$

将式(E3-8-3)代入边界条件式(E3-8-2)，可得

$$\begin{cases}C_2\sinh\alpha l+C_4\sin\beta l=0\\ C_2\alpha^2\sinh\alpha l-C_4\beta^2\sin\beta l=0\end{cases} \tag{E3-8-4}$$

要求得系数 C_2 和 C_4 的非零解，则系数矩阵的行列式必须为零，可得梁振动的频率方程为

$$\sinh\alpha l \sinh\beta l = 0 \tag{E3-8-5}$$

注意 $\alpha l \geqslant 0$，则式(E3-8-5)的解为

$$\beta l = n\pi,\quad n = 0,\ 1,\ 2,\ \cdots \tag{E3-8-6}$$

根据式(E3-8-6)和式(3-252)可求出梁振动的固有频率为

$$\omega_n = \frac{\pi^2}{l^2}\sqrt{\frac{EI}{m}}\sqrt{n^4 + \frac{n^2 N l^2}{\pi^2 EI}} \tag{E3-8-7}$$

如果轴向力 N 是压力，求出的固有频率为

$$\omega_n = \frac{\pi^2}{l^2}\sqrt{\frac{EI}{m}}\sqrt{n^4 - \frac{n^2 N l^2}{\pi^2 EI}} = \frac{\pi^2}{l^2}\sqrt{\frac{EI}{m}}\sqrt{n^4 - n^2\frac{N}{N_{cr}}} \tag{E3-8-8}$$

式中：$N_{cr} = \dfrac{\pi^2 EI}{l^2}$ 为简支梁在压缩荷载作用下的最小欧拉屈曲荷载，也称欧拉临界荷载。

说明：

(1)由式(E3-8-8)可知，外部轴向压力 N 可使梁的弯曲振动固有频率降低，如果 $N=0$，式(E3-8-8)退化为式(3-46)，也就是简支梁振动的固有频率；

(2)如果 N 趋近于欧拉临界荷载 N_{cr}（$N \to N_{cr}$），一阶固有频率 ω_1 趋近于零（$\omega_1 \to 0$），此时梁处于平衡分支状态，可以通过频率测试结果判别压杆稳定性；

(3)轴向受拉作用的简支梁固有振型与轴向压力作用的简支梁固有振型一样，都是 $\varphi_n(x) = \sin\dfrac{n\pi x}{l}$，该振型与不考虑轴向压力的 Euler-Bernoulli 简支梁竖向弯曲的固有振型完全相同，说明振型函数与轴向作用压力或拉力无关。

3.10　铁木辛柯梁的振动分析

3.10.1　弯曲振动微分方程

Euler-Bernoulli 梁理论适用于细长梁，高跨比较大的深梁必须考虑梁的竖向剪切变形和转动惯量的影响，这类梁模型称为 Timoshenko 梁。Timoshenko 梁理论对变形的基本假设是：梁截面在弯曲变形后仍保持平面，但未必垂直于中性轴[2,7]。

图 3-21 所示变截面 Timoshenko 梁受竖向分布荷载 $f(x,t)$作用，考虑梁的竖向剪切变形和转动惯量的影响，不考虑阻尼的影响。记抗弯刚度为 $EI(x)$，单位长度的质量为 $m(x)$,密度为 ρ，单位长度梁对截面惯性主轴的转动惯量为 $\rho I(x)$。取长为 dx 的微段作为分离体，其受力如图 3-21(b)所示。

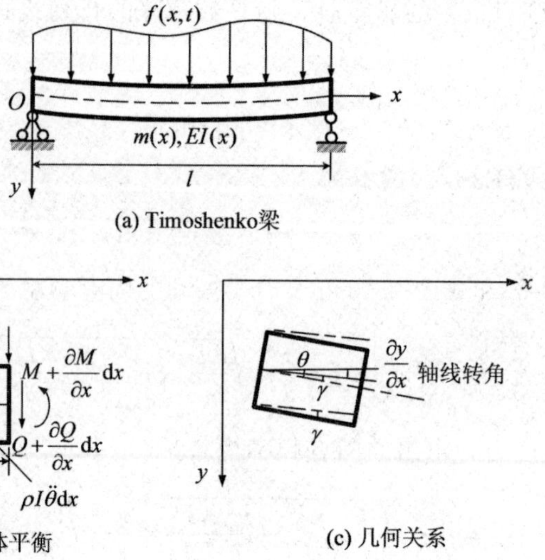

图 3-21 Timoshenko 梁受力简图

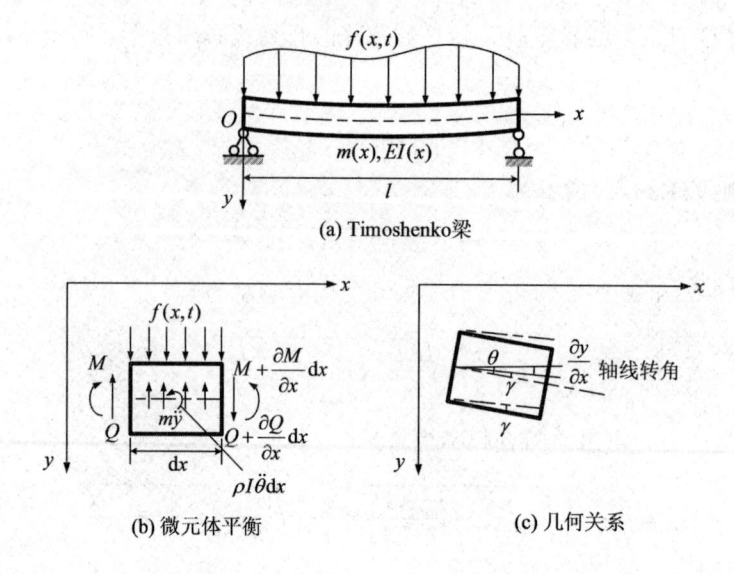

下面分别基于 d'Alembert 原理和 Hamilton 原理推导 Timoshenko 梁的弯曲振动方程。

1. 基于 d'Alembert 原理

由于剪切变形，梁横截面的法线不再与梁轴线重合。法线转角 θ 由轴线转角 $\frac{\partial y(x,t)}{\partial x}$ 和剪切角 γ 两部分组成，即

$$\theta=\frac{\partial y(x,t)}{\partial x}+\gamma \tag{3-255}$$

由材料力学可知，剪切角 γ 与剪力 Q 有如下关系：

$$\gamma=-\frac{Q}{\kappa GA(x)} \tag{3-256}$$

式中：$A(x)$ 为梁的截面面积；$GA(x)$ 为梁截面的抗剪刚度；κ 为梁整个截面上的平均剪应变(Q/GA)与中心点处剪应变之比，它与梁的截面形状有关，对矩形截面一般取 $\kappa=\frac{5}{6}$，对圆形截面一般取 $\kappa=\frac{9}{10}$。

根据竖向的受力平衡，有

$$f(x,t)\mathrm{d}x+\left(Q+\frac{\partial Q}{\partial x}\mathrm{d}x\right)-Q-m\ddot{y}(x,t)\mathrm{d}x=0 \tag{3-257}$$

整理后，可得

$$m\ddot{y}(x,t)-\frac{\partial Q}{\partial x}=f(x,t) \tag{3-258}$$

将式(3-255)、式(3-256)代入式(3-258)，则

$$m\ddot{y}(x,t)+\frac{\partial}{\partial x}\left[\kappa GA\left(\theta-\frac{\partial y(x,t)}{\partial x}\right)\right]=f(x,t) \tag{3-259}$$

对微元体右端面的中点取矩，则有

$$M+Q\mathrm{d}x-\left(M+\frac{\partial M}{\partial x}\mathrm{d}x\right)-\rho I\ddot{\theta}\mathrm{d}x-f(x,t)\mathrm{d}x\cdot\frac{1}{2}\mathrm{d}x+m\ddot{y}\mathrm{d}x\cdot\frac{1}{2}\mathrm{d}x=0 \tag{3-260}$$

略去高阶微量，整理后可得

$$\rho I\ddot{\theta}+\frac{\partial M}{\partial x}-Q=0 \tag{3-261}$$

由材料力学可知 $M=-EI\dfrac{\partial\theta}{\partial x}$，结合式(3-255)、式(3-256)，则式(3-261)可写为

$$\rho I\ddot{\theta}-\frac{\partial}{\partial x}\left(EI\frac{\partial\theta}{\partial x}\right)+\kappa GA\left(\theta-\frac{\partial y(x,t)}{\partial x}\right)=0 \tag{3-262}$$

因此，可得 Timoshenko 梁振动微分方程组的一般形式，即

$$\begin{cases}m(x)\ddot{y}(x,t)+\dfrac{\partial}{\partial x}\left[\kappa GA(x)\left(\theta(x,t)-\dfrac{\partial y(x,t)}{\partial x}\right)\right]=f(x,t)\\ \rho I(x)\ddot{\theta}(x,t)-\dfrac{\partial}{\partial x}\left[EI(x)\dfrac{\partial\theta(x,t)}{\partial x}\right]+\kappa GA(x)\left[\theta(x,t)-\dfrac{\partial y(x,t)}{\partial x}\right]=0\end{cases} \tag{3-263}$$

2. 基于 Hamilton 原理

梁的动能 T、位能 U 和外力做功 W_f 分别为

$$\begin{cases}T=\dfrac{1}{2}\displaystyle\int_0^l m(x)\dot{y}(x,t)^2\mathrm{d}x+\dfrac{1}{2}\int_0^l\rho I(x)\dot{\theta}^2\mathrm{d}x\\ U=\dfrac{1}{2}\displaystyle\int_0^l EI(x)\left(\dfrac{\partial\theta}{\partial x}\right)^2\mathrm{d}x+\dfrac{1}{2}\int_0^l\kappa GA(x)\gamma^2\mathrm{d}x\\ W_f=\displaystyle\int_0^l f(x,t)y(x,t)\mathrm{d}x\end{cases} \tag{3-264}$$

将式(3-264)代入式(3-12)，结合式(3-255)，得

$$\begin{aligned}&\frac{1}{2}\int_{t_1}^{t_2}\delta\int_0^l\left\{m(x)\dot{y}(x,t)^2+\rho I(x)\dot{\theta}^2-\kappa GA(x)\left(\theta-\frac{\partial y(x,t)}{\partial x}\right)^2\right.\\&\left.-EI(x)\left(\frac{\partial\theta}{\partial x}\right)^2\right\}\mathrm{d}x\,\mathrm{d}t+\int_{t_1}^{t_2}\int_0^l f(x,t)\delta y(x,t)\mathrm{d}x\,\mathrm{d}t=0\end{aligned} \tag{3-265}$$

对式(3-265)进行分步积分，并利用 $\delta y(x,t)|_{t_1}=\delta y(x,t)|_{t_2}=0$，$\delta\theta|_{t_1}=\delta\theta|_{t_2}=0$，可得

$$\int_{t_1}^{t_2}\int_0^l\left\{-m(x)\ddot{y}(x,t)-\frac{\partial}{\partial x}\left[\kappa GA(x)\left(\theta-\frac{\partial y(x,t)}{\partial x}\right)\right]+f(x,t)\right\}\delta y(x,t)\mathrm{d}x\,\mathrm{d}t$$
$$+\int_{t_1}^{t_2}\int_0^l\left\{-\rho I(x)\ddot{\theta}-\kappa GA(x)\left(\theta-\frac{\partial y(x,t)}{\partial x}\right)+\frac{\partial}{\partial x}\left[EI(x)\frac{\partial\theta}{\partial x}\right]\right\}\delta\theta\,\mathrm{d}x\,\mathrm{d}t=0 \tag{3-266}$$

根据 $\delta y(x,t)$ 和 $\delta\theta(x,t)$ 的任意性，可得一般变截面 Timoshenko 梁的振动方程组，即

$$\begin{cases}m(x)\ddot{y}(x,t)+\dfrac{\partial}{\partial x}\left[\kappa GA(x)\left(\theta(x,t)-\dfrac{\partial y(x,t)}{\partial x}\right)\right]=f(x,t)\\ \rho I(x)\ddot{\theta}(x,t)-\dfrac{\partial}{\partial x}\left[EI(x)\dfrac{\partial\theta(x,t)}{\partial x}\right]+\kappa GA(x)\left[\theta(x,t)-\dfrac{\partial y(x,t)}{\partial x}\right]=0\end{cases} \tag{3-267}$$

3.10.2 均质等截面梁的振动方程

对于均质等截面 Timoshenko 梁，其 EI，κGA，m 和 ρI 均为常数，则由式(3-263)或式(3-267)中第一式可得

$$\frac{\partial\theta}{\partial x}=\frac{\partial^2 y(x,t)}{\partial x^2}-\frac{m}{\kappa GA}\frac{\mathrm{d}^2 y(x,t)}{\mathrm{d}t^2}+\frac{1}{\kappa GA}f(x,t) \tag{3-268}$$

由式(3-263)或式(3-267)中第二式可得

$$-EI\frac{\partial^2\theta(x,t)}{\partial x^2}-\kappa GA\frac{\partial y(x,t)}{\partial x}+\kappa GA\theta(x,t)+\rho I\frac{\mathrm{d}^2\theta(x,t)}{\mathrm{d}t^2}=0 \tag{3-269}$$

将式(3-269)对 x 求偏导，则

$$-EI\frac{\partial^2}{\partial x^2}\left(\frac{\partial\theta(x,t)}{\partial x}\right)-\kappa GA\frac{\partial^2 y(x,t)}{\partial x^2}+\kappa GA\frac{\partial\theta(x,t)}{\partial x}+\rho I\frac{\mathrm{d}^2}{\mathrm{d}t^2}\left(\frac{\partial\theta(x,t)}{\partial x}\right)=0 \tag{3-270}$$

将式(3-268)代入式(3-270)，整理化简后可得

$$\left(EI\frac{\partial^4 y}{\partial x^4}+m\ddot{y}-f\right)-\rho I\frac{\partial^2\ddot{y}}{\partial x^2}+\frac{EI}{\kappa GA}\frac{\partial^2}{\partial x^2}(f-m\ddot{y})-\frac{\rho I}{\kappa GA}\left(\ddot{f}-m\frac{\mathrm{d}^4 y}{\mathrm{d}t^4}\right)=0 \tag{3-271}$$

式(3-271)即为均质等截面 Timoshenko 梁的弯曲振动微分方程。式中，第一项为等截面 Euler-Bernoulli 梁竖向弯曲的振动项，第二项为转动惯量的影响项，第三项为剪切变形的影响项，第四项为转动惯量与剪切变形的混合影响项。

对于自由振动，式(3-271)变为

$$EI\frac{\partial^4 y}{\partial x^4}+m\ddot{y}-\rho I\left(1+\frac{E}{\kappa G}\right)\frac{\partial^2\ddot{y}}{\partial x^2}+\frac{\rho^2 I}{\kappa G}\frac{\mathrm{d}^4 y}{\mathrm{d}t^4}=0 \tag{3-272}$$

均质等截面 Timoshenko 梁的常用边界条件为：①固定端 $\theta=0$， $y=0$；②简支端 $EI\dfrac{\partial\theta}{\partial x}=$

0，$y=0$；③自由端 $EI\frac{\partial\theta}{\partial x}=0$，$\kappa GA\left[\frac{\partial y}{\partial x}-\theta\right]=0$。

3.10.3　振动的固有频率

均质等截面 Timoshenko 梁的振动固有频率可以通过假设解为简谐时变函数，代入式(3-272) 以及需要满足的边界条件进行求解。在某些情况下，满足梁的特定边界条件，求解 θ 和 y 的联立偏微分方程式(3-263)或式(3-267)更方便。这两种方法将在下述求解中进行说明。

1. 简支梁

将式(3-272)除以 ρA，并定义

$$\alpha^2=\frac{EI}{\rho A},\ r^2=\frac{I}{A} \tag{3-273}$$

则自由振动式(3-272)可以改写为

$$\alpha^2\frac{\partial^4 y}{\partial x^4}+\frac{\mathrm{d}^2 y}{\mathrm{d}t^2}-r^2\left(1+\frac{E}{\kappa G}\right)\frac{\partial^4 y}{\partial x^2\partial t^2}+\frac{\rho r^2}{\kappa G}\frac{\mathrm{d}^4 y}{\mathrm{d}t^4}=0 \tag{3-274}$$

两端简支梁的边界条件为

$$y(x,t)=0,\quad x=0,\ l \tag{3-275}$$

$$\frac{\partial\theta(x,t)}{\partial x}=0,\quad x=0,\ l \tag{3-276}$$

利用式(3-268)，并令 $f(x,t)=0$，则式(3-276)可以写为

$$\frac{\partial\theta(x,t)}{\partial x}=\frac{\partial^2 y(x,t)}{\partial x^2}-\frac{m}{\kappa GA}\frac{\mathrm{d}^2 y(x,t)}{\mathrm{d}t^2}=0,\quad x=0,\ l \tag{3-277}$$

当假设 $\theta(x,t)$ 和 $y(x,t)$ 均为频率为 ω_n 的简谐时变函数时，边界条件式(3-277)退化为

$$\frac{\partial\theta(x,t)}{\partial x}=\frac{\partial^2 y(x,t)}{\partial x^2}=0,\quad x=0,\ l \tag{3-278}$$

因此，结合式(3-275)和式(3-276)，可以得到用 $y(x,t)$ 表示的边界条件为

$$y(x,t)=0,\quad \frac{\partial^2 y(x,t)}{\partial x^2}=0,\quad x=0,\ l \tag{3-279}$$

假设满足边界条件式(3-279)的方程(3-274)的解为

$$y(x,t)=C\sin\frac{n\pi x}{l}\cos\omega_n t \tag{3-280}$$

式中：C 为常数；ω_n 为振动的第 n 阶固有频率。将式(3-280)代入式(3-274)，得频率方程为

$$\omega_n^4\frac{\rho r^2}{\kappa G}-\omega_n^2\left(1+\frac{n^2\pi^2 r^2}{l^2}+\frac{n^2\pi^2 r^2}{l^2}\frac{E}{\kappa G}\right)+\frac{\alpha^2 n^4\pi^4}{l^4}=0 \tag{3-281}$$

式(3-281)为关于 ω_n^2 的一元二次方程，对于任意的 n 都能得到 ω_n^2 的两个根，其中较小的

根对应于弯曲变形模态，较大的根对应于剪切变形模态。

2. 两端固端梁

两端固端梁的边界条件为

$$y(x,t)\big|_{x=0}=0,\quad \theta(x,t)\big|_{x=0}=0 \tag{3-282}$$

$$y(x,t)\big|_{x=l}=0,\quad \theta(x,t)\big|_{x=l}=0 \tag{3-283}$$

令 $f(x,t)=0$，为求解式(3-268)、式(3-269)，假设 $y(x,t)$ 和 $\theta(x,t)$ 分别为下述形式

$$y(x,t)=Y(x)\cos\omega_n t,\quad \theta(x,t)=\Theta(x)\cos\omega_n t \tag{3-284}$$

将式(3-284)代入式(3-268)、式(3-269)，则

$$\begin{cases}-\kappa AG\dfrac{\mathrm{d}^2Y}{\mathrm{d}x^2}+\kappa AG\dfrac{\mathrm{d}\Theta}{\mathrm{d}x}-\rho A\omega_n^2 Y=0\\[2ex]-EI\dfrac{\mathrm{d}^2\Theta}{\mathrm{d}x^2}-\kappa AG\dfrac{\mathrm{d}Y}{\mathrm{d}x}+\kappa AG\Theta-\rho I\omega_n^2\Theta=0\end{cases} \tag{3-285}$$

式(3-285)的解可以假设为如下形式：

$$Y(x)=C_1\exp\left(\frac{ax}{l}\right),\quad \Theta(x)=C_2\exp\left(\frac{ax}{l}\right) \tag{3-286}$$

式中：a，C_1 和 C_2 为待定常数。将式(3-286)代入式(3-285)，可得

$$\begin{cases}\left(-\kappa AG\dfrac{a^2}{l^2}-\rho A\omega_n^2\right)C_1+\left(\kappa AG\dfrac{a}{l}\right)C_2=0\\[2ex]\left(-\kappa AG\dfrac{a^2}{l^2}\right)C_1+\left(-EI\dfrac{a^2}{l^2}-\kappa AG\dfrac{a}{l}+\kappa AG-\rho I\omega_n^2\right)C_2=0\end{cases} \tag{3-287}$$

要求得 C_1 和 C_2 的非零解，则系数矩阵的行列式必须为零，因此可得

$$a^4+\left[\omega_n^2 l^2\left(\frac{\rho}{E}+\frac{\rho}{\kappa G}\right)\right]a^2+\left[\omega_n^2 l^4\left(\frac{\omega_n^2\rho^2}{\kappa GE}-\frac{\rho A}{EI}\right)\right]=0 \tag{3-288}$$

式(3-288)的根为

$$a=\mp\left\{-\frac{a_1}{2}\mp\left[\left(\frac{a_1}{2}\right)^2-a_2\right]^{1/2}\right\}^{1/2} \tag{3-289}$$

式中：

$$a_1=\omega_n^2 l^2\rho\left(\frac{1}{E}+\frac{1}{\kappa G}\right),\quad a_2=\omega_n^2 l^4\rho\left(\frac{\omega_n^2\rho}{\kappa GE}-\frac{A}{EI}\right) \tag{3-290}$$

利用式(3-289)给出的 4 个 a 值，可以得到用三角函数和双曲函数表示的 $Y(x)$ 和 $\Theta(x)$。当边界条件也用 $Y(x)$ 和 $\Theta(x)$ 进行表达时，可进一步确定关于振动固有频率 ω_n 的特征方程。

例 3-9　长 1 m、宽 0.05 m、深 0.15 m 的矩形钢梁两端为简支支承，弹性模量 $E=207\times10^9$ Pa、剪切模量 $G=79.3\times10^9$ Pa、密度 $\rho=76.5\times10^3$ N/m^3、$\kappa=5/6$，分别采用

Euler-Bernoulli 梁理论、Timoshenko 梁理论求梁振动的前三阶固有频率。

解： 根据 Timoshenko 梁理论，简支梁振动的固有频率满足

$$\omega_n^4 \frac{\rho r^2}{\kappa G} - \omega_n^2 \left(1 + \frac{n^2 \pi^2 r^2}{l^2} + \frac{n^2 \pi^2 r^2}{l^2} \frac{E}{\kappa G}\right) + \frac{\alpha^2 n^4 \pi^4}{l^4} = 0 \tag{E3-9-1}$$

根据 Euler-Bernoulli 梁理论，简支梁振动的固有频率满足

$$-\omega_n^2 + \frac{\alpha^2 n^4 \pi^4}{l^4} = 0 \tag{E3-9-2}$$

对于给定尺寸的梁，$A = 0.007\,5\ \text{m}^2$，$I = \frac{1}{12} \times 0.05 \times (0.15)^3 = 14.063 \times 10^{-6}\ \text{m}^4$，代入式(E3-9-1)、式(E3-9-2)，则

$$2.170\,6 \times 10^{-9} \omega_n^4 - (1 + 76.475\,4 \times 10^{-3} n^2)\omega_n^2 + 494.230\,0 \times 10^3 n^4 = 0 \tag{E3-9-3}$$

$$-\omega_n^2 + 494.230\,0 \times 10^3 n^4 = 0 \tag{E3-9-4}$$

由式(E3-9-3)、式(E3-9-4)计算得到的前三阶固有频率如表 3-2 所示。

表 3-2　前三阶固有频率

单位：rad/s

n	Euler-Bernoulli 梁	Timoshenko 梁	
		弯曲	剪切
1	703.014 9	677.890 9	22 259.102
2	2 812.059 8	2 473.369 1	24 402.975
3	6 327.134 8	4 948.006 3	27 446.297

3.10.4　铁木辛柯梁振型的正交性

由一般形式的 Timoshenko 梁竖向弯曲振动微分方程式(3-263)，令竖向分布荷载 $f(x, t) = 0$，且考虑梁为等截面均质的情况，得自由振动方程为

$$\begin{cases} \kappa GA \dfrac{\partial}{\partial x}\left[\left(\theta(x, t) - \dfrac{\partial y(x, t)}{\partial x}\right)\right] + m(x)\ddot{y}(x, t) = 0 \\ EI \dfrac{\partial^2 \theta(x, t)}{\partial x^2} = \kappa GA\left(\theta(x, t) - \dfrac{\partial y(x, t)}{\partial x}\right) + \rho I \ddot{\theta}(x, t) \end{cases} \tag{3-291}$$

这是具有两个独立函数 $y(x, t)$ 和 $\theta(x, t)$ 的微分方程组。

令

$$y(x, t) = Y(x)\sin\omega t, \quad \theta(x, t) = \Theta(x)\sin\omega t \tag{3-292}$$

将 $y(x, t)$ 和 $\theta(x, t)$ 分别代入自由振动方程，整理后可得

$$\begin{cases}\kappa GA\left[\Theta'(x)-Y''(x)\right]=m\omega^2Y(x)\\-EI\Theta''(x)+\kappa GA\left[\Theta(x)-Y'(x)\right]=\rho I\omega^2\Theta(x)\end{cases}\tag{3-293}$$

由式(3-293)及边界条件即可确定相应的第 n 阶振型函数 $Y(x)$ 和 $\Theta(x)$，第 n 阶振型函数应满足

$$\begin{cases}\kappa GA\left[\Theta_n'(x)-Y_n''(x)\right]=m\omega_n^2Y_n(x)\\-EI\Theta_n''(x)+\kappa GA\left[\Theta_n(x)-Y_n'(x)\right]=\rho I\omega_n^2\Theta_n(x)\end{cases}\tag{3-294}$$

由式(3-255)和式(3-256)，可得 $M_n(x,t)=-EI\dfrac{\mathrm{d}\Theta_n(x)}{\mathrm{d}x}\sin\omega_nt=M_n(x)\sin\omega_nt$，$Q_n(x,t)=-\kappa GA\left(\Theta_n(x)-\dfrac{\mathrm{d}Y_n(x)}{\mathrm{d}x}\right)\sin\omega_nt=Q_n(x)\sin\omega_nt$，即 $M_n(x)$ 和 $Q_n(x)$ 分别为

$$\begin{cases}M_n(x)=-EI\dfrac{\mathrm{d}\Theta_n(x)}{\mathrm{d}x}\\Q_n(x)=-\kappa GA\left(\Theta_n(x)-\dfrac{\mathrm{d}Y_n(x)}{\mathrm{d}x}\right)\end{cases}\tag{3-295}$$

结合式(3-294)和式(3-295)，可得

$$\begin{cases}-Q_n'(x)=m\omega_n^2Y_n(x)\\M_n'(x)-Q_n(x)=\rho I\omega_n^2\Theta_n(x)\end{cases}\tag{3-296}$$

将式(3-296)中两个方程的两端都乘以第 j 阶振型函数 $Y_j(x)$ 和 $\Theta_j(x)$，并沿梁长 l 进行积分，有

$$\begin{cases}m\omega_n^2\int_0^lY_j(x)Y_n(x)\mathrm{d}x=\int_0^l-Q_n'(x)Y_j(x)\mathrm{d}x\\=-\left[Q_n(x)Y_j(x)\right]_0^l+\int_0^lQ_n(x)Y_j'(x)\mathrm{d}x\\\rho I\omega_n^2\int_0^l\Theta_j(x)\Theta_n(x)\mathrm{d}x=\int_0^l\left[M_n'(x)-Q_n(x)\right]\Theta_j(x)\mathrm{d}x\\=\left[M_n(x)\Theta_j(x)\right]_0^l-\int_0^l\left[M_n(x)\Theta_j'(x)+Q_n(x)\Theta_j(x)\right]\mathrm{d}x\end{cases}\tag{3-297}$$

将式(3-297)中的下脚标 j 和 n 进行互换，可得另一组与之相似的方程，即

$$\begin{cases}m\omega_j^2\int_0^lY_n(x)Y_j(x)\mathrm{d}x=-\left[Q_j(x)Y_n(x)\right]_0^l+\int_0^lQ_j(x)Y_n'(x)\mathrm{d}x\\\rho I\omega_j^2\int_0^l\Theta_n(x)\Theta_j(x)\mathrm{d}x=\left[M_j(x)\Theta_n(x)\right]_0^l-\int_0^l\left[M_j(x)\Theta_n'(x)+Q_j(x)\Theta_n(x)\right]\mathrm{d}x\end{cases}\tag{3-298}$$

将式(3-297)与式(3-298)相减，可得

$$\begin{cases} m(\omega_n^2-\omega_j^2)\int_0^l Y_j(x)Y_n(x)\mathrm{d}x=\int_0^l[Q_n(x)Y_j'(x)-Q_j(x)Y_n'(x)]\mathrm{d}x+[Q_j(x)Y_n(x)-Q_n(x)Y_j(x)]_0^l \\ \rho I(\omega_n^2-\omega_j^2)\int_0^l\Theta_j(x)\Theta_n(x)\mathrm{d}x=[M_n(x)\Theta_j(x)-M_j(x)\Theta_n(x)]_0^l+ \\ \int_0^l[M_j(x)\Theta_n'(x)+Q_j(x)\Theta_n(x)-M_n(x)\Theta_j'(x)-Q_n(x)\Theta_j(x)]\mathrm{d}x \end{cases} \tag{3-299}$$

将式(3-299)中两式相加，得

$$\begin{aligned} &\rho(\omega_n^2-\omega_j^2)\int_0^l[AY_j(x)Y_n(x)+I\Theta_j(x)\Theta_n(x)]\mathrm{d}x \\ &=\int_0^l\{Q_n(x)[Y_j'(x)-\Theta_j(x)]-Q_j(x)[Y_n'(x)-\Theta_n(x)]\}\mathrm{d}x+ \\ &\quad\int_0^l[M_j(x)\Theta_n'(x)-M_n(x)\Theta_j'(x)]\mathrm{d}x+[Q_j(x)Y_n(x)-Q_n(x)Y_j(x)]_0^l+ \\ &\quad[M_n(x)\Theta_j(x)-M_j(x)\Theta_n(x)]_0^l \end{aligned} \tag{3-300}$$

由式(3-295)可知，式(3-300)中 $Q_n(x)[Y_j'(x)-\Theta_j(x)]-Q_j(x)[Y_n'(x)-\Theta_n(x)]=0$ 且 $M_j(x)\Theta_n'(x)-M_n(x)\Theta_j'(x)=0$，则两个积分项为零。此外，对于简支边界条件，式(3-300)中 $[Q_j(x)Y_n(x)-Q_n(x)Y_j(x)]_0^l=0$ 和 $[M_n(x)\Theta_j(x)-M_j(x)\Theta_n(x)]_0^l=0$。因此，只要 $\omega_j^2\neq\omega_n^2$，必定有

$$\int_0^l[Y_j(x)Y_n(x)+r^2\Theta_j(x)\Theta_n(x)]\,\mathrm{d}x=0\quad(j\neq n) \tag{3-301}$$

式中：$I=Ar^2$，其中 r 为横截面惯性矩半径。式(3-301)即为 Timoshenko 梁的主振型正交性形式。

除简支边界条件外，对 Timoshenko 梁端点力为零、位移给定的齐次边界条件，即

$$\begin{aligned} &x=0,\quad \begin{cases} Y=E_1,\ Q=0 \\ \Theta=E_2,\ M=0 \end{cases} \text{或 } Y=\Theta=0 \\ &x=l,\quad \begin{cases} Y=E_3,\ Q=0 \\ \Theta=E_4,\ M=0 \end{cases} \text{或 } Y=\Theta=0 \end{aligned} \tag{3-302}$$

式中：E_1，E_2，E_3和 E_4表示梁端的已知位移或已知转角。可以证明，式(3-302)边界条件使得式(3-300)中两端点约束项均为零，即 $[Q_j(x)Y_n(x)-Q_n(x)Y_j(x)]_0^l=0$ 和 $[M_n(x)\Theta_j(x)-M_j(x)\Theta_n(x)]_0^l=0$，因此式(3-301)仍然成立。

可以看出，Timoshenko 梁的主振型是由两类函数 $Y_n(x)$ 和 $\Theta_n(x)$ $(n=1, 2, 3, \cdots)$ 决定的，它们也具有正交性。

本章主要参考文献

[1]宋一凡. 桥梁结构动力学[M]. 北京：人民交通出版社股份有限公司，2020.

[2]胡海岩. 机械振动基础[M]. 北京：北京航空航天大学出版社，2005.

[3]SINGIRESU S R. Vibration of continuous systems[M]. Hoboken：John Wiley & Sons，Inc.，2019.

[4]SHABANA A. Vibration of discrete and continuous systems [M]. 2nd ed. New York：Springer，1997.

[5]谭国金，王龙林. 车辆和温度作用下桥梁动力特性分析方法[M]. 北京：人民交通出版社股份有限公司，2022.

[6]R. 克拉夫，J. 彭津. 结构动力学[M]. 2 版. 王光远，等，译校. 北京：高等教育出版社，2010.

[7]李东旭. 高等结构动力学[M]. 北京：科学出版社，2010.

第 4 章　拱桥振动分析

拱桥在桥梁的发展史上占有重要的地位，迄今已有三千多年的历史。拱桥线形优美，在地质良好、地形合适的条件下建造拱桥，不但具有显著的经济意义，而且以其美丽的外形和内在的特性，深受人们的喜爱，因此得到广泛的修建。公元前 200 年至 260 年，古罗马人修建了许多巨大的石拱桥，至今还留存十几座。我国更是被誉为拱桥的国度，早在公元 282 年就有了石拱桥的文字记载，考古发现公元前 250 年周末的墓穴中就有了砖拱。20 世纪 90 年代以来，我国大力发展交通事业，大跨度桥梁建设进入了辉煌时期，其中大跨径拱桥的建设水平更是雄踞世界领先位置，先后建成了数座世界跨度领先的大跨径拱桥。1997 年建成的重庆万县长江大桥是世界上跨径最大的钢筋混凝土拱桥，其跨径达到 420 m；2003 年建成的上海卢浦大桥为钢拱桥，跨径达到 550 m；2005 年建成的重庆巫山长江大桥为钢管混凝土拱桥，跨径达到 460 m。随着拱桥跨径的增大，结构刚度也随之降低，拱桥振动问题日益突出。

第二次世界大战前，拱桥的振动理论研究处于基础阶段。在机械振动学中的圆环振动理论的基础上引出了对圆弧拱振动的研究，建立了拱桥振动方程，讨论了简单支承条件下的拱桥自由振动问题。20 世纪 60 年代前的一二十年中，拱桥振动理论迅速发展并趋向成熟。国内外众多学者先后用能量法、影响系数法(力法)和弹性系数法(位移法)对拱结构的振动做了大量的数值分析工作。他们通过近似解析和简化数值分析的方法揭示了拱桥的基本振动特性和响应规律，为拱桥振动理论发展做出了重大贡献。

近几十年来，计算力学和数值模拟方法的出现给拱桥的动力分析带来了革命性变化。各种动荷载作用下的拱桥振动响应都可统一成规格化的形式用通用程序来处理，对实际拱桥结构的精确模型进行非线性的时程分析也同样没有困难。但是，用近似手段来揭示影响拱振动特性的各参数之间的内在关系仍然保持着重要的理论价值。在一定的条件下，近似解析方法所提供的实用计算公式以其形式简单、物理概念明确、又具有足够工程精度的突出优点而为工程技术人员所乐于采用，也是公路桥梁现行规范中许多近似公式的理论基础。因此，本章首先利用梁桥振动中介绍的近似方法，研究拱桥固有振动的基本动力特性，之后介绍有限元数值模拟方法求解拱桥的动力分析问题。

4.1 拱桥的固有振动

一般桥梁横截面都设计成左右对称，也就是经过桥梁纵向对称轴线的竖平面是一个对称平面。因此，拱桥在这个对称平面内的挠曲振动和垂直于该平面的侧向弯曲-扭转振动可以分开单独处理，从而使问题得到简化。

本节中，将分别从拱桥的竖平面内挠曲和竖平面外侧向弯扭静力平衡方程出发，引入相应的惯性力项，得到拱桥的振动方程，进而求解。

4.1.1 圆弧拱的平面弯曲固有振动

以左右对称的单跨拱桥为研究对象，建立如图 4-1 所示的曲线坐标系，由微元的平衡条件、变形几何关系以及内力和变形的物理关系建立拱的平面挠曲基本方程[1-2]。

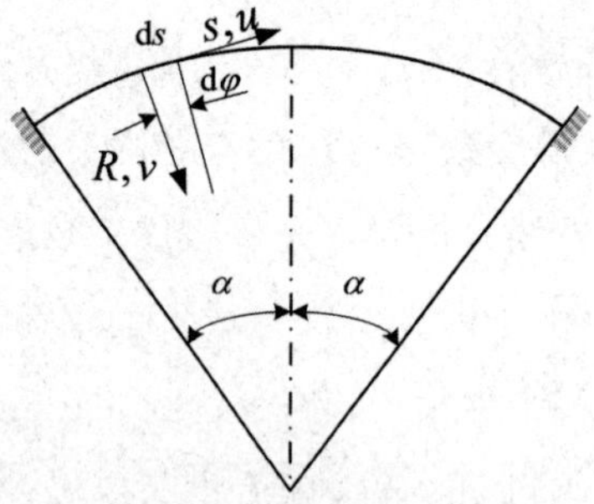

图 4-1　单跨拱桥变形参数示意图

1. 平衡条件

图 4-2 表示拱发生面内弯曲后，微元 $\mathrm{d}s=R\mathrm{d}\varphi$（$R$ 为曲率半径）在径向荷载 p_r 、切向荷载 p_s 以及内力 N、Q、M 作用下处于平衡状态，图中所示内力均为正方向。基于小变形假设，在建立平衡状态时，忽略几何尺寸改变量的影响。

由切向力、径向力和弯矩的平衡，得

$$\begin{cases}\dfrac{\mathrm{d}N}{\mathrm{d}s}=p_s-\dfrac{Q}{R}\\[2ex]\dfrac{\mathrm{d}Q}{\mathrm{d}s}=-p_r+\dfrac{N}{R}\\[2ex]\dfrac{\mathrm{d}M}{\mathrm{d}s}=Q\end{cases}\tag{4-1}$$

利用式(4-1)中的第三式整理式(4-1)中的第一式和第二式，消去 Q ，得

$$\begin{cases}\dfrac{d^2 M}{ds^2}-\dfrac{N}{R}=-p_r\\[2ex]\dfrac{dN}{ds}+\dfrac{1}{R}\dfrac{dM}{ds}=p_s\end{cases}\tag{4-2}$$

式(4-2)即为内力表示的平衡方程。

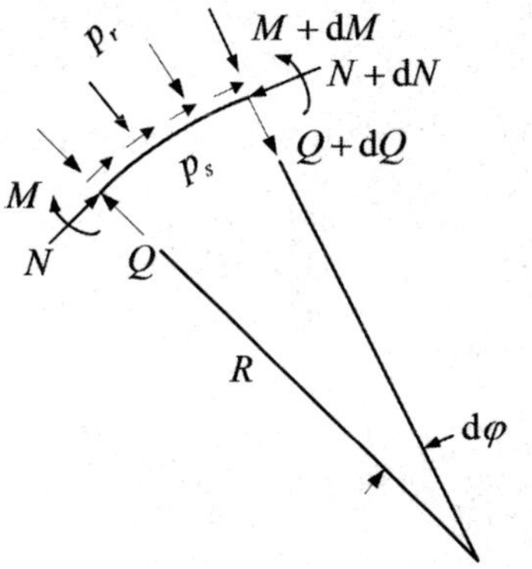

图 4-2　拱微元面内受力平衡示意图

2. 变形几何关系

图 4-3 表示拱微元 mn 在平面挠曲变形后至新的位置 $m'n'$ 。设 m 点的径向和切向位移分别为 v 和 u 。由图可知，由位移 v 在截面 m 所引起的转角为 $\dfrac{dv}{ds}$ ；由位移 u 所引起的转角为 $u/(R-v)$ ，可近似地取为 u/R 。所以在 v 和 u 的共同影响下，截面 m 的转角为

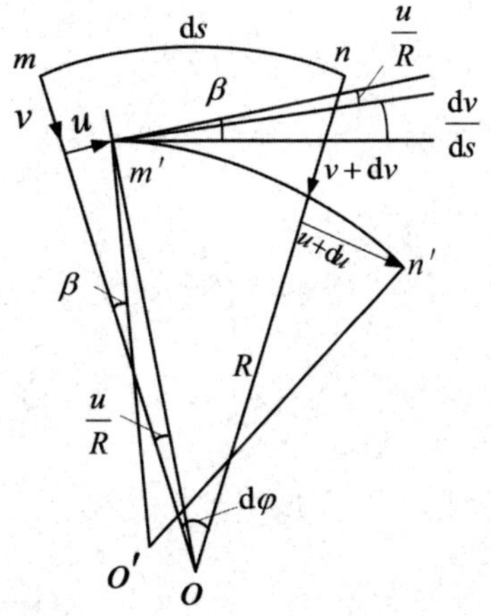

图 4-3　拱微元面内位移变形示意图

$$\beta=\frac{\mathrm{d}v}{\mathrm{d}s}+\frac{u}{R} \tag{4-3}$$

于是，可得微元 ds 的曲率改变量即单位弧长转角的增量为

$$\kappa_z=\frac{\mathrm{d}}{\mathrm{d}s}\left(\frac{u}{R}+\frac{\mathrm{d}v}{\mathrm{d}s}\right)=\frac{\mathrm{d}}{\mathrm{d}s}\left(\frac{u}{R}\right)+\frac{\mathrm{d}^2v}{\mathrm{d}s^2} \tag{4-4}$$

微元 ds 由于切向位移 u 所引起的伸长为 du ；由于径向位移 v 所引起的伸长为 $(R-v)\,\mathrm{d}\varphi-R\mathrm{d}\varphi$ ，即 $-v\mathrm{d}\varphi$ 。因此，微元 ds 的单位弧长伸长为

$$\varepsilon=\frac{\mathrm{d}u}{\mathrm{d}s}-\frac{v\mathrm{d}\varphi}{\mathrm{d}s}=\frac{\mathrm{d}u}{\mathrm{d}s}-\frac{v}{R} \tag{4-5}$$

若假设拱轴可视为无伸缩的，即 $\varepsilon=0$，由此条件和式(4-5)可得

$$\frac{\mathrm{d}u}{\mathrm{d}s}=\frac{v}{R} \tag{4-6}$$

式(4-6)就是拱轴不可伸缩变形条件。

3. 内力和变形的物理关系

弯矩 M 、轴力 N 与挠曲率 κ_z 和伸长率 ε 的关系可写为

$$\begin{cases}M=-EI_z\kappa_z=-EI_z\left[\dfrac{\mathrm{d}^2v}{\mathrm{d}s^2}+\dfrac{\mathrm{d}}{\mathrm{d}s}\left(\dfrac{u}{R}\right)\right]\\N=-EF\varepsilon=-EF\left(\dfrac{\mathrm{d}u}{\mathrm{d}s}-\dfrac{v}{R}\right)\end{cases} \tag{4-7}$$

式中：EI_z 和 EF 分别为拱截面在拱平面内的抗弯刚度和抗拉(压)刚度。

4. 弹性平衡方程

将式(4-7)代入式(4-2)，可得拱的平面挠曲弹性平衡微分方程，即

$$\begin{cases}\left\{EI_z\left[v''+\left(\dfrac{u}{R}\right)'\right]\right\}''-\dfrac{EF}{R}\left(u'-\dfrac{v}{R}\right)=p_r\\\left[EF\left(u'-\dfrac{v}{R}\right)\right]'+\dfrac{1}{R}\left\{EI_z\left[v''+\left(\dfrac{u}{R}\right)'\right]\right\}'=-p_s\end{cases} \tag{4-8}$$

式中："$'$"表示关于线坐标 s 的导数。对于等截面拱，EI_z 和 EF 均为常数，式(4-8)可简化为

$$\begin{cases}EI_z\left(v''+\left(\dfrac{u}{R}\right)'\right)''-\dfrac{EF}{R}\left(u'-\dfrac{v}{R}\right)=p_r\\EF\left(u'-\dfrac{v}{R}\right)'+\dfrac{EI_z}{R}\left(v''+\left(\dfrac{u}{R}\right)'\right)'=-p_s\end{cases} \tag{4-9}$$

对于等截面圆弧拱，$R=$常数，式(4-9)可进一步简化为

$$\begin{cases}EI_z\left(v^{(4)}+\dfrac{u'''}{R}\right)-\dfrac{EF}{R}\left(u'-\dfrac{v}{R}\right)=p_r\\EF\left(u''-\dfrac{v'}{R}\right)+\dfrac{EI_z}{R}\left(v'''+\dfrac{u''}{R}\right)=-p_s\end{cases} \tag{4-10}$$

式(4-10)即为常用的圆弧拱的平面内挠曲弹性平衡方程。

5. 圆弧拱的平面弯曲固有振动

对于图 4-1 所示曲线坐标系下的拱桥，在拱的平面挠曲弹性平衡方程(4-10)的基础上，引入单位拱轴弧长的惯性力：

$$\begin{cases} p_r = -m\ddot{v}(s,\ t) \\ p_s = -m\ddot{u}(s,\ t) \end{cases} \tag{4-11}$$

式中：m 为单位拱轴弧长的质量分布。

将式(4-11)代入式(4-8)，可得拱的平面挠曲固有振动基本方程为

$$\begin{cases} \left\{EI_z\left[v'' + \left(\dfrac{u}{R}\right)'\right]\right\}'' - \dfrac{EF}{R}\left(u' - \dfrac{v}{R}\right) + m\ddot{v}(s,\ t) = 0 \\ \left[EF\left(u' - \dfrac{v}{R}\right)\right]' + \dfrac{1}{R}\left\{EI_z\left[v'' + \left(\dfrac{u}{R}\right)'\right]\right\}' - m\ddot{u}(s,\ t) = 0 \end{cases} \tag{4-12}$$

线性方程的振动是简谐的，有

$$\begin{cases} \ddot{v}(s,\ t) = -\omega^2 V(s)\sin\omega t \\ \ddot{u}(s,\ t) = -\omega^2 U(s)\sin\omega t \end{cases} \tag{4-13}$$

式中：ω 为拱的固有频率；$V(s)$，$U(s)$ 分别为拱的径向和切向振型函数。

将式(4-13)代入式 (4-12)，消去包含 EF 的项，则两式合并为

$$\left[EI_z\left(V'' + \frac{U'}{R}\right)\right]''' + \left[\frac{EI_z}{R^2}\left(V'' + \frac{U'}{R}\right)\right]' + m\omega^2\left(-V' + \frac{U}{R}\right) = 0 \tag{4-14}$$

对于等截面拱，式(4-14)简化为

$$EI_z\left(V'' + \frac{U'}{R}\right)''' + \frac{EI_z}{R^2}\left(V'' + \frac{U'}{R}\right)' + m\omega^2\left(-V' + \frac{U}{R}\right) = 0 \tag{4-15}$$

引入振动时拱轴不伸缩的假定，即令 $\varepsilon = U' - \dfrac{V}{R} = 0$，并将由此得到的 $V = RU'$ 代入式 (4-15) 消去 $V(s)$，得

$$EI_z\left[(RU')'' + \frac{U'}{R}\right]''' + \frac{EI_z}{R^2}\left[(RU')'' + \frac{U'}{R}\right]' + m\omega^2\left[-(RU')' + \frac{U}{R}\right] = 0 \tag{4-16}$$

式(4-16)就是等截面圆弧拱的平面挠曲固有振动一般方程。

由于 $\mathrm{d}s = R\mathrm{d}\varphi$，式(4-16)可写成

$$\frac{\mathrm{d}^6U}{\mathrm{d}\varphi^6} + 2\frac{\mathrm{d}^4U}{\mathrm{d}\varphi^4} + (1 - \Omega^2)\frac{\mathrm{d}^2U}{\mathrm{d}\varphi^2} + \Omega^2 U = 0 \tag{4-17}$$

式中：$\Omega^2 = \dfrac{m\omega^2R^4}{EI_z}$；$\varphi$ 为对应于曲线坐标 s 的圆心角。式 (4-17)就是等截面圆弧拱的平面挠曲固有振动方程。

圆弧拱如受到径向外荷载 p 的作用(指向圆心为正向)，则因拱挠曲后曲率的变化而产生了轴向压力 $N=pR$ 的二次影响，即令式(4-11)中的 p_r 为

$$p_r=-m\ddot{v}-pR\left(v''+\frac{u'}{R}\right) \tag{4-18}$$

同上述化简过程，合并后的方程为

$$EI_z\left(V''+\frac{U'}{R}\right)'''+\frac{EI_z}{R^2}\left(V''+\frac{U'}{R}\right)'+pR\left(V''+\frac{U'}{R}\right)'+m\omega^2\left(-V'+\frac{U}{R}\right)=0 \tag{4-19}$$

同样，代入轴向不可伸缩的条件 $V=RU'$，消去 V，得到考虑轴向力二次影响的等截面圆弧拱的平面挠曲固有振动方程为

$$\frac{\mathrm{d}^6U}{\mathrm{d}\varphi^6}+\left(2+\frac{pR^3}{EI_z}\right)\frac{\mathrm{d}^4U}{\mathrm{d}\varphi^4}+\left(1+\frac{pR^3}{EI_z}-\Omega^2\right)\frac{\mathrm{d}^2U}{\mathrm{d}\varphi^2}+\Omega^2U=0 \tag{4-20}$$

式中：Ω^2 的意义同前。显然，式(4-20)中 $p=0$ 即退化为不计轴向力影响的方程(4-17)。

令 $\nu^2=1+\dfrac{pR^3}{EI_z}$，则式 (4-20)可改写为

$$\frac{\mathrm{d}^6U}{\mathrm{d}\varphi^6}+(1+\nu^2)\frac{\mathrm{d}^4U}{\mathrm{d}\varphi^4}+(\nu^2-\Omega^2)\frac{\mathrm{d}^2U}{\mathrm{d}\varphi^2}+\Omega^2U=0 \tag{4-21}$$

令 $U(\varphi)=\mathrm{e}^{n\varphi}$，代入式(4-21)，可得特征方程为

$$n^6+(1+\nu^2)n^4+(\nu^2-\Omega^2)n^2+\Omega^2=0 \tag{4-22}$$

设 $Z=n^2$ 作变量代换，式(4-22)改写成

$$Z^3+(1+\nu^2)Z^2+(\nu^2-\Omega^2)Z+\Omega^2=0 \tag{4-23}$$

式(4-23)有三个根，分别为 $Z_1=n_1^2$，$Z_2=n_2^2$ 和 $Z_3=n_3^2$。根据一元三次方程的求解方法，再利用变量代换，得

$$Z=x-\frac{1}{3}(1+\nu^2) \tag{4-24}$$

代入式 (4-23)，得到一个新的三次方程，即

$$x^3-3ax+2b=0 \tag{4-25}$$

式中：$a=\dfrac{(1+\nu^2)^2}{9}-\dfrac{\nu^2-\Omega^2}{3}$，$b=\dfrac{(1+\nu^2)^3}{27}-\dfrac{(1+\nu^2)(\nu^2-\Omega^2)}{6}+\dfrac{\Omega^2}{2}$。

三个根中必有一根 x_3 永远是实根，而其余两个根 x_1 和 x_2 则有以下三种可能情况[3]：

(1) $a^3>b^2$，则 x_1 与 x_2 为不相等的实根。例如当不计轴向力影响时，令 $p=0$，$\nu^2=1$，于是 $a=\dfrac{4}{9}-\dfrac{1-\Omega^2}{3}=\dfrac{1}{9}+\dfrac{\Omega^2}{3}$，$b=\dfrac{8}{27}-\dfrac{2(1-\Omega^2)}{6}+\dfrac{\Omega^2}{2}=-\dfrac{1}{27}+\dfrac{5}{6}\Omega^2$，可满足该条件。

(2) $a^3=b^2$，则有二重实根 $x_1=x_2$。

(3) $a^3 < b^2$，则 x_1 与 x_2 为一对共轭复根，考虑轴向力影响时就会出现这种情况。

由三个根 x_1，x_2 和 x_3 可求得 Z_1，Z_2 和 Z_3，进而得到 n_1，n_2 和 n_3，即可写出齐次方程(4-21) 的解。

对于不计轴向力的第一种情况，式(4-17)的解为

$$U(\varphi)=A_1\cos n_1\varphi+B_1\sin n_1\varphi+A_2\cos n_2\varphi+B_2\sin n_2\varphi+A_3\cos n_3\varphi+B_3\sin n_3\varphi \tag{4-26}$$

式中：n_1，n_2 和 n_3 为特征方程(4-22)中当 $\nu^2=1$ 时的三个实根。六个积分常数 A_i，$B_i\,(i=1,\ 2,\ 3)$ 将由六个边界条件确定。

对于双铰拱，当 $\varphi=0$ 和 $\varphi=2\alpha$ 时(两拱脚处)，有 $U=0$，$U'=V=0$，$U''=V'=0$，代入式(4-26)得出关于积分常数的线性齐次方程组，由系数行列式等于零的条件解得 Ω^2，并由此可求得圆弧拱的固有频率和相应的振型的精确解。

由上述分析可知，圆弧拱的固有频率和相应的振型的精确解的求解过程相当复杂，难以得出解析形式的固有频率计算公式。

4.1.2　抛物线拱的平面挠曲固有振动

实际拱桥的拱轴线一般并不是圆弧线，例如大跨径的钢拱桥、钢管混凝土拱桥大多数都采用抛物线型的拱轴线，圬工拱桥的拱轴线一般也都是悬链线型的。大跨径拱桥挠曲较大，有必要考虑轴向压力的二次影响，即按二阶理论进行分析。

1. 抛物线拱的静力平衡方程

以图 4-4 所示抛物线拱为研究对象，为了以后推导便于实际应用的按二阶理论建立的振动方程，这里采用直角坐标系来描述抛物线拱的静力平衡方程。拱轴线方程为

$$y=\frac{4f}{l^2}x(l-x) \tag{4-27}$$

式中：l 为拱的计算跨径；f 为拱的矢高。

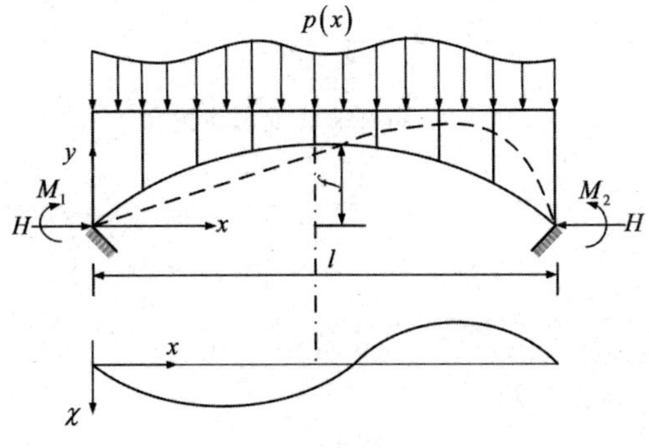

图 4-4　抛物线拱桥示意图

拱的径向挠曲曲率半径与竖向挠曲曲率半径之间的投影关系为 $\rho_\chi \approx \rho_r \cos\varphi$，其中径向挠曲曲率和竖向挠曲曲率分别为

$$\kappa_r = \frac{1}{\rho_r} = \frac{\mathrm{d}^2 v}{\mathrm{d}s^2} + \frac{\mathrm{d}}{\mathrm{d}s}\left(\frac{u}{R}\right),\ \kappa_\chi = \frac{1}{\rho_\chi} = \frac{\mathrm{d}^2 \chi}{\mathrm{d}x^2} \tag{4-28}$$

式中：ρ_χ，ρ_r 分别为拱竖平面内竖向挠曲曲率半径和径向挠曲曲率半径；$v(s)$，$u(s)$ 分别为垂直于拱轴线的径向位移和沿拱轴线的切向位移；$\chi(x)$ 为拱的竖向挠度。由材料力学得拱圈截面弯矩与曲率关系为

$$M(x) = -EI_z \frac{1}{\rho_r} = -EI_z \frac{\cos\varphi}{\rho_\chi} = -EI_z \cos\varphi \chi''(x) \tag{4-29}$$

式中：$M(x)$ 为拱圈截面的弯矩；EI_z 为拱圈截面的抗弯刚度；φ 为拱轴线与 x 轴的夹角。

拱的竖向挠度 $\chi(x)$ 和弯矩 $M(x)$ 的关系为

$$-EI_z \cos\varphi \chi''(x) = M(x) = M_0(x) + M_1 \frac{x}{l} + M_2 \frac{l-x}{l} - H\left[y(x) - \chi(x)\right] \tag{4-30}$$

式中：EI_z 为拱轴截面的抗弯刚度；$M_0(x)$ 为同跨径简支梁相应截面处的弯矩；M_1、M_2 分别为左、右拱脚处的固端弯矩；l 为拱的计算跨径；H 为拱的水平推力且为常数。

将式(4-30)对 x 求导两次，同时注意到右边前三项的两阶导数就是拱的竖向分布荷载 $-p(x)$，则得

$$\left[EI_z \cos\varphi \chi''(x)\right]'' - H\left[y''(x) - \chi''(x)\right] = p(x) \tag{4-31}$$

式中的水平推力是未知量，应按拱两脚相对水平位移的条件来决定。如图 4-5 所示，拱圈的一个微段 $\mathrm{d}s$ 在平面挠曲变形后可发生变位，且长度变为 $\mathrm{d}s + \Delta\mathrm{d}s$ 。由几何关系，得

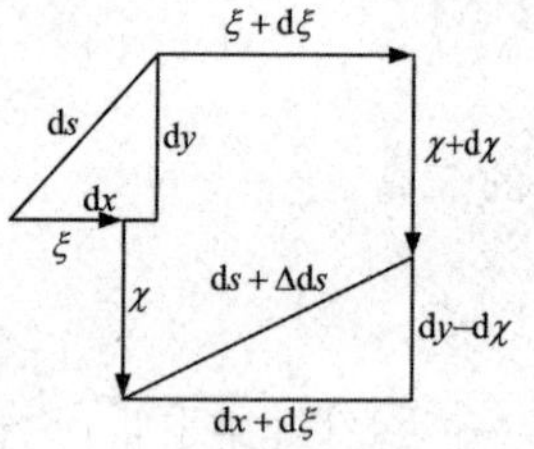

图 4-5　拱弧微元变形示意图

$$(\mathrm{d}s + \Delta\mathrm{d}s)^2 = (\mathrm{d}x + \mathrm{d}\xi)^2 + (\mathrm{d}y - \mathrm{d}\chi)^2 \tag{4-32}$$

和

$$(\mathrm{d}s)^2 = (\mathrm{d}x)^2 + (\mathrm{d}y)^2 \tag{4-33}$$

上两式相减，并忽略高阶微量，得

$$\xi' = \frac{1}{\cos^2\varphi} \frac{\Delta\mathrm{d}s}{\mathrm{d}s} + y'\chi' \tag{4-34}$$

式中：$\frac{\Delta \mathrm{d}s}{\mathrm{d}s}$ 为拱轴的伸长率，且有下列关系：

$$\frac{\Delta \mathrm{d}s}{\mathrm{d}s}=\varepsilon=-\frac{N}{EF}=-\frac{H\cos\varphi+V\sin\varphi}{EF} \tag{4-35}$$

式中：H 为任意截面 x 处的水平推力且为常数；V 为相应截面处的竖向力（注意与剪力 Q 的区别）。

将式(4-35)代入式（4-34），并对 x 从 0 到 l 积分，得到拱两端的相对水平位移

$$\Delta l=\int_0^l \xi'\mathrm{d}x=\int_0^l y'\chi'\mathrm{d}x-\int_0^l \frac{1}{EF}\left(\frac{H}{\cos\varphi}+\frac{V\sin\varphi}{\cos^2\varphi}\right)\mathrm{d}x \tag{4-36}$$

对于两端位置固定的拱，有 $\Delta l=0$，由此可求得 H 的方程为

$$H\int_0^l \frac{\mathrm{d}x}{EF\cos\varphi}=\int_0^l y'\chi'\mathrm{d}x-\int_0^l \frac{Vy'}{EF\cos\varphi}\mathrm{d}x \tag{4-37}$$

式中：$y'=\tan\varphi$ 为拱轴在任意点的斜率。

对于系杆拱，两端相对水平位移 Δl 可表示为一定的数值，同样可得与式(4-37)相类似的方程。

式(4-31)和式(4-37) 就是抛物线拱按二阶理论建立的平面挠曲的两个基本方程，它们适应于两端无相对位移的两铰拱或无铰拱。式(4-31)左边第二项中的 $H\chi''$ 就是考虑拱的轴力二次影响的项，它对于大跨径拱桥是不可忽视的。

为简化计算，以便于说明问题的本质，近似地令 $EF\cos\varphi=EF_c$ 和 $EI_z\cos\varphi=EI_c$ 均为常数，即截面按余弦规律从拱顶向拱脚逐渐增大，这样的假设是接近实际情况的。注意，通过分部积分有

$$\int_0^l y'\chi'\mathrm{d}x=[y'\chi]_0^l-\int_0^l y''\chi\mathrm{d}x=-y''\int_0^l \chi\mathrm{d}x \tag{4-38}$$

式中引用了拱的两端边界条件 $\chi=0$，同时 y'' 对于抛物线拱是常数。其次有

$$\int_0^l \frac{Vy'}{EF\cos\varphi}\mathrm{d}x=\frac{1}{EF_c}\left\{[Vy]_0^l-\int_0^l V'y\mathrm{d}x\right\}=-\frac{1}{EF_c}\int_0^l V'y\mathrm{d}x \tag{4-39}$$

式(4-39)中引用了拱的两端拱轴线坐标 $y=0$ 的条件。

由式(4-31)，有

$$V'=-p(x)=-EI_c\chi^{(4)}-H\chi''+Hy'' \tag{4-40}$$

代入式(4-39)，积分得

$$\int_0^l V'y\mathrm{d}x=-EI_c\int_0^l \chi^{(4)}y\mathrm{d}x-H\int_0^l \chi''y\mathrm{d}x+H\int_0^l y''y\mathrm{d}x \tag{4-41}$$

式(4-41)右边第一项积分为

$$EI_c\int_0^l \chi^{(4)}y\mathrm{d}x=EI_c\left\{[\chi'''y]_0^l-\int_0^l \chi'''y'\mathrm{d}x\right\}=-EI_c\int_0^l y'\chi'''\mathrm{d}x$$

$$=-EI_c\left\{[y'\chi'']_0^l-\int_0^l y''\chi''\mathrm{d}x\right\}=EI_c y''\int_0^l \chi''\mathrm{d}x \tag{4-42}$$

式(4-42)中利用了拱两端的边界条件 $y=0$ 和 $\chi''=0$，相应于铰支承拱。

式(4-41)右边第二项积分为

$$H\int_0^l \chi'' y\,\mathrm{d}x=H\left\{[\chi' y]_0^l-\int_0^l \chi' y'\mathrm{d}x\right\}=-H\int_0^l y'\chi'\mathrm{d}x$$

$$=-H\left\{[y'\chi]_0^l-\int_0^l y''\chi\,\mathrm{d}x\right\}=Hy''\int_0^l \chi\,\mathrm{d}x \tag{4-43}$$

式(4-43)中利用了拱两端的边界条件 $y=0$ 和 $\chi=0$。

式(4-41)右边第三项积分为

$$-H\int_0^l y'' y\,\mathrm{d}x=-H\left\{[y'y]_0^l-\int_0^l (y')^2\mathrm{d}x\right\}=H\int_0^l (y')^2\mathrm{d}x \tag{4-44}$$

同时，式(4-37)左边积分为

$$H\int_0^l \frac{\mathrm{d}x}{EF\cos\varphi}=\frac{H}{EF_c}\int_0^l \mathrm{d}x \tag{4-45}$$

将上述各积分式分别代入式(4-37)，即得

$$\frac{H}{EF_c}\int_0^l \mathrm{d}x=-y''\left[\int_0^l \chi\,\mathrm{d}x+\frac{EI_c}{EF_c}\int_0^l \chi''\mathrm{d}x+\frac{H}{EF_c}\int_0^l \chi\,\mathrm{d}x\right]-\frac{H}{EF_c}\int_0^l (y')^2\mathrm{d}x \tag{4-46}$$

式(4-46)中右边方括号中的后二项与第一项相比是微不足道的，忽略它们后，整理得方程

$$\frac{H}{EF_c}\int_0^l (1+(y')^2)\,\mathrm{d}x=-y''\int_0^l \chi\,\mathrm{d}x \tag{4-47}$$

因此，有

$$H=\frac{EF_c}{\rho L}\int_0^l \chi\,\mathrm{d}x \tag{4-48}$$

式中：$L=\int_0^l [1+(y')^2]\,\mathrm{d}x=l\left[1+\frac{16}{3}\left(\frac{f}{l}\right)^2\right]$，为等效拱轴线长度，但与拱轴线长度不同；$\frac{1}{\rho}=-\frac{1}{y''}=\frac{l^2}{8f}$，为抛物线拱的近似曲率半径。

于是，式(4-31)和式(4-48)就组成了抛物线拱的平面挠曲弹性平衡方程。

2. 平面弯曲固有振动

如图 4-4 所示，设抛物线拱截面满足 $EF\cos\varphi=EF_c$，$EI_z\cos\varphi=EI_c$。拱桥绕着按式(4-31)表示的静力平衡位置 p_0、H_0 和 χ_0 做小振幅的固有振动。振动时，水平推力增加 H，挠度增加 χ，荷载项则增加惯性力项 $-m\ddot{\chi}$。写出上述两种情况下的平衡方程：

$$\begin{cases}EI_c\chi_0^{(4)}-H_0(y''-\chi''_0)=p_0\\ EI_c(\chi_0+\chi)^{(4)}-(H_0+H)(y''-\chi''_0-\chi'')=p_0-m\ddot{\chi}\end{cases} \tag{4-49}$$

两式相减，并略去高阶微小量 $H\chi''_0$ 和 $H\chi''$，则得拱桥绕 χ_0 做竖平面固有振动的动力平衡方程为

$$EI_c\chi^{(4)}+H_0\chi''-Hy''+m\ddot{\chi}=0 \tag{4-50}$$

式中：m 为单位水平长度上荷载 p_0 的质量，包括拱圈、拱上建筑以及桥上载重的全部质量。

由于在式(4-50)推导中略去了非线性项 $H\chi''$，使得该式线性化，称为线性二阶理论的运动方程。此时，振动是简谐的，即有 $\ddot{\chi}=-\omega^2\sin\omega t$，代入式(4-50)后，得抛物线拱固有振动的基本方程为

$$EI_c\chi^{(4)}+H_0\chi''-Hy''-m\omega^2\chi=0 \tag{4-51}$$

水平力增量为

$$H=\frac{EF_c}{\rho L}\int_0^l\chi(x)\mathrm{d}x \tag{4-52}$$

下面以最简单的双铰拱为例，讨论抛物线拱桥的固有振动分析过程。假设拱桥沿全长具有均匀分布的质量 m，它接近于桥上无车辆荷载的空桥状态或全桥满布荷载时的状态。双铰拱的振型可表示为

$$\chi(x)=\sum_{n=1}^{N}\alpha_n\chi_n(x)=\sum_{n=1}^{N}\alpha_n\sin\frac{n\pi x}{l} \tag{4-53}$$

它满足拱端 $\chi=\chi''=0$ 的边界条件。

将式(4-53)代入式(4-48)，得

$$H=\frac{EF_c}{\rho L}\int_0^l\sum_{n=1}^{N}\alpha_n\sin\frac{n\pi x}{l}\mathrm{d}x=\frac{EF_cl}{\rho L\pi}\sum_{n=1}^{N}\alpha_n\frac{1}{n}(1-\cos n\pi) \tag{4-54}$$

将式(4-53)和式(4-54)一并代入固有振动方程(4-51)，采用迦辽金法，有

$$\int_0^l(EI_c\chi^{(4)}+H_0\chi''-Hy''-m\omega^2\chi)\delta\chi_k(x)\mathrm{d}x=0\ (k=1,2,3,\cdots,N) \tag{4-55}$$

式中：$\delta\chi_k(x)=\delta\alpha_k\sin\dfrac{k\pi x}{l}$。由此可得到两组求系数 $\{\alpha\}$ 的方程。

(1)反对称的振动形式 $(k=2,4,\cdots)$

由式(4-54)，当取偶数项时，$H=0$。有 $(\varepsilon_k^2-\omega_k^2)\alpha_k=0$，从而得

$$\omega_k=\varepsilon_k=\left(\frac{k\pi}{l}\right)^2\sqrt{\frac{EI_c\nu_k}{m}}\quad(k=2,4,6,\cdots) \tag{4-56}$$

式中：$\nu_k=1-\dfrac{H_0}{k^2H_E}$，为二阶理论的影响系数；$H_E=\dfrac{\pi^2EI_c}{l^2}$，为欧拉临界推力。由以上结果可知，反对称振动的各阶振型是相互独立的。$k=2$ 时为最低的一阶反对称振型，即

$$\chi(x)=\alpha_2\sin\frac{2\pi x}{l} \tag{4-57}$$

是反对称两个正弦半波形式的振型。相应的频率为

$$\omega_2=\left(\frac{2\pi}{l}\right)^2\sqrt{\frac{EI_c\nu_2}{m}} \tag{4-58}$$

式中：$\nu_2=1-\dfrac{H_0}{4H_E}$。

2)对称的振动形式 ($k=1，3，5，\cdots$)

由式(4-54)可知，此时 $H\neq 0$，有

$$(\varepsilon_k^2-\omega^2)\alpha_k+\frac{a^2}{k}\sum_{n=1}^{N}\frac{\alpha_n}{n}=0\begin{pmatrix}k=1，3，5，\cdots\\n=1，3，5，\cdots\end{pmatrix} \tag{4-59}$$

式中：$a^2=\dfrac{8EF_cl}{m\pi^2\rho^2L}$，$\varepsilon_k=\left(\dfrac{k\pi}{l}\right)^2\sqrt{\dfrac{EI_c\nu_k}{m}}$，$\rho=\dfrac{l^2}{8f}$，$L=l\left[1+\dfrac{16}{3}\left(\dfrac{f}{l}\right)^2\right]$。由此可见，对称振动的各阶振型和相应的频率必须从上面的联立方程组中解出，由系数行列式等于零的条件即可得出关于 ω 的频率方程。

实用上一般取 $k=1$，3 和 $n=1$，3 两项计算，由式(4-59)计算求得的 ω_1 和 ω_3 已足够精确要求，高阶振型的影响很小。此时，由

$$\begin{cases}(\varepsilon_1^2-\omega^2)\alpha_1+a^2\left(\alpha_1+\dfrac{\alpha_3}{3}\right)=0\\[2ex](\varepsilon_3^2-\omega^2)\alpha_3+\dfrac{a^2}{3}\left(\alpha_1+\dfrac{\alpha_3}{3}\right)=0\end{cases} \tag{4-60}$$

得频率方程为

$$\omega^4-\left(\varepsilon_1^2+\varepsilon_3^2+\frac{10}{9}a^2\right)\omega^2+\left[\varepsilon_1^2\varepsilon_3^2+a^2\left(\frac{\varepsilon_1^2}{9}+\varepsilon_3^2\right)\right]=0 \tag{4-61}$$

求解式(4-61)即可得两个对称振动的圆频率 ω_1 和 ω_3。将 ω_1 利 ω_3 分别代入式(4-60)，即可分别得出 α_1 和 α_3 的比值，最后由 $\chi(x)=\alpha_1\sin\dfrac{\pi x}{l}+\alpha_3\sin\dfrac{3\pi x}{l}$ 得到相应的两个对称振型。

例 4-1　抛物线两铰拱的固有振动分析。已知 $l=70$ m，$f=8$ m，$F_c=820\ \text{cm}^2$，$I_c=3\,650\,000\ \text{cm}^4$，$E=2.07\times10^7\ \text{N/cm}^2$，$m=1\,430.8$ kg/m 。

解：计算参数如下：

$$H_0=\frac{mgl^2}{8f}=1\,074.6\ \text{kN}$$

$$H_E=\frac{\pi^2EI_c}{l^2}=15\,218.3\ \text{kN}$$

$$\nu_1=1-\frac{H_0}{H_E}=0.929\,4$$

$$\nu_2 = 1 - \frac{H_0}{4H_E} = 0.982\ 3$$

$$\nu_3 = 1 - \frac{H_0}{9H_E} = 0.992\ 2$$

$$\varepsilon_1 = \left(\frac{\pi}{l}\right)^2 \sqrt{\frac{EI_c\nu_1}{m}} = 4.462\ 1\ \text{rad/s}$$

$$\varepsilon_2 = \left(\frac{2\pi}{l}\right)^2 \sqrt{\frac{EI_c\nu_2}{m}} = 18.350\ 1\ \text{rad/s}$$

$$\varepsilon_3 = \left(\frac{3\pi}{l}\right)^2 \sqrt{\frac{EI_c\nu_3}{m}} = 41.493\ 3\ \text{rad/s}$$

$$\rho = \frac{l^2}{8f} = 76.562\ 5\ \text{m}$$

$$L = l\left[1 + \frac{16}{3}\left(\frac{f}{l}\right)^2\right] = 74.876\ 2\ \text{m}$$

$$\alpha^2 = \frac{8EF_c l}{m\pi^2\rho^2 L_e} = 1\ 534\ (\text{rad/s})^2$$

将上述参数分别代入式(4-58)，得 $\omega_2 = 18.35$ rad/s 。

代入式(4-61)得频率方程

$$\omega^4 - 3\ 445.6\omega^2 + 2.68 \times 10^6 = 0$$

解之，得 $\omega_1 = 34.41$ rad/s，$\omega_3 = 47.55$ rad/s 。

代入式(4-60)，有 $\omega_1 \to \left(\frac{\alpha_3}{\alpha_1}\right)_1 = -0.722\ 3$、$\omega_3 \to \left(\frac{\alpha_3}{\alpha_1}\right)_3 = 1.384\ 5$。

最后，得前三阶振型为

$$\psi_1(x) = \sin\frac{\pi x}{l} - 0.722\ 3\sin\frac{3\pi x}{l}\ (\text{对称})$$

$$\psi_2(x) = \sin\frac{2\pi x}{l}\ (\text{反对称})$$

$$\psi_3(x) = \sin\frac{\pi x}{l} + 1.384\ 5\sin\frac{3\pi x}{l}\ (\text{对称})$$

4.1.3　拱桥的空间弯扭平衡方程

竖平面内的拱轴，在侧倾后是一根空间的曲线，如图 4-6 所示，其位移和变形的几何关系宜用曲线坐标来描述(取右手系)。拱侧倾后，任意截面在 x 轴(垂直于拱平面，即侧向)、y 轴(指向拱微段 ds 的曲率中心，即径向)以及 z 轴(即切向)三个方向的线位移和角位移分别为 w，v，u 和β，γ，θ 。另外，再取一组坐标轴 ξ，η，ζ ，其方向是相对于变形的拱面选定的，其中 ξ 与 η 的方向与横截面的两个主轴重合，ζ 轴则为拱形心轴的切线。

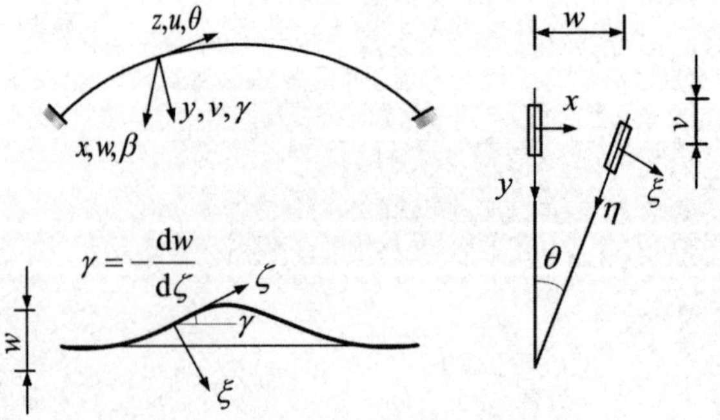

图 4-6　拱的平面外侧倾示意图

1. 侧向弯曲与扭转的微分方程

设作用在变形后拱微段 ds 上的力矩 M_ξ、M_η 和 M_ζ 以图 4-7 所示的方向为正。假设材料服从胡克定律，变形保持微小，截面的几何形状不因变形而发生改变。那么，根据材料力学可写出拱的侧向弯曲和扭转的微分方程如下：

$$\begin{cases} EI_y K_y = M_\eta \\ GI_d K_z - (EI_w K'_z)' = M_\zeta \end{cases} \tag{4-62}$$

式中：I_y 为拱的横截面对于 y 轴（η 轴）的惯性矩；GI_d，EI_w 分别为拱截面自由扭转刚度和约束扭转刚度；K_y，K_z 分别为绕 y 轴的侧向挠曲率和绕 z 轴的扭曲率。

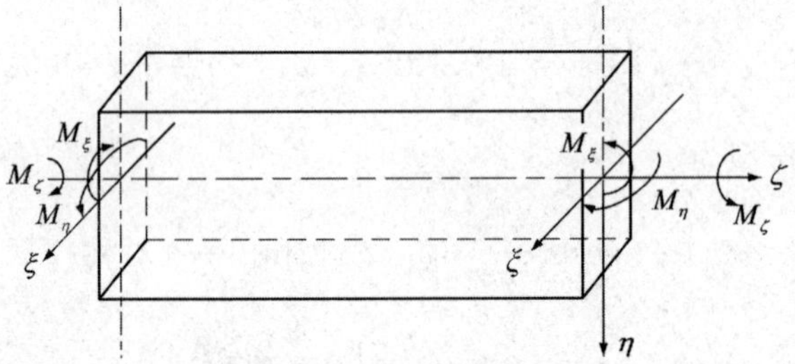

图 4-7　拱的内力

2. 变形几何关系

如图 4-8 所示，相距 ds 的两截面绕 y 轴的转角的增量为

$$(\gamma + \mathrm{d}\gamma)\cos(\mathrm{d}\varphi) + (\theta + \mathrm{d}\theta)\sin(\mathrm{d}\varphi) - \gamma \tag{4-63}$$

在小变位条件下，有 $\cos(\mathrm{d}\varphi) \approx 1$，$\sin(\mathrm{d}\varphi) \approx \mathrm{d}\varphi$，并略去高阶微量，则有

$$\mathrm{d}\gamma + \theta\mathrm{d}\varphi \approx (\gamma + \mathrm{d}\gamma)\cos(\mathrm{d}\varphi) + (\theta + \mathrm{d}\theta)\sin(\mathrm{d}\varphi) - \gamma \tag{4-64}$$

因此，绕 y 轴的侧向挠曲率 K_y 为

$$K_y = \frac{\mathrm{d}\gamma + \theta\mathrm{d}\varphi}{\mathrm{d}s} = \frac{\mathrm{d}\gamma}{\mathrm{d}s} + \frac{\theta}{R} \tag{4-65}$$

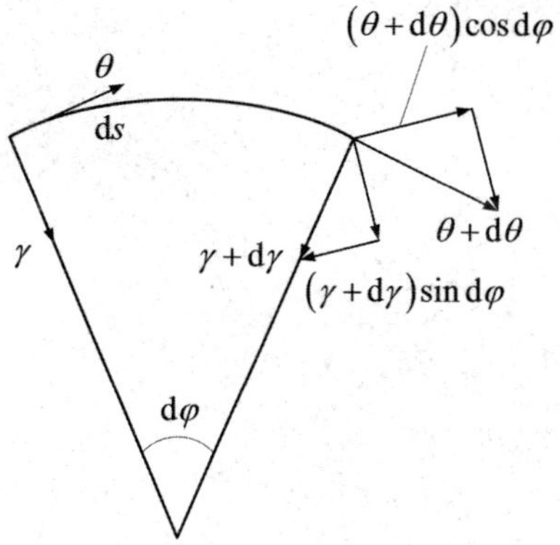

图 4-8　拱微元体上角位移向量

相距 ds 的两截面绕 z 轴的转角的增量为

$$(\theta+\mathrm{d}\theta)\cos(\mathrm{d}\varphi)-\theta-(\gamma+\mathrm{d}\gamma)\sin(\mathrm{d}\varphi) \tag{4-66}$$

同理，则有

$$(\theta+\mathrm{d}\theta)\cos(\mathrm{d}\varphi)-\theta-(\gamma+\mathrm{d}\gamma)\sin(\mathrm{d}\varphi)\approx\mathrm{d}\theta-\gamma\mathrm{d}\varphi \tag{4-67}$$

故绕 z 轴的扭曲率 K_z 为

$$K_z=\frac{\mathrm{d}\theta-\gamma\mathrm{d}\varphi}{\mathrm{d}s}=\frac{\mathrm{d}\theta}{\mathrm{d}s}-\frac{\gamma}{R} \tag{4-68}$$

因为 $\gamma=-\dfrac{\mathrm{d}w}{\mathrm{d}s}$，则式 (4-65)和式(4-68)改写为

$$\begin{cases}K_y=-\dfrac{\mathrm{d}^2w}{\mathrm{d}s^2}+\dfrac{\theta}{R}\\[2ex] K_z=\dfrac{\mathrm{d}\theta}{\mathrm{d}s}+\dfrac{1}{R}\dfrac{\mathrm{d}w}{\mathrm{d}s}\end{cases} \tag{4-69}$$

3. 基本平衡方程

图 4-9 表示拱的微元在发生空间扭转变形后将受到截面内力，侧向弯矩 M_η 、扭矩 M_ζ 、侧向剪力 Q_ζ 和轴力 N_ζ 以及外荷载 p_ζ、m_η 和 m_ζ 的作用。其中 m_η 和 m_ζ 分别为荷载对主轴 η、ζ 所形成的外力分布力矩，图中未示。

下面利用微元体的平衡条件建立平衡方程。

由 $\sum F_\zeta=0$ 得

$$Q_\zeta+\mathrm{d}Q_\zeta-p_\zeta\mathrm{d}s-N_\zeta\sin(\mathrm{d}\psi)-Q_\zeta\cos(\mathrm{d}\psi)=0 \tag{4-70}$$

并注意到 $\sin(\mathrm{d}\psi)\approx\mathrm{d}\psi=\dfrac{\mathrm{d}s}{\rho_y}=K_y\mathrm{d}s$ ，则有

$$\mathrm{d}Q_\zeta-N_\zeta K_y\mathrm{d}s-p_\zeta\mathrm{d}s=0 \tag{4-71}$$

即

$$\frac{\mathrm{d}Q_{\zeta}}{\mathrm{d}s}-K_{y}N_{\zeta}-p_{\zeta}=0 \tag{4-72}$$

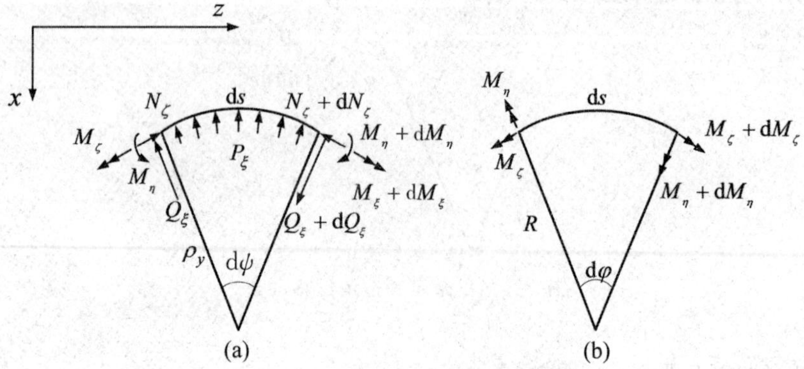

图 4-9　拱微元体受力示意图

在建立 $\sum M_{\eta}=0$ 时，除考虑剪力 Q_{ζ} 的影响外，还应考虑微元 ds 上弯矩 M_{η}、扭矩 M_{ζ} 和荷载分布力矩 m_{η} 的影响。p_{ζ} 和 N_{ζ} 的影响均为二阶微量，可略去不计。于是由 $\sum M_{\eta}=0$，得

$$M_{\eta}+\mathrm{d}M_{\eta}-M_{\eta}\cos(\mathrm{d}\varphi)+M_{\zeta}\sin(\mathrm{d}\varphi)+m_{\eta}\mathrm{d}s+Q_{\zeta}\mathrm{d}s=0 \tag{4-73}$$

引入 $\mathrm{d}\varphi=\frac{\mathrm{d}s}{R}$ 则有

$$\frac{\mathrm{d}M_{\eta}}{\mathrm{d}s}+\frac{M_{\zeta}}{R}+Q_{\zeta}+m_{\eta}=0 \tag{4-74}$$

再由 $\sum M_{\zeta}=0$，得

$$M_{\zeta}+\mathrm{d}M_{\zeta}-M_{\zeta}\cos(\mathrm{d}\varphi)-M_{\eta}\sin(\mathrm{d}\varphi)+m_{\zeta}\mathrm{d}s=0 \tag{4-75}$$

即

$$\frac{\mathrm{d}M_{\zeta}}{\mathrm{d}s}-\frac{M_{\eta}}{R}+m_{\zeta}=0 \tag{4-76}$$

式(4-72)和式(4-74)可合为一个式子。因为拱在侧倾时轴向力变化很小，故可取 $N_{\zeta}=N$。于是，由式(4-72)得

$$\frac{\mathrm{d}Q_{\zeta}}{\mathrm{d}s}=K_{y}N+p_{\zeta} \tag{4-77}$$

在式(4-74)略去侧向分布力矩 m_{η}，再求导一次，将式(4-77)代入后则有

$$\frac{\mathrm{d}^{2}M_{\eta}}{\mathrm{d}s^{2}}+\frac{\mathrm{d}}{\mathrm{d}s}\left(\frac{M_{\zeta}}{R}\right)+K_{y}N+p_{\zeta}=0 \tag{4-78}$$

式(4-76)和式(4-78)两式联立，即得以内力描述的基本平衡方程组。

将物理关系式(4-62)和几何关系式(4-69)代入式(4-76)和式(4-78)，即可得到以位移描述的拱侧向弯扭的弹性平衡方程：

$$\begin{cases}-\left[EI_y\left(w''-\dfrac{\theta}{R}\right)\right]''+\left[\dfrac{GI_d}{R}\left(\theta'+\dfrac{w'}{R}\right)\right]'-\left[\dfrac{EI_w}{R}\left(\theta'+\dfrac{w'}{R}\right)\right]'' \\ +N\left(-w''+\dfrac{\theta}{R}\right)+P_\zeta=0 \\ \left[GI_d\left(\theta'+\dfrac{w'}{R}\right)\right]'-\left[EI_w\left(\theta'+\dfrac{w'}{R}\right)'\right]''+\dfrac{EI_y}{R}\left(w''+\dfrac{\theta}{R}\right)+m_\zeta=0\end{cases} \tag{4-79}$$

对于等截面圆弧拱，式(4-79)可进一步简化为

$$\begin{cases}\left(EI_y+\dfrac{EI_w}{R^2}\right)w^{(4)}+\left(N-\dfrac{GI_d}{R^2}\right)w''+\dfrac{EI_w\theta^{(4)}}{R}\theta^{(4)}-\dfrac{EI_y+GI_d}{R}\theta''-\dfrac{N}{R}\theta=p_\zeta \\ EI_w\theta^{(4)}-GI_d\theta''+\dfrac{EI_y}{R^2}\theta+\dfrac{EI_w}{R}w^{(4)}-\dfrac{EI_y+GI_d}{R}w''=m_\zeta\end{cases} \tag{4-80}$$

式中：w 和 θ 分别为拱的侧向位移和拱轴扭转角；EI_y、GI_d 和 EI_w 分别为拱截面的侧向抗弯刚度、自由扭转刚度和约束扭转刚度；R 为圆弧拱的曲率半径。

4. 拱的侧向弯扭固有振动

式(4-80)中，w 和 θ 分别为拱的侧向位移和扭转角；EI_y、EI_w 和 GI_d 分别为拱截面的侧向抗弯刚度、约束扭转刚度和自由扭转刚度；N 为拱轴向压力；P_ζ 和 m_ζ 分别为拱轴的侧向分布荷载和分布扭矩。其中，由径向的恒载 q 在拱扭转时的侧向分量 $q\sin\theta\approx q\theta=\dfrac{N\theta}{R}$ 正好与原方程(4-80)中的轴力二次项 $N\dfrac{\theta}{R}$ 相抵消。

引入符号 $B_y=EI_y$，$C=GI_d$，$D_w=EI_w$ 后，式(4-80)可改写成

$$\begin{cases}\left(B_y+\dfrac{D_w}{R^2}\right)w^{(4)}+\left(N-\dfrac{C}{R^2}\right)w''+\dfrac{D_w}{R}\theta^{(4)}-\dfrac{B_y+C}{R}\theta''=p_\zeta \\ D_w\theta^{(4)}-C\theta''+\dfrac{B_y}{R^2}\theta+\dfrac{D_w}{R}w^{(4)}-\dfrac{B_y+C}{R}w''=m_\zeta\end{cases} \tag{4-81}$$

假设拱桥的拱上建筑与拱圈联成整体，而且拱上建筑的刚度很小可忽略，或者附加于拱圈上，在计算振动惯性力时必须包括桥面系等拱上建筑的质量。

图 4-10 表示以拱截面的扭转中心为原点，并与主轴平行的坐标系。由于拱轴的侧向位移 w 、径向位移 v 和扭转角 θ ，拱与桥面横截面上任一点 $(x_1,\ y_1)$ 的水平和径向位移分别为

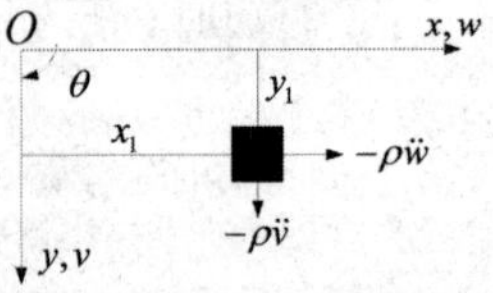

图 4-10　拱截面坐标

$$\begin{cases} w_1 = w - y_1\theta \\ v_1 = v + x_1\theta \end{cases} \tag{4-82}$$

固有振动时，截面上所有质量的惯性力将形成水平方向的惯性力和绕截面扭转中心的惯性扭矩

$$\begin{cases} p_\zeta = -\int_F \ddot{w}_1 \mathrm{d}\rho = -\int_F (\ddot{w} - y_1\ddot{\theta})\,\mathrm{d}\rho = -\widetilde{M}\ddot{w} + S_x\ddot{\theta} \\ m_\zeta = -\int_F (x_1\ddot{w}_1 - y_1\ddot{w}_1)\,\mathrm{d}\rho = -\int_F [x_1(\ddot{\theta} + x_1\ddot{\theta}) - y_1(\ddot{w} - y_1\ddot{\theta})]\,\mathrm{d}\rho \\ \quad = -I_s\ddot{\theta} + S_x\ddot{w} - S_y\ddot{z} \end{cases} \tag{4-83}$$

式中：$\widetilde{M} = \int_F \mathrm{d}\rho$ 为桥横截面的质量和；$S_x = \int_F y_1 \mathrm{d}\rho$ 为桥横截面质量对 x 轴的静力矩；$S_y = \int_F x_1 \mathrm{d}\rho$ 为桥横截面质量对 y 轴的静力矩；$I_s = \int_F (x_1^2 + y_1^2)\,\mathrm{d}\rho$ 为桥横截面质量对扭转中心的极惯性矩。

把式(4-83)的惯性力引入方程(4-81)，并注意到对于一般截面左右对称的拱桥，质量分布也是左右对称的，此时有 $S_y = 0$，则得拱桥侧向弯曲-扭转的固有振动方程为

$$\begin{cases} \left(B_y + \dfrac{D_w}{R^2}\right)w^{(4)} + \left(N - \dfrac{C}{R^2}\right)w'' + \dfrac{D_w}{R}\theta^{(4)} - \dfrac{B_y + C}{R}\theta'' + \widetilde{M}\ddot{w} - S_x\ddot{\theta} = 0 \\ D_w\theta^{(4)} - C\theta'' + \dfrac{B_y}{R^2}\theta + \dfrac{D_w}{R}w^{(4)} - \dfrac{B_y + C}{R}w'' + I_s\ddot{\theta} - S_x\ddot{w} = 0 \end{cases} \tag{4-84}$$

对于闭口截面的拱，约束扭转项的作用相对于自由扭转项是微小的，可忽略不计。令 $D_w = 0$，则式(4-84)可进一步简化为

$$\begin{cases} B_y w^{(4)} + \left(N - \dfrac{C}{R^2}\right)w'' + \dfrac{B_y + C''}{R} + \widetilde{M}\ddot{w} - S_x\ddot{\theta} = 0 \\ -C\theta'' + \dfrac{B_y}{R_2}\theta - \dfrac{B_y + C}{R}w'' + I_s\ddot{\theta} - S_x\ddot{w} = 0 \end{cases} \tag{4-85}$$

式中未计入阻尼项。由于拱上建筑的高度是沿拱轴变化的，因此与质量分布有关的 $\widetilde{M}$、S_x 和 I_s 都是 s 的函数；与拱的刚度分布有关的 B_y 和 C 一般也是沿拱轴变化的。此外，拱的轴向力 N 也是 s 的函数。因此，式(4-85)是一个变系数的微分方程组，只能用近似法求解，或用有限元法求数值解。下面介绍用伽辽金法求解方程 (4-85)的过程。

拱在发生侧向水平弯曲和扭转的面外振动时，不论拱在面内的支承条件是两端嵌固还是铰支，拱桥在侧向总是可以看成两端嵌固的，同时两端扭转角也等于零，因为两片拱肋总是和支承拱座保持接触。所以，边界条件为当 $s=0$，L 时，$u=0$，$u'=0$，$\theta=0$。首先，我们将 $S_z(s)$ 和 $I_s(s)$ 表达为多项圆函数的形式。

令

$$\begin{cases}S_c=\widetilde{M}h_c\\I_c=\widetilde{M}h_c^2\end{cases}\tag{4-86}$$

式中：h_c 为选用的适当长度。选用下列近似的无量纲多项式变化函数：

$$\begin{cases}\mu(s)=\dfrac{S_z(s)}{S_c}=\mu_0-\mu_1\sin\pi\zeta-\mu_3\sin3\pi\zeta\\\nu(s)=\dfrac{I_s(s)}{I_c}=\nu_0-\nu_1\sin\pi\zeta-\nu_3\sin3\pi\zeta\end{cases}\tag{4-87}$$

要求 $\zeta=\dfrac{s}{L}$ 在 0，0.25，0.5 这三点的近似函数所给出的值 μ 和 ν 分别与实际值相同，即可解得

$$\begin{cases}\mu_0=\mu(0)\\\mu_1=1.207\mu(0)-0.707\mu(0.25)-0.5\mu(0.5)\\\mu_3=0.207\mu(0)-0.707\mu(0.25)+0.5\mu(0.5)\end{cases}\tag{4-88}$$

ν_0、ν_1 和 ν_3 与实际值 $\nu(0)$，$\nu(0.25)$ 和 $\nu(0.5)$ 的关系式参照式(4-88)，L 是拱轴弧段全长。

1)对称固有振动

满足边界条件的对称近似振型函数取为

$$\begin{cases}w(s,t)=h_c\alpha_1(1-\cos2\pi\zeta)(A\sin\omega t+B\cos\omega t)\\\theta(s,t)=\theta_1\sin\pi\zeta(A\sin\omega t+B\cos\omega t)\end{cases}\tag{4-89}$$

将式(4-89)代入固有振动方程(4-85)，约掉时间函数后，左边将不恒为零。由迦辽金法原理，使这两个方程左边的误差(残值) E_a 和 E_b 在以振型为可能位移 δg_a 和 δg_b 上所做的功在全桥上的总和等于零，即

$$\begin{cases}\displaystyle\int_0^l E_a\delta g_a\mathrm{d}s=\int_0^l E_a(1-\cos2\pi\zeta)\,\mathrm{d}\zeta=0\\\displaystyle\int_0^l E_b\delta g_b\mathrm{d}s=\int_0^l E_b\sin\pi\zeta\mathrm{d}\zeta=0\end{cases}\tag{4-90}$$

由此可得出关于系数 α_1 和 θ_1 的两个齐次方程组。如果取更多的近似函数来描述固有振型，则分别用各项近似函数作为可能位移，可得到和参数数目相同的齐次方程组。展开式(4-90)，得

$$\begin{bmatrix} a_{11}-\Omega^2 b_{11} & a_{12}-\Omega^2 b_{12} \\ a_{21}-\Omega^2 b_{21} & a_{22}-\Omega^2 b_{22} \end{bmatrix}\begin{bmatrix} \alpha_1 \\ \theta_1 \end{bmatrix}=\begin{bmatrix} 0 \\ 0 \end{bmatrix} \tag{4-91}$$

式中：$a_{11}=1-\dfrac{N_c L^2}{4\pi^2 B_y}$，$N_c=N-\dfrac{C}{R^2}$；$a_{12}=a_{21}=\dfrac{L^2}{3\pi^2 Rh_c}\left(1+\dfrac{C}{B_y}\right)$；$a_{22}=\dfrac{L^4}{16\pi^4 R^2 h_c^2}+\dfrac{L^2}{16\pi^2 h_c^2}\dfrac{C}{B_y}$；$b_{11}=1$；$b_{12}=b_{21}=-\dfrac{16}{9\pi}\mu_0+\dfrac{\mu_1}{2}-\dfrac{\mu_3}{6}$；$b_{22}=\dfrac{\nu_0}{3}-\dfrac{8}{9\pi}\nu_1+\dfrac{8}{45\pi^2}\nu_3$；$\Omega^2=\dfrac{\omega^2}{\omega_y^2}$ 或 $\omega=\omega_y\Omega$，$\omega_y=\dfrac{4\pi^2}{\sqrt{3}L^2}\sqrt{\dfrac{B_y}{\widetilde{M}}}$，相当于两端嵌固梁的最低阶固有频率 ω_1，其中系数 $\dfrac{4\pi^2}{\sqrt{3}}$ 比精确值 $(4.730)^2$ 仅大 1.6%，可见 $\alpha_1(1-\cos 2\pi\zeta)$ 是一个良好的近似函数。式(4-91)中的各系数都是无量纲的。

由式(4-91)的系数行列式等于零，可得频率方程

$$C_2\Omega^4-C_1\Omega^2+C_0=0 \tag{4-92}$$

式中：$C_0=a_{11}a_{22}-a_{12}^2$，$C_1=a_{11}b_{22}+b_{11}a_{22}-2a_{12}b_{12}$，$C_2=b_{11}b_{22}-b_{12}^2$ 。这样求得的两个频率，较小的 Ω_1^2 是一个良好的近似值，较大的 Ω_3^2 误差大些。将 Ω_1^2 和 Ω_3^2 代回式(4-91)，即得到相应的振型中两个参数 α_1 与 θ_1 的比例关系。

2)反对称固有振动

满足边界条件的反对称近似固有振型函数可取为幂函数形式

$$\begin{cases} w(s,t)=h_c\alpha_2(\zeta_1-8\zeta_1^3+16\zeta_1^5)(A\sin\omega t+B\cos\omega t) \\ \theta(s,t)=\theta_2\sin 2\pi\zeta_1(A\sin\omega t+B\cos\omega t) \end{cases} \tag{4-93}$$

式中：$\zeta_1=\zeta-\dfrac{1}{2}$，$\zeta=\dfrac{s}{L}$ 。

与对称固有振动方法相同，可求得关于 α_2 和 θ_2 的齐次方程和频率方程，形式与式(4-91)完全相同，仅其中的系数改为 $a_{11}=1-\dfrac{N_c L^2}{90B_y}$，$N_c=N-\dfrac{C}{R^2}$；$a_{12}=a_{21}=\dfrac{16L^2}{221Rh_c}\left(1+\dfrac{C}{B_y}\right)$；$a_{22}=\dfrac{7L^4}{512R^2h_c^2}+\dfrac{7\pi^2L^2}{128h_c^2}\dfrac{C}{B_y}$；$b_{11}=1$；$b_{12}=b_{21}=-\dfrac{22}{3}\mu_0+\dfrac{94}{10}\mu_1-\dfrac{51}{5}\mu_3$；$b_{22}=54\nu_0-44\nu_1-41\nu_3$；$\Omega^2=\dfrac{\omega^2}{\omega_y^2}$，$\omega_y=\dfrac{62.93}{L^2}\sqrt{\dfrac{B_y}{\widetilde{M}}}$，相当于两端嵌固梁的反对称最低固有频率，这里的系数 62.93 比精确值大 2%。由此可求得两个频率及其相应的振型中 α_2 和 θ_2 的比例关系。

例 4-2　已知抛物线型固端钢拱桥如图 4-11 所示，跨径 $l=180$ m，矢高 $f=\dfrac{l}{8}=22.5$ m，当量曲率半径 $R=-\left(1+4\left(\dfrac{f}{l}\right)^2\right)/\left(8\dfrac{f}{l}\right)\cdot l=191.25$ m，拱端立柱高度 $\bar{h}(0)$

$=23.45\ \mathrm{m}$，跨中立柱高度 $\bar{h}(0.5)=1.85\ \mathrm{m}$，拱肋高度 $h=2.7\ \mathrm{m}$，拱肋中心距 $b=8\ \mathrm{m}$，桥面宽度 $\bar{b}=11.5\ \mathrm{m}$，全桥分布恒载 $g=90.45\ \mathrm{kN/m}$，全桥分布质量 $\widetilde{M}=9.22\ \mathrm{t/m}$，拱肋竖向抗弯刚度 $B_x=0.311\ (\mathrm{m}^4)\cdot E$，拱顶处的拱肋截面积 $A_c=0.272\ \mathrm{m}^2$，拱肋横向抗弯刚度 $B_y=3.80\ (\mathrm{m}^4)\cdot E$，拱肋抗扭刚度 $C=0.08\ (\mathrm{m}^4)\cdot E$，拱桥恒载水平推力 $H_g=17\ 118.5\ \mathrm{kN}$，选用比例高度 $h_n=\dfrac{R}{30}=6.375\ \mathrm{m}$。

解：由式(4-87)算得 $\mu(s)$ 和 $\nu(s)$，进而得出

$$\begin{bmatrix}\mu_0 & \mu_1 & \mu_3\\ \nu_0 & \nu_1 & \nu_3\end{bmatrix}=\begin{bmatrix}-2.900 & -2.745 & -0.074\\ 10.950 & 12.048 & 1.477\end{bmatrix}$$

按式(4-92)的频率方程解出对称的侧向弯扭的固有频率和相应的振型。同理，可求得反对称的频率和振型。

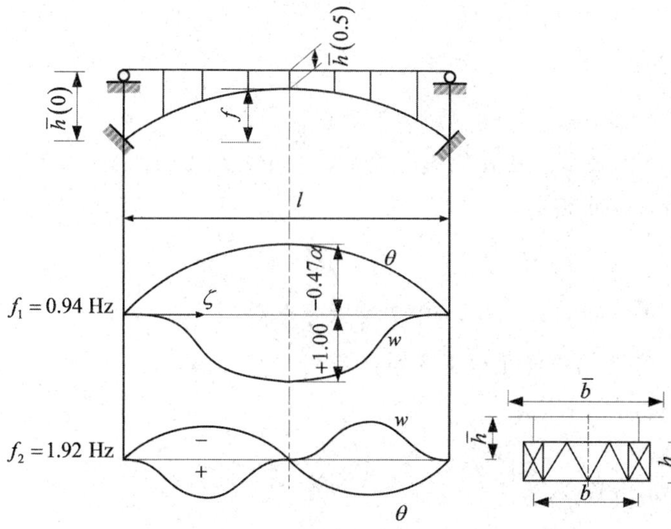

图 4-11 拱的侧向弯扭振型

4.2 拱桥振动分析的有限单元法

从上节的振动基本理论中能够看到，即使对于最简单的等截面双铰圆弧拱的单片裸拱体系，求解闭合解已经很不方便。而对于实际的拱桥，不但拱的截面是变化的，拱轴线也常常不是圆曲线，再加上复杂的拱上建筑的共同作用，使精确求解几乎不可能。目前，实用上都采用有限元法进行数值分析，即把拱结构离散成梁、杆、板等单元的集合，得出统一形式的多自由度体系的、以有限个节点位移自由度为未知量的运动方程。

由于一般的拱桥都有顺桥向的对称轴线，因而其纵向的平面弯曲振动和侧向弯扭振动

是相互独立的，此时空间的位移自由度就可以分解成两组，即面内和面外可以分别进行处理。有人也曾提出把拱离散为曲梁单元，以考虑曲率的影响，但是在实用上由于拱上建筑的立柱间距不大，而且对于一般常用的悬链线或抛物线的拱轴线，其曲率又是沿弧长连线变化的，如果对每一单元用当量圆曲梁来替代也仍然是近似的。实践表明：对于拱的振动分析，把拱离散为折线形的直梁集合不但方便，而且已经足够精确。

用有限元法来建立离散体系的运动方程，关键在于导引出等价的单元质量矩阵和单元刚度矩阵，并由此集成结构的总质量矩阵和总刚度矩阵，加上阻尼矩阵和荷载矩阵后，建立位移的动力学矩阵，并进行求解分析[4]。

4.2.1 拱的有限单元法动力学方程

设体系中任意点的位移向量 $\boldsymbol{u}$ 可用选定的有限节点的位移自由度 $\boldsymbol{d}$ 表示，即有

$$\boldsymbol{u}=\boldsymbol{A}\boldsymbol{d} \tag{4-94}$$

式中：$\boldsymbol{u}=[u_x, u_y, u_z]^{\mathrm{T}}$ 为任意点位移；$\boldsymbol{d}=[d_1, d_2, \cdots, d_n]^{\mathrm{T}}$ 为节点位移；$\boldsymbol{A}$ 为动力位移函数矩阵，其中每一元素为 $a_{ij}(x, y, z, t)$。

由应变-位移方程，有

$$\boldsymbol{\varepsilon}=\boldsymbol{L}\boldsymbol{u} \tag{4-95}$$

式中：$\boldsymbol{L}$ 为微分算子，表示应变和位移的关系，对于几何非线性问题，$\boldsymbol{L}$ 中将包括二次以上的项。式(4-95)可进一步写成

$$\boldsymbol{\varepsilon}=\boldsymbol{B}\boldsymbol{d} \tag{4-96}$$

式中：$\boldsymbol{B}$ 根据应变和位移的关系 $\boldsymbol{L}$，由 $\boldsymbol{A}$ 的微分求得。

由虚功原理，整个结构满足以下关系：

$$\delta U=\delta W-\int_v \rho\delta\,\boldsymbol{u}^{\mathrm{T}}\cdot\ddot{\boldsymbol{u}}\,\mathrm{d}v \tag{4-97}$$

式中：$\delta\boldsymbol{u}=\boldsymbol{A}\delta\boldsymbol{d}$；$\rho$ 为密度。

注意到 $\delta\boldsymbol{\varepsilon}=\boldsymbol{B}\delta\boldsymbol{d}$，并利用广义胡克定律

$$\boldsymbol{\sigma}=\boldsymbol{E}\boldsymbol{\varepsilon} \tag{4-98}$$

对于弹性问题，$\boldsymbol{E}$ 为常矩阵。若 δW 中不计阻尼，可得

$$\int_v \delta\,\boldsymbol{d}^{\mathrm{T}}\,\boldsymbol{B}^{\mathrm{T}}\boldsymbol{E}\cdot\boldsymbol{B}\boldsymbol{d}\,\mathrm{d}v=\delta\,\boldsymbol{d}^{\mathrm{T}}\boldsymbol{p}-\int_v \rho\delta\,\boldsymbol{d}^{\mathrm{T}}\,\boldsymbol{A}^{\mathrm{T}}\boldsymbol{A}\ddot{\boldsymbol{d}}\,\mathrm{d}v \tag{4-99}$$

由于虚位移是任意的，式(4-99)可改写为

$$\boldsymbol{M}\ddot{\boldsymbol{d}}+\boldsymbol{K}\boldsymbol{d}=\boldsymbol{P} \tag{4-100}$$

式中：$\boldsymbol{M}=\int_v \rho\boldsymbol{A}^{\mathrm{T}}\boldsymbol{A}\,\mathrm{d}v$ 为等效质量矩阵；$\boldsymbol{K}=\int_v \boldsymbol{B}^{\mathrm{T}}\boldsymbol{E}\boldsymbol{B}\,\mathrm{d}v$ 为等效刚度矩阵。若考虑阻尼影响，其规格化形式可写成

$$\boldsymbol{M}\ddot{\boldsymbol{d}}+\boldsymbol{C}\dot{\boldsymbol{d}}+\boldsymbol{K}\boldsymbol{d}=\boldsymbol{P} \tag{4-101}$$

上式具有一般性，适用于整个结构离散体系，当然也适用于一个单元。

4.2.2　拱固有振动分析的有限单元法

用有限元法分析拱结构的固有振动时，关键在于要使离散单元所组成的有限元模型结构能较好地模拟真实结构的力学性能，这要求要正确地划分单元，特别是在空、实腹的交界处。一些简化处理以及近似的位移模式函数都是以划分足够小的单元作为其精度保证的，当将拱上建筑桥面离散为板单元时，更应该注意有限元法这一物理近似所带来的误差。

1. 固有振动方程及特征值的解

用矩阵形式表示的多自由度体系的无阻尼固有振动方程为

$$\boldsymbol{M}\ddot{\boldsymbol{d}}+\boldsymbol{K}\boldsymbol{d}=\boldsymbol{0} \tag{4-102}$$

对于线性运动方程，固有振动是简谐的，则

$$\boldsymbol{d}(t)=\bar{\boldsymbol{d}}\cdot\sin(\omega t+\theta) \tag{4-103}$$

式中：$\bar{\boldsymbol{d}}$ 为振动位移的幅值；ω 和 θ 分别为振动的频率和相位角。根据式(4-103)，可得

$$\ddot{\boldsymbol{d}}(t)=-\omega^2\bar{\boldsymbol{d}}\sin(\omega t+\theta)=-\omega^2\boldsymbol{d}(t) \tag{4-104}$$

将式(4-104)代入式(4-102)，可得

$$(\boldsymbol{K}-\omega^2\boldsymbol{M})\bar{\boldsymbol{d}}=\boldsymbol{0} \tag{4-105}$$

式中：$\boldsymbol{K}$ 为结构的总刚度矩阵，由各单元刚度矩阵集成；$\boldsymbol{M}$ 为结构的总质量矩阵，由各单元质量矩阵集成。

式(4-105)必须经过边界条件的处理，引入足够的位移约束条件才能使 $\boldsymbol{K}$ 和 $\boldsymbol{M}$ 成为实的、对称的、正定的矩阵。由于固有振动时位移向量 $\boldsymbol{d}$ 不等于零，因此必须当

$$|\boldsymbol{K}-\omega^2\boldsymbol{M}|=0 \tag{4-106}$$

时，才可能得到有限振幅的固有振动解。

式(4-106)称为结构的频率方程，展开行列式即可得到一个以 ω^2 为频率参数的 n 次代数方程。可以证明，频率方程的所有 n 个根都是实的、正的。全部频率按次序排列组成频率向量 $\boldsymbol{\omega}$ ，即

$$\boldsymbol{\omega}=[\omega_1\quad\omega_2\quad\cdots\quad\omega_n]^{\mathrm{T}} \tag{4-107}$$

将频率向量 $\boldsymbol{\omega}$ 分别代入式(4-106)便可求得相应的节点位移列向量，即固有振型 $\boldsymbol{\varphi}_n$，n 个振型一起组成一个振型方阵，即

$$\boldsymbol{\Phi}=[\boldsymbol{\varphi}_1\quad\boldsymbol{\varphi}_2\quad\cdots\quad\boldsymbol{\varphi}_n]=\begin{bmatrix}\varphi_{11} & \varphi_{12} & \cdots & \varphi_{1n}\\ \varphi_{21} & \varphi_{22} & \cdots & \varphi_{2n}\\ \vdots & \vdots & \ddots & \vdots\\ \varphi_{n1} & \varphi_{n1} & \cdots & \varphi_{nn}\end{bmatrix} \tag{4-108}$$

从数学上来说，固有振动分析是一个齐次方程的特征值问题。固有频率的平方就是特征值，相应的振型是特征向量，我们只能求得各特征向量的相对值，即固有振动的形态，称为固有振型或固有模态，而不是它们的量值。

2. 动力自由度的缩减和刚度矩阵的聚缩

在工程上，我们一般只对结构动力分析中的几个最低振型感兴趣，高阶振型的影响很小，没有必要求解全部特征值及其相应振型。为了节约计算工作量，一条途径是从数学上发展一种部分特征值的求解技巧，例如常用的同时迭代法和子空间迭代法，即只从低到高求解所要求的少数几个特征值和特征向量；另一条途径就是从力学模型上对动力自由度进行缩减。

缩减动力自由度最常用的方法就是"集中质量法"，即把质量人为地集中到节点上，并且忽略集中质量的转动惯性。或者直接忽略影响较小的一些位移分量，例如在平坦拱中忽略水平的位移分量等，使动力自由度的数目比静力分析时所用的自由度大为减少。

然而，表示结构的弹性特性(取决于位移的导数)比表示结构的惯性(取决于位移本身)需要更精确的模型。这就是说，为了建立结构的总刚度矩阵 $\boldsymbol{K}$ 应当按照静力分析所需要的包括较多静力自由度的模型，而建立总质量矩 $\boldsymbol{M}$ 则容许采用具有较少动力自由度的模型，这一矛盾可用对刚度矩阵的静力凝聚加以克服。

现称动力自由度为动力分析的基本自由度，通过静力凝聚方式消去刚度矩阵中的非基本自由度(多余的静力自由度)，使之协调起来，待完成动力分析之后，再通过逆运算求出非基本自由度的各动力位移解，进而由完整的位移向量通过包含所有静力自由度的刚度矩阵求出结构各部分的动应力。

刚度矩阵静力凝聚的原理如下。设刚度矩阵可分割成如下形式：

$$\boldsymbol{K}=\begin{bmatrix}\boldsymbol{K}_{\Delta\Delta} & \boldsymbol{K}_{\Delta\gamma}\\ \boldsymbol{K}_{\gamma\Delta} & \boldsymbol{K}_{\gamma\gamma}\end{bmatrix} \tag{4-109}$$

式中：脚标 Δ 指存在惯性力的位移方向；γ 指没有惯性力的位移方向。与此相对应，有

$$\boldsymbol{M}=\begin{bmatrix}\boldsymbol{M}_{\Delta} & \boldsymbol{0}\\ \boldsymbol{0} & \boldsymbol{0}\end{bmatrix},\ \boldsymbol{d}=\begin{Bmatrix}d_{\Delta}\\ \vdots\\ d_{\gamma}\end{Bmatrix} \tag{4-110}$$

在质量矩阵 $\boldsymbol{M}$ 中，只是在存在惯性力的方向上才有值，其余都为零。因此质量矩阵是奇异的，如果不作凝聚处理，将不能求解特征值。

将式(4-109)、(4-110)代入式(4-105)，可得

$$(\boldsymbol{K}_{c}-\omega^{2}\boldsymbol{M}_{\Delta})\boldsymbol{d}_{\Delta}=\boldsymbol{0} \tag{4-111}$$

其中，

$$\boldsymbol{K}_{c}=\boldsymbol{K}_{\Delta\Delta}-\boldsymbol{K}_{\Delta\gamma}\boldsymbol{K}_{\gamma\gamma}^{-1}\boldsymbol{K}_{\gamma\Delta} \tag{4-112}$$

式中：$\boldsymbol{K}_c$ 称为 Δ 方向的聚缩刚度矩阵。

3. 固有振型的特性

固有振型的特性主要是指各振型之间的正交特性，它是振型叠加法的依据。设以 $\boldsymbol{\varphi}_i$ 和 $\boldsymbol{\varphi}_j$ 分别表示相应于 ω_i 和 ω_j 的振型，则按式(4-105)有

$$\begin{cases}\boldsymbol{K}\boldsymbol{\varphi}_i=\omega_i^2\boldsymbol{M}\boldsymbol{\varphi}_i\\ \boldsymbol{K}\boldsymbol{\varphi}_j=\omega_j^2\boldsymbol{M}\boldsymbol{\varphi}_j\end{cases} \tag{4-113}$$

将式(4-113)中第二式转置，则得

$$\boldsymbol{\varphi}_j^{\mathrm{T}}\boldsymbol{K}^{\mathrm{T}}=\omega_j^2\boldsymbol{\varphi}_j^{\mathrm{T}}\boldsymbol{M}^{\mathrm{T}} \tag{4-114}$$

由于 $\boldsymbol{K}$ 和 $\boldsymbol{M}$ 都是对称矩阵，其转置矩阵等于原矩阵，即有

$$\boldsymbol{\varphi}_j^{\mathrm{T}}\boldsymbol{K}=\omega_j^2\boldsymbol{\varphi}_j^{\mathrm{T}}\boldsymbol{M} \tag{4-115}$$

将 $\boldsymbol{\varphi}_j^{\mathrm{T}}$ 左乘式(4-113)中第一式，将 $\boldsymbol{\varphi}_i$ 右乘式 (4-114)，然后两式相减可得

$$(\omega_j^2-\omega_i^2)\boldsymbol{\varphi}_j^{\mathrm{T}}\boldsymbol{M}\boldsymbol{\varphi}_i=0 \tag{4-116}$$

由 $\omega_i\neq\omega_j$ ，得 $\boldsymbol{\varphi}_j^{\mathrm{T}}\boldsymbol{M}\boldsymbol{\varphi}_i=0$。

将 $\boldsymbol{\varphi}_j$ 右乘式(4-115)，并考虑式(4-116)，则得

$$\boldsymbol{\varphi}_j^{\mathrm{T}}\boldsymbol{K}\boldsymbol{\varphi}_i=0 \tag{4-117}$$

式(4-116)和(4-117)就是不同振型之间的正交关系。但是，对于同一个振型，即 $i=j$ 时，则式(4-116)不等于零而等于一个常数

$$\boldsymbol{\varphi}_i^{\mathrm{T}}\boldsymbol{M}\boldsymbol{\varphi}_i=M_i \tag{4-118}$$

式中：M_i 称为第 i 振型的广义质量。

同理，有

$$\boldsymbol{\varphi}_i^{\mathrm{T}}\boldsymbol{K}\boldsymbol{\varphi}_i=K_i \tag{4-119}$$

式中：K_i 称为第 i 阶振型的广义刚度。

4.2.3　拱的强迫振动分析的有限单元法

用有限元法对拱作为一种线弹性结构体系进行强迫振动分析通常有两种方法：振型叠加法、逐步法(直接积分法、时程法)。

基于叠加原理的振型分析法的基本思想是利用振型的正交性，取少数几个广义坐标，即仅取几个振型的叠加就能很好地描述结构的位移，从而用求解少数几个解耦的单自由度运动方程来代替求解整个多自由度体系的矩阵方程。

1. 无阻尼的强迫振动分析

固有振型是表示位移的一种非常有用的工具，如果把每个振型看成独立的位移模式，其幅值看作广义坐标，则任意形式的位移可以表示为

$$\boldsymbol{d} = \boldsymbol{\Phi q} \tag{4-120}$$

$$\ddot{\boldsymbol{d}} = \boldsymbol{\Phi}\ddot{\boldsymbol{q}} \tag{4-121}$$

式中：$\boldsymbol{\Phi}$ 为振型矩阵，通过它将广义坐标 $\boldsymbol{q}$ 转换成物理坐标 $\boldsymbol{d}$ 。

多自由度体系的无阻尼强迫振动方程为

$$\boldsymbol{M}\ddot{\boldsymbol{d}} + \boldsymbol{K d} = \boldsymbol{P}(t) \tag{4-122}$$

将式(4-120)和(4-121)代入式(4-122)，得

$$\boldsymbol{M\Phi}\ddot{\boldsymbol{q}} + \boldsymbol{K\Phi q} = \boldsymbol{P}(t) \tag{4-123}$$

对式(4-123)左乘第 n 个振型的转置 $\boldsymbol{\varphi}_n^{\mathrm{T}}$ ，有

$$\boldsymbol{\varphi}_n^{\mathrm{T}}\boldsymbol{M\Phi}\ddot{\boldsymbol{q}} + \boldsymbol{\varphi}_n^{\mathrm{T}}\boldsymbol{K\Phi q} = \boldsymbol{\varphi}_n^{\mathrm{T}}\boldsymbol{P}(t) \tag{4-124}$$

利用振型的正交条件，即 $\boldsymbol{\Phi}$ 中除 $\boldsymbol{\varphi}_n$ 外，其他各项的乘积均为零，得出第 n 个振型的解耦运动方程为

$$\boldsymbol{\varphi}_n^{\mathrm{T}}\boldsymbol{M}\,\boldsymbol{\varphi}_n\ddot{q}_n + \boldsymbol{\varphi}_n^{\mathrm{T}}\boldsymbol{K}\,\boldsymbol{\varphi}_n q_n = \boldsymbol{\varphi}_n^{\mathrm{T}}\boldsymbol{P}(t) \tag{4-125}$$

或

$$M_n\ddot{q}_n + K_n q_n = P_n(t) \tag{4-126}$$

式中：$M_n = \boldsymbol{\varphi}_n^{\mathrm{T}}\boldsymbol{M}\,\boldsymbol{\varphi}_n$ 为第 n 阶振型的广义质量；$K_n = \boldsymbol{\varphi}_n^{\mathrm{T}}\boldsymbol{K}\,\boldsymbol{\varphi}_n$ 为第 n 阶振型的广义刚度；$P_n(t) = \boldsymbol{\varphi}_n^{\mathrm{T}}\boldsymbol{P}(t)$ 为第 n 阶振型的广义荷载。

对于每个振型都可求得一个独立的单自由度的解耦运动方程，一起合并成解耦的广义运动方程如下：

$$\boldsymbol{M}^{\mathrm{e}}\ddot{\boldsymbol{q}} + \boldsymbol{K}^{\mathrm{e}}\boldsymbol{q} = \boldsymbol{P}^{\mathrm{e}} \tag{4-127}$$

式中：广义质量矩阵 $\boldsymbol{M}^{\mathrm{e}}$ 和广义刚度矩阵 $\boldsymbol{K}^{\mathrm{e}}$ 都是对角阵，并且对于正则化的振型，$\boldsymbol{M}^{\mathrm{e}} = \boldsymbol{I}$ 。

由此可见：通过广义坐标，N 个自由度联立运动方程将转换成 N 个独立的单自由度的解耦运动方程。求出有限个广义坐标的动力反应后，再通过振型转回到原始的坐标，叠加成结构的反应，即振型叠加法。

显然，用振型叠加法进行线弹性结构体系的动力分析，必须首先进行结构的固有振动分析。实践表明：计算频率和振型的工作量相当大，特别是对于一些复杂的拱桥结构，次要部位(如拱上结构)的局部反应常常是由高阶振型所激发的。为了获得各个部位的正确动力反应，有时直接逐步积分法比振型叠加法更为有用。

2. 阻尼矩阵及其正交性条件

众所周知，强迫振动反应的正确性很大程度上取决于阻尼的精度。考虑阻尼的运动方程为

$$\boldsymbol{M}\ddot{\boldsymbol{d}} + \boldsymbol{C}\dot{\boldsymbol{d}} + \boldsymbol{K d} = \boldsymbol{P}(t) \tag{4-128}$$

如果用振型分析法，引入 $\boldsymbol{d}=\boldsymbol{\varphi q}$，并左乘第 n 个振型的转置 $\boldsymbol{\varphi}_n^{\mathrm{T}}$，则要使方程解耦，除了已有的质量矩阵和刚度矩阵的正交条件外，还必须使

$$\boldsymbol{\varphi}_n^{\mathrm{T}}\boldsymbol{C}\boldsymbol{\varphi}_m=0 \quad (m\neq n) \tag{4-129}$$

此时，第 n 个振型的解耦运动方程为

$$M_n\ddot{q}_n+C_n\dot{q}_n+K_nq_n=P_n(t) \tag{4-130}$$

式中：$C_n=\boldsymbol{\varphi}_n^{\mathrm{T}}\boldsymbol{C}\boldsymbol{\varphi}_n$，为第 n 个振型的广义阻尼。利用广义刚度与广义质量之间关系

$$\boldsymbol{\varphi}_n^{\mathrm{T}}\boldsymbol{K}\boldsymbol{\varphi}_n=\omega_n^2\boldsymbol{\varphi}_n^{\mathrm{T}}\boldsymbol{M}\boldsymbol{\varphi}_n \tag{4-131}$$

或

$$K_n=\omega_n^2M_n \tag{4-132}$$

将广义阻尼 C_n 写成

$$C_n=2\zeta_n\omega_nM_n \tag{4-133}$$

则式(4-130)可改写成广义坐标表示的单自由度强迫振动方程

$$\ddot{q}+2\zeta_n\omega_n\dot{q}_n+\omega_n^2q_n=\frac{P_n(t)}{M_n} \tag{4-134}$$

式(4-134)可用 Duhamel 积分求解。如果用直接逐步积分法进行动力分析，则必须构成式(4-128)中的阻尼矩阵 $\boldsymbol{C}$。从理论上说，用直接积分法计算并不要求满足阻尼矩阵的正交性条件，它可以任意采用阻尼矩阵系数，以反映实际结构中不同部分的阻尼分布，具有很大的通用性。然而，构成一个阻尼矩阵是十分困难的。我们能够掌握的信息是在一些拱桥中实测到的前几阶振型的阻尼比。因此，实际可行的方法是根据适当的一两个阻尼比来推算符合正交条件的阻尼矩阵，最常用的是 Rayleigh 阻尼矩阵，即假定

$$\boldsymbol{C}=a_0\boldsymbol{M}+a_1\boldsymbol{K} \tag{4-135}$$

式中：a_0 和 a_1 是任意的比例系数，具体求解见 3.8.3 节。

本章主要参考文献

[1]宋一凡．公路桥梁动力学[M]. 北京：人民交通出版社，2020.

[2]宋一凡．桥梁结构动力学[M]. 北京：人民交通出版社股份有限公司，2020.

[3]李国豪．桥梁结构稳定与振动[M]. 2 版. 北京：中国铁道出版社，2002.

[4]项海帆，刘光栋．拱结构的稳定与振动[M]. 北京：人民交通出版社，1991.

第5章 悬索桥振动分析

悬索桥是以钢缆索作为主要承重部件的柔性悬吊结构体系，桥道加劲梁通过竖直或斜置的吊索挂在下垂的主索上。悬索桥的振动性状研究是悬索桥动荷载行为研究的基础。自1940年秋发生Tacoma悬索桥的风毁事故以来，探讨悬索桥风致振动机理的专家们发现，一个需要优先解决的问题，就是了解悬索桥固有振动的基本性态。因此，近几十年来，关于悬索桥振动性态的分析研究有了长足的发展。同时，在这样的研究过程中学者们还认识到，不仅风荷载，而且诸如地震和行驶车辆等各种动力荷载都可能引起悬索桥的严重振动。

对于通常所要考虑的三种动力激励源(风、地震、行驶活载)所致的振动效应的研究，悬索桥在空间各向振动的振型和频率都是需要的。为了方便，人们通常将振型分成四种类型，即竖向、纵向、横向和扭转振型。事实上，一种位移常会与另一种位移耦合，特别是竖向位移可能与纵向位移耦合，横向位移可能与扭转位移耦合，有时甚至空间上的四种位移同时耦合，耦合情况取决于结构几何和支承条件等因素。可是利用古典解析方法求解时，考虑空间耦合将导致更复杂的微分方程，从而难于求得闭合解析解，即使采用Rayleigh-Ritz(瑞利-里茨)法等近似算法求空间耦合的振型和频率也是困难的。所以常常在假定振动是小振幅的前提下，进一步将空间耦合忽略掉，以便于求解。

本章首先从悬索桥的竖平面弯曲静平衡方程出发，主要介绍悬索桥的固有振动解析法；其次，介绍有限元数值模拟方法求解悬索桥的动力分析问题。

5.1 悬索桥的固有振动

5.1.1 悬索桥的平面弯曲固有振动

1. 静力平衡方程

图5-1所示为单跨悬索桥。假设加劲梁为等截面，而且不承担恒载，全部恒载均由主

索承担，则在恒载 g 作用下，主索在平衡位置的方程为[1]

$$H_g y'' = -g \tag{5-1}$$

式中：H_g 为主索的恒载水平拉力。此时，加劲梁不产生变形。活载 $p(x)$ 作用于桥面上时，将由主索和加劲梁共同承受。相应的加劲梁的弹性平衡方程为

$$EI\eta^{(4)} = p(x) - r(x) \tag{5-2}$$

式中：$r(x)$ 为在活载作用下主索和加劲梁之间经由吊索传递的相互作用力。主索的弹性平衡方程为

$$(H_g + H_p)(y + \eta)'' = -g - r \tag{5-3}$$

将式(5-3)代入式(5-2)，得

$$\begin{aligned} EI\eta^{(4)} &= p(x) + (H_g + H_p)(y'' + \eta'') + g \\ &= p(x) + H_g y'' + H_p y'' + H_g \eta'' + H_p \eta'' + g \end{aligned} \tag{5-4}$$

注意到式(5-1)，式(5-4)可进一步简化为

$$EI\eta^{(4)} - H\eta'' = p(x) + H_p y'' \tag{5-5}$$

式中：$H = H_g + H_p$，为恒载 g 及活载 $p(x)$ 产生的主索中的水平总拉力；H_p 为活载产生的主索中的水平拉力增量；$H_p y''$ 表示主索中的活载水平拉力 H_p 所产生的竖向分布荷载。

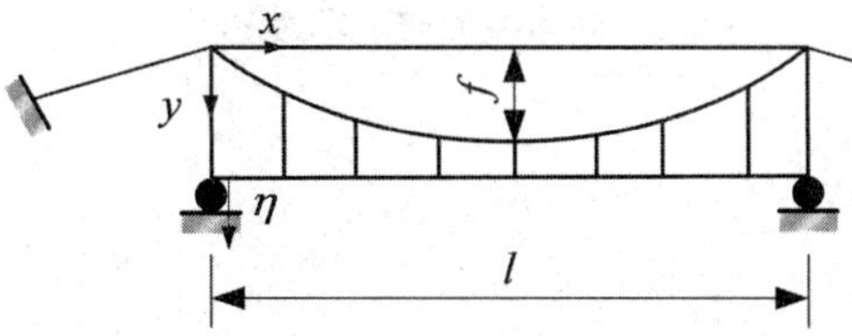

图 5-1　单跨悬索桥

按式(5-5)，可以把加劲梁看成一根悬挂于主索的简支梁，同时承受着轴向拉力 H、竖向荷载 $p(x)$ 和 $y''H_p$ 的作用。恒载 $g(x)$ 沿全桥跨接近相同，因此，由式(5-1)可知，一般用二次抛物线作为主索索形，即

$$y = \frac{4f}{l^2}x(l - x),\quad H_g = -\frac{g}{y''} = \frac{gl^2}{8f}$$

式中：l 为加劲梁的计算跨径，接近于悬臂梁主跨径；f 为悬索的中垂度。

式(5-5)是挠度理论的第一个基本方程，其中 η 和 H_p 均是未知数，必须再增加一个条件才能求解。这里可以有两种基本不同的方法：一是以能量守恒定律为基础，即外力所做的功应等于内力所做的功；另一个则以几何条件为基础，即缆索两端锚固点之间伸长的水平投影应等于零。这两种方法结果相差甚微，这里仅介绍后一种方法。

图 5-2 表示一段主索 ds 的位移情况。可以建立以下的关系：

$$(\mathrm{d}s)^2=(\mathrm{d}x)^2+(\mathrm{d}y)^2$$

$$(\mathrm{d}s+\Delta\mathrm{d}s)^2=(\mathrm{d}x+\xi_k-\xi_i)^2+(\mathrm{d}y+\eta_k-\eta_i)^2=(\mathrm{d}x+\mathrm{d}\xi)^2+(\mathrm{d}y+\mathrm{d}\eta)^2$$

两式相减，并略去高阶微量$(\Delta\mathrm{d}s)^2$、$(\mathrm{d}\xi)^2$和$(\mathrm{d}\eta)^2$，则得

$$\mathrm{d}s\cdot\Delta\mathrm{d}s=\mathrm{d}x\,\mathrm{d}\xi+\mathrm{d}y\,\mathrm{d}\eta \tag{5-6}$$

由此可得

$$\mathrm{d}\xi=\Delta\mathrm{d}l=\frac{\mathrm{d}s}{\mathrm{d}x}\Delta\mathrm{d}s-\frac{\mathrm{d}y}{\mathrm{d}x}\mathrm{d}\eta \tag{5-7}$$

式中：$\Delta\mathrm{d}s$ 为主索的伸长量。由于拉力 T 及温度变化 Δt 产生的伸长量为

$$\Delta\mathrm{d}s=\frac{T}{E_cA_c}\mathrm{d}s\pm\alpha_t\Delta t\,\mathrm{d}s=\frac{H_p}{E_cA_c\cos\varphi}\mathrm{d}s\pm\alpha_t\Delta t\,\mathrm{d}s \tag{5-8}$$

式中：E_cA_c 为主索的抗拉刚度；α_t 为温度膨胀系数；φ 为主索倾角。

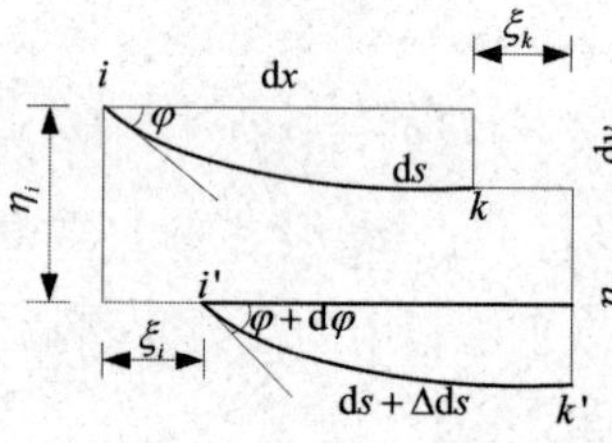

图 5-2　主索微段变形示意

将式(5-8)和 $\frac{\mathrm{d}x}{\mathrm{d}s}=\cos\varphi$ 代入式(5-7)，即

$$\Delta\mathrm{d}l=\frac{H_p}{E_cA_c\cos^3\varphi}\mathrm{d}x\pm\frac{\alpha_t\Delta t}{\cos^2\varphi}\mathrm{d}x-\frac{\mathrm{d}y}{\mathrm{d}x}\mathrm{d}\eta \tag{5-9}$$

鉴于主索在两端锚固点之间伸长的水平投影应等于零，故

$$\Delta l=\frac{H_p}{E_cA_c}\int\frac{\mathrm{d}x}{\cos^3\varphi}\pm\alpha_t\Delta t\int\frac{\mathrm{d}x}{\cos^2\varphi}-\int\frac{\mathrm{d}y}{\mathrm{d}x}\mathrm{d}\eta=0 \tag{5-10}$$

式中：第一项和第二项积分沿全主索水平投影长度积分；最后一项只对加劲梁长积分，由分部积分法，此项可转化为

$$\int_0^l y'\mathrm{d}\eta=y'\eta\,\big|_0^l-\int_0^l y''\eta\,\mathrm{d}x=-\int_0^l y''\eta\,\mathrm{d}x \tag{5-11}$$

式中引用了加劲梁的边界条件 $\eta(0)=\eta(l)=0$。

将式(5-11)代入式(5-10)，得求解 η 和 H_p 的第二个基本方程为

$$\frac{H_p}{E_cA_c}L_s\pm\alpha_t\Delta tL_t+y''F_n=0 \tag{5-12}$$

式中：$L_s=\int\frac{\mathrm{d}x}{\cos^3\varphi}$；$L_t=\int\frac{\mathrm{d}x}{\cos^2\varphi}$；$F_n=\int_0^l\eta\,\mathrm{d}x$ 为加劲梁在一跨内的挠度面积。

如略去温度变化的影响，并代入 $y''=-\frac{8f}{l^2}$，则式(5-12)可简化为

$$H=\frac{8f}{l^2}\frac{1}{\Delta L}F_{\mathrm{n}} \tag{5-13}$$

式中：$\Delta L=\frac{1}{E_{\mathrm{c}}A_{\mathrm{c}}}\int\frac{\mathrm{d}x}{\cos^3\varphi}$ 为主索 $H_p=1$ 引起的伸长。

式(5-5)和式(5-12)或式(5-13)组成了悬索桥的基本方程组。由于 H_p 中包含了挠度 $\eta(x)$，因此，式(5-5)中的 $-H\eta''$ 是一个非线性项，必须通过反复迭代求解。

2. 振动方程

令式(5-5)所表示的静力平衡位置时的荷载、挠度和主索水平拉力记为 p_0、η_0、H_{p0} 和 H_0，随时间 t 变化的动力荷载 $p(x,t)$ 所产生的振动挠度和主索水平拉力分别为 $p(x,t)$ 和 $H_p(t)$，且

$$H(t)=H_0+H_p(t)=H_g+H_{p0}+H_p(t) \tag{5-14}$$

显然，如果 $p_0=0$ 即为悬索桥自重作用下的空载情况，$H_{p0}=0$。振动时，加劲梁的动力平衡方程为

$$\begin{aligned}&EI(\eta_0+\eta)^{(4)}-(H_0+H_p)(\eta_0''+\eta'')+2\beta m\dot{\eta}+m\ddot{\eta}\\&=p_0+p(x,t)+(H_{p0}+H_p)(y''+\eta'')\end{aligned} \tag{5-15}$$

减去式(5-5)描述的静力方程，并略去高阶微量 $H_{p0}\eta''$ 和 $H_p\eta''$ 项，得悬索桥竖向振动方程为

$$EI\eta^{(4)}-H(t)\eta''+H_p(t)(y''+\eta_0'')+2\beta m\dot{\eta}+m\ddot{\eta}=p(x,t) \tag{5-16}$$

式中：m 为单位桥长的质量；β 为阻尼对数衰减率；$H_p(t)$ 为

$$H_p(t)=\frac{1}{\Delta L}\int_0^l y''\eta(x,t)\mathrm{d}x \tag{5-17}$$

实际上，$H(t)$ 的变化是很微小的，可以近似地忽略 $H_p(t)$，取 $H(t)=H_g+H_{p0}=H_0=$ 常数。这样，非线性项将简化为线性项，振动方程(5-16)也就简化成线性方程

$$EI\eta^{(4)}-H_0\eta''+2\beta m\dot{\eta}+m\ddot{\eta}=p(x,t) \tag{5-18}$$

3. 固有振动

对空桥的情况，有 $\eta_0(x)=0$、$H_{p0}=0$，不考虑阻尼项，得悬索桥在空桥时的固有振动方程为

$$\begin{cases}EI\eta^{(4)}-H_0\eta''+y''H_p+m\ddot{\eta}=p(x,t)\\H_p=-\frac{1}{\Delta L}\int_0^l y''\eta\mathrm{d}x\end{cases} \tag{5-19}$$

式中：$H_0=H_g$；H_p 是由振动时的惯性力项所引起的附加水平拉力。

与拱桥固有振动方程(4-51)相比，仅 $H_0\eta''$ 项改为负号而已，因而求解方法也相同。

与拱桥相同，悬索桥的各阶反对称振动是相互独立的，其固有频率也可写成

$$\omega=\left(\frac{k\pi}{l}\right)^2\sqrt{\frac{EI\nu_k}{m}}\ (k=2,\ 4,\ 6,\ \cdots) \tag{5-20}$$

式中：$\nu_k=1+\dfrac{H_0 l^2}{k^2\pi^2 EI}$可以看成因水平拉力的作用而使加劲梁刚度增大的系数。最低阶反对称弯曲固有频率为

$$\omega_2=\left(\frac{2\pi}{l}\right)^2\sqrt{\frac{EI\nu_2}{m}} \tag{5-21}$$

对称振型的各阶振型和相应的频率则必须从联立方程组(5-19)中解出，与拱桥相似。

在常用的矢跨比范围内，悬索桥的最低阶固有频率是反对称两个半波形式，与拱桥也相似。

4. 近似计算

若将式(5-21)写成单自由度体系的频率公式$\omega_{b2}=\sqrt{\dfrac{K_B}{m}}$，则悬索桥反对称振动($k=2$)时的等效刚度为$K_B=\left(\dfrac{2\pi}{l}\right)^4 EI\nu_2=\left(\dfrac{2\pi}{l}\right)^4 EI+\left(\dfrac{2\pi}{l}\right)^2 H_0$。因特大跨径公路悬索桥的索力很大，而加劲梁的高跨比则较小，一般$\dfrac{\pi^2 EI}{H_0 l^2}<0.05$。因此，上式中的第一项与第二项相比是次要的。这意味着悬索桥的总体刚度主要由主索提供，而不依靠加劲梁的刚度。如果近似地略去第一项，并引入$H_0=H_g=\dfrac{gl^2}{8f}$，得$K_B=\dfrac{\pi^2 g}{2f}$。于是，悬索桥的反对称弯曲固有频率可按下列近似公式计算：

$$f_{b2}=\frac{\omega_{b2}}{2\pi}=\frac{1}{2\pi}\sqrt{\frac{K_B}{m}}=\sqrt{\frac{g}{8fm}}=\frac{1.107}{\sqrt{f}} \tag{5-22}$$

注意，对于跨径$l<500$ m或加劲梁较强大的悬索桥，应当按式(5-21)计算固有频率。

例 5-1　对如图 5-3 所示悬索桥的固有振动进行分析。已知计算跨径$l=750$ m，$f=87.3$ m，恒载$g=500$ kN/m，主索$E=1\ 600$ kN/cm²，$A_c=1.15$ m²，加劲梁$E=2\ 100$ kN/cm²，$I=13.5$ m⁴。

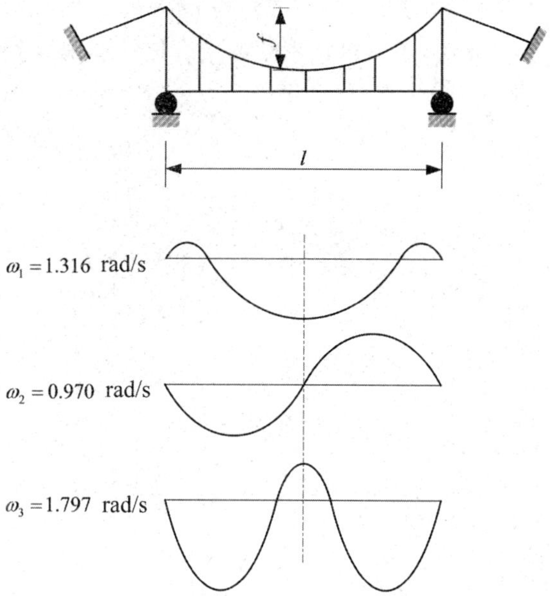

图 5-3　悬索桥的固有振动频率

解： 解之得空桥时的前三阶频率和相应的振型函数分别为

$$\omega_1=1.316\ \text{rad/s},\ \omega_2=0.97\ \text{rad/s},\ \omega_3=1.797\ \text{rad/s}$$

$$\eta_1(x)=A_1\left(\sin\frac{\pi x}{l}-0.579\sin\frac{3\pi x}{l}\right),\ \eta_2(x)=A_2\sin\frac{2\pi x}{l},$$

$$\eta_3(x)=A_3\left(\sin\frac{\pi x}{l}+1.728\sin\frac{3\pi x}{l}\right)$$

与有限元法计算结果的对比列于表 5-1。

表 5-1　前三阶振动圆频率

单位：rad/s

阶数	1	2	3
解析解	1.316	0.97	1.797
有限元解	1.364	0.912	1.817

由表 5-1 可见，悬索桥因其刚度较小的特性，其前几阶的频率较小，实测时应引起足够的注意。

5.1.2　悬索桥的扭转固有振动

悬索桥加劲梁的扭转振动实际上和水平挠曲振动耦合在一起，同时还伴随着微小的竖向挠曲振动。由于耦合项都是非线性的，如果只考虑微小的振动而忽略非线性项，则线性的固有振动方程将可分离，即扭转固有振动可以作为一种单独的振动体系来处理。

下面用能量原理来推导图 5-1 所示悬索桥的扭转振动的基本方程，假定其扭转中心与加劲梁相同。

加劲梁约束扭转的应变能为

$$V_1 = \frac{1}{2}\int_L EI_w\left(\frac{\partial^2\varphi}{\partial x^2}\right)^2 dx \tag{5-23}$$

加劲梁自由扭转的应变能为

$$V_2 = \frac{1}{2}\int_L GI_d\left(\frac{\partial\varphi}{\partial x}\right)^2 dx \tag{5-24}$$

主索的应变能即索力在主索变形中所做的功为

$$V_3 = \frac{H_g B^2}{4}\int_L\left(\frac{\partial\varphi}{\partial x}\right)^2 dx + \frac{4fB}{l^2}H_p\int_L \varphi dx \tag{5-25}$$

式中：EI_w 为加劲梁的约束扭转刚度；GI_d 为加劲梁的自由扭转刚度；H_g 为半侧桥主索中的恒载水平拉力；H_p 为振动时相应的主索中的水平拉力增量；f 为主索的垂度；B 为加劲梁宽度，即两主索间的距离；φ 为加劲梁扭转角。

加劲梁的动能为

$$T_1 = \frac{1}{2}\int_L m_s r^2\dot{\varphi}^2 dx \tag{5-26}$$

主索的动能为

$$T_2 = \frac{1}{2}\int_L m_c\left(\frac{B}{2}\dot{\varphi}\right)^2 dx \tag{5-27}$$

式中：r 为加劲梁的惯性回转半径；m_s 为加劲梁沿跨径的分布质量；m_c 为主索的分布质量。

于是，能量的总和为

$$T - V = \frac{1}{2}\int_L\left[\left(m_s r^2 + \frac{B^2}{4}m_c\right)\dot{\varphi}^2 - EI_w\left(\frac{\partial^2\varphi}{\partial x^2}\right)^2 - \left(GI_d + \frac{H_g B^2}{2}\right)\left(\frac{\partial\varphi}{\partial x}\right)^2 - \frac{8f}{l^2}BH_p\varphi\right]dx$$

对上式应用拉格朗日方程，给出悬索桥的扭转固有振动方程如下

$$EI_w\varphi^{(4)} - \left(GI_d + \frac{H_g B^2}{2}\right)\varphi'' + \frac{4f}{l^2}BH_p + \left(m_s r^2 + \frac{B^2}{4}m_c\right)\ddot{\varphi} = 0 \tag{5-28}$$

由主索两端锚固点之间的水平位移为零的条件，可得补充方程

$$\frac{L}{E_c A_c}H_p = \frac{4f}{l^2}B\int_L \varphi dx \tag{5-29}$$

式(5-28)和式(5-29)组成了悬索桥扭转固有振动的基本方程组。它们和上节中悬索桥的弯曲固有振动方程全相似，因而可以用同样的方法求解。

对于最不利的一阶反对称扭转振动($k=2$)，$H_p=0$ 固有频率为

$$\omega_{\mathrm{T2}}=\sqrt{\frac{EI_{\mathrm{w}}\left(\frac{2\pi}{l}\right)^4+\left(GI_{\mathrm{d}}+\frac{H_g B^2}{2}\right)\left(\frac{2\pi}{l}\right)^2}{m_s r^2+\frac{B^2}{4}m_c}} \tag{5-30}$$

令 $b=\frac{B}{2}$，为半桥宽，则式(5-30)可改写为

$$\omega_{\mathrm{T2}}=\left(\frac{2\pi}{l}\right)^2\sqrt{\frac{EI_{\mathrm{w}}\nu_{\mathrm{T2}}}{m_s r^2+b^2 m_c}} \tag{5-31}$$

式中，$\nu_{\mathrm{T2}}=1+\frac{GI_{\mathrm{d}}+H_g b^2}{EI_{\mathrm{w}}}\left(\frac{l}{2\pi}\right)^2$。

对于 H 型开口截面的加劲梁，GI_{d} 一般很小，可忽略不计。而约束扭转刚度 $I\approx Ib^2$，式(5-31)可简化为

$$\omega_{\mathrm{T2}}=\left(\frac{2\pi}{l}\right)^2\sqrt{\frac{EI_{\mathrm{w}}b^2\nu_{\mathrm{T2}}}{m_s r^2+b^2 m_c}} \tag{5-32}$$

式中，$\nu_{\mathrm{T2}}=1+\frac{H_g l^2}{4\pi^2 EI}$。

如果令 $m=m_s+m_c$，与式(5-21)相比，则反对称扭弯频率比为 $\varepsilon=\frac{\omega_{\mathrm{T2}}}{\omega_{\mathrm{b2}}}=\sqrt{\frac{m_s+m_c}{m_s\left(\frac{r}{b}\right)^2+m_c}}$。

因为主索的质量相对于加劲梁的质量 m_s 较小，若略去不计，上式可进一步简化为

$$\varepsilon=\frac{b}{r} \tag{5-33}$$

式中：b 为半桥宽；r 为加劲梁的回转半径。

根据统计，采用开口截面加劲梁的悬索桥，其扭弯频率比的近似值为 $\varepsilon\approx 1.3$。

对于闭口截面的加劲梁，自由扭转将成为主要因素，而约束扭转刚度则相对较小，可略去不计。此时

$$\omega_{\mathrm{T2}}=\frac{2\pi}{l}\sqrt{\frac{GI_{\mathrm{d}}+H_g b^2}{m_s r^2+m_c b^2}}$$

根据统计，采用闭口截面加劲梁的悬索桥，其扭弯频率比的近似值为 $\varepsilon\approx 1.5$，比开口截面增大约 15％。

5.1.3　悬索桥猫道的固有振动

猫道是悬索桥主索施工过程中作为施工人员工作平台和通道的一种临时性结构，其本身是一种柔性结构。研究猫道的固有振动特性，对确保主索施工过程中猫道的抗风安全和

进行抗风稳定性研究具有重要意义。

根据猫道结构的自身特点，将其作为带有预张力的索桁架结构。由于塔相对于猫道为刚性体，因此仅研究猫道中跨，而忽略边跨和塔的影响。

1. 猫道的固有振动

1)竖向固有振动

猫道在铅垂方向的固有振动方程可从式(5-19)导得。因为猫道结构中的平台 $EI \approx 0$，并令竖向位移为 $w(x, t)$，则

$$H_{pu}y''_{u}+H_{pd}y''_{d}+(H_{ou}+H_{od})\frac{\partial^2 w}{\partial x^2}=m\ddot{w} \tag{5-34}$$

式中：y_u 和 y_d 分别为猫道上、下弦的原有线形；H_{ou} 和 H_{od} 分别为猫道上、下弦的恒载水平张力；m 为猫道单位跨径长度的质量；H_{pu} 和 H_{pd} 分别为猫道上、下弦张力在水平方向因振动而引起的增量，即

$$H_{pu}=-\frac{E_cA_{cu}}{L_{su}}\int w(x, t)y''_{u}\mathrm{d}x \tag{5-35}$$

$$H_{pd}=-\frac{E_cA_{cd}}{L_{bl}}\int w(x, t)y''_{d}\mathrm{d}x \tag{5-36}$$

其中，

$$\begin{cases} L_{vu}=\int \dfrac{\mathrm{d}x}{\cos^3\varphi_u}=\int_0^{l_u}[1+(y'_u)^2]^{3/2}\mathrm{d}x \\ L_{vd}=\int \dfrac{\mathrm{d}x}{\cos^3\varphi_d}=\int_0^{l_d}[1+(y'_d)^2]^{3/2}\mathrm{d}x \end{cases} \tag{5-37}$$

式中：l_u 和 l_d 分别为猫道上、下弦的计算跨径；E_cA_{cu} 和 E_cA_{cd} 分别为猫道上、下弦的轴向刚度。

引入符号

$$\eta=y''_{d}/y'_{u} \tag{5-38}$$

和

$$\zeta=E_cA_{cd}/E_cA_{cu} \tag{5-39}$$

同时假设猫道的上、下弦均为二次抛物线型，且具有相同的矢跨比，则有

$$L_{vu}=L_{vd}=L_v$$

振动是简谐的，即

$$\ddot{w}(x, t)=-\omega_v^2W(x)\sin\omega_v t \tag{5-40}$$

将以上各量代入式(5-34)，得

$$(y''_u)^2\frac{E_cA_{cu}}{L_v}(1+\zeta\eta^2)\int_0^l W(x)\mathrm{d}x-(H_{ou}+H_{od})W''(x)=m\omega_v^2W(x) \tag{5-41}$$

式中：ω 为猫道固有振动频率。

用伽辽金法求解式(5-41)。利用边界条件，假设 $W(x)=\sum_{i=1}^{\infty}\alpha_i \sin\frac{i\pi x}{l}$ ，可分别求得一阶对称竖向振动频率和一阶反对称竖向振动频率。对于一阶对称竖向振动，其边界条件为 $W(0)=W(l)=0$，则有

$$\omega=\frac{\pi}{l}\left[\frac{(H_{ou}+H_{vd})}{m}+\frac{8(y''_u)^2E_cA_{cu}(1+\zeta\eta^2)l^3}{\pi^4L_vm}\right]^{1/2} \tag{5-42}$$

对于一阶反对称竖向振动，其边界条件为 $W(0)=W(l/2)=0$，则有

$$\omega=\frac{2\pi}{l}\sqrt{\frac{H_{ou}+H_{od}}{m}} \tag{5-43}$$

2)侧向固有振动

猫道侧向振动方程可描述为

$$(H_{ou}+H_{od})\frac{\partial^2 v(x,t)}{\partial x^2}=m\frac{\partial^2 v(x,t)}{\partial t^2} \tag{5-44}$$

式中：$v(x,t)$ 为猫道的侧向位移；其余各量同前。设振动是简谐的，即

$$\ddot{v}(x,t)=-\omega^2V(x)\sin\omega t \tag{5-45}$$

式中：ω 为猫道侧向固有振动频率。代入式(5-44)，则有

$$(H_{ou}+H_{od})V''(x)+m\omega_H^2V(x)=0 \tag{5-46}$$

根据边界条件 $V(0)=V(l)=0$，即可求得式(5-46)的第 n 阶侧向固有振动频率为

$$\omega_{Hn}=\frac{n\pi}{l}\sqrt{\frac{H_{ou}+H_{od}}{m}}\ (n=1,2,3\cdots) \tag{5-47}$$

3)扭转固有振动

由式(5-28)，令 $EI_{\bar{w}}=GI_d=0$，$m_sr^2=0$，则猫道扭转固有振动方程为

$$-\frac{H_0B^2}{2}\frac{\partial^2\varphi}{\partial x^2}+\frac{4f}{l^2}BH_p+\frac{B^2}{4}m\ddot{\varphi}=0 \tag{5-48}$$

式中：B 为两猫道悬索的中心距离；φ 为扭转角；$H_0=H_{ou}+H_{od}$；$H_p=H_{pu}+H_{pd}$。补充方程同式(5-29)。

对于一阶反对称扭转振动，其边界条件为 $\varphi(0)=\varphi(l/2)=0$，振动频率为

$$\omega_T=\frac{2\pi}{l}\sqrt{\frac{2H_0}{m}} \tag{5-49}$$

2. 近似计算

以猫道的一阶反对称竖向振动固有频率计算为例，给出该频率的近似计算公式。抗风缆张力对猫道振动频率产生的影响主要表现在两个方面：①抗风缆张力自身对频率的贡献，体现在公式的 H_{od} 中；②增设抗风缆使得承重缆索张力增加。

设猫道承重线和抗风缆的矢高分别为 f_u 和 f_d，则可得到由于抗风缆张力引起的承重缆张力的变化为

$$H_{ou2}=H_{od}\frac{f_d}{f_u} \tag{5-50}$$

在增设抗风缆后，猫道承重缆的张力为

$$H_{ou}=H_{ou1}+H_{ou2}=H_{ou1}+H_{od}\frac{f_d}{f_u} \tag{5-51}$$

式中：H_{od} 为抗风缆水平张力；$H_{ou1}=\frac{mgl^2}{8f_u}$ 为由猫道总重量引起的承重缆的水平张力。

将式(5-51)的 H_{ou} 和 H_{od} 代入式(5-47)，可得一阶反对称竖向振动频率

$$\begin{aligned}\omega&=\frac{2\pi}{l}\sqrt{\frac{H_{ou}+H_{od}}{m}}=\frac{2\pi}{l}\sqrt{\frac{H_{ou1}+H_{od}\lambda+H_{od}}{m}}\\&=\frac{2\pi}{l}\sqrt{\frac{H_{ou1}+(1+\lambda)H_{od}}{m}}=\frac{2\pi}{l}\sqrt{\frac{H_{ou1}}{m}}\sqrt{1+(1+\lambda)\mu}\end{aligned} \tag{5-52}$$

式中：$\lambda=f_d/f_u$ 为猫道的抗风缆垂度和承重缆垂度之比；$\mu=H_{od}/H_{ou1}$ 为抗风缆水平张力与非重缆恒载水平张力之比。对 $[1+(1+\lambda)\mu]^{1/2}$ 在 $\mu=0$ 时展开为泰勒级数，取其前两项，则得

$$\omega=\frac{2\pi}{l}\sqrt{\frac{mgl^2}{8mf_u}}[1+(1+\lambda)\mu/2]=\frac{6.954\ 2[1+(1+\lambda)\mu/2]}{\sqrt{f_u}} \tag{5-53}$$

运用同样的方法可以得到一阶对称侧向振动和一阶反对称扭转振动的频率近似计算公式。

在计算机和有限元法的应用已经十分普及的今天，应用有限元程序按精确的力学模型来计算猫道的自振特性，可考虑质量沿跨长方向的不均匀分布，以及吊杆、横向天桥等因素的影响。

例 5-2　已知某大桥猫道设计参数为跨径 $l=888$ m，沿跨长单位长度质量 $m=193.55$ kg/m，承重缆垂度 $f_u=72.854$ m，抗风缆垂度 $f_1=68.706$ m，抗风缆张力 $H_{od}=0.380\ 4$ MN，称重缆张力 $H_{ou1}=2.984$ MN。

解：利用理论公式、近似计算公式和有限元法分别计算，结果列于表 5-2。

表 5-2　近似计算公式和有限元法频率

序号	固有振动特点	理论公式	近似公式	有限元
1	一阶对称侧向振动	0.074 2	0.073 3	0.073 4
2	一阶反对称侧向振动	0.148 5	0.146 6	0.144 9
3	一阶反对称侧向振动	0.148 5	0.146 6	0.145 4

由此可见，本节的近似计算公式是可靠的，也很简单，便于工程应用。

5.2　悬索桥振动分析的有限元法

前面按连续体的分析方法引入了一些理想化假定，由此所得的分析结果存在一定误差。另外，基于能量原理的 Ritz 法求解，只能求得较低模态的近似解，高阶模态将是不准确的，因此如果需要准确算出较多的模态特性，应当使用有限元数值分析方法。本节建立材料符合胡克定律假定、振动为小振幅线性振动假定的二维动力有限元方法。

5.2.1　悬索桥自由振动分析的二维有限元法

1. 竖平面内自由振动

当悬索桥在竖平面内振动时，结构没有横向位移及扭转位移，所以对称于纵向平面的两个缆索-加劲系统的结构特性可以合并到一起考虑，这样悬索桥的竖平面振动性状就可以用一般的平面框架结构动力有限元法分析。按这样的方法分析时，结构的有限元离散模型与竖向静力分析时完全一致，即将结构看作一系列平面梁和杆单元的集合，每个梁单元有两个节点，每个节点有三个自由度，即在 x 方向和 y 方向的两个位移自由度以及在 x-y 平面内的一个转角自由度。杆单元则相当于梁单元没有抗弯刚度时的情况。在这里，动力分析只考虑结构在恒载几何状态静平衡位置附近的微小线性振动，不考虑大位移的非线性振动。但是，在恒载状态下缆索、吊杆和塔单元内有初始内力，这个初始内力引起的结构几何刚度必须与结构弹性刚度一并考虑。这样，自由振动的矩阵方程表达为

$$\boldsymbol{M}\ddot{\boldsymbol{u}}+(\boldsymbol{K}_{\mathrm{E}}+\boldsymbol{K}_{\mathrm{G}})\boldsymbol{u}=\boldsymbol{0} \tag{5-54}$$

式中：$\boldsymbol{M}$ 为总体结构质量矩阵；$\boldsymbol{u}$ 为总体节点位移列阵；$\boldsymbol{K}_{\mathrm{E}}$ 为总体弹性刚度矩阵；$\boldsymbol{K}_{\mathrm{G}}$ 为总体几何刚度矩阵，它们由下述单元特性集合而成。

单元质量矩阵采用如下的集中质量矩阵，即

$$\boldsymbol{M}^{e}=\begin{bmatrix} m_e\dfrac{l}{2} & 0 & 0 & 0 & 0 & 0 \\ 0 & m_e\dfrac{l}{2} & 0 & 0 & 0 & 0 \\ 0 & 0 & 0 & 0 & 0 & 0 \\ 0 & 0 & 0 & m_e\dfrac{l}{2} & 0 & 0 \\ 0 & 0 & 0 & 0 & m_e\dfrac{l}{2} & 0 \\ 0 & 0 & 0 & 0 & 0 & 0 \end{bmatrix} \tag{5-55}$$

式中：m_e 为单元单位长度的质量；l 是单元长度。

单元节点位移矢量为

$$\boldsymbol{\delta}^e = [u_i,\ v_i,\ \theta_i,\ u_j,\ v_i,\ \theta_j]^{\mathrm{T}} \tag{5-56}$$

式中：u 为 x 方向的位移；v 为 y 方向的位移；θ 为 x-y 平面内的转角。

单元弹性刚度矩阵为

$$\boldsymbol{K}_{\mathrm{E}}^{\mathrm{e}} = \begin{bmatrix} a_1 & a_3 & a_5 & -a_1 & -a_3 & a_5 \\ a_3 & a_2 & a_4 & -a_3 & -a_2 & a_4 \\ a_5 & a_4 & a_6 & -a_5 & -a_4 & a_7 \\ -a_1 & -a_3 & -a_5 & a_1 & a_3 & -a_5 \\ -a_3 & -a_2 & -a_4 & a_3 & a_2 & -a_4 \\ a_5 & a_4 & a_7 & -a_1 & -a_4 & a_6 \end{bmatrix} \tag{5-57}$$

其中，

$$\begin{aligned} & a_1 = \frac{EA}{l_0}\cos^2\psi + \frac{12EI}{l^3}\sin^2\psi,\quad a_2 = \frac{EA}{l_0}\sin^2\psi + \frac{12EI}{l^3}\cos^2\psi \\ & a_3 = \left(\frac{EA}{l_0} - \frac{12EI}{l^3}\right)\sin\psi\cos\psi,\quad a_4 = \frac{6EI}{l^2}\cos\psi \\ & a_5 = -\frac{6EI}{l^2}\sin\psi,\quad a_6 = 4EI/l,\quad a_7 = 2EI/l \end{aligned} \tag{5-58}$$

式中：E 为单元的弹性模量；I 为惯性矩；A 为截面面积；l_0 为单元无应力长度；l 为恒载状态下的单元长度；ψ 为恒载状态下单元的倾角。

单元几何刚度矩阵为

$$\boldsymbol{K}_{\mathrm{G}}^{\mathrm{e}} = \begin{bmatrix} \frac{N}{l}\sin^2\psi & -\frac{N}{l}\sin\psi\cos\psi & 0 & -\frac{N}{l}\sin^2\psi & \frac{N}{l}\sin\psi\cos\psi & 0 \\ -\frac{N}{l}\sin\psi\cos\psi & \frac{N}{l}\cos^2\psi & 0 & \frac{N}{l}\sin\psi\cos\psi & -\frac{N}{l}\cos^2\psi & 0 \\ 0 & 0 & 0 & 0 & 0 & 0 \\ -\frac{N}{l}\sin^2\psi & \frac{N}{l}\sin\psi\cos\psi & 0 & \frac{N}{l}\sin^2\psi & -\frac{N}{l}\sin\psi\cos\psi & 0 \\ \frac{N}{l}\sin\psi\cos\psi & \frac{N}{l}\cos^2\psi & 0 & -\frac{N}{l}\sin\psi\cos\psi & \frac{N}{l}\cos^2\psi & 0 \\ 0 & 0 & 0 & 0 & 0 & 0 \end{bmatrix} \tag{5-59}$$

式中：N 为单元在恒载几何状态下的初始内力。

如将式(5-57)与式(5-59)合并起来，注意此时 $e = l - l_0 = Nl_0/EA$ ，则有

$$\boldsymbol{K}_{\mathrm{EG}}^{e} = \boldsymbol{K}_{\mathrm{E}}^{e} + \boldsymbol{K}_{\mathrm{G}}^{e} = \boldsymbol{K}_{\mathrm{T}}^{e}(\delta^e = 0) \tag{5-60}$$

其中，

$$\boldsymbol{K}_{\mathrm{T}}^{e}(\delta^{e}=0)=\begin{bmatrix} k_1 & k_3 & k_5 & -k_1 & -k_3 & k_5 \\ k_3 & k_2 & k_4 & -k_3 & -k_2 & k_4 \\ k_5 & k_4 & k_6 & -k_5 & -k_4 & k_7 \\ -k_1 & -k_3 & -k_5 & k_1 & k_3 & -k_5 \\ -k_3 & -k_2 & -k_4 & k_3 & k_2 & -k_4 \\ k_5 & k_4 & k_7 & -k_1 & -k_4 & k_6 \end{bmatrix} \tag{5-61}$$

$$\begin{aligned} k_1 &= \frac{EA}{l_0}\left(\cos^2\psi+\frac{e}{l_c}\sin^2\psi\right)+\frac{12EI}{l_0^3}\sin^2\psi \\ k_2 &= \frac{EA}{l_0}\left(\sin^2\psi+\frac{e}{l_c}\cos^2\psi\right)+\frac{12EI}{l_c^3}\cos^2\psi \\ k_3 &= \frac{EA}{l_0}\left(1-\frac{e}{l_0}\right)\sin\varphi\cos\psi-\frac{12EI}{l_c^3}\sin\psi\cos\psi \\ k_4 &= \frac{6EI}{l_c^2}\cos\psi,\quad k_5=\frac{EI}{l_c^2}\sin\psi,\quad k_6=\frac{4El}{l_c},\quad k_7=\frac{-4EI}{l_c} \end{aligned} \tag{5-62}$$

式(5-61)中，取 $\delta^e=0$ 及 $l_c=l$ 时的切线刚度矩阵，即初始切线刚度矩阵。此切线刚度矩阵是恒载初始状态未发生大位移时用于振动计算的切线刚度矩阵，因而所考虑的振动是小位移的线性振动。

2. 横向振动

当悬索桥在横桥向做单纯的横向振动时，计算时可不考虑悬索桥吊点平面与扭转中心的偏差。假设两侧的缆索具有相同的横向位移，则对称于纵向平面的两个缆索-加劲系统的结构特性可以合并到一起考虑，从而使悬索桥的横向振动性状可以用一般的平面板架(格栅结构)动力有限元法分析。按这样的方法分析时，即将结构看作一系列的格栅杆单元的集合，每个格栅杆单元有两个节点，每个节点有三个自由度，即在 z 方向的一个平移自由度和在 x-z 平面与 y-z 平面的两个转角自由度。与静力分析相同，这里只考虑在恒载状态静平衡位置附近的线性微小振动，而且仍应将恒载初始内力引起的几何刚度与弹性刚度一并考虑。这样，横向自由振动的矩阵方程可以写为

$$\boldsymbol{M}\ddot{\boldsymbol{u}}+\boldsymbol{K}\boldsymbol{u}=\boldsymbol{0} \tag{5-63}$$

式中：$\boldsymbol{M}$ 为总体结构质量矩阵；$\boldsymbol{K}$ 为总体结构刚度矩阵；$\boldsymbol{u}$ 为总体结构节点位移列阵。$\boldsymbol{K}$ 和 $\boldsymbol{u}$ 的表达式与横向静力分析时完全相同，$\boldsymbol{M}$ 采用集中质量对角矩阵，并且是由如下的单元质量矩阵集合得到：

$$
\boldsymbol{M}^{e}=\begin{bmatrix}
0 & 0 & 0 & 0 & 0 & 0 \\
0 & 0 & 0 & 0 & 0 & 0 \\
0 & 0 & m_{e}\dfrac{l}{2} & 0 & 0 & 0 \\
0 & 0 & 0 & 0 & 0 & 0 \\
0 & 0 & 0 & 0 & 0 & 0 \\
0 & 0 & 0 & 0 & 0 & m_{e}\dfrac{l}{2}
\end{bmatrix} \tag{5-64}
$$

虽然在这样的分析中，加劲梁在 y-z 平面的转角位移相应于加劲梁的扭转位移，但由于分析时是将两个缆索和加劲系统合并起来作为格栅结构考虑的，合并后的缆索系统与加劲梁的连接被认为是在加劲梁的扭转中心处，所以这样分析得到的扭转位移不代表实桥的扭转位移，而只代表作为格栅时杆件的扭转位移，因而无实际意义，而这里分析的目的只在获得有实际意义的横向位移的振动性态。

3. 扭转振动

本节介绍一个用于扭转振动分析的二维的“桥单元”有限元法，这个方法主要是基于 Abdel-Ghaffar 的研究工作。这个方法建立在如下假定的基础上：

(1)材料符合胡克定律，振动为小振幅的线性振动。

(2)恒载状态下缆索为抛物线形，加劲梁不受力。

(3)吊杆为竖直，并认为是不可拉伸的。

(4)吊杆是竖直的，并认为吊点平面与加到梁扭转中心的偏差影响可以忽略，这样扭转振动不与竖向或横向挠曲振动耦合。

(5)不考虑加劲梁的畸变效应，即认为横联或横隔板的剪切刚度充分大，桁架加劲梁用等效箱梁代替。

(6)因为塔的挠曲刚度影响不大，所以不考虑塔的挠曲刚度。

这些假定实际上与前节扭转振动解析方法所采用的假定相同，只是在这里没有采用加劲梁为等截面的假定。Abdel-Ghaffar 的方法原是针对闭合桁架加劲的悬索桥提出，所以有更多的假定，这里予以放宽以便这个方法也适用于实腹箱梁加劲的悬索桥。

将悬索桥划分为一系列离散的桥单元，每个桥单元由缆索节段子单元和梁段子单元及连接它们的两个或多个刚性吊杆组成(单元不一定按一个一个节间划分)，如图 5-4 所示。由于扭转时，缆索的竖向位移等于加劲梁吊点处的竖向位移，这样就可以仅在梁段两端设置节点；又由于缆索或加劲梁吊点处的竖向位移与加劲梁的扭转角存在关系 $\theta_i(x, t)=v_i(x, t)\left(\dfrac{2}{b}\right)$ 和 $\dfrac{\partial\theta_i(x, t)}{\partial x}=\dfrac{\partial v_i(x, t)}{\partial x}\left(\dfrac{2}{b}\right)$，故可考虑每个节点有两个自由度，即一个竖向位移自由度和一个转角自由度(竖向位移的导数)，前者除以 $b/2$ 后，实际上代表加劲梁的扭转位移，后者除以 $b/2$ 后实际上代表加劲梁扭转角的导数，它在一定意义上可看作翘曲位移参数。在 Abdel-Ghaffar 的文献中没有这样明确解释各自由度的物理意义。

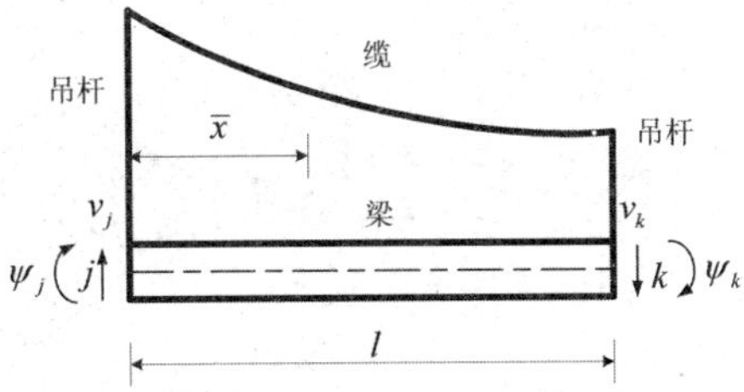

图 5-4　**用于扭转分析的桥段单元**

由于用竖向位移及其导数来描述扭转问题，扭转问题就在形式上转化为简单和熟知的弯曲问题。而对于弯曲问题，就可以采用简单的三次 Hermitian 样条插值函数来描述单元内部位移。因此，单元内部任意点的扭转角及其导数可表达为

$$\theta_e(\xi_1,\ \xi_2)=\frac{2}{b}\nu_e(\xi_1,\ \xi_2)=\frac{2}{b}\boldsymbol{f}\ (\xi_1,\ \xi_2)_e^{\mathrm{T}}\,\delta^e(t)\qquad(e=1,\ 2,\ \cdots,\ N)\tag{5-65}$$

式中：e 是单元记号；N 为单元总数；$(\xi_1,\ \xi_2)$ 为正则坐标；$\xi_1(\bar{x})=(1-\bar{x}/l)$、$\xi_2(\bar{x})=\bar{x}/l$，$\bar{x}$ 为单元内部任意点的位置坐标，l 为单元长度；$\boldsymbol{f}(\xi_1,\ \xi_2)^{\mathrm{T}}$ 为插值函数矢量，由下式表达：

$$\boldsymbol{f}\ (\xi_1,\ \xi_2)^{\mathrm{T}}=[\xi_1^2(3-2\xi_1),\ -l\xi_1^2\xi_2,\ \xi_2^2(3-2\xi_2),\ -l\xi_1\xi_2^2]\tag{5-66}$$

$\boldsymbol{\delta}^e(t)$ 是单元节点位移矢量，由下式表达：

$$\boldsymbol{\delta}^{\mathrm{e}}(t)=[v_j,\ \Psi_j,\ v_k,\ \Psi_k]^{\mathrm{T}}\tag{5-67}$$

式中：v 代表竖向位移；Ψ 代表竖向位移的一阶导数，形式上是缆索挠曲角或加劲梁边缘吊点处挠曲角，实际上用它除以 $b/2$ 后代表扭转角的一阶导数，并作为翘曲位移参数看待。

理论上，对于周边不变形的闭口薄壁杆件翘曲约束扭转问题[2]，根据乌曼斯基第二理论和符拉索夫的理论，扭转角的一阶导数与翘曲位移参数还不是一回事，但如前所述，当梁所受的外扭矩不超过 x 的二次式时，关于扭转角的四阶微分方程与开口薄壁杆件[3]的基础扭转方程相似，只是翘曲刚度前面要乘一个系数，并且翘曲常数的计算有所不同。

扭转振动时，储存在全部单元的各能量项分别为

加劲梁动能：

$$T_{\mathrm{s}}(t)=\frac{1}{2}\sum_{i=1}^{3}\left[\sum_{e=1}^{N_i}\int_0^l I_{\mathrm{ms}}\left(\frac{\partial\theta_e}{\partial t}\right)^2\mathrm{d}x\right]\tag{5-68}$$

缆索动能：

$$T_c(t)=\frac{1}{2}\sum_{i=1}^{3}\left[\frac{q_c}{g}\sum_{e=1}^{N_i}\frac{b^2}{4}\int_0^l\left(\frac{\partial\theta_e}{\partial t}\right)^2\mathrm{d}x\right] \tag{5-69}$$

加劲梁翘曲应变能：

$$V_{sw}(t)=\frac{1}{2}\sum_{i=1}^{3}\left[\sum_{e=1}^{N_i}\int_0^l\beta E_1J_w\left(\frac{\partial^2\theta_e}{\partial x^2}\right)^2\mathrm{d}x\right] \tag{5-70}$$

加劲梁扭转应变能：

$$V_{st}(t)=\frac{1}{2}\sum_{i=1}^{3}\left[\sum_{e=1}^{N_1}\int_0^l GJ_t\left(\frac{\partial\theta_e}{\partial x}\right)^2\mathrm{d}x\right] \tag{5-71}$$

缆索应变能：

$$V_c(t)=\frac{1}{2}\sum_{i=1}^{3}\left[\sum_{e=1}^{N_i}H_q\frac{b^2}{4}\int_0^l\left(\frac{\partial\theta_e}{\partial x}\right)^2\mathrm{d}x\right]+\frac{1}{2}\sum_{i=1}^{3}\left[2H(t)\sum_{e=1}^{N_i}\frac{q}{H_q}\frac{b}{2}\int_0^l\theta_e\mathrm{d}x\right] \tag{5-72}$$

式中：第一项代表重力势能；第二项代表弹性应变能。

而

$$H(t)=\frac{E_cA_c}{L_c}\sum_{i=1}^{3}\left[\sum_{e=1}^{N_i}\frac{q}{H_q}\frac{b}{2}\int_0^l\theta_e\mathrm{d}x\right]=\frac{E_cA_c}{2L_c}\sum_{i=1}^{3}\left[\sum_{e=1}^{N_1}\frac{q}{H_q}\frac{b}{2}\int_0^l\theta_e\mathrm{d}x\right] \tag{5-73}$$

以上各式中，$\beta=\dfrac{J_p}{J_p-J_t}$；$E_1$ 为折算弹性模量，$E_1=E/(1-v^2)$；J_w 为广义扇形惯性矩；G 是剪切模量；J_t 是圣维南扭转常数；H_q 是总恒载水平缆力（两缆之和）；I_{ms} 是加劲梁的转动惯量；N_i 为第 i 跨的离散单元数；A_c 为缆索截面面积（两根之和）；A_{c1} 为一根缆索截面面积。

将式(5-65)代入式(5-68)～式(5-72)，然后将各能量项代入 Hamilton 方程进行变分计算，获得如下的振动矩阵方程

$$\boldsymbol{I}_\theta\ddot{\boldsymbol{r}}+(\boldsymbol{K}_{sw}+\boldsymbol{K}_{st}+\boldsymbol{K}_{cg}+\boldsymbol{K}_{ce})\boldsymbol{r}=0 \tag{5-74}$$

式中：$\boldsymbol{r}$ 为整体节点位移矢量；$\boldsymbol{I}_\theta$、$\boldsymbol{K}_{sw}$、$\boldsymbol{K}_{st}$、$\boldsymbol{K}_{cg}$、$\boldsymbol{K}_{ce}$ 分别为整体惯性（质量）矩阵、加劲梁翘曲刚度矩阵、加劲梁扭转刚度矩阵、缆索重力刚度矩阵、缆索弹性刚度矩阵。除 $\boldsymbol{K}_{cg}$ 外，它们均为带状对称矩阵，且分别由如下的单元特性组集得到：

$$\boldsymbol{I}_\theta^e=\frac{4I_m}{b^2}\int_0^l\{\boldsymbol{f}\}_e\{\boldsymbol{f}\}_e^T\mathrm{d}\bar{x}=\frac{I_ml}{105b^2}\begin{bmatrix}156 & -22l & 54 & 13l\\ -22l & 4l^2 & -13l & -3l^2\\ 54 & -13l & 156 & 22l\\ 13l & -3l^2 & 22l & 4l^2\end{bmatrix} \tag{5-75}$$

$$\boldsymbol{K}_{sw}^e=\frac{4\beta E_1J_w}{b^2}\int_0^l\{\boldsymbol{f}''\}_e\{\boldsymbol{f}''\}_e^T\mathrm{d}\bar{x}=\frac{4\beta E_1J_w}{l^3b^2}\begin{bmatrix}12 & -6l & -12 & -6l\\ -6l & 4l^2 & 6l & 2l^2\\ -12 & 6l & 12 & 6l\\ -6l & 2l^2 & 6l & 4l^2\end{bmatrix} \tag{5-76}$$

$$\boldsymbol{K}_{\text{st}}^{\text{e}}=\frac{4GJ_{\text{t}}}{b^2}\int_0^l\{\boldsymbol{f}'\}_{\text{e}}\{\boldsymbol{f}'\}_{\text{e}}^{\text{T}}\mathrm{d}\bar{x}=\frac{2GJ_{\text{t}}}{15lb^2}\begin{bmatrix}36 & -3l & -36 & -3l\\ -3l & 4l^2 & 3l & -l^2\\ -36 & 3l & 36 & 3l\\ -3l & -l^2 & 3l & 4l^2\end{bmatrix} \tag{5-77}$$

$$\boldsymbol{K}_{\text{cg}}^{\text{e}}=H_q\int_0^l\{\boldsymbol{f}'\}_{\text{e}}\{\boldsymbol{f}'\}_{\text{e}}^{\text{T}}\mathrm{d}\bar{x}=\frac{H_q}{30l}\begin{bmatrix}36 & -3l & -36 & -3l\\ -3l & 4l^2 & 3l & -l^2\\ -36 & 3l & 36 & 3l\\ -3l & -l^2 & 3l & 4l^2\end{bmatrix} \tag{5-78}$$

式(5-75)中，

$$I_{\text{m}}=I_{\text{ms}}+\frac{q_{\text{c}}}{g}\frac{b^2}{4}=\frac{q_{\text{s}}}{g}r^2+\frac{q_{\text{c}}}{g}\frac{b^2}{4} \tag{5-79}$$

式中：q_{s} 和 q_{c} 分别为加劲梁及缆索(两根之和)的恒载集度；r 是加劲梁断面的回转半径，可按 $r=\sqrt{(I_y+I_z)/A_{\text{s}}}$ 计算；I_{ms} 是加劲梁的转动惯量。

$\boldsymbol{K}_{\text{ce}}$ 为对称稀疏但非带状的矩阵，它由下式计算：

$$\boldsymbol{K}_{\text{ce}}=\frac{A_{\text{c}}E_{\text{c}}}{L_{\text{c}}}\left(\sum_{i=1}^{3}\frac{q}{H_q}\{\hat{\boldsymbol{f}}\}_{N_i}\right)\left(\sum_{i=1}^{3}\frac{q}{H_q}\{\hat{\boldsymbol{f}}\}_{N_i}^{\text{T}}\right) \tag{5-80}$$

式中，$\{\hat{\boldsymbol{f}}\}_N=\text{Ass}\,\{\hat{\boldsymbol{f}}\}_e$、$\{\hat{\boldsymbol{f}}\}_e^{\text{T}}=\int_0^L\{\boldsymbol{f}\}_e^{\text{T}}\mathrm{d}\bar{x}=\left[\frac{l}{2},\frac{l^2}{12},\frac{l}{2},\frac{l^2}{12}\right]$，这里 Ass 表示组集。

对于实腹扁平箱梁加劲的悬索桥，圣维南扭转刚度很大，翘曲变形则不会大，此时可忽略上述式中与翘曲变形有关的项，即在式(5-74)或式(5-76)中令 $K_{\text{sw}}=0$ 即可。对于闭合桁架断面加劲梁，则应将其按等效实腹箱梁代替。

上述的矩阵方程都可以化为标准的特征值方程，用子空间迭代法求解。

5.2.2　悬索桥自由振动分析的三维空间有限元法

用二维有限元法时，竖向、横向、扭转方向的振动性态必须分别分析，但是采用空间三维有限元法时，则能在一次分析后获得所有方向的振动形态。另外，三维有限元法能够反映各向振动在空间上的耦合，理论上，分析的结果更可靠。按三维有限元法对悬索桥进行动力分析时，对结构的有限元离散模型可以与空间静力分析时完全一致，即将结构看作一系列的空间杆单元、空间梁单元、带刚臂杆单元或索膜单元的集合。与静力分析不同的是，这里只考虑结构在恒载状态静平衡位置附近的微小线性振动，不考虑大位移的非线性振动。但是在恒载状态下缆索、吊杆及塔内有初始内力，这个初始内力引起的结构几何刚度必须与结构弹性刚度一并考虑[4]。这样用于振动分析的刚度矩阵为恒载状态处于静平衡位置时的切线刚度矩阵，振动矩阵方程表达为

$$\boldsymbol{M}\ddot{\boldsymbol{u}}+\boldsymbol{K}_{\text{eg}}\boldsymbol{u}=\boldsymbol{0} \tag{5-81}$$

其中，

$$\boldsymbol{K}_{eg}=\boldsymbol{K}_{t}(\boldsymbol{u}=\boldsymbol{0}) \tag{5-82}$$

式中：$\boldsymbol{K}_t(\boldsymbol{u}=\boldsymbol{0})$ 是$\boldsymbol{K}_t(\boldsymbol{u})$ 取 $\boldsymbol{u}=\boldsymbol{0}$ 时的切线刚度矩阵；$\boldsymbol{u}$ 为整体结构节点位移矢量；$\boldsymbol{M}$ 是整体结构的质量矩阵，它由杆单元及梁单元质量矩阵组集得到。吊杆的质量小且可分配到缆索和加劲梁上，因而在这个方法中是将带刚臂的杆单元或索膜单元当作没有质量的单元处理的。

杆单元的质量矩阵采用如下的集中质量对角矩阵，即

$$\boldsymbol{M}_{ba}^{e}=\begin{bmatrix} m_e\dfrac{l}{2} & 0 & 0 & 0 & 0 & 0 \\ 0 & m_e\dfrac{l}{2} & 0 & 0 & 0 & 0 \\ 0 & 0 & 0 & 0 & 0 & 0 \\ 0 & 0 & 0 & m_e\dfrac{l}{2} & 0 & 0 \\ 0 & 0 & 0 & 0 & m_e\dfrac{l}{2} & 0 \\ 0 & 0 & 0 & 0 & 0 & 0 \end{bmatrix} \tag{5-83}$$

式中：m_e 为杆单元单位长度的质量；l 是单元长度。梁单元质量矩阵采用如下形式的集中质量对角矩阵：

$$\overline{\boldsymbol{M}}_{be}^{e}=\begin{bmatrix} \overline{\boldsymbol{M}}_{b}^{e} & 0 \\ 0 & \overline{\boldsymbol{M}}_{b}^{e} \end{bmatrix} \tag{5-84}$$

$$\overline{\boldsymbol{M}}_{b}^{e}=\begin{bmatrix} m_e\dfrac{l}{2} & 0 & 0 & 0 & 0 & 0 \\ 0 & m_e\dfrac{l}{2} & 0 & 0 & 0 & 0 \\ 0 & 0 & m_e r^2\dfrac{l}{2} & 0 & 0 & 0 \\ 0 & 0 & 0 & m_e r^2\dfrac{l}{2} & 0 & 0 \\ 0 & 0 & 0 & 0 & m_e\left(\dfrac{b^2+l^2}{12}\right)\dfrac{l}{2} & 0 \\ 0 & 0 & 0 & 0 & 0 & m_e\left(\dfrac{l^2}{12}\right)\dfrac{l}{2} \end{bmatrix} \tag{5-85}$$

式中：b 为梁宽；r 是断面的回转半径，可按 $r=\sqrt{(I_y+I_z)/A}$ 计算。式(5-85)相应于不考虑翘曲位移的情况，当需考虑翘曲时，只需在式(5-85)中增加第 7 行第 7 列和第 14 行第

14 列即可，增加行列的非对角元全为零、主元均为 $\left(\frac{m_e}{2}r^2 l \frac{l^2}{12}\right)$ 或按 0 处理。式(5-85)是对杆件局部坐标而言的，组集总质量矩阵时，应对其进行坐标变换。式(5-81)可以化为标准的特征值问题用子空间迭代法求解。

5.2.3　悬索桥塔的振动性状分析

在前面有限元法的振动分析中，塔可以容易地纳入整体一起分析。但是，观察和分析的结果都证明，塔的振动特性与作为上部结构体系的缆-梁体系的振动特性可以明显地区别开来，这不仅意味着前面作为连续体的上部结构振动分析不考虑塔的影响有其合理性，而且意味着塔的振动特性可以由单独取出的塔柱体系进行分析来获得，这样单独的塔柱体系振动分析在塔的变更设计检算中是有意义的。另外，当需考察塔柱-塔墩-基础体系的振动特性或动力响应时，也要将该体系单独取出分析。

塔柱的地震响应，特别是顺桥向的地震响应，有时会成为控制塔的截面设计的重要因素，因而塔的动力分析就显得重要起来。由于这个原因，日本的一些学者研究了塔的动力分析问题，他们一般使用离散弹簧-质量体系来模拟塔柱或塔墩体系。Abdel-Ghaffar 在他的悬索桥动力问题的一系列研究工作中，也曾将塔柱单独取出进行顺桥向动力分析，但他是将塔柱作为连续体用四阶常系数偏微分方程来描述其动力学方程，其中截面抗弯刚度、初始轴向压力、质量等结构特性被看作沿塔的高度是不变的。然而，实际上这些结构特性沿塔的高度显然是变化的，如果用连续体的方法分析，则偏微分方程必成为变系数的，求解变得很困难，而利用有限元方法分析却不存在这些困难。这样的有限元法自由振动分析与其他框架结构的分析并无两样，特殊之处只是要考虑初始轴向压力的影响，另外在顺桥向的振动分析中还要考虑缆索的弹簧约束作用。

塔柱顺桥向动力分析的力学模型如图 5-5 所示，弹簧常数由下式近似计算：

$$K \approx K_{e1} + K_{e2} \tag{5-84}$$

其中，

$$K_{e1} = E_c A_c / L_{c1},\quad K_{e2} = E_c A_c / (L_{c2} + L_{c3}) \tag{5-85}$$

式中：L_{c1} 为相邻边跨的缆索实际长度；L_{c2} 和 L_{c3} 分别为中跨和另一边跨缆的实际长度。塔架横桥向的动力分析则可不考虑缆索的弹簧约束作用。

图 5-5　塔柱顺桥向动力分析力学模型

5.2.4　悬索桥振型参与系数和振型贡献率

在用振型叠加法计算地震响应(特别是作为一致支承激励的地震响应)时，涉及取用多少振型参与计算的问题，本节介绍振型参与系数(modal participation factor)、振型质量(modal mass)和振型贡献率(ratio of modal mass to finite element model mass，简称为 modal mass ratio)的概念，这些概念在一定程度上体现各振型反应在总反应中的相对大小，因此是决定参与叠加计算的振型数目的重要参数。由于这些参数本身只与结构的固有振动特性有关，一旦求出结构的固有振动特性，它们都可容易地借助于振型矢量算出，所以这里只对这些概念予以介绍。考虑三维空间振动的一般情况，设总自由度数为 N，全部振型形成的振型矩阵为 $\boldsymbol{\Phi}$，即

$$\boldsymbol{\Phi}=[\boldsymbol{\varphi}_1,\ \boldsymbol{\varphi}_2,\ \cdots,\ \boldsymbol{\varphi}_i,\ \cdots,\ \boldsymbol{\varphi}_N] \tag{5-86}$$

式中：$\boldsymbol{\varphi}_i$ 为第 i 个振型矢量。定义 $\boldsymbol{E}_x$、$\boldsymbol{E}_y$、$\boldsymbol{E}_z$ 为长度是 N(与未知节点位移个数相同)的如下一维向量：

$$\left.\begin{aligned}\boldsymbol{E}_x&=[1,\ 0,\ 0,\ 0,\ 0,\ 0,\ \cdots]^{\mathrm{T}}\\ \boldsymbol{E}_y&=[0,\ 1,\ 0,\ 0,\ 0,\ 0,\ \cdots]^{\mathrm{T}}\\ \boldsymbol{E}_z&=[0,\ 0,\ 1,\ 0,\ 0,\ 0,\ \cdots]^{\mathrm{T}}\end{aligned}\right\} \tag{5-87}$$

式中：$\boldsymbol{E}_x$ 为对应于节点位移矢量的 $\boldsymbol{u}$ 方向(即 x 方向)位移的分量取 1，其余分量取零的矢量；同理 $\boldsymbol{E}_y$ 为对应于 $\boldsymbol{v}$ 方向(即 y 方向)的分量取 1，其余分量取零的矢量；$\boldsymbol{E}_z$ 为对应于 $\boldsymbol{w}$ 方向(即 z 方向)的分量取 1，其余方向分量取零的矢量。这些矢量都是对未知位移自由度的方向具有筛选性的矢量。借助上述的矢量，并设振型矩阵已关于质量矩阵正则化，则定义如下的矢量为振型参与系数矢量：

$$\left.\begin{aligned}\boldsymbol{F}_x&=\boldsymbol{\Phi}^{\mathrm{T}}\boldsymbol{M}\boldsymbol{E}_x\\ \boldsymbol{F}_y&=\boldsymbol{\Phi}^{\mathrm{T}}\boldsymbol{M}\boldsymbol{E}_y\\ \boldsymbol{F}_z&=\boldsymbol{\Phi}^{\mathrm{T}}\boldsymbol{M}\boldsymbol{E}_z\end{aligned}\right\} \tag{5-88}$$

式中：$\boldsymbol{M}$ 是整体结构质量矩阵；$\boldsymbol{F}_x$、$\boldsymbol{F}_y$、$\boldsymbol{F}_z$ 分别为 x、y、z 方向(或 $\boldsymbol{u}$、$\boldsymbol{v}$、$\boldsymbol{w}$ 方向)的振型参与系数矢量，可以用如下的分量形式表达：

$$\left.\begin{aligned}\boldsymbol{F}_x &= [F_{x1},\ F_{x2},\ \cdots,\ F_{xi},\ \cdots,\ F_{xN}]^{\mathrm{T}}\\ \boldsymbol{F}_y &= [F_{y1},\ F_{y2},\ \cdots,\ F_{yi},\ \cdots,\ F_{yN}]^{\mathrm{T}}\\ \boldsymbol{F}_z &= [F_{z1},\ F_{z2},\ \cdots,\ F_{zi},\ \cdots,\ F_{zN}]^{\mathrm{T}}\end{aligned}\right\} \tag{5-89}$$

其中，

$$\left.\begin{aligned}F_{xi} &= \boldsymbol{\varphi}_i^{\mathrm{T}}\boldsymbol{M}\boldsymbol{E}_x \quad (i=1,\ \cdots,\ N)\\ F_{yi} &= \boldsymbol{\varphi}_i^{\mathrm{T}}\boldsymbol{M}\boldsymbol{E}_y \quad (i=1,\ \cdots,\ N)\\ F_{zi} &= \boldsymbol{\varphi}_i^{\mathrm{T}}\boldsymbol{M}\boldsymbol{E}_z \quad (i=1,\ \cdots,\ N)\end{aligned}\right\} \tag{5-90}$$

式中：F_{xi}、F_{yi}、F_{zi} 分别称为第 i 振型的 x 方向、y 方向、z 方向的振型参与系数；$\boldsymbol{\varphi}_i$ 为第 i 个振型矢量。

矢量 $\boldsymbol{F}_x$ 的内积为

$$\boldsymbol{F}_x^{\mathrm{T}}\boldsymbol{F}_x = (\boldsymbol{\Phi}^{\mathrm{T}}\boldsymbol{M}\boldsymbol{E}_x)^{\mathrm{T}}\boldsymbol{\Phi}^{\mathrm{T}}\boldsymbol{M}\boldsymbol{E}_x = \boldsymbol{E}_x^{\mathrm{T}}\boldsymbol{M}^{\mathrm{T}}\boldsymbol{\Phi}\boldsymbol{\Phi}^{\mathrm{T}}\boldsymbol{M}\boldsymbol{E}_x = \boldsymbol{E}_x^{\mathrm{T}}\boldsymbol{M}\boldsymbol{E}_x \tag{5-91}$$

式中：$\boldsymbol{I}$ 为 N 阶单位矩阵。上式利用了关系 $\boldsymbol{M}=\boldsymbol{M}^{\mathrm{T}}$（$\boldsymbol{M}$ 为对角矩阵），$\boldsymbol{\Phi}^{\mathrm{T}}\boldsymbol{M}\boldsymbol{\Phi}=\boldsymbol{I}$（正交性），及 $\boldsymbol{\Phi}\boldsymbol{\Phi}^{-1}=\boldsymbol{I}$ 和 $\boldsymbol{\Phi}\boldsymbol{I}\boldsymbol{\Phi}^{-1}=\boldsymbol{I}$ 等关系，式(5-91)可进一步写为如下形式：

$$\sum_{i=1}^{N}F_{xi}^2 = \sum_{j=1}^{N_x}m_{xj} \tag{5-92}$$

式中：m_x 为质量矩阵中对应于 x 方向位移自由度的元素；N_x 是该类元素的总数，也就是 E_x 中非零元系数的总数。式(5-92)右边为对应于 x 方向位移的质量总和。

同理，矢量 $\boldsymbol{F}_y$ 和$\boldsymbol{F}_z$ 的内积分别为

$$\begin{cases}\boldsymbol{F}_y^{\mathrm{T}}\boldsymbol{F}_y = \boldsymbol{E}_y^{\mathrm{T}}\boldsymbol{M}\boldsymbol{E}_y \text{或} \displaystyle\sum_{i=1}^{N}F_{yi}^2 = \sum_{j=1}^{N_y}m_{yi}\\ \boldsymbol{F}_z^{\mathrm{T}}\boldsymbol{F}_z = \boldsymbol{E}_z^{\mathrm{T}}\boldsymbol{M}\boldsymbol{E}_z \text{或} \displaystyle\sum_{i=1}^{N}F_{zi}^2 = \sum_{j=1}^{N_z}m_{zj}\end{cases} \tag{5-93}$$

由以上各式可见，各方向振型参与系数矢量的内积等于各该方向质量的总和，因此，振型参与系数的平方具有当量质量的意义。在这个意义上，把各振型的各方向的振型参与系数的平方定义为各方向的模态质量，即

$$\begin{cases}M_{xi} = F_{xi}^2 \quad (i=1,\ \cdots,\ N)\\ M_{yi} = F_{yi}^2 \quad (i=1,\ \cdots,\ N)\\ M_{zi} = F_{zi}^2 \quad (i=1,\ \cdots,\ N)\end{cases} \tag{5-94}$$

将式(5-94)代入式(5-91)～式(5-93)，有

$$\begin{cases} \sum_{i=1}^{N} M_{xi} = \sum_{j=1}^{N_x} m_{xj} \\ \sum_{i=1}^{N} M_{yi} = \sum_{j=1}^{N_y} m_{yj} \\ \sum_{i=1}^{N} M_{zi} = \sum_{j=1}^{N_z} m_{zj} \end{cases} \tag{5-95}$$

即各方向全部振型质量的总和等于各该方向实际质量的总和。

振型质量是决定该振型参与动力反应大小程度的一个重要参数(其他的参数还有该振型的频率以及相应的振型阻尼比)，因此定义如下的振型质量与总质量的比率为振型贡献率，即

$$\begin{cases} r_{xi} = M_{xi} / \sum_{j=1}^{N_x} m_{xj} \\ r_{yi} = M_{yi} / \sum_{j=1}^{N_y} m_{yj} \\ r_{zi} = M_{zi} / \sum_{j=1}^{N_z} m_{zj} \\ r_i = (M_{zi} + M_{yi} + M_{xi}) / \left(\sum_{j=1}^{N_x} m_{xj} + \sum_{j=1}^{N_y} m_{yj} + \sum_{j=1}^{N_z} m_{zj} \right) (i=1, \cdots, N) \end{cases} \tag{5-96}$$

式中：r_i 称为第 i 阶振型的振型贡献率；r_{xi} 为第 i 阶振型的 x 方向的振型贡献率；r_{yi} 为第 i 阶振型的 y 方向的振型贡献率；r_{zi} 为第 i 阶振型的 z 方向的振型贡献率；通常以百分率来表示这些振型贡献率。显然，根据前式，应有

$$\sum_{i=1}^{N} r_{xi} = 100\%, \quad \sum_{i=1}^{N} r_{yi} = 100\%, \quad \sum_{i=1}^{N} r_{zi} = 100\%, \quad \sum_{i=1}^{N} r_i = 100\% \tag{5-97}$$

使用振型叠加法计算时，通常不可能求出全部振型并利用全部振型参与动力反应计算。若取 n 阶振型参与计算，并记

$$R_x = \sum_{i=1}^{n} r_{xi}, \quad R_y = \sum_{i=1}^{n} r_{yi}, \quad R_z = \sum_{i=1}^{n} r_{zi}, \quad R = \sum_{i=1}^{n} r_i \tag{5-98}$$

式中：R_x、R_y、R_z 和 R 各为前 n 阶振型的总贡献率，它们的大小反映出所取振型数是否足够。

5.2.5 数值算例

对某大桥初步设计方案进行三维空间自由振动分析，主桥为跨度 888 m 的单跨扁平钢箱梁加劲索桥，结构在立面的轮廓尺寸如图 5-6 所示。用于算例计算的主要构件材料特性和截面特性如表 5-3 所示，两缆中心距和加劲梁宽均按 33.4 m 计。分析后，得到的振型

参与系数和振型贡献率如表 5-4 所示。

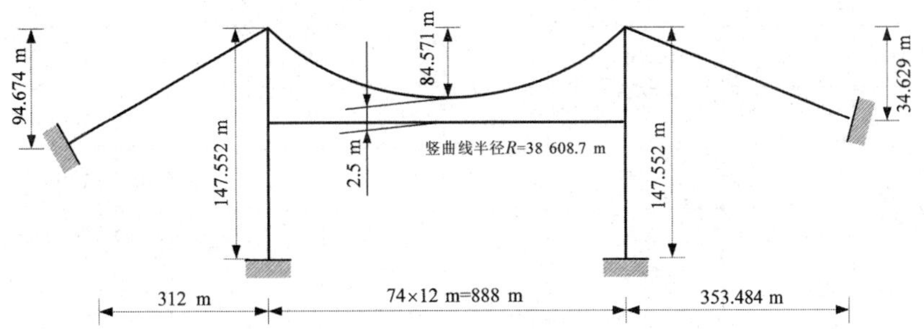

图 5-6　某大桥初步设计方案立面轮廓尺寸

表 5-3　某大桥初步设计方案的构件材料特性和截面特性

构件	$E/(\mathrm{kN\cdot m^{-2}})$	$G/(\mathrm{kN\cdot m^{-2}})$	$A/\mathrm{m^2}$	$I_x/\mathrm{m^4}$	$I_y/\mathrm{m^4}$	$I_z/\mathrm{m^4}$	$m/(\mathrm{kg\cdot m^{-1}})$
揽/根	1.9×10^8	0	0.27	0	0	0	2 163.3
吊杆/根	1.4×10^8	0	0.01	0	0	0	0
加劲梁	2.1×10^8	$8.171\,2\times10^7$	1.299 7	5.495 4	149.8	2.052	18 773
主塔单柱（上部）	3.3×10^7	1.4×10^7	11.5(估)	40(估)	16.7(估)	42(估)	27 600(估)
主塔单柱（下部）	3.3×10^7	1.4×10^7	17.4(估)	100(估)	42(估)	104(估)	41 760(估)
主塔横梁	3.3×10^7	1.4×10^7	20(估)	120(估)	150(估)	60(估)	48 000(估)

注：1. 塔的截面从上到下呈现变化，塔的截面特性为估计值。

2. 加劲梁在纵向不受约束，加劲梁的纵向支承与塔中心线重合。

3. 吊杆质量由缆和加劲梁分担。

4. 不考虑引桥对主桥的约束效应和惯性影响。

表 5-4　振型参与系数和振型贡献率

阶次	F_x	F_y	F_z	r	阶次	F_x	F_y	F_z	r
1	0.000 0	0.000 0	43.649 9	0.123 0	21	0.000 0	0.000 0	0.000 0	0.000 0
2	−27.882 9	−0.202 7	0.000 0	0.050 2	22	0.000 0	0.000 0	0.078 1	0.000 0
3	30.881 4	7.835 1	0.000 0	0.065 5	23	0.000 0	0.000 0	0.406 7	0.000 0
4	−9.494 8	23.580 2	0.000 0	0.041 7	24	−50.155 7	0.893 2	0.000 0	0.162 4
5	0.100 4	34.467 6	0.000 0	0.076 7	25	0.000 0	0.000 0	7.860 5	0.004 0
6	1.203 0	−0.034 9	0.000 0	0.000 1	26	−5.865 9	−3.242 3	0.000 0	0.002 9

续表

阶次	F_x	F_y	F_z	r	阶次	F_x	F_y	F_z	r
7	0.000 0	0.000 0	−0.588 5	0.000 0	27	−1.195 6	−0.007 5	0.000 0	0.000 1
8	0.000 0	0.000 0	10.610 9	0.007 3	28	0.000 0	0.000 0	0.000 1	0.000 0
9	0.000 0	0.000 0	−37.037 9	0.088 5	29	0.000 0	0.000 0	1.859 0	0.000 2
10	0.000 0	0.000 0	0.000 0	0.000 0	30	0.000 0	0.000 0	−0.003 0	0.000 0
11	0.000 1	0.004 1	−0.000 0	0.000 0	31	−0.017 1	4.919 6	0.000 0	0.001 6
12	0.174 1	11.236 8	0.000 0	0.008 2	32	0.000 0	0.000 0	−0.067 6	0.000 0
13	0.000 0	0.000 0	32.497 1	0.000 1	33	0.000 0	0.000 0	0.000 0	0.000 0
14	0.000 0	0.000 0	6.953 4	0.068 2	34	0.000 0	0.000 0	0.045 0	0.000 0
15	0.000 0	0.000 0	0.084 5	0.003 1	35	0.000 0	0.000 0	−4.433 2	0.001 3
16	0.000 0	0.000 0	0.000 0	0.000 0	36	0.000 0	0.000 0	7.943 0	0.004 1
17	0.787 5	−0.014 1	0.000 0	0.000 0	37	0.000 0	0.000 0	−0.001 9	0.000 0
18	0.000 0	0.000 3	−3.997 2	0.000 0	38	0.000 2	0.000 0	10.522 5	0.007 2
19	0.000 0	0.000 9	−0.000 7	0.001 0	39	0.000 3	0.000 0	−8.606 9	0.004 8
20	−0.333 7	−6.545 5	−0.000 0	0.002 8	40	0.000 1	0.000 0	0.000 0	0.000 0

本章主要参考文献

[1]宋一凡. 桥梁结构动力学[M]. 2版：北京：人民交通出版社，2020.

[2]强士中，李乔. 关于闭口薄壁杆件约束扭转的周边不变形理论[J]. 桥梁建筑，1985(1)：63-75.

[3]包世华，周坚. 薄壁杆件结构力学[M]. 北京：中国建筑工业出版社，1991.

[4]陈仁福. 大跨悬索桥理论[M]. 成都：西南交通大学出版社，2015.

第 6 章　刚构桥振动分析

自从 1988 年国内建成第一座大跨度预应力混凝土连续刚构桥——广东洛溪大桥(跨度组成为 65 m+125 m+180 m +110 m =480 m)以来，经过近几十年的推广应用，预应力混凝土连续刚构桥已成为 100～200 m 跨度高墩桥梁的首选桥型，尤其在西部黄土沟壑地区更是受到特别青睐。预应力混凝土连续刚构桥通过设置墩梁固结构造，保证了墩梁之间的协同工作，简化了悬臂施工中的体系转换，使得受力更加合理，并减少了对大型支座的依赖。目前，大跨度预应力混凝土连续刚构桥在桥梁工程界已占据了相当比例。

随着墩高和跨度的增大，预应力混凝土连续刚构桥的振动问题变得越来越突出。本章首先介绍基于 Hamilton 原理形成刚构桥振动方程及特征方程的理论推导过程，揭示影响连续刚构桥振动特性的各参数间内在关系；之后，讲述了经典的 Wittrick-Williams 算法求解结构自由振动频率的原理，利用该数值算法能够处理复杂结构的振动问题。

6.1　刚构桥振动的理论模型

6.1.1　刚构桥的振动方程

图 6-1 为一个典型的 n 跨连续刚构桥，在中支点处桥墩顶端与主梁采用刚性连接，桥墩底部固接，而在主梁的两端采用滑动铰支座铰接。该连续刚构桥可以看成由 $2n-1$ 个单元组成的结构体系，其中 1 到 n 个单元代表的是主梁，即每跨主梁为一个单元，$n+1$ 到 $2n-1$ 个单元对应的是 $n-1$ 个桥墩，每个桥墩为一个单元。连续刚构桥共有 $2n$ 个节点，其编号采用带()的数字进行表示[1]。

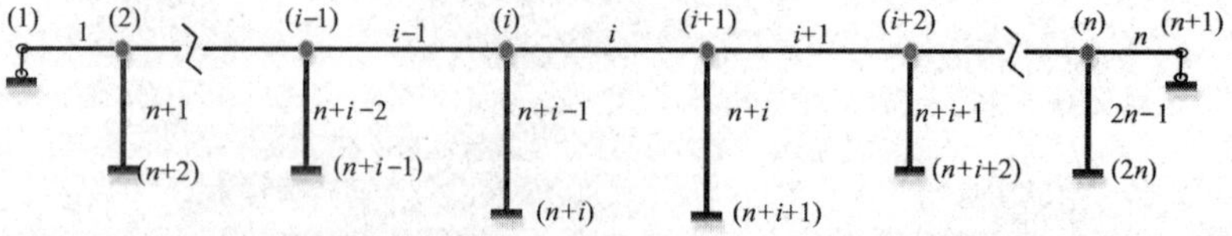

图 6-1　典型的连续刚构桥

下面以第 i 个单元为例，说明连续刚构桥中任意单元振动方程的建立过程。定义第 i 个单元的局部坐标系如图 6-2 所示。以节点(i)为原点，以从节点(i)向节点$(i+1)$的方向为 $\bar{x}$ 轴的正方向，并以 $\bar{x}$ 轴的正向逆时针旋转 90° 为 $\bar{y}$ 轴的正向，$\bar{z}$ 轴满足右手螺旋定则。图中 $\bar{M}^i_{(i)}$、$\bar{N}^i_{(i)}$、$\bar{Q}^i_{(i)}$、$\bar{M}^i_{(i+1)}$、$\bar{N}^i_{(i+1)}$ 和 $\bar{Q}^i_{(i+1)}$ 分别表示第 i 个单元两端的梁端弯矩、梁端轴力和梁端剪力；$\bar{\theta}^i_{(i)}$、$\bar{u}^i_{(i)}$、$\bar{y}^i_{(i)}$、$\bar{\theta}^i_{(i+1)}$、$\bar{u}^i_{(i+1)}$ 和 $\bar{y}^i_{(i+1)}$ 分别表示第 i 个单元两端的转动位移、轴向位移和竖向位移。

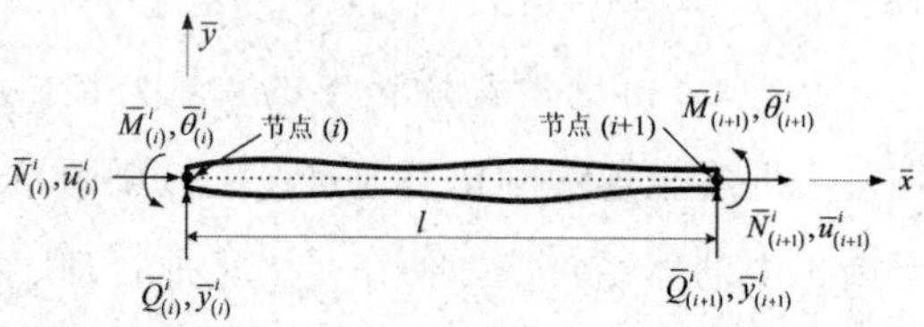

图 6-2　第 i 个单元两端的位移和力

定义任意截面的抗弯刚度 $\mathrm{BS}(\bar{x})$ 和拉伸刚度 $\mathrm{CS}(\bar{x})$ 为

$$\mathrm{BS}(\bar{x}) = \int_A E\bar{y}^2 \mathrm{d}A = EI_{\mathrm{T}}(\bar{x}) \tag{6-1}$$

$$\mathrm{CS}(\bar{x}) = \int_A E \mathrm{d}A = EA_{\mathrm{T}}(\bar{x}) \tag{6-2}$$

式中：E 为混凝土的弹性模量；$I_{\mathrm{T}}(\bar{x}) = \int_A \bar{y}^2 \mathrm{d}A$，$A_{\mathrm{T}}(\bar{x}) = \int_A \mathrm{d}A$ 。

考虑第 i 个单元的弯曲振动和轴向振动，根据 Hamilton 原理有

$$\delta \int_{t_1}^{t_2} (T - V)\, \mathrm{d}t + \delta \int_{t_1}^{t_2} W \mathrm{d}t = 0 \tag{6-3}$$

式中：T 表示振动时的动能；V 表示振动时的位能；W 表示除弹性力以外的主动力所做的虚功之和。

当不考虑剪切变形和转动惯量时，动能的变分为

$$\begin{aligned}\delta \int_{t_1}^{t_2} T \mathrm{d}t &= \delta \int_{t_1}^{t_2} \int_0^l \frac{1}{2} m(\bar{x}) (\dot{\bar{y}}^2 + \dot{\bar{u}}^2)\, \mathrm{d}\bar{x}\, \mathrm{d}t \\ &= \int_0^l m(\bar{x})\, \dot{\bar{y}} \delta \bar{y} \,\big|_{t_1}^{t_2} \mathrm{d}\bar{x} + \int_0^l m(\bar{x})\, \dot{\bar{u}} \delta \bar{u} \,\big|_{t_1}^{t_2} \mathrm{d}\bar{x}\end{aligned}$$

$$-\int_{t_1}^{t_2}\int_0^l m(\bar{x})\ddot{\bar{y}}\delta\bar{y}\,d\bar{x}\,dt-\int_{t_1}^{t_2}\int_0^l m(\bar{x})\ddot{\bar{u}}\delta\bar{u}\,d\bar{x}\,dt \tag{6-4}$$

式中：$\bar{y}$ 和 $\bar{u}$ 分别表示第 i 个单元振动时的竖向位移和轴向位移。

位能的变分为

$$\begin{aligned}\delta\int_{t_1}^{t_2}V\,dt&=\delta\int_{t_1}^{t_2}\int_0^l\frac{1}{2}E\left[I_T(\bar{x})\bar{y}''^2+A_T(\bar{x})\bar{u}'^2\right]d\bar{x}\,dt\\&=\int_{t_1}^{t_2}EI_T(\bar{x})\bar{y}''\delta\bar{y}'\Big|_0^l dt-\int_{t_1}^{t_2}\left[EI_T(\bar{x})\bar{y}''\right]'\delta\bar{y}\Big|_0^l dt+\int_{t_1}^{t_2}EA_T(\bar{x})\bar{u}'\delta\bar{u}\Big|_0^l dt+\\&\int_{t_1}^{t_2}\int_0^l\left[EI_T(\bar{x})\bar{y}''\right]''\delta\bar{y}\,d\bar{x}\,dt-\int_{t_1}^{t_2}\int_0^l\left[EA_T(\bar{x})\bar{u}'\right]'\delta\bar{u}\,d\bar{x}\,dt\end{aligned} \tag{6-5}$$

作用在梁两端的弯矩 $\bar{M}^i_{(i)}$ 和 $\bar{M}^i_{(i+1)}$，剪力 $\bar{Q}^i_{(i)}$ 和 $\bar{Q}^i_{(i+1)}$，轴力 $\bar{N}^i_{(i)}$ 和 $\bar{N}^i_{(i+1)}$，在对应的梁端虚位移上所做的虚功为

$$\begin{aligned}\delta\int_{t_1}^{t_2}W\,dt=&\int_{t_1}^{t_2}\left(\bar{M}^i_{(i)}\delta\bar{y}'^i_{(i)}+\bar{M}^i_{(i+1)}\delta\bar{y}'^i_{(i+1)}\right)dt+\int_{t_1}^{t_2}\left(\bar{Q}^i_{(i)}\delta\bar{y}^i_{(i)}+\bar{Q}^i_{(i+1)}\delta\bar{y}^i_{(i+1)}\right)dt+\\&\int_{t_1}^{t_2}\left(\bar{N}^i_{(i)}\delta\bar{u}^i_{(i)}+\bar{N}^i_{(i+1)}\delta\bar{u}^i_{(i+1)}\right)dt\end{aligned} \tag{6-6}$$

将式(6-4)～式(6-6)代入式(6-3)，得

$$\begin{aligned}&-\int_{t_1}^{t_2}\int_0^l\left\{m(\bar{x})\ddot{\bar{y}}+\left[EI_T(\bar{x})\bar{y}''\right]''\right\}\delta\bar{y}\,d\bar{x}\,dt-\int_{t_1}^{t_2}\int_0^l\left\{m(\bar{x})\ddot{\bar{u}}-\left[EA_T(\bar{x})\bar{u}'\right]'\right\}\delta\bar{u}\,d\bar{x}\,dt\\&-\int_{t_1}^{t_2}\left[EI_T(\bar{x})\bar{y}''\big|_l-\bar{M}^i_{(i+1)}\right]\delta\bar{y}'^i_{(i+1)}dt+\int_{t_1}^{t_2}\left[EI_T(\bar{x})\bar{y}''\big|_0+\bar{M}^i_{(i)}\right]\delta\bar{y}'^i_{(i)}dt\\&+\int_{t_1}^{t_2}\left[\left[EI_T(\bar{x})\bar{y}''\right]'\big|_l+\bar{Q}^i_{(i+1)}\right]\delta\bar{y}^i_{(i+1)}dt-\int_{t_1}^{t_2}\left[\left[EI_T(\bar{x})\bar{y}''\right]'\big|_0-\bar{Q}^i_{(i)}\right]\delta\bar{y}^i_{(i)}dt\\&-\int_{t_1}^{t_2}\left[EA_T(\bar{x})\bar{u}'\big|_l-\bar{N}^i_{(i+1)}\right]\delta\bar{u}^i_{(i+1)}dt+\int_{t_1}^{t_2}\left[EA_T(\bar{x})\bar{u}'\big|_0+\bar{N}^i_{(i)}\right]\delta\bar{u}^i_{(i)}dt\\&+\int_0^l m(\bar{x})\dot{\bar{y}}\delta\bar{y}\Big|_{t_1}^{t_2}d\bar{x}+\int_0^l m(\bar{x})\dot{\bar{u}}\delta\bar{u}\Big|_{t_1}^{t_2}d\bar{x}=0\end{aligned} \tag{6-7}$$

在某一确定时刻，梁的位移是确定的，因此位移的变分为零，则有

$$\int_0^l m(\bar{x})\dot{\bar{y}}\delta\bar{y}\Big|_{t_1}^{t_2}d\bar{x}=0,\quad\int_0^l m(\bar{x})\dot{\bar{u}}\delta\bar{u}\Big|_{t_1}^{t_2}d\bar{x}=0 \tag{6-8}$$

对于位移边界条件，则有 $\delta\bar{y}^i_{(i)}=\delta\bar{y}^i_{(i+1)}=\delta\bar{y}'^i_{(i)}=\delta\bar{y}'^i_{(i+1)}=\delta\bar{u}^i_{(i)}=\delta\bar{u}^i_{(i+1)}=0$；而对于力的边界条件则是任意的，要使式(6-7)成立，必须满足以下条件：

$$m(\bar{x})\ddot{\bar{y}}+\left[EI_T(\bar{x})\bar{y}''\right]''=0,\quad m(\bar{x})\ddot{\bar{u}}-\left[EA_T(\bar{x})\bar{u}'\right]'=0 \tag{6-9}$$

$$EI_T(\bar{x})\bar{y}''\big|_l-\bar{M}^i_{(i+1)}=0 \tag{6-10a}$$

$$EI_T(\bar{x})\bar{y}''\big|_0+\bar{M}^i_{(i)}=0 \tag{6-10b}$$

$$[EI_{\mathrm{T}}(\bar{x})\bar{y}'']'|_{l}+\bar{Q}^{i}_{(i+1)}=0 \tag{6-10c}$$

$$[EI_{\mathrm{T}}(\bar{x})\bar{y}'']'|_{0}-\bar{Q}^{i}_{(i)}=0 \tag{6-10d}$$

$$EA_{\mathrm{T}}(\bar{x})\bar{u}'|_{l}-\bar{N}^{i}_{(i+1)}=0 \tag{6-10e}$$

$$EA_{\mathrm{T}}(\bar{x})\bar{u}'|_{0}+\bar{N}^{i}_{(i)}=0 \tag{6-10f}$$

式(6-9)即为结构第 i 个单元的竖向弯曲和轴向振动方程；式(6-10)表示端部力的平衡条件，其中式(6-10a、b)表示弯矩平衡，式(6-10c、d)表示剪力平衡，式(6-10e、f)表示轴力平衡。

6.1.2 单元的动刚度方程

以第 i 个单元为例，阐述任意单元动刚度方程的建立过程。基于分段思想，将第 i 个单元分为若干子单元，每个子单元通过内部节点连接，如图 6-3 所示。图中共有 h 个子单元，子单元的编号采用位于 $\bar{x}$ 轴上方的 s_1，…，s_{k-1}，s_k，…，s_h 表示；子单元的长度分别为 l_1，… l_{k-1}，l_k，…，l_h；内部节点编号采用位于 $\bar{x}$ 轴下方的 1，…，$k-1$，k，…，$h-1$ 表示。$\bar{x}_k$ 为第 s_k 个子单元的右端在 $\bar{x}$ 轴上的坐标。

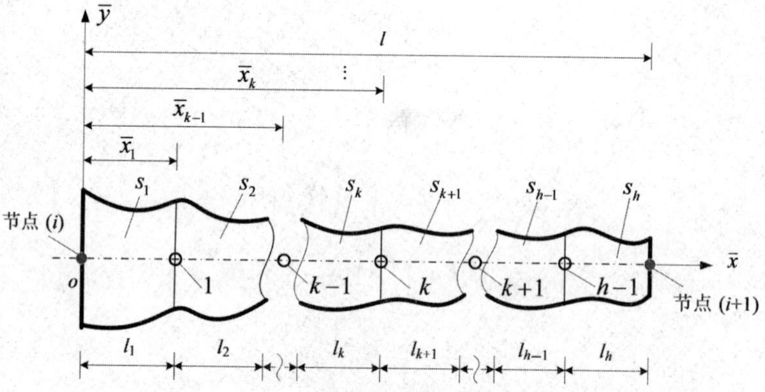

图 6-3 第 i 个单元的离散化

当划分的子单元的数量足够多时，每一个子单元都可以近似看作等截面梁。定义第 s_k 个子单元截面的等效线密度为 m_k、等效抗弯刚度为 BS_k、等效拉伸刚度为 CS_k 和等效轴向荷载为 $N_{\mathrm{T},k}$，它们的表达式如下：

$$m_k=\frac{\int_{\bar{x}_{k-1}}^{\bar{x}_k} m(\bar{x})\mathrm{d}\bar{x}}{l_k},\quad \mathrm{BS}_k=\frac{\int_{\bar{x}_{k-1}}^{\bar{x}_k} \mathrm{BS}(\bar{x})\mathrm{d}\bar{x}}{l_k}$$
$$\mathrm{CS}_k=\frac{\int_{\bar{x}_{k-1}}^{\bar{x}_k} \mathrm{CS}(\bar{x})\mathrm{d}\bar{x}}{l_k},\quad N_{\mathrm{T},k}=\frac{\int_{\bar{x}_{k-1}}^{\bar{x}_k} N_{\mathrm{T}}(\bar{x})\mathrm{d}\bar{x}}{l_k} \tag{6-11}$$

令 $\xi_k=\bar{x}-x_{k-1}$，对第 i 个单元的第 k 个子单元，有 $0\leqslant\xi_k\leqslant l_k$。综合式(6-9)和式(6-11)，可得子单元 s_k 的自由振动方程为

$$\begin{cases}m_k\dfrac{\partial^2\bar{y}_k(\xi_k,t)}{\partial t^2}+\mathrm{BS}_k\dfrac{\partial^4\bar{y}_k(\xi_k,t)}{\partial\xi_k^4}-N_{\mathrm{T},k}\dfrac{\partial^2\bar{y}_k(\xi_k,t)}{\partial\xi_k^2}=0\\ \dfrac{\partial^2\bar{u}_k(\xi_k,t)}{\partial\xi_k^2}=\dfrac{m_k}{\mathrm{CS}_k}\dfrac{\partial^2\bar{u}_k(\xi_k,t)}{\partial t^2}\end{cases}\tag{6-12}$$

式中：$\bar{y}_k(\xi_k,t)$ 和 $\bar{u}_k(\xi_k,t)$ 为子单元 s_k 在 ξ_k 处 t 时刻的竖向位移和轴向位移。

假设 $\bar{y}_k(\xi_k,t)$ 和 $\bar{u}_k(\xi_k,t)$ 为简谐振动，即

$$\bar{y}_k(\xi_k,t)=\bar{Y}_k(\xi_k)\mathrm{e}^{\mathrm{i}\omega t},\quad \bar{u}_k(\xi_k,t)=\bar{U}_k(\xi_k)\mathrm{e}^{\mathrm{i}\omega t}\tag{6-13}$$

式中：$\bar{Y}_k(\xi_k)$ 和 $\bar{U}_k(\xi_k)$ 为 $\bar{y}_k(\xi_k,t)$、$\bar{u}_k(\xi_k,t)$ 自由振动时的振幅，$\mathrm{i}=\sqrt{-1}$。

将式(6-13)代入式(6-12)中，有

$$\begin{cases}\mathrm{BS}_k\bar{Y}_k^{(4)}(\xi_k)-N_{\mathrm{T},k}\bar{Y}''_k(\xi_k)-m_k\omega^2\bar{Y}_k(\xi_k)=0\\ \bar{U}''_k(\xi_k)=-\dfrac{m_k\omega^2}{\mathrm{CS}_k}\bar{U}_k(\xi_k)\end{cases}\tag{6-14}$$

$\bar{Y}_k(\xi_k)$ 和 $\bar{U}_k(\xi_k)$ 可写为

$$\begin{cases}\bar{Y}_k(\xi_k)=D_{k,1}\sin(\delta_k\xi_k)+D_{k,2}\cos(\delta_k\xi_k)+D_{k,3}\sinh(\varepsilon_k\xi_k)+D_{k,4}\cosh(\varepsilon_k\xi_k)\\ \bar{U}_k(\xi_k)=D_{k,5}\cos(\eta_k\xi_k)+D_{k,6}\sin(\eta_k\xi_k)\end{cases}\tag{6-15}$$

其中，

$$\delta_k=\sqrt{\sqrt{\alpha_k^4+\frac{g_k^4}{4}}+\frac{g_k^2}{2}},\quad \varepsilon_k=\sqrt{\sqrt{\alpha_k^4+\frac{g_k^4}{4}}-\frac{g_k^2}{2}},\quad \eta_k=\sqrt{\frac{m_k}{\mathrm{CS}_k}}\omega\tag{6-16}$$

式中：$D_{k,i}(i=1,2,\cdots,6)$ 为子单元 s_k 的六个待定常数；$\alpha_k^4=\omega^2 m_k/\mathrm{CS}_k$、$g_k^2=N_{\mathrm{T},k}/\mathrm{BS}_k$。

转动位移可表示为

$$\begin{aligned}\bar{\Phi}_k(\xi_k)&=\bar{Y}'_k(\xi_k)\\&=D_{k,1}\delta_k\cos(\delta_k\xi_k)-D_{k,2}\delta_k\sin(\delta_k\xi_k)+D_{k,3}\varepsilon_k\cosh(\varepsilon_k\xi_k)+D_{k,4}\varepsilon_k\sinh(\varepsilon_k\xi_k)\end{aligned}\tag{6-17}$$

采用 $\bar{Y}_{k,\mathrm{L}}$，$\bar{U}_{k,\mathrm{L}}$ 和 $\bar{\Phi}_{k,\mathrm{L}}$ 表示子单元 s_k 左端的竖向位移、轴向位移和转角位移；采用 $\bar{Y}_{k,\mathrm{R}}$，$\bar{U}_{k,\mathrm{R}}$ 和 $\bar{\Phi}_{k,\mathrm{R}}$ 表示子单元 s_k 右端的竖向位移、轴向位移和转角位移，它们的正方向和图 6-2 所示位移正方向一致。

根据方程(6-15)和方程(6-17)，可得

$$
\begin{cases}
\bar{Y}_{k,\mathrm{L}}=\bar{Y}_k(0)=[0\quad 1\quad 0\quad 1]\,[D_{k,1}\quad D_{k,2}\quad D_{k,3}\quad D_{k,4}]^{\mathrm{T}} \\
\bar{U}_{k,\mathrm{L}}=\bar{U}_k(0)=[1\quad 0]\,[D_{k,5}\quad D_{k,6}]^{\mathrm{T}} \\
\bar{\Phi}_{k,\mathrm{L}}=\bar{\Phi}_k(0)=[\delta_k\quad 0\quad \varepsilon_k\quad 0]\,[D_{k,1}\quad D_{k,2}\quad D_{k,3}\quad D_{k,4}]^{\mathrm{T}} \\
\bar{Y}_{k,\mathrm{R}}=\bar{Y}_k(l_k)=[\sin\delta_k l_k\ \cos\delta_k l_k\ \sinh\varepsilon_k l_k\ \cosh\varepsilon_k l_k]\,[D_{k,1}\quad D_{k,2}\quad D_{k,3}\quad D_{k,4}]^{\mathrm{T}} \\
\bar{U}_{k,\mathrm{R}}=\bar{U}_k(l_k)=[\cos\eta_k l_k\quad \sin\eta_k l_k]\,[D_{k,5}\quad D_{k,6}]^{\mathrm{T}} \\
\bar{\Phi}_{k,\mathrm{R}}=\bar{\Phi}_k(l_k)=[\delta_k\cos\delta_k l_k\ -\delta_k\sin\delta_k l_k\ \varepsilon_k\cosh\varepsilon_k l_k\ \varepsilon_k\sinh\varepsilon_k l_k]\,[D_{k,1}\quad D_{k,2}\quad D_{k,3}\quad D_{k,4}]^{\mathrm{T}}
\end{cases}
\tag{6-18}
$$

将方程(6-18)写成矩阵形式，有

$$
\bar{\boldsymbol{\delta}}_k=\boldsymbol{R}_k\boldsymbol{D}_k \tag{6-19}
$$

式中：

$$
\boldsymbol{R}_k=\begin{bmatrix}
0 & 1 & 0 & 1 & 0 & 0 \\
0 & 0 & 0 & 0 & 1 & 0 \\
\delta_k & 0 & \varepsilon_k & 0 & 0 & 0 \\
\sin\delta_k l_k & \cos\delta_k l_k & \sinh\varepsilon_k l_k & \cosh\varepsilon_k l_k & 0 & 0 \\
0 & 0 & 0 & 0 & \cos\eta_k l_k & \sin\eta_k l_k \\
\delta_k\cos\delta_k l_k & -\delta_k\sin\delta_k l_k & \varepsilon_k\cosh\varepsilon_k l_k & \varepsilon_k\sinh\varepsilon_k l_k & 0 & 0
\end{bmatrix}
\tag{6-20a}
$$

$$
\bar{\boldsymbol{\delta}}_k=[\bar{Y}_{k,\mathrm{L}}\quad \bar{U}_{k,\mathrm{L}}\quad \bar{\Phi}_{k,\mathrm{L}}\quad \bar{Y}_{k,\mathrm{R}}\quad \bar{U}_{k,R}\quad \bar{\Phi}_{k,\mathrm{R}}]^{\mathrm{T}} \tag{6-20b}
$$

$$
\boldsymbol{D}_k=[D_{k,1}\quad D_{k,2}\quad D_{k,3}\quad D_{k,4}\quad D_{k,5}\quad D_{k,6}]^{\mathrm{T}} \tag{6-20c}
$$

子单元 s_k 自由振动过程中产生的剪力幅值 $\bar{Q}_k(\xi_k)$、轴力幅值 $\bar{N}_k(\xi_k)$ 和弯矩幅值 $\bar{M}_k(\xi_k)$ 为

$$
\begin{cases}
\bar{Q}_k(\xi_k)=\mathrm{BS}_k\bar{Y}'''=\mathrm{BS}_k\,[-\delta_k^3\cos(\delta_k\xi_k)\quad \delta^3\sin(\delta_k\xi_k)\quad \varepsilon_k^3\cosh(\varepsilon_k\xi_k)\quad \varepsilon_k{}^3\sinh(\varepsilon_k\xi_k)] \\
\qquad [D_{k,1}\quad D_{k,2}\quad D_{k,3}\quad D_{k,4}]^{\mathrm{T}} \\
\bar{M}_k(\xi_k)=\mathrm{BS}_k\bar{Y}''=\mathrm{BS}_k\,[-\delta_k^2\sin(\delta_k\xi_k)\quad -\delta_2 k\cos(\delta_k\xi_k)\quad \varepsilon_k^2\sinh(\varepsilon_k\xi_k)\quad \varepsilon_k^2\cosh(\varepsilon_k\xi_k)] \\
\qquad [D_{k,1}\quad D_{k,2}\quad D_{k,3}\quad D_{k,4}]^{\mathrm{T}} \\
\bar{N}_k(\xi_k)=\mathrm{CS}_k\bar{U}'=\mathrm{CS}_k\,[-\eta_k\sin(\eta_k\xi_k)\quad \eta_k\cos(\eta_k\xi_k)]\,[D_{5,k}\quad D_{6,k}]^{\mathrm{T}}
\end{cases}
\tag{6-21}
$$

采用 $\bar{Q}_{k,\mathrm{L}}$，$\bar{N}_{k,\mathrm{L}}$ 和 $\bar{M}_{k,\mathrm{L}}$ 表示子单元 s_k 左端的剪力、轴力和弯矩；采用 $\bar{Q}_{k,\mathrm{R}}$，$\bar{N}_{k,\mathrm{R}}$ 和 $\bar{M}_{k,\mathrm{R}}$ 表示子单元 s_k 右端的剪力、轴力和弯矩，它们的正方向和图 6-2 所示力的正方向一致。这些力与自由振动产生的端部力平衡，根据式(6-21)可得

$$\begin{cases}\bar{Q}_{k,\mathrm{L}}=\bar{Q}_k(0)=\mathrm{BS}_k\,[-\delta_k^3\quad 0\quad \varepsilon_k^3\quad 0]\,[D_{k,1}\quad D_{k,2}\quad D_{k,3}\quad D_{k,4}]^{\mathrm{T}}\\ \bar{N}_{k,\mathrm{L}}=-\bar{N}_k(0)=\mathrm{CS}_k\,[0\quad -\eta_k]\,[D_{5,k}\quad D_{6,k}]^{\mathrm{T}}\\ \bar{M}_{k,\mathrm{L}}=-\bar{M}_k(0)=\mathrm{BS}_k\,[0\quad \delta_k^2\quad 0\quad -\varepsilon_k^2]\,[D_{k,1}\quad D_{k,2}\quad D_{k,3}\quad D_{k,4}]^{\mathrm{T}}\\ \bar{Q}_{k,\mathrm{R}}=-\bar{Q}_k(l_k)=-\mathrm{BS}_k\,[-\delta_k^3\cos\delta_k l_k\quad \delta_k^3\sin\delta_k l_k\quad \varepsilon_k^3\cosh\varepsilon_k l_k\quad \varepsilon_k^3\sinh\varepsilon_k l_k]\\ \qquad [D_{k,1}\quad D_{k,2}\quad D_{k,3}\quad D_{k,4}]^{\mathrm{T}}\\ \bar{N}_{k,\mathrm{R}}=\bar{N}_k(l_k)=\mathrm{CS}_k\,[-\eta_k\sin\eta_k l_k\quad \eta_k\cos\eta_k l_k]\,[D_{5,k}\quad D_{6,k}]^{\mathrm{T}}\\ \bar{M}_{k,\mathrm{R}}=\bar{M}_k(l_k)=\mathrm{BS}_k\,[-\delta_k^2\sin\delta_k l_k\quad -\delta_k^2\cos\delta_k l_k\quad \varepsilon_k^2\sinh\varepsilon_k l_k\quad \varepsilon_k^2\cosh\varepsilon_k l_k]\\ \qquad [D_{k,1}\quad D_{k,2}\quad D_{k,3}\quad D_{k,4}]^{\mathrm{T}}\end{cases} \tag{6-22}$$

方程(6-22)可用矩阵表示为

$$\bar{\boldsymbol{F}}_k=\boldsymbol{Q}_k\boldsymbol{D}_k \tag{6-23}$$

式中：

$$\boldsymbol{Q}_k=\begin{bmatrix} -\mathrm{BS}_k\delta_k^3 & 0 & \mathrm{BS}_k\varepsilon_k^3 & 0 & 0 & 0\\ 0 & 0 & 0 & 0 & 0 & -\mathrm{CS}_k\eta_k\\ 0 & \mathrm{BS}_k\delta_k^2 & 0 & -\mathrm{BS}_k\varepsilon_k^2 & 0 & 0\\ \mathrm{BS}_k\delta_k^3\cos\delta_k l_k & -\mathrm{BS}_k\delta_k^3\sin\delta_k l_k & -\mathrm{BS}_k\varepsilon_k^3\cosh\varepsilon_k l_k & -\mathrm{BS}_k\varepsilon_k^3\sinh\varepsilon_k l_k & 0 & 0\\ 0 & 0 & 0 & 0 & -\mathrm{CS}_k\eta_k\sin\eta_k l_k & \mathrm{CS}_k\eta_k\cos\eta_k l_k\\ -\mathrm{BS}_k\delta_k^2\sin\delta_k l_k & -\mathrm{BS}_k\delta_k^2\cos\delta_k l_k & \mathrm{BS}_k\varepsilon_k^2\sinh\varepsilon_k l_k & \mathrm{BS}_k\varepsilon_k^2\cosh\varepsilon_k l_k & 0 & 0 \end{bmatrix} \tag{6-24a}$$

$$\bar{\boldsymbol{F}}_k=[\bar{Q}_{k,\mathrm{L}}\quad \bar{N}_{k,\mathrm{L}}\quad \bar{M}_{k,\mathrm{L}}\quad \bar{Q}_{k,\mathrm{R}}\quad \bar{N}_{k,\mathrm{R}}\quad \bar{M}_{k,\mathrm{R}}]^{\mathrm{T}} \tag{6-24b}$$

$$\boldsymbol{D}_k=[D_{k,1}\quad D_{k,2}\quad D_{k,3}\quad D_{k,4}\quad D_{k,5}\quad D_{k,6}]^{\mathrm{T}} \tag{6-24c}$$

依据式(6-19)，待定系数向量 $\boldsymbol{D}_k$ 可从式(6-23)中消除，即

$$\bar{\boldsymbol{F}}_k=\boldsymbol{Q}_k\boldsymbol{R}_k^{-1}\bar{\boldsymbol{\delta}}_k=\bar{\boldsymbol{K}}_k\bar{\boldsymbol{\delta}}_k \tag{6-25}$$

式中：$\bar{\boldsymbol{K}}_k=\boldsymbol{Q}_k\boldsymbol{R}_k^{-1}$ 。上式在形式上与有限元方法中的单元端部力与端部位移表达式是相同的，而 $\bar{\boldsymbol{K}}_k$ 类似于有限元方法中的单元刚度矩阵，为方便表达，在书中把它称为动刚度矩阵。$\bar{\boldsymbol{K}}_k$ 表示了子单元 s_k 的端部力和位移之间的关系。

将式(6-25)写成分块矩阵的形式，则有

$$\begin{Bmatrix}\bar{\boldsymbol{F}}_k^{\mathrm{L}}\\ \bar{\boldsymbol{F}}_k^{\mathrm{R}}\end{Bmatrix}=\begin{bmatrix}\bar{\boldsymbol{K}}_k^{\mathrm{LL}} & \bar{\boldsymbol{K}}_k^{\mathrm{LR}}\\ \bar{\boldsymbol{K}}_k^{\mathrm{RL}} & \bar{\boldsymbol{K}}_k^{\mathrm{RR}}\end{bmatrix}\begin{Bmatrix}\bar{\boldsymbol{\delta}}_k^{\mathrm{L}}\\ \bar{\boldsymbol{\delta}}_k^{\mathrm{R}}\end{Bmatrix} \tag{6-26}$$

式中：$\bar{\boldsymbol{F}}_k^{\mathrm{L}}=[\bar{Q}_{k,\mathrm{L}}\quad \bar{N}_{k,\mathrm{L}}\quad \bar{M}_{k,\mathrm{L}}]^{\mathrm{T}}$、$\bar{\boldsymbol{F}}_k^{\mathrm{R}}=[\bar{Q}_{k,\mathrm{R}}\quad \bar{N}_{k,\mathrm{R}}\quad \bar{M}_{k,\mathrm{R}}]^{\mathrm{T}}$、$\bar{\boldsymbol{\delta}}_k^{\mathrm{L}}=$

$[\bar{Y}_{k,\mathrm{L}} \quad \bar{U}_{k,\mathrm{L}} \quad \bar{\Phi}_{k,\mathrm{L}}]^{\mathrm{T}}$和 $\bar{\boldsymbol{\delta}}_k^{\mathrm{R}} = [\bar{Y}_{k,\mathrm{R}} \quad \bar{U}_{k,\mathrm{R}} \quad \bar{\Phi}_{k,\mathrm{R}}]^{\mathrm{T}}$。

将式(6-26)进行展开，可得

$$\begin{cases} \bar{\boldsymbol{F}}_k^{\mathrm{L}} = \bar{\boldsymbol{K}}_k^{\mathrm{LL}} \bar{\boldsymbol{\delta}}_k^{\mathrm{L}} + \bar{\boldsymbol{K}}_k^{\mathrm{LR}} \bar{\boldsymbol{\delta}}_k^{\mathrm{R}} \\ \bar{\boldsymbol{F}}_k^{\mathrm{R}} = \bar{\boldsymbol{K}}_k^{\mathrm{RL}} \bar{\boldsymbol{\delta}}_k^{\mathrm{L}} + \bar{\boldsymbol{K}}_k^{\mathrm{RR}} \bar{\boldsymbol{\delta}}_k^{\mathrm{R}} \end{cases} \tag{6-27}$$

由式(6-27)中第一式可得

$$\bar{\boldsymbol{\delta}}_k^{\mathrm{R}} = \bar{\boldsymbol{K}}_k^{\mathrm{LR}-1} (\bar{\boldsymbol{F}}_k^{\mathrm{L}} - \bar{\boldsymbol{K}}_k^{\mathrm{LL}} \bar{\boldsymbol{\delta}}_k^{\mathrm{L}}) \tag{6-28}$$

将式(6-28)代入式(6-27)中第二式，并把式(6-27)的第二式与式(6-28)组合写成矩阵表达式，则有

$$\{\boldsymbol{q}_k^{\mathrm{L}}\} = [\boldsymbol{T}]_k \{\boldsymbol{q}_k^{\mathrm{R}}\} \tag{6-29}$$

其中，

$$\{\boldsymbol{q}_k^{\mathrm{L}}\} = [\bar{\boldsymbol{\delta}}_k^{\mathrm{L}} \quad \bar{\boldsymbol{F}}_k^{\mathrm{L}}]^{\mathrm{T}},\ \{\boldsymbol{q}_k^{\mathrm{R}}\} = [\bar{\boldsymbol{\delta}}_k^{\mathrm{R}} \quad \bar{\boldsymbol{F}}_k^{\mathrm{R}}]^{\mathrm{T}},\ [\boldsymbol{T}]_k = \begin{bmatrix} -\boldsymbol{K}_k^{\mathrm{LR}\ -1} \boldsymbol{K}_k^{\mathrm{LL}} & \boldsymbol{K}_k^{\mathrm{LR}\ -1} \\ \boldsymbol{K}_k^{\mathrm{RL}} - \boldsymbol{K}_k^{\mathrm{RR}} \boldsymbol{K}_k^{\mathrm{LR}\ -1} \boldsymbol{K}_k^{\mathrm{LL}} & \boldsymbol{K}_k^{\mathrm{RR}} \boldsymbol{K}_k^{\mathrm{LR}\ -1} \end{bmatrix} \tag{6-30}$$

式中：$[\boldsymbol{T}]_k$ 为子单元 s_k 的传递矩阵，表示子单元 s_k 右端的端部力和变形与左端端部力和变形的传递关系。

根据式(6-29)，采用递推关系，可以推导出第 i 个单元最后一个子单元的右端[即图 6-1 中第($i+1$)个节点]的端部力和变形与第 i 个单元第一个子单元的左端[即图 6-1 中第(i)个节点]的端部力和变形的传递关系，即

$$\{\bar{\boldsymbol{q}}^i_{(i+1)}\} = [\bar{\boldsymbol{H}}^i]\{\bar{\boldsymbol{q}}^i_{(i)}\} \tag{6-31}$$

其中，

$$[\bar{\boldsymbol{H}}^i] = [\boldsymbol{T}]_h [\boldsymbol{T}]_{h-1} \cdots [\boldsymbol{T}]_2 [\boldsymbol{T}]_1 \tag{6-32}$$

$$\{\bar{\boldsymbol{q}}^i_{(i+1)}\} = [\bar{\boldsymbol{\delta}}^i_{(i+1)} \quad \bar{\boldsymbol{F}}^i_{(i+1)}]^{\mathrm{T}},\quad \{\bar{\boldsymbol{q}}^i_{(i)}\} = [\bar{\boldsymbol{\delta}}^i_{(i)} \quad \bar{\boldsymbol{F}}^i_{(i)}]^{\mathrm{T}} \tag{6-33}$$

式中：$\bar{\boldsymbol{\delta}}^i_{(i+1)} = [\bar{y}^i_{(i+1)} \quad \bar{u}^i_{(i+1)} \quad \bar{\theta}^i_{(i+1)}]^{\mathrm{T}}$，$\bar{\boldsymbol{\delta}}^i_{(i)} = [\bar{y}^i_{(i)} \quad \bar{u}^i_{(i)} \quad \bar{\theta}^i_{(i)}]^{\mathrm{T}}$，其中 $\bar{y}^i_{(i+1)}$，$\bar{u}^i_{(i+1)}$ 和 $\bar{\theta}^i_{(i+1)}$ 为图 6-2 所示的第 i 个单元右端节点[即第($i+1$)个节点]处的端部变形，$\bar{y}^i_{(i)}$、$\bar{u}^i_{(i)}$ 和 $\bar{\theta}^i_{(i)}$ 为图 6-2 所示的第 i 个单元左端节点[即第(i)个节点]处的端部变形；$\bar{\boldsymbol{F}}^i_{(i+1)} = [\bar{Q}^i_{f(i+1)} \quad \bar{N}^i_{f(i+1)} \quad \bar{M}^i_{f(i+1)}]^{\mathrm{T}}$、$\bar{\boldsymbol{F}}^i_{(i)} = [\bar{Q}^i_{f(i)} \quad \bar{N}^i_{f(i)} \quad \bar{M}^i_{f(i)}]^{\mathrm{T}}$，其中 $\bar{Q}_f{}^i_{(i+1)}$、$\bar{N}_f{}^i_{(i+1)}$ 和 $\bar{M}^i_{f(i+1)}$ 为图 6-2 所示的第 i 个单元右端节点[即第($i+1$)个节点]处自由振动产生的端部力；$\bar{Q}^i_{f(i)}$，$\bar{N}^i_{f(i)}$ 和 $\bar{M}^i_{f(i)}$ 为图 6-2 所示的第 i 个单元左端节点[即第(i)个节点]处自由振动产生的端部力。

将式(6-31)写成分块矩阵的形式如下：

$$\begin{Bmatrix} \bar{\boldsymbol{\delta}}^{i}_{(i+1)} \\ \bar{\boldsymbol{F}}^{i}_{(i+1)} \end{Bmatrix} = \begin{bmatrix} \bar{\boldsymbol{H}}^{i}_{11} & \bar{\boldsymbol{H}}^{i}_{12} \\ \bar{\boldsymbol{H}}^{i}_{21} & \bar{\boldsymbol{H}}^{i}_{22} \end{bmatrix} \begin{bmatrix} \bar{\boldsymbol{\delta}}^{i}_{(i)} \\ \bar{\boldsymbol{F}}^{i}_{(i)} \end{bmatrix} \tag{6-34}$$

由式(6-34)可得

$$\bar{\boldsymbol{F}}^{i} = \bar{\boldsymbol{K}}^{i} \bar{\boldsymbol{\delta}}^{i} \tag{6-35}$$

式中，

$$\bar{\boldsymbol{F}}^{i} = [\bar{\boldsymbol{F}}^{i}_{(i)} \quad \bar{\boldsymbol{F}}^{i}_{(i+1)}]^{\mathrm{T}},\ \bar{\boldsymbol{\delta}}^{i} = [\bar{\boldsymbol{\delta}}^{i}_{(i)} \quad \bar{\boldsymbol{\delta}}^{i}_{(i+1)}]^{\mathrm{T}} \tag{6-36}$$

$$\bar{\boldsymbol{K}}^{i} = \begin{bmatrix} -\bar{\boldsymbol{H}}^{i-1}_{12} \bar{\boldsymbol{H}}^{i}_{11} & \bar{\boldsymbol{H}}^{i-1}_{12} \\ \bar{\boldsymbol{H}}^{i}_{21} - \bar{\boldsymbol{H}}^{i}_{22} \bar{\boldsymbol{H}}^{i-1}_{12} \bar{\boldsymbol{H}}^{i}_{11} & \bar{\boldsymbol{H}}^{i}_{22} \bar{\boldsymbol{H}}^{i-1}_{12} \end{bmatrix} \tag{6-37}$$

式(6-35)表示了第 i 个单元端部[即图 6-1 所示的$(i+1)$节点和(i)节点]自由振动时力和变形之间的关系，同样可以把 $\bar{\boldsymbol{K}}^{i}$ 称为第 i 个单元的动刚度矩阵。

6.1.3　刚构桥的特征方程

式(6-35)中并没有包含第 i 个单元中任何内节点处的力和变形的信息，也就是说，无论把第 i 个单元划分成多少个子单元，都可以得到类似式(6-35)表示的第 i 个单元的右节点[$(i+1)$节点]和左节点[(i)节点]处的力和变形的关系。在这种情况下，可以把第 i 个单元看作有限元方法中的一个单元，并把动刚度矩阵 $\bar{\boldsymbol{K}}^{i}$ 看作有限元分析中的单元刚度矩阵。

接下来，将式(6-35)中局部坐标系中的 $\bar{\boldsymbol{F}}^{i}$、$\bar{\boldsymbol{K}}^{i}$ 和$\bar{\boldsymbol{\delta}}^{i}$ 变换到整体坐标系下。图 6-2 中的端部力在局部坐标 $\bar{x}\bar{O}\bar{y}$ 中用$\bar{Q}^{i}_{f(i+1)}$、$\bar{N}^{i}_{f(i+1)}$、$\bar{M}^{i(i+1)}_{f}$、$\bar{Q}^{i}_{f(i)}$、$\bar{N}^{i}_{f(i)}$ 和 $\bar{M}^{i}_{f(i)}$ 表示(见图 6-4)，而在整体坐标系 xOy 中用$F^{i}_{x(i)}$、$F^{i}_{y(i)}$、$M^{i}_{(i)}$、$F^{i}_{x(i+1)}$、$F^{i}_{y(i+1)}$ 和 $M^{i}_{(i+1)}$ 表示。两种坐标系之间的夹角设为 α_i，表示从 x 轴沿逆时针方向转至 $\bar{x}$ 轴转过的角度。

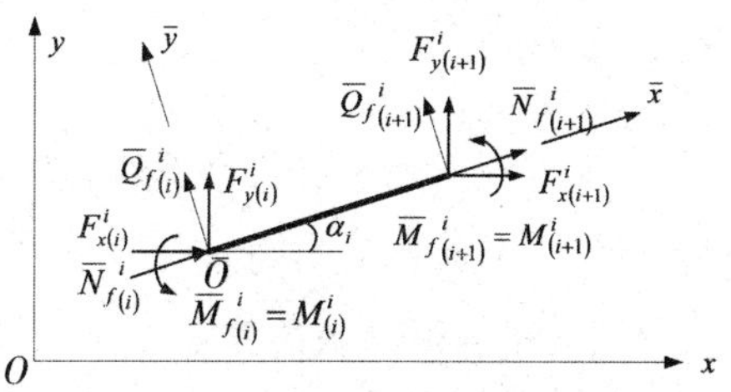

图 6-4　第 i 个单元在局部坐标系和整体坐标系中的端部力

两种坐标系下力的关系表示如下：

$$\bar{Q}^{i}_{f(i)} = -F^{i}_{x(i)} \sin\alpha_i + F^{i}_{y(i)} \cos\alpha_i \tag{6-38a}$$

$$\bar{N}^{i}_{f(i)} = F^{i}_{x(i)} \cos\alpha_i + F^{i}_{y(i)} \sin\alpha_i \tag{6-38b}$$

$$\bar{M}^{i}_{f(i)} = M^{i}_{(i)} \tag{6-38c}$$

$$\bar{Q}^i_{f(i+1)} = -F^i_{x(i+1)}\sin\alpha_i + F^i_{y(i+1)}\cos\alpha_i \tag{6-38d}$$

$$\bar{N}^i_{f(i+1)} = F^i_{x(i+1)}s\cos\alpha_i + F^i_{y(i+1)}\sin\alpha_i \tag{6-38e}$$

$$\bar{M}^i_{f(i+1)} = M^i_{(i+1)} \tag{6-38f}$$

式(6-38)可写成如下矩阵形式：

$$\begin{bmatrix} \bar{Q}^i_{f(i)} \\ \bar{N}^i_{f(i)} \\ \bar{M}^i_{f(i)} \\ \bar{Q}^i_{f(i+1)} \\ \bar{N}^i_{f(i+1)} \\ \bar{M}^i_{f(i+1)} \end{bmatrix} = \begin{bmatrix} -\sin\alpha_i & \cos\alpha_i & 0 & 0 & 0 & 0 \\ \cos\alpha_i & \sin\alpha_i & 0 & 0 & 0 & 0 \\ 0 & 0 & 1 & 0 & 0 & 0 \\ 0 & 0 & 0 & -\sin\alpha_i & \cos\alpha_i & 0 \\ 0 & 0 & 0 & \cos\alpha_i & \sin\alpha_i & 0 \\ 0 & 0 & 0 & 0 & 0 & 1 \end{bmatrix} \begin{bmatrix} F^i_{x(i)} \\ F^i_{y(i)} \\ M^i_{(i)} \\ F^i_{x(i+1)} \\ F^i_{y(i+1)} \\ M^i_{(i+1)} \end{bmatrix} \tag{6-39}$$

同理，局部坐标系和整体坐标系下的两端位移也可以用式(6-39)的变化矩阵 $\mathbf{TT}_i$ 表示。因此，整体坐标系下第 i 个单元的动刚度矩阵 $\boldsymbol{K}^i$ 为

$$\boldsymbol{K}^i = \mathbf{T}\,\mathbf{T}_i^{\mathrm{T}}\,\bar{\boldsymbol{K}}^i\,\mathbf{T}\,\mathbf{T}_i \tag{6-40}$$

按照类似于有限元方法中的数值组装方法，对每个单元的动刚度矩阵进行组装，从而获得刚构桥的特征方程，即

$$\boldsymbol{K}(\omega)\boldsymbol{D} = \mathbf{0} \tag{6-41}$$

式中：$\boldsymbol{K}(\omega)$ 为引入边界条件的系统总体矩阵；$\boldsymbol{D}$ 为图 6-1 中节点的变形列向量(每个节点有竖向、轴向和转角变形，如图 6-2 所示)。

矩阵 $\boldsymbol{K}(\omega)$ 中元素是频率 ω 的超越函数，这是超越特征值问题，可采用有名的 Wittrick-Williams 算法对式(6-41)进行求解，下面对该算法进行简单的介绍。

6.2 Wittrick-Williams 算法

通过理论方法形成结构的特征方程后，主要是令系数矩阵的特征值为零，从而获得结构的频率。然而，实践表明，只有十分简单的结构才有可能获得频率的理论表达式，大多数情况需要借助于数值方法(如二分法、牛顿迭代等)。然而一般的数值方法存在一定的缺陷，主要是因为形成的表达式往往是关于频率的超越函数，求解过程中会出现数值的病态，且这些方法并不能找到结构的重频。Wittrick-Williams 算法[2-4]能够较好地解决此类问题，是结构自由振动分析计算中的核心算法，该方法主要是通过得到小于某个频率值的结构的频率数量，间接求得结构的自由振动频率。

6.2.1 Wittrick-Williams 算法的基本原理

假设系统的动刚度矩阵如下：

$$[\boldsymbol{K}(\omega)]\{\boldsymbol{D}\}=\boldsymbol{0} \tag{6-42}$$

Wittrick-Williams 算法的基本公式为[5-6]

$$J(\omega^*)=J_0(\omega^*)+s\{\boldsymbol{K}(\omega^*)\} \tag{6-43}$$

式中：J 表示小于 ω^* 系统所有自由振动频率的个数；J_0 表示将系统所有自由度固定时，小于 ω^* 系统的自由振动频率的个数；$s\{\boldsymbol{K}(\omega^*)\}$ 表示将 ω^* 代入动刚度矩阵中并将其进行高斯消元法变换成上三角矩阵时，主对角线上小于 0 的个数。

由于系统是无限自由度的，在固定系统各单元两端自由度之后，J_0 并不一定是 0，其可以表示为

$$J_0(\omega^*)=\sum_{i=1}^{n}J_i(\omega^*) \tag{6-44}$$

式中：n 表示系统的单元个数；$J_i(\omega^*)$ 表示第 i 个单元两端固定时小于频率 ω^* 的个数。

通过式(6-43)不能直接获得结构的频率，往往还需要结合其他方法，例如二分法。二分法是一种简便、有效的方法，Wittrick-Williams 算法和二分法相结合求解系统第 r 阶频率的过程如下：

(1)首先，给定频率范围的上限和下限分别为 ω_l 和 ω_u ($\omega_l<\omega_u$)，为了方便可取 $\omega_l=0$；

(2)利用式(6-44)求解当 $\omega^*=\omega_l$ 时的 $J_0(\omega^*)$；

(3)比较 $J_0(\omega^*)$ 和 r 的大小，若 $J_0(\omega^*)<r$，则 $\omega_l=\omega^*$；若 $J_0(\omega^*)\geqslant r$，则 $\omega_u=\omega^*$；

(4)计算 $\omega^*=\dfrac{\omega_l+\omega_u}{2}$；

(5)直到上下界满足终止条件：$\dfrac{\omega_u-\omega_l}{\omega_u+1}\leqslant \mathrm{Tol}$（Tol 为误差精度）时，即认为已经找到了第 r 阶频率 $\omega_r=\omega^*$，否则重复步骤(2)～步骤(5)。

步骤(5)为一个误差控制条件，该条件可以很好地适用于低频和高频，从而使得该方法的适用性更广。

6.2.2　Wittrick-Williams 算法的具体分析

式(6-43)中的 J_0 有时并不容易获得，这是由于当结构的自由度被全部固定后，单元的特征值就会使得动态刚度矩阵中的一个或者多个元素的值变为无穷大[7]。因此，在实际运用中需要对这个方法进行改进。

本章所讨论的梁的自由度为轴向位移、竖向位移和转动位移，而轴向位移和弯曲位移是独立的，因此当所有单元两端自由度固定之后，可以将总的特征值个数分解为轴向振动和弯曲振动之和，即有

$$J_i = J_a + J_b \tag{6-45}$$

式中：J_a 和 J_b 分别表示从 0 到给定的 ω^* 范围内，第 i 个单元端部位移固定后轴向振动和弯曲振动的特征值个数。

根据式(6-9)，可得梁的纵向自由振动方程为

$$m(x)\ddot{u} = [EA_T(x)u']' \tag{6-46}$$

两端固接时的边界条件为

$$u_0 = u_l = 0 \tag{6-47}$$

当梁为等截面时，可以求得其频率方程为

$$\sin\left(\frac{\omega^* L}{b}\right) = 0 \tag{6-48}$$

式中，$b = \sqrt{EA_T/(\rho A)}$ 。因此，使上式成立的在 0 到 ω^* 范围内的特征值个数为

$$J_a = \text{Integer}\left[\frac{\omega^* L}{b\pi}\right] \tag{6-49}$$

式中：Integer[]表示取小于给定数的最大正整数。

对于轴向振动，其频率的解析解较容易获得，而对于竖向弯曲振动，当两端固定时，其频率的解析解则不好直接表示。因此，直接确定给定频率范围的特征值个数就比较困难。对于简支边界条件，则更容易获得其解析解，下面就将求解固支边界条件转换为求解简支边界条件，从而间接地获得想要的结果。

该方法的主要思想如下：①在给定的频率范围内先获得简支边界条件下的特征值个数；②将单元刚度矩阵引入简支边界条件，利用高斯消元法求出单元刚度阵主对角线上为负数的元素个数；③最后，通过式(6-54)间接获得固定边界条件下的特征值个数 J_b。

对于简支梁，根据式(6-17)表示其弯曲振动方程为

$$m(x)\ddot{y} + [EI_T(x)y'']'' = 0 \tag{6-50}$$

简支边界条件为

$$y_0 = y_l = 0 \tag{6-51}$$

当为等截面梁时，可以得到简支梁的频率方程为

$$\sin(\delta L) = 0 \tag{6-52}$$

式中：δ 同式(6-16)。使式(6-52)成立的在 0 到 ω^* 范围内的特征值个数为

$$J_b^s = \text{Integer}\left[\frac{\delta L}{\pi}\right] \tag{6-53}$$

将式(6-53)代入式(6-43)，可得

$$J_b = J_b^s - s\,[K(\omega^*)] \tag{6-54}$$

求出 J_a 和 J_b 后，可通过式(6-45)求出 J_0，进而通过式(6-43)获得给定范围的特征值个数。

6.2.3　数值算例

为了证明本节方法的准确性，采用本节方法和有限元方法分别计算了平面刚架的固有频率。在 ANSYS 软件中采用平面应力单元 PLANE 182 建立平面刚架有限元模型，有限元模型和结构尺寸参数如图 6-5 所示。

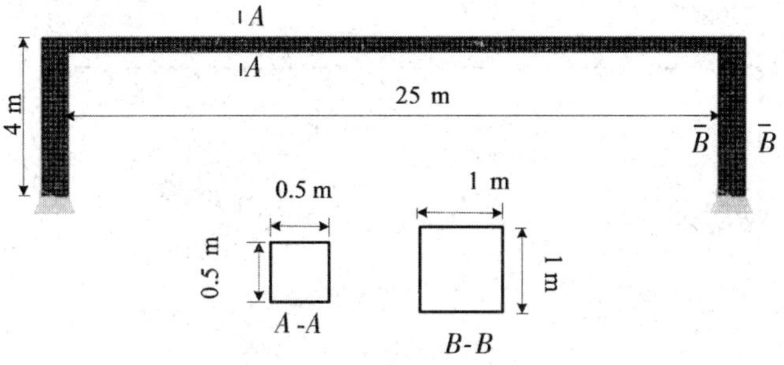

图 6-5　平面刚架的二维有限元模型

表 6-1 中列出了结构的前三阶自振频率，相应的前三阶模态振型如图 6-6 所示。根据表 6-1 和图 6-6 可知，采用本节方法计算的频率结果与有限元方法计算的结果非常吻合，且前三阶模态振型一致，证明了本节方法计算刚构桥振型的正确性。

表 6-1　频率对比结果

阶次	自振频率/Hz		误差/%
	数值解	理论值	
1 阶	17.62	17.69	0.43
2 阶	46.86	47.15	0.61
3 阶	96.00	96.80	0.85

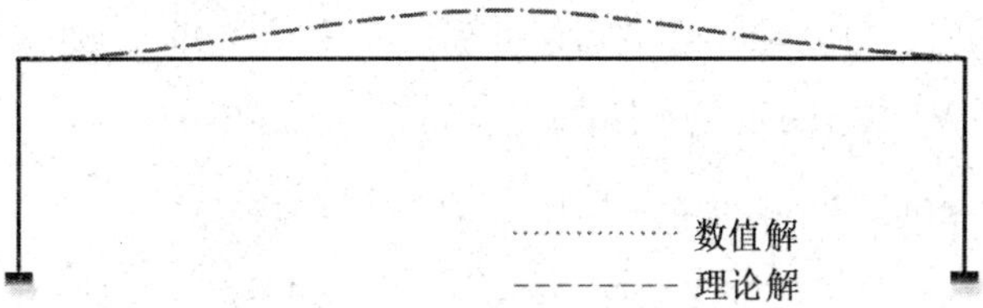

(a)一阶振型

图 6-6　振型结果对比

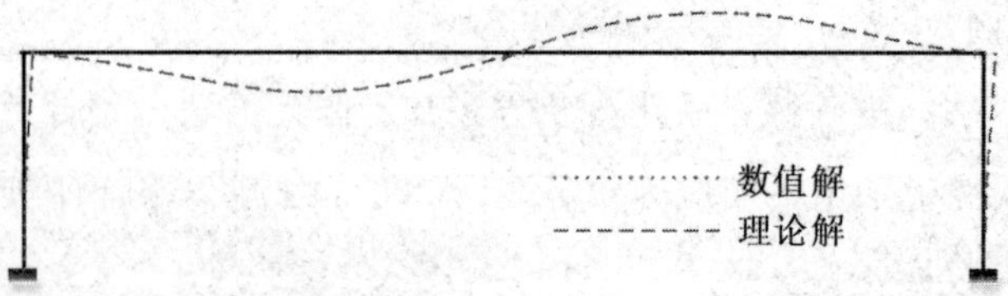

(b)二阶振型

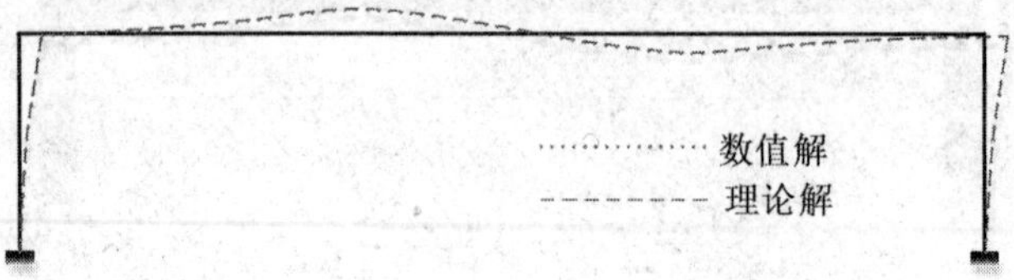

(c)三阶振型

图 6-6　振型结果对比(续)

本章主要参考文献

[1]王华．温度和车辆耦合作用下梁式桥动力特性分析[D]. 长春：吉林大学，2018.

[2] Wittrick W H , Williams F W. A general algorithm for computing natural frequencies of elasticstructures[J]. Journal of Mechanies and Applied Mathematics , 1971, 24(3): 263-284.

[3] Williams F W. Natural frequeney of repetitive structures[J]. Journal of Mechanics and AppliedMathematies, 1971, 24(3): 285-310.

[4] Williams F W, Wittrick W H, An automatie computational procedure for calculating naturalfrequencies of skeletal structures[J]. International Journal of Mechanical Sciences, 1970, 12(9): 781-791.

[5] Williams F W. Review of exact buckling and frequency calculations with optional multi-levelsubstructuring[J]. Computers and Structures, 1993, 48(3): 547-552.

[6] Williams F W, Wittrick W H. Exaet buckling and frequency caleulations surveyed [J]. Journalof Structural Engineering, 1983, 109(1): 169-187.

[7] Howson W P, Williams F W, Natural frequencies of frames with axially loaded TimoshenkoMembers[J]. Journal of Sound and Vibration. 1973 . 26(4): 503-515.

第 7 章　车桥耦合振动分析

汽车荷载是公路桥梁设计考虑的主要活载，也是导致桥梁破坏的主要原因之一。车辆通过桥梁过程中将引起桥梁振动，同时桥梁的振动又反过来影响车辆的振动，车辆和桥梁之间这种相互作用、相互影响的现象就称为车-桥耦合振动。由于汽车和桥梁的耦合振动，汽车作用于桥梁的动荷载不仅与汽车质量、行车速度和桥梁类型、桥面不平顺有关，还与汽车的刚度和阻尼等参数以及桥梁的损伤等有关。桥梁的振动事实上是移动荷载的强迫振动、结构自由振动和车-桥耦合作用三者的叠加，在特定条件下将发生共振。移动车辆荷载的这种动力效应是不可忽视的，特别是在荷载处于最不利的静力作用位置的同时接近共振条件而发生较大的动态应力，将可能导致桥梁的破坏。因此，对车辆-桥梁动力相互作用系统进行综合研究，以便对桥梁的动力性能作出分析和评价，确定其在各种状态下的使用可靠性，是合理进行公路桥梁结构设计和工程实际需要，对于桥梁结构的发展和设计建造具有十分重要的理论和实际意义[1]。

本章以 Euler-Bernoulli 梁为研究对象，分别介绍了移动车辆作用下不含裂缝和含裂缝梁的车-桥耦合振动方程的建立与求解，最后探讨了裂缝位移、车辆移动速度对连续梁桥动力响应的影响。

7.1　移动车辆作用下欧拉-伯努利梁的动力响应分析

7.1.1　桥面不平整度

实际桥梁的桥面施工后并不能保证完全的平整，同时在服役期间，桥面也会逐渐变得粗糙，从而造成行车的不平顺。已有研究表明，这种不平顺对行车作用下的桥梁动力响应有一定影响，因此为了更加准确地描述桥梁在移动荷载作用下的动力响应，有时需要考虑桥面的不平整度。

桥面不平整度与路面不平整度其实具有同样的性质，有关路面不平整度的详细论述可参考赵济海等[2]编著的书籍《路面不平度的测量分析与应用》。在此，采用 Honda 等[3]提出的路面粗糙度功率谱密度来模拟桥面不平整度，桥面不平整度 $Z_r(x)$ 可被描述为具有零均值、实值的稳态 Gauss 随机过程：

$$Z_r(x)=\sum_{k=1}^{N}\alpha_k\cos(2\pi\omega_k x+\theta_k) \tag{7-1}$$

式中：α_k 为余弦波的振幅；ω_k 为在 $[\omega_l,\ \omega_u]$ 区间内定义的功率谱密度函数的频率；θ_k 为在区间 $[0,\ 2\pi]$ 内服从均匀分布的随机相位角；x 为桥面任一点处的坐标；N 为用于建立桥面不平整度的总项数。参数 α_k 和 ω_k 可分别由下式计算：

$$\alpha_k=\sqrt{4S_r(\omega_k)\Delta\omega} \tag{7-2}$$

$$\omega_k=\omega_l+(k-1/2)\Delta\omega,\quad k=1,\ 2,\ \cdots,\ N \tag{7-3}$$

$$\Delta\omega=(\omega_u-\omega_l)/N \tag{7-4}$$

式中：$S_r(\omega_k)$ 为功率谱密度函数；ω_u 和 ω_l 分别为有效空间频率的上限、下限。

功率谱密度函数 $S_r(\omega_k)$ 可以采用桥面粗糙度的空间频率表示，即

$$S_r(\omega_k)=\begin{cases}\bar{\alpha}\omega_k^{-\beta}, & \omega_l<\omega_k<\omega_u\\ 0, & \text{其他}\end{cases} \tag{7-5}$$

式中：参数 $\bar{\alpha}$ 为桥面不平整度系数；指数 β 的取值为 1.94。

根据 GB/T 7031—2005《机械振动 道路路面谱测量数据报告》的规定，桥面状况可通过参数 $\bar{\alpha}$ 被分为 A～H 共 8 个等级，如表 7-1 所示。

表 7-1 GB/T 7031—2005 标准桥面不平整度系数表

桥面等级	桥面不平度系数/(10^{-6} m³)		
	下限	上限	几何平均
A	—	32	16
B	32	128	64
C	128	512	256
D	512	2 048	1 024
E	2 048	8 192	4 096
F	8 192	32 768	16 384
G	32 768	131 072	65 536
H	131 072	—	262 144

通过该方法生成的 A、B 和 C 级桥面不平整度样本如图 7-1 所示。

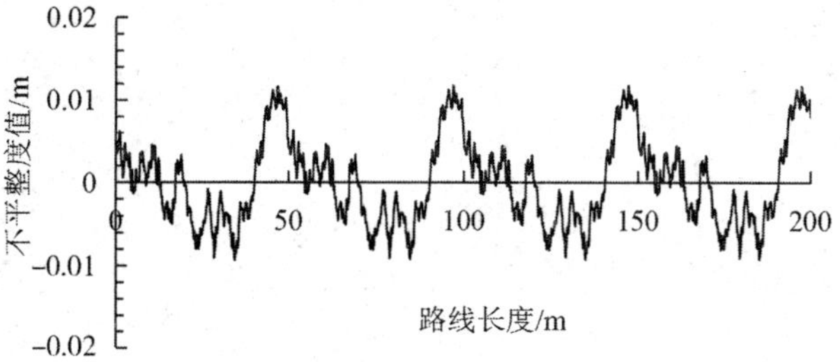

(a) A 级桥面不平整度

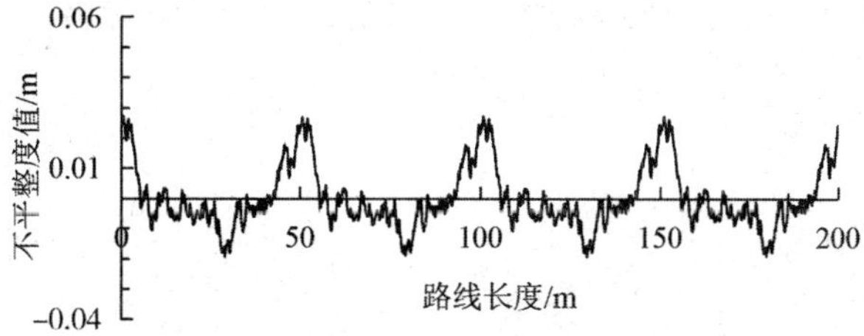

(b) B 级桥面不平整度

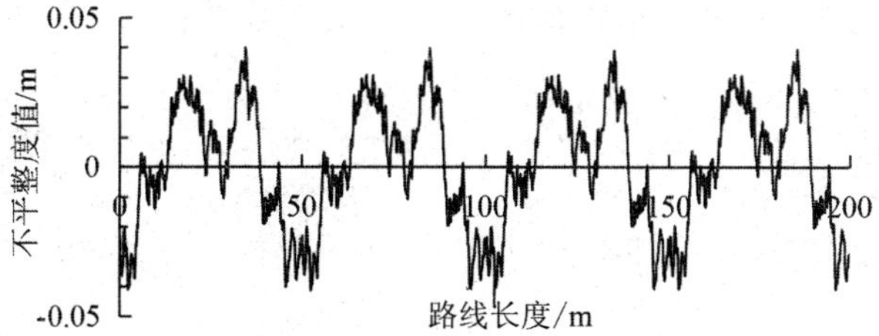

(c) C 级桥面不平整度

图 7-1　各级桥面不平整度样本

7.1.2　移动车辆作用下车-桥耦合振动方程

移动车辆-简支梁桥耦合振动系统如图 7-2 所示。车辆为 4 自由度 1/2 车辆模型，车辆的 4 个自由度分别为：车体的竖向位移 y_v，车体的俯仰角 θ，车辆前轮和后轮的竖向位移 y_{t1} 和 y_{t2}。图中，m_v 为车体质量；I_v 为车体的俯仰转动惯量；m_{t1} 和 m_{t2} 为簧下质量，包括车轮、轮毂及悬架等；k_{t1} 和 k_{t2} 分别为车辆前后轮的轮胎刚度系数；c_{t1} 和 c_{t2} 分别为车辆前后轮的轮胎阻尼系数；k_{s1} 和 k_{s2} 分别为车辆前后悬架的悬架刚度系数；c_{s1} 和 c_{s2} 分别为车辆前后悬架的悬架阻尼系数；r_1 和 r_2 分别为车体质量重心距前后轮的距离。

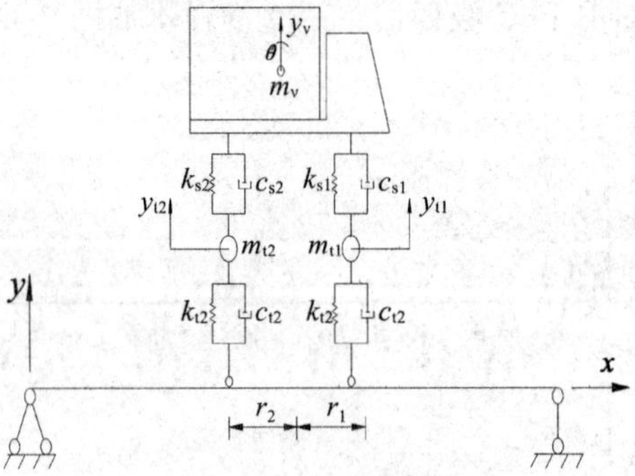

图 7-2　车辆-简支梁桥耦合振动系统

依据达朗贝尔原理，可得弹簧下质量 m_{t1} 和 m_{t2} 的运动方程为

$$m_{t1}\ddot{y}_{t1}+c_{s1}(\dot{y}_{t1}-\dot{y}_v-r_1\dot{\theta})+k_{s1}(y_{t1}-y_v-r_1\theta)+c_{t1}(\dot{y}_{t1}-\dot{y}_1)+k_{t1}(y_{t1}-y_1)=0 \tag{7-6}$$

$$m_{t2}\ddot{y}_{t2}+c_{s2}(\dot{y}_{t2}-\dot{y}_v+r_2\dot{\theta})+k_{s2}(y_{t2}-y_v+r_2\theta)+c_{t2}(\dot{y}_{t2}-\dot{y}_2)+k_{t2}(y_{t2}-y_2)=0 \tag{7-7}$$

式中：y_i（$i=1$，2）为车轮与桥面接触点处桥梁位移与桥面不平整度之和。

采用达朗贝尔原理，同样可得车体运动方程：

$$\begin{aligned}&m_v\ddot{y}_v+c_{s1}(\dot{y}_v-\dot{y}_{t1}+r_1\dot{\theta})+k_{s1}(y_v-y_{t1}+r_1\theta)\\&+c_{s2}(\dot{y}_v-\dot{y}_{t2}-r_2\dot{\theta})+k_{s2}(y_v-y_{t2}-r_2\theta)=0\end{aligned} \tag{7-8}$$

$$\begin{aligned}&I_v\ddot{\theta}+r_1[c_{s1}(\dot{y}_v-\dot{y}_{t1}+r_1\dot{\theta})+k_{s1}(y_v-y_{t1}+r_1\theta)]\\&-r_2[c_{s2}(\dot{y}_v-\dot{y}_{t2}-r_2\dot{\theta})+k_{s2}(y_v-y_{t2}-r_2\theta)]=0\end{aligned} \tag{7-9}$$

假设车辆在桥梁上行驶过程中始终保持车轮与桥面处于接触状态，则车-桥系统之间的位移耦合条件(如图 7-3 所示)可表示为

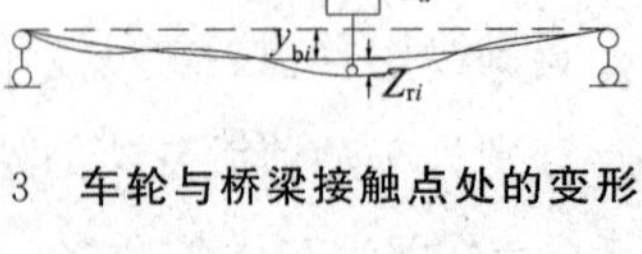

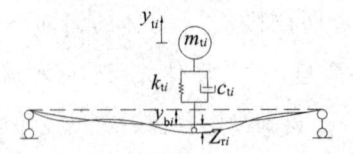

图 7- 3　车轮与桥梁接触点处的变形图示

$$y_i=y_{bi}+Z_{ri}\quad(i=1,\ 2) \tag{7-10}$$

式中：y_{bi} 为第 i 个车轮处的桥梁位移；Z_{ri} 为第 i 个车轮处的桥面不平整度，其正方向与 y_{bi} 的方向一致。

依据车-桥系统车轮处的位移耦合关系，可得车辆前后轮对桥梁结构的作用力分别为

$$p_1(t)=c_{t1}(\dot{y}_{t1}-\dot{y}_1)+k_{t1}(y_{t1}-y_1)-G_1 \tag{7-11}$$

$$p_2(t)=c_{t2}(\dot{y}_{t2}-\dot{y}_2)+k_{t2}(y_{t2}-y_2)-G_2 \tag{7-12}$$

式中，

$$G_1=\left(m_{t1}+\frac{r_2}{r_1+r_2}m_b\right)g,\quad G_2=\left(m_{t2}+\frac{r_1}{r_1+r_2}m_b\right)g \tag{7-13}$$

其中，g 为重力加速度。

移动车辆作用下简支梁桥的振动方程可表示为

$$m\ddot{y}(x,t)+c\dot{y}(x,t)+EI\frac{\partial y^4(x,t)}{\partial x^4}=\delta(x-\tilde{x}_1)p_1(t)+\delta(x-\tilde{x}_2)p_2(t) \tag{7-14}$$

式中：$\tilde{x}_1$ 和 $\tilde{x}_2$ 为移动车辆前轮和后轮位置函数，δ 为狄拉克函数，具体含义见式(2-29)～式(2-31)。

基于模态叠加法的基本思想，令

$$y(x,t)=\sum_{i=1}^{N}q_i(t)\varphi_i(x) \tag{7-15}$$

式中：$\varphi_i(x)$ 为桥梁结构的第 i 阶振型；$q_i(t)$ 为与第 i 阶振型对应的模态坐标。

把式(7-15)代入式(7-14)，两端同时乘以 $\varphi_j(x)$，并对 x 自 0 至 l(梁长)进行积分，利用振型的正交性，可得

$$\bar{m}_j\ddot{q}_j(t)+\bar{c}_j\dot{q}_j(t)+\bar{s}_jq_j(t)=\varphi_j(\tilde{x}_1)p_1(t)+\varphi_j(\tilde{x}_2)p_2(t) \tag{7-16}$$

其中

$$\bar{m}_j=\int_0^l m\varphi_j(x)\varphi_j(x)\mathrm{d}x \tag{7-17}$$

$$\bar{c}_j=\int_0^l c\varphi_j(x)\varphi_j(x)\mathrm{d}x \tag{7-18}$$

$$\bar{s}_j=\int_0^l\varphi_j(x)\frac{\mathrm{d}^2}{\mathrm{d}x^2}\left[EI\frac{\mathrm{d}^2\varphi_j(x)}{\mathrm{d}x^2}\right]\mathrm{d}x \tag{7-19}$$

由式(3-170)可知，对于梁桥结构，有 $\bar{s}_j=\omega_j^2\bar{m}_j$，其中 ω_j 为桥梁结构的第 j 阶频率。令 $\beta=\dfrac{c}{2m}$，比较式(7-17)和式(7-18)，可得 $\bar{c}_j=2\beta\bar{m}_j$。

将式(7-11)、式(7-15)代入式(7-16)中，式(7-16)右端第一项可表示为

$$\varphi_j(\tilde{x}_1)p_1(t)=\varphi_j(\tilde{x}_1)\Big[c_{t1}\Big(\dot{y}_{t1}-\sum_{i=1}^{N}\dot{q}_i(t)\varphi_i(\tilde{x}_1)-\sum_{i=1}^{N}q_i(t)\varphi_i'(\tilde{x}_1)\dot{\tilde{x}}_1-Z_r'(\tilde{x}_1)\dot{\tilde{x}}_1\Big)+ k_{t1}\Big(y_{t1}-\sum_{i=1}^{N}q_i(t)\varphi_i(\tilde{x}_1)-Z_r(\tilde{x}_1)\Big)-G_1\Big] \tag{7-20}$$

整理后可得

$$\begin{aligned}\varphi_j(\tilde{x}_1)p_1(t)=&-\varphi_j(\tilde{x}_1)\sum_{i=1}^{N}(k_{t1}\varphi_i(\tilde{x}_1)+c_{t1}\varphi'_i(\tilde{x}_1)\dot{\tilde{x}}_1)q_i(t)-\\&\varphi_j(\tilde{x}_1)c_{t1}\sum_{i=1}^{N}\varphi_i(\tilde{x}_1)\dot{q}_i(t)+\varphi_j(\tilde{x}_1)k_{t1}y_{t1}+\varphi_j(\tilde{x}_1)c_{t1}\dot{y}_{t1}-\\&\varphi_j(\tilde{x}_1)k_{t1}Z_r(\tilde{x}_1)-\varphi_j(\tilde{x}_1)c_{t1}Z'_r(\tilde{x}_1)\dot{\tilde{x}}_1-\varphi_j(\tilde{x}_1)G_1\end{aligned}\tag{7-21}$$

同理，式(7-16)右端第二项可表示为

$$\begin{aligned}\varphi_j(\tilde{x}_2)p_2(t)=&-\varphi_j(\tilde{x}_2)\sum_{i=1}^{N}(k_{t2}\varphi_i(\tilde{x}_2)+c_{t2}\varphi'_i(\tilde{x}_2)\dot{\tilde{x}}_2)q_i(t)-\\&\varphi_j(\tilde{x}_2)c_{t2}\sum_{i=1}^{N}\varphi_i(\tilde{x}_2)\dot{q}_i(t)+\varphi_j(\tilde{x}_2)k_{t2}y_{t2}+\varphi_j(\tilde{x}_2)c_{t2}\dot{y}_{t2}-\\&\varphi_j(\tilde{x}_2)k_{t2}Z_r(\tilde{x}_2)-\varphi_j(\tilde{x}_2)c_{t2}Z'_r(\tilde{x}_2)\dot{\tilde{x}}_2-\varphi_j(\tilde{x}_2)G_2\end{aligned}\tag{7-22}$$

将式(7-10)和式(7-15)代入式(7-6)、式(7-7)中，可得

$$\begin{aligned}&m_{t1}\ddot{y}_{t1}+c_{s1}(\dot{y}_{t1}-\dot{y}_v-r_1\dot{\theta})+k_{s1}(y_{t1}-y_v-r_1\theta)+c_{t1}\dot{y}_{t1}+k_{t1}y_{t1}\\&-\sum_{i=1}^{N}(k_{t1}\varphi_i(\tilde{x}_1)+c_{t1}\varphi'_i(\tilde{x}_1)\dot{\tilde{x}}_1)q_i(t)-c_{t1}\sum_{i=1}^{N}\varphi_i(\tilde{x}_1)\dot{q}_i(t)=k_{t1}Z_r(\tilde{x}_1)+c_{t1}Z'_r(\tilde{x}_1)\dot{\tilde{x}}_1\end{aligned}\tag{7-23}$$

$$\begin{aligned}&m_{t2}\ddot{y}_{t2}+c_{s2}(\dot{y}_{t2}-\dot{y}_v+r_2\dot{\theta})+k_{s2}(y_{t2}-y_v+r_2\theta)+c_{t2}\dot{y}_{t2}+k_{t2}y_{t2}\\&-\sum_{i=1}^{N}(k_{t2}\varphi_i(\tilde{x}_2)+c_{t2}\varphi'_i(\tilde{x}_2)\dot{\tilde{x}}_2)q_i(t)-c_{t2}\sum_{i=1}^{N}\varphi_i(\tilde{x}_2)\dot{q}_i(t)=k_{t2}Z_r(\tilde{x}_2)+c_{t2}Z'_r(\tilde{x}_2)\dot{\tilde{x}}_2\end{aligned}\tag{7-24}$$

式(7-20)～式(7-24)中，“′”表示对坐标 x 的一阶导数。

由于式(7-15)中假定有 N 阶模态参与计算，因此，可以得到 N 个采用式(7-16)表示的桥梁振动方程，即 $j=1\sim N$，把 N 个桥梁振动方程和 4 个车辆振动方程[式(7-8)、式(7-9)、式(7-23)、式(7-24)]写成矩阵形式，可得

$$\boldsymbol{M}\ddot{\boldsymbol{u}}+\boldsymbol{C}\dot{\boldsymbol{u}}+\boldsymbol{K}\boldsymbol{u}=\boldsymbol{P}\tag{7-25}$$

其中，

$$\boldsymbol{M}=\begin{bmatrix}\overline{m}_1 & 0 & \cdots & 0 & \cdots & 0 & 0 & 0 & 0 & 0\\ 0 & \overline{m}_2 & \cdots & 0 & \cdots & 0 & 0 & 0 & 0 & 0\\ \vdots & \vdots & \ddots & \vdots & \cdots & \vdots & \vdots & \vdots & \vdots & \vdots\\ 0 & 0 & \cdots & \overline{m}_j & \cdots & 0 & 0 & 0 & 0 & 0\\ \vdots & \vdots & \cdots & \vdots & \ddots & \vdots & \vdots & \vdots & \vdots & \vdots\\ 0 & 0 & \cdots & 0 & \cdots & \overline{m}_N & 0 & 0 & 0 & 0\\ 0 & 0 & \cdots & 0 & \cdots & 0 & m_{\mathrm{v}} & 0 & 0 & 0\\ 0 & 0 & \cdots & 0 & \cdots & 0 & 0 & I_{\mathrm{v}} & 0 & 0\\ 0 & 0 & \cdots & 0 & \cdots & 0 & 0 & 0 & m_{\mathrm{t1}} & 0\\ 0 & 0 & \cdots & 0 & \cdots & 0 & 0 & 0 & 0 & m_{\mathrm{t2}}\end{bmatrix} \tag{7-26}$$

$$
\boldsymbol{C}=\begin{bmatrix}
\overline{c}_1+c_{t1}\varphi_1^1\varphi_1^1+c_{t2}\varphi_1^2\varphi_1^2 & c_{t1}\varphi_1^1\varphi_2^1+c_{t2}\varphi_1^2\varphi_2^2 & \cdots & c_{t1}\varphi_1^1\varphi_j^1+c_{t2}\varphi_1^2\varphi_j^2 & \cdots & c_{t1}\varphi_1^1\varphi_N^1+c_{t2}\varphi_1^2\varphi_N^2 & 0 & 0 & -c_{t1}\varphi_1^1 & -c_{t2}\varphi_1^2 \\
c_{t1}\varphi_2^1\varphi_1^1+c_{t2}\varphi_2^2\varphi_1^2 & \overline{c}_2+c_{t1}\varphi_2^1\varphi_2^1+c_{t2}\varphi_2^2\varphi_2^2 & \cdots & c_{t1}\varphi_2^1\varphi_j^1+c_{t2}\varphi_2^2\varphi_j^2 & \cdots & c_{t1}\varphi_2^1\varphi_N^1+c_{t2}\varphi_2^2\varphi_N^2 & 0 & 0 & -c_{t1}\varphi_2^1 & -c_{t2}\varphi_2^2 \\
\vdots & \vdots & \ddots & \vdots & \cdots & \vdots & \vdots & \vdots & \vdots & \vdots \\
c_{t1}\varphi_j^1\varphi_1^1+c_{t2}\varphi_j^2\varphi_1^2 & c_{t1}\varphi_j^1\varphi_2^1+c_{t2}\varphi_j^2\varphi_2^2 & \cdots & \overline{c}_j+c_{t1}\varphi_j^1\varphi_j^1+c_{t2}\varphi_j^2\varphi_j^2 & \cdots & c_{t1}\varphi_j^1\varphi_N^1+c_{t2}\varphi_j^2\varphi_N^2 & 0 & 0 & -c_{t1}\varphi_j^1 & -c_{t2}\varphi_j^2 \\
\vdots & \vdots & \cdots & \vdots & \ddots & \vdots & \vdots & \vdots & \vdots & \vdots \\
c_{t1}\varphi_N^1\varphi_1^1+c_{t2}\varphi_N^2\varphi_1^2 & c_{t1}\varphi_N^1\varphi_2^1+c_{t2}\varphi_N^2\varphi_2^2 & \cdots & c_{t1}\varphi_N^1\varphi_j^1+c_{t2}\varphi_N^2\varphi_j^2 & \cdots & \overline{c}_N+c_{t1}\varphi_N^1\varphi_N^1+c_{t2}\varphi_N^2\varphi_N^2 & 0 & 0 & -c_{t1}\varphi_N^1 & -c_{t2}\varphi_N^2 \\
0 & 0 & \cdots & 0 & \cdots & 0 & c_{s1}+c_{s2} & r_1c_{s1}-r_2c_{s2} & -c_{s1} & -c_{s2} \\
0 & 0 & \cdots & 0 & \cdots & 0 & r_1c_{s1}-r_2c_{s2} & r_1^2c_{s1}+r_2^2c_{s2} & -r_1c_{s1} & r_2c_{s2} \\
-c_{t1}\varphi_1^1 & -c_{t1}\varphi_2^1 & \cdots & -c_{t1}\varphi_j^1 & \cdots & -c_{t1}\varphi_N^1 & -c_{s1} & -r_1c_{s1} & c_{s1}+c_{t1} & 0 \\
-c_{t2}\varphi_1^2 & -c_{t2}\varphi_2^2 & \cdots & -c_{t2}\varphi_j^2 & \cdots & -c_{t2}\varphi_N^2 & -c_{s2} & r_2c_{s2} & 0 & c_{s2}+c_{t2}
\end{bmatrix} \tag{7-27}
$$

$$
\boldsymbol{K}=\begin{bmatrix}
\overline{s}_1+\varphi_1^1\hat{s}_1^1+\varphi_1^2\hat{s}_1^2 & \varphi_1^1\hat{s}_2^1+\varphi_1^2\hat{s}_2^2 & \cdots & \varphi_1^1\hat{s}_j^1+\varphi_1^2\hat{s}_j^2 & \cdots & \varphi_1^1\hat{s}_N^1+\varphi_1^2\hat{s}_N^2 & 0 & 0 & -k_{t1}\varphi_1^1 & -k_{t2}\varphi_1^2 \\
\varphi_2^1\hat{s}_1^1+\varphi_2^2\hat{s}_1^2 & \overline{s}_2+\varphi_2^1\hat{s}_2^1+\varphi_2^2\hat{s}_2^2 & \cdots & \varphi_2^1\hat{s}_j^1+\varphi_2^2\hat{s}_j^2 & \cdots & \varphi_2^1\hat{s}_N^1+\varphi_2^2\hat{s}_N^2 & 0 & 0 & -k_{t1}\varphi_2^1 & -k_{t2}\varphi_2^2 \\
\vdots & \vdots & \ddots & \vdots & \cdots & \vdots & \vdots & \vdots & \vdots & \vdots \\
\varphi_j^1\hat{s}_1^1+\varphi_j^2\hat{s}_1^2 & \varphi_j^1\hat{s}_2^1+\varphi_j^2\hat{s}_2^2 & \cdots & \overline{s}_j+\varphi_j^1\hat{s}_j^1+\varphi_j^2\hat{s}_j^2 & \cdots & \varphi_j^1\hat{s}_N^1+\varphi_j^2\hat{s}_N^2 & 0 & 0 & -k_{t1}\varphi_j^1 & -k_{t2}\varphi_j^2 \\
\vdots & \vdots & \cdots & \vdots & \ddots & \vdots & \vdots & \vdots & \vdots & \vdots \\
\varphi_N^1\hat{s}_1^1+\varphi_N^2\hat{s}_1^2 & \varphi_N^1\hat{s}_2^1+\varphi_N^2\hat{s}_2^2 & \cdots & \varphi_N^1\hat{s}_j^1+\varphi_N^2\hat{s}_j^2 & \cdots & \overline{s}_N+\varphi_N^1\hat{s}_N^1+\varphi_N^2\hat{s}_N^2 & 0 & 0 & -k_{t1}\varphi_N^1 & -k_{t2}\varphi_N^2 \\
0 & 0 & \cdots & 0 & \cdots & 0 & k_{s1}+k_{s2} & r_1k_{s1}-r_2k_{s2} & -k_{s1} & -k_{s2} \\
0 & 0 & \cdots & 0 & \cdots & 0 & r_1k_{s1}-r_2k_{s2} & r_1^2k_{s1}+r_2^2k_{s2} & -r_1k_{s1} & r_2k_{s2} \\
-\hat{s}_1^1 & -\hat{s}_2^1 & \cdots & -\hat{s}_j^1 & \cdots & -\hat{s}_N^1 & -k_{s1} & -r_1k_{s1} & k_{s1}+k_{t1} & 0 \\
-\hat{s}_1^2 & -\hat{s}_2^2 & \cdots & -\hat{s}_j^2 & \cdots & -\hat{s}_N^2 & -k_{s2} & r_2k_{s2} & 0 & k_{s2}+k_{t2}
\end{bmatrix} \tag{7-28}
$$

$$\boldsymbol{P}=\begin{bmatrix} -\varphi_1^1 k_{t1} Z_r^1-\varphi_1^1 c_{t1}\dot{Z}_r^1-\varphi_1^1 G_1-\varphi_1^2 k_{t2} Z_r^2-\varphi_1^2 c_{t1}\dot{Z}_r^2-\varphi_1^2 G_2 \\ -\varphi_2^1 k_{t1} Z_r^1-\varphi_2^1 c_{t1}\dot{Z}_r^1-\varphi_2^1 G_1-\varphi_2^2 k_{t2} Z_r^2-\varphi_2^2 c_{t1}\dot{Z}_r^2-\varphi_2^2 G_2 \\ \vdots \\ -\varphi_j^1 k_{t1} Z_r^1-\varphi_j^1 c_{t1}\dot{Z}_r^1-\varphi_j^1 G_1-\varphi_j^2 k_{t2} Z_r^2-\varphi_j^2 c_{t1}\dot{Z}_r^2-\varphi_j^2 G_2 \\ \vdots \\ -\varphi_N^1 k_{t1} Z_r^1-\varphi_N^1 c_{t1}\dot{Z}_r^1-\varphi_N^1 G_1-\varphi_N^2 k_{t2} Z_r^2-\varphi_N^2 c_{t1}\dot{Z}_r^2-\varphi_N^2 G_2 \\ 0 \\ 0 \\ k_{t1} Z_r^1+c_{t1}\dot{Z}_r^1 \\ k_{t2} Z_r^2+c_{t2}\dot{Z}_r^2 \end{bmatrix} \tag{7-29}$$

$$\boldsymbol{u}=[q_1(t)\quad q_2(t)\quad \cdots\quad q_j(t)\quad \cdots\quad q_N(t)\quad y_v\quad \theta\quad y_{t1}\quad y_{t2}]^{\mathrm{T}} \tag{7-30}$$

式中，$\varphi_j^k\,(j=1,\ \cdots,\ N,\ \ k=1,\ 2)$ 表示第 k 个车轮处的第 j 阶振型数值，即有

$$\begin{cases} \varphi_j^1=\varphi_j(\tilde{x}_1),\ \varphi_j^2=\varphi_j(\tilde{x}_2) \\ Z_r^1=Z_r(\tilde{x}_1),\ Z_r^2=Z_r(\tilde{x}_2),\ \dot{Z}_r^1=Z'_r(\tilde{x}_1)\dot{\tilde{x}}_1,\ \dot{Z}_r^2=Z'_r(\tilde{x}_2)\dot{\tilde{x}}_2 \\ \dot{s}_j^1=(k_{t1}\varphi_j(\tilde{x}_1)+c_{t1}\varphi'_j(\tilde{x}_1)\dot{\tilde{x}}_1),\ s_j^2=(k_{t2}\varphi_j(\tilde{x}_2)+c_{t2}\varphi'_j(\tilde{x}_2)\dot{\tilde{x}}_2) \end{cases} \tag{7-31}$$

7.1.3 移动车辆作用下车-桥耦合振动方程的求解

式(7-25)与采用有限元方法得到的车-桥耦合振动方程在形式上是一致的，但在物理含义上存在显著差别。式(7-25)实际上是以模态坐标表示的车-桥耦合系统振动方程组，$\boldsymbol{M}$、$\boldsymbol{C}$ 和 $\boldsymbol{K}$ 分别为模态质量矩阵、模态阻尼矩阵和模态刚度矩阵。由于在形式上与采用有限元方法得到的车-桥耦合振动方程一致，$\boldsymbol{M}$、$\boldsymbol{C}$ 和 $\boldsymbol{K}$ 常被称作广义质量矩阵、广义阻尼矩阵和广义刚度矩阵，在动力响应求解中可采用与有限元方法中一样的求解方法。

移动车辆作用下车-桥耦合振动方程式(7-25)其实为一个二阶时变微分方程组，因此，需要采用迭代法来求解车-桥耦合系统的动力响应。常见的迭代法主要包括中心差分法、Wilson-θ 法和 Newmark-β 法等[4-5]，各方法的具体过程可参见相关文献。鉴于 Newmark-β 法具有无条件稳定、计算精度高等优点，该方法被广泛用来求解车-桥耦合振动问题。在此，对 Newmark-β 法的主要求解过程进行介绍，其主要求解步骤如下。

(1)开始一个 Newmark 时间步，将所有变量取 t_0 时刻的值作为初始值，包括桥梁的运动参数 $\boldsymbol{q}^{t_0}$，$\dot{\boldsymbol{q}}^{t_0}$，$\ddot{\boldsymbol{q}}^{t_0}$ 和车辆的运动参数 $\boldsymbol{u}_v^{t_0}$，$\dot{\boldsymbol{u}}_v^{t_0}$，$\ddot{\boldsymbol{u}}_v^{t_0}$，其中 $\boldsymbol{q}=[q_1(t)\quad q_2(t)\quad \cdots\quad q_j(t)\quad \cdots\quad q_N(t)]^{\mathrm{T}}$，$\boldsymbol{u}_v=[y_v\quad \theta\quad y_{t1}\quad y_{t2}]^{\mathrm{T}}$。

(2)选取时间步长 Δt 及迭代参数 α 和 δ，并计算积分常数。迭代参数 α 和 δ 的取值范围为 $\alpha \geqslant 0.25\,(0.5+\delta)^2$，$\delta \geqslant 0.5$。一般来说，迭代参数可取为 $\alpha = 0.25$，$\delta = 0.5$。

$$\alpha_0 = \frac{1}{\alpha \Delta t^2},\quad \alpha_1 = \frac{\delta}{\alpha \Delta t},\quad \alpha_2 = \frac{1}{\alpha \Delta t},\quad \alpha_3 = \frac{1}{2\alpha} - 1,\quad \alpha_4 = \frac{\delta}{\alpha} - 1$$

$$\alpha_5 = \frac{\Delta t}{2}\left(\frac{\delta}{\alpha} - 2\right),\quad \alpha_6 = \Delta t(1-\delta),\quad \alpha_7 = \delta \Delta t$$

(3)计算车-桥耦合系统的等效刚度矩阵 $\hat{\boldsymbol{K}}$：

$$\hat{\boldsymbol{K}} = \boldsymbol{K} + \alpha_0 \boldsymbol{M} + \alpha_1 \boldsymbol{C} \tag{7-32}$$

(4)对等效刚度矩阵 $\hat{\boldsymbol{K}}$ 作三角分解：

$$\hat{\boldsymbol{K}} = \boldsymbol{LDL}^{\mathrm{T}} \tag{7-33}$$

(5)对每一时间步间隔的时刻 $t_0 = 0$，Δt，…，$n\Delta t$ 进行下列迭代计算：

①计算 $t_0 + \Delta t$ 时刻的等效荷载：

$$\hat{\boldsymbol{P}}^{t_0+\Delta t} = \boldsymbol{P}^{t_0+\Delta t}\boldsymbol{M}(\alpha_0 u^{t_0} + \alpha_2 \dot{\boldsymbol{u}}^{t_0} + \alpha_3 \ddot{\boldsymbol{u}}^{t_0}) + \boldsymbol{C}(\alpha_1 \boldsymbol{u}^{t_0} + \alpha_4 \dot{\boldsymbol{u}}^{t_0} + \alpha_5 \ddot{\boldsymbol{u}}^{t_0}) \tag{7-34}$$

式中，$\boldsymbol{u} = \begin{bmatrix} \boldsymbol{q} \\ \boldsymbol{u}_{\mathrm{v}} \end{bmatrix}$。

②计算 $t_0 + \Delta t$ 时刻的位移：

$$\boldsymbol{LDL}^{\mathrm{T}} \boldsymbol{u}^{t_0+\Delta t} = \hat{\boldsymbol{P}}^{t_0+\Delta t} \tag{7-35}$$

③计算 $t_0 + \Delta t$ 时刻的速度和加速度：

$$\dot{\boldsymbol{u}}^{t_0+\Delta t} = \dot{\boldsymbol{u}}^{t_0} + \alpha_6 \ddot{\boldsymbol{u}}^{t_0} + \alpha_7 \ddot{\boldsymbol{u}}^{t_0+\Delta t} \tag{7-36}$$

$$\ddot{\boldsymbol{u}}^{t_0+\Delta t} = \alpha_0(\boldsymbol{u}^{t_0+\Delta t} - \boldsymbol{u}^{t_0}) - \alpha_2 \dot{\boldsymbol{u}}^{t_0} - \alpha_3 \ddot{\boldsymbol{u}}^{t_0} \tag{7-37}$$

当给定了车-桥耦合系统振动方程式(7-25)中所有自由度(包括车辆自由度 $\boldsymbol{u}_{\mathrm{v}}$ 和桥梁自由度 $\boldsymbol{q}$)的初始条件后，利用 Newmark-β 法便可求得每个时刻的桥梁自由度 $\boldsymbol{q}$ 的数值，把 $\boldsymbol{q}$ 代入式(7-15)即可求得桥梁的动力响应。

7.1.4 数值算例

车体模型选用本书 7.1.2 节中图 7.2 所示车辆模型，所用车辆参数和桥梁参数选自翟婉明[6]的书籍《车辆-轨道耦合动力学》，具体数值列于表 7-2 中。

表 7-2　车辆及桥梁参数

车辆参数		桥梁参数	
m_{t1}，m_{t2}/kg	4 330	l/m	32
m_b/kg	3.85×10^4	a/m	8.4
I_b/(kg·m^2)	2.446×10^5	c/m	10
k_{a1}，k_{a2}/(N·m^{-1})	4.28×10^6	β	10%
k_{t1}，k_{t2}/(N·m^{-1})	2.535×10^6	EI/(N·m^2)	3.5×10^{10}
c_{a1}，c_{a2}/(kg·s^{-1})	0.98×10^5	m/(kg·m^{-1})	5410
c_{t1}，c_{t2}/(kg·s^{-1})	1.96×10^5	—	—

为验证本书方法的准确性，设定车辆速度为 $v=120$ km/h，对 Euler-Bernoulli 梁跨中位置的位移响应进行计算，并将跨中位移响应计算结果与书籍《车辆-轨道耦合动力学》中的相应结果进行对比，如图 7-4 所示。

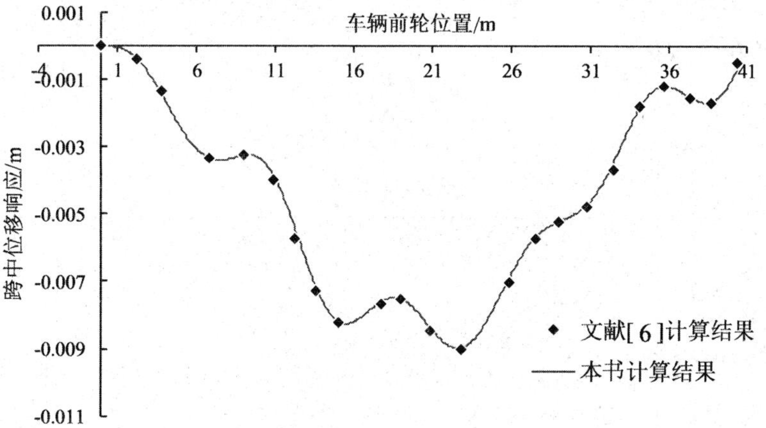

图 7-4　移动车辆作用下桥梁跨中位移响应计算结果对比

由图 7-4 可知，采用本书方法计算得到的梁跨中位移响应结果与文献[6]中的计算值吻合程度较高，其总体趋势和选取点位的数值与文献[6]计算结果基本一致，验证了本书方法具有较高的准确性。

为了探究车速对 Euler-Bernoulli 梁跨中位移响应的影响，计算车辆移动速度分别为 30 km/h、60 km/h、90 km/h 和 120 km/h 情况下桥梁跨中处竖向位移动力响应，计算结果如图 7-5 所示。

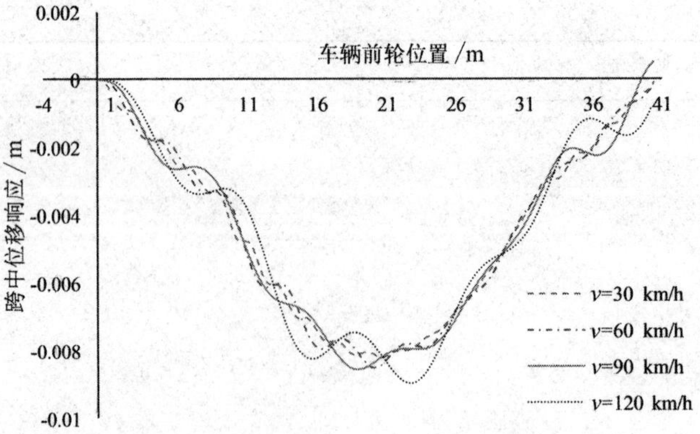

图 7-5　不同车速下 Euler-Bernoulli 梁的跨中位移响应

如图 7-5 所示，对于本算例选用的桥梁和车辆，当车辆以不同速度行驶时，车辆作用下桥梁跨中的位移响应存在一定波动。值得注意的是，不同车速作用下桥梁跨中位移响应波动的幅度有所差异，但响应值基本处于一定的范围之内。

为了更精确地模拟实际车辆在桥面行驶时桥梁跨中的位移响应，考虑桥面不平整度的影响，设定车辆移动速度 $v=90$ km/h，分别计算桥面不平整度为 A 级、B 级、C 级三种情况下桥梁跨中的位移响应，结果如图 7-6 所示。

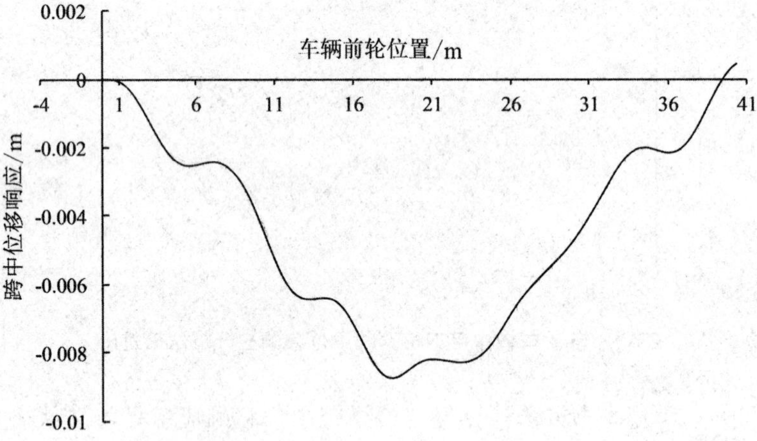

(a) A 级桥面不平整度情况下跨中位移响应

图 7-6　三种桥面不平整度情况下 Euler-Bernoulli 梁跨中位移响应

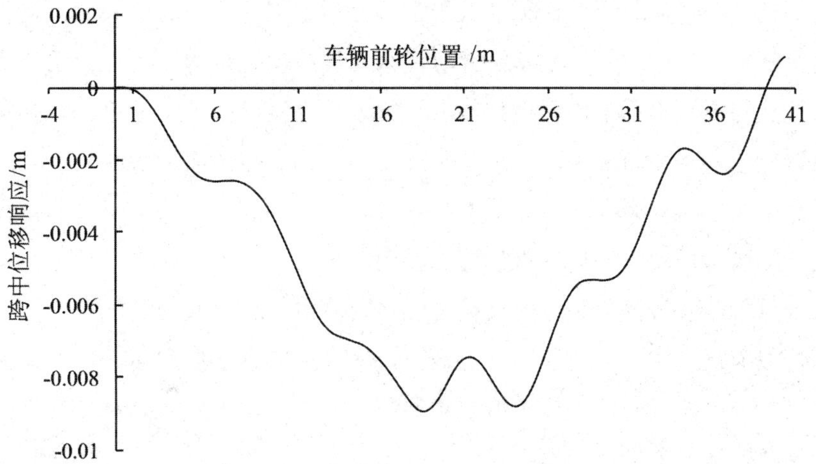

(b)B 级桥面不平整度情况下跨中位移响应

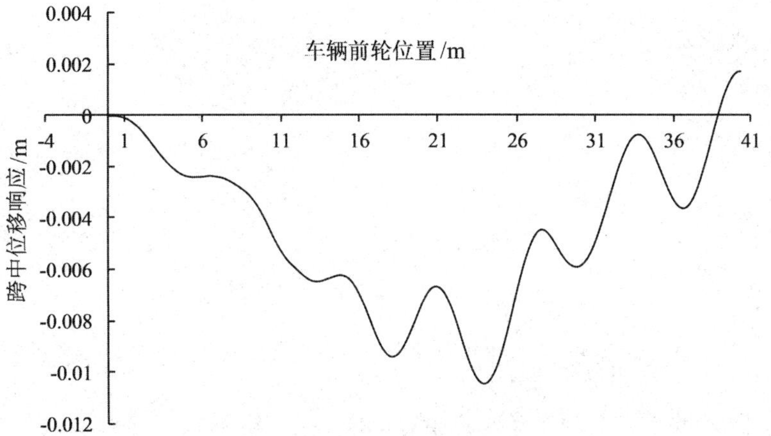

(c)C 级桥面不平整度情况下跨中位移响应

图 7-6　三种桥面不平整度情况下 Euler-Bernoulli 梁跨中位移响应(续)

由图 7-6 可以看出，桥面不平整度对移动车辆作用下桥梁跨中位移响应的影响较为显著，当车辆采用同一速度行驶时，随着桥面不平整度等级的提高，移动车辆作用下桥梁跨中位移响应曲线的波动愈加明显，波动幅度显著增加，该现象说明桥面不平整度越差，桥梁在移动车辆作用下产生的冲击效应越大。

7.2　等截面裂缝欧拉-伯努利梁的动力特性求解方法

7.2.1　裂缝引起的局部柔度变化

裂缝是桥梁结构常见病害之一，准确且高效地计算存在裂缝病害的桥梁结构的动力特性对设计过程中的参数研究，运营过程中的状态评估和损伤诊断等意义重大。虽然可查阅到的有关裂缝梁式结构动力特性计算的文献很多，但如何提高计算方法的准确性和计算效率仍然是一个亟须解决的难题，尤其是针对变截面裂缝梁式结构。可以说采用无质量扭转弹簧来模拟裂缝为提高裂缝结构动力特性的计算效率提供了一个有效途径，在该模型中利用弹簧的扭转效应来表征裂缝引起的局部柔度。局部柔度与截面形状和几何尺寸有着直接的关系，桥梁结构的横截面在几何构造上具有其自身的特点，形成适用的局部柔度计算方法是进行裂缝梁式结构动力特性分析的前提。

采用无质量扭转弹簧模拟裂缝的关键是如何计算由裂缝导致的局部柔度。“工”字形组合截面可以近似为桥梁结构常用的多种横截面，例如单“工”字形截面可近似为矩形截面和T型截面，双“工”字形可近似为单箱单室箱型截面。因此，本节主要对“工”字形组合截面的局部柔度系数计算方法进行理论推导。

图 7-7 表示的是出现裂缝的任意形状的横截面。h 为截面高度，a 为裂缝深度，ξ、η 为横截面的局部坐标系。

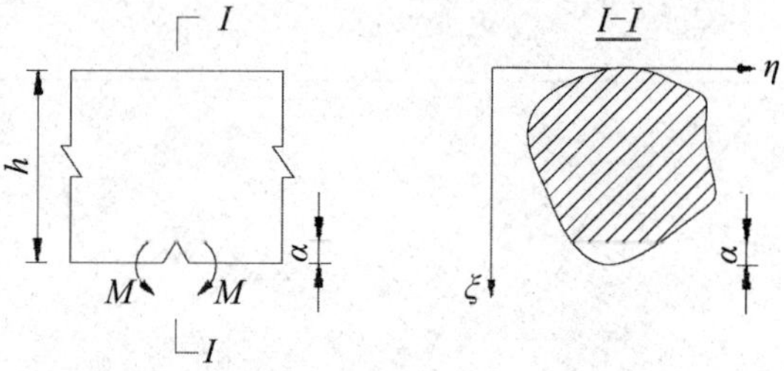

图 7-7　虚拟弯矩作用下的裂缝横截面

在虚拟弯矩 M 的作用下，裂缝处的相对转角 θ 为

$$\theta=\frac{\partial}{\partial M}\int_{A_c} G\mathrm{d}A \tag{7-38}$$

式中：G 为单位面积能量释放量；A_c 为裂缝表面面积。

单位面积能量释放量 G 与应力强度因子 K_1 的关系可表示为

$$G\mathrm{d}\xi\mathrm{d}\eta=\frac{K_1{}^2}{E}\mathrm{d}\xi\mathrm{d}\eta \tag{7-39}$$

对于受弯结构，应力强度因子 K_1 的表达式如下：

$$K_1=\frac{Mh}{2I_0}\sqrt{\pi\xi}F(\xi) \tag{7-40}$$

式中：

$$F(\xi)=\frac{\sqrt{\frac{2}{\pi\xi}\tan\frac{\pi\xi}{2}}\left[0.923+0.199\left(1-\sin\frac{\pi\xi}{2}\right)^4\right]}{\cos\frac{\pi\xi}{2}} \tag{7-41}$$

根据局部柔度的概念，可给出局部柔度系数 C 的计算公式：

$$C=\frac{\partial\theta}{\partial M} \tag{7-42}$$

对式(7-38)进行分析可知，多“工”字形组合截面的几何构造决定了相对转角 θ 的一个特点：当裂缝深度小于底板厚度时，随着裂缝深度的增加，θ 为一个渐变的过程；当裂缝深度大于底板厚度时，随着裂缝深度的增加，θ 同样也为一个渐变的过程，但这两种情况下的变化速率不一致。这意味着当裂缝深度从等于底板厚度变化到一旦超出底板厚度(即裂缝深度减去底板厚度为正无穷小)情况下 θ 的变化速率会发生突变。由式(7-42)可知，转角 θ 的这个特点决定了局部柔度系数 C 也同样存在这样一个特点。为了对裂缝深度大于底板厚度和裂缝深度小于底板厚度两种情况下的局部柔度系数进行区分，把多“工”字形组合截面的裂缝分为浅裂缝和深裂缝两种。当裂缝深度小于底板厚度时，称之为浅裂缝；当裂缝深度大于底板厚度时，称之为深裂缝。

综合式(7-38)～式(7-42)，可得多“工”字形组合截面局部柔度系数的计算公式。对于图 7-8 所示的浅裂缝，局部柔度系数 C 的计算公式为

$$C=\frac{72\pi bh^4}{E\left[bh^3-\sum_{i=0}^{n}t_i(h-2d)^3\right]^2}\int_0^{a/h}\xi F^2(\xi)\mathrm{d}\xi \tag{7-43}$$

对于图 7-9 所示的深裂缝，局部柔度系数 C 的计算公式为

$$C=\frac{72\pi h^4}{E\left[bh^3-\sum_{i=0}^{n}t_i(h-2d)^3\right]^2}\left[b\int_0^{d/h}\xi F^2(\xi)\mathrm{d}\xi+\left(b-\sum_{i=0}^{n}t_i\right)\int_{d/h}^{a/h}\xi F^2(\xi)\mathrm{d}\xi\right] \tag{7-44}$$

当单“工”字形截面的顶底和底板宽度与腹板宽度相等时，单“工”字形截面退化成了高度为 h，宽度为 b 的矩形截面，基于深裂缝局部柔度系数计算公式，可得矩形截面局部柔度系数计算公式为

$$C=\frac{64.152}{Ebh^2}f(s) \tag{7-45}$$

式中：

$$f(s)=1.8624s^2-3.95s^3+16.375s^4-37.226s^5+76.81s^6-126.9s^7+172s^8-143.97s^9+66.56s^{10} \tag{7-46}$$

其中，$s=\frac{a}{h}$。

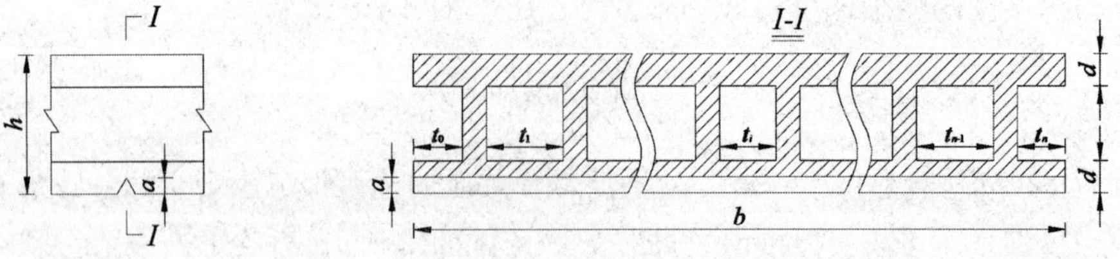

图 7-8　浅裂缝

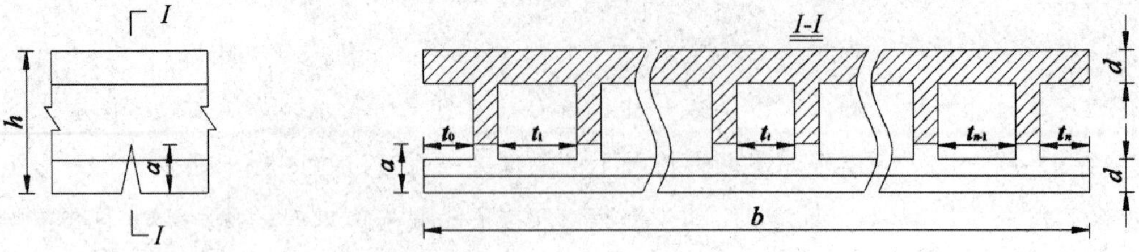

图 7-9　深裂缝

7.2.2　等截面裂缝梁的动力特性求解

图 7-10 所示为一典型等截面裂缝梁结构，位于 x 轴下方的(1，1)，(1，2)，…，(i，1)，…，(i，j)，…，(i，N)表示裂缝编号，(i，j)为第 i 跨的第 j 条裂缝。1，2，…，i，$i+1$，…，$m+1$ 表示支撑编号，x_i 表示第 i 个支撑到第 1 个支撑的距离。图 7-10 中第 i 跨的裂缝分布如图 7-11 所示。图 7-11 中，$x_{i,j}$ 表示第 i 跨第 j 条裂缝距第 1 个支撑的距离，x 轴上方的 S_1，S_2，…，S_{j+1}，…，S_{N+1} 表示的是 N 条裂缝分割而成的 $N+1$ 个梁段编号。

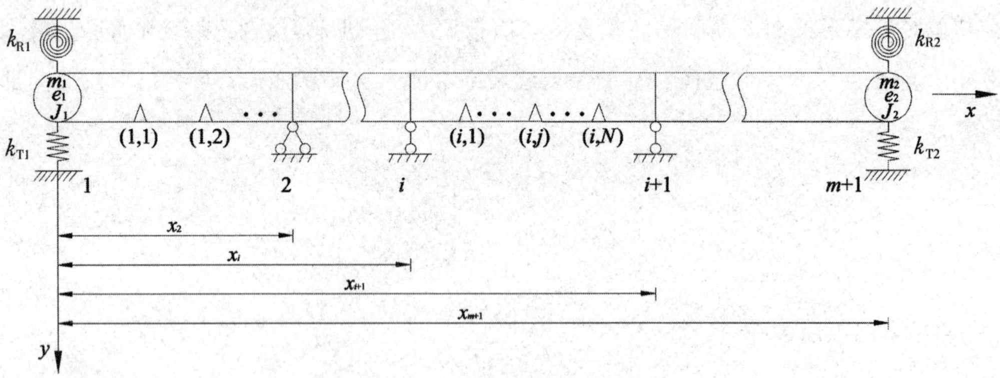

图 7-10　m 跨等截面多裂缝梁

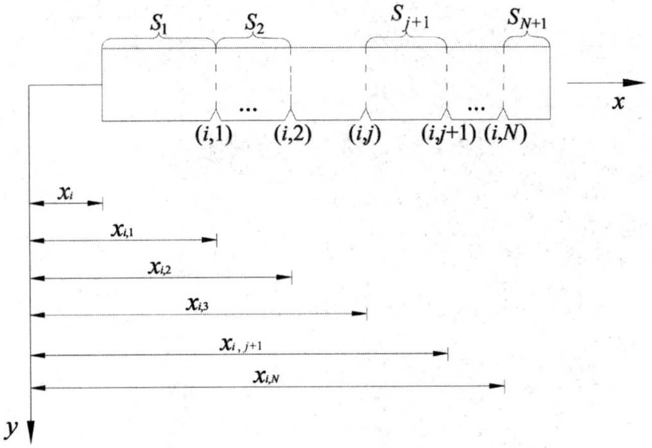

图 7-11　第 i 跨裂缝分布

等截面 Euler-Bernoulli 梁的振型函数可以写为

$$\varphi(x)=A_1e^{\alpha x}+A_2e^{-\alpha x}+A_3\sin\alpha x+A_4\cos\alpha x=\sum_{i=1}^{4}A_iS_i(x) \tag{7-47}$$

式中：$S_1(x)=e^{\alpha x}$，$S_2(x)=e^{-\alpha x}$，$S_3(x)=\sin\alpha x$，$S_4(x)=\cos\alpha x$ 为待定系数。通过式(7-47)中的 $S_i(x)$ $(i=1,2,3,4)$，构造了一组基函数 $\bar{S}_i(x)$ $(i=1,2,3,4)$，即

$$\begin{cases}\bar{S}_1(x)=\dfrac{1}{2}(\cosh\alpha x+\cos\alpha x)\\ \bar{S}_2(x)=\dfrac{1}{2\alpha}(\sinh\alpha x+\sin\alpha x)\\ \bar{S}_3(x)=\dfrac{1}{2\alpha^2}(\cosh\alpha x-\cos\alpha x)\\ \bar{S}_4(x)=\dfrac{1}{2\alpha^3}(\sinh\alpha x-\sin\alpha x)\end{cases} \tag{7-48}$$

构造出的基函数 $\bar{S}_i(x)$ $(i=1,2,3,4)$满足以下条件：

$$\begin{bmatrix}\bar{S}_1(0) & \bar{S}'_1(0) & \bar{S}''_1(0) & \bar{S}'''_1(0)\\ \bar{S}_2(0) & \bar{S}'_2(0) & \bar{S}''_2(0) & \bar{S}'''_2(0)\\ \bar{S}_3(0) & \bar{S}'_3(0) & \bar{S}''_3(0) & \bar{S}'''_3(0)\\ \bar{S}_4(0) & \bar{S}'_4(0) & \bar{S}''_4(0) & \bar{S}'''_4(0)\end{bmatrix}=\begin{bmatrix}1&0&0&0\\0&1&0&0\\0&0&1&0\\0&0&0&1\end{bmatrix} \tag{7-49}$$

令 $\xi_i=x-x_i$，$\xi_{i,j}=x_{i,j}-x_i$。采用 $\varphi_i(0)$，$\varphi'_i(0)$，$M_i(0)$、$Q_i(0)$ 表示第 i 跨左端 $(\xi_i=0)$ 处的位移、转角、弯矩和剪力，称为第 i 跨的 4 个待定系数。综合式(7-47)～式(7-49)，可得第 i 跨第 1 个梁段的振型函数为

$$\varphi_{i,1}(\xi_i)=\varphi_i(0)\bar{S}_1(\xi_i)+\varphi'_i(0)\bar{S}_2(\xi_i)-\frac{M_i(0)}{\mathrm{e}I}\bar{S}_3(\xi_i)-\frac{Q_i(0)}{\mathrm{e}I}\bar{S}_4(\xi_i),\ \xi_i\in[0,\ \xi_{i,1}) \tag{7-50}$$

采用无质量扭转弹簧模拟裂缝，可以认为裂缝两侧的位移、弯矩、剪力相等，转角存在突变。对于图 7-11 中的第 j 条裂缝，则有

$$\begin{cases}\varphi_{i,j}(\xi_{i,j}^-)=\varphi_{i,j+1}(\xi_{i,j}^+)\\ \varphi''_{i,j}(\xi_{i,j}^-)=\varphi''_{i,j+1}(\xi_{i,j}^+)\\ \varphi'''_{i,j}(\xi_{i,j}^-)=\varphi'''_{i,j+1}(\xi_{i,j}^+)\\ \varphi'_{i,j+1}(\xi_{i,j}^+)-\varphi'_{i,j}(\xi_{i,j}^-)=C_{i,j}\varphi''_{i,j}(\xi_{i,j}^-)\end{cases} \tag{7-51}$$

式中：$\xi_{i,j}^-$ 代表从左侧无限趋近于 $\xi_{i,j}$，$\xi_{i,j}^+$ 代表从右侧无限趋近于 $\xi_{i,j}$；$C_{i,j}$ 为第 i 跨第 j 条裂缝处的局部柔度系数；$\varphi_{i,j}(\xi_i)$ 为第 i 跨第 j 个梁段的振型函数，$\xi_i\in[\xi_{i,j-1},\ \xi_{i,j})$。

综合式(7-51)，可以得到第 i 跨内第 $j+1$ 梁段与第 j 梁段振型函数的关系：

$$\varphi_{i,j+1}(\xi_i)=C_{i,j}\varphi''_{i,j}(\xi_{i,j})\bar{S}_2(\xi_i-\xi_{i,j})H(\xi_i-\xi_{i,j})+\varphi_{i,j}(\xi_i) \tag{7-52}$$

式中，$H(x)$ 为赫维赛德(Heaviside)函数

$$H(x)=\begin{cases}0,\ x<0\\ 0.5,\ x=0\\ 1,\ x>0\end{cases} \tag{7-53}$$

此函数具有一个重要的性质，即

$$H(x)=\int_{-\infty}^{0}\delta(s)\mathrm{d}s \tag{7-54}$$

式中：$\delta(s)$ 为狄拉克(Diracdetla)函数。

根据式(7-52)，可以得到同一跨内任何梁段振型函数之间的回归方程。第 i 跨第 $N+1$ 梁段(最后一个梁段)与第 1 个梁段振型函数之间的回归方程为

$$\varphi_{i,\mathrm{last}}(\xi_i)=\sum_{j=1}^{N}C_{i,j}\varphi''_{i,j}(\xi_{i,j})\bar{S}_2(\xi_i-\xi_{i,j})H(\xi_i-\xi_{i,j})+\varphi_{i,1}(\xi_i) \tag{7-55}$$

图 7-10 所示的第 $i+1$ 个支撑 ($i=1,\ 2,\ \cdots,\ m-1$) 位移为 0，则有

$$\varphi_{i,\mathrm{last}}(x_{i+1}-x_i)=0,\quad \varphi_{i+1}(0)=0 \tag{7-56}$$

根据第 $i+1$ 个支撑 ($i=1,\ 2,\ \cdots,\ m-1$) 处的弯矩平衡条件，可得

$$EI\varphi''_{i,\mathrm{last}}(x_{i+1}-x_i)=M_{i+1}(0) \tag{7-57}$$

假设第 $i+1$ 个支撑 ($i=1,\ 2,\ \cdots,\ m-1$) 处存在 1 条裂缝，裂缝引起的局部柔度用 c_{i+1} 表示，依据第 $i+1$ 个支撑处转角变化情况，可得

$$\varphi'_{i,\mathrm{last}}(x_{i+1}-x_i)+C_{i+1}\varphi'_{i,\mathrm{last}}(x_{i+1}-x_i)=\varphi'_{i+1}(0) \tag{7-58}$$

式(7-58)为通用情况，若无裂缝存在，令 $C_{i+1}=0$ 即可；若有裂缝存在，C_{i+1} 的取值可按本书7.2.1节计算。

依据图7-10中第1个支撑处弯矩和剪力平衡条件，可得

$$M_1(0)=-e_1m_1\omega^2\varphi_1(0)+k_{R1}\varphi_1'(0)-(J_1+m_1e_1^2)\omega^2\varphi_1'(0) \tag{7-59}$$

$$Q_1(0)=-k_{T1}\varphi_1(0)+m_1\omega^2\varphi_1(0)+e_1m_1\omega^2\varphi_1'(0) \tag{7-60}$$

式中：ω 为图7-10所示裂缝梁的频率。

依据图7-10中的最后一个支撑(第 $m+1$ 个支撑)处的弯矩和剪力平衡条件，可得

$$\begin{aligned}EI\varphi''_{m,\,\mathrm{last}}(x_{m+1}-x_m)=&e_2m_2\omega^2\varphi_{m,\,\mathrm{last}}(x_{m+1}-x_m)-k_{R2}\varphi'_{m,\,\mathrm{last}}(x_{m+1}-x_m)+\\&(J_2+m_2e_2^2)\omega^2\varphi'_{m,\,\mathrm{last}}(x_{m+1}-x_m)\end{aligned} \tag{7-61}$$

$$\begin{aligned}EI\varphi'''_{m,\,\mathrm{last}}(x_{m+1}-x_m)=&k_{T2}\varphi_{m,\,\mathrm{last}}(x_{m+1}-x_m)-m_2\omega^2\varphi_{m,\,\mathrm{last}}(x_{m+1}-x_m)-\\&e_2m_2\omega^2\varphi'_{m,\,\mathrm{last}}(x_{m+1}-x_m)\end{aligned} \tag{7-62}$$

对式(7-61)、式(7-62)进行分析可知，$\varphi_{m,\,\mathrm{last}}$ 有且仅有第 m 跨的4个初始参数 $\varphi_m(0)$，$\varphi'_m(0)$、$M_m(0)$ 和 $Q_m(0)$，因此，式(7-61)、式(7-62)可转化为仅包含4个待定系数 $\varphi_m(0)$，$\varphi'_m(0)$，$M_m(0)$ 和 $Q_m(0)$ 的方程式。

由式(7-55)～式(7-58)可知，除第1个支撑和最后一个支撑外，剩余的 $m-1$ 个支撑每个支撑处均能确定4个方程，$m-1$ 个支撑共有 $4m-4$ 个方程。第1个支撑能够确定两个方程[即式(7-59)和式(7-60)]，最后一个支撑能够确定两个方程[即式(7-61)和式(7-62)]。因此，由支撑确定的方程总数为 $4m$ 个。每跨内有4个待定系数，m 跨内共有 $4m$ 个待定系数需要确定。

综合式(7-56)～式(7-62)，可以确定图7-10所示裂缝梁的动力特征方程为

$$\boldsymbol{Hu}=\boldsymbol{0} \tag{7-63}$$

式中：$\boldsymbol{H}$ 是式(7-55)～式(7-62)确定的 $4m\times4m$ 维矩阵。

$\boldsymbol{u}=[\varphi_1(0)\quad\varphi_1'(0)\quad M_1(0)\quad Q_1(0)\quad\cdots\quad\varphi_m(0)\quad\varphi'_m(0)\quad M_m(0)\quad Q_m(0)]^{\mathrm{T}}$。

在式(7-63)中，使得 $\boldsymbol{u}$ 有非零解，则必须有

$$|\boldsymbol{H}|=0 \tag{7-64}$$

依据式(7-64)，可以得到典型等截面裂缝梁的自振频率及与自振频率对应的待定系数向量 $\boldsymbol{u}$，把 $\boldsymbol{u}$ 代入式(7-50)和式(7-52)中便可计算出振型。

在基于式(7-64)求解自振频率的过程中，当整体矩阵 $\boldsymbol{H}$ 的维度较小时，可以直接计算出自振频率；当矩阵 $\boldsymbol{H}$ 维度较高时，可以借助于半区间-迭代法计算出自振频率，该方法计算前几阶自振频率的过程如下：

(1)给定一个接近于零的角频率值 Ω_0，计算矩阵行列式的值 $\det(\boldsymbol{H},\ \Omega_0)$，令 $\Omega_1=$

$\Omega_0+\Delta\Omega$，计算 $\det(\boldsymbol{H},\Omega_1)$，如果 $\det(\boldsymbol{H},\Omega_0)$ 与 $\det(\boldsymbol{H},\Omega_1)$ 异号，则认为 $[\Omega_0\quad\Omega_1]$ 为第 1 阶角频率的区间；如果 $\det(\boldsymbol{H},\Omega_0)$ 与 $\det(\boldsymbol{H},\Omega_1)$ 同号，则更新 Ω_1 的值 $(\Omega_1=\Omega_1+\Delta\Omega)$，继续比较 $\det(\boldsymbol{H},\Omega_0)$ 与 $\det(\boldsymbol{H},\Omega_1)$ 是否同异号，直至找到 Ω_1，使得 $\det(\boldsymbol{H},\Omega_0)$ 与 $\det(\boldsymbol{H},\Omega_1)$ 异号，这样便可以确定第 1 阶角频率区间 $[\Omega_0\quad\Omega_1]$。为了不出现漏频情况，可以令 $\Delta\Omega$ 为一个较小值(例如 $\Delta\Omega=0.5$ rad/s)。

(2)把 Ω_1 当作第 2 阶角频率区间的下限值，采用步骤(1)中的方法可以得到第 2 阶角频率区间的上限值 Ω_2，即确定了第 2 阶角频率的区间 $[\Omega_1\quad\Omega_2]$。采用类似的方法便可以得到前几阶角频率的区间，第 i 阶角频率的区间用 $[\Omega_{i-1}\quad\Omega_i]$ 表示。

(3)令 $\Omega_{i/2}=\dfrac{\Omega_{i-1}+\Omega_i}{2}$，分别计算 $\det(\boldsymbol{H},\Omega_{i-1})$、$\det(\boldsymbol{H},\Omega_{i/2})$、$\det(\boldsymbol{H},\Omega_i)$，如果 $\det(\boldsymbol{H},\Omega_{i-1})$ 与 $\det(\boldsymbol{H},\Omega_{i/2})$ 异号，则把第 i 阶角频率的区间缩小为 $[\Omega_{i-1}\quad\Omega_{i/2}]$；如果 $\det(\boldsymbol{H},\Omega_{i/2})$ 与 $\det(\boldsymbol{H},\Omega_i)$ 异号，则把第 i 阶角频率的区间缩小为 $[\Omega_{i/2}\quad\Omega_i]$。

(4)重复步骤(3)，直至缩小后的第 i 阶角频率区间的上限频率与下限频率的差值足够小，并且角频率区间中值代入矩阵 $\boldsymbol{H}$，使得其行列式的值接近于零，则认为角频率区间中值为第 i 阶角频率。

7.2.3 数值算例

以等截面悬臂“工”字形梁和等截面悬臂空心矩形截面梁的室内实验来验证等截面裂缝梁式结构动力特性求解方法的正确性和可靠性，这两种截面形式悬臂梁的材料均为钢材，弹性模量为 2.06×10^{10} Pa，材料密度为 7850 kg/m^3。“工”字形截面梁如图 7-12 所示，其几何尺寸为 $L=1.8$ m，$b=0.06$ m，$h=0.102$ m，$t=0.006\ 4$ m，$d=0.028$ m。空心矩形截面梁如图 7-13 所示，其几何尺寸为梁长 $L=1.8$ m，$t=0.006$ m，$d=0.006$ m，$h=0.05$ m，$b=0.1$m。

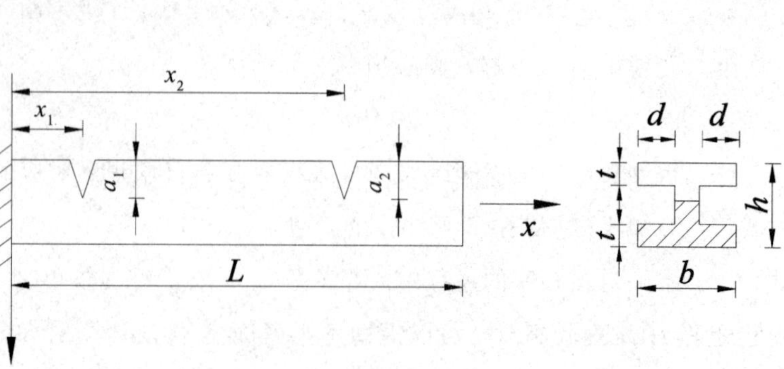

图 7-12 “工”字形试验梁

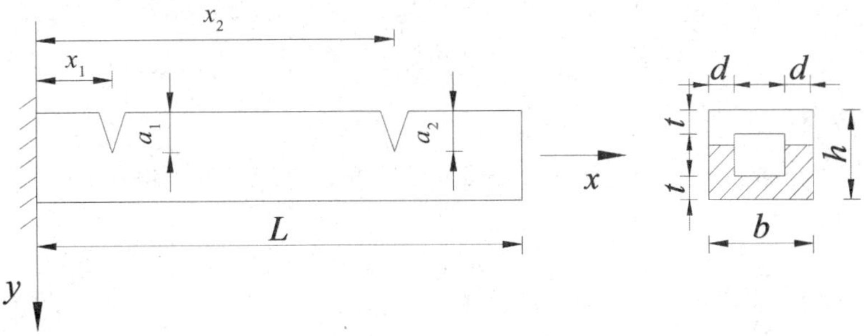

图 7-13　空心矩形截面试验梁

采用钢锯在特定位置制造一定深度的裂缝，借助江苏东华测试有限公司生产的 131E 型加速度拾振器和 DH5920 型振动采集分析仪，利用锤击方法对试验梁进行激振，测试了多种裂缝工况下试验梁的自振频率。“工”字形试验梁测试现场如图 7-14 所示，空心矩形截面试验梁测试现场如图 7-15 所示。

图 7-14　“工”字形试验梁测试现场

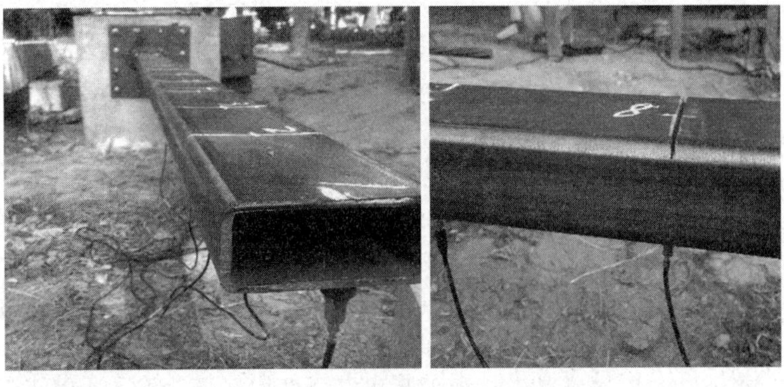

图 7-15　空心矩形截面试验梁测试现场

针对“工”字形试验梁和空心矩形截面试验梁，均测试了两种裂缝工况下的自振频率变化。工况一：在距悬臂端 0.3 m(x_1=0.3 m)处有 1 条裂缝，裂缝相对深度(裂缝深度/截面高度)按5%的间隔从0增长到30%；工况二：$x_1=0.3$ m处的裂缝相对深度为30%保持不变，在距悬臂端0.75 m($x_2=0.75$ m)处出现另一条裂缝，裂缝相对深度按5%的间隔从0增长到30%。

采用自振频率改变率RFC来表征裂缝对自振频率的影响，自振频率改变率RFC定义如下：

$$RFC_i=\frac{\omega_{ci}-\omega_{0i}}{\omega_{0i}}\times 100\% \tag{7-65}$$

式中：ω_{ci}为裂缝梁的第i阶自振频率，ω_{0i}为完好梁(无裂缝梁)的第i阶自振频率，RFC_i为第i阶自振频率改变率。“工”字形试验梁前两阶自振频率改变率测试结果如图7-16所示，空心矩形截面试验梁前两阶自振频率改变率测试结果如图7-17所示。

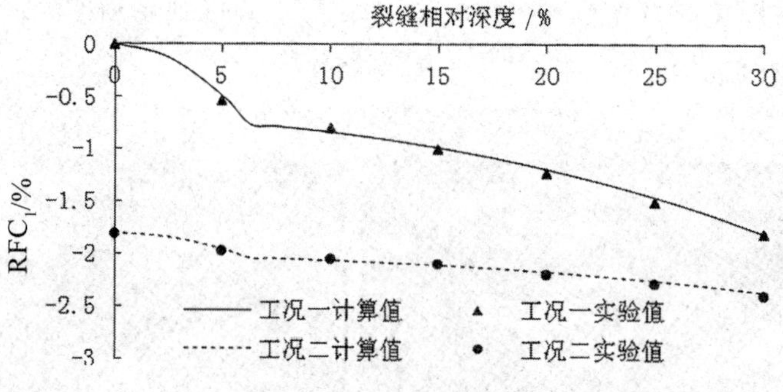

(a)1阶自振频率改变率

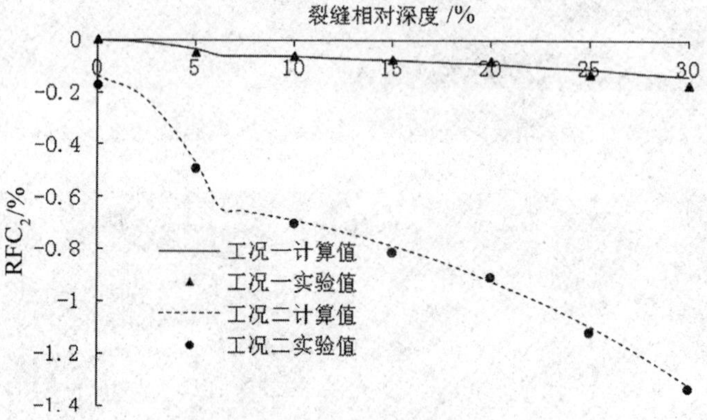

(b)2阶自振频率改变率

图7-16　不同裂缝工况下“工”字形试验梁自振频率改变率

从图7-16和图7-17中可以看出，在不同裂缝工况下，无论是“工”字形试验梁还是空心矩形截面试验梁，其前两阶自振频率改变率的试验结果与计算结果存在良好的一致性，这充分说明了本书提出的等截面裂缝梁式结构动力特性求解方法的正确性和可靠性。

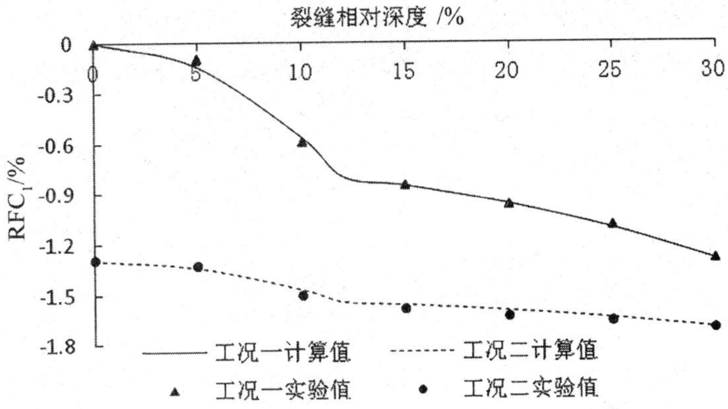

(a)工况一自振频率改变率

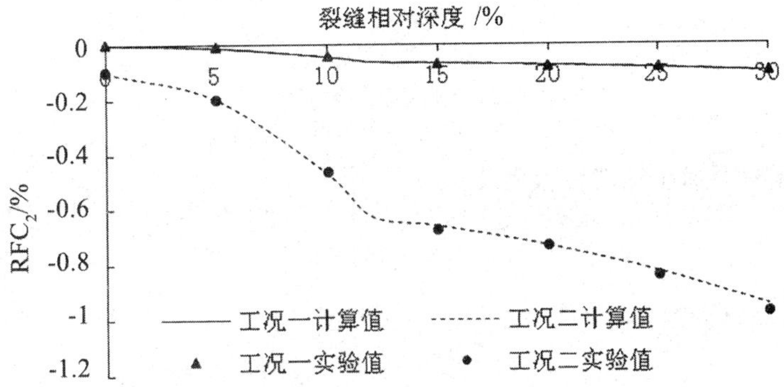

(b)工况二自振频率改变率

图 7-17　不同裂缝工况下空心矩形截面试验梁自振频率改变率

7.3　移动车辆作用下裂缝桥梁动力方程建立及求解

为了丰富移动车辆作用下桥梁动力响应分析手段，拓展读者的视野，本节将介绍基于有限单元法的移动车辆作用下裂缝桥梁结构动力响应分析方法，当然本节方法同样适用于无裂缝桥梁结构的动力响应分析。

7.3.1　裂缝梁单元的刚度矩阵和形函数

1. 裂缝梁单元的刚度矩阵

Zheng 和 Kessissoglou[7] 认为裂缝的存在会导致梁单元局部柔度的增加，并基于有限元方法提出了将“全局附加柔度矩阵”代替“局部附加柔度矩阵”加入相应完好梁单元的柔度矩阵中，来求解矩形和圆形截面形式的裂缝梁单元总柔度矩阵的方法。研究表明，裂缝导致的局部柔度增加与截面形式有着密切关联，在此，以箱形截面形式为研究对象，来探究裂缝梁单元刚度矩阵的建立过程，这是因为箱形截面是桥梁结构中常用的一种横截面形式，并且箱形截面还可近似为矩形、空心板、T 形等多种桥梁横截面形式。

对于如图 7-18 所示的裂缝梁单元，P_1、P_2 和 P_3 分别为作用于节点的轴力、剪力和弯矩；δ_1、δ_2 和 δ_3 分别为对应的广义位移；L_e 为裂缝梁单元长度；L_c 为裂缝处距右端节点的距离；a 为裂缝深度；h 为截面高度。

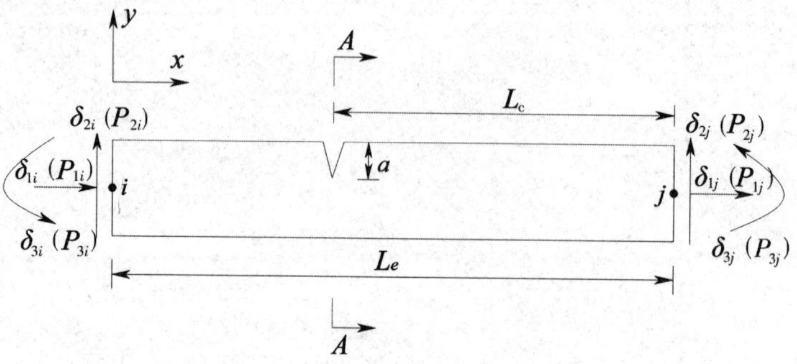

图 7-18　裂缝梁单元受力模式

由裂缝引起的附加应变能可表示为[8]

$$\Pi_c = \int_{A_c} G \mathrm{d}A \tag{7-66}$$

式中：G 为应变能释放率函数；A_c 为有效裂缝区域。应变能释放率函数 G 为[9]

$$G = \frac{1}{E'}\left[(K_{\mathrm{I1}} + K_{\mathrm{I2}} + K_{\mathrm{I3}})^2 + K_{\mathrm{II2}}^2\right] \tag{7-67}$$

其中：对于平面应力问题，$E' = E$；对于平面应变问题，$E' = E/(1-\mu^2)$，μ 为泊松比；E 为材料弹性模量；K_{I1}、K_{I2}、K_{I3} 和 K_{II2} 为对应于荷载 P_1、P_2 和 P_3 的应力强度因子。

$$K_{\mathrm{I1}} = \frac{P_1}{A}\sqrt{\pi\xi}F_1(s), \quad K_{\mathrm{I2}} = \frac{P_2 L_c}{I} y_0 \sqrt{\pi\xi}F_1(s) \tag{7-68a}$$

$$K_{\mathrm{I3}} = \frac{P_3}{I} y_0 \sqrt{\pi\xi}F_2(s), \quad K_{\mathrm{II2}} = \frac{P_2}{A}\sqrt{\pi\xi}F_{\mathrm{II}}(s) \tag{7-68b}$$

式中：ξ 为裂缝深度变量(即 $0 \leqslant \xi \leqslant a$)，$s = \xi/h$；$A$ 为截面面积，I 为截面抗弯惯性矩；y_0 为横截面上的危险点距中性轴的距离。F_1、F_2 和 F_{II} 为应力强度因子的修正系数，可表示为

$$F_1(s) = \sqrt{\frac{\tan(\pi s/2)}{(\pi s/2)}}\,\frac{0.752 + 2.02s + 0.37\,(1 - \sin(\pi s/2))^3}{\cos(\pi s/2)} \tag{7-69}$$

$$F_2(s) = \sqrt{\frac{\tan(\pi s/2)}{(\pi s/2)}}\,\frac{0.923 + 0.199\,(1 - \sin(\pi s/2))^4}{\cos(\pi s/2)} \tag{7-70}$$

$$F_{\mathrm{II}}(s) = \frac{1.122 - 0.561s + 0.085s^2 + 0.180s^3}{\sqrt{1-s}} \tag{7-71}$$

依据 Paris 公式，附加柔度矩阵中的元素 c_{ij} 可用由裂缝引起的附加应变能求得

$$c_{ij}=\frac{\partial^2\Pi_c}{\partial P_i\partial P_j},\quad (i,\ j=1,\ 2,\ 3) \tag{7-72}$$

将式(7-66) ～ 式(7-71)代入式(7-72)中，即可得到裂缝梁单元的附加柔度。裂缝梁单元的“全局附加柔度矩阵” $\boldsymbol{C}_{\mathrm{ovl}}$ 可采用下式进行表达：

$$\boldsymbol{C}_{\mathrm{ovl}}=\begin{bmatrix} c_{11} & -c_{12} & -c_{13} \\ -c_{21} & c_{22} & c_{23} \\ -c_{31} & c_{32} & c_{33} \end{bmatrix} \tag{7-73}$$

完好梁单元的柔度矩阵 $\boldsymbol{C}_{\mathrm{intact}}$ 为

$$\boldsymbol{C}_{\mathrm{intact}}=\begin{bmatrix} \dfrac{L_e}{EA} & 0 & 0 \\ 0 & \dfrac{L_e^3}{3EI} & \dfrac{L_e^2}{2EI} \\ 0 & \dfrac{L_e^2}{2EI} & \dfrac{L_e}{EI} \end{bmatrix} \tag{7-74}$$

则裂缝梁单元的总体柔度矩阵可采用下式进行计算：

$$\boldsymbol{C}_{\mathrm{tot}}=\boldsymbol{C}_{\mathrm{intact}}+\boldsymbol{C}_{\mathrm{ovl}} \tag{7-75}$$

利用裂缝处的平衡条件，可得裂缝梁单元的刚度矩阵为

$$\boldsymbol{K}_c=\boldsymbol{L}\boldsymbol{C}_{\mathrm{tot}}^{-1}\boldsymbol{L}^{\mathrm{T}} \tag{7-76}$$

式中：

$$\boldsymbol{L}^{\mathrm{T}}=\begin{bmatrix} -1 & 0 & 0 & 1 & 0 & 0 \\ 0 & -1 & -L_e & 0 & 1 & 0 \\ 0 & 0 & -1 & 0 & 0 & 1 \end{bmatrix} \tag{7-77}$$

对于图 7-19 所示的箱型截面，无论是浅裂缝还是深裂缝，均有

$$A=bh-2b_1h_1,\quad I=\frac{1}{12}(bh^3-2b_1h_1^3),\quad y_0=\frac{h}{2} \tag{7-78}$$

在浅裂缝和深裂缝情况下，裂缝梁单元的附加柔度矩阵均为对称矩阵，在此只给出矩阵中的上三角元素。对于浅裂缝（$0\leqslant a\leqslant h_2$），则有

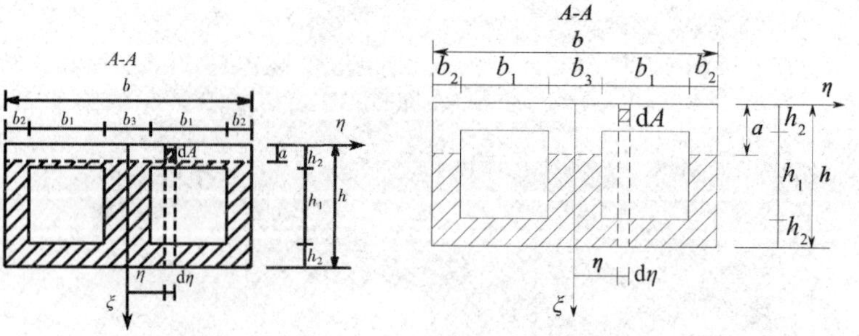

(a)浅裂缝　　(b)深裂缝

图 7-19　裂缝箱形截面

$$
\left\{
\begin{aligned}
c_{11}^{浅} &= \frac{2\pi b h^2}{E'A^2}\int_0^{a/h} sF_1^2(s)\mathrm{d}s \\
c_{12}^{浅} &= \frac{\pi L_c b h^3}{E'AI}\int_0^{a/h} sF_1(s)F_2(s)\mathrm{d}s \\
c_{13}^{浅} &= \frac{\pi b h^3}{E'AI}\int_0^{a/h} sF_1(s)F_2(s)\mathrm{d}s \\
c_{22}^{浅} &= \frac{b h^2}{E'}\left[\frac{\pi L_c^2 h^2}{2I^2}\int_0^{a/h} sF_2^2(s)\mathrm{d}s + \frac{2\pi}{A^2}\int_0^{a/h} sF_{\mathrm{II}}^2(s)\mathrm{d}s\right] \\
c_{23}^{浅} &= \frac{\pi L_c b h^4}{2E'I^2}\int_0^{a/h} sF_2^2(s)\mathrm{d}s \\
c_{33}^{浅} &= \frac{\pi b h^4}{2E'I^2}\int_0^{a/h} sF_2^2(s)\mathrm{d}s
\end{aligned}
\right. \tag{7-79}
$$

深裂缝（$h_2 \leqslant a \leqslant h_1 + h_2$）附加柔度矩阵中的元素计算公式如下：

$$
\left\{
\begin{aligned}
c_{11}^{深} &= c_{11}^{浅}\big|_{a=h2} + \frac{2\pi h^2}{E'A^2}(2b_2 + b_3)\int_{h2/h}^{a/h} sF_1^2(s)\mathrm{d}s \\
c_{12}^{深} &= c_{12}^{浅}\big|_{a=h2} + \frac{\pi L_c h^3}{E'AI}(2b_2 + b_3)\int_{h2/h}^{a/h} sF_1(s)F_2(s)\mathrm{d}s \\
c_{13}^{深} &= c_{13}^{浅}\big|_{a=h2} + \frac{\pi h^3}{E'AI}(2b_2 + b_3)\int_{h2/h}^{a/h} sF_1(s)F_2(s)\mathrm{d}s \\
c_{22}^{深} &= c_{22}^{浅}\big|_{a=h2} + \frac{h^2}{E'}(2b_2 + b_3)\left[\frac{\pi L_c^2 h^2}{2I^2}\int_{h2/h}^{a/h} sF_2^2(s)\mathrm{d}s + \frac{2\pi}{A^2}\int_{h2/h}^{a/h} sF_{\mathrm{II}}^2(s)\mathrm{d}s\right] \\
c_{23}^{深} &= c_{23}^{浅}\big|_{a=h2} + \frac{\pi L_c h^4}{2E'I^2}(2b_2 + b_3)\int_{h2/h}^{a/h} sF_2^2(s)\mathrm{d}s \\
c_{33}^{深} &= c_{33}^{浅}\big|_{a=h2} + \frac{\pi h^4}{2E'I^2}(2b_2 + b_3)\int_{h2/h}^{a/h} sF_2^2(s)\mathrm{d}s
\end{aligned}
\right. \tag{7-80}
$$

2. 裂缝梁单元的形函数

单裂缝梁单元的形函数对于实现车轮荷载在节点处的分配和获取单元内部的形变信息是不可或缺的。单裂缝梁单元的形变模式如图 7-20 所示。

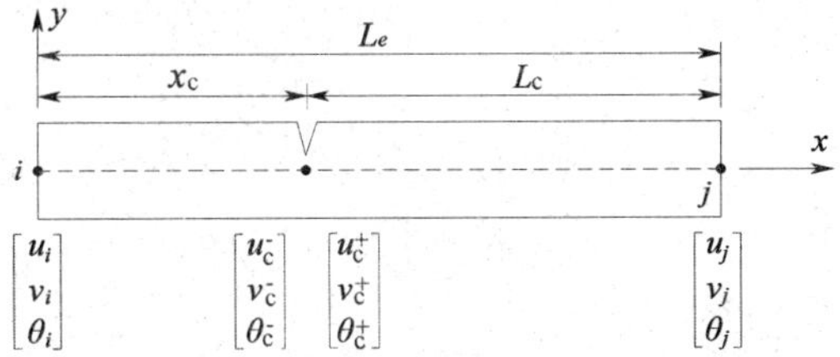

图 7-20　单裂缝梁单元的形变模式

单裂缝梁单元的轴向形变 $u(x)$ 和竖向形变 $v(x)$ 可用多项式插值表示为

$$u_-(x)=L_1(x, x_c)u_i+L_2(x, x_c)u_c^-, \quad 0\leqslant x\leqslant x_c \tag{7-81}$$

$$u_+(x)=L_1(x-x_c, L_c)u_c^++L_2(x-x_c, L_c)u_j, \quad x_c\leqslant x\leqslant L_e \tag{7-82}$$

$$v_-(x)=H_1(x, x_c)v_i+H_2(x, x_c)\theta_i+H_3(x, x_c)v_c^-+H_4(x, x_c)\theta_c^-, \quad 0\leqslant x\leqslant x_c \tag{7-83}$$

$$v_+(x)=H_1(x-x_c, L_c)v_c^++H_2(x-x_c, L_c)\theta_c^++H_3(x-x_c, L_c)v_j+H_4(x-x_c, L_c)\theta_j, \quad x_c\leqslant x\leqslant L_e \tag{7-84}$$

式中：$u_-(x)$ 和 $v_-(x)$ 为从左端节点 i 至裂缝处的梁单元形变函数；$u_+(x)$ 和 $v_+(x)$ 为从裂缝处至右端节点 j 的梁单元形变函数；x_c 为裂缝处的坐标；$L_m(m=1, 2)$ 和 $H_n(n=1, 2, 3, 4)$ 分别为拉格朗日和埃尔米特插值基函数，具体表达形式如下：

$$L_1(x, L)=1-\frac{x}{L}, \quad L_2(x, L)=\frac{x}{L} \tag{7-85}$$

$$H_1(x, L)=\left(1-\frac{x}{L}\right)^2\left(\frac{2x}{L}+1\right), \quad H_2(x, L)=\left(1-\frac{x}{L}\right)^2 x \tag{7-86}$$

$$H_3(x, L)=\left(\frac{x}{L}\right)^2\left(-\frac{2x}{L}+3\right), \quad H_4(x, L)=\left(\frac{x}{L}\right)^2(x-L), \quad (0\leqslant x\leqslant L) \tag{7-87}$$

则裂缝梁单元的形函数矩阵为

$$\boldsymbol{N}_c=\begin{bmatrix} L_1 & 0 & 0 & L_2 & 0 & 0 \\ 0 & H_1 & H_2 & 0 & H_3 & H_4 \end{bmatrix} \tag{7-88}$$

当不考虑轴向位移时，裂缝梁单元的形函数矩阵可表示为

$$\boldsymbol{N}_c=[0 \quad H_1 \quad H_2 \quad 0 \quad H_3 \quad H_4] \tag{7-89}$$

7.3.2　桥梁振动方程

依据有限元方法的基本原理，桥梁振动方程可表示为

$$\boldsymbol{M}_{\mathrm{b}}\ddot{\boldsymbol{u}}_{\mathrm{b}}+\boldsymbol{C}_{\mathrm{b}}\dot{\boldsymbol{u}}_{\mathrm{b}}+\boldsymbol{K}_{\mathrm{b}}\boldsymbol{u}_{\mathrm{b}}=\boldsymbol{P}_{\mathrm{b}} \tag{7-90}$$

式中：$\boldsymbol{M}_{\mathrm{b}}$、$\boldsymbol{C}_{\mathrm{b}}$ 和$\boldsymbol{K}_{\mathrm{b}}$ 分别为桥梁结构的质量、刚度和阻尼矩阵；$\boldsymbol{u}_{\mathrm{b}}$ 为桥梁结构的节点形变向量；$\boldsymbol{P}_{\mathrm{b}}$ 为车辆作用于桥梁结构的荷载向量。在此，假定桥梁结构为 Rayleigh 阻尼[10]，则有

$$\boldsymbol{C}_{\mathrm{b}}=\alpha\boldsymbol{M}_{\mathrm{b}}+\beta\boldsymbol{K}_{\mathrm{b}} \tag{7-91}$$

式中：α 和β 是两个比例系数，可通过结构阻尼比和频率来确定，即

$$\alpha=\frac{2(\xi_i\omega_j-\xi_j\omega_i)}{\omega_j^2-\omega_i^2}\omega_i\omega_j,\quad \beta=\frac{2(\xi_j\omega_j-\xi_i\omega_i)}{\omega_j^2-\omega_i^2} \tag{7-92}$$

式中：ω_i 和ω_j 为桥梁结构的任意两阶频率；ξ_i 和ξ_j 为相应阻尼比。

为了提升求解效率，可采用模态叠加法对桥梁振动方程进行解耦。令

$$\boldsymbol{u}_{\mathrm{b}}=\sum_{i=1}^{n}\varphi_i q_i=\boldsymbol{\Phi q} \tag{7-93}$$

式中：$\boldsymbol{\Phi}$ 为桥梁振型矩阵；$\boldsymbol{q}$ 为模态坐标向量。将式(7-93)代入式(7-90)，并左乘 $\boldsymbol{\Phi}^{\mathrm{T}}$，利用振型正交性，可得

$$\overline{\boldsymbol{M}}_{\mathrm{b}}\ddot{\boldsymbol{q}}+\overline{\boldsymbol{C}}_{\mathrm{b}}\dot{\boldsymbol{q}}+\overline{\boldsymbol{K}}_{\mathrm{b}}\boldsymbol{q}=\overline{\boldsymbol{P}}_{\mathrm{b}} \tag{7-94}$$

式(7-94)是以模态坐标表示的桥梁结构振动方程。其中，$\overline{\boldsymbol{M}}_{\mathrm{b}}=\boldsymbol{\Phi}^{\mathrm{T}}\boldsymbol{M}_{\mathrm{b}}\boldsymbol{\Phi}$、$\overline{\boldsymbol{C}}_{\mathrm{b}}=\boldsymbol{\Phi}^{\mathrm{T}}\boldsymbol{C}_{\mathrm{b}}\boldsymbol{\Phi}$、$\overline{\boldsymbol{K}}_{\mathrm{b}}=\boldsymbol{\Phi}^{\mathrm{T}}\boldsymbol{K}_{\mathrm{b}}\boldsymbol{\Phi}$ 分别为桥梁结构的模态质量、模态阻尼和模态刚度矩阵；$\overline{\boldsymbol{P}}_{\mathrm{b}}=\boldsymbol{\Phi}^{\mathrm{T}}\boldsymbol{P}_{\mathrm{b}}$ 为作用于桥梁结构的模态力向量。

7.3.3 车辆振动方程

采用图 7-2 的 4 自由度车辆模型，依据式(7-6)和式(7-7)，车轮处的运动方程可表示为

$$m_{\mathrm{t1}}\ddot{y}_{\mathrm{t1}}+c_{\mathrm{s1}}(\dot{y}_{\mathrm{t1}}-\dot{y}_{\mathrm{v}}-r_1\dot{\theta})+k_{\mathrm{s1}}(y_{\mathrm{t1}}-y_{\mathrm{v}}-r_1\theta)+c_{\mathrm{t1}}\dot{y}_{\mathrm{t1}}+k_{\mathrm{t1}}y_{\mathrm{t1}}=k_{\mathrm{t1}}y_1+c_{\mathrm{t1}}\dot{y}_1 \tag{7-95}$$

$$m_{\mathrm{t2}}\ddot{y}_{\mathrm{t2}}+c_{\mathrm{s2}}(\dot{y}_{\mathrm{t2}}-\dot{y}_{\mathrm{v}}+r_2\dot{\theta})+k_{\mathrm{s2}}(y_{\mathrm{t2}}-y_{\mathrm{v}}+r_2\theta)+c_{\mathrm{t2}}\dot{y}_{\mathrm{t2}}+k_{\mathrm{t2}}y_{\mathrm{t2}}=k_{\mathrm{t2}}y_2+c_{\mathrm{t2}}\dot{y}_2 \tag{7-96}$$

把式(7-8)、式(7-9)、式(7-95)和式(7-96)写成矩阵形式，可得车辆的运动方程为

$$\boldsymbol{M}_{\mathrm{v}}\ddot{\boldsymbol{u}}_{\mathrm{v}}+\boldsymbol{C}_{\mathrm{v}}\dot{\boldsymbol{u}}_{\mathrm{v}}+\boldsymbol{K}_{\mathrm{v}}\boldsymbol{u}_{\mathrm{v}}=\boldsymbol{P}_{\mathrm{v}} \tag{7-97}$$

式中：$\boldsymbol{M}_{\mathrm{v}}$、$\boldsymbol{C}_{\mathrm{v}}$ 和$\boldsymbol{K}_{\mathrm{v}}$ 分别为车辆系统的质量、阻尼和刚度矩阵；$\boldsymbol{P}_{\mathrm{v}}$ 为车桥耦合振动过程中作用于车辆系统的荷载向量。其中，

$$\boldsymbol{M}_{\mathrm{v}}=\begin{bmatrix} m_{\mathrm{v}} & & & \\ & I_{\mathrm{v}} & & \\ & & m_{\mathrm{t1}} & \\ & & & m_{\mathrm{t2}} \end{bmatrix} \tag{7-98}$$

$$\boldsymbol{C}_{\mathrm{v}}=\begin{bmatrix} c_{\mathrm{s1}}+c_{\mathrm{s2}} & c_{\mathrm{s1}}r_1-c_{\mathrm{s2}}r_2 & -c_{\mathrm{s1}} & -c_{\mathrm{s2}} \\ c_{\mathrm{s1}}r_1-c_{\mathrm{s2}}r_2 & c_{\mathrm{s1}}r_1^2+c_{\mathrm{s2}}r_2^2 & -c_{\mathrm{s1}}r_1 & c_{\mathrm{s2}}r_2 \\ -c_{\mathrm{s1}} & -c_{\mathrm{s1}}r_1 & c_{\mathrm{s1}}+c_{\mathrm{t1}} & 0 \\ -c_{\mathrm{s2}} & c_{\mathrm{s2}}r_2 & 0 & c_{\mathrm{s2}}+c_{\mathrm{t2}} \end{bmatrix} \tag{7-99}$$

$$\boldsymbol{K}_{\mathrm{v}}=\begin{bmatrix} k_{\mathrm{s1}}+k_{\mathrm{s2}} & k_{\mathrm{s1}}r_1-k_{\mathrm{s2}}r_2 & -k_{\mathrm{s1}} & -k_{\mathrm{s2}} \\ k_{\mathrm{s1}}r_1-k_{\mathrm{s2}}r_2 & k_{\mathrm{s1}}r_1^2+k_{\mathrm{s2}}r_2^2 & -k_{\mathrm{s1}}r_1 & k_{\mathrm{s2}}r_2 \\ -k_{\mathrm{s1}} & -k_{\mathrm{s1}}r_1 & k_{\mathrm{s1}}+k_{\mathrm{t1}} & 0 \\ -k_{\mathrm{s2}} & k_{\mathrm{s2}}r_2 & 0 & k_{\mathrm{s2}}+k_{\mathrm{t2}} \end{bmatrix} \tag{7-100}$$

$$\boldsymbol{P}_{\mathrm{v}}=\begin{bmatrix}0 & 0 & c_{\mathrm{t1}}\dot{y}_1+k_{\mathrm{t1}}y_1 & c_{\mathrm{t2}}\dot{y}_2+k_{\mathrm{t2}}y_2\end{bmatrix}^{\mathrm{T}} \tag{7-101}$$

$$\boldsymbol{u}_{\mathrm{v}}=[y_{\mathrm{v}} \quad \theta \quad y_{\mathrm{t1}} \quad y_{\mathrm{t2}}]^{\mathrm{T}} \tag{7-102}$$

7.3.4　车-桥耦合振动方程

车轮与桥梁接触处桥梁的竖向位移可表示为

$$y_{\mathrm{b}i}=\boldsymbol{H}(x_i)\boldsymbol{u}_{\mathrm{b}} \tag{7-103}$$

式中：$y_{\mathrm{b}i}$ 含义同式(7-10)；$\boldsymbol{H}(x_i)$ 为 $1\times n$ 的形函数向量(n 为桥梁结构的自由度数)。当 x_i 位于第 k 个单元内时，有

$$\boldsymbol{H}(x_i)=\boldsymbol{N}_k(\xi_i)\boldsymbol{D}_k \tag{7-104}$$

式中：ξ_i 为 x_i 在第 k 单元局部坐标系中的坐标；$\boldsymbol{N}_k(\xi_i)$ 为第 k 单元的插值形函数，泛指裂缝梁单元和完好梁单元的插值形函数；D_k 为第 k 个单元的定位矩阵。

将式(7-93)和式(7-103)代入式(7-10)中，可得

$$y_i=\boldsymbol{H}(x_i)\boldsymbol{\Phi q}+Z_{\mathrm{r}i} \tag{7-105}$$

由上式可得

$$\dot{y}_i=\boldsymbol{H}'(x_i)\dot{x}_i\boldsymbol{\Phi q}+\boldsymbol{H}(x_i)\boldsymbol{\Phi}\dot{\boldsymbol{q}}+Z'_{\mathrm{r}i}(x_i)\dot{x}_i \tag{7-106}$$

车辆作用于桥梁结构的等效节点荷载 $\boldsymbol{P}_{\mathrm{b}}$ 为

$$\boldsymbol{P}_{\mathrm{b}}=\boldsymbol{H}^{\mathrm{T}}(x_1)p_1(t)+\boldsymbol{H}^{\mathrm{T}}(x_2)p_2(t) \tag{7-107}$$

式中：$p_1(t)$ 和 $p_2(t)$ 含义同式(7-11)和式(7-12)。

把车辆振动方程和桥梁振动方程进行综合，可得移动车辆-桥梁耦合振动方程

$$\begin{bmatrix}\boldsymbol{M}_{\mathrm{v}} & \\ & \overline{\boldsymbol{M}}_{\mathrm{b}}\end{bmatrix}\begin{bmatrix}\ddot{\boldsymbol{u}}_{\mathrm{v}} \\ \ddot{\boldsymbol{q}}\end{bmatrix}+\begin{bmatrix}\boldsymbol{C}_{\mathrm{v}} & \boldsymbol{C}_{12} \\ \boldsymbol{C}_{21} & \overline{\boldsymbol{C}}_{\mathrm{b}}+\boldsymbol{C}_{22}\end{bmatrix}\begin{bmatrix}\dot{\boldsymbol{u}}_{\mathrm{v}} \\ \dot{\boldsymbol{q}}\end{bmatrix}+\begin{bmatrix}\boldsymbol{K}_{\mathrm{v}} & \boldsymbol{K}_{12} \\ \boldsymbol{K}_{21} & \overline{\boldsymbol{K}}_{\mathrm{b}}+\boldsymbol{K}_{22}\end{bmatrix}\begin{bmatrix}\boldsymbol{u}_{\mathrm{v}} \\ \boldsymbol{q}\end{bmatrix}=\begin{bmatrix}\boldsymbol{P}_{11} \\ \boldsymbol{P}_{22}\end{bmatrix} \tag{7-108}$$

其中，

$$\boldsymbol{C}_{12}=\begin{bmatrix} 0 & 0 & \cdots & 0 \\ 0 & 0 & \cdots & 0 \\ -c_{t1}\boldsymbol{H}(x_1)\varphi_1 & -c_{t1}\boldsymbol{H}(x_1)\varphi_2 & \cdots & -c_{t1}\boldsymbol{H}(x_1)\varphi_n \\ -c_{t2}\boldsymbol{H}(x_2)\varphi_1 & -c_{t2}\boldsymbol{H}(x_2)\varphi_2 & \cdots & -c_{t2}\boldsymbol{H}(x_2)\varphi_n \end{bmatrix} \tag{7-109a}$$

$$\boldsymbol{C}_{21}=\boldsymbol{C}_{12}^{\mathrm{T}} \tag{7-109b}$$

$$\boldsymbol{C}_{22}=c_{t1}\boldsymbol{\Phi}^{\mathrm{T}}\boldsymbol{H}^{\mathrm{T}}(x_1)\boldsymbol{H}(x_1)\boldsymbol{\Phi}+c_{t2}\boldsymbol{\Phi}^{\mathrm{T}}\boldsymbol{H}^{\mathrm{T}}(x_2)\boldsymbol{H}(x_2)\boldsymbol{\Phi} \tag{7-109c}$$

$$\boldsymbol{K}_{12}=\begin{bmatrix} 0 & 0 & \cdots & 0 \\ 0 & 0 & \cdots & 0 \\ -c_{t1}\boldsymbol{H}'(x_1)\dot{x}_1\varphi_1-k_{t1}\boldsymbol{H}(x_1)\varphi_1 & -c_{t1}\boldsymbol{H}'(x_1)\dot{x}_1\varphi_2-k_{t1}\boldsymbol{H}(x_1)\varphi_2 & \cdots & -c_{t1}\boldsymbol{H}'(x_1)\dot{x}_1\varphi_n-k_{t1}\boldsymbol{H}(x_1)\varphi_n \\ -c_{t2}\boldsymbol{H}'(x_2)\dot{x}_2\varphi_1-k_{t2}\boldsymbol{H}(x_2)\varphi_1 & -c_{t2}\boldsymbol{H}'(x_2)\dot{x}_2\varphi_2-k_{t2}\boldsymbol{H}(x_2)\varphi_2 & \cdots & -c_{t2}\boldsymbol{H}'(x_2)\dot{x}_2\varphi_n-k_{t2}\boldsymbol{H}(x_2)\varphi_n \end{bmatrix} \tag{7-109d}$$

$$\boldsymbol{K}_{21}=\boldsymbol{\Phi}^{\mathrm{T}}\boldsymbol{KQ} \tag{7-109e}$$

$$\begin{aligned}\boldsymbol{K}_{22}=&c_{t1}\boldsymbol{\Phi}^{\mathrm{T}}\boldsymbol{H}^{\mathrm{T}}(x_1)\boldsymbol{H}'(x_1)\dot{x}_1\boldsymbol{\Phi}+k_{t1}\boldsymbol{\Phi}^{\mathrm{T}}\boldsymbol{H}^{\mathrm{T}}(x_1)\boldsymbol{H}(x_1)\boldsymbol{\Phi}+\\&c_{t2}\boldsymbol{\Phi}^{\mathrm{T}}\boldsymbol{H}^{\mathrm{T}}(x_2)\boldsymbol{H}'(x_2)\dot{x}_2\boldsymbol{\Phi}+k_{t2}\boldsymbol{\Phi}^{\mathrm{T}}\boldsymbol{H}^{\mathrm{T}}(x_2)\boldsymbol{H}(x_2)\boldsymbol{\Phi}\end{aligned} \tag{7-109f}$$

$$\boldsymbol{P}_{11}=\begin{bmatrix}0 & 0 & c_{t1}Z'_{r1}(x_1)\dot{x}_1+k_{t1}Z_{r1}(x_1) & c_{t2}Z'_{r2}(x_2)\dot{x}_2+k_{t2}Z_{r2}(x_2)\end{bmatrix}^{\mathrm{T}} \tag{7-109g}$$

$$\begin{aligned}\boldsymbol{P}_{22}=&-c_{t1}\boldsymbol{\Phi}^{\mathrm{T}}\boldsymbol{H}^{\mathrm{T}}(x_1)Z'_{r1}(x_1)\dot{x}_1-k_{t1}\boldsymbol{\Phi}^{\mathrm{T}}\boldsymbol{H}^{\mathrm{T}}(x_1)Z_{r1}(x_1)-G_1\boldsymbol{\Phi}^{\mathrm{T}}\boldsymbol{H}^{\mathrm{T}}(x_1)-\\&c_{t2}\boldsymbol{\Phi}^{\mathrm{T}}\boldsymbol{H}^{\mathrm{T}}(x_2)Z'_{r2}(x_2)\dot{x}_2-k_{t2}\boldsymbol{\Phi}^{\mathrm{T}}\boldsymbol{H}^{\mathrm{T}}(x_2)Z_{r2}(x_2)-G_2\boldsymbol{\Phi}^{\mathrm{T}}\boldsymbol{H}^{\mathrm{T}}(x_2)\end{aligned} \tag{7-109h}$$

其中，$\boldsymbol{KQ}=[0 \quad 0 \quad -\boldsymbol{H}^{\mathrm{T}}(x_1)k_{t1} \quad -\boldsymbol{H}^{\mathrm{T}}(x_2)k_{t2}]$。

7.3.5 桥梁动力响应求解

桥梁结构的裂缝状态在移动车辆作用下会发生变化，在此考虑两种裂缝状态，即完全开口状态和完全闭合状态（如图 7-21 所示）。裂缝状态决定了单元刚度矩阵的取值，当裂缝处于完全开口状态时，单元刚度矩阵取为裂缝梁单元刚度矩阵；当裂缝处于完全闭合状态时，单元刚度矩阵取为完好梁单元刚度矩阵。可采用裂缝位置的截面曲率来判定裂缝处于开口状态还是闭合状态，裂缝位置的截面曲率值可表示为

$$\gamma(x,t)=\left.\frac{\partial^2 y_{\mathrm{b}}(x,t)}{\partial x^2}\right|_{x=l_{ci}} \tag{7-110}$$

式中：l_{ci} 为第 i 条裂缝距梁左端支撑点的距离；y_{b} 为桥梁结构的竖向位移。

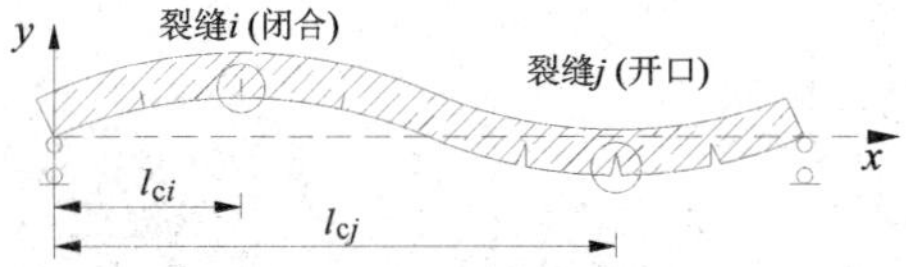

图 7-21　裂缝状态示意图

对于移动车辆作用下裂缝梁的动力响应求解，同样可以采用 Newmark-β 方法，具体计算流程如图 7-22 所示。

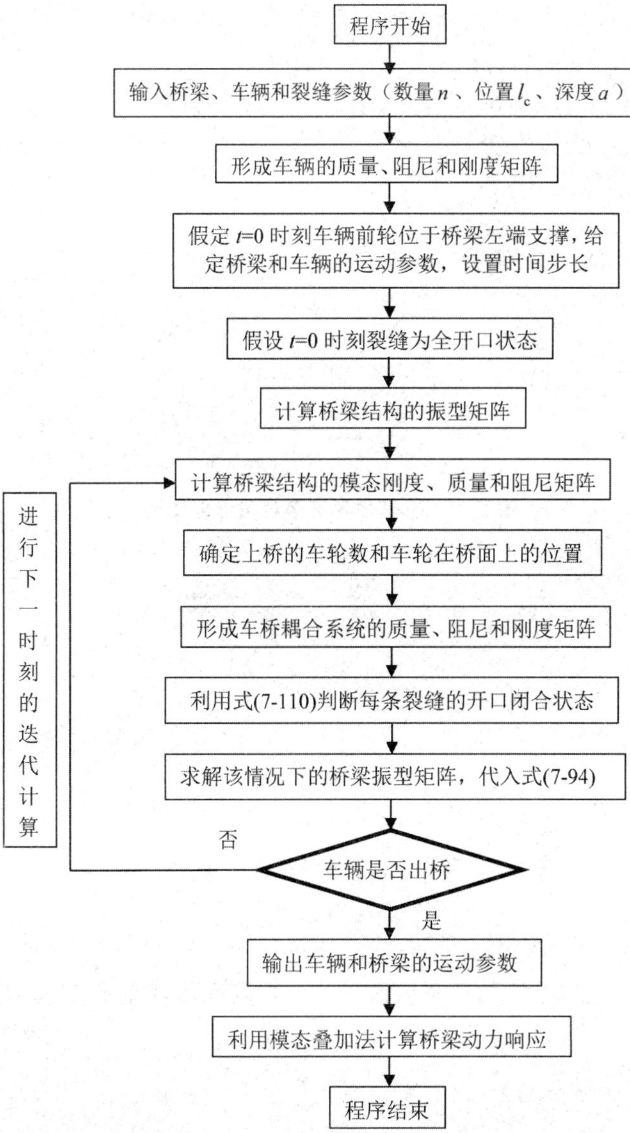

图 7-22　移动车辆作用下裂缝桥梁结构动力响应计算流程图

7.4 数值算例

7.4.1 车辆和桥梁概况

为了讨论移动车辆作用下裂缝连续梁桥的动力响应，本节选取了如图 7-23 所示的等截面两跨裂缝连续梁桥。除有特殊说明，本章所采用桥梁结构的材料和尺寸参数为：弹性模量 $E=3.25\times10^{10}$ Pa，材料密度 $\rho=2\ 500\ \mathrm{kg/m^3}$，泊松比 $\mu=0.3$；每跨梁长 $L_1=L_2=30$ m，箱型截面尺寸如图 7-24 所示。在采用有限元方法进行动力响应分析过程中，每 0.5 m 划分一个梁单元。桥梁结构的一阶和二阶阻尼比分别取为 3% 和 5%，采用桥梁前 5 阶模态参与计算。

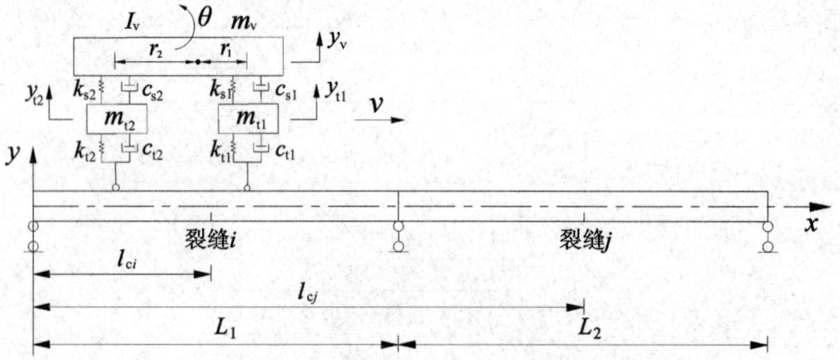

图 7-23 车辆作用下两跨裂缝连续梁

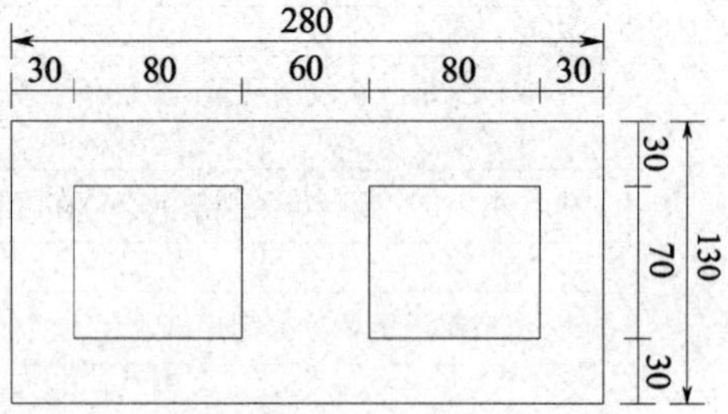

图 7-24 两跨连续梁桥横截面尺(单位：cm)

车辆参数选自 Mulcahy[11] 的论文“Bridge response with tractor-trailer vehicle loading”，车体质量 m_v 与车辆的负载重量有关，将其取值修改成 15 000 kg，车辆参数列于表 7-3 中。

表 7-3　车辆参数

符号	取值	符号	取值
k_{s1}	2.47×10^6 N/m	k_{s2}	4.23×10^6 N/m
c_{s1}	3×10^4 N·s/m	c_{s2}	4×10^4 N·s/m
k_{t1}	3.74×10^6 N/m	k_{t2}	4.6×10^6 N/m
c_{t1}	3.9×10^3 N·s/m	c_{t2}	4.3×10^3 N·s/m
m_v	15 000 kg	I_v	1.47×10^5 kg·m^2
m_{t1}	1 500 kg	m_{t2}	1 000 kg
r_1	2.22 m	r_2	2.05 m

针对两种裂缝工况，分析移动车辆作用下裂缝连续梁桥的动力响应。工况一：存在两条裂缝，且裂缝均位于连续梁的第二跨；工况二：存在四条裂缝，每跨各有两条裂缝，两种工况下的裂缝参数列于表 7-4。

表 7-4　两种工况的裂缝参数

工况	裂缝序号	裂缝位置 l_{ci}/m	裂缝相对深度 a/h
工况一	裂缝 1	40	50%
	裂缝 2	45	50%
工况二	裂缝 1	15	40%
	裂缝 2	25	40%
	裂缝 3	40	50%
	裂缝 4	45	50%

7.4.2　裂缝类型对连续梁桥动力响应的影响

为了讨论裂缝类型对连续梁桥动力响应的影响，在此定义三种类型的裂缝：①呼吸裂缝，裂缝随着裂缝处截面曲率的改变在开口状态和闭口状态之间变换；②开口裂缝，裂缝状态不随截面曲率的改变而改变，始终处于开口状态；③完好梁，不存在裂缝。

车辆以速度 $v=30$ m/s 匀速从连续梁桥的左端驶向右端，计算了桥面不平整度等级分别为 A、B、C 级，裂缝工况一情况下连续梁桥第二跨跨中的位移响应，计算结果如图 7-25 所示。

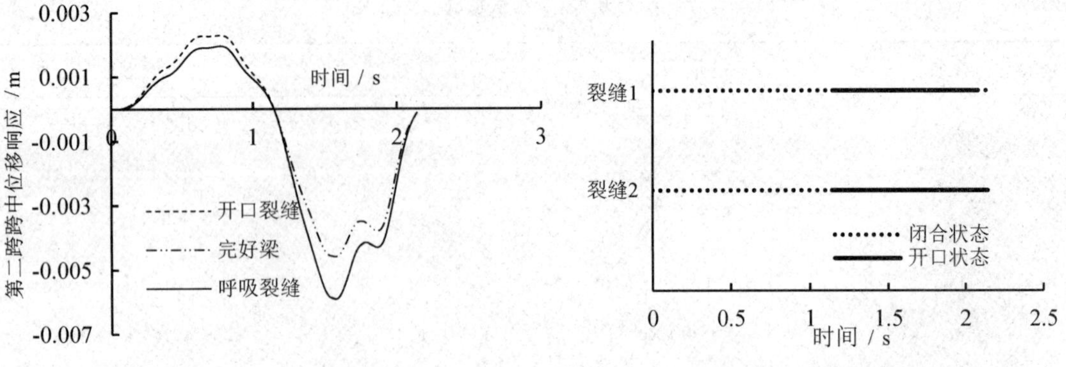

(a)第二跨跨中位移响应(A 级)　　(b) 呼吸裂缝开口或闭合状态(A 级)

图 7-25　裂缝工况一情况下连续梁桥第二跨跨中的位移响应和呼吸裂缝状态

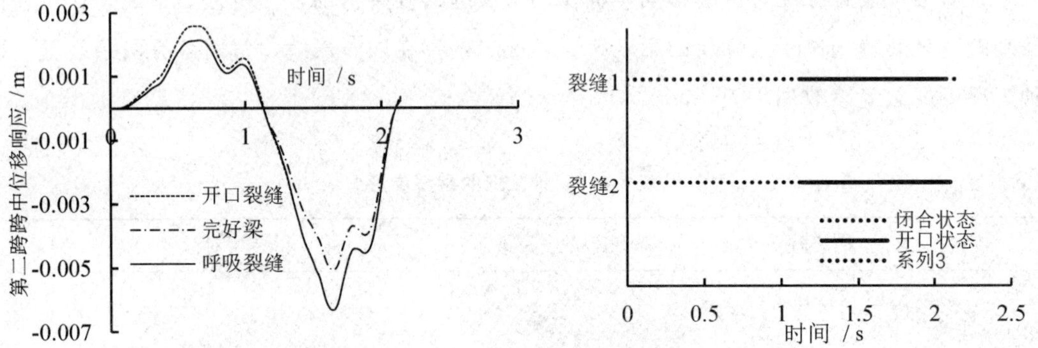

(c) 第二跨跨中位移响应(B 级)　　(d)呼吸裂缝开口或闭合状态(B 级)

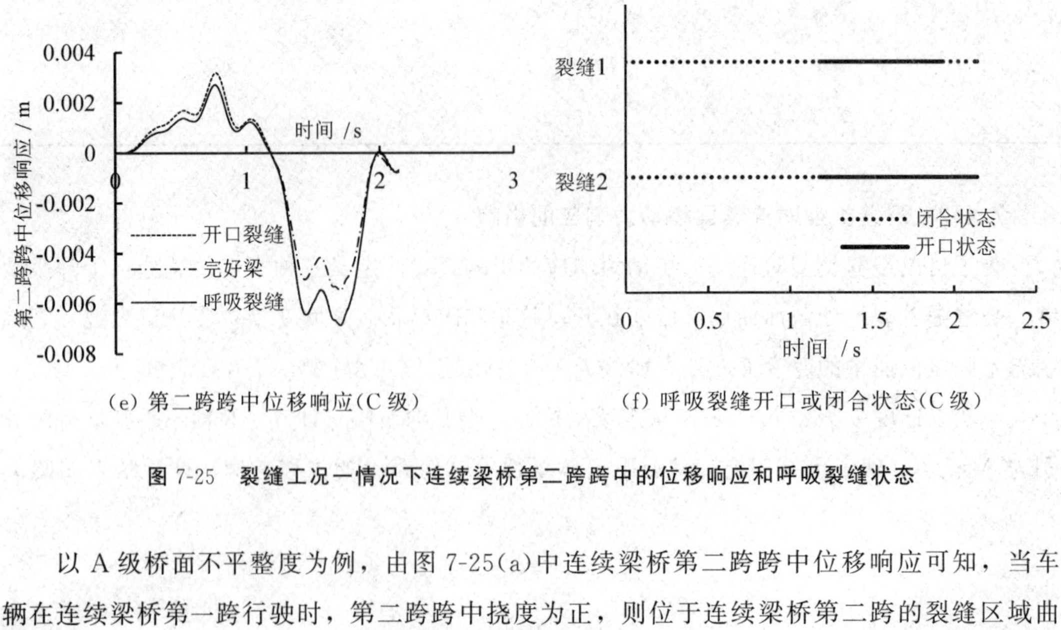

(e) 第二跨跨中位移响应(C 级)　　(f) 呼吸裂缝开口或闭合状态(C 级)

图 7-25　裂缝工况一情况下连续梁桥第二跨跨中的位移响应和呼吸裂缝状态

以 A 级桥面不平整度为例，由图 7-25(a)中连续梁桥第二跨跨中位移响应可知，当车辆在连续梁桥第一跨行驶时，第二跨跨中挠度为正，则位于连续梁桥第二跨的裂缝区域曲率为负，故该阶段内的呼吸裂缝表现为闭合状态，如图 7-25(b)中车辆位于连续梁桥第一跨的 0～1.14 s 时间段所示。此时，带有呼吸裂缝的连续梁桥位移响应与无裂缝的完好桥梁相同。同理，当车辆驶入连续梁桥第二跨，桥梁挠度的符号变化导致裂缝区域的曲率符号变化，进而导致呼吸裂缝由闭合状态转变为开口状态，此时，带有呼吸裂缝的连续梁桥位移响应与带有开口裂缝的连续梁桥位移响应较为接近。其原因为位于第二跨的裂缝对车辆行驶于第一跨阶段的位移响应累积影响较小。

车辆移动速度同样为 $v=30$ m/s，计算了裂缝工况二情况下连续梁桥第二跨跨中位移响应，计算结果如图 7-26 所示。

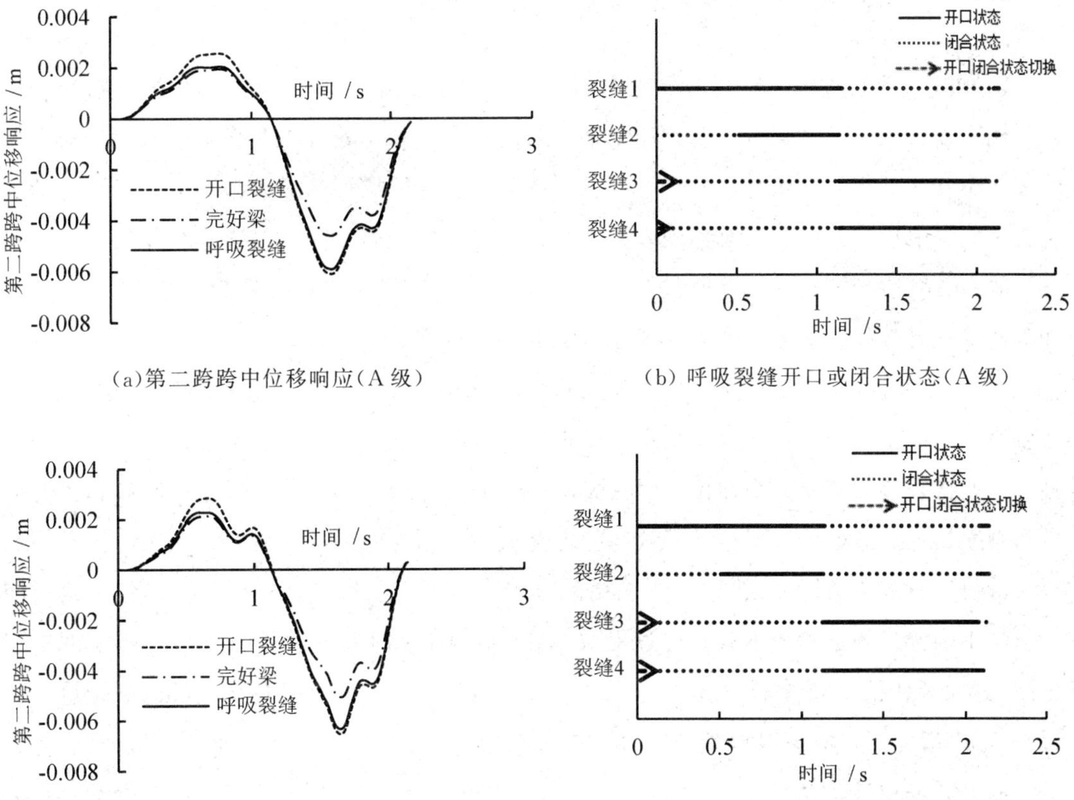

(a)第二跨跨中位移响应(A 级)　　(b) 呼吸裂缝开口或闭合状态(A 级)

(c) 第二跨跨中位移响应(B 级)　　(d) 呼吸裂缝开口或闭合状态(B 级)

图 7-26　裂缝工况二情况下连续梁桥第二跨跨中位移响应和呼吸裂缝状态

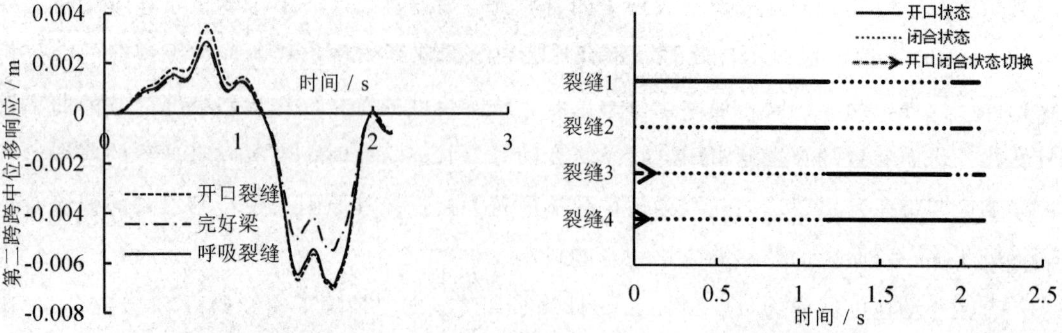

(e) 第二跨跨中位移响应(C 级)　　(f) 呼吸裂缝开口或闭合状态(C 级)

图 7-26　裂缝工况二情况下连续梁桥第二跨跨中位移响应和呼吸裂缝状态(续)

同样以 A 级桥面不平整度为例，由图 7-26(a)中连续梁桥第二跨跨中的位移响应可知，当车辆在连续梁桥第一跨行驶时，位于第二跨的裂缝 3 和 4 处于闭合状态，而位于第一跨的裂缝 1 和 2 处于开口状态，故带有呼吸裂缝的连续梁桥位移响应要小于全开口裂缝的连续梁桥位移响应。同理，当车辆驶入第二跨时，只有位于第二跨的裂缝 3 和 4 处于开口状态，故带有呼吸裂缝的连续梁桥位移响应小于带有开口裂缝的连续梁桥位移响应。因此，呼吸裂缝较开口裂缝能够更准确地描述裂缝的受力特性。

此外，裂缝 3 和 4 在车辆开始上桥的极短时间内处于开口和闭合状态间的频繁切换。产生该现象的原因为：在车辆前轮刚开始作用于桥面的极短时间内，桥梁结构产生的挠度较小，使得桥梁在其受力平衡位置附近做周期性的简谐振动，导致了裂缝在开口和闭合状态间频繁切换。这也体现了移动荷载与静力荷载的不同之处。

值得注意的是裂缝 2 在 0.5 s 左右由闭合转变为开口状态，这似乎与同样位于第一跨的裂缝 1 的开口闭合趋势不符。通过提取 0.3 s 和 0.8 s 时刻连续梁各点的弯矩来剖析产生该现象的原因，结果如图 7-27 所示。在 0.3 s 时刻，距连续梁桥左端 25 m 处(裂缝 2 位置)的弯矩值为正，故该时刻裂缝 2 表现为闭合状态；在 0.8 s 时刻，该处弯矩值变为负号，故该时刻裂缝 2 表现为开口状态；而在 0.3 s 和 0.8 s 两个时刻下，裂缝 1 处的弯矩值均为负，故裂缝 1 在车辆行驶于第一跨的时间段内一直保持为开口状态。

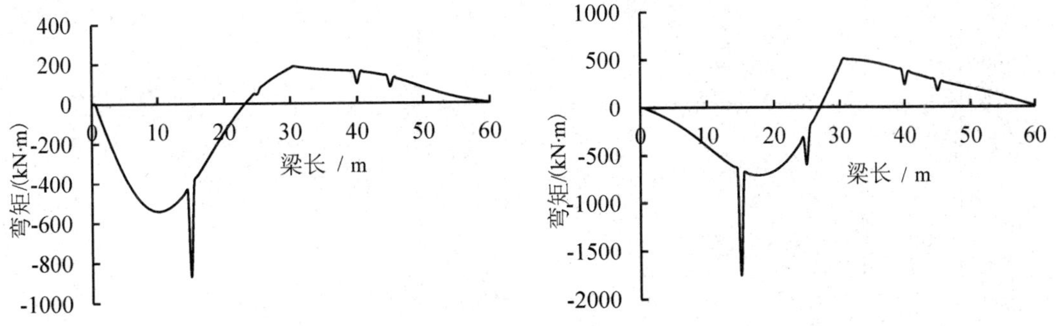

(a) 0.3 s 时刻连续梁桥各点弯矩　　(b) 0.8 s 时刻连续梁桥各点弯矩

图 7-27　裂缝工况二情况下连续梁桥各点弯矩

若将裂缝 2 的位置移至距连续梁左侧支点 7.5 m 处(裂缝工况三)，则该工况下连续梁桥第二跨跨中的位移响应和呼吸裂缝的开口或闭合状态如图 7-28 所示。

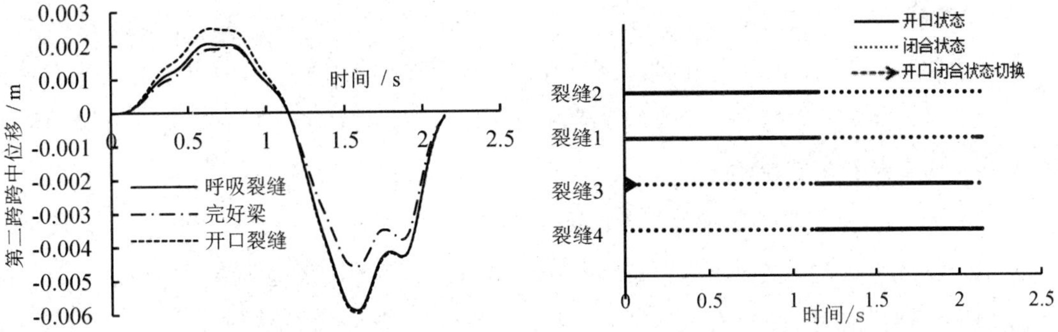

(a)第二跨跨中位移响应　　(b) 呼吸裂缝开口或闭合状态

图 7-28　裂缝工况三情况下连续梁桥第二跨跨中位移响应和呼吸裂缝状态

由图 7-28(b)可知，工况三中裂缝 2 与裂缝 1 的开口闭合状态一致，同样通过提取 0.3 s和 0.8 s时刻连续梁各点的弯矩来分析裂缝位置对其开口或闭合状态的影响，结果如图 7-29 所示。

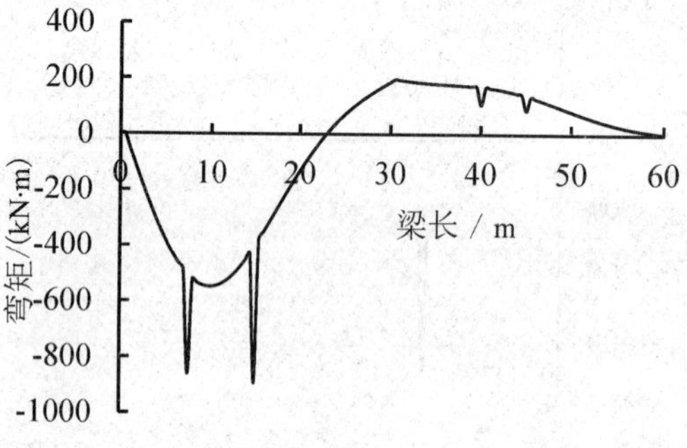

(a) 0.3 s时刻连续梁桥各点弯矩

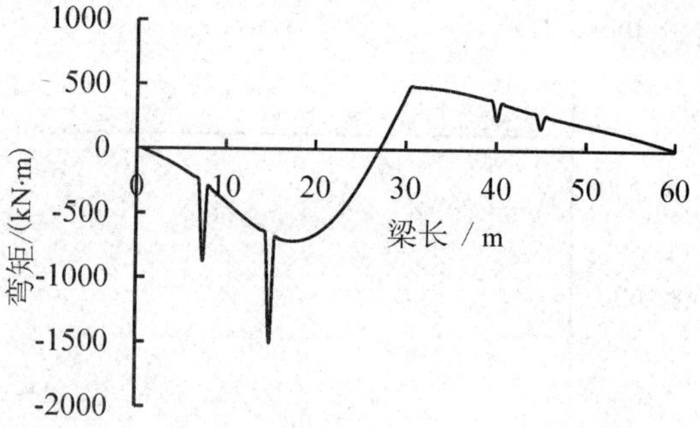

(b) 0.8 s时刻连续梁桥各点弯矩

图 7-29　裂缝工况三情况下连续梁桥各点弯矩

由图 7-29 可以看出，在 0.3 s 和 0.8 s 时刻，距连续梁桥左端 7.5 m 的裂缝 2 与裂缝 1 处弯矩值为负，故在车辆行驶于第一跨的时间段内裂缝 1 和 2 均表现为开口状态。因此，位于连续梁桥一阶振型峰值附近的裂缝比位于中支点附近的裂缝具有更长时间的开口状态，对裂缝梁结构的动力响应影响更大，这一点从图 7-30 中裂缝工况三情况下第一跨跨中的最大位移大于工况二可以得到验证。此外，从图 7-27 和图 7-29 中可以看出，裂缝处的弯矩值会产生突变，这是由于裂缝的存在会增加局部柔度，使得裂缝附近区域的局部刚度减小，对荷载作用更加敏感。

图 7-31 为各级不平整度情况下连续梁桥第二跨跨中的位移响应（$v=30$ m/s），从中可以发现，随着桥面不平整度增大，位移响应的波动幅度越大，且位移幅值逐渐增大。这说明在同一车辆行驶速度下，桥面不平整度越差，裂缝桥梁的位移响应越大。

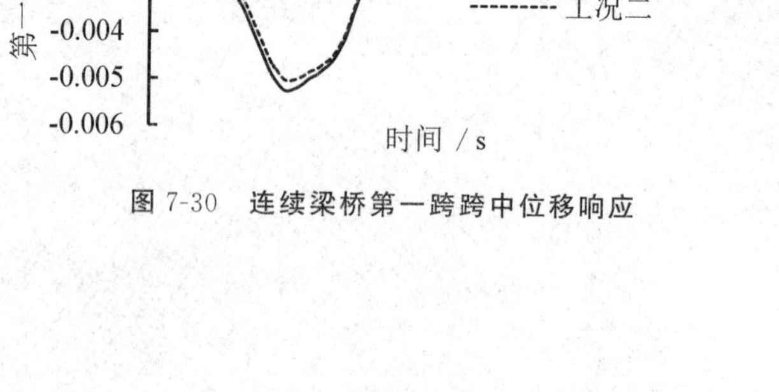

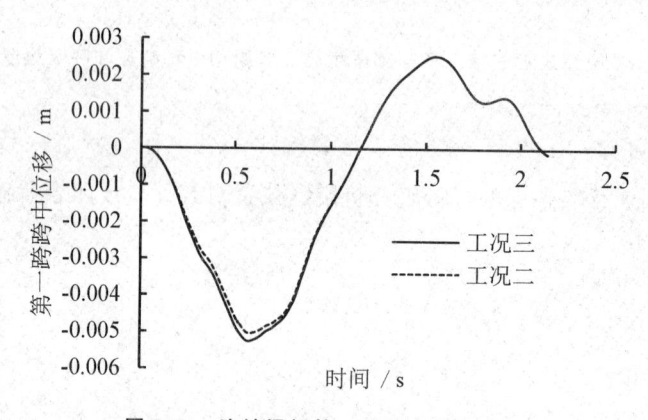

图 7-30　连续梁桥第一跨跨中位移响应

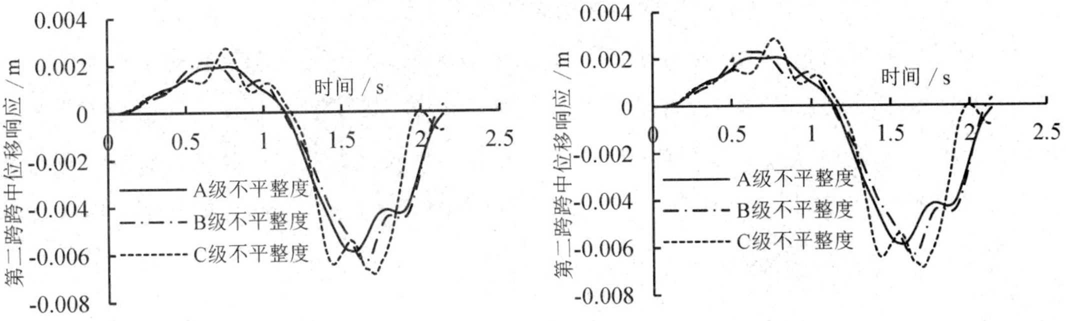

(a)裂缝工况一　　(b) 裂缝工况二

图 7-31　各级不平整度情况下连续梁桥第二跨跨中位移响应

7.4.3　车辆移动速度对裂缝连续梁桥动力响应的影响

为了讨论车辆移动速度对裂缝连续梁桥动力响应的影响，选择 A 级和 B 级两种桥面不平整度，计算了不同车速情况下带有呼吸裂缝的连续梁桥第二跨跨中位移响应，计算结果如图 7-32 和图 7-33 所示。

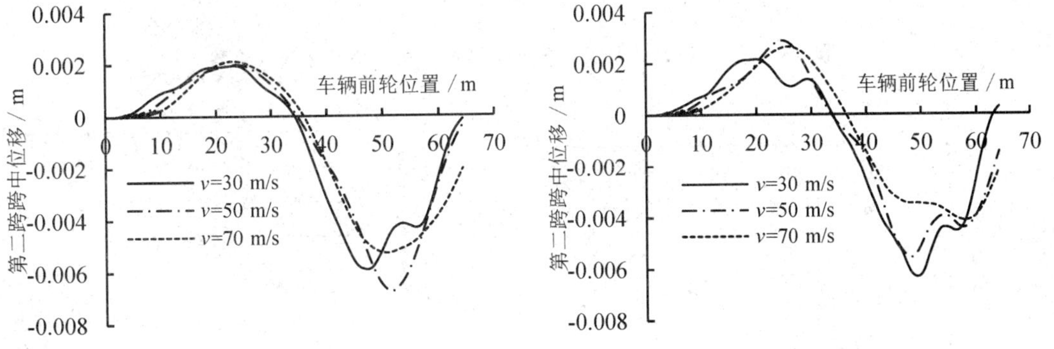

(a) A 级不平整度　　(b) B 级不平整度

图 7-32　不同车速下裂缝工况一连续梁桥第二跨跨中位移响应

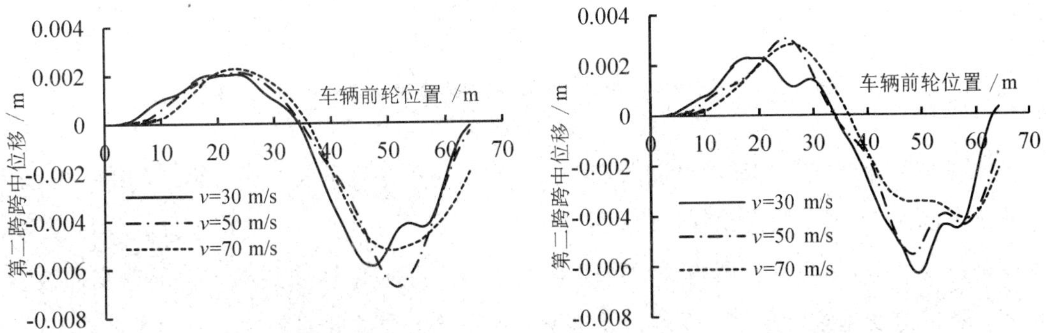

(a) A 级不平整度　　(b) B 级不平整度

图 7-33　不同车速下裂缝工况二连续梁桥第二跨跨中位移响应

由图 7-32 和图 7-33 可知，A 级不平整度情况下车速为 50 m/s 所对应的第二跨跨中位移响应要大于其他两种车速；而在 B 级不平整度情况下 30 m/s 的车速获得了更大的跨中位移响应。这说明跨中位移响应并非随着车速的提高而不断增大，且在不同桥面不平整度等级情况下，位移响应与车速的关系的变化趋势也不相同。为此，还分别计算了三种裂缝类型的连续梁桥在不同车辆行驶速度下第二跨跨中的最大位移，计算结果如图 7-34 和图 7-35 所示。

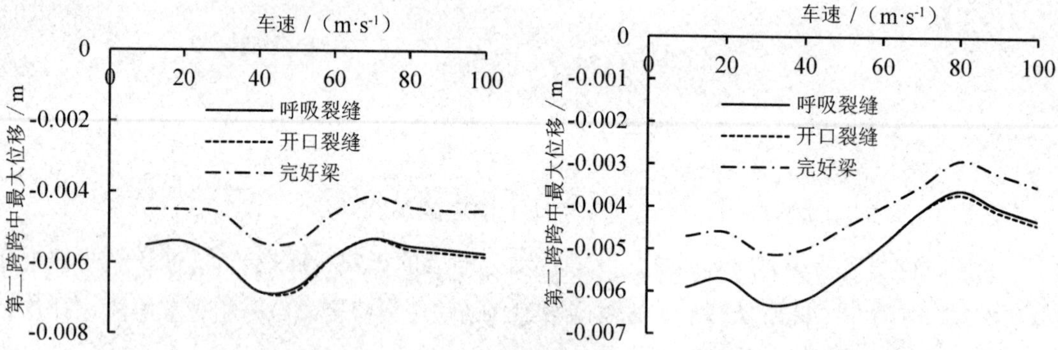

(a) A 级不平整度　　(b) B 级不平整度

图 7-34　不同车速下裂缝工况一连续梁桥第二跨跨中最大位移

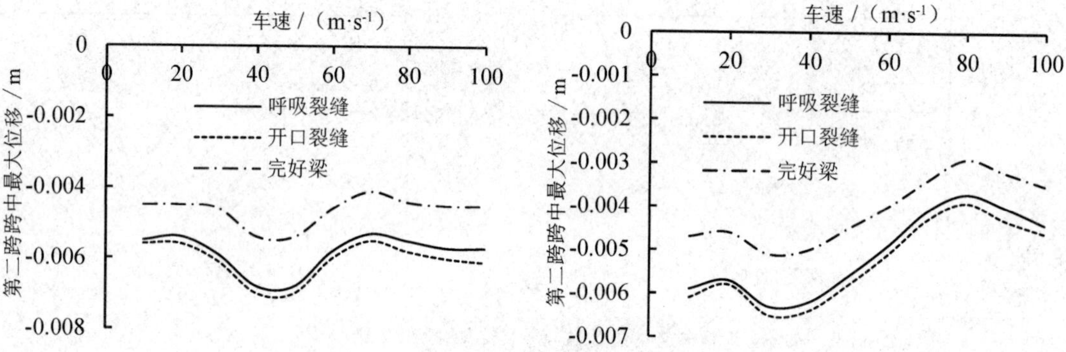

(a) A 级不平整度　　(b) B 级不平整度

图 7-35　不同车速下裂缝工况二连续梁桥第二跨跨中最大位移

由图 7-34(a)和图 7-35(a)可以发现，A 级桥面不平整度下连续梁桥第二跨跨中的最大位移在车速为 45 m/s 附近出现峰值；而图 7-34(b)和图 7-35(b)中的跨中最大位移峰值出现在车速为 30 m/s 附近。两种桥面不平整度下跨中最大位移均随着车速的改变而改变，且桥面不平整度越差，变化幅度越大。这说明跨中最大位移并非随着车速的增大而不断增大，而是在某个速度下出现峰值。由于桥面不平整度等级的差异性，桥梁跨中最大位移对应的车速也是变化的。

本章主要参考文献

[1]谭国金，王龙林．车辆和温度作用下桥梁动力特性分析方法[M]．北京：人民交通出版社股份有限公司，2022.

[2]赵济海，王哲人，关朝雳．路面不平度的测量分析与应用[M]．北京：北京理工大学出版社，2000.

[3]HENCHI K，FAFARD M，TALBOT M，et al. An efficient algorithm for dynamic analysis of bridges under moving vehicles using a coupled modal and physical component approach[J]. Journal of Sound and Vibration，1998，212(4)：663-683.

[4]王勤成，邵敏．有限单元法基本原理和数值方法[M]．2版．北京：清华大学出版社，1997.

[5]陈玲莉．工程结构动力分析数值方法[M]．西安：西安交通大学出版社，2006.

[6]翟婉明．车辆-轨道耦合动力学[M]．北京：中国铁道出版社，2001.

[7]ZHENG D Y，KESSISSOGLOU N J. Free vibration analysis of a cracked beam by finite element method[J]. Journal of Sound and Vibration，2004，273(3)：457-475.

[8]DIMAROGONAS A D，PAPADOPOULOS C A. Vibration of cracked shafts in bending[J]. Journal of Sound and Vibration，1983，91(4)：83-593.

[9]TADA H，PARIS P C，IRWIN CR. The stress analysis of cracks handbook[M]. New York：ASME Press，2000.

[10]CADDEMI S，CALIO L，MARLETTA M. The non-linear dynamic response of the Euler-Bernoulli beam with an arbitrary number of switching cracks[J]. International Journal of Non-Linear Mechanics，2010，45(7)：714-726.

[11]MULCAHY N L. Bridge response with tractor-trailer vehicle loading[J]. Earthquake Engineering&Structural Dynamics，1983，11(5)：649-665.

第 8 章　冲击荷载作用下桥梁振动分析

汽车以一定的速度在桥梁上行驶时，桥梁结构产生的应力与变形(或挠度)效应一般比等值的静载作用引起的效应大一些，这种由于汽车荷载的动力作用使桥梁结构发生振动而造成内力与变形(或挠度)增大的现象称为冲击作用。

汽车荷载的这种冲击作用一般用冲击系数来表示[1]，在桥梁设计过程中，活荷载效应的冲击系数主要根据相关规范的规定方法计算取用。桥梁结构形式众多，影响公路桥梁冲击系数的因素很多[2-4]，除了利用冲击系数来考虑冲击荷载对桥梁结构的影响外，还可以利用振动微分方程直接分析车辆冲击荷载对桥梁整体结构的动力响应。

本章将从概念、动载试验和规范三个方面介绍冲击系数法，并详细给出跳车激励下基于能量守恒和基于受力体系转换的车辆冲击作用下桥梁的动力响应分析过程。

8.1　冲击系数法

8.1.1　冲击系数的概念

对桥梁在移动车辆荷载下的动力性能和承载能力的研究最早可追溯到 1844 年法国和英国工程师对著名的 Britannia 桥所做的模型试验。在英国的一些铁路桥梁失事以后，R. Wilis 于 1847 年推导出在移动荷载作用下忽略质量的桥梁的振动方程，并从 1849 年起系统地开展了模型试验研究。他发现，在移动荷载作用下，桥梁将发生振动并由此产生比相同静力荷载作用时更大的变形和应力。移动车辆荷载的这种动力效应是不可忽视的，特别是荷载处于最不利的静力作用位置正巧同时满足共振条件，此时会产生较大的动态应力，将会导致桥梁破坏。通过测试列车通过时铁路桥梁跨中的动挠度，从振动记录中明确了荷载的动力效应，建立了冲击作用的概念。

冲击系数定义为最大动态位移增量和最大静态位移之比，即

$$\mu=\frac{A_{\mathrm{dyn}}-A_{\mathrm{st}}}{A_{\mathrm{st}}}=\frac{A_{\mathrm{dyn}}}{A_{\mathrm{st}}}-1 \tag{8-1}$$

式中：A_{dyn} 为当车辆荷载过桥时桥梁跨中动挠度的峰值；A_{st} 为同一车辆荷载静力作用时跨中挠度的最大值。该式表示了公路桥梁汽车冲击系数的基本定义，也是通过实测的动力响应时程曲线或车桥耦合振动分析的动力响应时程曲线计算冲击系数的基础。

公路桥梁的车辆振动问题虽然并不像铁路桥梁那么严重，但激励机制却更为复杂。第一次采用振动记录进行公路桥梁荷载动力试验的是 1892 年法国工程师 M. Deslandres 在巴黎附近的 Pontoies 桥上所做的试验。美国在 1910 年也做了若干公路桥梁的振动测试以了解荷载的冲击作用。对公路桥梁荷载动力效应的系统研究开始于 1930 年。1931 年英国土木工程师协会根据一系列的简支梁桥实测数据制定了最早的公路桥梁荷载冲击系数规范。

用冲击系数 μ 代表移动车辆荷载对桥梁的动力效应的方式很快得到了广泛的认可。世界各国根据试验结果发现了冲击系数随桥梁跨径递减的趋势制定了作为跨径 l 的递减函数的桥梁冲击系数计算公式，其基本形式为

$$\mu=\frac{a}{b+L} \tag{8-2}$$

式中：L 为桥梁计算跨径或影响线加载长度；a，b 为根据试验回归获得的待定参数。

瑞士 EMPA 实验室自 1924 年以来对移动荷载的冲击系数进行了深入、系统的试验研究。基于大量的实测数据，他们指出车辆振动本质上是一种强迫共振现象，用放大谱即把冲击系数定义为桥梁固有频率的函数，来代替现行的按跨径递减的冲击系数公式可能更为合理，即

$$\mu=\mu(f_{\mathrm{b}}) \tag{8-3}$$

式中，f_{b} 为桥梁固有频率，一般取基频。

8.1.2　动载试验法确定冲击系数

世界各国在制定荷载的冲击系数时都进行过一定的桥梁动态荷载试验。计算冲击系数时宜采用桥面无障碍行车下的动挠度(或动应变)时程曲线，用如下公式计算得到

$$\mu=\frac{f_{\mathrm{dmax}}}{f_{\mathrm{mean}}}-1 \tag{8-4}$$

$$f_{\mathrm{mean}}=\frac{f_{\mathrm{dmax}}+f_{\mathrm{dmin}}}{2} \tag{8-5}$$

式中：f_{dmax} 为绝对值最大动挠度(或动应变)幅值；f_{dmin} 为与 f_{dmax} 对应的同一周期内的绝对值最小幅值；f_{mean} 为 f_{dmin} 与 f_{dmax} 的平均值，相当于波形振幅中心轨迹的顶点值。

从动挠度(或动应变)时程曲线中直接求取最大静挠度(或静应变)，其计算结果受人为

因素影响较大，这种影响在小跨径桥梁高速行车试验中尤为明显。

为了反映汽车车辆行驶至不同位置处对测试截面的综合冲击效应，长安大学提出了对时程曲线中可识别的“局部冲击系数”用加权法进行处理，冲击系数计算式为

$$\begin{cases}\mu_i = \dfrac{Y_{\max i}}{Y_{\mathrm{mean}i}} - 1 \\ Y_{\mathrm{mean}i} = \dfrac{1}{2}(Y_{\max i} + Y_{\min i}) \\ \alpha_i = \dfrac{Y_{\max i}}{\sum\limits_{i=1}^{n} Y_{\max i}} \\ \mu = \sum\limits_{i=1}^{n} \mu_i \alpha_i \end{cases} \tag{8-6}$$

式中：$Y_{\max i}$ 为车辆荷载过桥时最不利测点处动挠度(或动应变)时程曲线上第 i 个周期内的绝对值最大值；$Y_{\min i}$ 为与 $Y_{\max i}$ 相应的同一个周期内的绝对值最小值；$Y_{\mathrm{mean}i}$ 为相应“静”载作用下该点响应值；α_i 为第 i 个周期的权重；μ_i 为第 i 个周期所对应的局部冲击系数。

8.1.3 规范中冲击系数的规定

1. 与桥梁跨径有关的规定

在我国 1989 年版的《公路桥涵设计通用规范》(JTJ 021—89)中规定，冲击系数是桥梁跨径的函数形式，如表 8-1 和表 8-2 所示。其中，L 为桥梁计算跨径或影响线加载长度；对于悬臂梁、连续梁、刚构等，L 为各荷载区段长度之和；当 L 在所列数值之间时冲击系数可按直线内插法求得。

表 8-1 钢筋混凝土及预应力混凝土、混凝土桥涵和砖石砌桥涵的冲击系数

结构类型	跨径或荷载长度/m	冲击系数 μ
梁、刚构、拱上构造、柱式墩台、涵洞盖板	$L \leqslant 5$	0.3
	$L \geqslant 45$	0.0
拱桥的主拱圈或拱肋	$L \leqslant 20$	0.2
	$L \geqslant 70$	0.0

表 8-2 钢桥的冲击系数

结构类型	冲击系数 μ
主桁(梁、拱)、联合梁、桥面系、钢墩等	$15/(L+37.5)$
吊桥的主桁、主梁或主链、塔架	$50/(L+70)$

该规定近似地认定冲击力与计算跨径呈直线关系，无论是梁式桥还是拱式桥等，均规定在一定的跨径范围内考虑汽车荷载的冲击力作用。此模式计算方便但不能合理、科学地反映冲击荷载的本质。

2. 与桥梁基频有关的规定

桥梁结构的频率反映了结构的尺寸、类型、建筑材料等动力特性，不管桥梁的建筑材料、结构类型是否有差别，也不管结构尺寸与跨径是否有差别，只要结构的基频相同，在同样的汽车荷载下就能得到基本相同的系数，这是目前部分国家规范制定与基频有关的冲击系数计算方法的基本出发点。

我国《公路桥涵设计通用规范》(JTG D60－2015)规定[5]冲击系数计算公式为

$$\mu=\begin{cases}0.05, & f<1.5\ \text{Hz}\\ 0.1767\ln f-0.0157, & 1.5\ \text{Hz}\leqslant f\leqslant 14\ \text{Hz}\\ 0.4, & f>14\ \text{Hz}\end{cases}\tag{8-7}$$

式中：f 为桥梁结构的基频。

汽车荷载的局部加载及在 T 梁、箱梁悬臂板上的冲击系数采用 0.3。

3. 其他规定方法

我国《公路钢结构桥梁设计规范》(JTG D64—2015)[6]进行正交异性钢桥面板承载能力极限状态设计时，为简化计算，桥面上汽车局部荷载作用的冲击系数采用 0.40。

8.2　车辆冲击作用下桥梁动力响应分析

跳车激励是中小跨径桥梁结构常用的激励方法之一[7-8]，如图 8-1 所示。该方法的基本原理为：利用激振车辆的前轴或后轴从设置于桥面上具有一定高度的辅助装置上自由落下，利用激振车辆对桥梁的冲击作用，使得桥梁产生自由衰减振动。由跳车激励的基本原理可知，该激励方法属于自振法的范畴。跳车激励常用于中小跨径桥梁结构的原因在于：一方面，该激励方法对桥梁结构的输入较大，有利于获得高信噪比的桥梁振动响应；另一方面，类似于给桥梁施加了一个冲击荷载，使得更多阶次的模态能够被激发。在跳车激励中，如果跳车高度过小，则采集到的桥梁振动响应信噪比低；高度过大，会导致桥梁产生二次损伤，尤其是对于一些技术状况较差的桥梁结构。因此，对跳车激励过程中的桥梁结构动力响应进行计算分析可为跳车高度的选取提供依据。另外，跳车激励过程中的桥梁结构动力响应还可被用于桥梁结构损伤识别和状态评定等技术领域。鉴于跳车激励过程中桥梁结构动力响应分析的重要性，本节从动量守恒和受力体系转换两个视角，来简述跳车激励过程中桥梁结构动力响应分析方法。

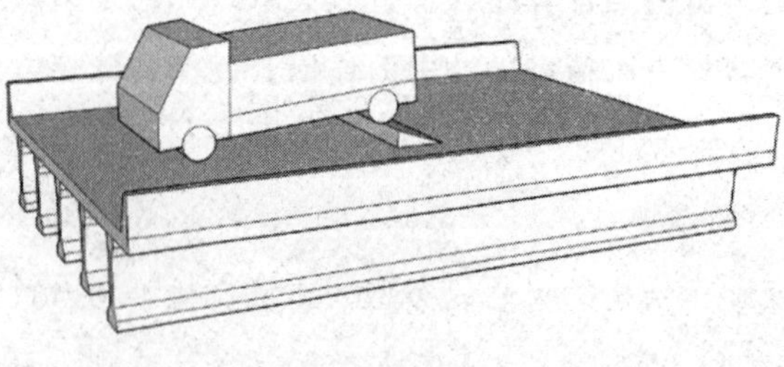

图 8-1　跳车激励示意图

8.2.1　基于动量守恒的车辆冲击作用下桥梁动力响应分析

依据车轮与桥面的接触状态，把跳车激励过程分为三个阶段[9-10]：其中阶段Ⅰ为置于跳车辅助装置上的车轮(为了方便表达，本章称之为车辆后轮，即利用车辆后轮的下落对桥梁进行激振)与桥面接触前的时间段；阶段Ⅱ为车辆后轮首次与桥面接触时刻，为一个时间点，而非时间段；阶段Ⅲ为阶段Ⅱ之后的时间段，该时间段车辆后轮与桥面一直处于接触状态，车辆前轮在三个阶段均与桥面处于接触状态。阶段Ⅰ如图 8-2(a)所示，阶段Ⅱ和Ⅲ如图 8-2(b)所示。

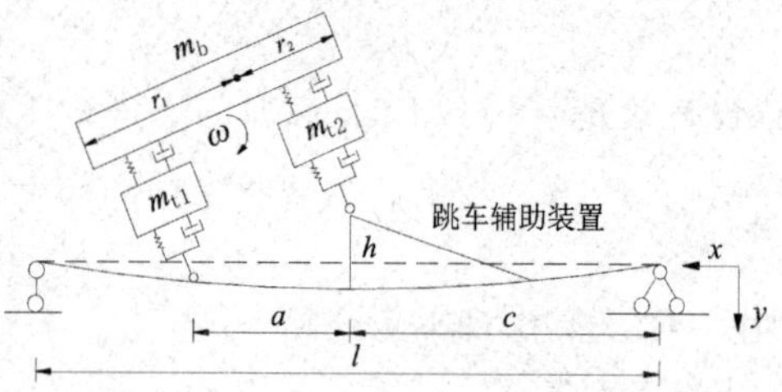

(a)阶段Ⅰ

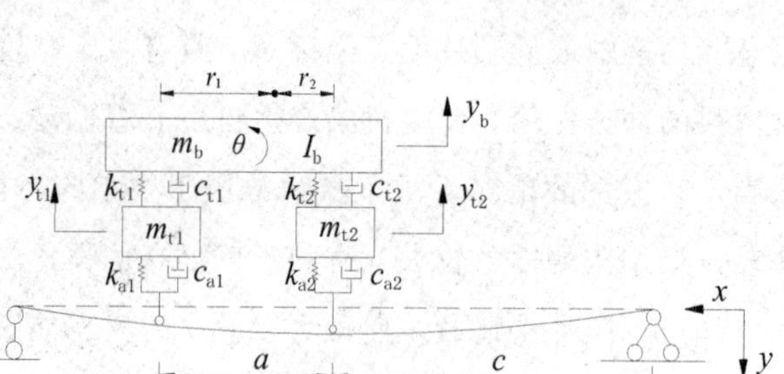

(b) 阶段Ⅱ和Ⅲ

图 8-2　跳车激励过程分解

图 8-2 中 m_b 和 I_b 分别为车体质量和转动惯量，m_{t1} 和 m_{t2} 分别为车辆簧下质量；y_b 和 θ 分别为车体竖向位移和转角，y_{t1} 和 y_{t2} 分别为前轮和后轮竖向位移；k_{a1} 和 k_{a2} 为车辆轮胎刚度，k_{t1} 和 k_{t2} 为车辆悬架刚度，c_{a1} 和 c_{a2} 为车辆轮胎阻尼系数，c_{t1} 和 c_{t2} 为车辆悬架阻尼系

数；r_i（$i=1$，2）为车轮距车辆重心的距离；l、a、c 分别为简支梁桥长度、车辆两个车轮之间的间距和车辆后轮至简支梁桥右端支撑（坐标原点）的距离；h 为辅助跳车装置高度。

在三个阶段，桥梁上均存在由车辆作用导致的静力位移，由于车辆两个车轮之间的间距远小于桥梁长度，可以认为三个阶段中桥梁静力位移近似相等。所以，在跳车激励动力响应分析中把桥梁的静力位移视作桥梁振动的平衡位置。阶段Ⅰ中车辆经历了从静止于桥梁上到后轮突然从高度为 h 的辅助装置上落下，车辆后轮下落的过程可视作车辆绕前轮转动的一个过程。阶段Ⅱ为车辆后轮首次与桥面接触时刻，在此阶段认为车辆后轮对桥梁施加了一个冲击荷载。在阶段Ⅲ中，并无外力作用于车-桥耦合系统上，车-桥耦合系统做自由衰减振动。

从车-桥耦合振动系统能量转换的视角来分析跳车激励的三个阶段，可知：在阶段Ⅰ车辆借助后轮下落获得能量；在阶段Ⅱ中，能量在车辆子系统和桥梁子系统中进行重新分配；在阶段Ⅲ中，通过车辆阻尼和桥梁阻尼，能量逐渐耗散至零。

从跳车冲击作用下桥梁动力响应求解的角度来说，最为关键的点是进行阶段Ⅱ的受力分析。因为通过阶段Ⅱ的受力分析，可以依据阶段Ⅰ的受力分析结果来确定阶段Ⅲ中车-桥耦合系统做自由衰减振动的初始条件。

在阶段Ⅲ中，桥梁结构的运动方程为

$$m\ddot{y}(x,t)+C\dot{y}(x,t)+EI\frac{\partial^4 y(x,t)}{\partial x^4}=P_1(t)\delta_1(x-(c+a))+P_2(t)\delta_2(x-c) \tag{8-8}$$

式中：m 为桥梁结构的单位长度质量；C 为桥梁结构的阻尼系数；E 为桥梁结构的弹性模量；I 为桥梁结构的抗弯惯性矩；$y(x,t)$ 为桥梁结构的动态位移；$\delta_1(x-(c+a))$ 和 $\delta_2(x-c)$ 为狄拉克函数；$P_1(t)$ 和 $P_2(t)$ 分别为车辆前轮和后轮对桥梁结构的动荷载。

$$\delta_1(x-(c+a))=\begin{cases}1, & x=c+a\\ 0, & 其他\end{cases},\quad \delta_2(x-c)=\begin{cases}1, & x=c\\ 0, & 其他\end{cases} \tag{8-9}$$

$$\begin{cases}P_1(t)=m_{t1}\ddot{y}_{t1}+\dfrac{r_2}{r_1+r_2}m_b\ddot{y}_b-\dfrac{I_b}{a}\ddot{\theta}\\[2ex] P_2(t)=m_{t2}\ddot{y}_{t2}+\dfrac{r_1}{r_1+r_2}m_b\ddot{y}_b+\dfrac{I_b}{a}\ddot{\theta}\end{cases} \tag{8-10}$$

依据模态叠加方法，桥梁结构的动态位移 $y(x,t)$ 可表示为

$$y(x,t)=\sum_{i=1}^{n}\varphi_i(x)q_i(t) \tag{8-11}$$

式中：$\varphi_i(x)$ 为桥梁结构的第 i 阶振型，对于等截面简支梁 $\varphi_i(x)=\sin(i\pi x/l)$；$q_i(t)$ 为第 i 阶模态坐标。

把式(8-11)代入式(8-8)中，公式两边同时乘以 $\varphi_i(x)$，并对 x 在 0 到 l 之间进行积分，利用振型的正交性，可得

$$\begin{aligned}&\int_0^l m\varphi_i^2(x)\ddot{q}_i(t)\mathrm{d}x+\int_0^l 2\beta m\varphi_i^2(x)\dot{q}_i(t)\mathrm{d}x+\omega_n^2\int_0^l m\varphi_i^2(x)q_i(t)\mathrm{d}x\\&=\int_0^l\varphi_i(x)\left[P_1(t)\delta_1(x-(c+a))+P_2(t)\delta_2(x-c)\right]\mathrm{d}x\end{aligned}\tag{8-12}$$

式中：$\beta=C/2m$；ω_i 为桥梁结构的第 i 阶频率。令 $s_i=\int_0^l m\varphi_i^2(x)\mathrm{d}x$，对式(8-12)进行运算，可得

$$s_i\ddot{q}_i(t)+2\beta s_i\dot{q}_i(t)+\omega_i^2 s_i q_i(t)=\varphi_i(c+a)P_1(t)+\varphi_i(c)P_2(t)\tag{8-13}$$

由车辆簧下质量 m_{t1} 和 m_{t2} 的受力平衡条件，可得

$$\begin{cases}m_{t1}\ddot{y}_{t1}+c_{a1}(\dot{y}_{t1}+\dot{y}_1)+k_{a1}(y_{t1}+y_1)+c_{t1}(\dot{y}_{t1}-\dot{y}_b+r_1\dot{\theta})+k_{t1}(y_{t1}-y_b+r_1\theta)=0\\m_{t2}\ddot{y}_{t2}+c_{a2}(\dot{y}_{t2}+\dot{y}_2)+k_{a2}(y_{t2}+y_2)+c_{t2}(\dot{y}_{t2}-\dot{y}_b+r_2\dot{\theta})+k_{t2}(y_{t2}-y_b+r_2\theta)=0\end{cases}\tag{8-14}$$

由车体的受力平衡条件，可得

$$\begin{cases}m_b\ddot{y}_b+c_{t1}(\dot{y}_b-\dot{y}_{t1}-r_1\dot{\theta})+k_{t1}(y_b-y_{t1}-r_1\theta)\\+c_{t2}(\dot{y}_b-\dot{y}_{t2}+r_2\dot{\theta})+k_{t2}(y_b-y_{t2}+r_2\theta)=0\\I_b\ddot{\theta}-r_1\left[c_{t1}(\dot{y}_b-\dot{y}_{t1}-r_1\dot{\theta})+k_{t1}(y_b-y_{t1}-r_1\theta)\right]\\+r_2\left[c_{t2}(\dot{y}_b-\dot{y}_{t2}+r_2\dot{\theta})+k_{t2}(y_b-y_{t2}+r_2\theta)\right]=0\end{cases}\tag{8-15}$$

式中：y_1 和 y_2 分别为车辆前轮和后轮处桥梁位移。

综合式(8-13)～式(8-15)，可以得到阶段Ⅲ中车-桥耦合振动方程，把其写成矩阵的形式，则有

$$\boldsymbol{M}\ddot{\boldsymbol{u}}+\boldsymbol{C}\dot{\boldsymbol{u}}+\boldsymbol{K}\boldsymbol{u}=\boldsymbol{0}\tag{8-16}$$

式中：

$$\boldsymbol{M}=\begin{bmatrix}m_{t1}&0&0&0&0&\cdots&0\\0&m_{t2}&0&0&0&\cdots&0\\0&0&m_b&0&0&\cdots&0\\0&0&0&I_b&0&\cdots&0\\A_1&B_1&C_1&D_1&s_1&\cdots&0\\\vdots&\vdots&\vdots&\vdots&\vdots&\ddots&0\\A_n&B_n&C_n&D_n&0&0&s_n\end{bmatrix}\tag{8-17}$$

其中，$A_i=-\varphi_i(c+a)m_{t1}$，$B_i=-\varphi_i(c)m_{t2}$，$C_i=-(\varphi_i(c+a)m_b\cdot r_2/(r_1+r_2)+\varphi_i(c)m_b\cdot r_1/(r_1+r_2))$，$D_i=(\varphi_i(c+a)I_b/a-\varphi_i(c)I_b/a)$。

$$\boldsymbol{C}=\begin{bmatrix} c_{a1}+c_{t1} & 0 & -c_{t1} & c_{t1}r_1 & \varphi_1(c+a)c_{a1} & \cdots & \varphi_n(c+a)c_{a1} \\ 0 & c_{a2}+c_{t2} & -c_{t2} & -c_{t2}r_2 & \varphi_1(c)c_{a2} & \cdots & \varphi_n(c)c_{a2} \\ -c_{t1} & -c_{t2} & c_{t1}+c_{t2} & -c_{t1}r_1+c_{t2}r_2 & 0 & \cdots & 0 \\ c_{t1}r_1 & -c_{t2}r_2 & -c_{t1}r_1+c_{t2}r_2 & -c_{t1}r_1^2+c_{t2}r_2^2 & 0 & \cdots & 0 \\ 0 & 0 & 0 & 0 & 2\beta s_1 & \cdots & 0 \\ \vdots & \vdots & \vdots & \vdots & \vdots & \ddots & 0 \\ 0 & 0 & 0 & 0 & 0 & 0 & 2\beta s_n \end{bmatrix} \tag{8-18}$$

$$\boldsymbol{K}=\begin{bmatrix} k_{a1}+k_{t1} & 0 & -k_{t1} & k_{t1}r_1 & \varphi_1(c+a)k_{a1} & \cdots & \varphi_n(c+a)k_{a1} \\ 0 & k_{a2}+k_{t2} & -k_{t2} & -k_{t2}r_2 & \varphi_1(c)k_{a2} & \cdots & \varphi_n(c)k_{a2} \\ -k_{t1} & -k_{t2} & k_{t1}+k_{t2} & -k_{t1}r_1+k_{t2}r_2 & 0 & \cdots & 0 \\ k_{t1}r_1 & -k_{t2}r_2 & -k_{t1}r_1+k_{t2}r_2 & k_{t1}r_1^2+k_{t2}r_2^2 & 0 & \cdots & 0 \\ 0 & 0 & 0 & 0 & \omega_1^2 s_1 & \cdots & 0 \\ \vdots & \vdots & \vdots & \vdots & \vdots & \ddots & 0 \\ 0 & 0 & 0 & 0 & 0 & 0 & \omega_n^2 s_n \end{bmatrix} \tag{8-19}$$

$$\boldsymbol{u}=[y_{t1}\quad y_{t2}\quad y_b\quad \theta\quad q_1(t)\quad \cdots\quad q_n(t)]^{\mathrm{T}} \tag{8-20}$$

如果能够从式(8-16)中求解得到 $\boldsymbol{u}$，利用式(8-11)便可以得到阶段Ⅲ中桥梁的振动响应。由本节对跳车激励的阶段划分与一些基本假定可知，得到了阶段Ⅲ中的桥梁振动响应即相当于得到了整个跳车激励过程中的桥梁振动响应。

如图 8-2(a)所示，ω 为后轮与桥面即将接触时刻车辆转动角速度。依据能量守恒，车辆在阶段Ⅰ的初始时刻(车辆后轮位于辅助装置上)的势能等于后轮与桥面即将接触时刻的动能，则有

$$\frac{1}{2}(I_b+m_{t2}a^2)\omega^2=\frac{r_1}{r_1+r_2}\cdot m_b gh+m_{t2}gh \tag{8-21}$$

令 γ 为 m_b 和 m_{t2} 组成质点系的质量中心距前轮的距离，则有

$$m_b r_2+m_{t2}a=(m_b+m_{t2})\gamma \tag{8-22}$$

车辆后轮与桥面接触前，车辆产生的总动量 p_0 为

$$p_0=(m_b+m_{t2})\gamma\omega=(m_b r_2+m_{t2}a)\sqrt{\frac{2\left(m_b gh\dfrac{r_1}{r_1+r_2}+m_{t2}gh\right)}{(I_b+m_{t2}a^2)}} \tag{8-23}$$

阶段Ⅱ并不是一个连续时间段，实为一个时刻，在此时刻车辆后轮对桥梁施加了一个冲击作用力，把该冲击力记为 P_{int} ，在后轮着地的时刻(t 为 0 时刻)，桥梁的振动方程可写为

$$s_i\ddot{q}_i(t)+2\beta s_i\dot{q}_i(t)+\omega_i^2 s_i q_i(t)=\int_0^l \varphi_i(x)P_{\text{int}}\delta(t-0)\delta(x-c)\mathrm{d}x \tag{8-24}$$

式中，$P_{\text{int}}\delta(t-0)=\begin{cases}P_{\text{int}}, & t=0\\ 0, & t\neq 0\end{cases}$。

式(8-24)两边分别对时间 t 积分，并对 t 取极限，可得

$$\lim_{\varepsilon\to 0}\left\{[s_i\dot{q}_i(t)+2\beta s_i q_i(t)]\Big|_{-\varepsilon/2}^{\varepsilon/2}+\omega_i^2 s_i\int_{-\frac{\varepsilon}{2}}^{\frac{\varepsilon}{2}} q_i(\mathrm{t})\mathrm{d}t\right\}=\varphi_i(c)p_1 \tag{8-25}$$

式中，$p_1=\lim\limits_{\varepsilon\to 0}\int_{-\frac{\varepsilon}{2}}^{\frac{\varepsilon}{2}} P_{\text{int}}\delta(t-0)\mathrm{d}t$ 为车辆后轮与桥面接触时刻桥梁获得的动量。

由于 $\lim\limits_{\varepsilon\to 0}[q_i(t)]_{-\varepsilon/2}^{\varepsilon/2}=0$，$\lim\limits_{\varepsilon\to 0}\left[\int_{-\frac{\varepsilon}{2}}^{\frac{\varepsilon}{2}} q_i(t)\mathrm{d}t\right]=0$，所以式(8-25)可写成

$$s_i\dot{q}_i(0)=\varphi_i(c)p_1 \tag{8-26}$$

由式(8-26)可知，在车辆后轮与桥面接触时刻桥梁仅有速度响应。由结构振动理论可知，在短时冲击荷载作用下结构首先会产生初始速度响应，随后才会发生变形和加速度响应，这与式(8-26)表示的现象是一致的。

由式(8-26)可得

$$\dot{q}_i(0)=\frac{\varphi_i(c)p_1}{s_i} \tag{8-27}$$

由动量守恒定理，可得

$$p_1=p_0+m_{\text{t1}}\dot{y}_{\text{t1}}+m_{\text{b}}\dot{y}_{\text{b}}+m_{\text{t2}}\dot{y}_{\text{t2}}+I_{\text{b}}\dot{\theta} \tag{8-28}$$

联合式(8-14)、(8-15)、(8-23)、(8-27)和(8-28)，便可求出式(8-16)中所有自由度的初速度。由于在车辆后轮与桥面接触时刻，4 个车辆自由度只具有初速度，因此确定了式(8-16)中所有自由度的初速度，即为确定了求解式(8-16)所需的一切初始条件。在确定了初始条件后，采用四阶经典龙格-库塔、Newmark-β 和 Wilson-θ 等方法，从式(8-16)中便可以求解到跳车激励下桥梁结构的振动响应。

在本节理论推导过程中，采用简支梁来表示桥梁结构。其实本节得到的理论方法对连续梁和刚构桥等梁式结构同样是适用的，在应用过程中只需把振型进行对应替换即可。对于多片式简支梁桥(见图 8-1)，本节得到的理论方法同样也是适用的，只需采用荷载横向分布的概念把空间多片式简支梁桥简化成本节中采用的简支梁(表示 1 片主梁)即可。具体需要对式(8-10)和(8-28)作相应修改，即

$$\begin{cases} P_1(t)=\beta\left[m_{t1}\ddot{y}_{t1}+\dfrac{r_2}{r_1+r_2}m_b\ddot{y}_b-\dfrac{I_b}{a}\ddot{\theta}\right] \\ P_2(t)=\beta\left[m_{t2}\ddot{y}_{t2}+\dfrac{r_1}{r_1+r_2}m_b\ddot{y}_b+\dfrac{I_b}{a}\ddot{\theta}\right] \end{cases} \tag{8-29}$$

$$p_1=\beta\left[p_0+m_{t1}\dot{y}_{t1}+m_b\dot{y}_b+m_{t2}\dot{y}_{t2}+I_b\dot{\theta}\right] \tag{8-30}$$

其中，式(8-29)由式(8-10)修改得到，式(8-30)由式(8-28)修改得到，β 为某片主梁的荷载横向分布系数。

8.2.2　基于受力体系转换的车辆冲击作用下桥梁动力响应分析

同样把跳车激励划分成 3 个阶段，3 个阶段的受力体系如图 8-3 所示。需要注意的是本节与上节都把跳车激励划分成了 3 个阶段，但 3 个阶段的受力体系、持续时间与运动过程存在显著差异。本节划分的 3 个阶段为[11]：阶段Ⅰ，车辆后轮静置于辅助装置上，此阶段车辆对桥梁施加的为静力荷载；阶段Ⅱ，车辆后轮从辅助装置下落至后轮与桥面接触时刻；阶段Ⅲ，车辆后轮与桥面接触后，车-桥耦合系统做自由衰减振动。跳车激励的初始参考状态如图 8-4 所示，即车辆前轮与后轮均与桥面接触，车辆模型中的弹簧未被压缩，桥梁结构未发生静力变形。图 8-3、图 8-4 中的参数含义与本书 8.2.1 节图 8-2 中的参数含义相同。

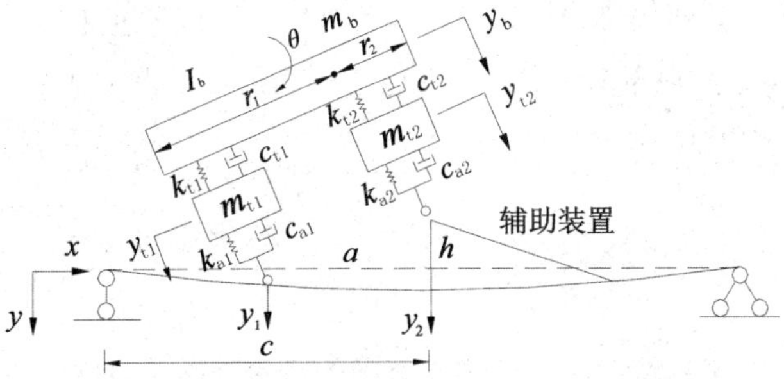

(a) 阶段Ⅰ受力体系

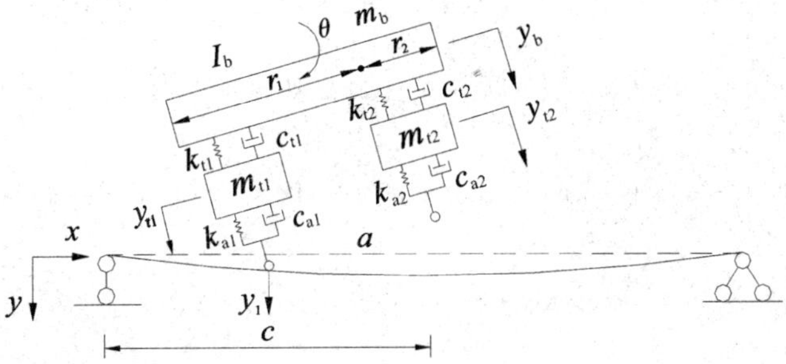

(b) 阶段Ⅱ受力体系

图 8-3　跳车激励过程划分

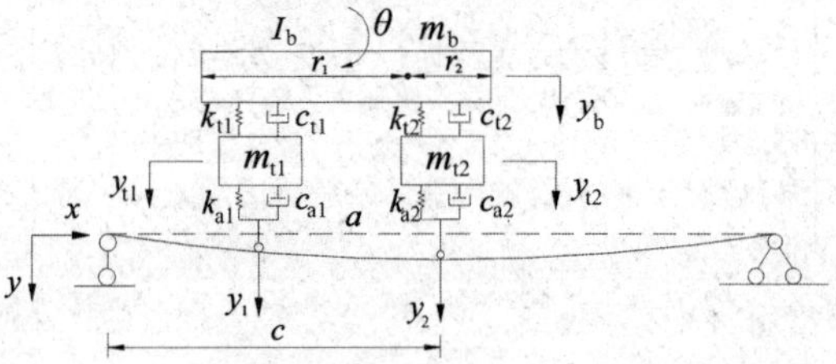

(c) 阶段Ⅲ受力体系

图 8-3　跳车激励过程划分(续)

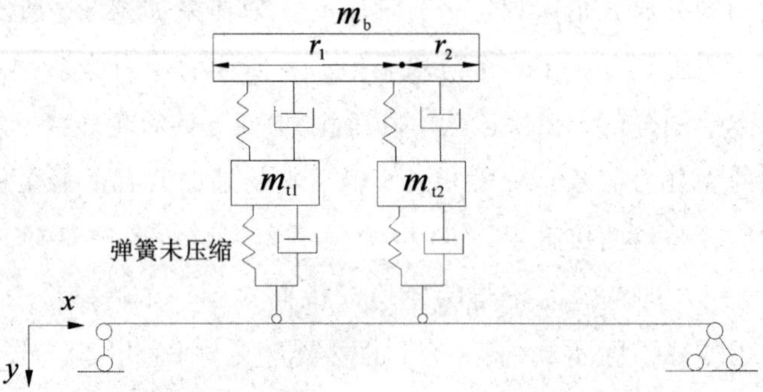

图 8-4　跳车激励初始状态参考系统

在阶段Ⅰ中，车辆的前轮与桥面接触，后轮静置于辅助装置上，车辆对桥梁施加的为静力荷载。令 p_1 和 p_2 分别为车辆前轮和后轮对桥梁的作用力，则有

$$\begin{cases} p_1 = m_{t1}g + \dfrac{r_2}{r_1 + r_2} m_b g \\ p_2 = m_{t2}g + \dfrac{r_1}{r_1 + r_2} m_b g \end{cases} \tag{8-31}$$

由于阶段Ⅰ中的车辆和桥梁受力状态不会随着阶段Ⅰ持续时间的长短而发生变化，无论阶段Ⅰ持续多长时间，都可以把阶段Ⅰ的结束时刻当作桥梁动力响应分析的时间起点，即 $t=0$。在该时刻，令 $y_{p_1}(x)$ 和 $y_{p_2}(x)$ 分别表示由 p_1 和 p_2 作用产生的桥梁变形，则有

$$\begin{cases} y_{p_1}(x,0) = \begin{cases} \dfrac{p_1(l-c+a)x}{6EIl}\left[l^2 - x^2 - (l-c+a)^2\right], & 0 \leqslant x \leqslant c-a \\ \dfrac{p_1(l-c+a)}{6EIl}\left\{\dfrac{l}{l-c+a}\left[x-(c-a)\right]^3 + \left[l^2-(l-c+a)^2\right]x - x^3\right\}, & c-a \leqslant x \end{cases} \\ y_{p_2}(x,0) = \begin{cases} \dfrac{p_2(l-c)x}{6EIl}\left[l^2 - x^2 - (l-c)^2\right], & 0 \leqslant x \leqslant c \\ \dfrac{p_2(l-c)}{6EIl}\left\{\dfrac{l}{l-c}(x-c)^3 + \left[l^2-(l-c)^2\right]x - x^3\right\}, & c \leqslant x \leqslant l \end{cases} \end{cases} \tag{8-32}$$

桥梁在阶段Ⅰ中的变形为 $y_{p_1}(x)$ 和 $y_{p_2}(x)$ 的线性叠加，可表示为

$$y(x,0)=y_{p_1}(x,0)+y_{p_2}(x,0) \tag{8-33}$$

相比于初始状态的参考系统，4 个车辆自由度在 $t=0$ 时刻的变形由车辆模型中的弹簧压缩和桥梁变形引起，可表示为

$$\begin{cases} y_{t1}=y_1(0)+\left(\dfrac{r_2}{r_1+r_2}m_b g+m_{t1}g\right)/k_{a1} \\ y_{t2}=y_2(0)-h+\left(\dfrac{r_1}{r_1+r_2}m_b g+m_{t2}g\right)/k_{a2} \\ y_b=\left\{r_1 yt_2+(a-r_1)yt_1+\dfrac{[t_1 r_1^2+t_2(ar_1-r_1 r_2)]m_b g}{kt_1 t_2(r_1+r_2)}\right\}/a \\ \theta=\left[yt_2-yt_1+\dfrac{(t_1 r_1-t_2 r_2)m_b g}{kt_1 t_2(r_1+r_2)}\right]/a \end{cases} \tag{8-34}$$

在阶段Ⅱ中，车辆前轮始终保持与桥面接触，后轮并未与桥面接触。因此，在此阶段只有车辆前轮对桥梁施加作用力 $p(t)$ 。

$$p(t)=c_{a1}(\dot{y}_{t1}-\dot{y}_1)+k_{a1}(y_{t1}-y_1) \tag{8-35}$$

在阶段Ⅱ中，桥梁结构的振动方程为

$$m\ddot{y}(x,t)+C\dot{y}(x,t)+EI\frac{\partial^4 y(x,t)}{\partial x^4}=p(t)\delta(x-(c-a)) \tag{8-36}$$

依据模态叠加法的基本原理，把式(8-11)代入式(8-36)中，两边同时乘以 $\varphi_i(x)$ ，并对 x 在 0 到 l 之间进行积分，利用振型的正交性，可得

$$\begin{aligned}&\int_0^l m\varphi_i^2(x)\ddot{q}_T(t)\mathrm{d}x+\int_0^l 2\beta m\varphi_i^2(x)\dot{q}_i(t)\mathrm{d}x+\omega_i^2\int_0^l m\varphi_i^2(x)q_i(t)\mathrm{d}x \\ &\quad=\int_0^l \varphi_i(x)p(t)\delta(x-(c-a))\mathrm{d}x\end{aligned} \tag{8-37}$$

式中，$\beta=C/2m$ 。令 $s_i=\int_0^l m\varphi_i^2(x)\mathrm{d}x$ ，式(8-37)可写成

$$s_i\ddot{q}_i(t)+2\beta s_i\dot{q}_i(t)+\omega_i^2 s_i q_i(t)=\varphi_i(c-a)p(t) \tag{8-38}$$

基于达朗贝尔原理，簧下质量的运动方程为

$$\begin{cases} m_{t1}\ddot{y}_{t1}+c_{a1}(\dot{y}_{t1}-\dot{y}_1)+k_{a1}(y_{t1}-y_1)+c_{t1}(\dot{y}_{t1}-\dot{y}_b+r_1\dot{\theta}) \\ +k_{t1}(y_{t1}-y_b+r_1\theta)=m_{t1}g \\ m_{t2}\ddot{y}_{t2}+c_{t2}(\dot{y}_{t2}-\dot{y}_b-r_2\dot{\theta})+k_{t2}(y_{t2}-y_b-r_2\theta)=m_{t2}g \end{cases} \tag{8-39}$$

车体的运动方程为

$$\begin{cases} m_{\mathrm{b}}\ddot{y}_{\mathrm{b}}+k_{\mathrm{t1}}(y_{\mathrm{b}}-y_{\mathrm{t1}}-r_1\theta)+c_{\mathrm{t1}}(\dot{y}_{\mathrm{b}}-\dot{y}_{\mathrm{t1}}-r_1\dot{\theta}) \\ +k_{\mathrm{t2}}(y_{\mathrm{b}}-y_{\mathrm{t2}}+r_2\theta)+c_{\mathrm{t2}}(\dot{y}_{\mathrm{b}}-\dot{y}_{\mathrm{t2}}+r_2\dot{\theta})=m_{\mathrm{b}}g \\ I_{\mathrm{b}}\ddot{\theta}-r_1\left[c_{\mathrm{t1}}(\dot{y}_{\mathrm{b}}-\dot{y}_{\mathrm{t1}}-r_1\dot{\theta})+k_{\mathrm{t1}}(y_{\mathrm{b}}-y_{\mathrm{t1}}-r_1\theta)\right] \\ +r_2\left[c_{\mathrm{t2}}(\dot{y}_{\mathrm{b}}-\dot{y}_{\mathrm{t2}}+r_2\dot{\theta})+k_{\mathrm{t2}}(y_{\mathrm{b}}-y_{\mathrm{t2}}+r_2\theta)\right]=0 \end{cases} \tag{8-40}$$

把式(8-38)～式(8-40)写成矩阵的形式，可得阶段Ⅱ中车-桥耦合系统的振动方程：

$$\boldsymbol{M}_p\ddot{\boldsymbol{u}}+\boldsymbol{C}_p\dot{\boldsymbol{u}}+\boldsymbol{K}_p\boldsymbol{u}=\boldsymbol{F}_p \tag{8-41}$$

式中：

$$\boldsymbol{M}_p=\begin{bmatrix} m_{\mathrm{t1}} & 0 & 0 & 0 & 0 & \cdots & 0 \\ 0 & m_{\mathrm{t2}} & 0 & 0 & 0 & \cdots & 0 \\ 0 & 0 & m_{\mathrm{b}} & 0 & 0 & \cdots & 0 \\ 0 & 0 & 0 & I_{\mathrm{b}} & 0 & \cdots & 0 \\ 0 & 0 & 0 & 0 & s_1 & \cdots & 0 \\ \vdots & \vdots & \vdots & \vdots & \vdots & \ddots & 0 \\ 0 & 0 & 0 & 0 & 0 & 0 & s_n \end{bmatrix} \tag{8-42}$$

$$\boldsymbol{C}_p=\begin{bmatrix} c_{\mathrm{a1}}+c_{\mathrm{t1}} & 0 & -c_{\mathrm{t1}} & c_{\mathrm{t1}}r_1 & -c_{\mathrm{a1}}\varphi_1(c-a) & \cdots & -c_{\mathrm{a1}}\varphi_n(c-a) \\ 0 & c_{\mathrm{t2}} & -c_{\mathrm{t2}} & -c_{\mathrm{t2}}r_2 & 0 & \cdots & 0 \\ -c_{\mathrm{t1}} & -c_{\mathrm{t2}} & c_{\mathrm{t1}}+c_{\mathrm{t2}} & -c_{\mathrm{t1}}r_1+c_{\mathrm{t2}}r_2 & 0 & \cdots & 0 \\ c_{\mathrm{t1}}r_1 & -c_{\mathrm{t2}}r_2 & -c_{\mathrm{t1}}r_1+c_{\mathrm{t2}}r_2 & c_{\mathrm{t1}}r_1^2+c_{\mathrm{t2}}r_2^2 & 0 & & 0 \\ -c_{\mathrm{a1}}\varphi_1(c-a) & 0 & 0 & 0 & 2\beta s_1+A_{11} & \cdots & A_{1n} \\ \vdots & \vdots & \vdots & \vdots & \vdots & \ddots & \vdots \\ -c_{\mathrm{a1}}\varphi_n(c-a) & 0 & 0 & 0 & A_{n1} & \cdots & 2\beta s_n+A_{nn} \end{bmatrix} \tag{8-43}$$

$$\boldsymbol{K}_p=\begin{bmatrix} k_{\mathrm{a1}}+k_{\mathrm{t1}} & 0 & -k_{\mathrm{t1}} & k_{\mathrm{t1}}r_1 & -k_{\mathrm{a1}}\varphi_1(c-a) & \cdots & -k_{\mathrm{a1}}\varphi_n(c-a) \\ 0 & k_{\mathrm{t2}} & -k_{\mathrm{t2}} & -k_{\mathrm{t2}}r_2 & 0 & \cdots & 0 \\ -k_{\mathrm{t1}} & -k_{\mathrm{t2}} & k_{\mathrm{t1}}+k_{\mathrm{t2}} & -k_{\mathrm{t1}}r_1+k_{\mathrm{t2}}r_2 & 0 & \cdots & 0 \\ k_{\mathrm{t1}}r_1 & -k_{\mathrm{t2}}r_2 & -k_{\mathrm{t1}}r_1+k_{\mathrm{t2}}r_2 & k_{\mathrm{t1}}r_1^2+k_{\mathrm{t2}}r_2^2 & 0 & \cdots & 0 \\ -k_{\mathrm{a1}}\varphi_1(c-a) & 0 & 0 & 0 & \omega_1^2 s_1+B_{11} & \cdots & B_{1n} \\ \vdots & \vdots & \vdots & \vdots & \vdots & \ddots & \vdots \\ -k_{\mathrm{a1}}\varphi_n(c-a) & 0 & 0 & 0 & B_{n1} & \cdots & \omega_n^2 s_n+B_{nn} \end{bmatrix} \tag{8-44}$$

$$\boldsymbol{u}=\{y_{t1}\quad y_{t2}\quad y_{b}\quad \theta\quad q_1(t)\quad \cdots\quad q_i(t)\}^{T} \tag{8-45}$$

$$\boldsymbol{F}_p=\{m_{t1}g\quad m_{t2}g\quad m_{b}g\quad 0\quad 0\quad \cdots\quad 0\}^{T} \tag{8-46}$$

其中，$A_{ij}=c_{a1}\varphi_i(c-a)\varphi_j(c-a)$，$B_{ij}=k_{a1}\varphi_i(c-a)\varphi_j(c-a)$。

在阶段Ⅲ中，车辆前轮与后轮均与桥面处于接触状态。车辆前轮和后轮对桥梁施加的作用力 $p_1(t)$ 和 $p_2(t)$ 可采用以下公式计算得到：

$$\begin{cases} p_1(t)=c_{a1}(\dot{y}_{t1}-\dot{y}_1)+k_{a1}(y_{t1}-y_1) \\ p_2(t)=c_{a2}(\dot{y}_{t1}-\dot{y}_1)+k_{a2}(y_{t2}-y_2) \end{cases} \tag{8-47}$$

阶段Ⅲ的桥梁振动方程为

$$m\ddot{y}(x,t)+C\dot{y}(x,t)+EI\frac{\partial^4 y(x,t)}{\partial x^4}=p_1(t)\delta(x-(c-a))+p_2(t)\delta(x-c) \tag{8-48}$$

基于模态叠加法的基本原理，利用振型的正交性，式(8-48)可变换成

$$s_i\ddot{q}_i(t)+2\beta s_i\dot{q}_i(t)+\omega_i^2 s_i q_i(t)=\varphi_i(c-a)p_1(t)+\varphi_i(c)p_2(t) \tag{8-49}$$

对比阶段Ⅲ和阶段Ⅱ中车辆的运动可知，车辆前轮在两个阶段中的运动方程是一样的，均可采用式(8-39)中第一式表示；车体在两个阶段的运动方程也是一样的，均可采用式(8-40)表示；车辆后轮在阶段Ⅱ中未与桥面接触，而在阶段Ⅲ中与桥面始终处于接触状态，这导致了车辆后轮在两个阶段的运动方程是不同的。在阶段Ⅲ中，车辆后轮的运动方程为

$$m_{t2}\ddot{y}_{t2}+c_{a2}(\dot{y}_{t2}-\dot{y}_2)+k_{a2}(y_{t2}-y_2)+c_{t2}(\dot{y}_{t2}-\dot{y}_b-r_2\dot{\theta})+k_{t2}(y_{t2}-y_b-r_2\theta)=m_{t2}g \tag{8-50}$$

把式(8-39)、式(8-40)、式(8-49)和式(8-50)写成矩阵的形式，可得阶段Ⅲ中车-桥耦合系统的振动方程：

$$\boldsymbol{M}_f\ddot{\boldsymbol{u}}+\boldsymbol{C}_f\dot{\boldsymbol{u}}+\boldsymbol{K}_f\boldsymbol{u}=\boldsymbol{F}_f \tag{8-51}$$

式中的 $\boldsymbol{M}_f$ 和 $\boldsymbol{F}_f$ 与式(8-41)中的 $\boldsymbol{M}_p$ 和 $\boldsymbol{F}_p$ 相同，而

$$\boldsymbol{C}_f=\begin{bmatrix} c_{a1}+c_{t1} & 0 & -c_{t1} & c_{t1}r_1 & -c_{a1}\varphi_1(c-a) & \cdots & -c_{a1}\varphi_n(c-a) \\ 0 & c_{a2}+c_{t2} & -c_{t2} & -c_{t2}r_2 & -c_{a2}\varphi_1(c) & \cdots & -c_{a2}\varphi_n(c) \\ -c_{t1} & -c_{t2} & c_{t1}+c_{t2} & -c_{t1}r_1+c_{t2}r_2 & 0 & \cdots & 0 \\ c_{t1}r_1 & -c_{t2}r_2 & -c_{t1}r_1+c_{t2}r_2 & c_{t1}r_1^2+c_{t2}r_2^2 & 0 & & 0 \\ -c_{a1}\varphi_1(c-a) & -c_{a2}\varphi_1(c) & 0 & 0 & 2\beta s_1+A'_{11} & \cdots & A'_{1n} \\ \vdots & \vdots & \vdots & \vdots & \vdots & \ddots & \vdots \\ -c_{a1}\varphi_n(c-a) & -c_{a2}\varphi_n(c) & 0 & 0 & A'_{n1} & \cdots & 2\beta s_n+A'_{nn} \end{bmatrix} \tag{8-52}$$

$$\boldsymbol{K}_f=\begin{bmatrix} k_{a1}+k_{t1} & 0 & -k_{t1} & k_{t1}r_1 & -k_{a1}\varphi_1(c-a) & \cdots & -k_{a1}\varphi_n(c-a) \\ 0 & k_{a2}+k_{t2} & -k_{t2} & -k_{t2}r_2 & -k_{a2}\varphi_1(c) & \cdots & -k_{a2}\varphi_n(c) \\ -k_{t1} & -k_{t2} & k_{t1}+k_{t2} & -k_{t1}r_1+k_{t2}r_2 & 0 & \cdots & 0 \\ k_{t1}r_1 & -k_{t2}r_2 & -k_{t1}r_1+k_{t2}r_2 & k_{t1}r_1^2+k_{t2}r_2^2 & 0 & \cdots & 0 \\ -k_{a1}\varphi_1(c-a) & -k_{a2}\varphi_1(c) & 0 & 0 & \omega_1^2 s_1+B'_{11} & \cdots & B'_{1n} \\ \vdots & \vdots & \vdots & \vdots & \vdots & \ddots & \vdots \\ -k_{a1}\varphi_n(c-a) & -k_{a2}\varphi_n(c) & 0 & 0 & B'_{n1} & \cdots & \omega_n^2 s_n+B'_{nn} \end{bmatrix} \tag{8-53}$$

其中，$A'_{ij}=c_{a1}\varphi_i(c-a)\varphi_j(c-a)+c_{a2}\varphi_i(c)\varphi_j(c)$，$B'_{ij}=k_{a1}\varphi_i(c-a)\varphi_j(c-a)+k_{a2}\varphi_i(c)\varphi_j(c)$。

在确定阶段Ⅱ和阶段Ⅲ车-桥耦合振动方程[式(8-41)和式(8-51)]中各自由度初始条件的情况下，采用龙格-库塔、Wilson-θ 和 Newmark-β 等方法很容易能够求解到阶段Ⅱ和阶段Ⅲ中的桥梁振动响应，即得到了整个跳车激励过程中的桥梁振动响应。而阶段Ⅱ和阶段Ⅲ中各自由度的初始条件并不容易确定，因此，如何确定这两个阶段中各自由度的初始条件是跳车激励下桥梁振动响应求解的关键与难点。

由阶段Ⅰ到阶段Ⅱ的受力体系转换过程可知，阶段Ⅰ中的静力变形为阶段Ⅱ车-桥耦合振动方程的初始条件。对于车辆自由度而言，阶段Ⅰ中的静力变形可直接视作阶段Ⅱ的初始条件。对于桥梁结构而言，阶段Ⅰ中给出的是车辆荷载作用下桥梁的静力变形曲线，而阶段Ⅱ车-桥耦合振动方程中的桥梁自由度是采用模态坐标表示的。因此，如果能够把阶段Ⅰ中的桥梁的静力变形曲线转换成阶段Ⅱ中的桥梁模态坐标，便可以确定阶段Ⅱ中桥梁自由度的初始条件。

令

$$y(x,\ 0)\approx\sum_{i=1}^{n}\varphi_i(x)q_i(0) \tag{8-54}$$

在式(8-54)两边同时乘以 $\varphi_i(x)$，并对 x 在 0 到 l 之间进行积分，可得

$$\int_0^l\varphi_i(x)y(x,\ 0)\mathrm{d}x=\int_0^l\varphi_i^2(x)q_i(0)\mathrm{d}x \tag{8-55}$$

由式(8-55)可得

$$q_i(0)=\frac{\int_0^l\varphi_i(x)y(x,\ 0)\mathrm{d}x}{\int_0^l\varphi_i^2(x)\mathrm{d}x} \tag{8-56}$$

由式(8-56)可以确定阶段Ⅱ中桥梁模态坐标的初始条件，综合式(8-34)确定的车辆自由度的初始条件，便可以确定阶段Ⅱ车-桥耦合振动方程中所有自由度的初始条件。在确

定了初始条件后，便可以求解到阶段Ⅱ中车辆和桥梁自由度的时程响应。

阶段Ⅱ与阶段Ⅲ之间的受力体系转换物理意义是十分明确的，即以车辆后轮接触到桥面时刻来划分这两个阶段。在阶段Ⅱ中各自由度的时程响应已经求得的情况下，只要确定了这两个阶段的划分时刻便可以确定阶段Ⅲ中各自由度的初始条件，即阶段Ⅱ结束时刻各自由度的时程响应。对这两个阶段的受力体系转换过程进行分析可知，可以通过

$$y_{t2}=y_2 \tag{8-57}$$

来确定这两个阶段的划分时刻。

值得一提的是，与本书 8.2.1 中的方法类似，本节方法同样适用于连续梁和刚构桥等梁式结构，以及空间多片式简支梁桥，处理方式与本书 8.2.1 中的处理方式相同。

8.3　数值算例

8.3.1　简支 T 梁桥

等截面简支钢筋混凝土 T 梁桥共有 5 片梁组成，桥梁总体布置和横向跳车位置如图 8-5 所示。简支 T 梁桥梁长 20.5 m，计算跨径为 20 m，主梁高 1.3 m，翼缘宽 1.5 m，腹板厚 0.18 m，横截面如图 8-6 所示。车辆采用两轴 1/2 车辆模型，车辆参数和桥梁参数列于表 8-3 中。

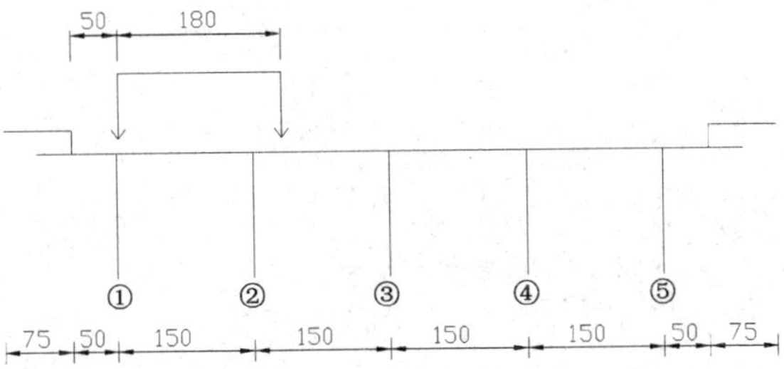

图 8-5　桥梁总体布置及横向跳车位置(单位：cm)

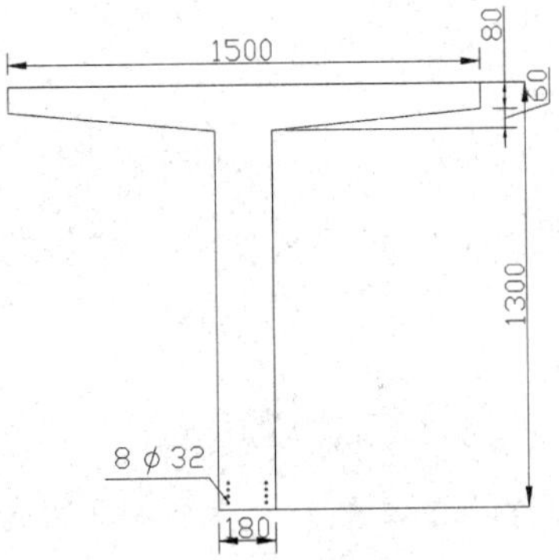

图 8-6　主梁横截面(单位：mm)

表 8-3 车辆和桥梁参数

车辆参数		桥梁参数	
m_{t1}，m_{t2}/kg	4 330	l/m	20
m_b/kg	3.85×10^4	a/m	8.4
I_b/(kg·m^2)	2.446×10^5	c/m	10
k_{a1}，k_{a2}/(N·m^{-1})	4.28×10^5	ρ/(kg·m^{-3})	2 500
k_{t1}，k_{t2}/(N·m^{-1})	2.535×10^5	E/Pa	2.85×10^{10}
c_{a1}，c_{a2}/(kg·s^{-1})	0.98×10^4	φ(1# 梁横向分布系数)	0.48
c_{t1}，c_{t2}/(kg·s^{-1})	1.96×10^4	β	10%

假设跳车辅助装置高度为 25 cm，采用本书 8.2.1 中的方法计算了 1 号梁的位移振动响应(包含静力位移)，以及 1 号梁跨中位移最大时刻沿梁长方向的位移分布。1 号梁跨中位置位移时程响应见图 8-7，跨中位移最大时刻 1 号梁各点位移见图 8-8。

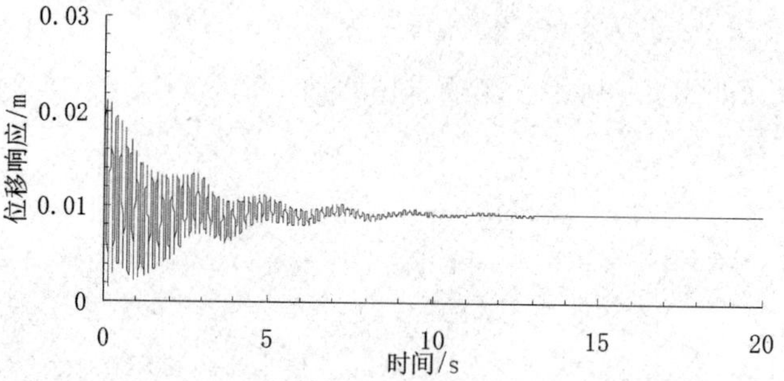

图 8-7 1 号跨中位置位移时程响应

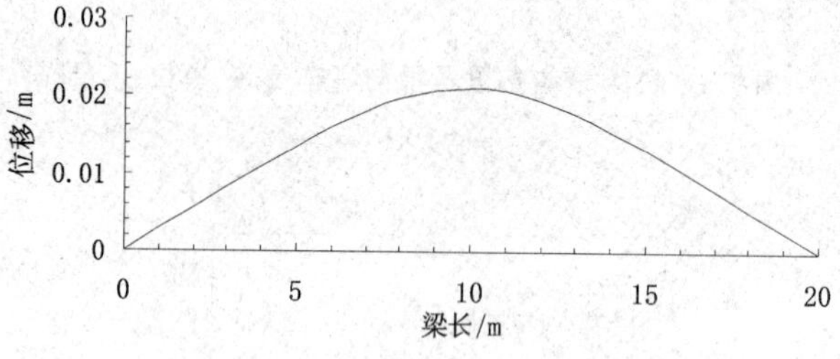

图 8-8 跨中位移最大时刻 1 号梁各点位移

8.3.2 简支空心板桥

选取一座简支钢筋混凝土空心板桥为数值模拟对象。该桥的跨径组成为 7×16 m，每跨有 11 片空心板。简支空心板桥的总体布置、横截面布置以及横截面尺寸如图 8-9～图 8-11 所示。桥梁结构的弹性模量为 3.25×10^{10} Pa，密度为 2 600 kg/m^3。

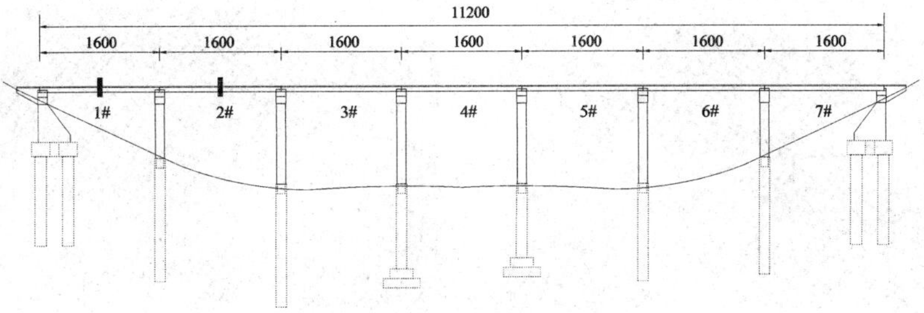

图 8-9　简支空心板桥总体布置图(单位：cm)

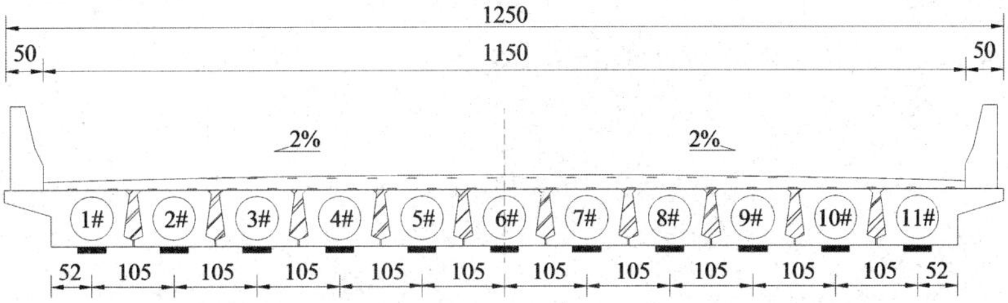

图 8-10　简支空心板桥横截面布置图(单位：cm)

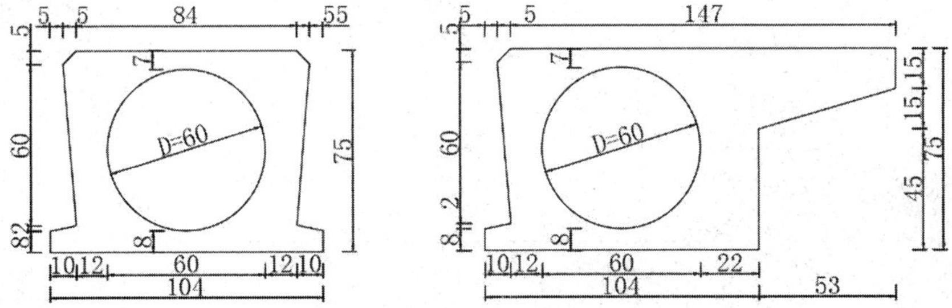

(a)中板横截面　　(b) 边板横截面

图 8-11　简支空心版横截面尺寸(单位：cm)

选取简支空心板桥的第 2 跨作为实测和数值分析对象。在第 2 跨的跨中位置布置了两个 15 cm 高的跳车辅助装置，这两个辅助装置距桥梁左边防撞护栏内侧的距离分别为 0.6 m 和 2.4 m。在实际测试过程中，让车辆前轮缓慢地移动到跳车辅助装置上，然后突然从辅助装置落下，在前轮下落瞬间立即刹车，使车辆快速停置于桥梁上，跳车现场见图 8-12。采用振弦式应变计来采集跳车激励过程中的桥梁振动响应，振弦式应变计布置于第 2 跨的跨中位置，应变计在横截面的布置见图 8-10 中的“▬”，应变测试现场见图 8-13。

图 8-12　跳车激励现场

图 8-13　应变测试现场

如图 8-12 所示，测试车辆为一辆 3 轴汽车，车辆之间的横向间距为 1.8 m。车辆的平面模型如图 8-14 所示，车辆参数列于表 8-4 中。

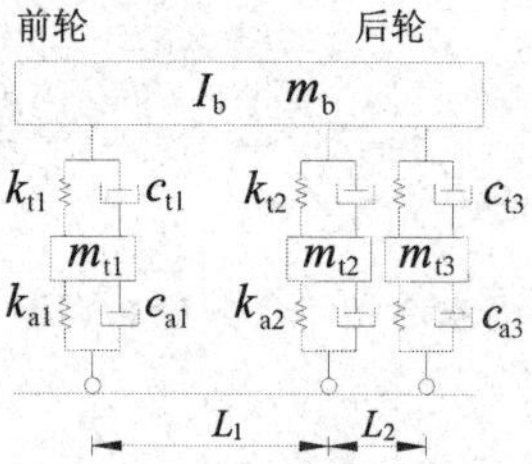

图 8-14　实际车辆平面模型

表 8-4　实际车辆参数

参数	取值	参数	取值
m_{t1}/kg	3.595×10^2	c_{a1}/(N·s·m^{-1})	6×10^3
m_{t2}/kg	5.955×10^2	c_{a2}/(N·s·m^{-1})	1.2×10^4
m_{t3}/kg	5.425×10^2	c_{a3}/(N·s·m^{-1})	1.2×10^4
m_b/kg	3.45×10^4	k_{t1}/(N·m^{-1})	1.2×10^6
I_b/(kg·m^2)	1.2×10^5	k_{t2}/(N·m^{-1})	2.4×10^6
k_{a1}/(N·m^{-1})	2.4×10^6	k_{t3}/(N·m^{-1})	2.4×10^6
k_{a2}/(N·m^{-1})	4.4×10^6	c_{t1}/(N·s·m^{-1})	5×10^3
k_{a3}/(N·m^{-1})	4.4×10^6	c_{t2}/(N·s·m^{-1})	1×10^4
L_1，L_2/m	3.6，1.4	c_{t3}/(N·s·m^{-1})	1×10^4

为了能够采用本书 8.2.2 节中的方法计算跳车激励过程中的应变时程响应，需要把实际的 3 轴车辆等效成 2 轴车辆。由于实际测试车辆的中轴和后轴距离较近(1.35 m)，因此在车辆模型等效过程中只是把车辆中轴和后轴的参数进行简单相加，并等效到车辆后轴位

置。等效车辆平面模型如图 8-15 所示，等效车辆参数列于表 8-5 中。

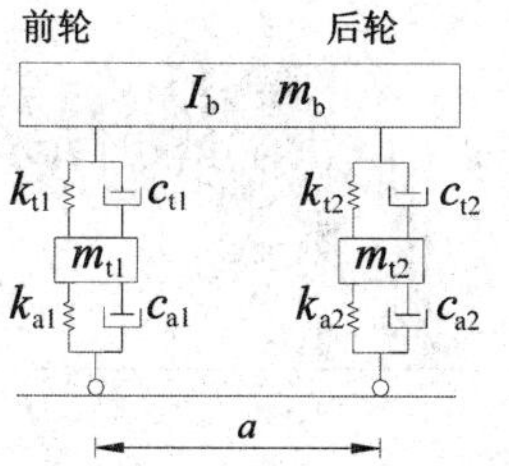

图 8-15　等效车辆平面模型

表 8-5　等效车辆模型参数

参数	取值	参数	取值
m_{t1}/kg	3.595×10^2	$c_{a1}/(N\cdot s\cdot m^{-1})$	6×10^3
m_{t2}/kg	1.138×10^3	$c_{a2}/(N\cdot s\cdot m^{-1})$	2.4×10^4
m_b/kg	3.45×10^4	$k_{t1}/(N\cdot m^{-1})$	1.2×10^6
$I_b/(kg\cdot m^2)$	1.2×10^5	$k_{t2}/(N\cdot m^{-1})$	4.8×10^6
$k_{a1}/(N\cdot m^{-1})$	2.4×10^6	$c_{t1}/(N\cdot s\cdot m^{-1})$	5×10^3
$k_{a2}/(N\cdot m^{-1})$	8.8×10^6	$c_{t2}/(N\cdot s\cdot m^{-1})$	2×10^4
a/m	4.3	——	——

采用本书 8.2.2 节中的方法可以计算得到跳车激励下桥梁变形的动态时程响应。令 t_i 时刻 x 处的桥梁变形为 $y(x, t_i)$，桥梁曲率 k 可采用下式计算得到：

$$k=-\frac{d^2y(x, t_i)}{dx^2} \tag{8-58}$$

t_i 时刻 x 处的应变则可通过下式计算：

$$\varepsilon(x, t_i)=ky_z=-y_z\frac{d^2y(x, t_i)}{dx^2} \tag{8-59}$$

式中，y_z 为 x 处横截面底面至中性轴的距离。

计算得到的第 2 跨 1、3 号板跨中截面的动态应变时程响应如图 8-16 所示。

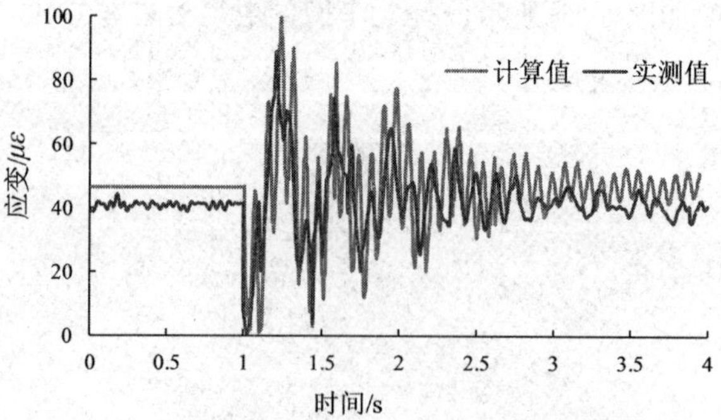

(a) 1# 板应变时程曲线

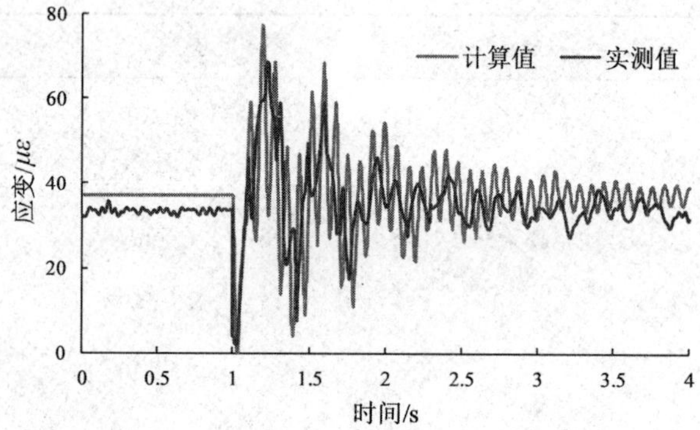

(b) 3# 板应变时程曲线

图 8-16　第 2 跨 1# 和 3# 板应变时程曲线

从图 8-16 中可以看出，第 2 跨 1 号板和 3 号板应变时程曲线的计算值与实测值具有良好的一致性，最大应变误差分别为 12.36% 和 12.89%，这说明了本书方法的有效性和可靠性。分析产生误差的原因在于：①在实际测试中采用的是 3 轴车，而在计算模型中采用的是等效 2 轴车，车辆的等效误差是导致应变时程响应出现误差的原因之一；②对于多片式简支梁桥，跳车激励导致的是桥梁空间振动效应，在计算模型中采用荷载横向分布来表征桥梁结构的空间振动效应是导致应变时程响应产生误差的原因。

本章主要参考文献

[1]宋一凡．桥梁结构动力学[M]．北京：人民交通出版社股份有限公司，2020.

[2]宋一凡，贺拴海．公路桥梁冲击系数的影响因素分析[J]．长安大学学报(自然科学版)，2001，21(2)：47-49.

[3]王小龙．基于规范方法的连续梁桥冲击系数影响因素分析[D]．西安：长安大学，2009.

[4]邹正浩．简支斜梁桥冲击系数计算方法研究[D]. 西安：长安大学，2013.

[5]中华人民共和国推荐性行业标准. 公路桥涵设计通用规范：JTG D60－2015[S]. 北京：人民交通出版社股份有限公司，2015.

[6]中华人民共和国推荐性行业标准．公路钢结构桥梁设计规范：JTG D64-2015[S]. 北京：人民交通出版社股份有限公司，2015.

[7]PENG D，HONG J，CUO A，et al. Dynamic analysis and field-test of jointless bridge[J]. Earthquake Engineering and Engineering Vibration，2005，25(2)：72-76.

[8] HUANG C S，YANG Y B，LU L Y，et al. Dynamic testingand system identification of a multi-span highway bridge[J]. Earthquake Engineering andStructural Dynamics，1999，28(8)：857-878.

[9]张俊平，周建宾．桥梁检测与维修加固[M]. 北京：人民交通出版社，2006.

[10]谭国金．中小跨径梁式桥动力检测技术及损伤识别方法研究[D]．长春：吉林大学，2009.

[11]TAN G，KONG Q，WU C，et al. Analysis method of dynamic response in the whole process of the vehicle bump test of simply supported bridge[J]. Advances in Mechanical Engineering，2019，11(4)：1-14.

第9章　桥梁地震振动分析

桥梁作为生命线工程的关键部分，在震后的紧急救援和抗震救灾、灾后恢复重建时起着至关重要的作用。强烈地震可能导致桥梁遭受严重损坏或倒塌，造成交通中断，使得抗震救灾工作受阻，进一步扩大震害程度，从而导致更大的生命和财产损失。桥梁的震害主要由两方面原因引起：一是地震动引起的结构振动(地震荷载以惯性力形式施加于结构)，二是场地相对位移引起的强制变形(支承点的超静内力或过大的相对位移)。

地震作用下的桥梁响应计算方法包括等效静力法、反应谱法、时间历程法和随机振动法等。目前来看，反应谱法和时间历程法的研究和应用更为深入和广泛，标准规范多采用这两种方法；随机振动法则在为反应谱法提供理论支撑和生成地震动两个方面应用较多。

反应谱方法的发展是伴随着对强地震加速度观测记录的增多、对地震动性质的逐步了解以及对结构动力反应特性的研究而发展起来的，它是对地震动加速度记录特性进行分析后得到的重要成果。1932年，美国研制出第一台强震记录仪，并于1933年在长滩地震中获得了第一个强震记录；随后又陆续取得了一些强震记录，例如1940年取得了典型的El Centro记录，为反应谱理论在抗震设计中的应用创造了基本条件。

时间历程法将地震动视为一个时间过程，将建筑物简化为多自由度体系，选择能够反映地震动和场地环境以及结构特点要求的地震加速度时间过程作为地震动输入，计算出每一时刻建筑物的动态响应。与反应谱法相比，时间历程法具有更高的准确性，并且在获得结构非线性恢复力模型的基础上，较容易求解结构非弹性阶段的响应。通过这种分析可以获得各种响应量，包括局部和整体的变形和内力。此外，在计算分析中可以考虑多维输入和多维响应等各种因素，而其他分析方法无法或难以很好地考虑这些因素。

9.1　桥梁地震作用下运动方程

9.1.1　土-结构的相互作用

一般来说，地壳板块破裂引起的严重地表和工程结构破坏通常发生在地表以下的几千米至几十千米深度范围内。考虑到破裂区域到工程结构位置的距离可能是几千米到几百千米不等，并且由于区域范围较大、地球介质和工程结构的力学性质较为复杂，因此将破裂区和工程结构包括在内进行动力学分析和计算几乎是不可能的。

基于已有的研究结果和工程实践，最常见的分析对象是工程结构及其周围局部的地表介质。为了便于计算分析，在数十千米至数百千米的区域内设置一个有限域，该有限域的边界被称为虚拟计算边界[1]，如图 9-1 所示。虚拟计算边界将地表介质划分为内域和外域，其中内域是抗震建模与分析的主要对象，主要关注工程结构及其周围的地表介质。

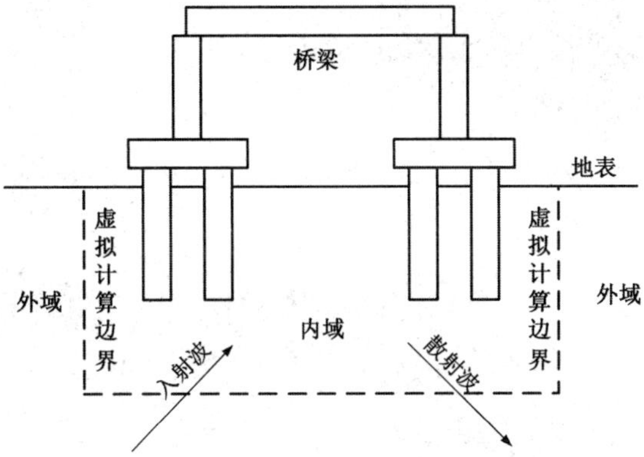

图 9-1　半空间和有限计算域

由于计算边界是虚拟的，不是真实存在的物理边界，因此在对内域进行有限元建模时，必须适当描述虚拟边界的行为，以使虚拟边界上的受力和运动状态尽可能与原介质的真实状态保持一致。在这方面已经进行了一些研究，其中在虚拟计算边界上设置黏弹性力学元件是一种力学上易于理解且有限元计算易于实现的方法。

黏弹性力学元件(有限元模型)由等效线性弹簧和阻尼器组成，它们被放置在虚拟计算边界上。这些元件通过模拟介质的应力-应变关系和能量耗散，有效地描述了虚拟边界上的力学行为。弹簧模拟了介质的弹性性质，阻尼器则模拟了介质的黏性性质。通过使用黏弹性力学元件，可以在虚拟计算边界处实现合理的力学行为，并使得内域的有限元模型与实际情况更加接近。这种方法在工程实践中得到了广泛应用，并取得了良好的结果。

9.1.2　地震振动方程

在绝对坐标系下，图 9-1 所示力学图对应的系统运动方程一般可以写为[2,3]

$$\begin{bmatrix} \boldsymbol{M}_{ss} & \boldsymbol{M}_{sb} \\ \boldsymbol{M}_{bs} & \boldsymbol{M}_{bb} \end{bmatrix}\begin{bmatrix} \ddot{\boldsymbol{u}}_s \\ \ddot{\boldsymbol{u}}_b \end{bmatrix}+\begin{bmatrix} \boldsymbol{C}_{ss} & \boldsymbol{C}_{sb} \\ \boldsymbol{C}_{bs} & \boldsymbol{C}_{bb} \end{bmatrix}\begin{bmatrix} \dot{\boldsymbol{u}}_s \\ \dot{\boldsymbol{u}}_b \end{bmatrix}+\begin{bmatrix} \boldsymbol{K}_{ss} & \boldsymbol{K}_{sb} \\ \boldsymbol{K}_{bs} & \boldsymbol{K}_{bb} \end{bmatrix}\begin{bmatrix} \boldsymbol{u}_s \\ \boldsymbol{u}_b \end{bmatrix}=\begin{bmatrix} \boldsymbol{0} \\ \boldsymbol{p}_b \end{bmatrix}+\begin{bmatrix} \boldsymbol{p}(t) \\ \boldsymbol{0} \end{bmatrix} \tag{9-1}$$

式中：$\boldsymbol{u}_s$ 表示与内域(包括结构在内)自由度对应的绝对位移；$\boldsymbol{u}_b$ 表示与边界自由度对应的绝对位移；$\boldsymbol{p}_b$ 为作用在虚拟计算边界自由度上的力；$\boldsymbol{p}(t)$ 为作用在内域(包括结构)自由度

上的时变荷载。

假定虚拟计算边界附近地层介质的力学状态是线弹性的，则内域边界自由度所受到的作用力 $\boldsymbol{p}_{\mathrm{b}}$ 是入射波场（自由场）产生的作用力 $\boldsymbol{p}_{\mathrm{bf}}$ 与散射波场产生的作用力 $\boldsymbol{p}_{\mathrm{bs}}$ 之和[4,5]，即

$$\boldsymbol{p}_{\mathrm{b}}=\boldsymbol{p}_{\mathrm{bf}}+\boldsymbol{p}_{\mathrm{bs}} \tag{9-2}$$

边界自由度上的散射波场位移，可以表示为绝对位移减去自由场位移，从而

$$\begin{aligned}\boldsymbol{p}_{\mathrm{bs}}&=-(\boldsymbol{C}_{\mathrm{b}}^{\mathrm{ve}}\dot{\boldsymbol{u}}_{\mathrm{bs}}+\boldsymbol{K}_{\mathrm{b}}^{ve}\boldsymbol{u}_{\mathrm{bs}})=-[\boldsymbol{C}_{\mathrm{b}}^{\mathrm{ve}}(\dot{\boldsymbol{u}}_{\mathrm{b}}-\dot{\boldsymbol{u}}_{\mathrm{bf}})+\boldsymbol{K}_{\mathrm{b}}^{\mathrm{ve}}(\boldsymbol{u}_{\mathrm{b}}-\boldsymbol{u}_{\mathrm{bf}})]\\&=(\boldsymbol{C}_{\mathrm{b}}^{\mathrm{ve}}\dot{\boldsymbol{u}}_{\mathrm{bf}}+\boldsymbol{K}_{\mathrm{b}}^{\mathrm{ve}}\boldsymbol{u}_{\mathrm{bf}})-(\boldsymbol{C}_{\mathrm{b}}^{\mathrm{ve}}\dot{\boldsymbol{u}}_{\mathrm{b}}+\boldsymbol{K}_{\mathrm{b}}^{\mathrm{ve}}\boldsymbol{u}_{\mathrm{b}})\end{aligned} \tag{9-3}$$

式中，$\boldsymbol{C}_{\mathrm{b}}^{\mathrm{ve}}$ 和 $\boldsymbol{K}_{\mathrm{b}}^{\mathrm{ve}}$ 分别为黏弹性力学元件的等效阻尼矩阵和等效刚度矩阵。

将式(9-3)代入式(9-2)，可得

$$\boldsymbol{p}_{\mathrm{b}}=\boldsymbol{p}_{\mathrm{bf}}+\boldsymbol{C}_{\mathrm{b}}^{\mathrm{ve}}\dot{\boldsymbol{u}}_{\mathrm{bf}}+\boldsymbol{K}_{\mathrm{b}}^{\mathrm{ve}}\boldsymbol{u}_{\mathrm{bf}}-\boldsymbol{C}_{\mathrm{b}}^{\mathrm{ve}}\dot{\boldsymbol{u}}_{\mathrm{b}}-\boldsymbol{K}_{\mathrm{b}}^{\mathrm{ve}}\boldsymbol{u}_{\mathrm{b}} \tag{9-4}$$

将式(9-4)代入式(9-1)，可得

$$\begin{bmatrix}\boldsymbol{M}_{\mathrm{ss}} & \boldsymbol{M}_{\mathrm{sb}}\\ \boldsymbol{M}_{\mathrm{bs}} & \boldsymbol{M}_{\mathrm{bb}}\end{bmatrix}\begin{bmatrix}\ddot{\boldsymbol{u}}_{s}\\ \ddot{\boldsymbol{u}}_{\mathrm{b}}\end{bmatrix}+\begin{bmatrix}\boldsymbol{C}_{\mathrm{ss}} & \boldsymbol{C}_{\mathrm{sb}}\\ \boldsymbol{C}_{\mathrm{bs}} & \boldsymbol{C}_{\mathrm{bb}}+\boldsymbol{C}_{\mathrm{b}}^{\mathrm{ve}}\end{bmatrix}\begin{bmatrix}\dot{\boldsymbol{u}}_{s}\\ \dot{\boldsymbol{u}}_{\mathrm{b}}\end{bmatrix}+\begin{bmatrix}\boldsymbol{K}_{\mathrm{ss}} & \boldsymbol{K}_{\mathrm{sb}}\\ \boldsymbol{K}_{\mathrm{bs}} & \boldsymbol{K}_{\mathrm{bb}}+\boldsymbol{K}_{\mathrm{b}}^{\mathrm{ve}}\end{bmatrix}\begin{bmatrix}\boldsymbol{u}_{s}\\ \boldsymbol{u}_{\mathrm{b}}\end{bmatrix}=\begin{bmatrix}\boldsymbol{0}\\ \boldsymbol{p}_{\mathrm{b,\,eff}}\end{bmatrix}+\begin{bmatrix}\boldsymbol{p}(t)\\ \boldsymbol{0}\end{bmatrix} \tag{9-5}$$

式中：$\boldsymbol{p}_{\mathrm{b,\,eff}}$ 是以绝对位移表达的运动方程中的虚拟计算边界自由度上的等效作用力

$$\boldsymbol{p}_{\mathrm{b,\,eff}}=\boldsymbol{p}_{\mathrm{bf}}+\boldsymbol{C}_{\mathrm{b}}^{\mathrm{ve}}\dot{\boldsymbol{u}}_{\mathrm{bf}}+\boldsymbol{K}_{\mathrm{b}}^{\mathrm{ve}}\boldsymbol{u}_{\mathrm{bf}} \tag{9-6}$$

可以看到，虚拟计算边界处采用黏弹性力学元件建立的系统地震运动方程是以绝对位移为基本未知数，称之为绝对位移法。同时，需要在虚拟计算边界上施加自由场运动产生的力、自由场运动速度产生的等效阻尼力和自由场位移产生的等效弹性力。

对于刚性边界，此时 $\boldsymbol{K}_{\mathrm{b}}^{\mathrm{ve}}\rightarrow\infty$，$\boldsymbol{u}_{\mathrm{b}}=\boldsymbol{u}_{\mathrm{bf}}$，则由式(9-5)中的第一项可以得到结构动力响应的控制方程为

$$\boldsymbol{M}_{\mathrm{ss}}\ddot{\boldsymbol{u}}_{\mathrm{s}}+\boldsymbol{C}_{\mathrm{ss}}\dot{\boldsymbol{u}}_{\mathrm{s}}+\boldsymbol{K}_{\mathrm{ss}}\boldsymbol{u}_{\mathrm{s}}=-\boldsymbol{M}_{\mathrm{sb}}\ddot{\boldsymbol{u}}_{\mathrm{bf}}-\boldsymbol{C}_{\mathrm{sb}}\dot{\boldsymbol{u}}_{\mathrm{bf}}-\boldsymbol{K}_{\mathrm{sb}}\boldsymbol{u}_{\mathrm{bf}}+\boldsymbol{p}(t) \tag{9-7}$$

对于线弹性系统，将式(9 5)中的绝对位移分解为拟静力位移 $\bar{\boldsymbol{u}}$ 与动力位移 $\tilde{\boldsymbol{u}}$ 之和，会给地震响应的求解带来方便[6]。此时，

$$\begin{bmatrix}\boldsymbol{u}_{\mathrm{s}}\\ \boldsymbol{u}_{\mathrm{b}}\end{bmatrix}=\bar{\boldsymbol{u}}+\tilde{\boldsymbol{u}}=\begin{bmatrix}\bar{\boldsymbol{u}}_{\mathrm{s}}\\ \bar{\boldsymbol{u}}_{\mathrm{b}}\end{bmatrix}+\begin{bmatrix}\tilde{\boldsymbol{u}}_{\mathrm{s}}\\ \tilde{\boldsymbol{u}}_{\mathrm{b}}\end{bmatrix} \tag{9-8}$$

则，线弹性系统的地震运动方程可写为

$$\begin{bmatrix} \boldsymbol{M}_{ss} & \boldsymbol{M}_{sb} \\ \boldsymbol{M}_{bs} & \boldsymbol{M}_{bb} \end{bmatrix} \begin{bmatrix} \ddot{\tilde{\boldsymbol{u}}}_s \\ \ddot{\tilde{\boldsymbol{u}}}_b \end{bmatrix} + \begin{bmatrix} \boldsymbol{C}_{ss} & \boldsymbol{C}_{sb} \\ \boldsymbol{C}_{bs} & \boldsymbol{C}_{bb} + \boldsymbol{C}_b^{ve} \end{bmatrix} \begin{bmatrix} \dot{\tilde{\boldsymbol{u}}}_s \\ \dot{\tilde{\boldsymbol{u}}}_b \end{bmatrix} + \begin{bmatrix} \boldsymbol{K}_{ss} & \boldsymbol{K}_{sb} \\ \boldsymbol{K}_{bs} & \boldsymbol{K}_{bb} + \boldsymbol{K}_b^{ve} \end{bmatrix} \begin{bmatrix} \tilde{\boldsymbol{u}}_s \\ \tilde{\boldsymbol{u}}_b \end{bmatrix} \tag{9-9}$$

$$= -\begin{bmatrix} \boldsymbol{M}_{ss} & \boldsymbol{M}_{sb} \\ \boldsymbol{M}_{bs} & \boldsymbol{M}_{bb} \end{bmatrix} \begin{bmatrix} \ddot{\bar{\boldsymbol{u}}}_s \\ \ddot{\bar{\boldsymbol{u}}}_b \end{bmatrix} + \begin{bmatrix} \boldsymbol{C}_{ss} & \boldsymbol{C}_{sb} \\ \boldsymbol{C}_{bs} & \boldsymbol{C}_{bb} + \boldsymbol{C}_b^{ve} \end{bmatrix} \begin{bmatrix} \dot{\bar{\boldsymbol{u}}}_s \\ \dot{\bar{\boldsymbol{u}}}_b \end{bmatrix} + \begin{bmatrix} \boldsymbol{p}(t) \\ \boldsymbol{0} \end{bmatrix}$$

上式中的拟静力位移为

$$\begin{bmatrix} \bar{\boldsymbol{u}}_s \\ \bar{\boldsymbol{u}}_b \end{bmatrix} = \begin{bmatrix} \boldsymbol{R}_{sb}\boldsymbol{H}\,\boldsymbol{p}_{b,\,eff} \\ \boldsymbol{H}\boldsymbol{p}_{b,\,eff} \end{bmatrix} = \begin{Bmatrix} \boldsymbol{R}_{sb} \\ I_{bb} \end{Bmatrix} \boldsymbol{H}\boldsymbol{p}_{b,\,eff} \tag{9-10}$$

式中：$\boldsymbol{I}_{bb}$ 为与虚拟计算边界自由度对应的单位矩阵。另外

$$\boldsymbol{R}_{sb} = -\boldsymbol{K}_{ss}^{-1}\boldsymbol{K}_{sb} \tag{9-11a}$$

$$\boldsymbol{H} = [\,-\boldsymbol{K}_{bs}\boldsymbol{K}_{ss}^{-1}\boldsymbol{K}_{sb} + (\boldsymbol{K}_{bb} + \boldsymbol{K}_b^{ve})\,]^{-1} \tag{9-11b}$$

对于刚性边界，此时 $\boldsymbol{K}_b^{ve} \to \infty$，$\boldsymbol{H}\boldsymbol{p}_{b,\,eff} = \boldsymbol{u}_{bf}$、$\bar{\boldsymbol{u}}_b = \boldsymbol{u}_{bf}$、$\tilde{\boldsymbol{u}}_b = \boldsymbol{0}$，则由式(9-9)中的第一项可以得到结构动力响应的控制方程为

$$M_{ss}\ddot{\tilde{\boldsymbol{u}}}_s + C_{ss}\dot{\tilde{\boldsymbol{u}}}_s + \boldsymbol{K}_{ss}\tilde{\boldsymbol{u}}_s = \boldsymbol{p}_{eff} = -(\boldsymbol{M}_{ss}\boldsymbol{R}_{sb} + \boldsymbol{M}_{sb})\ddot{\boldsymbol{u}}_{bf} - (\boldsymbol{C}_{ss}\boldsymbol{R}_{sb} + \boldsymbol{C}_{sb})\dot{\boldsymbol{u}}_{bf} \tag{9-12}$$

上述式(9-5)，式(9-7)，式(9-9)和式(9-12)可以写成统一形式，即

$$\boldsymbol{M}\ddot{\boldsymbol{u}} + \boldsymbol{C}\dot{\boldsymbol{u}} + \boldsymbol{K}\boldsymbol{u} = \boldsymbol{p}_{eff} \tag{9-13}$$

在以绝对位移法建立的系统地震运动方程中，若考虑虚拟计算边界满足一致地震动作用假定时，则 $\boldsymbol{R}_{sb}$ 为由元素 0、1 组成的三列矩阵，且 $\boldsymbol{u}_{bf} = [u_{bfx},\ u_{bfy},\ u_{bfz}]^T$。此时，计算对象的运动由参考点运动引起的刚体运动和以刚体运动为参考位置的相对运动叠加得到。

一般情况下，结构内力由式(9-8)的绝对位移计算得到。采用一致地震动作用假定时，结构刚体运动不产生结构内力，结构的地震内力完全由动力位移 $\tilde{\boldsymbol{u}}$ 决定。此时，$\tilde{\boldsymbol{u}}$ 根据式(9-9)计算，并称之为相对位移法。

工程抗震实践表明，相对位移法能够满足大部分结构的抗震设计需求，并且具有简单、涉及问题较少的优点，目前在工程中得到广泛应用。与之相比，绝对位移法涉及的问题较多且复杂，其讨论和应用相对不够全面和深入。然而，随着大型结构抗震设计要求的提高，考虑动力空间变化的绝对位移分析逐渐成为一项基本工作，因此对于绝对位移法也引起了重视，并且得到了进一步的讨论。

9.2 桥梁地震动输入

9.2.1 简化模型及其地震动输入

由于工程场地的局部地形和土性的空间分布千变万化，规范中很难直接给出考虑实际复杂因素的设计动参数。在进行自由场地响应计算时，我们使用等效基岩面作为动力输入面(可以选择该面为虚拟计算下边界)，等效基岩面上的地震动称为设计地震动。通常以设计地震动作为输入进行抗震计算，分析模型中应包括地基土，并需要采用适当的方法考虑土-结构相互作用，如图 9-2 所示。

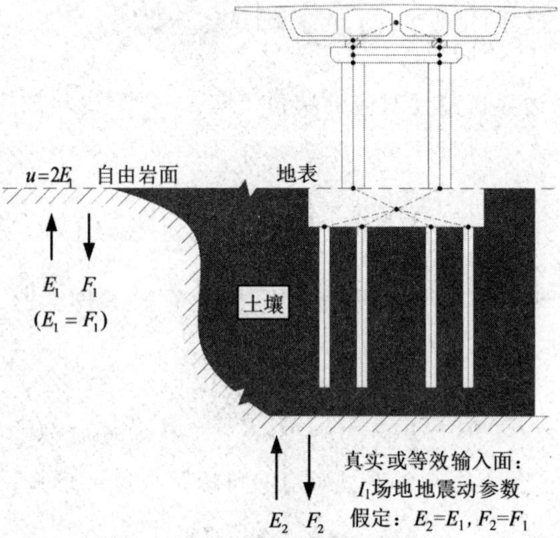

图 9-2 基于设计地震动的计算模型

设计地震动可以通过以下两种确定方法得到：

(1)直接将 I_1 类场地的设计地震动参数作为等效基岩面的参数；

(2)通过土层反演将地表的设计地震动参数转化为等效基岩面的设计动参数。

抗震设计中，通常采用以下几种简化计算模型。

1)桩-土地震相互作用集中参数模型

该模型[见图 9-3(a)]采用弹簧来描述桩与土之间的相互作用。其地震动输入有两种方式：一种是多点输入模式，即在每个弹簧的端点输入相应的地震动；另一种是通过适当确定的剪切大质量模型考虑自由场运动，并与结构计算模型综合为一个统一的计算模型，地震动输入于桩尖位置。

2)地基面集中土弹簧的计算模型

该模型[见图 9-3(b)]考虑了土对结构反应的影响，但没有考虑结构对土运动的影响。

如果需要在模型中使用有效地震动输入(即假定基础只有刚度和形状而没有质量(或惯性)所得到的地基面处土层地震反应)，则需要修正规范提供的地表地震动参数(修正方法稍后叙述)。这意味着只对结构在地表以上的部分进行详细建模，地震动作用作为输入施加在地基面上。在这种情况下，地基面被假设为抗震设计中的地表土层面，地基面处的地震动称为地表设计地震动。

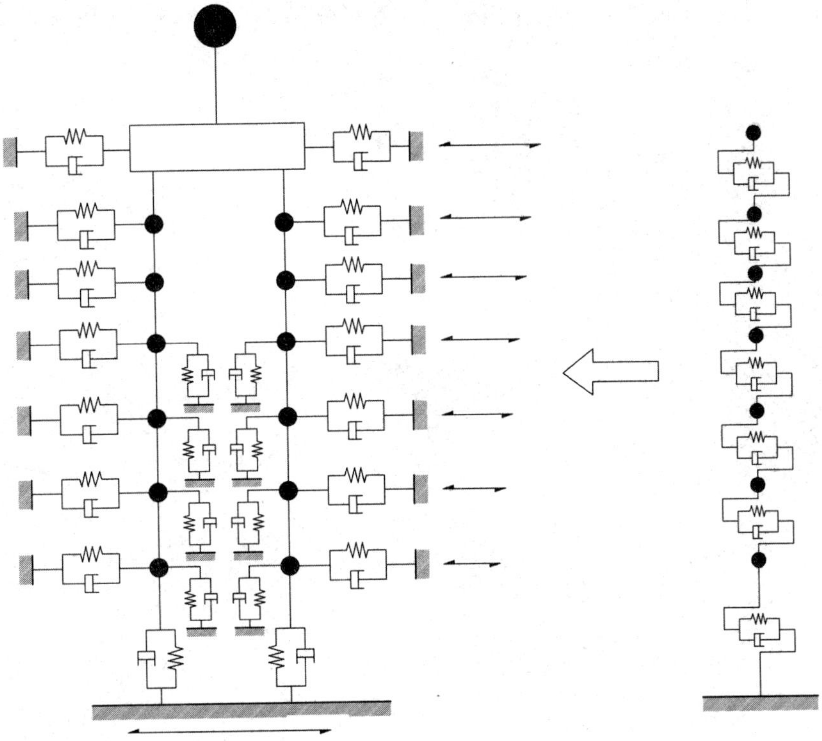

(a)桩-土地震相互作用集中参数模型

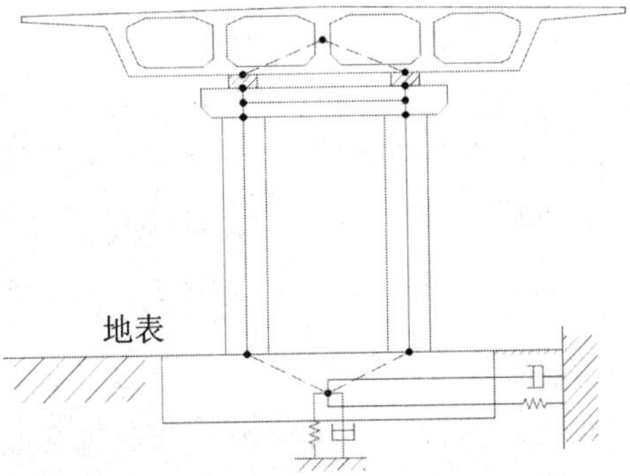

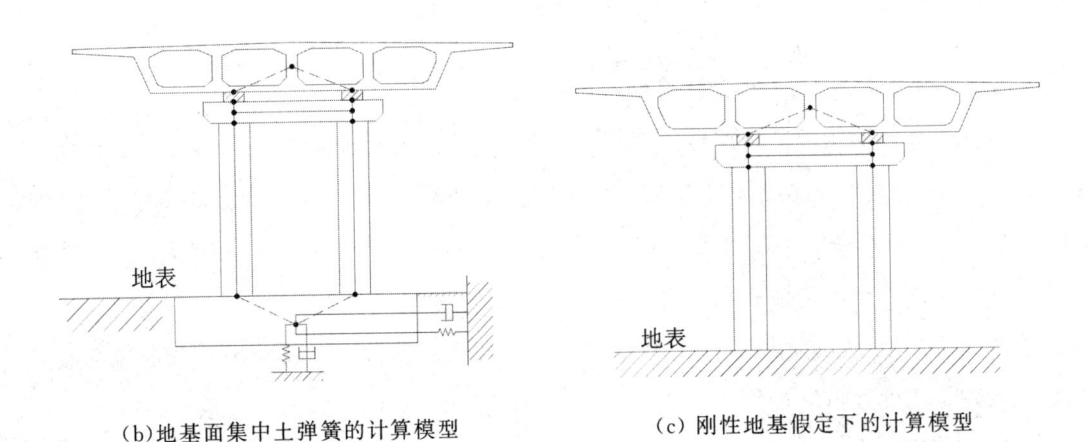

(b)地基面集中土弹簧的计算模型

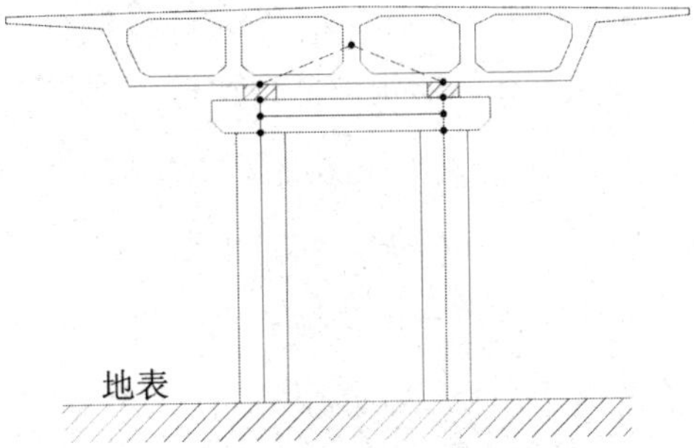

(c) 刚性地基假定下的计算模型

图 9-3　桥梁结构抗震计算模型

3)刚性地基假定下的计算模型

该模型[见图 9-3(c)]不考虑土与结构的相互作用，直接采用规范规定的设计地震动参数作为输入。由于不考虑土与结构的相互作用，该模型更适用于岩石类场地。对于土场地，可以用于初步估算。

9.2.2 规范中地表地震动参数的修正方法

考虑桥梁基础与土的地震相互作用时，可将其分解为“运动相互作用”和“惯性相互作用”两部分，如图 9-4 所示。

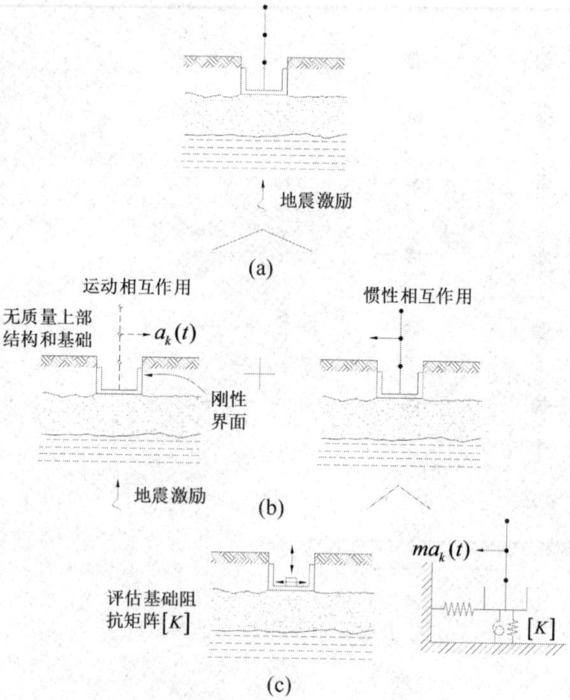

图 9-4 桥梁基础与土相互作用分析两步法示意图

运动相互作用假定上部结构质量为零，考虑地震波与刚性基础运动的相互影响；惯性相互作用考虑土-基础-结构系统在“基础输入运动”下的动力相互作用。“运动相互作用”的结果是“基础输入运动”，与自由场土的运动不同，还将产生附加转动输入运动；在计算惯性相互作用时，以土弹簧描述土的变形性质。

刚性基础与土相互作用的简化建模方法需要解决两个问题：一是合理地确定与刚性基础关联的弹簧刚度和阻尼系数，二是合理确定考虑运动相互作用后的等效地震动输入。

(1)对于简化的土-刚性基础地震相互作用的集中参数模型，集中弹簧和集中阻尼附加在基础的底面形心处，并将此点对应的地震动作为结构响应计算(惯性相互作用)的等效地震动输入。

(2)对于扩大基础或沉井基础，考虑基础的刚性作用，假定基础与土之间紧密接触，以工程中最常用的矩形基础为例(如图 9-5 所示)，设地震波沿 x_1 方向传播，并假定地震动 3 个平动分量相位相同，则可以得到

$$S_{11}(\omega)=S_{11}^{f}(\omega)\rho_{11}(\omega;\ \Delta_{11}^{0})k_1^2 \tag{9-14}$$

式中：$S_{11}(\omega)$ 为刚性基础 x_1 方向运动的功率密度函数；$S_{11}^{f}(\omega)$ 为 x_1 方向自由场运动的功率谱密度函数；$\rho_{11}(\omega;\ \Delta_{11}^{0})$ 为 x_1 方向自由场运动的空间相干函数，Δ_{11}^{0} 为一个等效空间距离；ω 为地震动频率；k_1 如下式所示。

$$k_1=\frac{\sin\gamma}{\gamma};\ \gamma=\frac{a\omega}{v_{\mathrm{app}}} \tag{9-15}$$

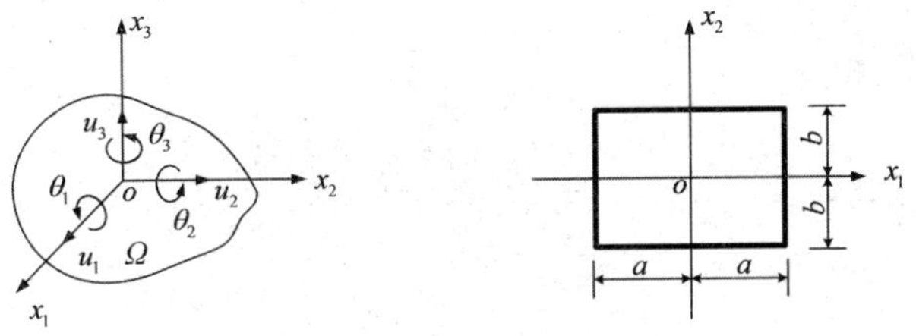

(a) 刚性基础运动分量　　(b) 矩形基础几何尺寸

图 9-5　基础运动

由式(9-14)可以看到：①地震动的空间相干损失 $\rho_{11}\leqslant 1$，故刚性基础的谱小于对应自由场的谱；② γ 越小(基础尺度小，或频率低，或视波速大)，则 k_1 越接近于 1，刚性基础的运动越接近自由场运动。在基础尺度、视波速确定的情况下，频率越大，基础运动的谱较自由场运动越小，说明刚性基础对高频地震波的削减作用越强。

下面给出如图 9-6 所示的两种刚性基础的等效地震动修正方法。

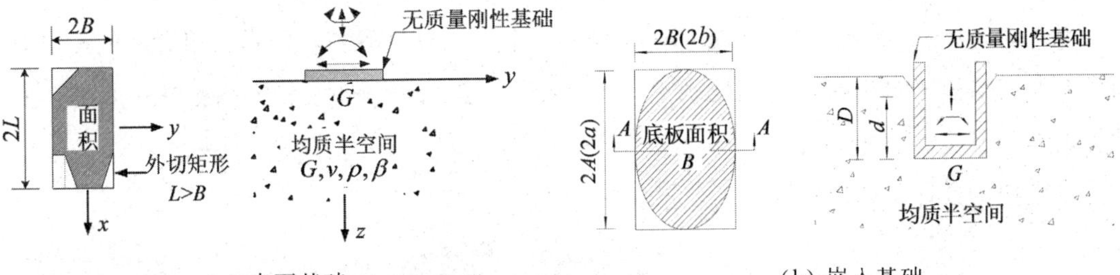

(a) 表面基础　　(b) 嵌入基础

图 9-6　等效地震动输入示意图

(1)对于表面基础，G 点的等效水平运动可以近似表示为

$$U_G = U_A \times I_U(\omega);\quad I_U(\omega) = \begin{cases} \dfrac{\sin\gamma}{\gamma},\ \gamma \leqslant \dfrac{\pi}{2} \\ \dfrac{2}{\pi},\ \gamma > \dfrac{\pi}{2} \end{cases} \tag{9-16}$$

式中：$\omega B / v_{\text{app}}$ 是基础的半宽或等效半径；U_A 是地表 A 点的水平运动。

(2)对于嵌入式基础，G 点的等效水平运动可以近似表示为

$$U_G = U_A \times I_U(\omega);\quad I_U(\omega) = \begin{cases} \cos\gamma,\ \gamma \leqslant \dfrac{\pi}{3} \\ 0.5,\ \gamma > \dfrac{\pi}{3} \end{cases} \tag{9-17}$$

式中：$\gamma = (\pi/2) \cdot (f/f_D)$，其中 $f = \omega/2\pi$，f_D 是假定层厚度为 D 的剪切固有频率。

9.3 反应谱分析法

9.3.1 地震反应谱定义

广义线性单自由度体系的运动方程为[5]

$$\ddot{u}(t) + 2\xi\omega\dot{u}(t) + \omega^2 u(t) = -\ddot{u}_g(t) \tag{9-18}$$

相对位移 u 、相对速度 $\dot{u}$ 和绝对加速度 $\ddot{z}(t) = \ddot{u}(t) + \ddot{u}_g(t)$ 反应谱为

$$u(t) = \frac{1}{\omega_{\mathrm{d}}} \int_0^t \ddot{u}_g(\tau) \mathrm{e}^{-\xi\omega(t-\tau)} \sin\omega_{\mathrm{d}}(t-\tau) \mathrm{d}\tau \tag{9-19a}$$

$$\dot{u}(t) = -\frac{\omega}{\omega_{\mathrm{d}}} \int_0^t \ddot{u}_g(\tau) \mathrm{e}^{-\xi\omega(t-\tau)} \cos[\omega_{\mathrm{d}}(t-\tau) + \alpha] \mathrm{d}\tau \tag{9-19b}$$

$$\ddot{z}(t) = \ddot{u}(t) + \ddot{u}_g(t) = \frac{\omega^2}{\omega_{\mathrm{d}}} \int_0^t \ddot{u}_g(\tau) \mathrm{e}^{-\xi\omega(t-\tau)} \sin[\omega_{\mathrm{d}}(t-\tau) + 2\alpha] \mathrm{d}\tau \tag{9-19c}$$

式中：$\omega_{\mathrm{d}} = \sqrt{1-\xi^2}\,\omega$；$\tan\alpha = \xi / \sqrt{1-\xi^2}$。

最大值 $\mathrm{SD}(\xi, \omega) = |u(t)|_{\max}$、$\mathrm{SV}(\xi, \omega) = |\dot{u}(t)|_{\max}$、$\mathrm{SA}(\xi, \omega) = |\ddot{u}(t) + \ddot{u}_g(t)|_{\max}$ 分别称为与阻尼比 ξ 和自振频率 ω 相对应的相对位移、相对速度和绝对加速度反应谱值。对于给定的阻尼比 ξ，变动 ω，可以得到 SD、SV、SA 三条曲线，此即为地震动反应谱曲线。

工程抗震设计中，通常使用的标准化反应谱如下：

$$\beta(\omega, \xi) = \frac{\mathrm{SA}(\xi, \omega)}{\ddot{u}_{g,\max}} = \frac{|\ddot{u} + \ddot{u}_g|_{\max}}{\ddot{u}_{g,\max}} \tag{9-20}$$

由地震反应谱的定义可知，反应谱具有以下基本特性：

1)理想刚性结构物($\omega \to \infty$)

$$SD(\xi, \omega \to \infty) = 0 \tag{9-21a}$$

$$SV(\xi, \omega \to \infty) = 0 \tag{9-21b}$$

$$SA(\xi, \omega \to \infty) = \ddot{u}_{g,\max} \tag{9-21c}$$

2)无限柔性的结构物($\omega \to 0$)

$$SD(\xi, \omega \to 0) = u_{g,\max} \tag{9-22a}$$

$$SV(\xi, \omega \to 0) = \dot{u}_{g,\max} \tag{9-22b}$$

$$SA(\xi, \omega \to 0) = 0 \tag{9-22c}$$

若阻尼比 ξ 很小时，式(9-19b)和式(9-19c)中的 α 可以忽略，则可以得到伪速度反应谱 PSV (ξ，ω) 和伪加速度反应谱 PSA (ξ，ω) 分别为

$$PSV(\xi, \omega) = \omega SD(\xi, \omega) \tag{9-23a}$$

$$PSA(\xi, \omega) = \omega^2 SD(\xi, \omega) \tag{9-23b}$$

式(9-23a)是将 SV 定义中的 $\cos\omega_d(t-\tau)$ 置换成了 $\sin\omega_d(t-\tau)$，这一近似处理使得计算 PSV 和计算 SD 一样方便，缺点是精度较差，但 PSA 的计算精度很高。

9.3.2 反应谱组合方法

反应谱方法中，我们关注的是广义单自由度振子反应最大值的绝对值，并不关注最大值发生的时刻。通过反应谱曲线，我们可以找到对应各广义单自由度振型的最大反应值。然而，这些最大值通常不会在同一时刻发生，因此我们需要解决如何从这些振型反应最大值计算得到工程设计所关心的反应组合最大值的一个近似估计值的问题。

目前，反应谱组合方法有多种，包括数值模拟方法、经验方法以及基于随机振动理论的方法等。而目前应用广泛的是基于随机振动理论提出的各种组合方案，如 CQC 方法等。CQC 方法是一种常用的反应谱组合方法，它基于以下三个基本假定：首先，激励是一个平稳随机过程；其次，结构动力响应是宽带过程；最后，峰值因子之比 p_k/p_i 与随机过程的性质无关。

CQC 法的表达式如下：

$$z_{k,\max} = \sqrt{\sum_{i=1}^{n}\sum_{j=1}^{n}\rho_{ij} z_{i,\max} z_{j,\max}} \tag{9-24}$$

式中：ρ_{ij} 为模态组合系数。若假定地震动为理想白噪声过程，则可以得到组合系数 ρ_{ij} 较好的近似结果，即

$$\rho_{ij} = \frac{8\sqrt{\xi_i\xi_j}\,(r\xi_i + \xi_j)\,r^{3/2}}{(r^2-1) + 4\xi_i\xi_j r\,(r^2+1) + 4\xi_i^2\xi_j^2 r^2} \tag{9-25}$$

式中，$r = \omega_i/\omega_j$ 。

CQC 反应谱组合方法是半经验半理论的方法，实际工程应用中必须要认识到其可能

的误差来源。

式(9-24)中，若 $\omega_i/\omega_j < 0.2/\xi_i + 0.2$ 时，则认为 ρ_{ij} 近似为零，此即为SRSS反应谱组合方法，即

$$z_{k,\max} = \sqrt{\sum_{i=1}^{n} (z_{i,\max})^2} \tag{9-26}$$

对于小阻尼情况，SRSS方法也具有良好的精度。但由于计算机技术的进步，采用CQC方法增加的计算量，已经完全可以接受。

9.3.3 非一致地震动输入下的反应谱组合方法

在应用反应谱方法计算大跨度桥梁问题时，必须考虑地震空间变化对桥梁结构的影响。前面介绍的反应谱方法不适合大跨度桥梁的抗震设计，需要寻找新的反应谱组合方法以适应非一致地震动作用下结构反应分析或抗震设计的需求。

非一致地震动输入下，采用分解位移法可以得到结构反应的方差

$$\sigma_k^2 = \sum_{r=1}^{m}\sum_{s=1}^{m}\sigma_r\rho_{grgs}\sigma_s + 2\sum_{r=1}^{m}\sum_{s=1}^{m}\sum_{j=1}^{n}\sigma_r\rho_{grjs}\sigma_{js} + \sum_{r=1}^{m}\sum_{s=1}^{m}\sum_{i=1}^{n}\sum_{j=1}^{n}\sigma_{ir}\rho_{irjs}\sigma_{js} \tag{9-27}$$

式中：σ_r 为第 r 地震动输入下的结构拟静力反应根方差；σ_s 为第 s 地震动输入下的结构拟静力反应根方差；σ_{ir} 为第 r 地震动输入下第 i 阶振型的动力反应根方差；σ_{js} 为第 s 地震动输入下第 j 阶振型的动力反应根方差；ρ_{grgs}、ρ_{grjs} 和 ρ_{irjs} 分别是结构拟静力反应与动力反应以及动力反应间的组合系数：

$$\rho_{grgs} = \frac{\lambda_{grgs}}{\sqrt{\lambda_{grgr}\lambda_{gsgs}}} \tag{9-28a}$$

$$\rho_{grjs} = \frac{\lambda_{grjs}}{\sqrt{\lambda_{grgr}\lambda_{isis}}} \tag{9-28b}$$

$$\rho_{irjs} = \frac{\lambda_{irjs}}{\sqrt{\lambda_{irir}\lambda_{jsjs}}} \tag{9-28c}$$

各参数 λ_{grgs}、λ_{grjs} 和 λ_{irjs} 按下式计算

$$\lambda_{grgs} = \mathrm{Re}\left[\int_{-\infty}^{+\infty}\frac{1}{\omega^4}S_{grgs}^{A}(\omega)\mathrm{d}\omega\right] \tag{9-29a}$$

$$\lambda_{grjs} = \mathrm{Re}\left[-\int_{-\infty}^{+\infty}\frac{1}{\omega^2}H_i(\omega)S_{grgs}^{A}(\omega)\mathrm{d}\omega\right] \tag{9-29b}$$

$$\lambda_{irjs} = \mathrm{Re}\left[\int_{-\infty}^{+\infty}H_i^*(\omega)H_j(\omega)S_{grgs}^{A}(\omega)\mathrm{d}\omega\right] \tag{9-29c}$$

式中，S_{grgs}^{A} 为地震动加速度互功率谱密度函数。

9.3.4 多维地震动输入下的反应谱组合方法

地壳板块破裂具有方向性，但人们对地壳运动的认识水平有限，无法预知未来地震事

件发生的地点、断层的破裂方向及尺度。因此，对于一个具体的工程结构，工程师无法确定未来地震波的传播方向，或者从本质上讲，地震波的传播方向是变化的。这意味着工程师无法确定结构受到的惯性力的施加方向，因此需要提供一种方法使工程结构的抗震设计可以考虑作用方向不确定性的影响。已有的结构地震反应方向组合的方法包括百分比方法、SRSS 方法和 CQC3 方法等。

1)百分比方法

百分比方法将结构反应表示为某一分量作用下结构反应与其他两个方向地震动作用下结构反应的某个百分比，最终的结构反应估计值为下列值之一：

$$\begin{cases} R = R_1 + \alpha R_2 + \alpha R_3 \\ R = \alpha R_1 + R_2 + \alpha R_3 \\ R = \alpha R_1 + \alpha R_2 + R_3 \end{cases} \tag{9-30}$$

式中：α 为经验取值，一般取 0.3 或 0.4。

2)SRSS 方法

结构反应取三个分量单独作用下反应的平方和的平方根，即

$$R = \sqrt{R_1^2 + R_2^2 + R_3^2} \tag{9-31}$$

该组合方法所隐含的假定是：三地震分量作用下结构反应 R_1、R_2 和 R_3 相互独立。

3)CQC3 方法

CQC3 方法是建立在动主轴概念基础上的。该方法通过对一点的地震动进行图 9-7 所示的旋转变换，得到在某一组角度下，三个方向的地震动分量统计特性无关，分别称为最大、中等和最小方差主轴。通过获取主轴系下的三平动分量的反应谱，可以进行三维平动地震动输入下结构反应的计算。

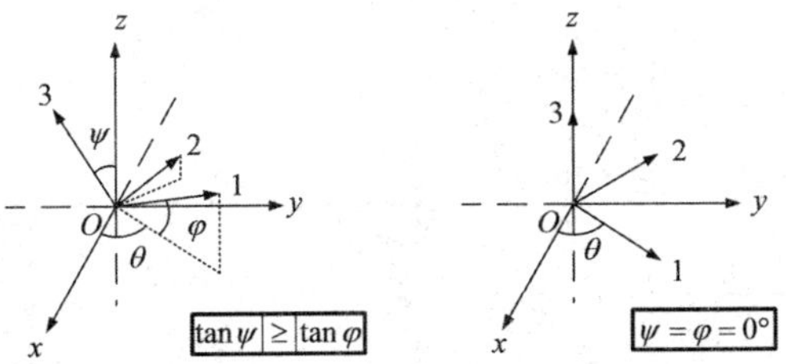

(a)一般三维情况　　(b)简化平面情况

图 9-7　地震动主轴系(1-2-3 轴系)和结构轴系(x-y-z)

注意：①时不变地震动主轴的存在性是有疑问的；②规范地震反应谱并不是在主轴系下进行统计的，也就是无主轴反应谱可供设计使用。因此，CQC3 方法在工程抗震设计中还没有得到应用。

9.4 时程分析法

在结构抗震领域，反应谱分析方法经过不断完善与发展，在工程实践中被广泛应用。但由于反应谱分析方法的局限性，对于大跨结构即使处于线弹性状态，反应谱方法也不能替代时程分析方法。因此，在国内外大多数工程抗震设计规范中，对于大跨桥梁的特殊抗震设计，需要采用动态时程分析法。

本节主要针对抗震非线性分析，在桥梁结构体系建模和输入地震波选取这两个方面进行简要说明。

9.4.1 桥梁构件力学模型

结构力学模型是一种用于计算结构刚度、质量和承载力分布的简化图式，常用的是杆系模型。这种模型将梁、柱简化为以中心轴表示的无质量的梁，质量集中于各节点，并利用构件连接处的位移协调条件建立各构件之间的变形关系。通过构件的恢复力特性，整合整个结构的弹塑性刚度，并使用数值积分法对结构进行地震反应分析。

在结构处于弹性状态时，刚度矩阵的系数是不随时间变化的。然而，当结构进入非弹性状态时，某些构件的刚度和抗力会发生变化，因此在计算过程中需要不断对其进行修正。在进行结构的弹塑性分析时，需要建立两种力学模型：一是考虑刚度分布的模型，即沿着杆件分布的刚度模型；二是考虑力-变形关系的模型，即恢复力模型，该模型用于描述杆件在往复荷载作用下力与变形之间的关系。

1. 单分量模型

单分量模型假定杆件的塑性变形主要发生在两端截面上，如图 9-8 所示。为表示杆件的弹塑性性能，在杆件的两端设置了弹塑性铰。这些铰具有相互独立的弹塑性特征参数，并且一旦杆端截面的弯矩达到屈服值，就会形成塑性铰，所有的塑性变形都集中在理想塑性铰上。

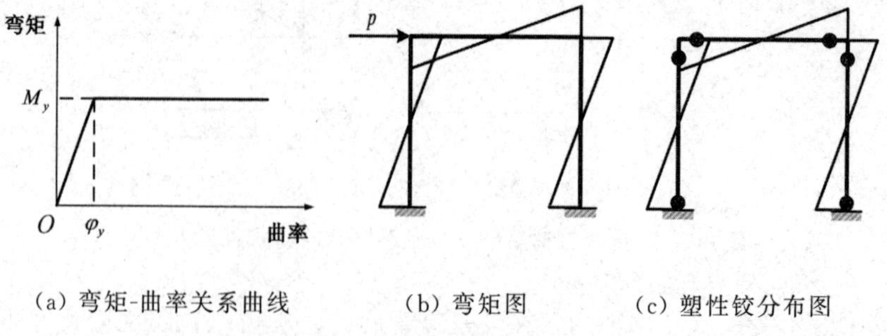

(a) 弯矩-曲率关系曲线　　(b) 弯矩图　　(c) 塑性铰分布图

图 9-8　典型的框架弯矩分布和塑性铰位置

在单分量模型中，杆端的弹塑性变形仅取决于杆端的弯矩。杆端的弹簧刚度可以使用弯矩-转角关系(或曲率)来描述，这样计算所需的工作量较少。然而，由于杆端的弯矩-转角关系与杆件沿长度分布的曲率有关，因此杆件一端的弯矩-转角关系实际上取决于两端弯矩的数值(也就是取决于反弯点的位置)。通常假设反弯点位于杆件的中间点，即变形和弯矩呈反对称分布。

2. 多分量模型

1)双分量模型

双分量模型最早由 Clough 提出，该模型通过两根平行杆来模拟构件的行为：一根杆表示理想弹塑性材料的屈服特性，另一根杆表示弹性材料的硬化特性。非弹性变形主要集中在杆端的塑性铰处，如图 9-9 所示。这两个杆件共同工作，当一侧的弯矩等于或大于屈服弯矩，并且处于加载状态时，该侧的理想弹塑性杆会形成塑性铰；卸载时，如果杆端弯矩小于屈服弯矩，则移除塑性铰(杆端弯矩-转角关系与单分量模型相同)。梁单元的刚度矩阵由这两个假想杆件的刚度矩阵组合而成，弹性杆反映了杆端进入塑性变形后的应变硬化性能，而弹塑性杆则确定了杆端的屈服状态。

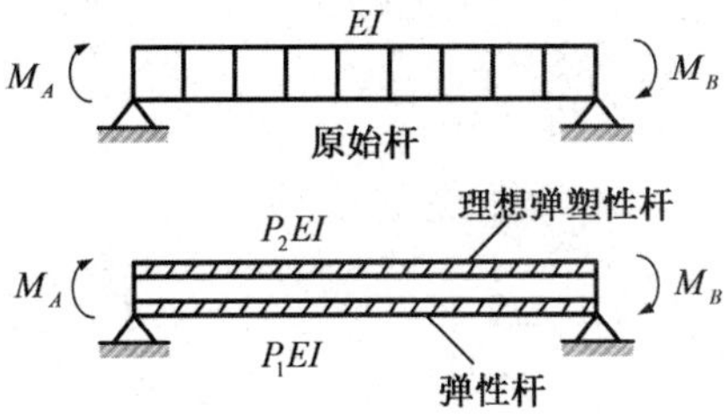

(a) 双分量模型

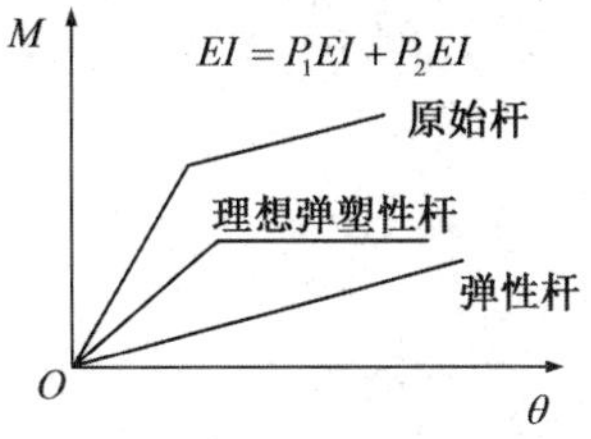

(b) 弯矩-转角曲线

图 9-9　双分量模型及其双线型恢复力骨架曲线

双分量模型力学概念明确，能够反映不同变形机理对构件滞回性能的影响，以及杆件两端塑性区域间的耦合关系，但它采用的是双线性恢复力模型，无法模拟连续变化的刚度和刚度退化。因此，在结构非线性分析中存在一定的限制。

2)三分量模型

三分量模型在双分量模型的基础上考虑了混凝土开裂非线性的影响。该模型假设杆件由三根不同性质的分杆组成，其中一根是弹性分杆，用于描述杆件的弹性变形性质；另外两根是弹塑性分杆，一根用于表述混凝土的开裂性质，另一根用于表述钢筋的屈服特性，如图 9-10 所示。三分量模型采用了三线性恢复力模型，可以反映杆端的弯曲开裂、屈服弯矩以及屈服后的应变硬化特性。

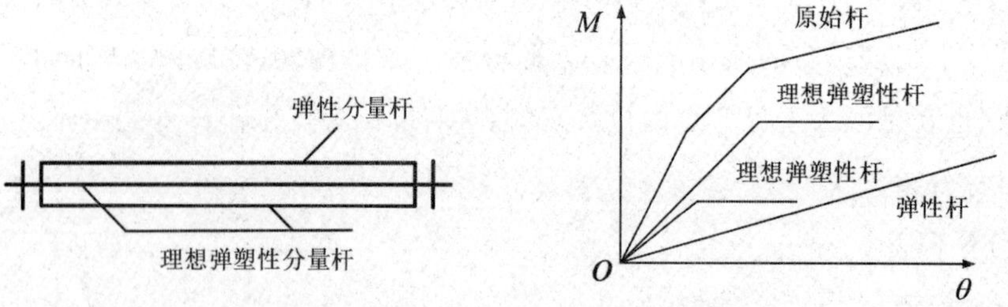

(a)双分量模型　　(b) 弯矩-转角曲线

图 9-10　三分量模型及其三线型恢复力骨架曲线

3. 多轴弹簧模型

多轴弹簧模型(MS 模型)由两个多轴弹簧构件(MS 件)和一个弹性件组成，它是一种比较精确的计算模型，如图 9-11 所示。该模型使用了一组表达钢筋材料或混凝土材料刚度的轴向弹簧，可以准确描述结构中每个构件的力-变形关系，并找出薄弱部位，得到每个构件的反应结果。主要应用于考虑钢筋混凝土构件在双向弯曲和轴向力之间相互作用时的情况。

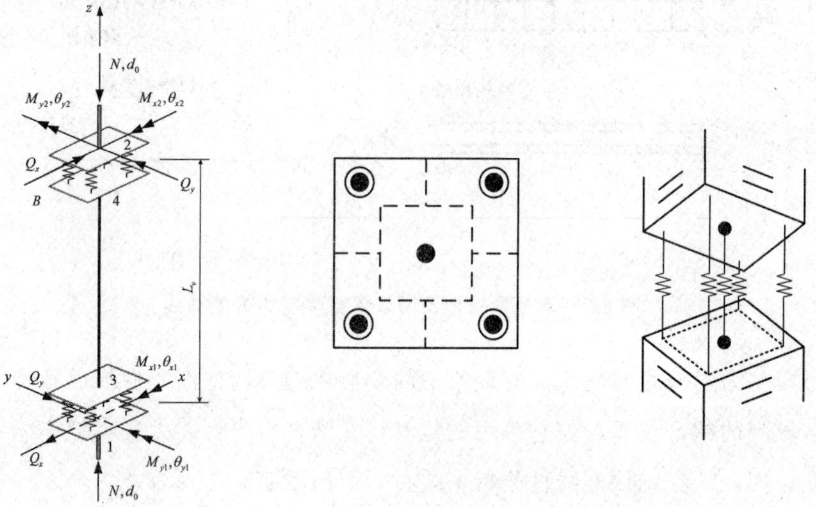

(a) 柱的多弹簧模型　　(b) 多轴弹簧构件(○钢筋单元　●混凝土单元)

图 9-11　多弹簧模型示意图

在图 9-14 中的弹塑性柱可以看作由 1 个线弹性梁单元(位于中部)和 2 个弹簧单元(位于两端)共同组成。多轴弹簧构件则由 5 个混凝土弹簧和 4 个纵筋弹簧构成，两种弹簧沿杆的轴向布置。其中，一个混凝土弹簧位于杆横截面的中心，用于描述核心约束混凝土的行为，其余 4 个混凝土弹簧布置在横截面边缘靠角点处，用于描述其他混凝土的影响；4 个纵筋弹簧的布置位置与 4 个边缘混凝土弹簧的位置重合或相近，用于描述纵向筋的影响。

该模型适用于塑性区集中在构件两端的情况。当柱状构件在较大的侧向荷载作用下，两端的弯矩大多呈反对称分布，而构件中间段的弯矩较小(可认为处于弹性变形阶段)。因此，采用该模型来模拟柱在大多数情况下是合理的。

4. 纤维梁模型

强震作用下，钢筋混凝土结构会发生较大的非线性效应。在进行结构弹塑性分析时，纤维梁模型相比梁柱单元和实体单元具有更低的计算成本和更高的求解精度。

纤维梁模型的设计思路为：①将一个构件(梁或柱)划分为一个或多个单元；②将单元离散为若干截面，并通过插值函数建立单元节点和截面之间的关系；③将截面进一步离散为一定数量的纤维，通过平截面假定得到截面和纤维之间的变形关系，如图 9-12 所示。

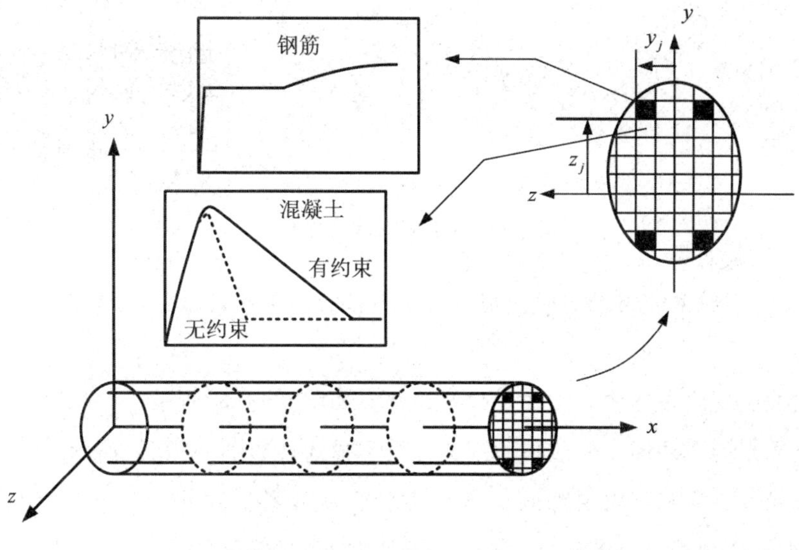

图 9-12　纤维单元截面划分

弹塑性纤维梁柱单元具有以下基本假定：①几何线性小变形假定；②平截面假定；③忽略黏结滑移和剪切滑移影响；④扭转是弹性的且与弯矩、轴力不耦合。

弹塑性纤维梁柱模型将每个单元的截面沿两个主轴方向划分为纤维，每个纤维采用材料的单轴本构关系。这种模型避免了复杂的多维本构关系问题，并能够考虑轴力和弯曲的耦合效应。同时，弹塑性纤维梁柱模型具有简洁明确的物理概念和较为可靠的分析结果，在结构弹塑性分析中越来越受到重视。

9.4.2　桥梁支座模型

支座是桥梁结构中容易受到地震作用损害的部位之一，而支座及其他连接部件的力学性能和构造特点则是影响桥梁主体结构地震反应和抗震性能的主要因素。因此，在进行桥梁地震反应分析时，必须准确描述支座的特性。

常见的桥梁支座类型包括板式橡胶支座、盆式橡胶支座、球形钢支座和减隔震支座等。一般桥梁抗震分析时，支座可以使用一组弹簧来建立力学模型，如图 9-13 所示。根据支座的类型和分析精细程度的不同，可以考虑采用线性弹簧或非线性弹簧进行模拟：当采用线性弹簧时，只需考虑支承刚度在各自由度方向上的影响；当采用非线性弹簧时，则需要利用图 9-13 中右侧各个元件的串并联组合建立模型，以考虑各种非线性因素的影响。

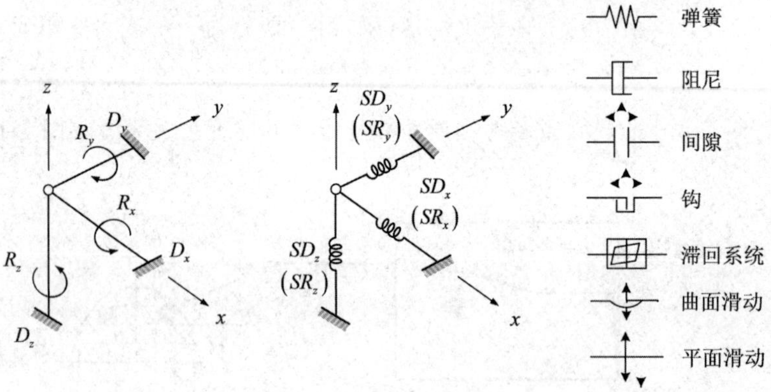

图 9-13　支座的简单力学模型

确定支座力学模型的关键，第一是对力学现象的抽象和模型化，第二是确定合理的力学参数。具体而言：

(1)板式橡胶支座，通常采用线性弹簧描述，如图 9-14(a)所示。

(2)各类支座的滑动面，一般采用刚塑性模型描述，如图 9-14(b)所示。

(3)铅芯橡胶支座和高阻尼橡胶支座，其水平力-位移关系可以用图 9-14(c)所示的简单的双线型力学模型表示，图中 K_1 和 K_2 分别是支座的初始刚度和二次刚度。

(4)球形钢支座，其简化模型则参考板式橡胶支座。在固定方向，简化为约束或根据产品力学特性确定线性刚度；在可滑动方向，采用图 9-14(b)所示的刚塑性模型。

(5)摩擦摆减隔震支座，采用图 9-14(c)所示的双线型模型。

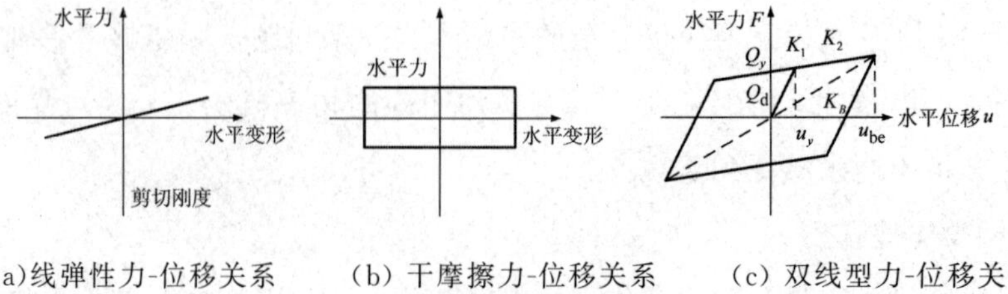

(a)线弹性力-位移关系　　(b) 干摩擦力-位移关系　　(c) 双线型力-位移关系

图 9-14　支座的简单力-位移关系模型

9.4.3　土弹簧模型

在桥梁抗震设计中，通常采用集中参数建模方法考虑土与结构地震相互作用，即半无限复杂特性地层与桩基础的耦合非线性动力学问题，如图 9-15 所示。

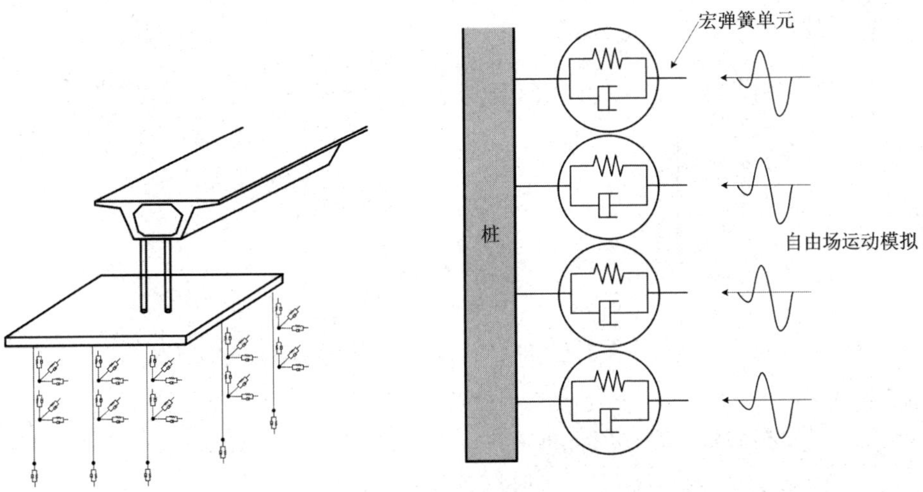

(a)土宏单元模型　　(b) 地震动输入模型

图 9-15　**桩-土地震相互作用的集中参数建模**

根据桩－土地震相互作用的不同情况，一般采用不同复杂程度的宏单元模型，如图 9-16 所示。在工程抗震设计中，较常使用的是前两种简单的宏单元模型，即单一弹簧模型和弹簧＋阻尼器模型，而 Boulanger 模型和 Taciroglu 模型则能更好地考虑土的非线性力学行为、桩-土之间的分离以及摩擦作用，因此具有更深入研究和应用的价值。

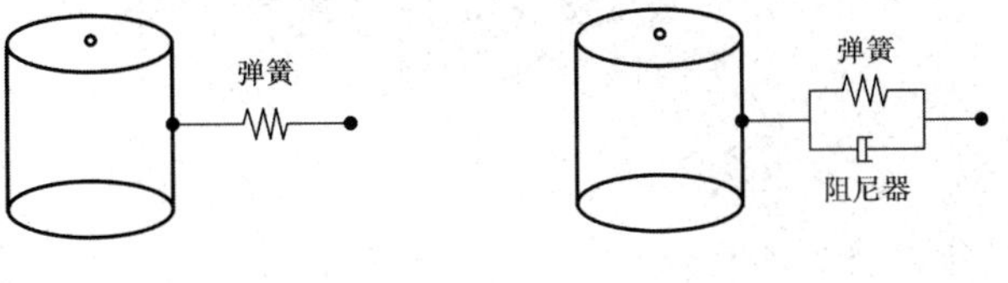

(a) 单一弹簧模型　　(b) 弹簧+阻尼器模型

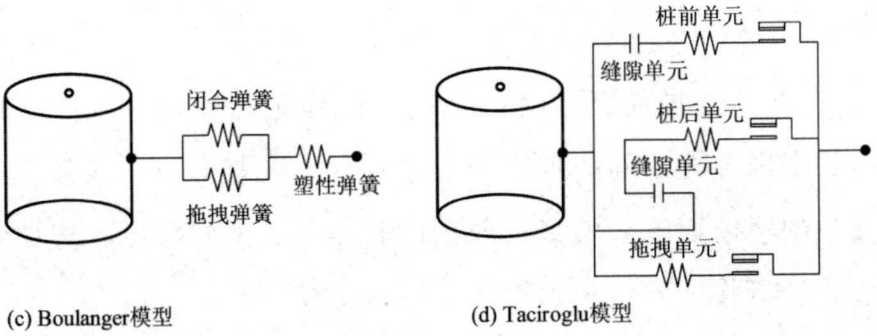

(c) Boulanger模型　　(d) Taciroglu模型

图 9-16　**典型的桩-土地震相互作用集中参数模型**

Boulanger 和 Taciroglu 模型主要由三部分组成：①p-y 宏单元[见图 9-16(c)、(d)]，用于描述桩-土水平相互作用；②t-z 宏单元[见图 9-17(a)]，用于描述桩侧与土的竖向相互作用；③q-z 宏单元[见图 9-17(b)]，用于描述桩端与土的相互作用。通过这三个部分的组合，可以更全面地描述桩-土相互作用的力学行为，从而提高桥梁的抗震设计效果。

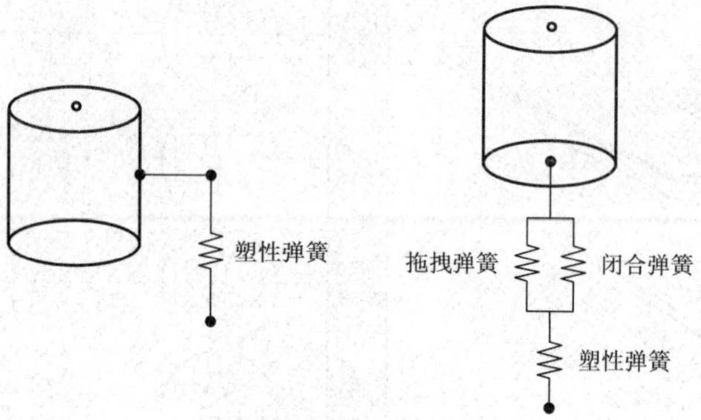

(a)桩侧宏单元(t-z 单元)　(b) 桩端宏单元(q-z 单元)

图 9-17　**桩侧和桩端宏单元模型**

Boulanger 模型和 Taciroglu 模型中的拖曳元件，用于描述桩侧与土之间的侧向摩阻力，是一个非线性弹簧；缝隙元件，其作用相当于一个开关，控制着桩-土缝隙的闭合。土的材料非线性行为元件，包括垂直于桩轴线的 p-y 元件、桩侧顺轴向的 t-z 元件和桩端的 q-z 元件。根据土力学和土动力学原理，可以确定这三种元件的基本参数。

为简化计算，实际工程应用通常将土处理为线弹性介质，或者采用等效线性化方法考虑土的非线性特性。在这种情况下，桩与土之间的相互作用可以用等效土弹簧表示。在我国，常用"m 法"来确定等效土弹簧的刚度 k_i ，m 法是我国公路桥梁设计部门通常采用的桩基础设计方法。

9.4.4　地震波选取

大跨桥梁抗震设计中，进行结构空间非线性地震响应时程分析的关键问题是地面运动的输入，即地震加速度输入。为了保证结构时程分析结果的合理性，需要考虑以下几个因素[7-10]：

(1)结构场地特性。选择地震波时，需要了解其在何种场地条件下获取。不同性质的土层对地震波的频率成分有不同的吸收和过滤效果。一般来说，在靠近震中或坚硬岩石等场地上，地震波中的短周期成分较多；而在远离震中或土层较厚、土质较软的地方，地震波中的短周期成分被吸收，导致长周期成分较为显著。

(2)抗震设防参数。选择的地震波峰值应与规范设防地震动参数大小关联紧密(接近)。当需要对加速度峰值进行调幅时，采用的调幅系数宜小于 4，不建议超过 6。

(3)地震动持时。地震动持时是造成结构破坏的一个重要因素。结构在地震波作用初期，仅会产生微小裂缝，而在后续地震波作用下，破坏变形逐渐累积，最终导致严重破坏或倒塌。有些结构在主震时没有倒塌，而在余震时发生倒塌，这是由于持续地震动作用造成的累积破坏效应。然而，在当前更多关注最大值效应的结构抗震设计中，对地震波的持时指标考虑较少。

(4)与目标反应谱的关联。地震记录的反应谱曲线应符合规范要求的目标反应谱曲线。大量统计分析表明，要在所有周期点上完全满足可能非常困难，因此目前的做法是使地震记录反应谱曲线与目标反应谱曲线在一些对结构响应影响较大的周期点上尽量接近。

目前，被广泛采用的地震波选择方法是通过使输入地震波的反应谱与目标反应谱相匹配来实现，这也是国内外各种结构抗震规范推荐的方法，其中一种较好的方法是基于反应谱的两个频率段选择地震波。该方法采用两个频率段来控制反应谱：一是按欧洲规范的要求，控制地震记录加速度反应谱值在 $[0.1, T_g]$ 平台段的均值，要求其与设计反应谱在该段的均值相差不超过10%；二是控制结构基本周期 T_1 附近 $[T_1-\Delta T_1, T_1+\Delta T_2]$ 段的加速度反应谱均值，要求其与设计反应谱在该段的均值相差不超过10%。

附加第二项限制的原因在于：① 避免受到以场地特征周期确定反应谱卓越周期所带来的人为因素影响；② 避免仅控制反应谱平台段可能导致的Ⅰ、Ⅱ类场地选择了Ⅲ、Ⅳ类场地的地震加速度记录的不合理性；③ 便于与反应谱振型分解法进行比较分析，结构的最大反应主要由结构前几阶振型(尤其是第一振型)决定，除第一振型外的振型周期多分布于反应谱平台段附近；④ 易于提出小样本输入计算结果的调整方法，如果选择地震波不合理，在小样本输入情况下会经常出现离散水平过大的情况，这在抗震设计中难以有效应用。

基于反应谱的两个频率段选波方法的表达式为

$$\begin{cases} \varepsilon_w = \dfrac{\bar{\beta}_w(T) - \bar{\beta}(T)}{\bar{\beta}(T)} \quad (T \in [0.1, T_g]) \\ \varepsilon_T = \dfrac{\sum_{i=1}^{N} \lambda_i \varepsilon_{T_i}}{\sum_{i=1}^{N} \lambda_i} = \dfrac{1}{\sum_{i=1}^{N} \lambda_i} \sum_{i=1}^{N} \lambda_i \left| \dfrac{\bar{\beta}_{T_i}(T) - \bar{\beta}_i(T)}{\bar{\beta}_i(T)} \right| \quad (T \in [T_i - \Delta T_1, T_i + \Delta T_2]) \end{cases} \tag{9-32}$$

式中：ε_w 为反应谱平台段的均值相对误差；ε_T 为结构前几阶自振周期点附近谱值的均值相对误差的加权平均；$\bar{\beta}_w(T)$ 为 $[0.1, T_g]$ 范围内备选地震波放大系数谱均值；$\bar{\beta}(T)$ 为 $[0.1, T_g]$ 范周内目标放大系数谱均值，特征周期为 T_g；ε_{T_i} 为结构第 i 阶自振周期 T_i

附近谱值均值的相对误差；$\bar{\beta}_{T_i}(T)$ 为结构第 i 阶自振周期 T_i 附近备选地震波放大系数谱均值；$\bar{\beta}_i(T)$ 为结构第 i 阶自振周期 T_i 附近目标放大系数谱均值；N 为需考虑的振型数，一般取对结构反应起主要作用的前几阶振型数，可以取满足振型参与质量达到结构总质量90％所需要的振型数，或者仅考虑结构基本周期 T_1（第一振型）到目标谱（设计谱）特征周期 T_g 之间的振型；$[T_i-\Delta T_1, T_i+\Delta T_2]$ 为结构第 i 阶自振周期 T_i 附近的取值范围，初步建议取 $\Delta T_1=0.2\text{s}$，$\Delta T_2=0.5\text{s}$；λ_i 为权系数，可取为第 i 阶振型质量参与系数。

对于式(9-32)，王东升和张锐等人[8-9]采用最小二乘法给出了更具一般性的选波及记录反应谱缩放系数 SF：

$$\mathrm{SF}=\frac{\sum_{i=1}^{n}\left[\lambda_i\cdot\sum_{T=\alpha T_{i+1}+\beta T_i}^{\alpha T_i+\beta T_{i-1}\text{或}1.5T_1}S_{\mathrm{a}}^{\mathrm{t}}(T_i)\cdot S_{\mathrm{a}}(T_i)\right]}{\sum_{i=1}^{n}\left\{\left[\lambda_i\cdot\sum_{T=\alpha T_{i+1}+\beta T_i}^{\alpha T_i+\beta T_{i-1}\text{或}1.5T_1}S_{\mathrm{a}}(T_i)\right]^2\right]} \tag{9-33a}$$

$$S_{\mathrm{a}}(T_i)_{\text{modefied}}=\mathrm{SF}\cdot S_{\mathrm{a}}(T_i) \tag{9-33b}$$

式中：$S_{\mathrm{a}}(T_i)$ 和 $S_a^t(T_i)$ 分别为备选波反应谱与目标谱在 T_i 周期点对应的值，取加速度谱的形式；T_i 为匹配周期段内一定间隔（0.05 s或0.02 s）的各个离散周期点；α 和β 为结构相邻两阶自振周期之间权重系数分配的比例范围，取 $\alpha=0.4$，$\beta=0.6$；其余符号意义同前。

若不考虑权重系数，则记录反应谱的缩放系数 SF 为

$$\mathrm{SF}=\frac{\sum_{i=1}^{n}[S_{\mathrm{a}}^{\mathrm{t}}(T_i)\cdot S_{\mathrm{a}}(T_i)]}{\sum_{i=1}^{n}\{[S_{\mathrm{a}}(T_i)]^2]} \tag{9-34}$$

式中：n 为 $[T_{n,\min}, 1.5T_1]$ 区内的周期点数；$T_{n,\min}$ 可以取 $0.2T_1$，或取满足振型与质量达到结构总质量90％所需的第 n 阶振型对应周期。

本章主要参考文献

[1]同济大学，浙江大学，兰州交通大学，等．高等桥梁结构动力学[M]. 北京：人民交通出版社股份有限公司，2020.

[2]王君杰，黄勇，董正方，等．城市轨道交通结构抗震设计[M]. 北京：建筑工业出版社，2019.

[3]胡书贤．地震下程学[M]. 北京：地震出版社，2006.

[4]PENZIEN J，WATABE M. Characteristics of 3-dimensional earthquake ground motions[J]. Earthq. Eng. & Struct. Dyn.，1975，10(5)：575-581.

[5]Caltrans. Sesimic Design Criteria，Version 1.6. California：California Department

of Transportation, 2010.

[6]王君杰，王前信，江近仁．大跨拱桥在空间变化地震动下的响应[J]. 振动工程学报，1995，8(2)：119-126.

[7]杨溥，李英民，赖明．结构时程分析法输入地震波的选择控制指标[J]. 木工程学报，2000，33(6)：33-37.

[8]张锐，成虎，吴浩，等．时程分析考高阶振型影响的多频段地震波选择方法研究[J]. 工程力学，2019，35(6)：162-172.

[9]王东升，岳茂光，李晓莉，等．高墩桥梁抗震时程分析输入地震波选择[J]. 土木工程学报，2013，46(z1)：208-213.

[10]BISADI Y, HEAD M. Evaluation of combination rules for orthogonal seismic demands in nonlinear time history analysis of bridges[J]. J. Bridge Eng., 2011, 16(6): 711-717.

第 10 章　桥梁风致振动分析

风是一种自然现象，指的是空气在地球表面运动的过程。太阳对地球大气的加热导致地球表面温度不均匀，因此在地球上不同高度的两点之间存在压力差，这些压力差导致空气流动，形成了风。

桥梁在自然环境下面临各种外力作用，其中风荷载是桥梁受到的最频繁、最主要的自然外力。1818 年 1 月，建成仅半年、跨径约 79 m 的苏格兰 Dryburgh 修道院桥被大风摧毁，是近代历史上第一座被文字记录的风毁桥梁。1854 年 5 月，在强烈的夏季风暴中，当时世界上跨度最大的悬索桥——Wheeling 悬索桥，由于剧烈的竖向和扭转振动而被破坏。可惜受到科学技术和人类认知能力的限制，这些风致桥梁毁坏事件在当时并未获得足够的重视。历史上，在桥梁设计中开始考虑风的作用起因于 1879 年英国 Tay 桥的风毁事件，此后在一些重要的桥梁设计中，人们将风荷载作为一种静力荷载来考虑。直到 1940 年美国旧塔科马大桥发生的严重风毁灾难，促使了对大跨度桥梁风致振动理论的研究。

随着桥梁设计理论、现代施工技术的发展以及新型材料在桥梁结构工程中的应用，桥梁结构正呈现出长大化和轻型化的趋势。这些新型桥梁具有跨度大、刚度低、质量轻、阻尼低等特点，因此对于风荷载的作用更加敏感，其风响应也更加复杂。为了确保桥梁结构设计的安全性、经济性和正常使用，深入研究桥梁结构在风作用下的风荷载和风致响应非常重要。

10.1　风荷载

风速时程曲线主要由两部分组成：一种是周期超过 10 min 的长周期成分，另一种是周期仅有几秒的短周期成分。为方便研究，我们通常将随机的自然风速分解成长周期的平均风速和短周期的脉动风速两个部分。

10.1.1　平均风速

在确定的时距(平均风速的时间间隔)内，平均风速被假设为与时间无关的量，包括风对桥梁结构的作用速度、方向和其他物理量。

平均风速是一个随机变量，通常使用随机变量模型进行描述。当平均风速的统计量足够大时，它会呈现出一定的规律性，这种规律性可以通过风速分布概率模型来描述。在平均风速的统计分析中，人们通常最关注的是极值风速记录，并且统计推断的目标是确定在特定重现期内的最大期望风速。因此，从数理统计的角度来看，采用 Gumbel 分布模型是较合理的选择。目前，包括我国在内的多数国家都使用极值Ⅰ型(Gumbel)概率分布函数作为基本风速的模型[1-3]。

极值Ⅰ型分布的概率密度函数为

$$F_1(x)=\exp\{-\exp[-(x-\mu)/\sigma]\} \tag{10-1}$$

式中：μ 为分布的位置参数；σ 为分布的尺度参数。

概率统计参数 μ 和 σ 可由下式得到：

$$E(x)=\mu+0.5772\sigma \tag{10-2a}$$

$$\sigma_x=\frac{\pi}{\sqrt{6}}\sigma \tag{10-2b}$$

式中：$E(x)$ 和 σ_x 分别为风速样本的数学期望和均方差，这两者是已知量。

若有一批年最大风速的统计样本 $x_i(i=1,\cdots,n)$，则可由数学期望和均方差的定义计算风速的平均值与均方差，即

$$\bar{x}=E(x)=\frac{1}{n}\sum_{i=1}^{n}x_i \tag{10-3a}$$

$$\sigma_x=\left[\frac{\sum_{i=1}^{n}(x_i-x)^2}{n-1}\right]^{\frac{1}{2}} \tag{10-3b}$$

将 $E(x)$ 和 σ_x 代入式(10-2)后可求得参数 μ 和 σ，进而可以确定年最大风速的极值Ⅰ型概率分布函数。

平均风速的大小与平均时距存在密切关系。当平均时距较短时，平均风速较大，接近瞬时风速。在桥梁抗风设计中，必须采用合理的平均时距以反映瞬时最大值与较低值之间的平均关系，主要原因在于：第一，考虑到结构有一定体量以及桥梁等特殊结构的长度较大，最大瞬时风速不可能同时作用在整个结构上，因此取用一定的平均时距可以间接反映空间上的平均；第二，结构具有一定的质量和阻尼特性，平均风速对结构的动力响应也需要一定的时间。基于对风速时程的研究，发现以 2 min 至 2 h 为时距的平均风速基本稳定，我国规范规定的平均风速时距为 10 min。需要注意的是，各国在平均风速时距的选择上存

在较大差异，因此在实际工程中应遵循所在国家规范的要求。

10.1.2 脉动风速

对于一般桥梁结构来说，只需关注风的平均效应，但对于大跨桥梁结构，风的脉动分量不可忽略。它使结构承受随时间变化的荷载，影响结构的寿命和使用状态，甚至会改变结构在平稳气流中的气动力特性。

由于风的随机性，风的脉动分量也是一种随机过程，一般假定为均值为零的平稳随机过程，可以用数理统计的方法来研究脉动风的特性[4-5]。

脉动风速是指在某时刻 t，某空间点上的瞬时风速与平均风速的差值，即

$$v'(t)=v(t)-\bar{v} \tag{10-4}$$

脉动风速的时间平均值为零，即

$$\bar{v}'=\frac{1}{t}\int_{t_1}^{t_2}v'(t)\mathrm{d}t=0 \tag{10-5}$$

脉动风速的概率密度函数非常接近高斯(Gaussian)正态分布，高斯分布概率密度函数为

$$p(x)=\frac{1}{\sigma\sqrt{2\pi}}\exp\left[-\frac{(x-\mu)^2}{2\sigma^2}\right] \tag{10-6}$$

式中：μ 为均值；σ 为均方根值。

用脉动风速 v' 替代式(10-6)中的变量 x，由于 $\mu=\bar{v}'=0$，则脉动风速的概率密度函数为

$$p(v')=\frac{1}{\sigma_{v'}\sqrt{2\pi}}\exp\left(-\frac{v'^2}{2\sigma_{v'}{}^2}\right) \tag{10-7}$$

脉动风速的主要表征手段是脉动风的概率密度函数，目前已有学者提出了大量的风谱函数，但依据工程现场实测风速资料拟合出适合原位场的风速谱，仍具有较大的研究价值。

10.1.3 静力作用

我们假设桥梁结构足够长且平直，因此可以使用条带假定。根据条带假定，任意桥梁断面的风荷载可以代表其他断面的风荷载。这个假设使得我们能够利用二维平面流场理论来研究风荷载问题。在这种情况下，可以将风荷载的静力作用在平面坐标系中分解为 3 个分量，如图 10-1 所示。

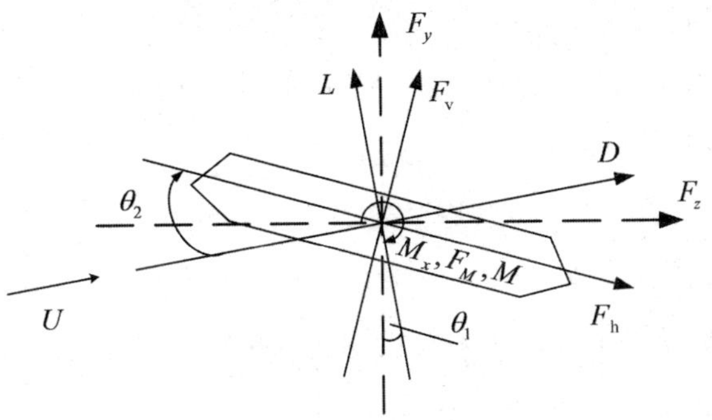

图 10-1　桥梁静风力分量示意图

在风轴坐标系下，风荷载的静力作用可以表示为

阻力：

$$D = \frac{1}{2}\rho U^2 C_D(\alpha) H \tag{10-8a}$$

升力：

$$L = \frac{1}{2}\rho U^2 C_L(\alpha) B \tag{10-8b}$$

扭矩：

$$M = \frac{1}{2}\rho U^2 C_M(\alpha) B^2 \tag{10-8c}$$

式中：$\frac{1}{2}\rho U^2$ 为气流的动压；H、B 分别为主梁断面的高度和宽度；$C_D(\alpha)$、$C_L(\alpha)$、$C_M(\alpha)$ 是静力三分力系数，分别为阻力系数、升力系数和扭矩系数。静力三分力系数与桥梁断面形状有关，一般通过风洞模型试验确定，也可通过计算流体动力学(CFD)求解。需要注意的是，静力三分力系数应与静力作用在同一坐标系下表达。

桥梁结构在受到风的静力作用时可能会出现强度问题或稳定性问题。强度问题主要来自侧向风压荷载产生的阻力，有时还需要考虑升力的影响；而稳定性问题可能是由于扭矩引起的扭转发散，或者由于阻力作用下的侧倾失稳(水平面内的弯曲导致水平面的弯扭失稳)。因此，在桥梁的抗风设计中，有必要对静风力下的安全性能进行验算，特别是在施工阶段。

我国《公路桥梁抗风设计规范》(JTG/T 3360-01—2018)[6]明确要求需考虑悬臂施工桥梁静风荷载不对称加载的工况，对于悬索桥要求采用相应公式进行静风稳定性能验算。而斜拉桥由于其静风失稳形式较为复杂，无法直接使用线性公式进行稳定性计算。针对大跨度桥梁结构的几何非线性和气动力非线性效应明显的特点，目前通常采用三维非线性有限元数值分析方法对悬索桥和斜拉桥的静风稳定性能进行分析。

10.1.4 动力作用

风对结构的动力作用可以分为两类：一是在平均风作用下由桥梁吸收能量而产生自激振动，二是由风的脉动成分作用引发的强迫振动响应。

自激振动主要包括驰振和颤振。驰振通常发生在横向风作用下，引起桥梁的弯曲振动；而颤振则是弯扭耦合或扭转振动。涡激振动也包含一定程度的自激振动成分。强迫振动主要指抖振，这种振动是由脉动风的随机性质引起的结构的随机振动。涡激振动的响应表现为强迫型的限幅振动，也具有强迫振动的特征[7-8]。

桥梁抗风设计中，风的动力作用是一个重点研究课题。根据目前已有的研究成果，无论桥梁结构受到哪种类型的风致振动，我们都可以将风荷载动力分析时所使用的动力学方程写成统一的基本形式，即 $\boldsymbol{M}\ddot{\boldsymbol{x}}(t)+\boldsymbol{C}\dot{\boldsymbol{x}}(t)+\boldsymbol{K}\boldsymbol{x}=\boldsymbol{F}(t)$。对于桥梁结构的不同风致振动问题，主要是结构动力学方程右端的荷载项有所区别。

10.2 桥梁的风致颤振分析

风致颤振现象最早发现于航空飞行器的薄机翼，是扭转发散振动或弯扭复合的发散振动，也是动力不稳定性的表现，著名的旧塔科马桥事故便是由颤振不稳定引发的典型灾害案例。对于桥梁结构来说，较宽的桥面会出现明显的扭转效应，需确保其颤振稳定性。

10.2.1 颤振振动方程

1. 理想平板气动自激力理论

现有的桥梁颤振理论是在飞行器颤振理论基础上发展而来的，为了更好地理解气动自激力理论，有必要先了解经典的理想平板气动自激力理论。

一块宽度为 B、厚度为 0、长度无限的直平板称为理想平板。假定风速为 U 的均匀流经过理想平板，攻角为零(图 10-2)，由于平板无厚度，若平板绝对静止，它对流场无任何干扰，静风荷载为零，三分力系数也为零。

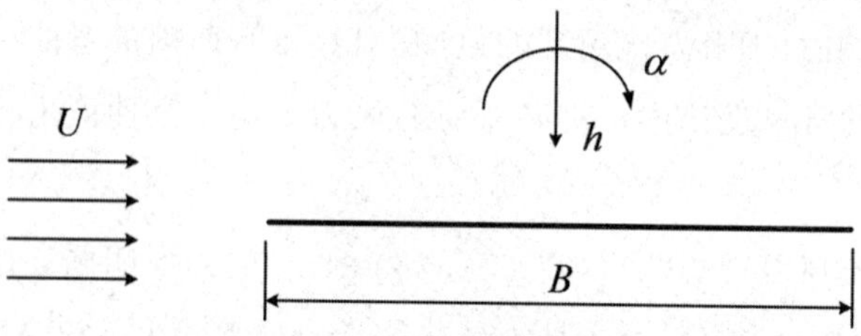

图 10-2　均匀流场中的理想平板断面

假设由于某种原因，平板自身产生微幅的竖向和扭转振动，其中竖向振动 h 以向下为正，扭转振动 α 的方向为使平板相对来流方向产生逆时针旋转为正攻角，横向振动忽略不计。Theodorsen[9]于 1935 年利用位势理论证明了平板自身微幅振动扰动了平板上下表面的气流，而扰动的气流反过来会对平板产生气动力作用，这种随时间变化的气动力与平板振动的速度和位移有关。假设平板做频率为 ω 的简谐振动，即

$$\begin{cases} h = h_0 \cos\omega t \ \text{竖向} \\ \alpha = \alpha_0 \cos\omega t \ \text{扭转} \end{cases} \tag{10-9}$$

则 Theodorsen 导出的平板气动自激力理论解为

$$\begin{cases} L = \pi\rho b\{-b\ddot{h} - 2UC(k)\dot{h} - [1 + C(k)]Ub\dot{\alpha} - 2U^2C(k)\alpha\} \\ M = \pi\rho b^2\left\{UC(k)\dot{h} - \dfrac{b^2\ddot{\alpha}}{8} + \left[-\dfrac{1}{2} + \dfrac{1}{2}C(k)\right]Ub\dot{\alpha} + U^2C(k)\alpha\right\} \end{cases} \tag{10-10}$$

式中：L、M 分别为单位长度的升力和扭转；ρ 为空气密度；b 为理想平板半宽，板宽 $B=2b$；U 为空气来流速度；h、α 分别为平板竖向位移与扭转角；k 为折算频率，$k=b\omega/U$；ω 为振动圆频率(rad/s)；$C(k)$ 为 Theodorsen 循环函数，用 Bessel 函数表示时为

$$C(k) = F(k) + \mathrm{i}G(k) \tag{10-11}$$

式中：$F(k) = \dfrac{J_1(J_1 + Y_0) + Y_1(Y_1 - J_0)}{(J_1 + Y_0)^2 + (Y_1 - J_0)^2}$，$G(k) = \dfrac{Y_1Y_0 + J_1J_0}{(J_1 + Y_0)^2 + (Y_1 - J_0)^2}$。

实际中可采用 R. T. Jones 的近似表达式，即

$$C(k) = 1 - \frac{0.165}{1 - \dfrac{0.0455}{k}} - \frac{0.335}{1 - \dfrac{0.3}{k}i} \tag{10-12}$$

由式(10-10)可以看出，气动自激力是竖向速度和竖向加速度的线性函数，也是扭转角、扭转速度和扭转加速度的线性函数，也就是说，气动力的大小随平板自身运动而变化，故称为自激力。此外，气动力也与来流速度有关。复函数 $C(k)$ 是无量纲频率 k 的函数，当平板振动频率一定时，k 与风速 U 成反比。

2. 二维颤振振动方程

大量风洞试验表明，Theodorsen 理想平板气动自激力表达式能够很好地再现完全流线型薄机翼断面的气动自激力[10]。早期的飞机机翼基本上是断面形状不变的等宽直机翼，符合二维流动的条带假定。然而，现代机翼沿弦长方向具有变化的宽度和后掠角，因此二维流动理论不再适用。为了能够从风洞模型试验结果推算真实机翼的气动自激力，必须找到仅与机翼形状有关的无量纲参数，并通过这些参数来实现模型力与原型力之间的转换，这就是颤振导数的由来。

1971 年，Scanlan[11]将飞行器的颤振导数理论进行推广，建立了适用于非流线型断面桥梁主梁的颤振导数理论。图 10-3 表示处于二维均匀流场中的常见桥梁主梁断面，同理想平板类似，这一断面的微幅振动也会扰动周围气流，从而产生自激力。

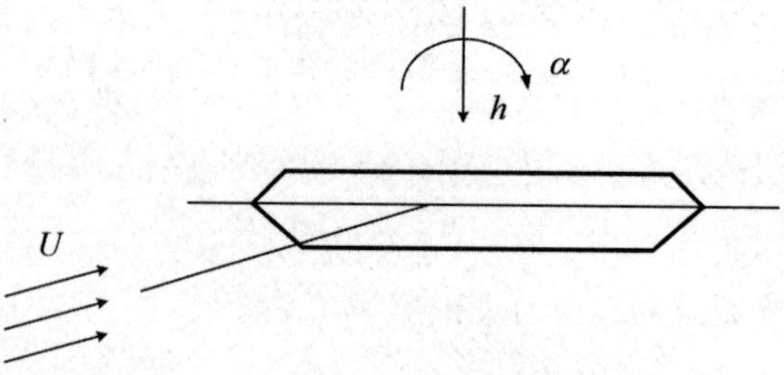

图 10-3　二维均匀流场中的桥梁断面

与理想平板分析相同，仍然仅考虑该断面的竖向位移 h 和扭转角 α ，这样它的运动状态由状态向量（$\dot{h}$，$\dot{\alpha}$，α，h）唯一确定，状态向量的排列顺序依据 Sanlan 颤振理论的惯例。气动自激力是来流速度 U 、振动频率 ω 与状态向量的函数，可表示为

$$\begin{aligned} L &= L(U, \omega, \dot{h}, \dot{\alpha}, \alpha, h) \\ M &= M(U, \omega, \dot{h}, \dot{\alpha}, \alpha, h) \end{aligned} \tag{10-13}$$

振动为微幅振动，可将式(10-13)展开成相对于静平衡状态（0，0，0，0）的泰勒级数。以升力 L 为例：

$$\begin{aligned} L &= L(U, \omega, \dot{h}, \dot{\alpha}, \alpha, h) \\ &= L(U, \omega, 0, 0, 0, 0) + \left(\frac{\partial L}{\partial \dot{h}}\dot{h} + \frac{\partial L}{\partial \dot{\alpha}}\dot{\alpha} + \frac{\partial L}{\partial h}h + \frac{\partial L}{\partial \alpha}\alpha\right) + \Delta(L) \end{aligned}$$

由于自激力的定义不包含物体静平衡状态时所受的气动作用力，因此 $L(U, \omega, 0, 0, 0, 0)=0$，从而有

$$L = \left(\frac{\partial L}{\partial \dot{h}}\dot{h} + \frac{\partial L}{\partial \dot{\alpha}}\dot{\alpha} + \frac{\partial L}{\partial h}h + \frac{\partial L}{\partial \alpha}\alpha\right) + \Delta(L) \tag{10-14a}$$

同理，

$$M = \left(\frac{\partial M}{\partial \dot{h}}\dot{h} + \frac{\partial M}{\partial \dot{\alpha}}\dot{\alpha} + \frac{\partial M}{\partial h}h + \frac{\partial M}{\partial \alpha}\alpha\right) + \Delta(M) \tag{10-14b}$$

式(10-14)中，前四项之和为气动自激力线性主部，Δ 项为余项。

Scanlan 认为实际的桥梁断面无论是流线型还是纯体，余项均小到可以忽略，他引入了 8 个无量纲的颤振导数 H_i^* 、A_i^*（$i=1, 2, 3, 4$），近似地将自激力表示为状态向量的线性函数，即

$$\begin{cases} L = \dfrac{1}{2}\rho U^2 (2B)\left\{KH_1^* \dfrac{\dot{h}}{U} + KH_2^* \dfrac{\dot{\alpha}B}{U} + K^2 H_3^* \alpha + K^2 H_4^* \dfrac{h}{B}\right\} \\ M = \dfrac{1}{2}\rho U^2 (2B^2)\left\{KA_1^* \dfrac{\dot{h}}{U} + KA_2^* \dfrac{\dot{\alpha}B}{U} + K^2 A_3^* \alpha + K^2 A_4^* \dfrac{h}{B}\right\} \end{cases} \tag{10-15}$$

对比式(10-14)和式(10-15)可以发现，颤振导数是气动自激力对状态向量的一阶偏导数。颤振导数与状态向量的线性组合表示了气动自激力的线性主部，而余项 Δ 是其理论误差。在式(10-15)中取断面全宽 B 为特征长度，此时 $K=\omega B/U=2k$ 。大括号内的各因子都是无量纲量，其中 U，B，K，$\dot{h}$，$\dot{\alpha}$，α，h 表征风场与断面运动状态，而颤振导数则是表示断面气动自激力特征的一组函数。只要我们测定了颤振导数，就可以依据它来计算同一形状断面在任意微幅振动下的气动自激力。

需要注意的是，颤振导数是以主梁断面的体轴定义的，所以风攻角的影响也会通过颤振导数来体现。因此，同一断面在不同攻角下的颤振导数是不同的。

得到气动自激力的表达式后，可据此写出二维颤振振动方程，即

$$\begin{cases} m(\ddot{h}+2\xi_h\omega_h\dot{h}+\omega_h^2 h)=\rho U^2 B\left\{K_h H_1^* \dfrac{\dot{h}}{U}+K_t H_2^* \dfrac{\dot{\alpha}B}{U}+(K_t)^2 H_3^* \alpha+(K_h)^2 H_4^* \dfrac{h}{B}\right\} \\ I(\ddot{\alpha}+2\xi_t\omega_t\dot{\alpha}+\omega_t^2\alpha)=\rho U^2 B^2\left\{K_h A_1^* \dfrac{\dot{h}}{U}+K_t A_2^* \dfrac{\dot{\alpha}B}{U}+(K_t)^2 A_3^* \alpha+(K_h)^2 A_4^* \dfrac{h}{B}\right\} \end{cases} \tag{10-16}$$

3. 三维颤振振动方程

斜拉桥近几十年来得到了迅速发展，然而由于其振型常常是耦合的，颤振现象往往涉及多个模态，传统的二维颤振分析方法已经无法满足求解需要。另外，随着桥梁跨度的增大，对颤振分析的精确性要求也越来越高。幸运的是，有限元技术的飞速发展为三维多模态耦合颤振分析提供了基础。在这一背景下，20 世纪 80－90 年代出现了三维颤振分析理论。

频域法是用来求解三维颤振问题的一种常用方法，它主要基于模态叠加假定，即认为固有模态之间的动力耦合是通过气动自激力实现的，为提高计算的精度，通常会选择较多的模态参与颤振计算。在 20 世纪末，葛耀君[5]等提出了全模态方法，该方法通过将所有结构模态都纳入分析中，可以得到更为精确的解答。这种方法不需要求解结构模态，可以直接得到结构和气流系统的特征值以及颤振的临界风速。

三维颤振分析中，桥梁被离散为具有 n 个自由度的结构，运动方程表达为各自由度的惯性力、阻尼力、弹性力和外荷载的平衡方程。令结构位移向量为 $\boldsymbol{\delta}$ ，则运动方程为

$$\boldsymbol{M}_s\ddot{\boldsymbol{\delta}}+\boldsymbol{C}_s\dot{\boldsymbol{\delta}}+\boldsymbol{K}_s\boldsymbol{\delta}=\boldsymbol{F} \tag{10-17}$$

式中：$\boldsymbol{F}$ 为外荷载向量；$\boldsymbol{M}_s$ 为结构质量矩阵；$\boldsymbol{K}_s$ 为结构刚度矩阵，包括弹性刚度矩阵 $\boldsymbol{K}_e$ 和几何刚度矩阵 $\boldsymbol{K}_g$ 两部分，$\boldsymbol{K}_s=\boldsymbol{K}_e+\boldsymbol{K}_g$ ； $\boldsymbol{C}_s$ 为结构阻尼矩阵。

对受横向风作用的大跨桥梁，颤振分析中的外荷载仅有气动自激力，则

$$\boldsymbol{F}=\boldsymbol{F}_d+\boldsymbol{F}_s=\boldsymbol{A}_d\dot{\boldsymbol{\delta}}+\boldsymbol{A}_s\boldsymbol{\delta} \tag{10-18}$$

式中：$\boldsymbol{F}_d$ 和 $\boldsymbol{F}_s$ 分别为气动阻尼力和气动刚度力；$\boldsymbol{A}_d$ 和 $\boldsymbol{A}_s$ 是由气动导数组成的矩阵。

将式(10-18)代入式(10-17)，可得到颤振运动方程

$$\boldsymbol{M}_{\mathrm{s}}\ddot{\boldsymbol{\delta}}+(\boldsymbol{C}_{\mathrm{s}}-\boldsymbol{A}_{\mathrm{d}})\dot{\boldsymbol{\delta}}+(\boldsymbol{K}_{\mathrm{s}}-\boldsymbol{A}_{\mathrm{s}})\boldsymbol{\delta}=\boldsymbol{0} \tag{10-19}$$

桥梁结构与周围气流作为整体系统考虑时，系统颤振运动方程为

$$\boldsymbol{M}\ddot{\boldsymbol{\delta}}+\boldsymbol{C}\dot{\boldsymbol{\delta}}+\boldsymbol{K}\boldsymbol{\delta}=\boldsymbol{0} \tag{10-20}$$

式中：$\boldsymbol{M}$ 为系统质量矩阵，$\boldsymbol{M}=\boldsymbol{M}_{\mathrm{s}}$；$\boldsymbol{K}$ 为系统刚度矩阵，$\boldsymbol{K}=\boldsymbol{K}_{\mathrm{s}}-\boldsymbol{A}_{\mathrm{s}}$；$\boldsymbol{C}$ 为系统阻尼矩阵，$\boldsymbol{C}=\boldsymbol{C}_{\mathrm{s}}-\boldsymbol{A}_{\mathrm{d}}$。气动力$\boldsymbol{F}_{\mathrm{d}}$和$\boldsymbol{F}_{\mathrm{s}}$是非保守力，所以气动阻尼矩阵$\boldsymbol{A}_{\mathrm{d}}$和气动刚度矩阵$\boldsymbol{A}_{\mathrm{s}}$均非对称，系统刚度矩阵和系统阻尼矩阵也因此为非对称，使得结构响应为多模态耦合。

10.2.2 颤振方程求解

本节仅介绍二维颤振振动方程的求解方法，三维颤振分析可参阅相关文献。

1. 半逆求解法

Theodorsen[9]提出的半逆求解法是经典的颤振问题求解方法。然而，该方法只能计算系统在颤振发生时的临界状态，并不能描述颤振临界状态前的阻尼与结构振动频率，也无法描述颤振时的模态耦合。尽管如此，这种方法在解决颤振问题上仍具有重要的意义。

对于颤振振动方程(10-16)，令 $s=Ut/B$，有

$$\begin{cases}\dfrac{h''}{B}+2\xi_{\mathrm{h}}K_{\mathrm{h}}\dfrac{h'}{B}+K_{\mathrm{h}}^{2}\dfrac{h}{B}=\dfrac{\rho B}{m}\left(KH_{1}^{*}\dfrac{h'}{B}+KH_{2}^{*}\alpha'+K^{2}H_{3}^{*}\alpha+K^{2}H_{4}^{*}\dfrac{h}{B}\right)\\ \alpha''+2\xi_{\alpha}K_{\alpha}\alpha'+K_{\alpha}^{2}\alpha=\dfrac{\rho B^{4}}{I}\left(KA_{1}^{*}\dfrac{h'}{U}+KA_{2}^{*}\alpha'+K^{2}A_{3}^{*}\alpha+K^{2}A_{4}^{*}\dfrac{h}{B}\right)\end{cases} \tag{10-21}$$

将解的形式表达为 $h/B=h_0/B\mathrm{e}^{\mathrm{i}ks}$、$\alpha=\alpha_0\mathrm{e}^{\mathrm{i}ks}$，代入式(10-21)，得到下述方程组：

$$\begin{cases}\left[-\dfrac{\rho B^{4}}{I}K^{2}(\mathrm{i}A_{1}^{*}+A_{4}^{*})\right]\dfrac{h_0}{B}+\left[-K^{2}+2\mathrm{i}\xi_{\alpha}K_{\alpha}K+K_{\alpha}^{2}-\dfrac{\rho B^{4}}{I}K^{2}(\mathrm{i}A_{2}^{*}+A_{3}^{*})\right]\alpha_0=0\\ \left[-K^{2}+2\mathrm{i}\xi_{\mathrm{h}}K_{\mathrm{h}}K+K_{\mathrm{h}}^{2}-\dfrac{\rho B^{2}}{m}K^{2}(\mathrm{i}H_{1}^{*}+H_{4}^{*})\right]\dfrac{h_0}{B}-\dfrac{\rho B^{2}}{m}K^{2}(\mathrm{i}H_{2}^{*}+H_{3}^{*})\alpha_0=0\end{cases} \tag{10-22}$$

假定一未知数 $X=\omega/\omega_{\mathrm{h}}=K/K_{\mathrm{h}}$，并按 h_0/B、α_0 的系数阵行列式为零的条件，可得 X 的四次多项式，再依据方程实部与虚部分别为零的原则，得到颤振临界风速和颤振发生频率的近似解，即 $U_{\mathrm{c}}=B\dfrac{\omega_{\mathrm{c}}}{K_{\mathrm{c}}}$、$\omega_{\mathrm{c}}=X_{\mathrm{c}}\omega_{\mathrm{h}}$。

半逆求解法假设系统以单一颤振频率振动，然后依据气动导数和结构参数计算颤振的临界风速和颤振发生的频率。尽管这种方法是近似性的，但在实际应用中还是能够提供一定程度的准确性。

2. 直接求解法

二维颤振问题也可以采用直接求解法解答，通过将竖直方向和扭转方向的振动方程表

达为矩阵形式，可以得到一个方程组，通过求解这个方程组，获得系统的颤振频率和模态形态等相关信息。这种直接求解法在处理二维颤振问题时具有较高的精度和准确性。

竖直方向与扭转方向的振动方程可以用矩阵形式表示为

$$\boldsymbol{M}\ddot{\boldsymbol{Y}}+\boldsymbol{C}\dot{\boldsymbol{Y}}+\boldsymbol{K}\boldsymbol{Y}=\boldsymbol{0} \tag{10-23}$$

式中：$\boldsymbol{M}=\begin{bmatrix} m & 0 \\ 0 & I_t \end{bmatrix}$；$\boldsymbol{Y}=\begin{bmatrix} Y_1 \\ Y_2 \end{bmatrix}=\begin{bmatrix} h \\ \alpha \end{bmatrix}$；

$$\boldsymbol{C}=\begin{bmatrix} 2m\xi_{\mathrm{h}}\omega_{\mathrm{h}}-[H_1^*(K_{\mathrm{h}})](K_{\mathrm{h}}\rho UB) & -[H_2^*(K_{\mathrm{t}})](K_{\mathrm{t}}\rho UB^2) \\ -[A_1^*(K_{\mathrm{h}})](K_{\mathrm{h}}\rho UB^2) & 2I_1\xi_l\omega_l-[A_2^*(K_l)](K_l\rho UB^3) \end{bmatrix};$$

$$\boldsymbol{K}=\begin{bmatrix} [m\omega_{\mathrm{h}}^2-[H_4^*(K_{\mathrm{h}})][(K_{\mathrm{h}})^2\rho U^2] & -[H_3^*(K_{\mathrm{t}})][(K_{\mathrm{t}})^2\rho U^2B] \\ -[A_4^*(K_{\mathrm{h}})][(K_{\mathrm{h}})^2\rho U^2B] & I_1\omega_{\mathrm{h}}^2-[A_3^*(K_{\mathrm{t}})][(K_{\mathrm{t}})^2\rho U^2B^2] \end{bmatrix}。$$

令

$$\boldsymbol{Y}=\begin{bmatrix} Y_1 \\ Y_2 \end{bmatrix}\mathrm{e}^{st} \tag{10-24}$$

将式(10-24)代入式(10-23)，由于阻尼矩阵和刚度矩阵非对称，则二维颤振问题转化为求解二维复特征值的问题，即

$$\begin{bmatrix} ms^2+C_{11}s+K_{11} & C_{12}s+K_{12} \\ C_{21}s+K_{21} & I_1s^2+C_{22}s+K_{22} \end{bmatrix}\boldsymbol{\Phi}=0 \tag{10-25}$$

$$\begin{vmatrix} ms^2+C_{11}s+K_{11} & C_{12}s+K_{12} \\ C_{21}s+K_{21} & I_1s^2+C_{22}s+K_{22} \end{vmatrix}=0 \tag{10-26}$$

根据式(10-26)，可进一步转化为求解如下一元四次方程的特征值与特征向量问题：

$$as^4+bs^3+cs^2+ds+e=0 \tag{10-27}$$

式中：$a=mI$，$b=C_{11}I+C_{22}m$，$c=K_{11}I+C_{11}C_{22}+K_{22}m-C_{12}C_{21}$，$d=K_{11}C_{22}+K_{22}C_{11}-K_{21}C_{12}-K_{12}C_{21}$，$e=K_{11}K_{22}-K_{12}K_{21}$。

通过将二维颤振问题转化为颤振四次方程，可以采用费拉里的理论推导和一元四次方程解的标准形式精确求解二维颤振的复特征值问题。这种方法的优势在于可以避免初始频率选择和后续的迭代过程，从而节省时间并避免可能存在的频率迭代无法收敛的问题。

首先，将方程转化为无三次项的四次方程，即

$$s^4+\left(\frac{b}{a}\right)s^3+\left(\frac{c}{a}\right)s^2+\left(\frac{d}{a}\right)s+\left(\frac{e}{a}\right)=0 \tag{10-28}$$

令 $s=u-\frac{b}{4}a$，则 $\left(u-\frac{b}{4}a\right)^4+\left(\frac{b}{a}\right)\left(u-\frac{b}{4a}\right)^3+\left(\frac{c}{a}\right)\left(u-\frac{b}{4a}\right)^2+\left(\frac{d}{a}\right)\left(u-\frac{b}{4a}\right)+\left(\frac{e}{a}\right)=0$。

令 $\alpha=-3b^2/8a^2+c/a$，$\beta=b^3/8a^3-bc/2a^2+d/a$，$\gamma=-3b^4/256a^4+cb^2/16a^3-bd/4a^2+e/a$，得到

$$u^4+\alpha u^2+\beta u+\gamma=0 \tag{10-29}$$

进一步转化成三次方程，即

$$v^3+Pv+Q=0 \tag{10-30}$$

式中：$P=-\dfrac{\alpha^2}{12}-r$，$Q=-\dfrac{\alpha^3}{108}+\dfrac{\alpha\gamma}{3}-\beta^2/8$。

该三次方程的通解为

$$v=-\frac{5}{6}\alpha+\frac{P}{3}U-U,\ U=-\frac{Q}{2}\pm\left(\frac{Q^2}{4}+\frac{P^3}{27}\right)=0 \tag{10-31}$$

回代式(10-29)，可得到四次方程通解为

$$\left.\begin{aligned}
S_1&=-b/4a+[\sqrt{\alpha+2v}+\sqrt{-(3\alpha+2v+2\beta/\sqrt{\alpha+2v})}]/2\\
S_2&=-b/4a+[\sqrt{\alpha+2v}-\sqrt{-(3\alpha+2v+2\beta/\sqrt{\alpha+2v})}]/2\\
S_3&=-b/4a+[-\sqrt{\alpha+2v}+\sqrt{-(3\alpha+2v-2\beta/\sqrt{\alpha+2v})}]/2\\
S_4&=-b/4a+[-\sqrt{\alpha+2v}-\sqrt{-(3\alpha+2v-2\beta/\sqrt{\alpha+2v})}]/2
\end{aligned}\right\} \tag{10-32}$$

四次方程的 4 个复数根即为特征方程的 4 个复特征值，由此可求出复特征向量为

$$\boldsymbol{\Phi}_1=\begin{bmatrix}Y_{11}\\Y_{21}\end{bmatrix},\ \boldsymbol{\Phi}_2=\begin{bmatrix}Y_{12}\\Y_{22}\end{bmatrix},\ \boldsymbol{\Phi}_1^*=\begin{bmatrix}\bar{Y}_{11}\\\bar{Y}_{21}\end{bmatrix},\ \boldsymbol{\Phi}_2^*=\begin{bmatrix}\bar{Y}_{12}\\\bar{Y}_{22}\end{bmatrix} \tag{10-33}$$

则系统在颤振发生前的任意状态与任意时刻的运动方程可表示为

$$\boldsymbol{y}=a_1\boldsymbol{\Phi}_1\mathrm{e}^{s1t}+\bar{a}_1\boldsymbol{\Phi}_1^*\mathrm{e}^{\bar{s}1t}+a_2\boldsymbol{\Phi}_2\mathrm{e}^{s2t}+\bar{a}_2\boldsymbol{\Phi}_2^*\mathrm{e}^{\bar{s}2t} \tag{10-34}$$

给定每一运动状态的初始条件，即可得到这一状态下系统运动方程的通解：

$$y_{\mathrm{r}}|_0=T_{\mathrm{r}}\mathrm{e}^{\mathrm{i}\theta},\ y_{\mathrm{r}}^*|_0=T_{\mathrm{r}}\mathrm{e}^{-\mathrm{i}\theta}\quad(r=1,\ 2)$$

$$x=\sum_{r=1}^{2}T_{\mathrm{r}}\mathrm{e}^{-\mu t}\left[\Phi_{\mathrm{r}}\mathrm{e}^{\mathrm{i}(\omega_{\mathrm{r}}t+\theta_{\mathrm{r}})}+\Phi_{\mathrm{r}}^*\mathrm{e}^{-\mathrm{i}(\omega_{\mathrm{r}}t+\theta_{\mathrm{r}})}\right]$$

系统以某阶复模态频率做主振动时，振动系统的周期运动表达式为

$$x(t)=T_{\mathrm{r}}\mathrm{e}^{-\mu t}\left\{\begin{bmatrix}Y_{12}\\Y_{22}\end{bmatrix}\mathrm{e}^{\mathrm{i}(\omega_{\mathrm{r}}t+\theta_{\mathrm{r}})}+\begin{bmatrix}\bar{Y}_{12}\\\bar{Y}_{22}\end{bmatrix}\mathrm{e}^{-\mathrm{i}(\omega_{\mathrm{r}}t+\theta_{\mathrm{r}})}\right\} \tag{10-35}$$

10.3 桥梁的风致驰振分析

气流经过在垂直于气流方向上处于微幅振动状态的细长物体时，即使气流是攻角和流速都不变的定常流，物体与气流之间的相对攻角也会随着时间而变化。相对攻角的变化会

导致气动三分力的变化，其中的一部分会形成动力荷载，即气动自激力。准定常理论是基于相对攻角的变化建立起来的，它忽略了物体周围非定常流场的存在，仍然将气流视为定常流，相应的气动力被称为准定常力。实验证明，在静态条件下得到的三分力系数随攻角变化的曲线足以作为驰振分析的理论基础，也就是说，驰振基本上是由准定常力控制的。这里只介绍桥梁结构中最常见的经典驰振现象。

10.3.1　驰振振动方程

为导出准定常气动力公式，首先研究图 10-4 中的二维定常流问题。该问题中，均匀流以攻角 α 、速度 U_α 流过一个细长体断面。

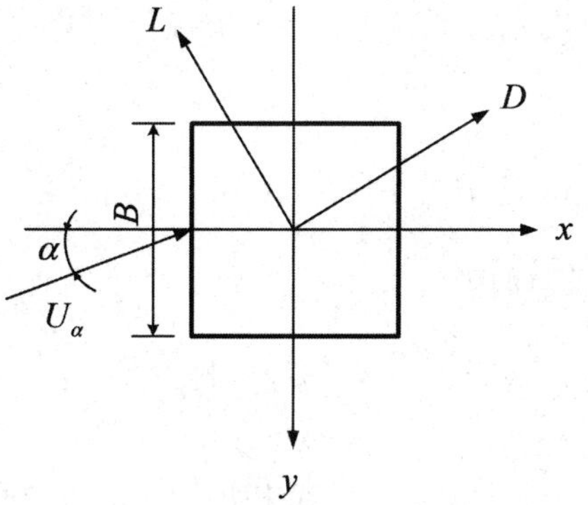

图 10-4　均匀流经过细长体断面

在风轴坐标下，阻力 $D(\alpha)$ 和升力 $L(\alpha)$ 分别为[12]

$$D(\alpha)=\frac{1}{2}\rho U_\alpha^2 BC_D(\alpha) \tag{10-36a}$$

$$L(\alpha)=\frac{1}{2}\rho U_\alpha^2 BC_L(\alpha) \tag{10-36b}$$

从而，竖直方向(y 轴向下为正)的作用力为

$$F_y=-D(\alpha)\sin\alpha-L(\alpha)\cos\alpha \tag{10-37}$$

为了之后应用方便，将 F_y 改记为另一形式：

$$F_y=\frac{1}{2}\rho U^2 BC_{F_y}(\alpha) \tag{10-38}$$

式中：U 为 U_α 的水平分量，$U=U_\alpha\cos\alpha$ 。

于是

$$F_y=\frac{1}{2}\rho U_\alpha^2 B(-C_D\sin\alpha-C_L\cos\alpha)$$

$$=\frac{1}{2}\rho U^2 B(-C_D\sin\alpha-C_L\cos\alpha)\frac{1}{\cos^2\alpha} \tag{10-39}$$

$$=\frac{1}{2}\rho U^2 B(-C_D\tan\alpha-C_L)\sec\alpha$$

与式(10-38)比较后，可得 C_{F_y} 的定义式为

$$C_{F_y}(\alpha)=-(C_L+C_D\tan\alpha)\sec\alpha \tag{10-40}$$

运用上式可导出准定常力的解。如图 10-4 所示，均匀来流垂直流过细长体，当物体不动时风速为 U，攻角为零。现在假设物体本身有垂直于来流方向(横风向)的微振动，速度为 $\dot{y}$，根据运动的相对性，可认为物体不动，而来流以一相对攻角流过物体。则来流的速度和攻角分别为

$$U_\alpha=(U^2+\dot{y}^2)^{\frac{1}{2}},\quad \alpha=\arctan\frac{\dot{y}}{U} \tag{10-41}$$

可用式(10-38)表示横风向的力。

由于是微幅振动，因此可认为 $\alpha\approx\frac{\dot{y}}{U}\rightarrow 0$。将 F_y 在 $\alpha=0$ 处关于 α 做一阶泰勒展开，即 $F_y(\alpha)=F_y(0)+\left.\frac{\partial F_y}{\partial\alpha}\right|_{\alpha=0}\cdot\alpha+\Delta(\alpha^2)$。式中 $F_y(0)$ 不随时间变化，动力分析中可略去；$\Delta(\alpha^2)$ 为气动力中的二阶余项，也可略去。于是可得 $F_y(\alpha)\approx\left.\frac{\partial F_y}{\partial\alpha}\right|_{\alpha=0}\cdot\alpha=\frac{1}{2}\rho U^2 B\cdot\left.\frac{\mathrm{d}C_{F_y}}{\mathrm{d}\alpha}\right|_{\alpha=0}\cdot\frac{\dot{y}}{U}$。

由式(10-40)可知 $\left.\frac{\mathrm{d}C_{F_y}}{\mathrm{d}\alpha}\right|_{\alpha=0}=-\left.\left(\frac{\mathrm{d}C_L}{\mathrm{d}\alpha}+C_D\right)\right|_{\alpha=0}$，进而可以得到准定常气动力的表达式为

$$F_y(\alpha)=-\frac{1}{2}\rho U^2 B\left.\left(\frac{\mathrm{d}C_L}{\mathrm{d}\alpha}+C_D\right)\right|_{\alpha=0}\cdot\frac{\dot{y}}{U} \tag{10-42}$$

从而可得细长体断面在准定常气动自激力作用下的驰振振动方程(单一振型的弯曲振动)为

$$m(\ddot{y}+2\xi\omega\dot{y}+\omega^2 y)=-\frac{1}{2}\rho U^2 B\left(\frac{\mathrm{d}C_L}{\mathrm{d}\alpha}+C_D\right)\frac{\dot{y}}{U} \tag{10-43}$$

10.3.2 驰振方程求解

驰振问题中，人们最为关心的是驰振稳定性的判据与驰振发生风速。将式(10-43)右端项移至左边，速度 $\dot{y}$ 前的系数表示系统净阻尼，以 d 表示[4-5]

$$d=2m\xi\omega+\frac{1}{2}\rho UB\left.\left(\frac{\mathrm{d}C_L}{\mathrm{d}\alpha}+C_D\right)\right|_{\alpha=0} \tag{10-44}$$

显然，至少在

$$\left(\frac{\mathrm{d}C_L}{\mathrm{d}\alpha}+C_D\right)\bigg|_{\alpha=0}<0 \tag{10-45}$$

时才会出现不稳定现象。因此，式(10-45)左端项称为驰振力系数。一般情况下阻力系数 C_D 恒为正，只有当

$$C_L'=\frac{\mathrm{d}C_L}{\mathrm{d}\alpha}<0 \tag{10-46}$$

时，才可能出现驰振现象。

《公路桥梁抗风设计规范》(JTG/T 3360-01—2018)中可以查找常见断面的驰振力系数。式(10-46)表示的物理意义是升力系数关于攻角 α 的斜率为负，例如圆形断面与八角形断面具有正向的升力系数斜率，而六角形或矩形断面的升力系数斜率为负，这意味着它们属于不稳定断面。因此，在设计缆索桥梁的桥塔柱时，若其高而细长，应考虑进行倒角处理，以提高驰振稳定性。

令式(10-44)等于零(其物理意义为系统阻尼为零)，可得到结构发生驰振时的临界风速，即

$$\left.\begin{aligned}&2m\xi\omega+\frac{1}{2}\rho UB\left(C_L'+C_D\right)=0\\&U_g=\frac{-4m\xi\omega}{\rho B\left(C_L'+C_D\right)}\end{aligned}\right\} \tag{10-47}$$

式(10-47)适用于水平旋转的等截面细长杆件(如桥梁主梁)，并需注意系数 C_L' 和 C_D 都是以梁宽 B 为特征长度得到的。

10.4　桥梁的风致涡激分析

涡激振动是大跨桥梁在低风速下很容易出现的一种风致振动，这种振动是由于气流通过桥梁断面，特别是钝体断面时，产生旋涡脱落，并产生两侧交替变化的涡激力，从而引起桥梁的振动。当旋涡脱落频率接近或等于桥梁结构的自振频率时，会导致结构共振，即涡激共振，通常简称为涡振。涡振是一种限幅振动，一般不会对结构的安全造成威胁，但当振幅过大时，可能会影响行车安全并加剧构件的疲劳问题。

10.4.1　涡激振动方程

真实流体绕流圆柱时，当圆柱绕流处于亚临界到超临界的过渡区之外，在圆柱的背后都会产生卡门涡街。旋涡从圆柱后部表面作有规律的脱落，其脱落的频率 f 与前方来流速度 U 以及圆柱直径 d 之间存在以下关系：

$$\mathrm{St}=\frac{fd}{U} \tag{10-48}$$

式中，无量纲量 St 称为 Strouhal 数，圆柱体的 St 数约为 0.2。

1911 年，Von Karman[13] 对绕圆柱体的流动机理进行了研究，他运用复势理论推导长圆柱体在静止无黏性理想流体中沿着中轴的垂直方向以等速度 v 前进时的流动情况。结果表明，在圆柱体后方的尾流中会形成一系列间距为 a 的固定单旋涡，并且这些单旋涡以速度 $u < v$ 沿着近似平行的两条直线(间距为 b)与圆柱体一起前进，如图 10-5 所示。

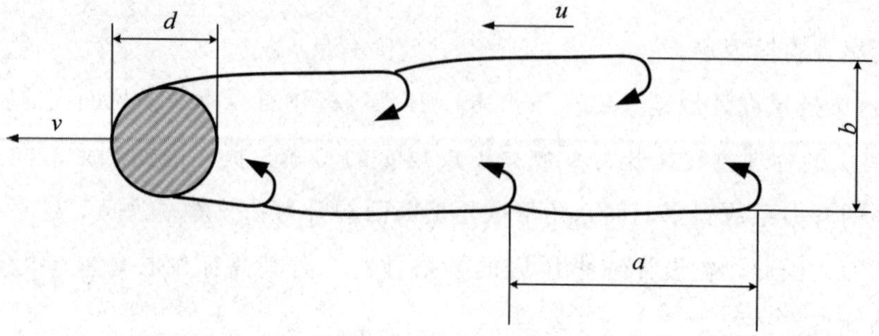

图 10-5　Karman 涡街

Von Karman 指出，只有旋涡脱落满足条件 $\cosh\left(\frac{2\pi b}{a}\right)=2$，即两涡列的行间距为相邻旋涡间距的 0.28 倍时，涡街才是稳定的，此时旋涡脱落的频率为 $f_v=\frac{v-u}{a}$ 。

然而，实际流体具有黏性，Karman-Dunn 试验研究了雷诺数(以 Re 表示)对光滑圆柱绕流的影响。

(1)$Re<5$，流动光滑；

(2)$5<Re<40$，在背面形成两对称排列的涡，不发生分离，随着 Re 的增大，向外拉长发生畸形；

(3)$40<Re<150$，旋涡稍有不对称，一个涡流胚成长而另一个衰退，并交替在两侧脱落，出现 Karman 涡街，此时的旋涡脱落是有规则的和周期性的；

(4)$150<Re<300$，这是向湍流过渡的转变期，周期性的涡脱逐渐被不规则的湍流覆盖；

(5)$300<Re<3\times10^5$，旋涡脱落不规则，一部分动能由湍流携带，频率的周期尚可大致确定，但旋涡振幅与涡脱的干扰力不对称，是随机的；

(6) $3\times10^5<Re<3.5\times10^6$，层状附面层经历湍流转变，尾流变窄且凌乱；

(7)$Re>3.5\times10^6$，虽然尾流凌乱，但再次出现规则的旋涡脱落。

其余钝体断面如方形、矩形或各桥梁主梁断面也会发生类似的旋涡脱落现象。当这些钝体断面受到均匀流的作用时，断面后方会形成周期性的旋涡，这些旋涡会产生周期性变

化的作用力，即涡激力，且涡激频率为

$$f_{\mathrm{v}} = \mathrm{St}\,\frac{v}{d} \tag{10-49}$$

式中：d 为断面投影到与气流垂直平面上的特征尺度，对一般钝体断面可取迎风面高度；v 为风速；St 为 Strouhal 数。

由式(10-49)可知，涡激频率 f_{v} 与风速 v 呈线性关系，f_{v} 等于结构某一自振频率 f_{s} 的条件只在某一风速下才被满足，但是频率为 f_{s} 的振动体系对旋涡脱落产生反馈作用，使旋涡脱落频率 f_{v} 在相当大的风速范围内被结构振动频率俘获，产生锁定现象，这一现象使得涡激共振的风速范围扩大。

工程应用中，人们更关注涡振振幅的计算，因此需要确定涡激力的解析表达式。目前主要有以下几种经典的涡激力解析表达式。

1)简谐力模型

最初研究涡振时，研究者观察到的振动现象与简谐振动非常相似。他们认为作用在结构上的涡激力具有与简谐力相同的形式，并提出了最初的简谐涡激力模型。这一模型假设涡激力与升力系数成正比，涡振振动方程可以表示为

$$m(\ddot{y} + 2\xi\omega_{\mathrm{s}}\dot{y} + \omega_{\mathrm{s}}^2 y) = \frac{1}{2}\rho U^2 B C_L \sin(\omega_{\mathrm{v}} t + \theta) \tag{10-50}$$

式中：m 为质量；ρ 为空气密度；U 为风速；B 为断面宽度；ξ 为阻尼比；ω_{s} 为结构自振频率；C_L 为升力系数；ω_{v} 为旋涡脱落频率；θ 为初始相位角。

简谐力模型的主要缺点是不能正确反映涡振振幅随风速的变化关系。

2)升力振子模型

升力振子模型由 Scruton 于 20 世纪 60 年代提出，涡振振动方程为

$$m(\ddot{y} + 2\xi\omega_{\mathrm{s}}\dot{y} + \omega_{\mathrm{s}}^2 y) = \frac{1}{2}\rho U^2 B C_L(t) \tag{10-51}$$

式中：升力系数 C_L 随时间而变化，具有范德波尔振荡特征，假定它与结构振动速度有如下关系：

$$\ddot{C}_L + a_1\dot{C}_L + a_2\dot{C}_L^3 + a_3 C_L = a_4\dot{y} \tag{10-52}$$

式(10-52)中的 4 个系数须通过试验识别确定。

升力振子模型特点是小振幅时阻尼较小，而大振幅时阻尼较大。这种模型的主要缺点：一是为了确定模型参数，需要进行大量试验；二是升力系数随时间的变化规律需要通过仔细分析测压试验数据来获取；三是由于结构阻尼特性在测压时会产生影响，因此可能无法获得理想的试验数据。

3)经验线性模型

1986 年 Simiu 与 Scanlan 提出了经验线性模型，该模型假定一个线性机械振子提供气动激振力、气动阻尼与气动刚度，其涡振振动方程为

$$m(\ddot{y}+2\xi\omega_s\dot{y}+\omega_s^2 y)=\frac{1}{2}\rho U^2(2B)\left\{Y_1(K_1)\frac{\dot{y}}{U}+Y_2(K_1)\frac{y}{B}+\frac{1}{2}C_L(K_1)\sin(\omega_s t+\theta)\right\}$$

(10-53)

式中：$K_1=B\omega_s/U$；Y_1，Y_2，C_L，θ 为待拟合参数。

在锁定区域内机械振子的固有频率控制了整个机械-气动力系统，因此该模型假设系统是在固有频率振动的前提下得出的。此模型使用线性函数来描述旋涡脱落这一非线性的气动现象，并且是近似的。值得注意的是，即使经验线性模型也无法解释锁定现象。

4)经验非线性模型

经验非线性模型由 Ehsan 与 Scanlan 于 1990 年提出，在经验线性模型的基础上增加了一个非线性的气动阻尼项，与经验线性模型没有本质上的区别，涡振振动方程为

$$m(\ddot{y}+2\xi\omega_s\dot{y}+\omega_s^2 y)=\frac{1}{2}\rho U^2 B\left\{Y_1\left(1-\varepsilon\frac{y^2}{B^2}\right)\frac{\dot{y}}{U}+Y_2\frac{y}{B}+\frac{1}{2}C_L(K_1)\sin(\omega_s t+\theta)\right\}$$

(10-54)

10.4.2 涡振方程求解

本书仅对应用较多的简谐力模型和经验线性模型给出解答介绍。

1. 简谐力模型

对于简谐力模型，涡激共振的振幅可按强迫振动共振的一般形式写成

$$A=\frac{P_{v0}}{k}\cdot\frac{1}{2\xi}=\frac{\frac{1}{2}\rho v_c^2 C_{AW} d}{m\omega_s^2}\left(\frac{\pi}{\delta}\right) \tag{10-55}$$

式中：k 为体系刚度，$k=m\omega_s^2$；ξ，δ 分别为体系的阻尼比和对数衰减率；$v_c=\dfrac{f_s d}{\mathrm{St}}$ 为涡振发生风速；$C_{AW}=0.5$ 时，可得到适用于箱梁断面的经验公式，即 $A=\dfrac{\rho v_c^2 d}{50m\delta f_s^2}$

2. 经验线性模型

对于经验线性模型，引入符号 $\eta=\dfrac{y}{B}$，$s=\dfrac{Ut}{B}$，$\eta'=\dfrac{\mathrm{d}\eta}{\mathrm{d}s}$，则式(10-53)可写为

$$\eta''+2\xi K_1\eta'+K_1^2\eta=\frac{\rho B^2}{2m}\left[Y_1\eta'+Y_2\eta+\frac{1}{2}C_L\sin(K_1 s+\theta)\right] \tag{10-56}$$

若定义

$$K_0^2=K_1^2-\frac{\rho B^2}{m}Y_2(K_1) \tag{10-57}$$

$$\gamma=\frac{1}{2K_0}\left[2\xi K_1-\frac{\rho B^2}{m}Y_1(K_1)\right] \tag{10-58}$$

则式(10-56)可进一步改写为

$$\eta''+2\gamma K_0\eta'+K_0^2\eta=\frac{\rho B^2}{2m}C_L\sin(K_1 s+\theta) \tag{10-59}$$

式(10-59)表达一个振子，其无量纲固有频率为 K_0、阻尼比为 γ，解答为

$$\eta=\frac{\rho B^2 C_L}{2m\sqrt{(K_0^2-K_1^2)^2+(2\gamma K_0 K_1)^2}}\sin(K_1 s-\psi) \tag{10-60}$$

$$\psi=\arctan\left(\frac{2\gamma K_0 K_1}{K_0^2-K_1^2}\right) \tag{10-61}$$

此即为系统涡振时的振幅。

10.5　桥梁的风致抖振分析

抖振是 Scruton 在 20 世纪 50 年代研究桥梁动力响应时提出的概念，最初用于描述尾流引起的强迫振动。现如今，抖振一般指结构在湍流的脉动成分作用下发生的随机强迫振动。抖振具有限幅特性，通常不会引起灾难性破坏，但如果抖振过大，在施工期间可能会危及施工人员和机具的安全，而在桥梁运营阶段则可能影响行车安全和乘坐的舒适性，甚至导致构件疲劳损伤。因此，对桥梁抖振响应进行评估是必要的。

根据引起抖振的脉动风来源，可以将抖振分为三类：一是由桥梁结构自身尾流引起的抖振，二是由其他结构尾流引起的抖振，三是由大气边界层湍流引起的抖振。其中，大气边界层湍流引起的抖振响应占主要地位，因此目前桥梁抖振分析理论主要集中在对大气边界层湍流引起的抖振进行研究。

10.5.1　随机抖振方程

抖振分析需要先建立抖振力模型，比较常用的是 Davenport 准定常抖振力模型和 Scanlan 抖振力修正模型。

1. Davenport 准定常抖振力模型

Davenport 抖振力模型的特点是结构刚性化，忽略结构与气流间的相互影响及特征湍流对结构抖振的影响，脉动风的高阶项部分也可忽略。

在准定常假设下，脉动风不影响桥梁断面的静三分力系数，桥梁断面在脉动风作用下所受三分力按瞬时风轴坐标可表示为

$$D'(t)=\frac{1}{2}\rho U^2(t)C_D(\alpha_0+\Delta\alpha)B \tag{10-62a}$$

$$L'(t)=\frac{1}{2}\rho U^2(t)C_L(\alpha_0+\Delta\alpha)B \tag{10-62b}$$

$$M'(t)=\frac{1}{2}\rho U^2(t)C_M(\alpha_0+\Delta\alpha)B^2 \tag{10-62c}$$

桥梁断面在平衡位置做微幅振动时，升力系数、阻力系数和升力矩系数都可做泰勒展开，并取线性项得到

$$C_D(\alpha_0+\alpha)=C'_D(\alpha_0)\cdot\alpha+C_D(\alpha_0) \tag{10-63a}$$

$$C_L(\alpha_0+\alpha)=C'_L(\alpha_0)\cdot\alpha+C_L(\alpha_0) \tag{10-63b}$$

$$C_M(\alpha_0+\alpha)=C'_M(\alpha_0)\cdot\alpha+C_M(\alpha_0) \tag{10-63c}$$

若桥梁断面形式已知，则式(10-63)中的 $C'_D(\alpha_0)$、$C'_L(\alpha_0)$ 和 $C'_M(\alpha_0)$ 是确定的函数，$C_D(\alpha_0)$、$C_L(\alpha_0)$ 和 $C_M(\alpha_0)$ 分别是攻角为 α_0 时的阻力系数、升力系数和升力矩系数。

假设某一时刻结构平衡状态下的平均风攻角为 α_0，脉动风引起的附加攻角为 $\Delta\alpha(t)$。为便于结构分析，可将瞬时风轴坐标转换至平均风轴坐标，即

$$D(t)=D'(t)\cos(\Delta\alpha)-L'(t)\sin(\Delta\alpha) \tag{10-64a}$$

$$L(t)=L'(t)\cos(\Delta\alpha)+D'(t)\sin(\Delta\alpha) \tag{10-64b}$$

$$M(t)=M'(t) \tag{10-64c}$$

若竖向脉动风速相对平均风速较小，则

$$\sin(\Delta\alpha)\approx\tan(\Delta\alpha)=\frac{w(t)}{U+u(t)}\approx\frac{w(t)}{U}\approx\Delta\alpha \tag{10-65a}$$

$$\cos(\Delta\alpha)\approx 1-\frac{\Delta\alpha^2}{2} \tag{10-65b}$$

将式(10-63)与式(10-65)代入式(10-64)，并忽略高阶项可得

$$D(t)=D_b(t)+D_{st}=\frac{1}{2}\rho U^2 B\left\{C_D(\alpha_0)\left[2\frac{u(t)}{U}\right]+C'_D(\alpha_0)\frac{w(t)}{U}\right\}+\frac{1}{2}\rho U^2 BC_D(\alpha_0) \tag{10-66a}$$

$$L(t)=L_b(t)+L_{st}=\frac{1}{2}\rho U^2 B\left\{C_L(\alpha_0)\left[2\frac{u(t)}{U}\right]+C'_L(\alpha_0)\frac{w(t)}{U}\right\}+\frac{1}{2}\rho U^2 BC_L(\alpha_0) \tag{10-66b}$$

$$M(t)=m_b(t)+M_{st}=\frac{1}{2}\rho U^2 B^2\left\{C_M(\alpha_0)\left[2\frac{u(t)}{U}\right]+C'_M(\alpha_0)\frac{w(t)}{U}\right\}+\frac{1}{2}\rho U^2 B^2C_M(\alpha_0) \tag{10-66c}$$

式中：u 和 w 分别为水平向及竖直向的脉动风速。式(10-66)中，每式右端第一项为抖振力，第二项为平均风引起的静三分力。

准定常假定下，桥梁结构所受的抖振力具有以下两个特点：首先，三分力特性与脉动风的频率特性无关；其次，与沿桥宽方向的风荷载完全相关。在低频段的湍流情况下(湍流尺度远大于桥面宽度)，这一假定能够相对准确地描述结构受力情况。然而，在高频段

湍流情况下，准定常假定下的抖振力与实际结构受力情况存在较大差距。因此必须引入依赖脉动风频率特性的气动导纳函数来修正准定常抖振力模型，以考虑抖振力的非定常特性。

基于势流理论，Sears 导出了如图 10-6 所示机翼断面的非定常升力表达式：

$$L=\frac{\rho U^2}{2}BC'_L\frac{w(t)}{U}\theta(k) \tag{10-67}$$

式中：$k=\pi fB/U$；$w(t)=w_0\sin(\omega t)$。转换函数 $\theta(k)$ 称为 Sears 函数，定义为

$$\theta(k)=[J_0(k)-\mathrm{i}J_1(k)]C(k)+J_1(k) \tag{10-68}$$

$$C(k)=F(k)+\mathrm{i}G(k) \tag{10-69}$$

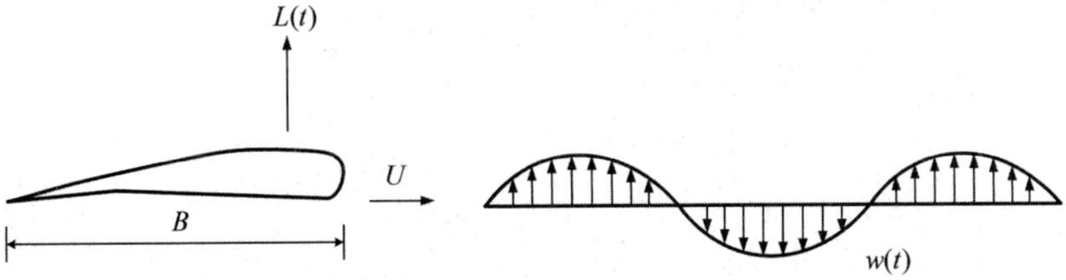

图 10-6　机翼迎面来流的正弦竖向脉动风

Sears 函数的幅值表达式由 Liepmann 给出，即

$$|\theta(k)|^2=(J_0^2+J_L^2)(F^2+G^2)+J_1^2+2J_0J_1G-2J_1F\approx\frac{1}{1+2\pi k} \tag{10-70}$$

根据式(10-67)，可求得机翼升力功率谱与脉动风功率谱的关系

$$S_L(k)=\left(\frac{\rho UBC'_L}{2}\right)^2|\theta(k)|^2S_w(k) \tag{10-71}$$

由式(10-71)可知，气动导纳函数是由脉动风谱到抖振力谱的一个传递函数。

桥梁断面会受到来流中水平和垂直方向脉动风的作用。即使是理想的二维片条，每个方向的脉动风都会对阻力、升力和升力矩产生影响，因此理论上的二维片条，需要考虑 6 个气动导纳。经气动导纳修正后的抖振力的模型为

$$D_b(t)=\frac{1}{2}\rho U^2B\left[2C_D\chi_D\frac{u(t)}{U}+C'_D\chi'_D\frac{w(t)}{U}\right] \tag{10-72a}$$

$$L_b(t)=\frac{1}{2}\rho U^2B\left[2C_L\chi_L\frac{u(t)}{U}+(C'_L+C_D)\chi'_L\frac{w(t)}{U}\right] \tag{10-72b}$$

$$m_b(t)=\frac{1}{2}\rho U^2B^2\left[2C_M\chi_M\frac{u(t)}{U}+C'_M\chi'_M\frac{w(t)}{U}\right] \tag{10-72c}$$

式中：χ_D、χ'_D、χ_L、χ'_L、χ_M、χ'_M 为气动导纳；其他符号的含义同前。

引入气动导纳之后的关键问题是如何求解气动导纳。桥梁断面通常为钝体断面，当气

流经过时会在迎风面发生分离现象。基于势流理论的 Sears 函数可以适用于平箱梁断面，但对于钝体断面来说，使用该函数计算得到的气动导纳会存在较大的偏差。

实际应用中，有两种常见的方法用于确定气动导纳。第一种方法是同时测量脉动风谱和抖振力谱，然后通过两者的比值经验地确定气动导纳：

$$\begin{cases} \chi_D(K)=\dfrac{4}{\rho^2U^2B^2}\dfrac{S_{D_bD_b}(x,\ K)}{S_{uu}(x,\ K)} \\ \chi_L(K)=\dfrac{4}{\rho^2U^2B^2}\dfrac{S_{L_bL_b}(x,\ K)}{S_{ww}(x,\ K)} \\ \chi_M(K)=\dfrac{4}{\rho^2U^2B^4}\dfrac{S_{m_bm_b}(x,\ K)}{S_{ww}(x,\ K)} \end{cases} \tag{10-73}$$

另一种方法是将气动导纳和气动导数建立函数关系：

$$\begin{cases} 2C_D\chi_D=-K(P_1^*-\mathrm{i}P_4^*) \\ C'_D\chi_D=-K(P_5^*-\mathrm{i}P_6^*) \\ 2C_L\chi_L=-K(H_5^*-\mathrm{i}H_6^*) \\ (C'_L+C_D)\chi'_L=-K(H_1^*-\mathrm{i}H_4^*) \\ 2C_M\chi_M=-K(A_5^*-\mathrm{i}A_6^*) \\ C'_M\chi'_M=-K(A_1^*-\mathrm{i}A_4^*) \end{cases} \tag{10-74}$$

在此基础上进一步考虑脉动风的空间相关性，则可得到抖振力谱与脉动风谱的关系：

$$\frac{S_{DD}}{\left(\dfrac{1}{2}\rho UB\right)^2}=K^2(P_1^{*2}+P_4^{*2})S_{uu}R_u(c)+K^2(P_5^{*2}+P_6^{*2})S_{ww}R_w(c) \tag{10-75a}$$

$$\frac{S_{LL}}{\left(\dfrac{1}{2}\rho UB\right)^2}=K^2(H_5^{*2}+H_6^{*2})S_{uu}R_u(c)+K^2(H_1^{*2}+H_4^{*2})S_{ww}R_w(c) \tag{10-75b}$$

$$\frac{S_{MM}}{\left(\dfrac{1}{2}\rho UB^2\right)^2}=K^2(A_5^{*2}+A_6^{*2})S_{uu}R_u(c)+K^2(A_1^{*2}+A_4^{*2})S_{ww}R_w(c) \tag{10-75c}$$

2. Scanlan 抖振力修正模型

Davenport 抖振力模型中的刚性假定，使得结构自身振动不影响风荷载。然而实际结构的振动与风场耦合，在这种耦合状态下，结构振动会改变风场，进而影响结构的风荷载。结构振动与风场耦合在形式上表现为结构阻尼特性与刚度特性的改变，称之为气动阻尼与气动刚度。具体而言，气动阻尼一般表现为正，在低风速下可以抑制结构振动。若不考虑自激力，会高估结构抖振响应的计算结果。因此，在大跨桥梁抖振响应分析中，需要引入 Scanlan 自激力模型对 Davenport 抖振力表达式作进一步修正。修正后桥梁结构所受

的三分力可以表示为

$$\begin{cases} D = D_b + D_{ae} \\ L = L_b + L_{ae} \\ M = M_b + M_{ae} \end{cases} \tag{10-76}$$

1)不考虑模态耦合

对于模态频率间距较大的结构，由于模态耦合效应小，可选取若干阶重要模态进行抖振响应分析，将每阶模态的抖振响应分别求出后，按 SRSS 法求解结构总响应。

Scanlan 抖振理论以振型分解法为基础，通常取结构前 20 阶左右的模态 $\eta_i(x, y, z)$ 进行分析，其水平、竖向、扭转位移按广义坐标与振型乘积表示为

$$\begin{cases} p(x, t) = \sum_i p_i(x) B\varphi_i(t) \\ h(x, t) = \sum_i h_i(x) B\varphi_i(t) \\ \alpha(x, t) = \sum_i \alpha_i(x) \varphi_i(t) \end{cases} \tag{10-77}$$

式中：$\varphi_i(t)$ 为第 i 阶模态的广义坐标；B 为桥宽；p_i、h_i 和 α_i 分别为模态 η_i 中加劲梁部分沿水平、竖直、扭转方向的分量。假设第 i 阶模态自振圆频率为 ω_i，阻尼比为 ξ_i，则第 i 阶广义坐标运动方程为

$$I_i(\ddot{\varphi}_i + 2\xi_i\omega_i\dot{\varphi}_i + \omega_i^2\varphi) = Q_i(t) \tag{10-78}$$

式中，$Q_i(t)$ 为广义力；I_i 为广义质量，按下式计算：

$$I_i = \int \eta_i^2(x, y, z)\mathrm{d}m(x, y, z) \tag{10-79}$$

式中，$m(x, y, z)$ 为结构的空间分布质量。

式(10-76)为加劲梁上单位长度的抖振力，对于单纯的正弦振动，由于忽略模态间气动力的耦合，在均匀流 U 作用下，自激力可以表示如下：

$$D_{ae} = \frac{1}{2}\rho U^2 B\left(KP_1^* \frac{\dot{p}}{U} + KP_2^* \frac{B\dot{\alpha}}{U} + K^2 P_3^* \alpha\right) \tag{10-80a}$$

$$L_{ae} = \frac{1}{2}\rho U^2 B\left(KH_1^* \frac{\dot{h}}{U} + KH_2^* \frac{B\dot{\alpha}}{U} + K^2 H_3^* \alpha\right) \tag{10-80b}$$

$$M_{ae} = \frac{1}{2}\rho U^2 B^2\left(KA_1^* \frac{\dot{h}}{U} + KA_2^* \frac{B\dot{\alpha}}{U} + K^2 A_3^* \alpha\right) \tag{10-80c}$$

然而，实际中结构是处于紊流风场中的，故需采用紊流场的气动导数。紊流风场中的结构抖振力表示为

$$D_b = \frac{1}{2}\rho U^2 B\left(2C_D \frac{u}{U} + C'_D \frac{w}{U}\right) = \frac{1}{2}\rho U^2 B D_b(x, t) \tag{10-81a}$$

$$L_{\mathrm{b}}=\frac{1}{2}\rho U^2 B\left[2C_L\frac{u}{U}+(C'_L+C_D)\frac{w}{U}\right]=\frac{1}{2}\rho U^2 BL_{\mathrm{b}}(x,\ t) \tag{10-81b}$$

$$M_{\mathrm{b}}=\frac{1}{2}\rho U^2 B^2\left(2C_M\frac{u}{U}+C'_M\frac{w}{U}\right)=\frac{1}{2}\rho U^2 B^2 M_{\mathrm{b}}(x,\ t) \tag{10-81c}$$

式中：u 和 w 分别为水平向和竖直向脉动风速。若需要考虑气动导纳的影响，则按式(10-72)计算抖振力。

确定结构的自激力与抖振力后，可按下式计算第 i 阶模态的广义力：

$$Q_i(t)=\int_0^l(Lh_iB+Dp_iB+M\alpha_i)\,\mathrm{d}x \tag{10-82}$$

将式(10-82)和式(10-79)代入式(10-78)，即可得到完整的单一模态抖振振动方程，这就是抖振响应分析的传统频域方法。

2)多模态耦合

多模态耦合抖振响应分析考虑模态间气动力耦合与结构动力耦合，仍然采用振型分解法，加劲梁在脉动风作用下的变形按振型仍可用式(10-77)表示。第 i 阶模态的广义坐标运动方程为

$$I_i(\ddot{\varphi}_i+2\xi_i\omega_i\dot{\varphi}_i+\omega_i^2\varphi)=q_i(t) \tag{10-83}$$

式中：$q_i(t)$ 为第 i 阶模态广义力，其表达式为

$$q_i(t)=\int_0^l(Lh_iB+Dp_iB+M\alpha_i)\,\mathrm{d}x \tag{10-84}$$

考虑耦合作用的结构抖振力表达式同式(10-81)，自激力表达式如下：

$$\begin{cases}D_{ae}=\dfrac{1}{2}\rho U^2 B\left[KP_1^*\dfrac{\dot{p}}{U}+KP_2^*\dfrac{B\dot{\alpha}}{U}+K^2P_3^*\alpha+K^2P_4^*\dfrac{p}{B}+KP_5^*\dfrac{\dot{h}}{U}+K^2P_6^*\dfrac{h}{B}\right]\\ L_{ae}=\dfrac{1}{2}\rho U^2 B\left[KH_1^*\dfrac{\dot{h}}{U}+KH_2^*\dfrac{B\dot{\alpha}}{U}+K^2H_3^*\alpha+K^2H_4^*\dfrac{h}{B}+KH_5^*\dfrac{\dot{p}}{U}+K^2H_6^*\dfrac{p}{B}\right]\\ M_{ae}=\dfrac{1}{2}\rho U^2 B^2\left[KA_1^*\dfrac{\dot{h}}{U}+KA_2^*\dfrac{B\dot{\alpha}}{U}+K^2H_3^*\alpha+K^2A_4^*\dfrac{h}{B}+KA_5^*\dfrac{\dot{p}}{U}+K^2A_6^*\dfrac{p}{B}\right]\end{cases} \tag{10-85}$$

为考虑模态间的耦合，式(10-77)中所有项在代入式(10-85)时均须保留，多模态系统的运动方程可用矩阵形式表示为

$$\boldsymbol{I}\ddot{\boldsymbol{\varphi}}+\boldsymbol{A}\dot{\boldsymbol{\varphi}}+\boldsymbol{B\varphi}=\boldsymbol{Q}_{\mathrm{b}}(s) \tag{10-86}$$

式中：$\dot{\boldsymbol{\varphi}}$ 为广义坐标矢量 $\boldsymbol{\varphi}$ 对无量纲时间坐标 $s=Ut/B$ 的导数；$\boldsymbol{I}$ 为广义质量矩阵。

系数矩阵 $\boldsymbol{A}$、$\boldsymbol{B}$ 及广义抖振力矩阵 $\boldsymbol{Q}_{\mathrm{b}}$ 的一般项表示如下：

$$A_{ij}(K)=2\xi_iK_i\delta_{ij}-\frac{\rho B^4 lK}{2I_i}(H_1^*G_{h_ih_j}+H_2^*G_{h_i\alpha_j}+H_5^*G_{h_iP_j}+P_1^*G_{p_ip_j}+$$

$$P_2^* G_{p_i\alpha_j} + P_5^* G_{p_ih_j} + A_1^* G_{\alpha_ih_j} + A_2^* G_{\alpha_i\alpha_j} + A_5^* G_{\alpha_ip_j}) \tag{10-87a}$$

$$B_{ij}(K) = K_i^2\delta_{ij} - \frac{\rho B^4 lK}{2I_i}(H_3^* G_{h_i\alpha_j} + H_4^* G_{h_ih_j} + H_6^* G_{h_ip_j} + P_3^* G_{p_i\alpha_j} + P_4^* G_{P_iP_j} + P_6^* G_{p_ih_j} + A_3^* G_{\alpha_i\alpha_j} + A_4^* G_{\alpha_ih_j} + A_6^* G_{\alpha_ip_j}) \tag{10-87b}$$

$$Q_{b_i}(x, K) = \frac{\rho B^4 l}{2I_i}\int_0^l [L_b(x, K)h_i + D_b(x, K)p_i + M_b(x, k)\alpha_i]\frac{dx}{l} \tag{10-88}$$

模态积分按下式求解：

$$G_{r_is_j} = \int_0^l r_i(x)s_j(x)\frac{dx}{l} \tag{10-89}$$

式中：$r_i = h_i$、p_i 或 α_i；$s_j = h_j$、p_j 或 α_j；$K_i = B\omega_i/U$；δ_{ij} 为狄拉克函数，i 与 j 相等时值为 1，其余情况为 0。

由式(10-87)可知，自激力对抖振的影响通过非对角项的模态积分体现，影响程度取决于结构模态形状与颤振导数。

10.5.2　抖振方程求解

1. 不考虑模态耦合

对于不考虑模态耦合的抖振方程，引入无量纲时间坐标 $s = Ut/B$，则式(10-78)可改写为

$$I_i(\ddot{\varphi} + 2\xi_i K_i\dot{\varphi}_i + K_i^2\varphi_i) = \frac{B^2}{U^2}Q_i(s) \tag{10-90}$$

式中：$K_i = B\omega_i/U$，$\dot{\varphi}_i = d\varphi_i/ds$。忽略竖向、侧向及扭转运动间的气动耦合后，式(10-80a)中只保留 P_1^* 一项，式(10-80b)只保留 H_1^* 一项，式(10-80c)中保留 A_2^* 与 A_3^* 两项。则式(10-90)右端项可按下式计算：

$$\frac{B^2}{U^2}Q_i(s) = \frac{1}{2}\rho B^4\int_0^l \{K[H_1^*(K)h_i^2(x) + P_1^*(K)p_i^2(x) + A_2^*(K)\alpha_i^2(x)]\dot{\varphi}_i + K^2A_3^*(K)\alpha_i^2(x)\varphi_i + L_bh_i(x) + D_bp_i(x) + M_b\alpha_i(x)\}dx \tag{10-91}$$

对函数 $f(s)$ 定义如下形式的傅里叶变换：

$$\bar{f}(K) = \int_0^\infty f(s)e^{-iKs}ds \tag{10-92}$$

式中，$K = B\omega/U$。对式(10-91)做相应变换后，有

$$\frac{B^2}{U^2}\bar{Q}_i(s) = \frac{1}{2}\rho B^4\int_0^l (K^2\{i[H_1^*(K)h_i^2(x) + P_1^*(K)p_i^2(x) + A_2^*(K)\alpha_i^2(x)]\dot{\varphi}_i + K^2A_3^*(K)\alpha_i^2(x)\}\bar{\varphi}_i + \bar{L}_bh_i(x) + \bar{D}_bp_i(x) + \bar{M}_b\alpha_i(x))dx \tag{10-93}$$

若不考虑气动导数沿桥纵向变化的影响，则可定义：

$$\int_0^l q_i^2(x)\frac{\mathrm{d}x}{l}=G_{qi} \tag{10-94}$$

式中：$q_i=h_i$，p_i，α_i。对式(10-90)左端作傅里叶变换，可得

$$(K_i^2-K^2+2\mathrm{i}\xi_iK_iK)\bar{\varphi}_i=\frac{\rho B^4l}{2I_i}\Big\{K^2\left[\mathrm{i}(H_1^*G_{hi}+P_1^*G_{pi}+A_2^*G_{\alpha i})+A_3^*G_{\alpha i}\right]\bar{\varphi}_i+\int_0^l\left[\bar{L}_\mathrm{b}h_i(x)+\bar{D}_\mathrm{b}p_i(x)+\bar{M}_\mathrm{b}\alpha_i(x)\right]\frac{\mathrm{d}x}{l}\Big\} \tag{10-95}$$

上式可改写为

$$[C(K)+\mathrm{i}D(K)]\bar{\varphi}_i(k)=\frac{\rho B^4l}{2I_i}\int_0^l\bar{F}(x,K)\frac{\mathrm{d}x}{l} \tag{10-96}$$

式中：$C(K)=K_i^2-K^2\left(1+\frac{\rho B^4l}{2I_i}A_3^*G_{\alpha i}\right)$；$\bar{F}(x,K)=\bar{L}_\mathrm{b}(x,K)h_i(x)+\bar{D}_\mathrm{b}(x,K)p_i(x)+\bar{M}_\mathrm{b}(x,K)\alpha_i(x)$；$D(K)=2\xi_iK_iK-\frac{\rho B^4l}{2I_i}K^2(H_1^*G_{h\mathrm{II}}+P_1^*G_{pi}+A_2^*G_{\alpha i})$。

根据随机振动理论，一个函数的功率谱密度可以通过自相关函数的傅里叶变换或者函数本身的傅里叶变换即振幅谱来获得。根据功率谱与振幅谱的关系，可以对式(10-96)进行共轭变换，然后将两边相乘，从而得到第 i 个广义坐标运动的功率谱密度：

$$S_{\varphi i}(K)=\left(\frac{\rho B^4l}{2I_i}\right)^2[C^2(K)+D^2(K)]^{-1}\int_0^l\int_0^lS_F(x_A,x_B,K)\frac{\mathrm{d}x_A}{l}\frac{\mathrm{d}x_B}{l} \tag{10-97}$$

式中：$S_F(x_A,x_B,K)$ 为 $\bar{F}(x,K)$ 在两点 A 和 B 处的互谱密度。

若忽略水平向脉动风与竖直向脉动风的互功率谱密度，则 $S_F(x_A,x_B,K)$ 可表示为

$$S_F(x_A,x_B,K)=\bar{q}(x_A)\bar{q}(x_B)S_u(x_A,x_B,K)+\bar{r}(x_A)\bar{r}(x_B)S_w(x_A,x_B,K) \tag{10-98}$$

式中：$\bar{q}(x)=2[C_LH_i(x)+C_Dp_i(x)+C_M\alpha_i(x)]$；$\tilde{r}(x)=(C_L'+C_D)h_i(x)+C_M'\alpha_i(x)$。

不同位置的脉动风互功率谱密度按下式计算：

$$S_u(x_A,x_B,K)=S_u(K)\mathrm{e}^{\frac{c|x_A-x_B|}{l}}$$

$$S_w(x_A,x_B,K)=S_w(K)\mathrm{e}^{\frac{c|x_A-x_B|}{l}}$$

式中：$\frac{8nl}{U}\leqslant c\leqslant\frac{16nl}{U}$；$S_u$、$S_w$ 为脉动风谱；n 为脉动频率；U 为 A、B 两点的平均风速。

由此得到结构任意一点竖向、侧向和扭转方向的抖振功率谱密度为

$$\begin{cases} S_h(x, K) = \sum_i h_i^2(x) B^2 S_{\varphi i}(K) \\ S_p(x, K) = \sum_i p_i^2(x) B^2 S_{\varphi i}(K) \\ S_\alpha(x, K) = \sum_i \alpha_i^2(x) S_{\varphi i}(K) \end{cases} \tag{10-99}$$

从而可以得到三个方向的位移响应方差，即

$$\sigma_q^2 = \int_0^\infty S_q(x, K)\mathrm{d}K \tag{10-100}$$

式中：q 为 h、p 或 α。

2. 多模态耦合

对于考虑多模态耦合的抖振响应频域分析，定义如下形式的傅里叶变换：

$$\bar{f}(k) = \int_0^\infty f(s)\mathrm{e}^{-\mathrm{i}Ks}\mathrm{d}s \tag{10-101}$$

在折减频率 K 的频域内对式(10-86)做傅里叶变换，即

$$\boldsymbol{E}\,\bar{\boldsymbol{\Phi}} = \bar{\boldsymbol{Q}}_\mathrm{b} \tag{10-102}$$

式中：$\bar{\boldsymbol{\Phi}}$、$\bar{\boldsymbol{Q}}_\mathrm{b}$ 分别是矢量 $\boldsymbol{\Phi}$ 与矢量 $\boldsymbol{Q}_\mathrm{b}$ 的傅里叶变换；$E_{ij} = -K^2\delta_{ij} + \mathrm{i}KA_{ij}(K) + B_{ij}(K)$。

傅里叶变换后的抖振力向量为

$$\bar{\boldsymbol{Q}}_\mathrm{b} = \frac{\rho B^4 l}{2}\begin{bmatrix} \dfrac{1}{I_1}\displaystyle\int_0^l \bar{F}_{\mathrm{b}1}\dfrac{\mathrm{d}x}{l} \\ \dfrac{1}{I_2}\displaystyle\int_0^l \bar{F}_{\mathrm{b}2}\dfrac{\mathrm{d}x}{l} \\ \vdots \\ \dfrac{1}{I_n}\displaystyle\int_0^l \bar{F}_{\mathrm{b}n}\dfrac{\mathrm{d}x}{l} \end{bmatrix} \tag{10-103}$$

$$\bar{F}_{\mathrm{b}i}(x, K) = \bar{L}_\mathrm{b}(x, K)h_i(x) + \bar{D}_\mathrm{b}(x, K)p_i(x) + \bar{M}_\mathrm{b}(x, K)\alpha_i(x) \tag{10-104}$$

将加劲梁上纵向任一位置 x_A 的抖振力表达式(10-88)代入式(10-104)，得

$$\bar{F}_{\mathrm{b}i}(x_A, K) = \frac{1}{U}\{[2C_L h_i(x_A) + 2C_D p_i(x_A) + 2C_M\alpha_i(x_A)]\bar{u}(K)\cdot \\ [(C'_L + C_D)h_i(x_A) + C'_D p_i(x_A) + C'_M\alpha_i(x_A)]\bar{w}(K)\} \tag{10-105}$$

对式(10-105)对应的 x_B 处第 j 阶做复共轭变换，有

$$\overline{F}_{bj}^{*}(x_B, K) = \frac{1}{U}\{[2C_L h_j(x_B) + 2C_D p_j(x_B) + 2C_M \alpha_j(x_B)]\overline{u}^*(K) \cdot$$

$$[(C_L' + C_D)h_j(x_B) + C_D' p_j(x_B) + C_M' \alpha_j(x_B)]\overline{w}^*(K)\}$$
(10-106)

式中:"*"号表示复共轭变换。由式(10-103)、式(10-105)、式(10-106)可得

$$\overline{Q}_b \overline{Q}_b^{*T} = \left(\frac{\rho B^4 l}{2U}\right)^2 \begin{bmatrix} \frac{1}{I_1 I_1}\iint_l \overline{F}_{b1}\overline{F}_{b1}^* \frac{dx_A}{l}\frac{dx_B}{l} & \cdots & \frac{1}{I_1 I_n}\iint_l \overline{F}_{b1}\overline{F}_{bn}^* \frac{dx_A}{l}\frac{dx_B}{l} \\ \vdots & \ddots & \vdots \\ \frac{1}{I_n I_1}\iint_l \overline{F}_{bn}\overline{F}_{b1}^* \frac{dx_A}{l}\frac{dx_B}{l} & \cdots & \frac{1}{I_n I_n}\iint_l \overline{F}_{bn}\overline{F}_{bn}^* \frac{dx_A}{l}\frac{dx_B}{l} \end{bmatrix}$$
(10-107)

式(10-107)即为抖振力的功率谱密度矩阵。

水平与竖向脉动风的交叉谱可表示为

$$S_{uw}(K) = C_{uw}(K) + iQ_{uw}(K)$$
(10-108)

式中,C_{uw}、Q_{uw} 分别为共相谱与正交谱。

跨度范围内脉动风的相关谱可用传统简化方式表示为 $S(x_A, x_B, K) = S(K)e^{c|x_A - x_B|/l}$。由式 $H_{risj}(K) = \int_0^l \int_0^l r_i(x_A)s_j(x_B)e^{-c|x_A - x_B|/l}\frac{dx_A}{l}\frac{dx_B}{l}$,则抖振力功率谱密度矩阵的一般项可表示为

$$S_{Q_{bi}Q_{bj}}(K) = \left(\frac{\rho B^4 l}{2U}\right)^2 \frac{1}{I_{\mathbb{II}j}}[Y_{ij}^{S_{uu}}(K)S_{uu}(K) + Y_{ij}^{S_{ww}}(K)S_{ww}(K) + Y_{ij}^{C_{uw}}(K)C_{uw}(K) + Y_{ij}^{Q_{uw}}(K)Q_{uw}(K)]$$
(10-109)

广义坐标的功率谱密度矩阵可由式(10-102)得到

$$\boldsymbol{S}_{\Phi\Phi}(K) = \boldsymbol{E}^{-1}\boldsymbol{S}_{Q_bQ_b}\boldsymbol{E}^{*-1}$$
(10-110)

式中:$\boldsymbol{S}_{Q_bQ_b}$ 为抖振力向量 $\boldsymbol{Q}$ 的功率谱密度矩阵;$\boldsymbol{S}_{\Phi\Phi}(K)$ 为广义坐标向量的功率谱密度矩阵。

于是,桥面竖直、水平及扭转方向的位移功率谱密度可按下式计算:

$$\begin{cases} S_{hh}(x_A, x_B, K) = \sum_i \sum_j B^2 h_i(x_A) h_j(x_B) S_{\varphi_i \varphi_j}(K) \\ S_{pp}(x_A, x_B, K) = \sum_i \sum_j B^2 p_i(x_A) p_j(x_B) S_{\varphi_i \varphi_j}(K) \\ S_{\alpha\alpha}(x_A, x_B, K) = \sum_i \sum_j \alpha_i(x_A) \alpha_j(x_B) S_{\varphi_i \varphi_j}(K) \end{cases}$$
(10-111)

对应三个方向的位移方差为

$$
\begin{cases}
\sigma_h^2(x_A, x_B)=\int_0^{\infty} S_{hh}(x_A, x_B, f)\,\mathrm{d}f \\
\sigma_p^2(x_A, x_B)=\int_0^{\infty} S_{pp}(x_A, x_B, f)\,\mathrm{d}f \\
\sigma_\alpha^2(x_A, x_B)=\int_0^{\infty} S_{\alpha\alpha}(x_A, x_B, f)\,\mathrm{d}f
\end{cases}
\tag{10-112}
$$

与颤振分析方法类似，抖振的频域分析是基于系统时不变和线性假定的，因此，在处理大跨桥梁中的非线性问题时存在困难[14]。相比之下，建立在数值积分基础上的时域分析方法可以有效解决非线性问题，时域分析方法不需要考虑频域分析中的模态耦合问题，也不需要进行模态数量的选取。此外，利用时程响应曲线进行分析还可以研究桥梁的疲劳特性和可靠性。

本章主要参考文献

[1]吴瑾，夏逸鸣，张丽芳．土木工程结构抗风设计[M]．北京：科学出版社，2007.

[2]项海帆．现代桥梁抗风理论与实践[M]．北京：人民交通出版社，2005.

[3]李国豪．桥梁结构稳定与振动[M]．北京：中国铁道出版社，1992.

[4]陈政清．桥梁风工程[M]．北京：人民交通出版社，2005.

[5]葛耀君．大跨度悬索桥抗风[M]．北京：人民交通出版社，2011.

[6]中华人民共和国行业标准．公路桥梁抗风设计规范：JTG/T 3360-1—2018[S]．北京：人民交通出版社股份有限公司，2018.

[7] TAMURA，KAREEM A. Advanced structural wind engineering[M]. New York：Springer，2013.

[8]同济大学，浙江大学，兰州交通大学，等．高等桥梁结构动力学[M]．北京：人民交通出版社股份有限公司，2020.

[9] THEODORSEN T. General theory of aerodynamic instability and the mechanism of flutter[R]. Langley：National Advisory Committee for Aeronautics，1935.

[10]葛耀君，等．桥梁风洞试验指南[M]．北京：人民交通出版社股份有限公司，2018.

[11] SCANLAN R H，Tomko J J. Airfoil and bridge deck flutter derivatives[J]. Journal of the Engineering Mechanics Division，1971，97(6)：1717—1737.

[12]丁静．方形截面桥塔的驰振机理及气动制振措施研究[D]．成都：西南交通大学，2015.

[13] VON KARMAN T . On the mechanism of drag generation on the body moving

in fluid[J]. Nachrichten Gesellschaft Wissenschaffen，1912，2.

[14]刘春华，项海帆，顾明．大跨度桥梁抖振响应的空间非线性时程分析法[J]. 同济大学学报：自然科学版，1996，24(4)：380-385.

第 11 章　桥梁动力参数测试与分析

11.1　桥梁动力参数测试系统组成

桥梁动力参数测试试验是通过动力特性测试仪器对桥梁各动力参数进行测量、记录和分析的过程。在开展桥梁动力特性测试前需要通过一定振动激励方法使得桥梁处于振动状态，再利用振动测试设备对桥梁振动信号进行采集，测试原理如图 11-1 所示。桥梁动力参数测试系统一般由振动激励、拾振系统和数据采集分析系统三部分组成。要根据试验的环境条件和试验的要求，选择组配合理的振动测试系统。仪器组配时除应考虑频带范围外，还要注意仪器间的阻抗匹配问题。此外，要根据测试桥梁的特点，制定测试内容、测点布置与测试方法。利用相应的专业软件对采集的数据或信号进行分析，即可得出桥梁结构的模态频率、模态振型、阻尼比、冲击系数等动力特性参数。

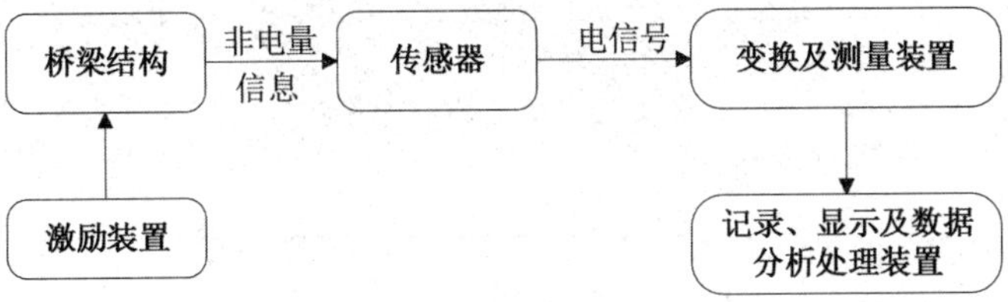

图 11-1　桥梁动力参数测试系统的原理框图

桥梁结构的振动分析问题，影响因素比较多，涉及的理论比较复杂，仅靠理论或计算分析无法达到实用的目的，一般多采用理论分析与现场实测相结合的研究方法。其中，桥梁动力特性参数测试分析的主要方法包含三类：时域分析法、频域分析法和时-频分析法。时域分析法：分析信号的波形，如波形的参数、波形的变化、信号的强度、时域相关特性、概率密度函数等。频域分析法：分析信号的频谱，可以了解信号的频域结构，如幅度谱、相位谱、功率谱等。时-频分析法：将时域分析与频域分析结合起来，适用于非平稳信号的分析处理，如短时傅里叶变换、小波分析等。

11.1.1 振动激励

1. 跳车激励

对于桥梁动力参数测量试验，常采用跳车激励来对桥梁施加突然荷载（见图 11-2），即加载车辆后轮从一定高度落下然后停止，该方法属于不测力法中的自振法。突然加载法是在被测结构上急速施加一个冲击作用力，由于冲击作用时间短促，施加于结构的作用实际上是一个脉冲作用。由自由衰减响应，根据振动理论可知，冲击脉冲的动能传递到结构振动系统的时间，要小于振动系统的自振周期，且冲击脉冲一般都包含了零频以上所有频率的能量，能够满足桥梁模态参数测试所需的激振能量，可分析出所需的桥梁结构动力特性（频率、振型和阻尼比等），特别是对于中小跨径而言，其激励输入能量较大，能够激发出更多的模态[1]。

采用载重车辆激励时，所使用的跳车辅助装置应与桥面具有足够的接触面积，且应保证具有足够的刚度、强度和稳定性，确保车辆在缓慢行驶过程中不产生过大的变形、破坏或侧翻。在跳车激励过程中，车辆后轮从跳车激励辅助装置上突然落下，且车辆后轮与桥面接触后仍保持水平静止[2]，如图 11-2 所示。具体跳车激励方法的跳车高度和辅助装置参数可根据第 8 章内容进行计算确定，跳车激励作用下桥梁的典型振动加速度曲线如图 11-3 所示。

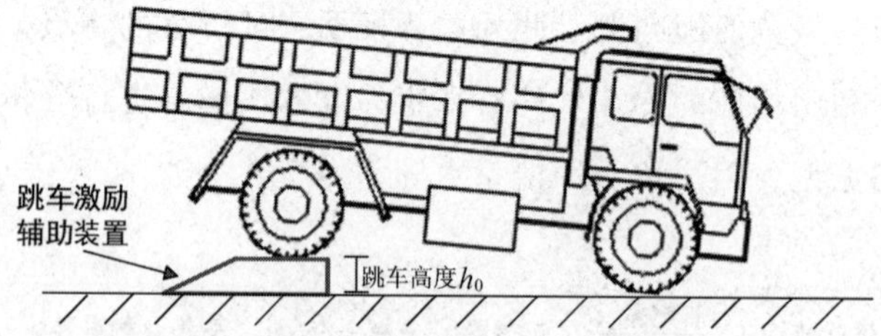

图 11-2　跳车激励作用

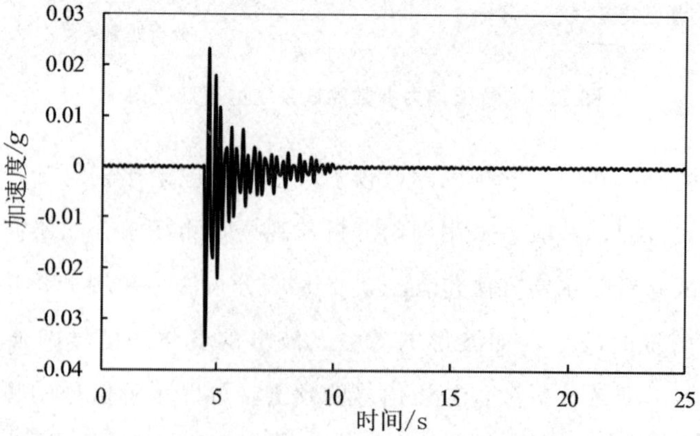

图 11-3　跳车激励作用下桥梁典型振动加速度时程曲线

2. 跑车激励

跑车激励属于不测力法中的强迫振动法，主要利用行驶车辆来对桥梁施加强迫激励。跑车试验的过程为，使试验车辆以不同的行驶速度通过桥梁，使桥梁产生不同程度的强迫振动，图 11-4 为跑车激励作用下桥梁的典型振动加速度曲线。

由于桥面的平整度具有一定的随机性，所以由此引起的振动也是随机的，当试验车辆以某一速度通过时，所产生的激振力频率可能会与桥梁结构的某阶固有频率比较接近，桥梁结构便产生类共振现象，此时桥梁各部位的振动响应达到最大值。在车辆驶离桥跨后，桥梁做自由衰减振动。这样，就可从记录到的波形曲线中分析得出桥梁的动力特性。在试验时，根据桥梁结构的设计行车速度采用车辆行驶速度逐级递增的方法进行预实验，根据实际振动激励情况选取适宜的跑车激励车速。跳车激励作用下桥梁典型振动加速度时程曲线如图 11-4 所示。

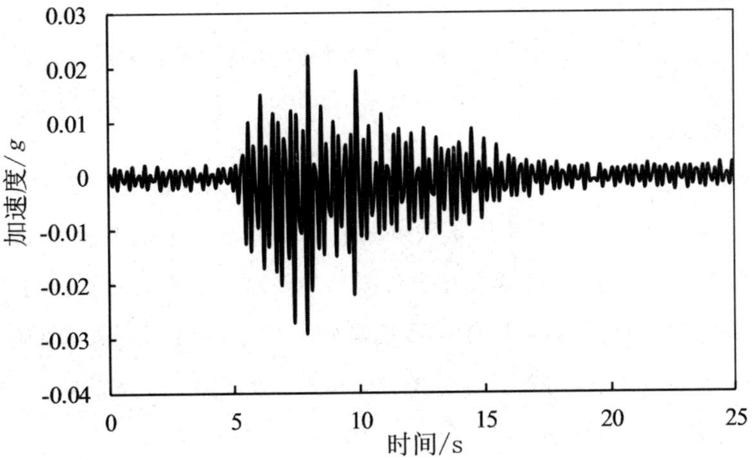

图 11-4　跑车激励作用下桥梁典型振动加速度时程曲线

3. 环境激励

环境激励是利用被测桥梁结构所处环境的微小而不规则的振动来确定桥梁结构的动力特性的方法。这种微振动通常被称为“地脉动”，它是由附近地壳的微小破裂和远处地震传来的脉动所产生的，或由附近的车辆、机器的振动所引发。结构的脉动具有一个重要特性，就是它能够明显地反映出结构的固有频率，因为结构的脉动是由外界不规则的干扰所引起的，具有各种频率成分，而结构的固有频率是脉动的主要成分，可以较为明显地反映出来。

在环境激励下，对桥梁结构的动力响应进行频谱分析，得到结构的振动基频。其原理基于环境激励(包括地脉动、环境风荷载等)，属于高斯白噪声类型的随机荷载，其频域范围宽，能量分布均匀，但引起的动力响应在结构自振频率上被放大。实测环境激励下结构的速度、加速度等动力响应，可通过频谱分析得到响应幅值在频域上的分布，幅值峰值对应的频率即是结构的基频，图 11-5 为环境激励作用下桥梁的典型振动加速度曲线。

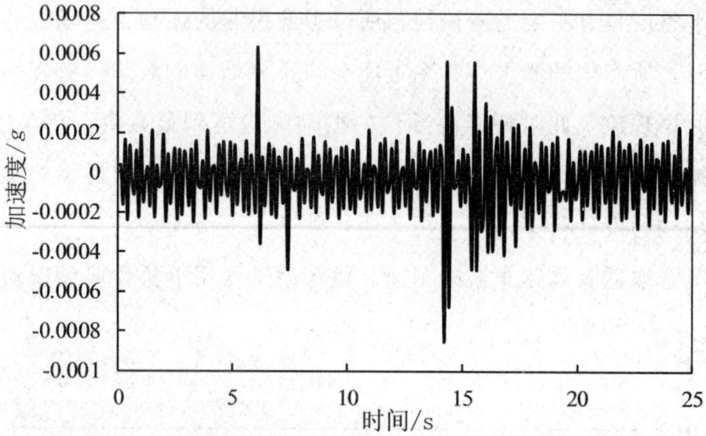

图 11-5　环境激励作用下桥梁典型振动加速度时程曲线

11.1.2　拾振系统

拾振系统是桥梁动力参数测量系统中的一个重要组成部分，由传感器(加速度、速度或位移传感器)、导线等组成。其作用是从被测量对象引出一部分信号能量，用来形成测量信号，并将该能量发送出去。根据传感器转换后的信号与被测振动量之间的关系可分为位移、速度、加速度和力传感器；按传感器机电转换的原理不同可分为发电式(电动式、压电式、磁电式)和参数式(电阻式、电感式、电容式、涡流式)。

其中，一般采用压电式加速度传感器对桥梁动力参数进行测量，压电式加速度传感器由圆板形压电元件、惯性质量块和基座等基本部件构成。在压电片上放有一个惯性质量块并用预压弹簧将质量块和压电片预先压紧在基座上以保证在容许的加速度范围内压电片与惯性质量块之间不发生脱离。两压电片之间有一导电片，当测量振动时将基座固定在被测的振动物体上，压电片受到惯性质量块的惯性力作用，并产生变形，在两导电极面上由于晶体的压电效应而产生电荷。其力学简化模型如图 11-6 所示，其中 k 为简化的弹簧刚度，它是预压弹簧刚度和压电片的等效弹簧刚度之和，m 为质量块的质量与压电片的质量之和，c 为系统的等效阻尼，所以传感器振动系统的固有频率为

$$f_n = \frac{1}{2\pi}\sqrt{\frac{k}{m}} \tag{11-1}$$

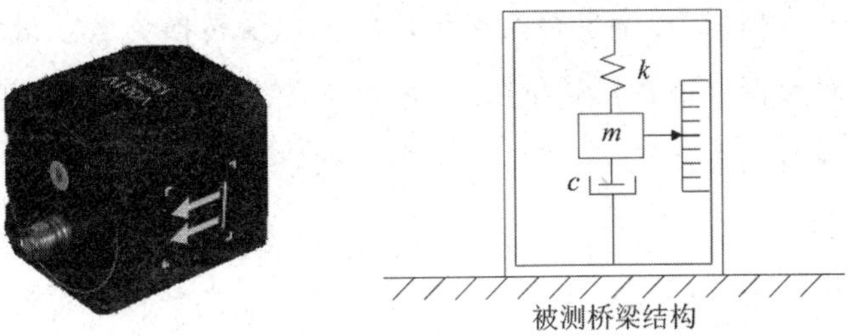

图 11-6　压电式加速度传感器及模型图

压电加速度传感器的固有频率和它的灵敏度是传感器的主要技术指标。压电加速度传感器的固有频率为 $f_n=\omega_n/(2\pi)=\sqrt{k/m}/(2\pi)$，$\omega_n$ 越大则测量精度越高。压电加速度传感器的灵敏度有两种表示方法：电荷灵敏度和电压灵敏度。这两种灵敏度的选用取决于所使用的测量仪器，若传感器与电荷测量仪器连接使用，则选用电荷灵敏度；若传感器与电压测量仪器连接使用，则选用电压灵敏度。在使用压电加速度传感器测量时传感器必须与被测试件有良好的接触[3]。此外，在安装加速度传感器时，还要注意使传感器的灵敏度主轴与所测振动方向一致，否则将降低其主轴方向的灵敏度。

11.1.3　数据采集分析系统

数据采集分析系统的作用是将传感器采得的信号放大或转为电压量，然后进行记录及分析。大多数的数据采集分析系统都有模拟信号的放大、滤波及数字信号的放大滤波等功能。典型的数据采集分析系统由采样/保持、模拟量/数字量转换及数据采集记录三部分组成[4]。

其中，采样/保持通过采样器实现，由开关元件及其控制电路所组成。对时间连续的信号进行采样是通过周期脉冲序列的调制来完成的，实际的采样脉冲有一定宽度但通常远小于采样周期，在采样时间内要完成幅值从连续的模拟量到数字量的转换。在实际实现采样时，是将采样所得到的时间离散信号通过记忆装置即保持器保持起来，在信号处于保持期间，再进行模拟量/数字量的转换，采样过程如图 11-7 所示。

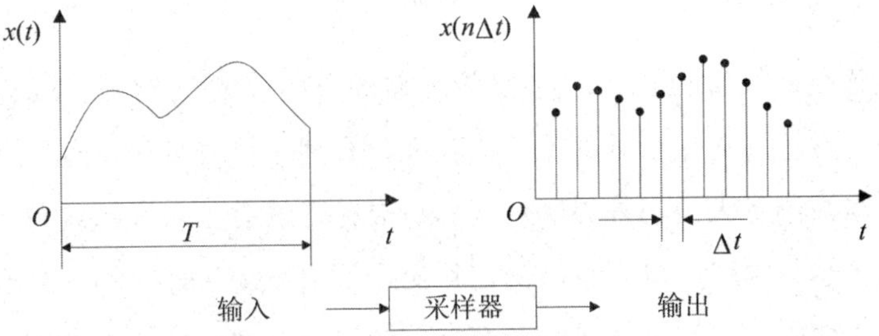

图 11-7　采样过程

在数据采集中，模拟量/数字量转换是实现将模拟量转换为数字量的电子技术，实现这种转换技术的电路或器件称为模拟量/数字量转换器。通常所指的模拟量/数字量转换器都是对输入模拟量为直流电压信号而言，模拟量/数字量转换器将此直流电压转换为二进制数字量[5]。

而数据采集分析系统的构成模式是将具有单片机控制的数据采集仪和微型计算机采用通信方式联机，组成一套数据采集与分析系统。可以通过计算机通信接口对采集部分进行控制、传送数据，具有较好的互换性，再配以不同的软件，可使整套仪器同时具有多种功能。

11.2 桥梁动力参数的现场测试

11.2.1 试验准备及组织

首先，应收集桥梁的设计施工图和维修、加固等技术性文件，并对桥梁所处环境进行勘察，对桥梁技术状况等级进行初步确定。初步确定所采用的振动激励、传感器和相关测试设备的布设方案。同时，开展梁式桥梁自振频率测试前应确定所用传感器、动态信号采集和分析设备的类型及相关参数，所使用的桥梁动力特性测试仪器设备能够满足测试精度的要求。试验开始前还应对仪器设备进行全面的检查与标定，确保仪器仪表状态良好。此外，要在距离测试部位适当的地方搭设测试仪器设备操作平台，以供操作仪器使用。还需要接通电源，必要时安装照明设备。按照试验方案所定的传感器进行安装，采用有线测试装备时还需要布置测试导线。此外，根据被测结构的动力特性，确定“跳车试验”进行的位置，并做出标记。对于运营中的桥梁，试验准备工作要注意传感器、测试导线的防护，试验开始前应封闭交通，禁止非测试工作人员和非试验用车辆进入。

11.2.2 传感器的布设

1. 选用原则

如何根据具体的测量目的、测量对象以及测量环境合理地选用传感器，是进行桥梁动力特性测量时首先要解决的问题。桥梁动力特性测试的准确性很大程度上取决于传感器的选用。

通常，在传感器的线性范围内，希望传感器的灵敏度越高越好。因为只有灵敏度高时，与被测量变化对应的输出信号的值才比较大，有利于信号处理。但要注意的是，传感器的灵敏度高，与被测量无关的外界噪声也容易混入，也会被放大系统放大，影响测量精度。因此，要求传感器本身应具有较高的信噪比，尽量减少从外界引入的干扰信号。传感器的灵敏度是有方向性的。当被测量是单向量，而且对其方向性要求较高，则应选择其他方向灵敏度小的传感器；如果被测量是多维向量，则要求传感器的交叉灵敏度越小越好。

传感器的频率响应特性决定了被测量的频率范围，必须在允许频率范围内保持不失真的测量条件，实际上传感器的响应总有一定延迟，希望延迟时间越短越好。传感器的频率响应高，可测的信号频率范围就宽，而由于受到结构特性的影响，机械系统的惯性较大，固有频率低的传感器可测信号的频率较低。在动态测量中，应根据信号的特点(稳态、瞬态、随机等)响应特性，以免产生过大的误差。

传感器的线性范围是指输出与输入成正比的范围。从理论上讲，在此范围内，灵敏度保持定值。传感器的线性范围越宽，则其量程越大，并且能保证一定的测量精度。在选择传感器时，当传感器的种类确定以后首先要看其量程是否满足要求。但实际上，任何传感器都不能保证绝对的线性，其线性度也是相对的。当所要求测量精度比较低时，在一定的范围内可将非线性误差较小的传感器近似看作是线性的，这会给测量带来极大的方便。

2. 传感器的布设方法

为了提高桥梁动力特性参数测试的准确性，应当预先对桥梁结构的频率和振型进行分析，以便在结构的敏感点布置测振传感器。可以将传感器布设在所要测定桥梁结构振型的峰、谷点上，避免布置在振型节点上。用放大特性相同的多路放大器和记录特性相同的多路记录仪，同时测量和记录各测点的振动响应信号。也可以将桥梁结构的主梁分成若干段，选择某一分界点作为参考点，在参考点和各分界点分别布设传感器，测量各测点的振动响应信号。

对于简单结构(如简支梁桥)，结构振型根据结构动力学基本理论就能确定；但对于复杂结构，不同阶次、不同方向振动的振型一般需采用有限元软件等进行确定。传感器的布设位置应遵循“代表性、经济性、实用性”的原则，宜根据桥梁荷载、桥梁振动、几何变形、结构响应及结构易损性的特点布设。传感器的安装应从保障传感器的使用性能出发，可根据实际情况通过钢螺栓、磁座吸附或耦合剂等方式将传感器固定于待测桥梁的测点位置，应保证安装固定方式牢固可靠。对传感器的保护应从保障传感器的耐久性出发，可根据实际情况选择设置保护涂层、安装密封性保护盒等措施，宜定期清洁传感器外壳以及清理内部灰尘。

11.2.3　采样频率

采样时应以相等的时间间隔对连续信号进行离散，并且确保离散后信号可唯一确定原连续信号。同时，采样频率应满足式(11-2)所示条件，即采样频率应大于被分析信号中梁式桥梁最高频率的 2.5 倍以上。根据桥梁结构、频率测试设备等情况确定采样重叠率。

$$f_s = \frac{1}{\Delta t} > 2.5 f_M \tag{11-2}$$

式中：f_s 为采样频率；Δt 为采样时间间隔；f_M 为分析信号的最大频率值。

11.2.4 现场测试过程

桥梁动力特性参数的现场测试过程及步骤如下：

(1)桥梁动力特性参数试验的振动激励方法一般包括跳车激励、跑车激励和环境激励三种[6]。试验时，宜从动力响应小的测试项目做起，即先进行环境激励，再进行跑车激励，最后进行跳车激励，以便根据动力响应的大小及时调整测量放大器的放大系数，避免量测溢出[7]。

(2)进行跑车试验时，要较准确控制试验车辆的车速，并根据测试传感器的布置，确定试验车辆行驶途中进行数据采集的起止位置，以免测试数据产生遗漏。

(3)每次测试后，要在现场进行数据回放和频谱分析，并与测试桥梁动力特性的理论计算值进行比较，检查测试数据是否正常，实测频率是否与理论计算值接近。如有异常情况应立即检查、分析原因，必要时应重新进行测试。

(4)试验进行过程中，注意不要触动测试元件及测量导线，以免引起读数的波动。

(5)试验完成后，清理仪器仪表、传感器，回收测试导线，清理现场，以便开放交通。

11.2.5 测试过程中的注意事项

1)传感器与电荷放大器之间电缆线的连接

尽量避免电缆线与实验结构之间的相对运动，应将传感器到电荷放大器的电缆线与实验结构固定好。因为相对运动会引起电缆线的动力弯曲、压缩、拉伸等变形，使电容或电荷发生变化，产生干扰噪声和低频晃动影响。同时，还应避免电缆打弯、打扣或严重拧转等。电缆线离开实验结构的部位应尽量选择振动小的部位。另外，留在地面上的电缆线应绝对避免脚踩或重压。

2)测量系统的有效工作频率范围

压电式加速度计具有零频率效应，而电荷放大器不具备零频率效应。因而，整个测量系统并不具有零频率效应。电荷放大器的下限截止频率分为幅值下限频率和相位下限频率两种，幅值下限频率比相位下限频率低。对加速度计而言，也有两种上限截止频率，即幅值上限频率和相位上限频率，幅值上限频率比相位上限频率要高。在桥梁动力参数测试中，不仅要求一定的幅值测试精度，也要求一定的相位测试精度。因而，宜选择相位截止频率为有效工作频率范围。

3)噪声干扰的抑制方法

任何测试信号和分析结果中都包含噪声成分。噪声的来源包括电源、仪器内部电子线路各种连接导线及其与仪器组成的网络以及大地[8]。抑制噪声影响的途径有两种：一是在测试系统中采用合理的减噪措施，二是在分析过程(动态测试后处理)中采用平均技术。可通过电压稳压、测试系统接地等方法降低噪声干扰。

测试系统接地是电测系统中的一个重要问题。良好接地的原则是测试系统要单点接地。如果是多点接地，则会形成一个或多个回路，导致测量信号中产生大量干扰信号，其中主要是 50 Hz 交流噪声。单点接地的方式有并联接地和串联接地两种。并联接地是将各测试仪器的地线并联地连接到同一接地点。这种接地方式效果最好，但需连接几根较长的地线。而串联接地是将所有仪器的地线用一根线连在一起，然后选择一个接地点接地，一般选在主要仪器的接地点上。

11.3　测试数据的处理与分析

11.3.1　时域分析方法

1. 时间序列法

时间序列法的基本原理是将振动系统的微分方程转换到一个自回归滑动平均模型（ARMA 模型）。随后根据 ARMA 模型的性质，由模型的特征值与振动特征值之间的关系，导出振动系统的模态参数[9]。

ARMA 模型识别方法的基本思路为：根据结构系统的输入输出数据，由模型参数估计方法求解自回归系数和滑动平均系数，最后由自回归系数求解结构的模态参数。当输入信号无法观测时，可借助二阶最小二乘法识别模态参数：即先构造一个自回归模型，由输出的自相关函数推导输入的自相关函数；然后建立滑动平均模型，求解互相关函数；最后在统计意义下解得自回归系数和滑动平均系数。时间序列法 ARMA 模型的识别过程如下。

由采集到的各点的平稳随机响应（U 或 $\dot{U}$ 或 $\ddot{U}$），得到多维时间数列

$$BU_i = U_{i-1}\ (i = 1,\ 2,\ \cdots,\ n)\ (\text{假定均值为零}) \tag{11-3}$$

由此建立 ARMA 模型

$$\varphi(B)U_i = \theta(B)a_i \tag{11-4}$$

式中：B 为后移算子，a_i 为白噪声，而

$$\varphi(B) = 1 - \varphi_1 B - \varphi_2 B^2 - \cdots - \varphi_p B^p,\quad \theta(B) = 1 - \theta_1 B - \theta_2 B^2 - \cdots - \theta_q B^q \tag{11-5}$$

式中：p，q 分别为自回归阶次及滑动平均阶次（$p > q$）。

对 ARMA 模型求解，得到 ARMA（p，q）的特征值

$$\eta_i = q_i \pm \mathrm{j}b_i \tag{11-6}$$

在等价的情况下，由 ARMA 模型与二阶常微分方程所描述的过程有关系：$\eta_i = \mathrm{e}^{-\lambda_i \Delta t}$（$\lambda_i$ 为振动系统特征值，Δt 为采样间隔），可解得

$$\lambda_i = \alpha_i \pm \mathrm{j}\beta_i \tag{11-7}$$

$$\omega_i = \sqrt{\alpha_i^2 + \beta_i^2} \tag{11-8}$$

$$\xi_i = \alpha_i / \sqrt{\alpha_i^2 + \beta_i^2} \tag{11-9}$$

至此，即识别出了系统的模态参数。

基于 ARMA 模型进行参数识别的优点是无能量泄漏，分辨率高；缺点是 ARMA 建模过程中需要正确确定模型阶次，而模型定阶准则还不够成熟。

2. Ibrahim 时域法

Ibrahim 时域法(ITD)本质上是一种解算本征值的过程，此方法利用结构自由衰减响应采样数据建立特征矩阵的数学模型，通过求解特征矩阵方程得到特征值和特征向量，再利用模态参数与特征值之间的关系求得结构的模态频率及模态阻尼比。

ITD 法的基本思想是：对于黏性阻尼线性多自由度系统，其自由衰减响应可以表示为其各阶模态的组合。根据测得的自由衰减响应信号进行三次不同延时采样，构造结构自由响应采样数据的自由衰减响应数据矩阵，并由响应与特征值的复指数关系，建立特征矩阵的数学模型，求解特征值问题，得到数据模型的特征值和特征向量。再根据模型特征值与振动系统特征值的关系，求解出系统的模态参数。

ITD 法的实质在于自由振动函数列阵 $\boldsymbol{u}(t)$ 按模式

$$\boldsymbol{u}(t+T_1)=\boldsymbol{A}\boldsymbol{u}(t) \tag{11-10}$$

$$\dot{\boldsymbol{u}}(t)=\boldsymbol{B}\boldsymbol{u}(t) \tag{11-11}$$

以最小二乘法拟合矩阵 $\boldsymbol{A}$ 和 $\boldsymbol{B}$，其中 $\boldsymbol{A}$ 和 $\boldsymbol{B}$ 包含了系统模态信息。

其原理是利用振动系统的自由衰减响应函数

$\{x(t)\}=\sum_{i=1}^{2N}q_{io}\{\varphi_i\}\mathrm{e}^{s_it}=[\{\boldsymbol{P}'_1\}\quad\{\boldsymbol{P}'_2\}\quad\cdots\quad\{\boldsymbol{P}'_{2N}\}]\,[\mathrm{e}^{s1t}\quad\mathrm{e}^{s2t}\quad\cdots\quad\mathrm{e}^{s2Nt}]^{\mathrm{T}}=[\boldsymbol{P}']_{N\times 2N}\,\{\mathrm{e}^{s_it}\}_{2N\times 1}$ 构造出特征问题

$$\boldsymbol{A}\{\varphi\}=\mathrm{e}^{s_i\Delta t}\{\varphi\} \tag{11-12}$$

通过求解上述的特征方程，即求解 $\boldsymbol{A}$ 的特征值 $\mathrm{e}^{s_i\Delta t}$ 和特征向量 $\{\varphi_i\}$ 来求取系统的复频率 s_i；对应取 $\{\varphi_i\}$ 的上半部，得到系统的模态振型向量 $\{\boldsymbol{P}_i\}$。

ITD 方法的最大优点是基于连续的结构振动模型，直接识别结构的模态参数，对模态频率的识别能够获得较为满意的精度。但噪声会造成该方法对特征值特别是特征向量的识别精度较差，对结构高阶模态的识别结果可信度不高。同时，该方法识别出的结果中存在许多虚假模态，需要人为判断和剔除。此外，该方法还存在其他一些缺点：如当测点数较多时，高阶矩阵易出现病态。

11.3.2 频域分析方法

桥梁结构在风荷载、车辆荷载作用下所产生的振动，都包含有多个频率成分的随机振动，它的规律不能用一个确定的函数来描述，因而就无法预知将要发生的振动规律。这种不确定性、不规则性是随机数据共有的特点。随机变量的单个试验称为样本，每次单个试

验的时间历程曲线称为样本记录，同一试验的多个试验的集合称为样本集合或总体，它代表一个随机过程。随机数据的不确定性、不规则性是对单个观测样本而言的，而大量的同一随机振动试验的集合都存在一定的统计规律。对于桥梁结构的振动，一般都属于平稳的、各态历经的随机过程，即随机过程的统计特征与时间无关，且可以用单个样本来替代整个过程的研究。随机数据可以用以下所述的几种统计函数来描述[10]。

1. 均值、均方值和均方差

随机数据的均值、均方值和均方差是样本函数时间历程的一种简单平均，它们从不同方面反映了随机振动信号的强度，其表达式分别如下：

均值

$$u_x = E[x(t)] = \lim_{T\to\infty}\frac{1}{T}\int_0^T x(t)\mathrm{d}t \tag{11-13}$$

均方值

$$\Psi_x^2 = E[x^2(t)] = \lim_{T\to\infty}\frac{1}{T}\int_0^T x^2(t)\mathrm{d}t \tag{11-14}$$

均方差

$$\sigma_x^2 = E[(x(t)-u_x)^2] = \lim_{T\to\infty}\frac{1}{T}\int_0^T (x(t)-u_x)\,\mathrm{d}t \tag{11-15}$$

均值反映了随机过程的静态强度，是时间历程的简单算术平均；均方值反映了总强度，它是时间历程平方值的平均；均方差反映了动态强度，是零均值信号的均方值。均值、均方值和均方差之间的关系为

$$\Psi_x^2 = u_x^2 + \sigma_x^2 \tag{11-16}$$

2. 概率密度函数

各态历经随机振动过程的概率密度函数表示在样本记录中，瞬时数据 $x(t)$ 的值落在某指定范围 $(x,\ x+\Delta x)$ 内的概率，其定义为

$$P(x) = \lim_{\Delta x\to 0}\left[\frac{\mathrm{prob}[x < x(t) < x+\Delta x]}{\Delta x}\right] = \lim_{\Delta x\to 0}\frac{1}{\Delta x}\left[\lim_{\Delta T\to\infty}\frac{T_x}{T}\right] \tag{11-17}$$

式中：T 为总时间；T_x 为在总时间 T 内，$x(t)$ 落在 $(x,\ x+\Delta x)$ 区间内的时间总和。

根据上述定义可知，概率密度曲线 $p(x)$ 下的面积总和等于 1，它标志着随机数据落在全部范围内的必然性。概率密度函数与均值、均方值有内在的联系。均值可以由一次矩来计算：

$$u_x = \int_{+\infty}^{-\infty} x p(x)\mathrm{d}x \tag{11-18}$$

均方差可由二次矩来计算：

$$\Psi_x^2 = \int_{+\infty}^{-\infty} x^2 p(x)\mathrm{d}x \tag{11-19}$$

3. 自相关函数

随机变量的自相关函数是描述一个时刻的变量与另一时刻变量数值之间的依赖关系，对于各态历经随机过程的变量 $x(t)$ 的自相关函数 $R_x(\tau)$ 可以定义为 $x(t)$ 与它的延时 $x(t+\tau)$ 乘积的时间平均，即

$$R_x(\tau)=\lim_{T\to\infty}\frac{1}{T}\int_0^{\mathrm{T}}x(t)x(t+\tau)\,\mathrm{d}x \tag{11-20}$$

4. 功率谱密度函数

对于平稳随机过程，随机变量 $x(t)$ 的功率谱密度定义为样本函数在 $(f,\ f+\Delta f)$ 频率范围内均方值的谱密度，即

$$G(f)=\lim_{\Delta f\to\infty}\frac{\Psi_x^2(f,\ f+\Delta f)}{\Delta f} \tag{11-21}$$

由式(11-21)得到的功率谱称为单边功率谱。在实际分析时，常采用自相关函数 $R_x(\tau)$ 的傅里叶变换来求得功率谱密度函数，其表达式为

$$S(f)=\int_{-\infty}^{\infty}R_x(\tau)\,\mathrm{e}^{-i2\pi f\tau}\,\mathrm{d}\tau \tag{11-22}$$

由式(11-22)得到的功率谱称为双边功率谱密度函数，也称为自功率谱密度。自功率谱密度 $S(f)$ 在整个频率域上的积分就是随机变量的均方值。一般振动的能量或功率与其振幅的平方或均方值成比例，所以功率谱密度反映了随机数据在频率域内能量的分布情况，某个频率对应的功率谱值大，说明该频率在振动过程中占主导地位，由此即可在纷繁的量测数据中分析出结构的固有频率。因而，在分析随机数据的频率构成时，我们常常利用其自功率谱的分布图形来判断桥梁结构的固有频率，在实际测试中，随机数据的自功率谱计算常采用快速傅里叶变换来实现。

11.3.3 桥梁动力参数识别

在桥梁动力特性参数测试试验中，能够测得速度、加速度等参数的时间历程曲线，由于实际桥梁结构的振动往往很复杂，一般都是随机的。直接根据这样的信号或数据来分析判断结构振动的性质和规律是困难的，一般需对实测振动波形进行分析与处理，以便对结构的动态性能做进一步分析。模态参数识别方法有时域识别方法和频域识别方法，按照模态的性质可以分为实模态参数识别方法和复模态参数识别方法，这里仅简单介绍实模态参数识别的分量分析法。当系统的阻尼为结构阻尼、比例阻尼或小阻尼情况时，系统的阻尼矩阵可以被对角化或近似地对角化，系统的模态参数为实数，频率响应函数可按照实模态展开，系统在 l 点激励 m 点响应的频率响应函数的实部和虚部分别为：

频率响应函数实部

$$H_{ml}^{\mathrm{R}}(\omega)=\sum_{i=1}^{n}\frac{D_{ml}^{i}(1-\lambda_i^2)}{(1-\lambda_i^2)^2+(2\xi_i\lambda_i)^2} \tag{11-23}$$

频率响应函数虚部

$$H^{I}_{ml}(\omega)=\sum_{i=1}^{n}\frac{-2D^{i}_{ml}\xi_i\lambda_i}{(1-\lambda_i^2)^2+(2\xi_i\lambda_i)^2} \tag{11-24}$$

当激励频率 ω 趋近于系统的某阶固有频率 ω_r 时，该阶模态起主要作用，此时其他模态的影响比较小；如果系统模态耦合不紧密，各阶模态分布较远，则其他频率响应函数的数值较小，且曲线接近平坦即不随频率变化，所以其余模态的影响可以用一个复常数表示：$H_C=H_C^R+jH_C^I$，H_C 为剩余模态，式中 H_C^R 和 H_C^I 分别为剩余模态的实部和虚部。

对应于第 r 阶模态，式(11-23)和式(11-24)可以近似表示为

$$H^{R}_{ml}(\omega)\approx\frac{D^{r}_{ml}(1-\lambda_r^2)}{(1-\lambda_r^2)^2+(2\xi_r\lambda_r)^2}+H_C^R \tag{11-25}$$

$$H^{I}_{ml}(\omega)\approx\frac{-2D^{r}_{ml}\xi_r\lambda_r}{(1-\lambda_r^2)^2+(2\xi_r\lambda_r)^2}+H_C^I \tag{11-26}$$

式中：$\lambda_r=\dfrac{\omega}{\omega_r}$ 是第 r 阶频率比；ξ_r 是第 r 阶模态阻尼比；$D^{r}_{ml}=\dfrac{\varphi_{mr}\varphi_{lr}}{K_{pr}}$ 为 l 点激励 m 点响应的第 r 阶有效柔度。

1)固有频率的确定

考虑具有式(11-25)表示的实频特性的单自由度系统，如果不考虑剩余模态的影响，当 $\lambda_r=1$ 时，式(11-25)表示频率响应函数的实部为零，即实频特性的零点对应的频率为系统的固有频率，但由于剩余模态的影响，实频特性曲线沿纵轴平移了距离 H，所以原来的零点位置不容易判定，即在实频特性曲线上固有频率不易确定；而虚频特性曲线的峰值位置对应的频率为系统的固有频率，考虑剩余模态的影响，虚频特性曲线沿纵轴平移了距离 H_C^I，其峰值点的横向位置并不发生变化，此时在虚频特性曲线上的峰值位置对应的频率仍为系统的固有频率。所以，在频率响应函数的虚频特性曲线上的各个峰值对应的频率即为各阶固有频率。

2)模态振型的确定

测出结构上各测点的 $H^{I}_{ml}(\omega)$ 值，$m=1$，2，…，M，则可得到频率响应函数的列阵：

$$\{H^{I}_{ml}(\omega)\}=\begin{Bmatrix}H^{I}_{1l}(\omega)\\H^{I}_{2l}(\omega)\\\vdots\\H^{I}_{Ml}(\omega)\end{Bmatrix} \tag{11-27}$$

当 $\omega=\omega_r$ 时，即 $\lambda_r=1$ 时，由式(11-26)得

$$H^{I}_{ml}(\omega_r)\approx-\frac{\varphi_{mr}\varphi_{lr}}{2K_{Pr}\xi_r} \tag{11-28}$$

所以有

$$\{H_{ml}^{1}(\omega_r)\}=\begin{Bmatrix}H_{1l}^{1}(\omega)\\H_{2l}^{1}(\omega)\\\vdots\\H_{Ml}^{1}(\omega)\end{Bmatrix}=-\frac{\varphi_{lr}}{2K_{\mathrm{Pr}}\xi_r}\begin{Bmatrix}\varphi_{1r}\\\varphi_{2r}\\\vdots\\\varphi_{Mr}\end{Bmatrix} \tag{11-29}$$

当采用在 l 点单点激励，结构在第 r 阶模态下振动时，各测点上得到的 $\frac{\varphi_{lr}}{K_{\mathrm{Pr}}\xi_r}$ 为一常数。如果不考虑剩余模态 H_{C}^{1}，式(11-29)就代表了第 r 阶模态振型，式中列阵中各元素 $H_{ml}^{1}(\omega_r)$ 即为各测点得到的虚频特性曲线的峰值，将式(11-9)归一化处理，取 $\varphi_{lr}=1$ 可得到反映振动形状的相对值[11]。

$$\{H_{ml}^{1}(\omega_r)\}_r=-\frac{1}{2K_{\mathrm{Pr}}\xi_r}\{\varphi\}_r \tag{11-30}$$

即得到了归一化的模态振型。

3)模态刚度的确定

式(11-30)表示了当 $\omega=\omega_r$ 时在 l 点单点激励时的归一化模态振型，若取式中的原点 l 的频响函数值 H_{ll}^{1}，即可得到系统的第 r 阶模态刚度

$$K_{\mathrm{Pr}}=-\frac{1}{2H_{ll}^{1}(\omega_r)\xi_r} \tag{11-31}$$

式(11-31)表示的模态刚度值的大小与归一化的过程有关，不同的归一化将会得到不同的模态刚度值。

11.3.4 案例分析

以吉林省境内一座三跨连续预应力混凝土箱梁桥为例，该桥跨径组合为 3×30 m，桥宽 9.5 m，梁高 1.8 m，为等宽直桥，桥梁概况及截面尺寸如图 11-8 所示。

(a)桥梁概貌

图 11-8 三跨连续预应力混凝土箱梁桥概况

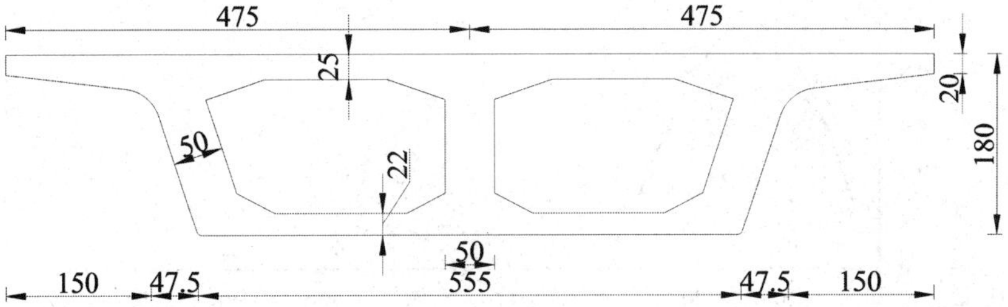

(b)横截面尺寸图

图 11-8　三跨连续预应力混凝土箱梁桥概况(续)

对桥梁进行跑车激励，将各跨沿桥向等分为 10 份，除支点外各跨均布置 10 个传感器，全桥共计布设 27 个加速度传感器。采集控制截面测点的加速度时程曲线，分析出桥梁的自振频率、振型及阻尼比，桥梁加速度时程曲线和前两阶竖向振动振型分别如图 11-9 和图 11-10 所示，频率结果如表 11-1 所示。结果表明从桥梁振动的加速度数据可以识别出桥梁结构的频率、振型及阻尼比等动力参数，验证了本书介绍的桥梁动力特性参数识别方法的可靠性和有效性。

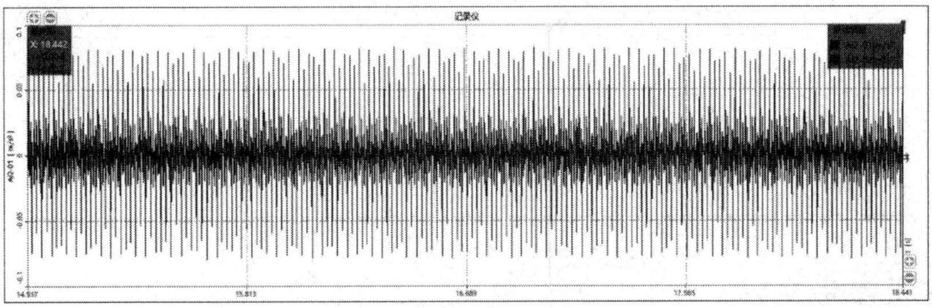

图 11-9　桥梁振动加速度时程曲线

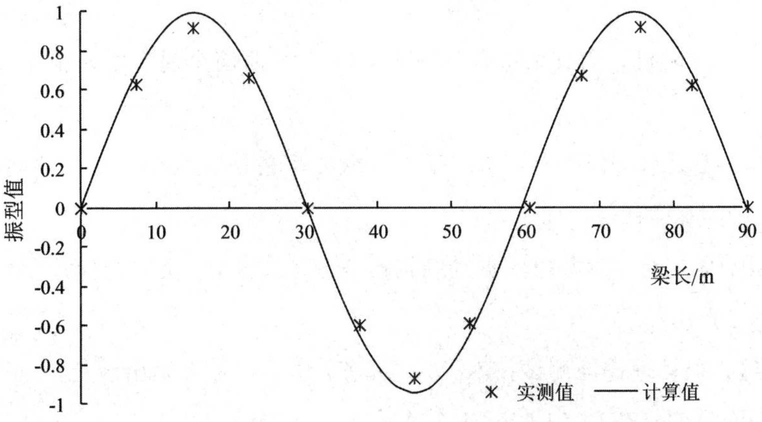

(a)一阶振型

图 11-10 桥梁振型图

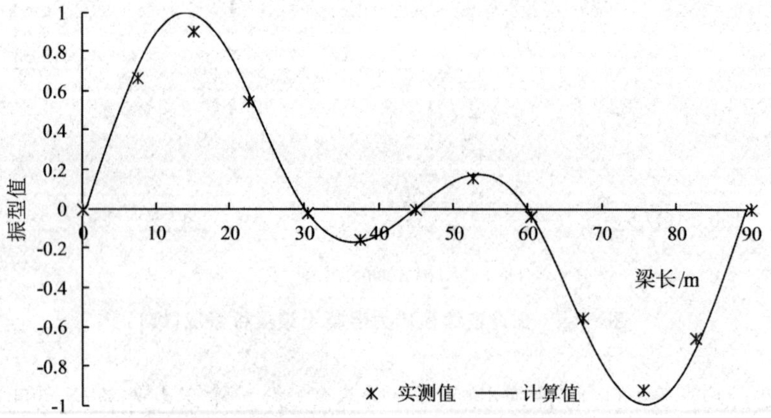

(b)二阶振型

图 11-10 桥梁振型图(续)

表 11-1　桥梁频率测试结果

阶次	计算值	试验值
一阶频率(Hz)	4.12	4.88
二阶频率(Hz)	5.13	5.89
一阶阻尼比(%)	8.23	

本章主要参考文献

[1] 谭国金．中小跨径梁式桥动力检测技术及损伤识别方法研究[D]．长春：吉林大学，2009.

[2] 唐贺强，沈锐利．简支梁桥有载频率分析[J]．西南交通大学学报，2004，39(5)：628-632.

[3] 谭国金，宫亚峰，程永春，等．基于有载频率的简支梁桥自振频率计算方法[J]．振动工程学报，2011，24(1)：31-35.

[4] 曹树谦，张文德，萧龙翔．振动结构模态分析：理论，实验与应用[M]．天津：天津大学出版社，2001.

[5] 殷祥超．振动理论与测试技术[M]．江苏：中国矿业大学出版社，2007.

[6] SITTON J D，ZEINALI Y，RAJAN D，et al. Frequency estimation on two-span continuous bridges using dynamic responses of passing vehicles[J]．Journal of Engineering Mechanics，2020，146(1)：1-16.

[7] NAGAYAMA T, REKSOWARDOJO A P, SU D, et al. Bridge natural frequency estimation by extracting the common vibration component from the responses of two vehicles[J]. Engineering Structures, 2017, 150: 821-829.

[8] WANG H, NAGAYAMA T, NAKASUKA J, et al. Extraction of bridge fundamental frequency from estimated vehicle excitation through a particle filter approach [J]. Journal of Sound & Vibration, 2018, 428: 44-58.

[9] 杨永斌，王志鲁，史康，等. 基于车辆响应的桥梁间接测量与监测研究综述[J]. 中国公路学报，2021，34(4)：1-12.

[10] 洪彧. 基于振动信号的桥梁结构模态参数识别与模型修正研究[D]. 成都：西南交通大学，2019.

[11]李德葆，陆秋海. 实验模态分析及其应用[M]. 北京：科学出版社，2001.

第 12 章　桥梁振动典型案例

12.1　基于动力特性的梁桥冲刷深度识别

洪水冲刷可导致桥墩基础周围土体受到破坏，造成桥梁桥墩、基础埋深减少，轻则降低桥梁桩基础承载能力，重则导致桥梁垮塌、损毁事故发生，对桥梁安全造成了极大威胁，且直接影响交通正常运营安全。实际工程中，由于桥梁冲刷作用主要作用在桥梁下部结构桩基础部分，造成桩基础结构边界条件发生改变，即改变了桥梁下部结构的刚度，进而引起桥梁结构的动力特性发生显著变化，这为基于动力特性的冲刷深度识别提供了理论依据。而且，动力荷载试验具有测试时间短、客观性强和不会引起桥梁的附加损伤等优点。因此，采用动力特性识别冲刷深度，不仅具有很强的理论可行性，还可极大地提升桥梁可靠性评价所需基础数据的获取效率[1]。

本节以桥梁结构动力特性(1 阶频率和墩顶处振型值)、墩顶在单位力作用下的静力位移为桥梁冲刷识别参数，通过数值模拟计算建立冲刷识别参数与不同位置桥梁冲刷深度之间的关系模型，借助实测的桥梁动力特性，采用 Lévy 飞行改进粒子群优化算法对关系模型进行求解，从而实现冲刷损伤的定性和定量识别。

12.1.1　工程背景

以吉林省长春市某桥梁工程为背景，该桥为简支预应力混凝土箱梁桥，设计荷载为城-A 级，跨径布置为 18 m。主梁采用单箱双室，横桥宽度为 15.5 m，梁高为 1.3 m，材料为 C50 混凝土。桥墩墩柱采用双柱式墩，墩柱直径为 2 m。桥墩采用 C50 细石混凝土，承台采用 C35 混凝土，桥墩桩基础长度为 20 m，直径为 1 m，采用 C35 水下混凝土。结构整体立面布置和具体截面构造如图 12-1 所示。

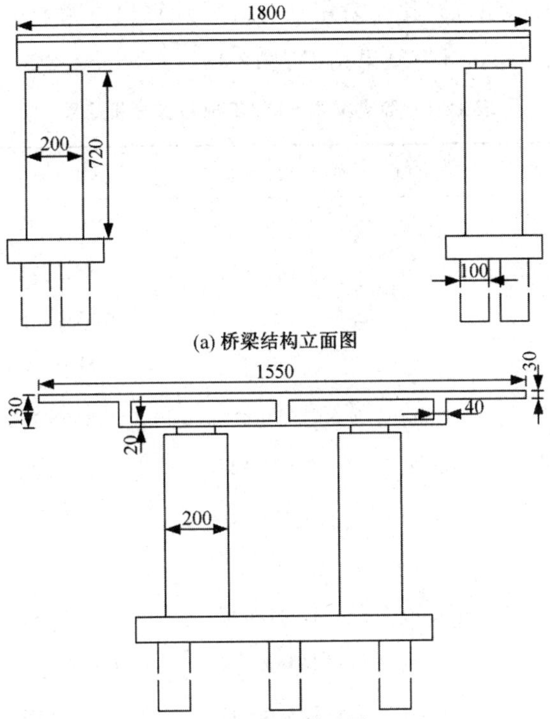

(a) 桥梁结构立面图

(b) 桥梁截面构造图

图 12-1　桥梁构造图(单位：cm)

12.1.2　数值计算模型

图 12-2　桥梁结构数值分析模型

采用 ABAQUS 有限元软件建立数值分析模型，采用 S4R 壳单元模拟主梁结构与下部承台结构，下部结构桥墩、桩基础均采用 B31 梁单元模拟。共设置 4 个支座，均采用 Connector 单元模拟。采用“p-y”曲线法模拟桩土作用，土体弹簧刚度通过弹簧单元施加节点约束实现，土体弹簧刚度计算参考美国石油学会(API)规范公式。为了同时考虑计算精度和计算效率，桩基础顶部 5 m，每间隔 0.5 m 设置一个桩土弹簧，下端 15 m，桩土弹簧间隔为 1 m，桩基础底部采用固定约束简化模型。基于上述方法，建立数值分析模型如图 12-2 所示。

12.1.3　冲刷识别参数和动力特性计算

从桥梁左、右两侧桩基础未冲刷状态开始不断冲刷，左、右两侧桩基础均以 0.5 m 为间隔设置冲刷组合参数，直至冲刷到 5 m，即共设置 66 组工况。分别对 66 组工况下的桥梁冲刷数值模型进行分析，采用静力分析计算出墩顶施加单位力作用下的墩顶位移，用

c_2/c_1表示右侧与左侧的墩顶位移比。采用动力分析计算出桥梁的 1 阶自振频率 f 和 1 阶右、左墩顶振型比值 φ_2/φ_1，计算结果列于表 12-1。

表 12-1　简支梁桥 66 组工况数值分析结果

工况编号	h_1/m	h_2/m	c_2/c_1	φ_2/φ_1	f/Hz
1	0.00	0.00	1.000 000	1.000 000	3.818 8
2	0.00	0.50	1.016 779	1.000 270	3.796 5
3	0.00	1.00	1.045 389	1.000 758	3.758 3
4	0.00	1.50	1.083 446	1.001 426	3.708 2
5	0.00	2.00	1.129 859	1.002 242	3.648 7
6	0.00	2.50	1.184 128	1.003 183	3.581 5
7	0.00	3.00	1.245 846	1.004 218	3.508 6
8	0.00	3.50	1.314 318	1.005 317	3.432 2
9	0.00	4.00	1.388 095	1.006 434	3.355
10	0.00	4.50	1.464 617	1.007 521	3.280 3
11	0.00	5.00	1.540 103	1.008 526	3.211 5
12	0.50	0.50	1.000 000	1.000 000	3.7743
13	0.50	1.00	1.028 138	1.000 487	3.736 3
14	0.50	1.50	1.065 566	1.001 153	3.686 4
15	0.50	2.00	1.111 213	1.001 969	3.627 1
16	0.50	2.50	1.164 587	1.002 907	3.560 3
17	0.50	3.00	1.225 286	1.003 940	3.48 78
18	0.50	3.50	1.292 629	1.005 035	3.411 9
19	0.50	4.00	1.365 188	1.006 146	3.335 1
20	0.50	4.50	1.440 447	1.007 229	3.260 9
21	0.50	5.00	1.514 688	1.008 228	3.192 5
22	1.00	1.00	1.000 000	1.000 000	3.698 6
23	1.00	1.50	1.036 404	1.000 665	3.649 1
24	1.00	2.00	1.080 802	1.001 479	3.590 4
25	1.00	2.50	1.132 715	1.002 414	3.524 2
26	1.00	3.00	1.191 753	1.003 441	3.452 5
27	1.00	3.50	1.257 252	1.004 530	3.377 3
28	1.00	4.00	1.327 826	1.005 635	3.3014

续表

工况编号	h_1/m	h_2/m	c_2/c_1	φ_2/φ_1	f/Hz
29	1.00	4.50	1.401 025	1.006 710	3.228
30	1.00	5.00	1.473 234	1.007 703	3.160 4
31	1.50	1.50	1.000 000	1.000 000	3.600 3
32	1.50	2.00	1.042 838	1.000 811	3.542 3
33	1.50	2.50	1.092 928	1.001 744	3.477
34	1.50	3.00	1.149 892	1.002 767	3.406 3
35	1.50	3.50	1.213 091	1.003 849	3.332 2
36	1.50	4.00	1.281 185	1.004 947	3.257 4
37	1.50	4.50	1.351 814	1.006 014	3.185 1
38	1.50	5.00	1.421 486	1.006 999	3.118 6
39	2.00	2.00	1.000 000	1.000 000	3.485 2
40	2.00	2.50	1.048 032	1.000 930	3.421 1
41	2.00	3.00	1.102 656	1.001 949	3.351 6
42	2.00	3.50	1.163 259	1.003 026	3.278 8
43	2.00	4.00	1.228 556	1.004 116	3.205 4
44	2.00	4.50	1.296 283	1.005 177	3.134 4
45	2.00	5.00	1.363 094	1.006 153	3.069 2
46	2.50	2.50	1.000 000	1.000 000	3.358 2
47	2.50	3.00	1.052 120	1.001 017	3.290 1
48	2.50	3.50	1.109 946	1.002 089	3.218 9
49	2.50	4.00	1.172 250	1.003 175	3.147 1
50	2.50	4.50	1.236 873	1.004 227	3.077 7
51	2.50	5.00	1.300 622	1.005 197	3.0138
52	3.00	3.00	1.000 000	1.000 000	3.223 7
53	3.00	3.50	1.054 961	1.001 069	3.154 2
54	3.00	4.00	1.114 179	1.002 151	3.084 1
55	3.00	4.50	1.175 600	1.003 198	3.016 3
56	3.00	5.00	1.236 191	1.004 162	2.953 9

续表

工况编号	h_1/m	h_2/m	c_2/c_1	φ_2/φ_1	f/Hz
57	3.50	3.50	1.000 000	1.000 000	3.086 5
58	3.50	4.00	1.056 133	1.001 079	3.018 2
59	3.50	4.50	1.114 355	1.002 121	2.952 1
60	3.50	5.00	1.171 789	1.003 080	2.891 4
61	4.00	4.00	1.000 000	1.000 000	2.951 7
62	4.00	4.50	1.055 127	1.001 041	2.887 4
63	4.00	5.00	1.109 509	1.001 996	2.828 3
64	4.50	4.50	1.000 000	1.000 000	2.824 9
65	4.50	5.00	1.051 540	1.000 953	2.767 3
66	5.00	5.00	1.000 000	1.000 000	2.711 2

分别建立桥梁 1 阶自振频率、桥梁墩顶位置右/左振型比值两个因变量与左侧冲刷深度 h_1 、单位力作用下右/左墩顶位移比两个因子之间的回归模型。

建立桥梁 1 阶自振频率回归模型如下所示：

$$f=t_1h_1^3+t_2(c_2/c_1)^3+t_3h_1^2+t_4(c_2/c_1)^2+t_5h_1(c_2/c_1)+t_6(c_2/c_1)+t_7h_1+t_8 \tag{12-1}$$

建立桥梁墩顶位置右/左振型比回归模型如下所示：

$$f=p_1h_1^3+p_2(c_2/c_1)^3+p_3h_1^2+p_4(c_2/c_1)^2+p_5h_1(c_2/c_1)+p_6(c_2/c_1)+p_7h_1+p_8 \tag{12-2}$$

采用拉丁超立方抽样算法从建立的 66 组工况中抽取其中 56 组用于构建回归模型，剩余 10 组(工况 7、9、12、19、26、33、37、42、50、61)用于对所建立多元回归模型进行效果检测。利用 LM 算法结合全局优化算法分别对两个非线性回归模型进行求解，结果如表 12-2 所示。

表 12-2　回归模型系数计算结果

系数	t_1	t_2	t_3	t_4	t_5	t_6	t_7	t_8
拟合值	0.006 20	0.074 70	−0.060 81	0.214 00	0.041 42	−2.044 00	−0.114 58	5.578 00
系数	p_1	p_2	p_3	p_4	p_5	p_6	p_7	p_8
拟合值	0.000 004	−0.000 01	−0.000 04	0.005 620	0.000 009	0.030 260	0.000 122	0.975 290

将表 12-2 中计算结果代入式(12-1)、式(12-2)就可以获得经验公式，其中两个回归模型 R^2 均为 0.9999。得到经验公式后，将 56 组计算样本和 10 组检验样本代入，得到预测值。为了进一步验证回归模型的预测效果，将回归模型预测值结果与理论值进行对比，绘制散点图，如图 12-3 和图 12-4 所示。

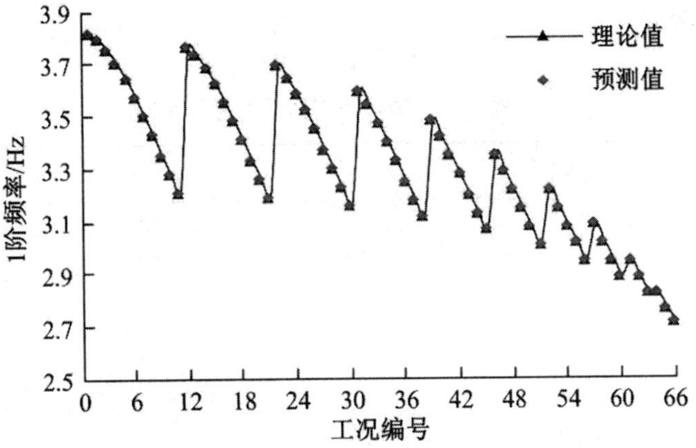

图 12-3　自振频率回归模型预测效果

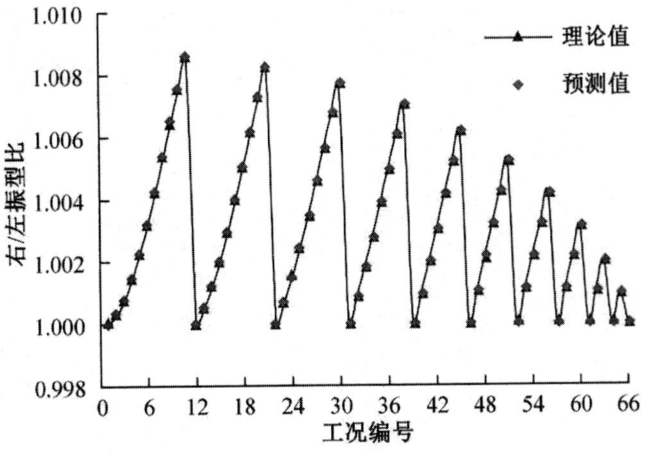

图 12-4　桥梁墩顶位置右/左振型比值回归模型预测效果

由图 12-3 和图 12-4 可以看出：无论是 56 组计算样本还是后 10 组预测样本，回归精度均能控制在 0.2%以内，验证了所建立回归模型的准确性，即形成了冲刷深度与桥梁 1 阶自振频率、单位力作用下墩顶位置右、左振型比之间的关系模型。

在此基础上，选取合适的智能优化算法，借助桥梁检测中实测的桥梁动力参数，对所形成的关系模型进行求解，即可得出桥梁冲刷深度 h_1 与单位力作用下右、左墩顶位移比 c_2/c_1，而 c_2/c_1 映了右、左两侧冲刷深度之间的比例，因此，可进一步反演出桥梁冲刷状

态和冲刷深度 h_1、h_2。

12.1.4 冲刷损伤识别过程与结果

采用基于 Lévy 飞行策略改进粒子群算法(L-PSO)对形成的非线性方程组式(12-1)和式(12-2)进行计算，设置最大迭代次数为 500 次，收敛条件为 $\varepsilon = 1 \times 10^{-6}$。设置的 66 组工况计算结果如表 12-3 所示。为了进一步展示预测效果，将上述数据绘制于三维散点图中，如图 12-5 所示。

表 12-3 回归模型系数计算结果

工况	理论值		L-PSO 预测值	
	h_1/m	h_2/m	h_1/m	h_2/m
1	0	0	0.00	0.20
2	0	0.5	0.01	0.56
3	0	1	0.05	0.92
4	0	1.5	0.07	1.36
5	0	2	0.07	1.87
6	0	2.5	0.05	2.39
7	0	3	0.03	2.92
8	0	3.5	0.00	3.43
9	0	4	0.00	3.92
10	0	4.5	0.00	4.44
11	0	5	0.00	4.98
12	0.5	0.5	0.46	0.59
13	0.5	1	0.49	0.95
14	0.5	1.5	0.50	1.40
15	0.5	2	0.51	1.91
16	0.5	2.5	0.51	2.44
17	0.5	3	0.50	2.97
18	0.5	3.5	0.49	3.50
19	0.5	4	0.49	4.01
20	0.5	4.5	0.49	4.50
21	0.5	5	0.51	5.00

续表

工况	理论值		L-PSO 预测值	
	h_1/m	h_2/m	h_1/m	h_2/m
22	1	1	0.98	0.94
23	1	1.5	1.00	1.40
24	1	2	1.00	1.92
25	1	2.5	1.01	2.47
26	1	3	1.00	3.01
27	1	3.5	1.00	3.53
28	1	4	1.00	4.03
29	1	4.5	1.01	4.50
30	1	5	1.02	4.96
31	1.5	1.5	1.50	1.36
32	1.5	2	1.50	1.90
33	1.5	2.5	1.50	2.46
34	1.5	3	1.50	3.01
35	1.5	3.5	1.50	3.54
36	1.5	4	1.51	4.04
37	1.5	4.5	1.51	4.49
38	1.5	5	1.52	4.91
39	2	2	2.00	1.83
40	2	2.5	2.00	2.42
41	2	3	2.00	3.00
42	2	3.5	2.00	3.54
43	2	4	2.00	4.04
44	2	4.5	2.01	4.49
45	2	5	2.01	4.88
46	2.5	2.5	2.51	2.35
47	2.5	3	2.50	2.95
48	2.5	3.5	2.50	3.53

续表

工况	理论值		L-PSO 预测值	
	h_1/m	h_2/m	h_1/m	h_2/m
49	2.5	4	2.50	4.04
50	2.5	4.5	2.50	4.49
51	2.5	5	2.50	4.87
52	3	3	3.01	2.88
53	3	3.5	3.00	3.49
54	3	4	3.00	4.02
55	3	4.5	3.00	4.49
56	3	5	3.00	4.87
57	3.5	3.5	3.51	3.42
58	3.5	4	3.50	3.99
59	3.5	4.5	3.50	4.49
60	3.5	5	3.50	4.89
61	4	4	4.01	3.94
62	4	4.5	4.01	4.47
63	4	5	4.00	4.89
64	4.5	4.5	4.51	4.43
65	4.5	5	4.50	4.89
66	5	5	5.01	4.87

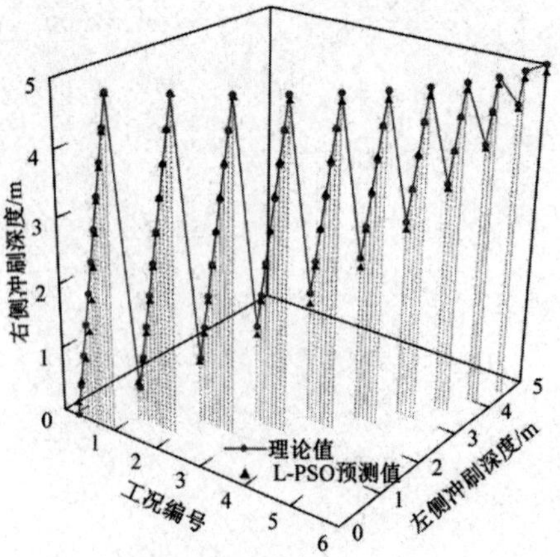

图 12-5　简支梁桥 66 组样本预测效果图

由表 12-3 和图 12-5 可知，设定冲刷深度值与基于 L-PSO 算法的预测值基本吻合，使用该方法对冲刷状态进行预测，最大一组工况误差为 0.20 m，在工程实际可接受范围内，所有工况并未出现预测失效的工况。因此，可认为该方法可采用常规桥梁检测测试桥梁 1 阶自振频率与墩顶振型值对桥梁的冲刷状态进行定性及定量分析。

12.2　简支梁桥震后残余位移分析

地震是一种自然灾害，可以造成广泛的危害，不仅会导致建筑物倒塌、土地滑坡和其他危险情况，从而致使人员受伤甚至死亡，也可以摧毁建筑物、桥梁、道路、管道和其他基础设施，导致财产的巨大损失，影响社会的正常运转。地震造成的财产损失和生产中断可以对经济产生严重影响，恢复和重建需要大量时间和资源，对受影响地区的经济稳定造成负面影响。

为减少地震的危害，地震分析在地震风险管理和减灾方面具有极其重要的作用，可以帮助确定特定地区的地震风险。通过分析历史地震数据、地质特征和构建物的分布，可以确定哪些地区更容易受到地震的影响，有助于政府、建筑师和规划者采取适当的措施来降低风险。总之，地震分析是减少地震灾害危害的关键步骤，对保护人民的生命和财产安全以及减少社会和经济损失至关重要。地震分析不仅在减灾工作中起着关键作用，还有助于科学研究和社会教育。

12.2.1　工程背景

以某 30 m 预应力混凝土简支箱梁桥为工程背景，分析地震荷载作用对桥梁残余位移的影响。该桥上部结构采用单箱双室等截面箱梁，主梁截面的具体尺寸如图 12-6 所示，其中梁宽 12.5 m、梁高 2 m，材料为 C40 混凝土；下部桥墩采用圆端形截面，桥墩截面的具体尺寸如图 12-7 所示，墩高为 15 m，材料为 C30 混凝土。

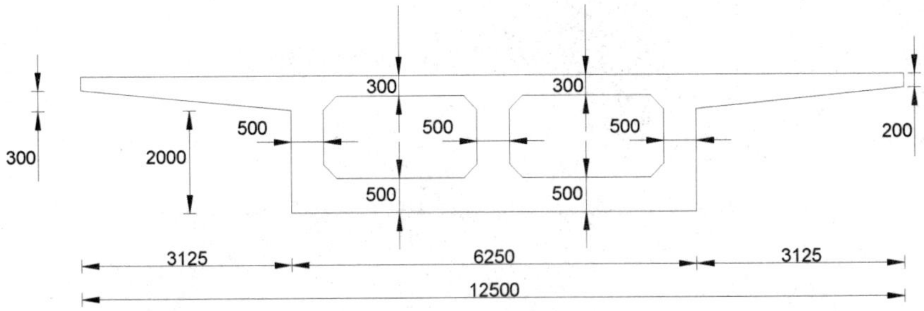

图 12-6　主梁截面尺寸(单位：mm)

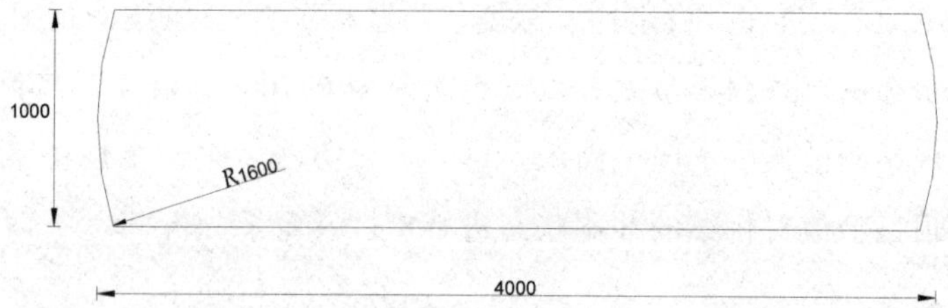

图 12-7　桥墩截面尺寸(单位：mm)

12.2.2　数值计算模型

采用ANSYS有限元软件建立简支梁桥的数值分析模型，如图12-8所示。模型中主梁和桥墩均采用BEAM188单元模拟，普通支座采用COMBIN14单元模拟，黏滞阻尼器采用COMBIN37单元模拟，桥墩与地面简化为刚性连接。桥墩与上部结构之间布置简易橡胶支座，两个桥墩一个设为固定墩，另一个设为活动墩。黏滞阻尼器安装在固定墩处，黏滞阻尼器的一端与梁底连接，另一端与墩台顶面连接。模型整体共103个节点，106个单元。

图 12-8　简支梁桥有限元模型

数值计算中考虑三种地震波型，分别为Taft波、El Centro波和Northridge波，它们的加速度时程曲线如图12-9～图12-11所示。

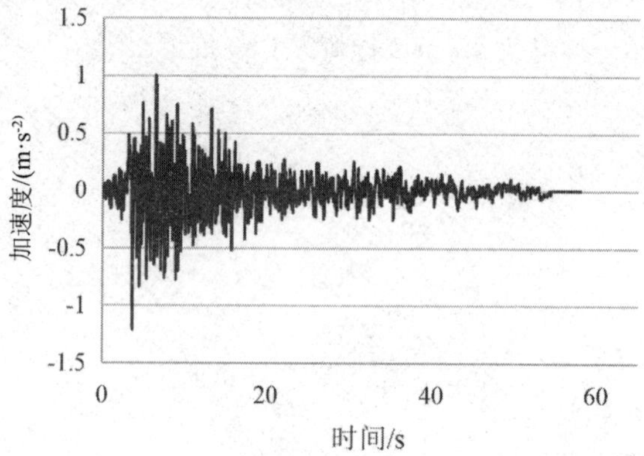

图 12-9　Taft 波加速度时程曲线

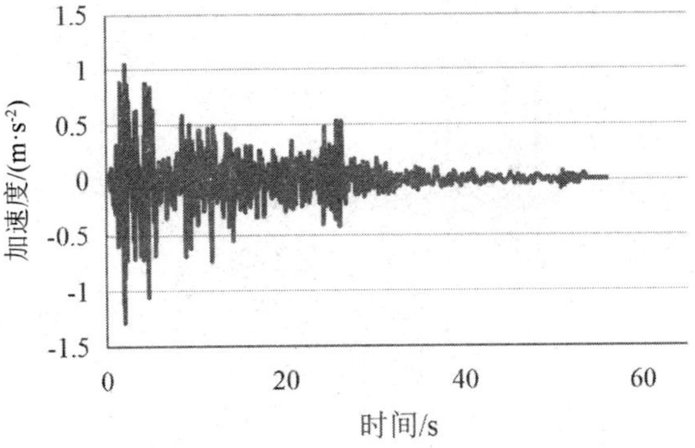

图 12-10　El Centro 波加速度时程曲线

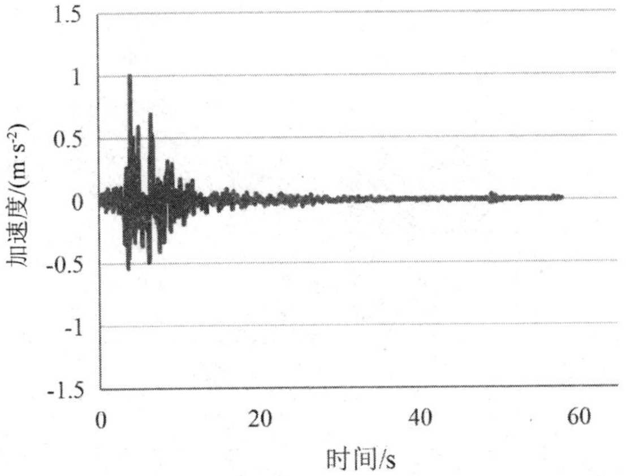

图 12-11　Northridge 波加速度时程曲线

12.2.3　计算结果分析

1. 简支梁桥的受力及位移(Taft 地震波)

在数值模型中沿顺桥向输入 Taft 地震波，设置地震波的加速度时间间隔为 0.02 s，调整峰值加速度为 0.3 g。模型中桥墩的墩高为 15 m，计算得到的简支梁桥的顺桥向受力及位移结果如图 12-12～图 12-14 所示。

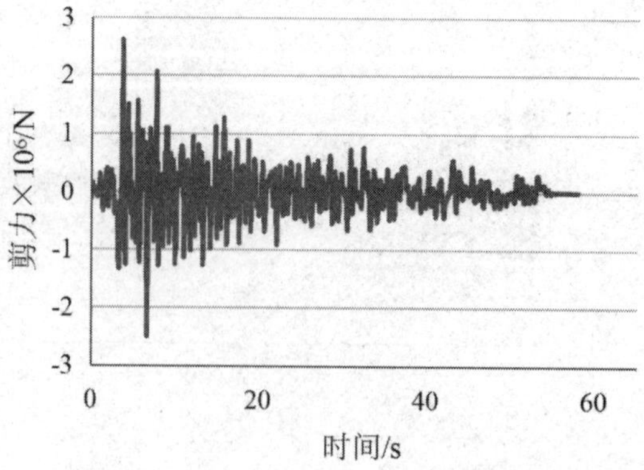

图 12-12　**墩底的剪力时程曲线**

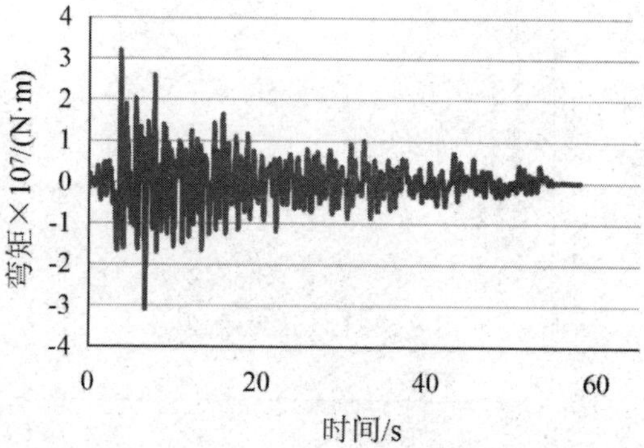

图 12-13　**墩底的弯矩时程曲线**

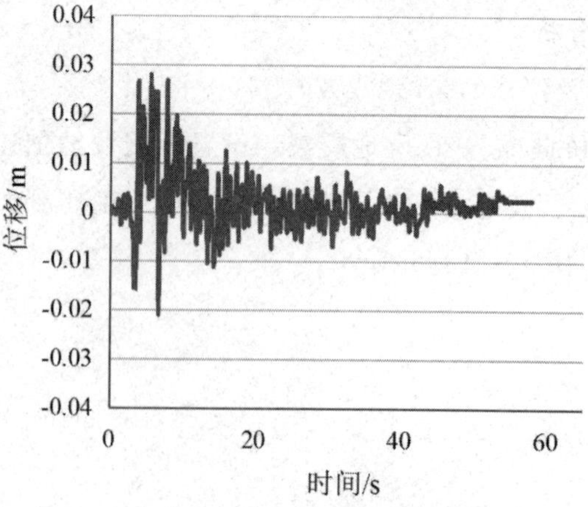

图 12-14　**梁底的位移时程曲线**

2. 墩高对地震响应的影响分析(Taft 地震波)

为研究简支梁桥墩高对地震响应的影响，分别选取桥墩高度为 16 m、17 m、18 m、19 m、20 m 和 21 m 七种工况。输入峰值加速度为 0.3 g 的 Taft 地震波，计算得到不同墩高下简支梁桥结构的响应如表 12-4 所示，墩高变化对结构地震响应的影响规律如图 12-15～图 12-18 所示。

表 12-4　不同墩高下的结构响应(Taft 地震波)

序号	墩高/m	最大位移/m	残余位移/m	最大剪力/N	最大弯矩/(N·m)
1	15	0.028	0.002	2.613×10^6	3.192×10^7
2	16	0.031	0.005	2.598×10^6	3.403×10^7
3	17	0.035	0.007	2.532×10^6	3.540×10^7
4	18	0.039	0.008	2.419×10^6	3.688×10^7
5	19	0.043	0.010	2.295×10^6	3.763×10^7
6	20	0.046	0.012	2.123×10^6	3.697×10^7
7	21	0.049	0.013	1.905×10^6	3.602×10^7

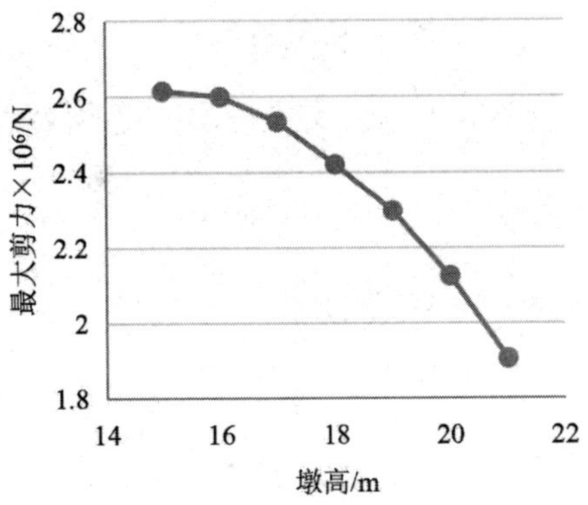

图 12-15　最大剪力

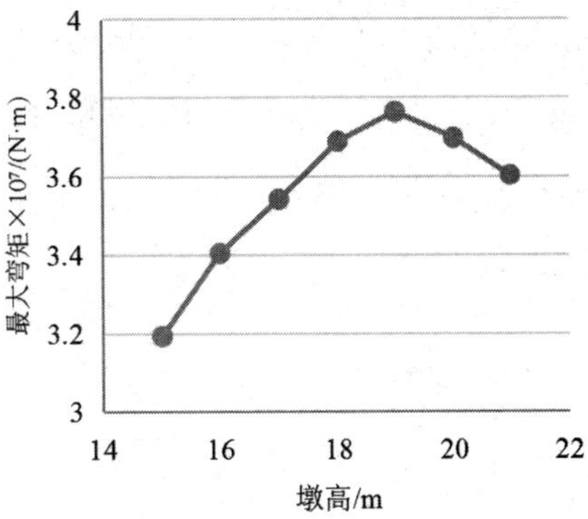

图 12-16　最大弯矩

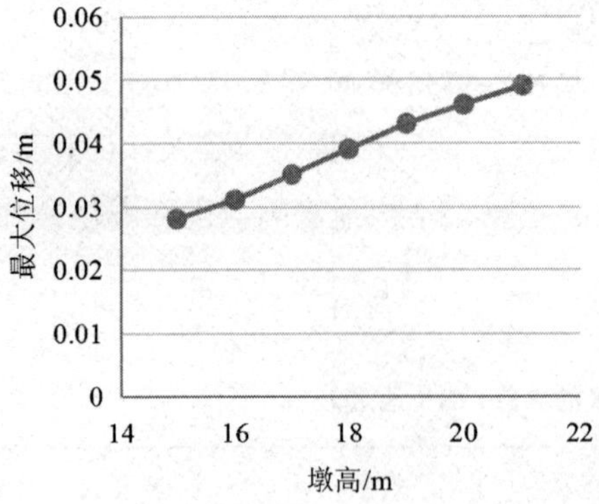

图 12-17　最大位移

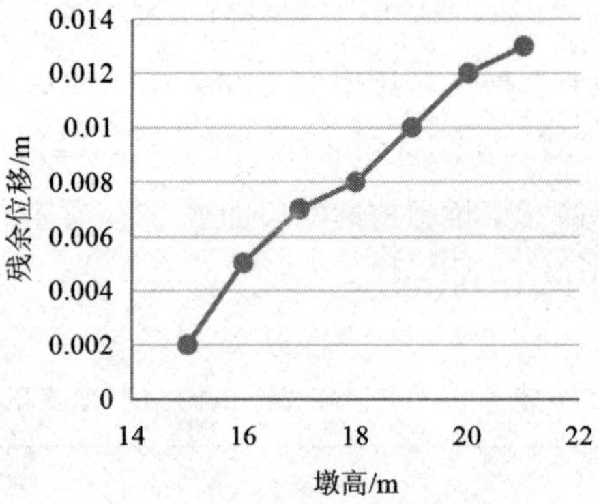

图 12-18　残余位移

结果表明，墩底最大剪力随墩高增加而减小，大致按抛物线形状递减；墩底弯矩随墩高的增加先增大后减小，在墩高为 19 m 时达到最大值 3.763×10^7 N·m；桥梁结构震致最大位移和震致残余位移均随桥墩高度增大而增加，墩高与最大位移或残余位移近似呈线性关系，这是由于墩高的增加引起整体结构刚度的降低，自振周期逐渐加大，进而引起震致最大位移和震致残余位移的增加。

3. 地震波波形对简支梁桥结构响应的影响

前面已经分析了 Taft 地震波对简支梁桥结构响应的影响，这里选取 El Centro 波和 Northridge 波继续进行研究，选取 18 m、19 m 和 20 m 三种墩高，探究不同地震波下墩高变化对结构震后最大位移及残余位移的影响。表 12-5、表 12-6 分别为输入 El Centro 波和 Northridge 波得到的简支梁桥的位移和内力；三种地震波下简支梁桥的结构响应随墩高的变化规律如图 12-19～图 12-22 所示。

表 12-5　不同墩高下的结构响应(El Centro 波)

序号	墩高/m	最大位移/m	残余位移/m	最大剪力/N	最大弯矩/(N·m)
1	18	0.050	0.021	2.364×10^6	3.576×10^7
2	19	0.055	0.022	2.468×10^6	3.915×10^7
3	20	0.061	0.023	2.470×10^6	4.112×10^7

表 12-6　不同墩高下的结构响应(Northridge 波)

序号	墩高/m	最大位移/m	残余位移/m	最大剪力/N	最大弯矩/(N·m)
1	18	0.052	0.001	2.888×10^6	4.186×10^7
2	19	0.054	0.003	2.549×10^6	4.041×10^7
3	20	0.059	0.006	2.175×10^6	3.700×10^7

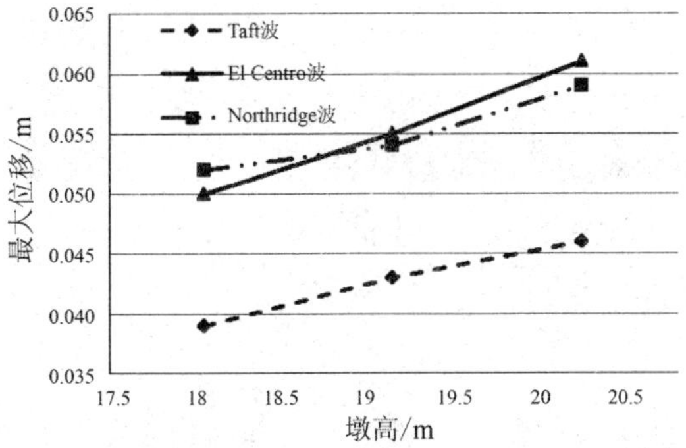

图 12-19　三条地震波作用下最大位移

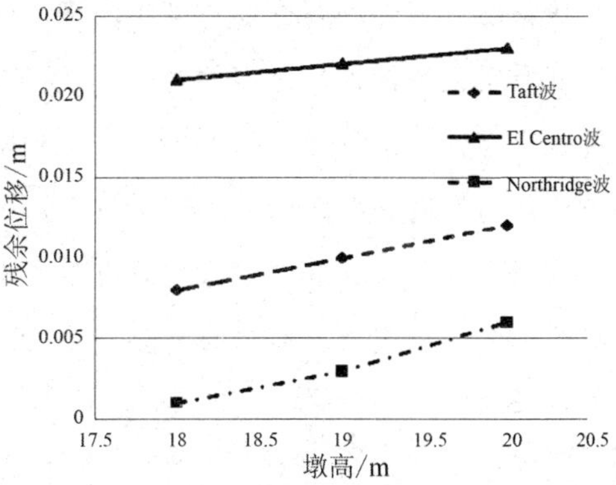

图 12-20　三条地震波作用下残余位移

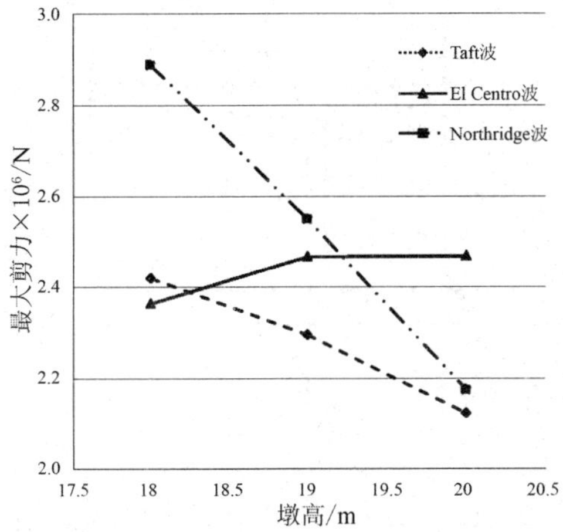

图 12-21　三条地震波作用下最大剪力

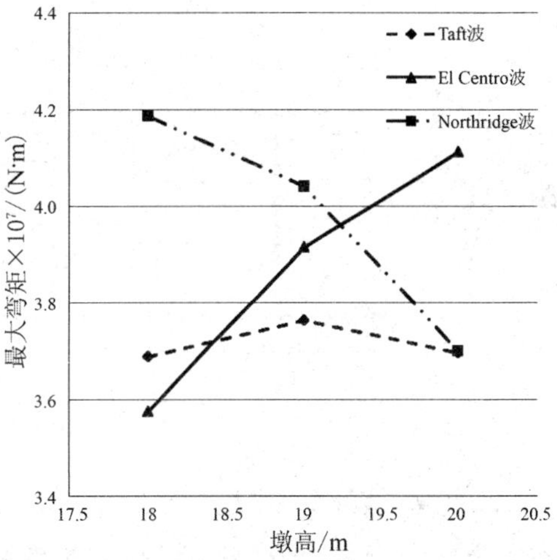

图 12-22　三条地震波作用下最大弯矩

由图可知，桥墩墩高和地震波频谱特性对简支梁桥结构响应的影响较大。地震作用下结构的剪力、弯矩和位移响应规律不同：在三种地震波作用下，墩底最大位移和残余位移均是随桥墩墩高的增加而增大；在 Northridge 和 Taft 波作用下，剪力和弯矩随墩高增加而减小，而在 El Centro 波作用下，剪力和弯矩随墩高增加而增大。

12.3　爆炸作用下简支梁桥的动力响应及损伤状况

爆炸，作为一种偶发事件，与地震、船撞等作用相比，在国内桥梁设计施工规范中还缺乏明文规定。虽然爆炸属于小概率事件，但一旦发生就有可能造成难以挽救的损失。爆炸不仅会造成桥梁构件的破坏，甚至可能引发难以修复的结构连续性倒塌，导致人员伤亡和交通中断。当桥梁结构构件遭受爆炸后，其后果不仅仅是损伤修复的代价，还会对交通运输、政治经济和国家安全造成重大影响。

随着爆炸事件的频繁发生，各国都清楚地认识到爆炸所带来的巨大损失，纷纷增加对结构抗爆研究的投入。专家们对爆炸的传播和作用机理进行了深入研究[2-3]。桥梁爆炸作为抗爆研究的一个分支，随着国家安全和防恐形势的发展而变得更加重要。爆炸所产生的冲击荷载与普通的静力荷载不同，具有特殊的荷载形式、高速的材料变形以及独特的动力响应。因此，普通的静力荷载计算方法无法用于计算爆炸所产生的冲击荷载。因此，对爆炸对桥梁的影响进行研究具有十分重要的理论和社会意义。

12.3.1 工程背景

以某桥梁工程为背景，该桥为 30 m 简支预应力混凝土箱梁桥，上部结构采用单箱双室等截面箱梁，主梁的具体尺寸如图 12-23 所示，横桥宽度为 12.5 m，梁高为 2 m，材料为 C40 混凝土。

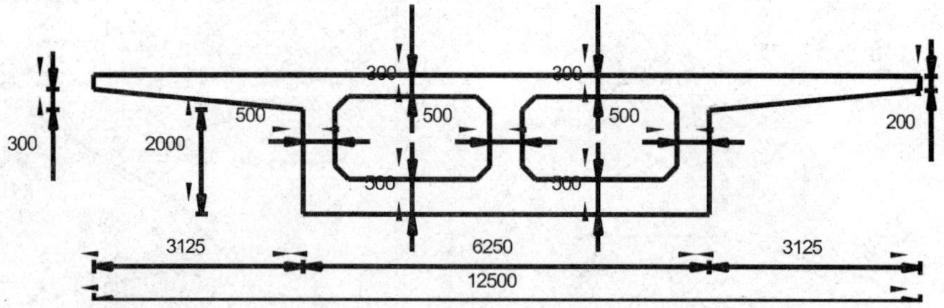

图 12-23 主梁截面尺寸(单位：mm)

12.3.2 数值计算模型

采用 HyperMesh 软件建立数值分析模型，联合 LS-DYNA 有限元软件对爆炸荷载作用下的简支梁桥结构进行动力分析，数值模型如图 12-24 所示。主梁采用 SOLID164 单元模拟，主梁一段设为固定约束，另一段设为活动约束。主梁的混凝土材料模型采用 Johnson Holmquist Concrete (Mat _ 111)本构模型，JHC 模型综合考虑了大应变、高应变率、高压效应等。空气采用 * MAT _ NULL 材料模型和线性多项式状态方程 EOS _ LINEAR _ POLYNOMIAL 为控制方程。炸药类型采用 * MAT _ HIGH _ EXPLOSIVE _ BURN 材料模型和 JWL 状态方程描述，炸药直接在空气区域进行填充。主梁与空气之间运用 Lagrange-Euler 算法进行流固耦合计算，空气域边界设置为非反射边界。添加关键字 * MAT _ ADD _ EROSION，通过最大主应变设置混凝土材料的失效条件。研究表明，在模拟钢筋混凝土桥梁时，网格尺寸在 100～300 mm 之间即可准确反映桥梁的动力响应，本节采用的主梁单元网格尺寸为 200 mm。

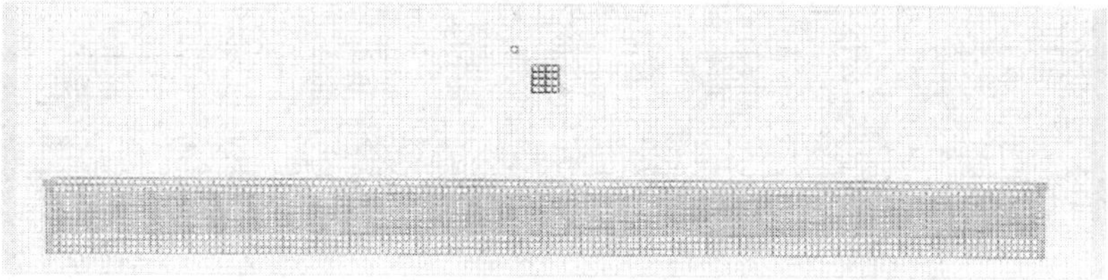

图 12-24　爆炸荷载作用下简支梁桥有限元模型

12.3.3　计算结果分析

1. 炸药冲击波的扩散形式

TNT 爆炸后产生的冲击波在空气以及主梁上传播，如图 12-25 和图 12-26 所示。由图可知，炸药在爆炸时产生的冲击波以球形向外扩散。

图 12-25　冲击波在空气中传播

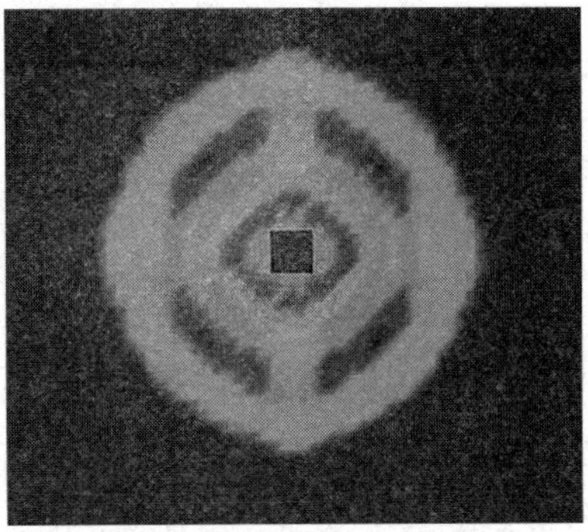

图 12-26　冲击波在桥面上传播

2. 爆炸冲击下主梁的动力响应

为研究爆炸冲击波在桥面上的传播规律，在沿桥方向上取测点，探究峰值超压的变化规律，见图 12-27。由图可知，沿桥向测点的超压峰值随着水平距离的增大而减少，爆心投影点的峰值超压最大。

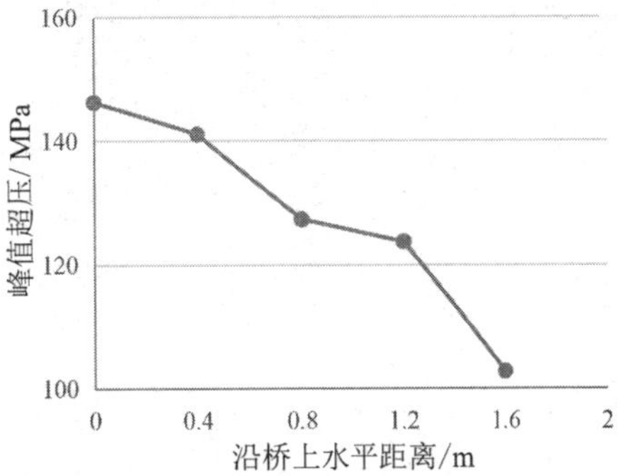

图 12-27　沿桥向水平距离与超压峰值变化

为研究炸药质量对简支梁桥结构动力响应的影响，在爆炸高度为 3 m 条件下，分别取 TNT 质量为 800 kg、600 kg、400 kg、200 kg 和 100 kg，计算得到的简支梁桥的动力响应如表 12-7 所示，峰值超压、底板位移和顶板速度与炸药质量间的变化规律如图 12-28 所示。由表 12-7 和图 12-28 可知，当爆炸位置不变时，随着炸药质量的增加，桥梁的动力响应也越大。

表 12-7　不同炸药质量下爆心投影点动力响应

序号	炸药质量/kg	峰值超压/MPa	底板位移/cm	顶板速度/(m·s⁻¹)
1	800	143.1	−3.4	−143.72
2	600	130.0	−3.1	−72.7
3	400	110.0	−2.7	−21.6
4	200	100.7	−2.2	−16.1
5	100	71.3	−1.3	−5.1

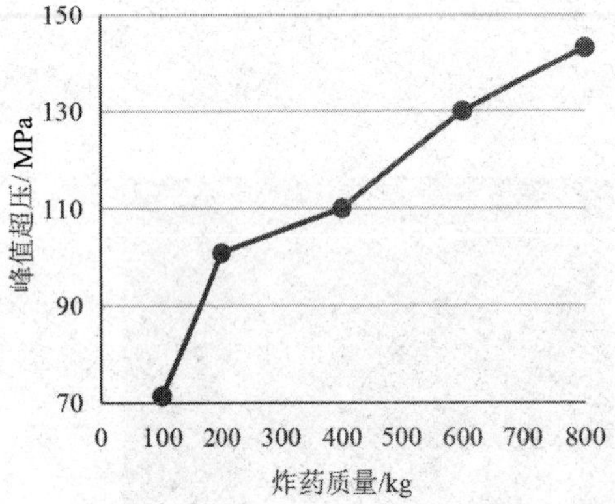

(a) 超压峰值随炸药质量的变化规律

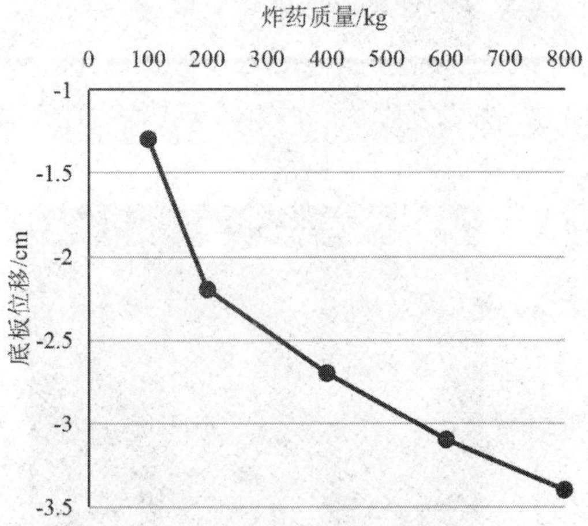

(b)底板位移随炸药质量的变化规律

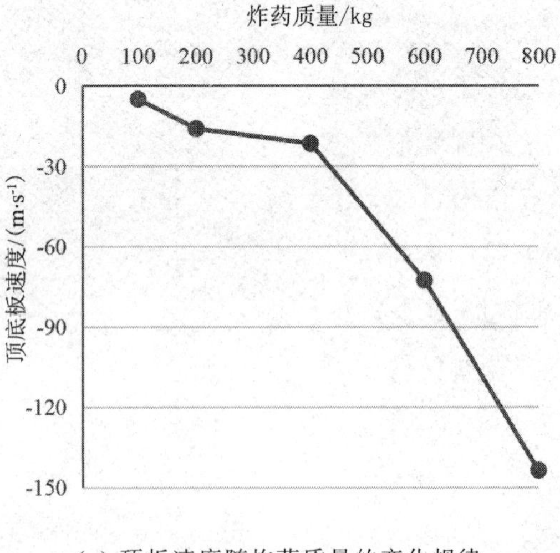

(c) 顶板速度随炸药质量的变化规律

图 12-28　主梁动力响应随炸药质量的变化规律

为研究爆炸高度对简支梁桥结构动力响应的影响，在炸药质量取 100 kg 的情况下，分别取爆炸高度为 3 m、3.4 m、3.8 m、4.2 m 和 4.6 m，计算得到的简支梁桥动力响应见表 12-8，峰值超压、底板位移和顶板速度随爆炸高度的变化规律如图 12-29 所示。由表 12-8 和图 12-29 可知，在炸药质量不变的情况下，随炸药距桥面高度的增加，主梁的动力响应越小。

表 12-8　不同爆炸高度下爆心投影点动力响应

序号	距桥面高度/m	峰值超压/MPa	底板位移/cm	顶板速度/$(m \cdot s^{-1})$
1	3.0	71.3	−1.3	−5.1
2	3.4	65.4	−1.24	−4.3
3	3.8	53.0	−1.16	−3.9
4	4.2	48.6	−1.05	−3.5
5	4.6	44.5	−0.85	−3.4

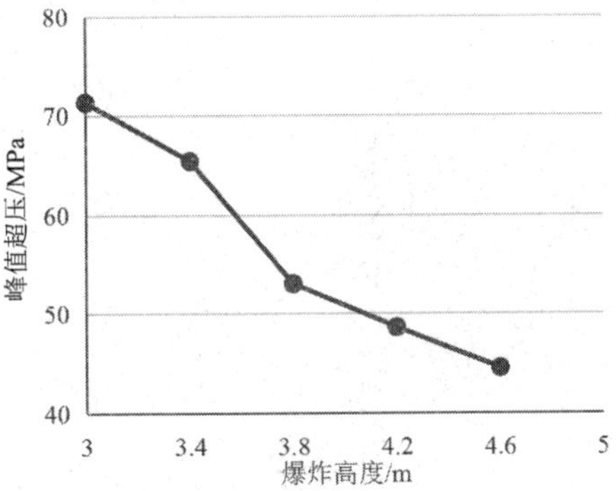

(a) 超压峰值随爆炸高度的变化规律

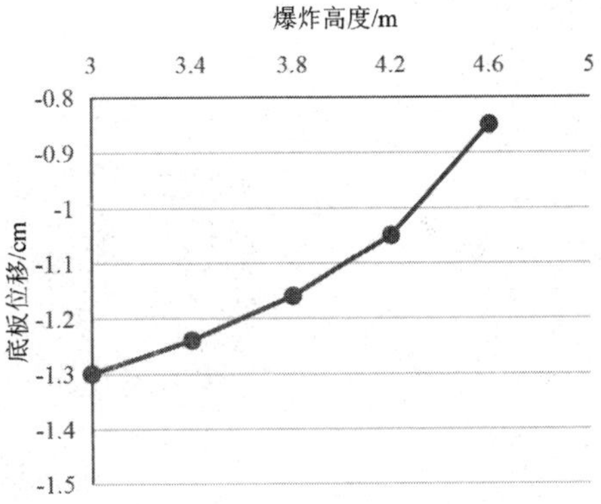

(b) 底板位移随爆炸高度的变化规律

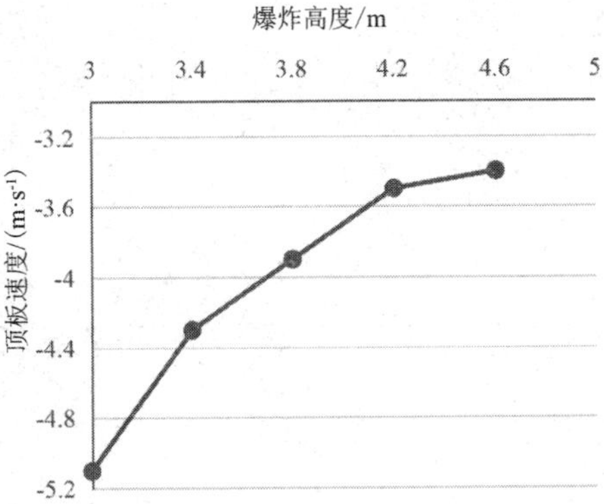

(c) 顶板速度随爆炸高度的变化规律

图 12-29　主梁动力响应随爆炸高度的变化规律

综上所述，爆炸荷载作用下简支梁桥的动力响应与炸药的质量和炸药的爆炸高度均有关，当炸药的质量越大，炸药距桥面高度越近，简支梁桥结构的动力响应越大。

3. 不同起爆位置对主梁损伤的影响

为研究在桥梁不同位置起爆炸药对简支梁桥动力响应以及损伤状况的影响，在爆炸高度为 3 m、炸药质量为 800 kg 条件下，取跨中中心、1/4 跨中心和跨中偏心三种桥面位置建立炸药模型，如图 12-30 所示。利用 LS-DYNA 有限元软件，计算得到的桥面上爆心投影点的超压峰值见表 12-9，不同起爆位置下主梁的损伤状况如图 12-31 所示。

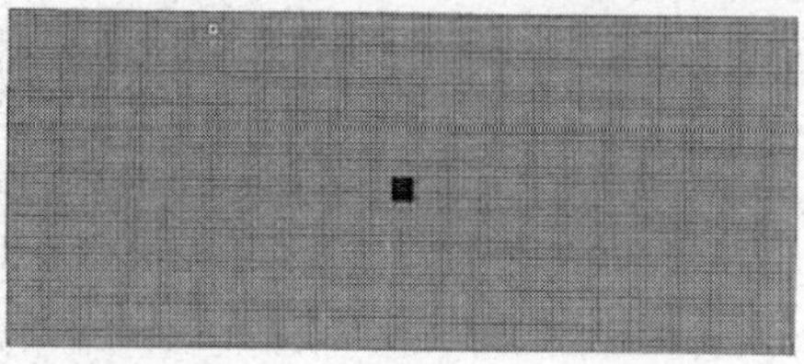

(a) 跨中中心

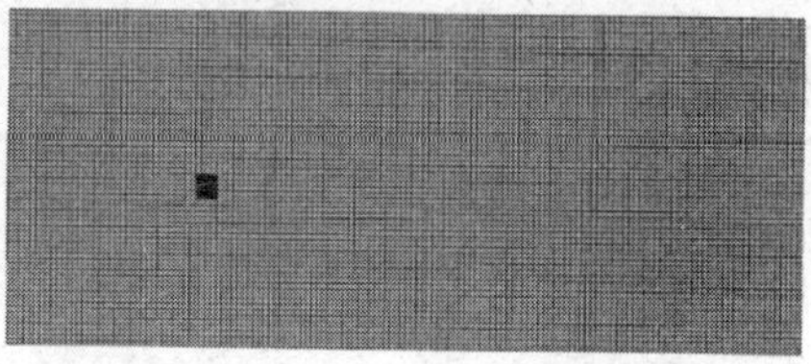

(b) 1/4 跨中心

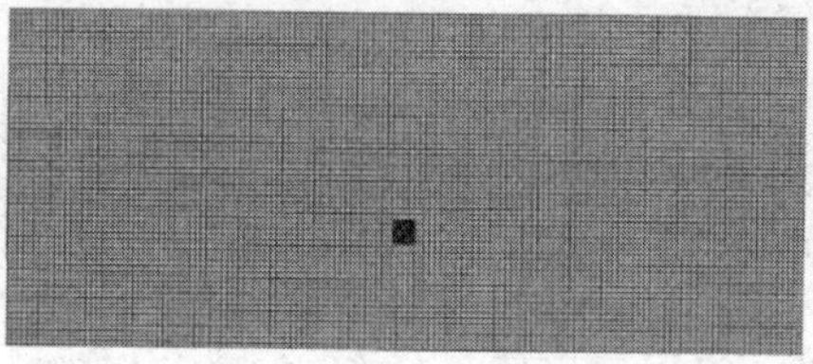

(c) 跨中偏心

图 12-30　起爆模型

表 12-9　桥面上爆心投影点的超压峰值

起爆位置	峰值超压/MPa	顶板速度/(m·s^{-1})
跨中中心	143.1	143.72
1/4 跨中心	144.9	140.34
跨中偏心	146.1	147.35

由表 12-9 可知，不同位置起爆，超压峰值最大值都出现在炸药位于主梁的中心投影处，且超压峰值、顶板速度的大小基本相同，说明起爆位置对主梁的动力响应没有影响。通过图 12-31 可以看出，不同位置起爆，主梁损伤位置均出现在炸药下方，桥面混凝土上损伤单元数量基本相同，即桥面损伤情况基本相同，说明起爆位置对简支梁桥的主梁损伤没有影响。

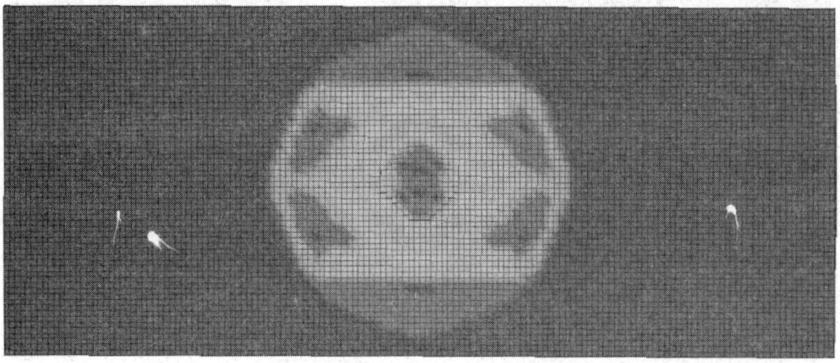

(a) 跨中中心起爆

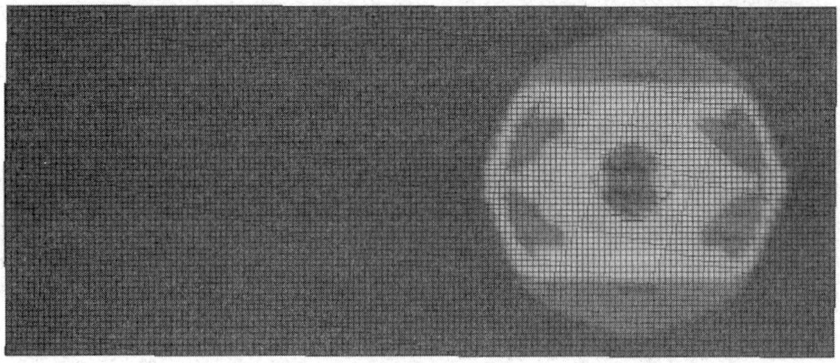

(b) 1/4 跨中心起爆

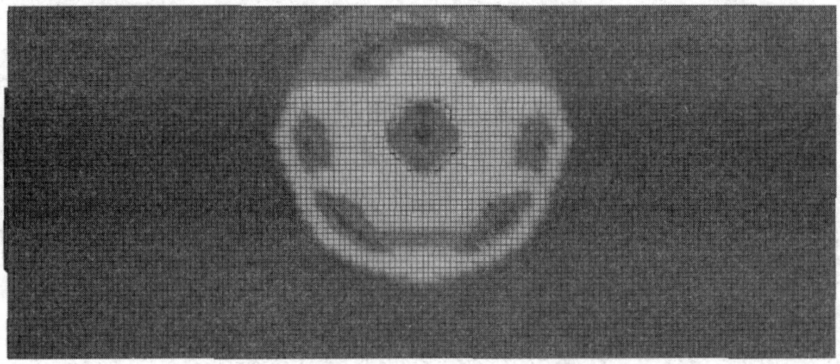

(c) 跨中偏心起爆

图 12-31　不同起爆位置下主梁损伤状况

12.4　桥梁的风致振动

自进入 21 世纪以来，我国桥梁建设技术不断提升，桥梁跨度记录持续刷新，结构体系更柔，阻尼更小，风敏感性更强。我国沿海和内陆地区频繁遭受强/特异风侵袭，强/特异风作用下的大幅风致振动是威胁桥梁施工和运营安全的关键技术和科学问题。本节首先通过几个著名案例说明风荷载对桥梁的影响以及桥梁风致振动带来的危害；之后，以某单索面悬索桥为对象，利用有限元数值仿真方法，分析斜吊杆对单索面悬索桥颤振性能的影响。

12.4.1 著名案例

1. 美国 Tacoma 海峡大桥

1940 年 11 月 7 日美国 Tacoma 桥发生了震惊世界的桥梁风毁事件[4-7]。Tacoma 桥位于美国的华盛顿州，旧桥于 1940 年建成，该桥是华盛顿州耗资 640 万美元建成的连接奥林匹克半岛和美国华盛顿州其他地区的悬索大桥，享有世界单跨桥之王的称号。该桥主跨 853.4 m，全长 1810.56 m，桥宽 11.9 m，而梁高仅 1.3 m。通过两年时间的施工，于 1940 年 7 月 1 日建成通车，这座桥自开通以来，即使在风速较低的情况下也表现出了显著的风致振荡，因此华盛顿大学对其进行了监测，而且大桥的上下起伏振动还吸引许多人驱车前往，享受这奇妙的感觉。

1940 年 11 月 7 日凌晨，在大桥向公众开放后仅 4 个月零 6 天，塔科马海峡大桥在强烈的大风作用下产生振动。在持续 3 个小时的大波动中，整座大桥上下起伏达 1 m 多。10 点时风速增加到 19 m/s，振幅越来越大，直至桥面倾斜到 45°左右，最终吊杆逐根拉断导致桥面钢梁折断而倒塌下来，坠入距桥面 63 m 的水中。当地一名摄影师拍摄到了这场戏剧性的坍塌，图 12-32 中显示，先是跨中一段桥面和横撑掉落下来，过了几分钟后，其余的桥面也掉入水中，此时，Tacoma 海峡悬索桥已基本被毁。

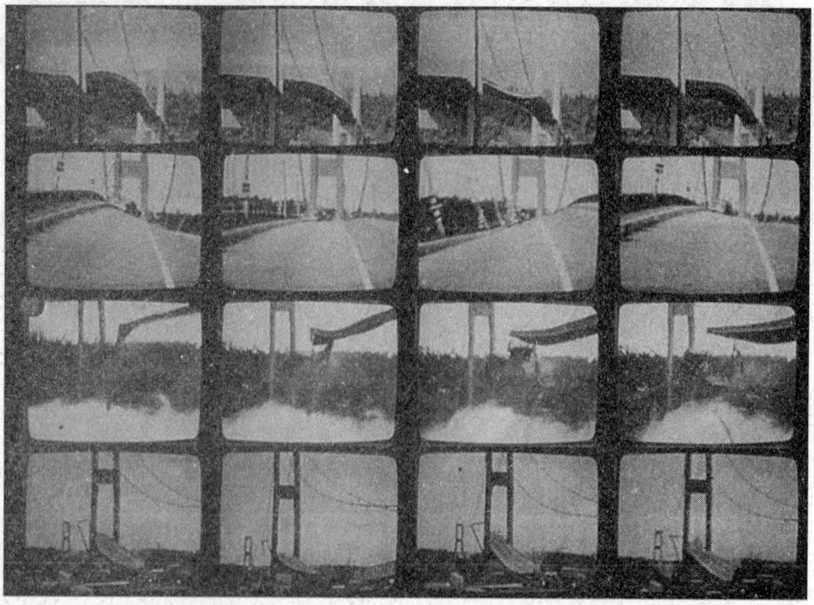

图 12-32 美国 Tacoma 海峡大桥损毁过程

2. 英国 Kessock 斜拉桥

英国的 Kessock 斜拉桥[4]，如图 12-33 所示，是跨越比尤利湾的 A9 高速公路的一部分。该桥建于 20 世纪 70 年代末 80 年代初，于 1982 年 7 月 19 日开通。该桥全长 1 052 m，主跨长 240 m，有 12 个墩、4 座桥塔。该桥为钢结构，由一个钢桥面和两侧的两个钢梁组成，桥面总宽约 22 m、侧梁深度约 3.3 m。该桥为开放式截面结构，使得横截面为倒“U”形，桥梁的纵向刚度都来自整个倒 U 形截面。

图 12-33　Kessock 大桥

在桥梁设计过程中进行了风洞试验，试验结果表明，当风速达到 20 m/s 左右时，由于风的旋涡脱落，桥梁将遭受很大的振幅响应。然而，基于原型桥梁的响应通常明显小于风洞中预测的响应的假设，桥梁在试验中出现的大幅振动行为并没有引起设计人员的重视。然而，就在主跨合龙之前，该结构对 12.5 m/s 的东风表现出了显著的反应。此外，在桥梁开通不久，也就是 1982 年 10 月，在桥梁跨中部位发现了超过 300 mm 的峰间移动。由于 Kessock 斜拉桥的风致振动效应显著，研究者们开始寻找能够减少该桥未来风致振动的方法，经过进一步的风洞试验，有人建议在桥梁的每一侧安装一排叶片，以防止涡流的形成。但是，设计者更倾向于安装调谐质量阻尼器来降低振动水平。

3. 日本东京湾通道桥

东京湾通道横跨日本东京湾，于 1997 年竣工，全长 11 km，由桥梁与隧道两部分组成[8-9]。桥梁部分全长 4 384 m，其中主桥为 10 跨一联的钢箱梁连续梁桥，长度为 1 630 m，桥宽为 22.9 m，如图 12-34 所示。在桥梁的设计阶段，对二维截面模型和三维完整模型进行了各种风洞试验，试验表明，在垂直于桥梁轴线的风作用下，桥梁会产生竖直面内的涡激共振。

该通道的主桥架设于 1994 年 10 月完成，同年 12 月份，在西南风作用下观察到桥梁发生显著振动，此后在一定条件下便可观察到涡流引起的桥梁振动。这种涡流引起的一阶振动在风速16～17 m/s时达到峰值，桥梁最大振幅超过50 cm。在现场观察到涡流引起的桥梁振动后，设计者还进行了进一步的测试。尽管研究了各种空气动力学措施，但未能将振动抑制到可接受的水平，因此决定在主梁中安装16个可调质量阻尼器TMD，以控制第一阶、第二阶模态振动。阻尼器安装后，风致涡激振动产生的振幅可降至5 cm，有效控制了该桥的涡激振动现象。

图12-34　日本东京湾通道桥

12.4.2　斜吊索对单锁面悬索桥颤振特性的影响

单索面悬索桥是一种新型的结构体系，由于其造型优美，极具观赏价值，成为了一些景区的首选桥型。相较于传统的双主缆悬索桥而言，单索面悬索桥结构体系更为轻柔，更容易发生扭弯破坏，本节以桑艳霞[10]在论文《单索面悬索桥颤振特性分析》中对单索面悬索桥的研究为例，说明斜吊杆对单索面悬索桥颤振性能的影响。

1. 工程背景

该单索面悬索桥主跨400 m，主缆矢跨比1/9。主塔为“山”形拱式桥塔，由混凝土箱型截面柱组成，桥面处设横梁，ZP1塔柱全高80 m，ZP2塔柱全高75 m。主梁为分离式曲线梁桥，主梁中心线处梁高2.5 m，主梁全宽25～37.405 m。靠近桥塔部分各有9对吊索采用斜吊索，中间部分采用垂直吊索，斜吊索每个吊点设置两根吊索，垂直吊索每个吊点设置一根吊索，吊索布置如图12-35所示。

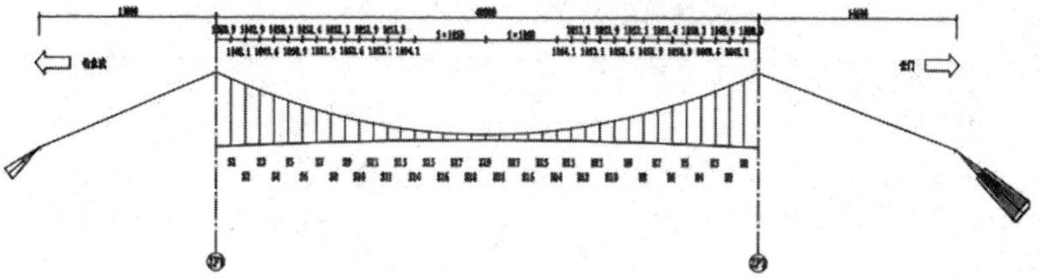

图 12-35　吊索布置图(单位：cm)

2. 数值仿真模型

利用 Midas 建立全桥有限元模型，模型采用双主梁模式，全桥共 280 个节点，371 个单元。悬索桥主缆和吊索采用拉索单元，主梁和桥塔采用梁单元。主缆锚固处、桥塔底部采用固结；塔梁连接处采用双排抗风支座，约束竖向和横向位移；主缆和索鞍中心采用刚性连接。建模时考虑结构自重、二期恒载以及索夹节点荷载。图 12-36 所示为有斜吊索、无斜吊索的单索面悬索桥的三维有限元模型。

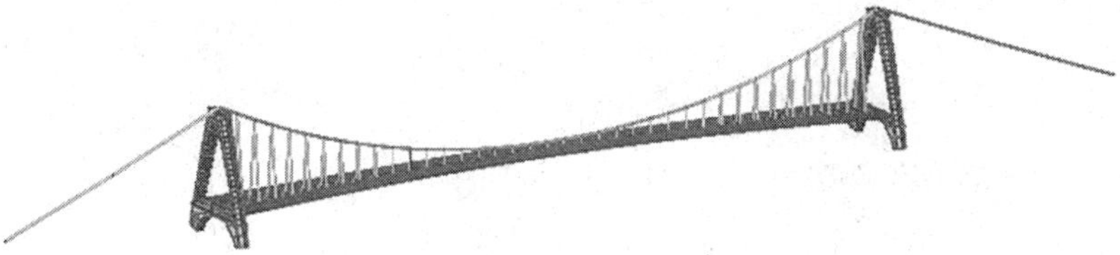

(a)有斜吊索模型

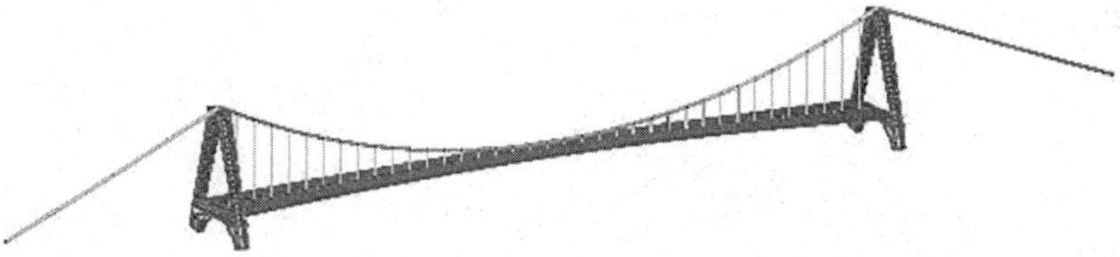

(b) 无斜吊索模型

图 12-36　单索面悬索桥的有限元模型

3. 桥梁自振特性分析

利用 Midas 计算桥梁的频率和振型，表 12-10 为有斜吊索悬索桥的前 12 阶频率和部分振型，表 12-11 为无斜吊索悬索桥的前 12 阶频率和部分振型。

表 12-10　有斜吊索悬索桥的前 12 阶频率和部分振型

阶次	频率/Hz	振型特点	振型图
1	0.143 7	主梁纵飘	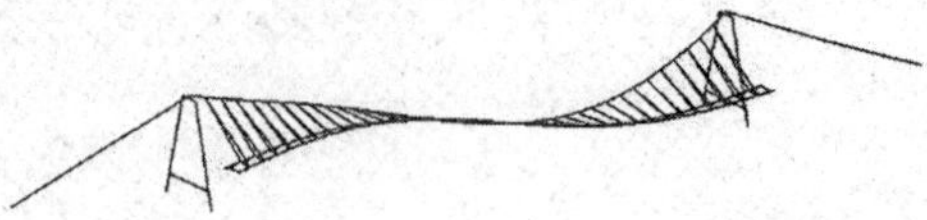
2	0.232 1	一阶反对称竖弯	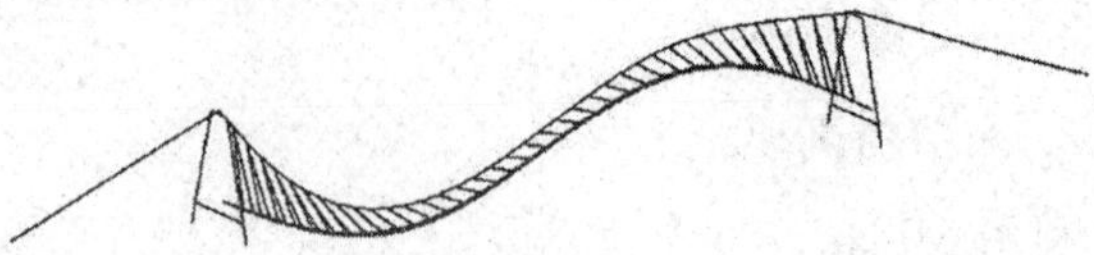
3	0.261 2	一阶正对称侧弯	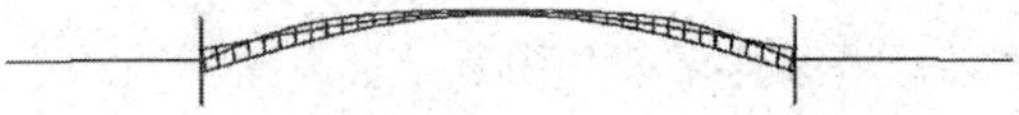
4	0.324 0	一阶正对称竖弯	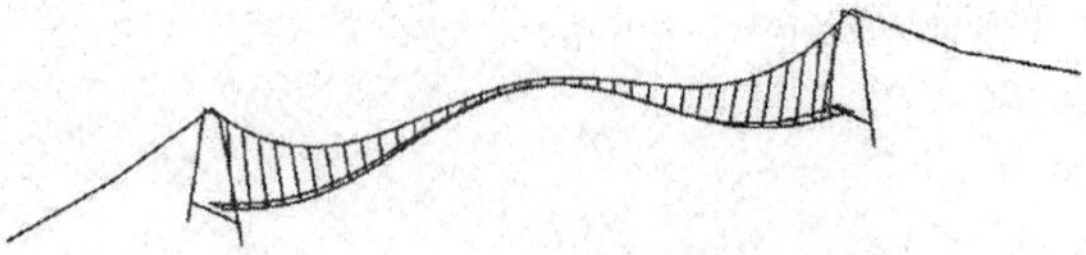
5	0.449 7	二阶正对称竖弯	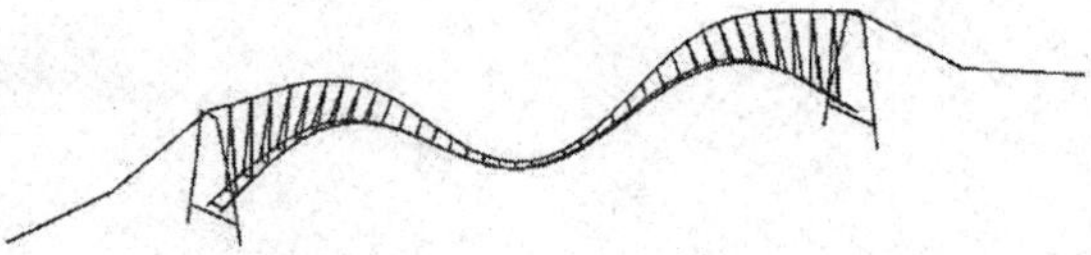
6	0.605 5	右侧边缆侧弯	——
7	0.611 4	右侧边缆竖弯	——
8	0.635 9	二阶反对称竖弯	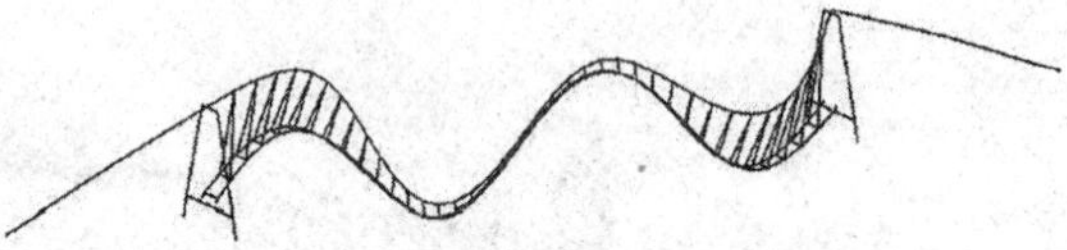
9	0.677 5	左侧边缆侧弯	——
10	0.683 0	左侧边缆竖弯	——
11	0.715 0	一阶正对称扭转	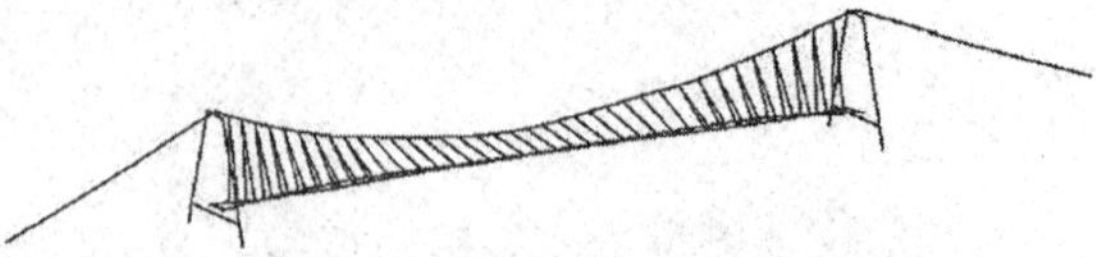
12	0.741 4	一阶反对称扭转	

表 12-11　无斜吊索悬索桥的前 12 阶频率和部分振型

阶次	频率/Hz	振型特点	振型图
1	0.138 5	主梁纵飘	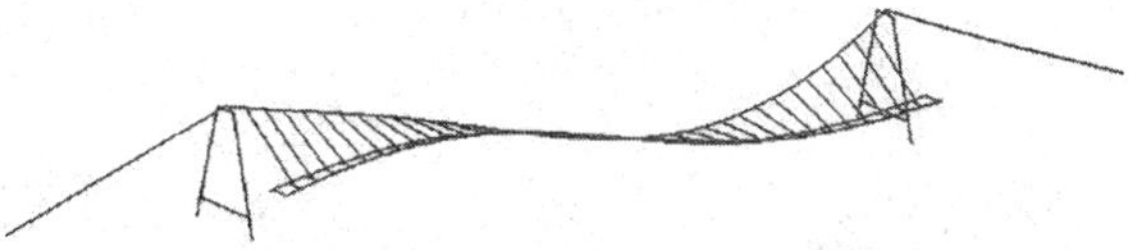
2	0.231 8	一阶反对称竖弯	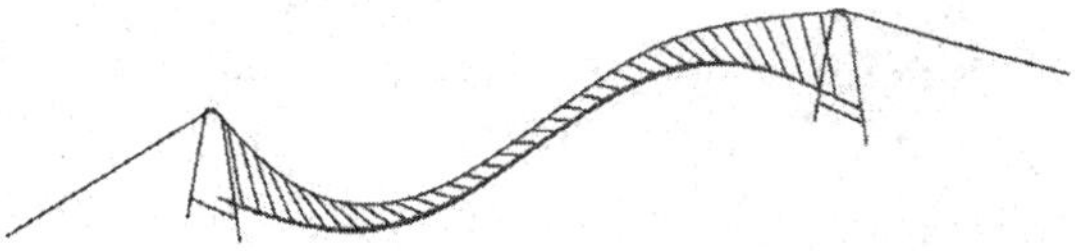
3	0.253 2	一阶正对称侧弯	
4	0.325 0	一阶正对称竖弯	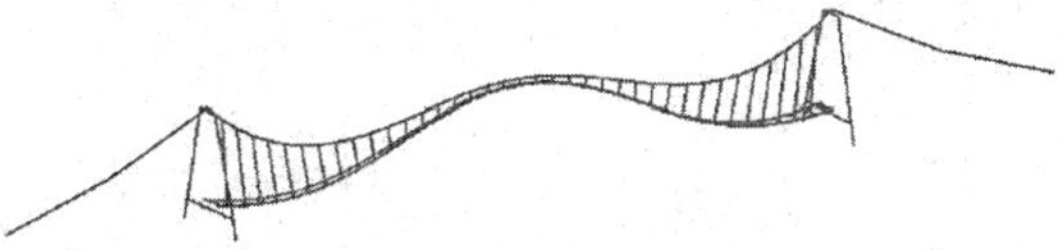
5	0.448 1	二阶正对称竖弯	
6	0.607 0	一阶正对称扭转	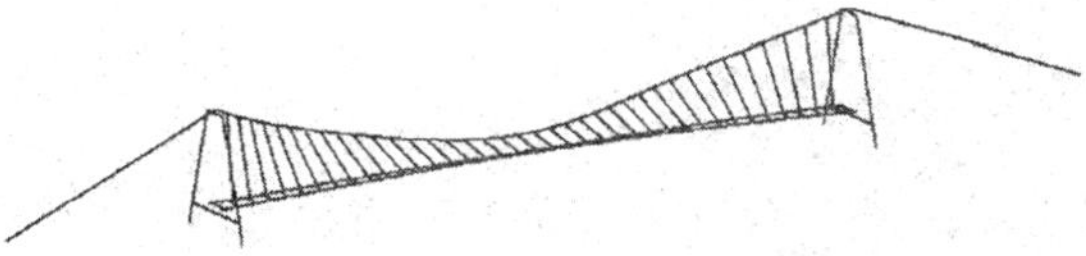
7	0.613 6	右侧边缆侧弯	——
8	0.619 1	右侧边缆竖弯	——
9	0.635 6	二阶反对称竖弯	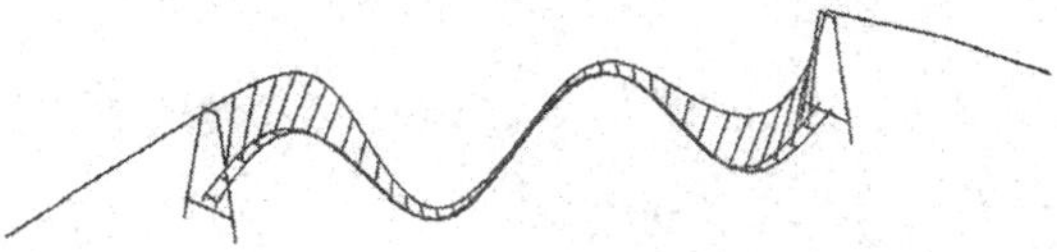
10	0.637 7	一阶反对称扭转	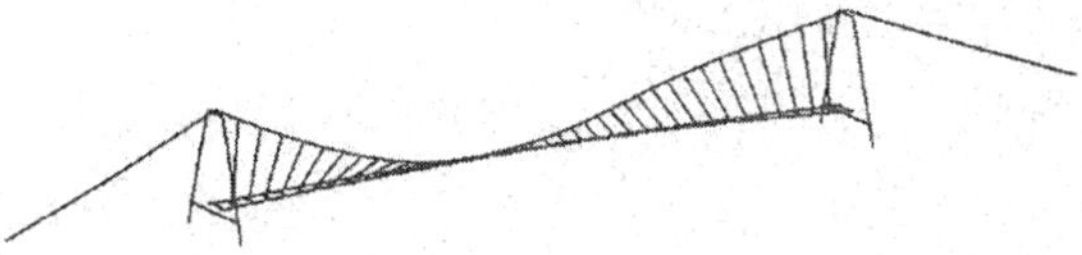
11	0.683 2	左侧边缆侧弯	——
12	0.688 6	左侧边缆竖弯	——

4. 颤振特定对比

悬索桥自振特性直接关系到桥梁的风致振动特性，对比分析两种桥梁模型的模态可以反映出它们的颤振特性。可以看出，两种桥梁模型的前 12 阶振型基本形同，频率有所差异，说明斜吊索的存在一定程度影响了结构的质量和刚度分布。由于主梁是承受风荷载的主要构件，并且桥梁发生颤振时主要是主梁发生弯扭破坏，所以主要对比分析悬索桥主梁振动特性，即主梁的侧弯、竖弯和扭转三种振型的振动频率，见表 12-12。

表 12-12　两模型主梁振动频率对比

振型		L-1-S	V-1-A	V-1-S	V-2-A	V-2-S	T-1-A	T-1-S
频率/Hz	无斜吊索	0.253 2	0.231 8	0.325 0	0.635 6	0.448 1	0.637 7	0.607 0
	有斜吊索	0.261 2	0.232 1	0.324 0	0.635 9	0.449 7	0.741 4	0.715 0
频率变化率		3.16%	0.13%	−0.31%	0.05%	0.36%	16.26%	17.79%

注：L—侧弯；V—竖弯；T—扭转；1—一阶；2—二阶；A—反对称；S—正对称。

由表可知，斜吊索对悬索桥竖弯振动的影响最小，四种竖弯振型中频率变化最大的为二阶正对称竖弯，但其频率也仅仅提高了 0.36%，影响可以忽略。侧弯频率对斜吊索的存在要敏感一些，有斜吊索悬索桥一阶正对称侧弯频率较无斜吊索悬索桥提高了 3.16%，表明交叉斜吊索可以提高单索面悬索桥的侧向刚度。斜吊索对悬索桥扭转振动频率的影响最大，有斜吊索悬索桥的一阶正对称扭转振动频率较无斜吊索悬索桥提高了 17.79%、一阶反对称扭转频率较无斜吊索悬索桥提高了 16.26%，表明交叉斜吊索可以有效提高桥梁的抗扭刚度。

5. 颤振临界风速对比

通过上述振动特性的对比，可以初步定性判定有斜吊索单索面悬索桥的颤振稳定性更好。为了定量对比有无斜吊索悬索桥在颤振稳定性方面的差距，基于《公路桥梁抗风设计规范》(JTG/T D60-01—2004)，对二者颤振的临界风速进行对比。

首先对这两座桥进行颤振稳定性检验确定两座桥的颤振稳定性指数所处范围，判断两座桥是否适用相同的颤振临界风速验算公式。

根据设计资料可知，该单索面悬索桥的基本风速为 $V_{10}=27.5\ \mathrm{m/s}$，主跨桥面高程 224.263 m，河流平均水位 204 m，风速高度变化修正系数 $K_1=1.277\ 8$，由 A 类地表类型取风速脉动修正系数 $\mu_f=1.24$。因此，可得桥梁的设计基准风速为

$$V_d=K_1\cdot V_{10}=1.227\ 8\times 27.5=35.139\ 5\ \mathrm{m/s} \tag{12-3}$$

两座桥选用相同的设计资料，所以颤振检验风速 $[V_{cr}]$ 相同，由下式计算为

$$[V_{cr}]=1.2\cdot\mu_f\cdot V_d=1.2\times 1.24\times 35.139\ 5=52.287\ 6\ \mathrm{m/s} \tag{12-4}$$

根据桥梁自振特性分析可知，有斜吊索的单索面悬索桥的扭转基频为 $f_{t1}=0.715\ 0\ \mathrm{Hz}$、竖弯基频为 $f_{b1}=0.232\ 1\ \mathrm{Hz}$，无斜吊索单索面悬索桥的扭转基频为 $f_{t0}=$

0.607 0 Hz、竖弯基频为 $f_{b0}=0.2318$ Hz，取桥面全宽 $B=23$ m，则可计算得到有斜吊索单索面悬索桥颤振稳定性指数 I_{f1} 和无斜吊索单索面悬索桥颤振稳定性指数 I_{f0} 分别为

$$I_{f1}=\frac{[V_{cr}]}{f_{t1}\cdot B}=\frac{52.2876}{0.7150\times 23}=3.1795,\quad I_{f0}=\frac{[V_{cr}]}{f_{t0}\cdot B}=\frac{52.2876}{0.6070\times 23}=3.7453 \tag{12-5}$$

根据颤振稳定性检验性分级 $2.5\leqslant I_{f1}\leqslant 4.0$、$2.5\leqslant I_{f0}\leqslant 4.0$，二者颤振稳定性指数处于相同检验级别内，因此二者可以使用相同的颤振临界风速计算公式。

根据规范，两座悬索桥的结构阻尼均取为 0.005。由于两座悬索桥的主梁完全一致，因此两座桥的形状修正系数、攻角效应折减系数的取值均相同。选取 Selberg 颤振临界风速计算公式对两座单索面悬索桥的颤振临界风速进行对比，悬索桥颤振临界风速 V_{cr} 为

$$V_{cr}=\eta_s\cdot\eta_\alpha\cdot 0.44B\omega_t\sqrt{\left(1-\frac{\omega_b^2}{\omega_t^2}\right)\frac{\sqrt{\bar{\nu}}}{\bar{\mu}}} \tag{12-6}$$

式中：η_s 为形状系数；η_α 为攻角系数；$\omega_t=2\pi f_t$ 为结构扭转固有圆频率；$\omega_b=2\pi f_b$ 为结构竖弯固有圆频率；$\bar{\nu}$ 为惯性半径有关的参数；$\bar{\mu}$ 为空气和桥面的密度比。

因此，有斜吊索单索面悬索桥和无斜吊索单索面悬索桥颤振临界风速比值为

$$\frac{V_{cr1}}{V_{cr0}}=\frac{0.44\eta_s\eta_\alpha B\omega_{t1}\sqrt{\left(1-\frac{\omega_{b1}^2}{\omega_{t1}^2}\right)\frac{\sqrt{\bar{\nu}}}{\bar{\mu}}}}{0.44\eta_s\eta_\alpha B\omega_{t0}\sqrt{\left(1-\frac{\omega_{b0}^2}{\omega_{t0}^2}\right)\frac{\sqrt{\bar{\nu}}}{\bar{\mu}}}}=\frac{f_{t1}\sqrt{\left(1-\frac{f_{b1}^2}{f_{t1}^2}\right)}}{f_{t0}\sqrt{\left(1-\frac{f_{b0}^2}{f_{t0}^2}\right)}}=1.2056 \tag{12-7}$$

可见，有斜吊索单索面悬索桥相对无斜吊索单索面悬索桥的颤振临界风速提高了 20.56%，说明交叉斜吊索有助于提高单索面悬索桥的颤振稳定性。单索面悬索桥依靠缆索体系和主梁来抵抗结构的扭转振动，本例的单索面悬索桥仅在中跨靠近左右桥塔位置设置了 9 对交叉斜吊索，如果斜吊索的布置数量和位置更加合理，则对提高单索面悬索桥颤振稳定性的作用将更加显著。

12.5　桥梁的人致振动

随着城市景观要求的提高、对桥梁美学的追求以及新型轻质高强材料的推广运用，现代人行桥向轻柔、大跨、低阻尼化发展，结构变得越来越复杂，人行桥的跨度也越来越大（已有不少人行桥的跨度超过 200 mm），致使桥梁的基频不断降低，在人行荷载的作用下，更容易发生行人和桥梁的共振现象，使得结构对人行荷载的影响越来越敏感，桥梁振动和行走舒适性问题日益突出。本节首先通过几个典型的人行桥人致振动案例说明人行桥人致振动的危害；之后，归纳总结国内外规范中的人行荷载模型；最后，以某大跨度人行

拱桥为例，利用 Midas 软件，分析其在人行荷载作用下的人致振动反应。

12.5.1 著名案例

1. 日本 T 桥

日本 T 桥(Toda Park Bridge)为户田公园的一座单塔双索面人行斜拉桥[11]，如图 12-37 所示，跨径布置为 45 m+134 m，共设 11 对斜拉索。主梁采用正交异性桥面板钢箱梁，单箱单室，箱宽 6.05 m，梁高 1.8 m。根据相关资料，此桥在垂直方向的一阶振动频率为 0.7 Hz，横桥向一阶振动频率为 0.9 Hz。

某次划船比赛后，大批观众在回程的时候涌上该桥(据估计，高峰的时候，有 2000 人同时在桥上)，导致桥梁发生大幅横向振动。在这次事件中，实测的桥梁横向加速度比预测结果大一个数量级。视频分析显示，多达 20%的人将他们的头部运动与桥的运动同步。这一观察结果被用于描述人-桥同步锁定现象：首先，行人的随机横向行走力引起一个小的横向运动，部分行人的行走与梁的运动同步；然后共振力作用在梁上，从而使梁的横向振动增加；继而引发更多的行人同步，进一步增加梁的横向振动。从这个意义上说，这种振动具有自我激励的性质。当然，由于人类的自我调整特性，振动幅值不会趋于无穷大，而是会达到稳定状态。为了改善上述现象，采取了两个措施控制桥的振动。第一个措施是在拉索平面中使用一根直径为 10 mm 的拉索连接到相邻的拉索，以控制拉索的振动。第二个措施是在主梁内部安装一个调谐的液体阻尼器，安装后的实际测量结果表明它具有良好的阻尼效果。

图 12-37 日本 T 桥

2. 英国伦敦千禧桥(The Millennium Bridge)

千禧桥位于伦敦市中心泰晤士河上，连接泰晤士河北岸的圣保罗教堂和南岸的伦敦新泰特艺术馆，该桥是自 1894 年伦敦塔桥建成以来伦敦第一座横跨泰晤士河的全新桥梁[12-14]，于 1999 年设计完成，结构形式为浅悬索桥，全长 332 mm，如图 12-38 所示。

图 12-38　伦敦千禧桥

2000 年 6 月 10 日，在大桥开放的当天，有 8 万到 10 万人聚集在一起准备通过大桥上，桥上人数最多达 2000 人。现场观测到了四种不同振动模式下的大振幅振动：南边跨发生频率为 0.8 Hz 的横向振动，中跨发生频率分别为 0.48 Hz 和 0.95 Hz 的横向振动，北边跨发生频率约为 1 Hz 的横向振动。在开放当天的主要观察结果之一是这座桥表现出了振动发散失稳：当有大量人群拥挤时，桥梁将大幅振动，但如果行人数量减少或停止行走，桥的振动会明显减少。2000 年 6 月 12 日，当地政府决定关闭这座桥，同时决定在桥上安装阻尼器改善桥梁的动力特性。改造后的千禧桥结构阻尼由原来的 0.4%提高到 20%，动力响应降低至原来的 1/40，改造花费 600 万英镑。

3. “晃过”的解百天桥

在国内，人行桥在高密度人群作用下所产生的振动问题时有报道，如坐落于杭州市延安路上的解百天桥，这是一座平面为“工”字形人行天桥，是当时华东地区最大跨度的钢箱梁结构城市天桥，建于 1993 年[15]，如图 12-39 所示。

天桥连接着龙翔桥一带的小商品市场和新华书店，距离环城西路和西湖也不过数百米，地处繁华中心，桥上客流不断。在近二十年时间里，尤其是 2000 年以后，每逢小长假，常有“解百天桥上行人拥挤”的图片见诸报端。2005 年，为确认天桥安全状况，有关部门对天桥做了全面的安全技术检测，检测历时 3 个夜晚。检测结果随后公布：天桥无恙。该桥梁晃动振幅过大并不是结构安全性不够，而是由于结构固有频率过低，在人群激励下发生共振而产生的。

图 12-39　杭州解百天桥

12.5.2　人行桥人致振动反应分析

本节以徐斌[16]在论文《大跨度人行拱桥人致振动控制及涡激振动研究》中对一座大跨度提篮式人行桥的研究为例，进行动力响应分析，说明人行荷载对人行桥动力性能的影响。

1. 工程背景

彩虹桥位于白山市，连接浑江两岸，是人们日常上班出行所需的重要建筑。该桥于1990年建成通车，桥梁总长186.34 m，桥跨纵向布置为31.56 m＋122.7 m＋32.08 m，主桥为(4.2＋1143＋4.2) m中承式吊杆拱桥，如图12-40所示。桥梁主跨采用提篮式无铰拱，拱肋拱顶浇筑在一起，拱肋间纵向由四道风撑并联在一起，净跨径为120 m，矢高24.072 m，矢跨比约为1/5。全桥共设21对吊杆和21根钢横梁，桥面全宽4.4 m，有效宽度4.0 m。

图 12-40　白山市彩虹桥

2. 数值仿真模型

利用有限元软件Midas civil建立桥梁空间三维模型进行结构动力分析。本次建模采用空间梁格模型，该桥拱圈采用绑扎劲性骨架后浇筑混凝土形成，故拱圈截面采用施工阶段联合截面模拟，联合截面分为 3 层：内层混凝、中层钢骨架和外层混凝土。施工阶段中骨架与混凝土分批次激活使结构受力模拟更加准确，桥面由钢梁和混凝土面板组成，也采用联合截面模拟，模型共 467 个节点，930 个单元，全桥模型如图 12-41 所示。

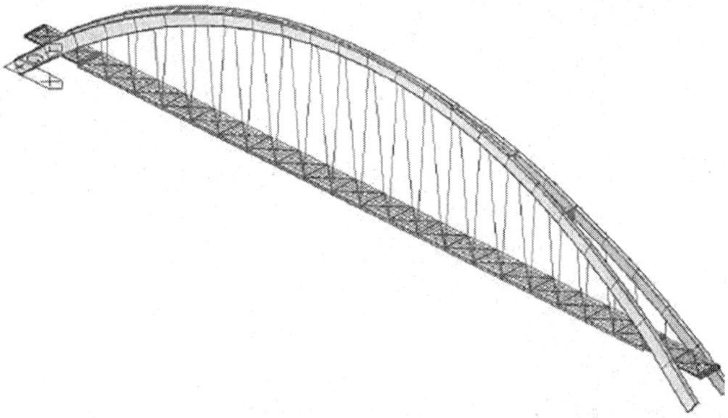

图 12-41　彩虹桥有限元模型

3. 桥梁自振特性分析

自振特性分析是动力学分析的前提，采用 Lanczos 法，利用 Midas civil 计算桥梁的模态，得到人行桥的前 10 阶频率和振型见表 12-13 所示。

表 12-13　人行桥的前 10 阶频率和振型

阶次	频率/Hz	振型图
1	0.71	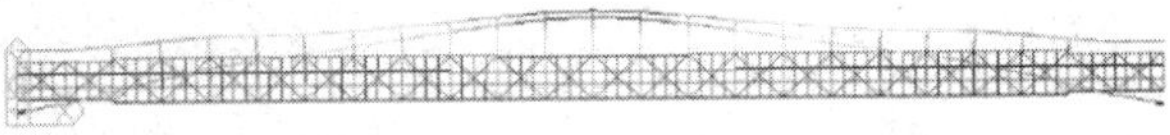
2	0.86	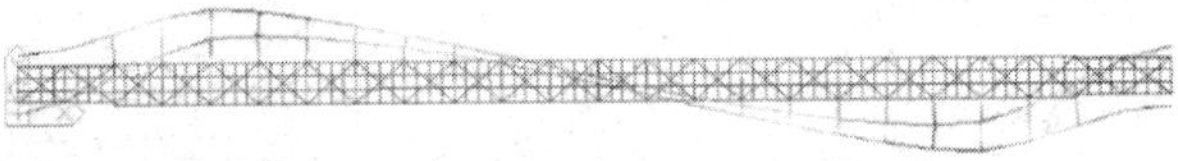
3	0.88	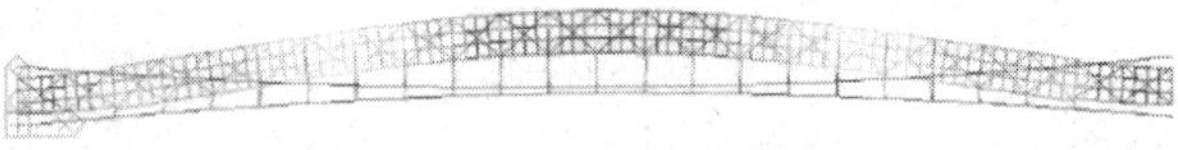
4	0.97	

续表

阶次	频率/Hz	振型图
5	1.06	
6	1.76	
7	2.00	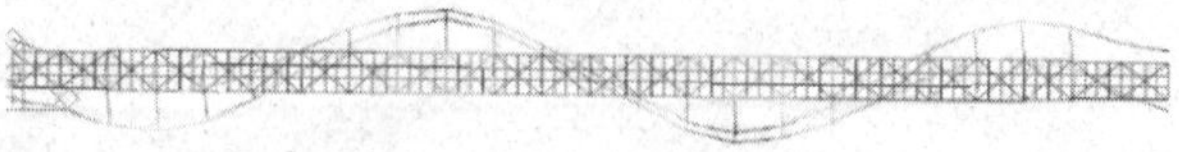
8	2.51	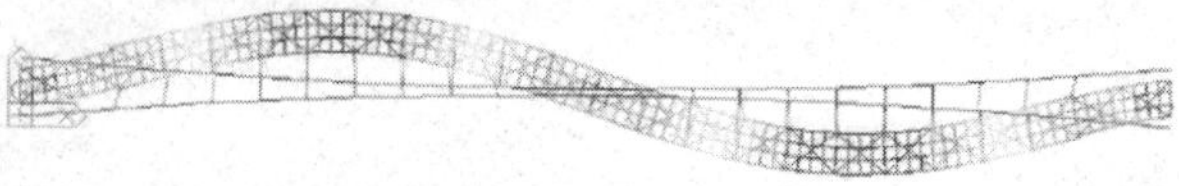
9	2.84	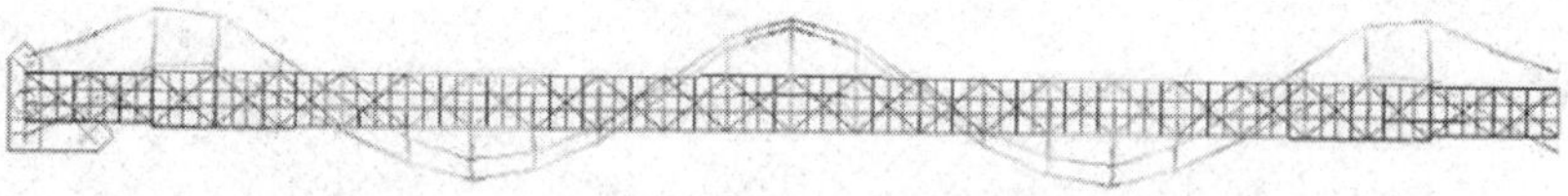
10	2.85	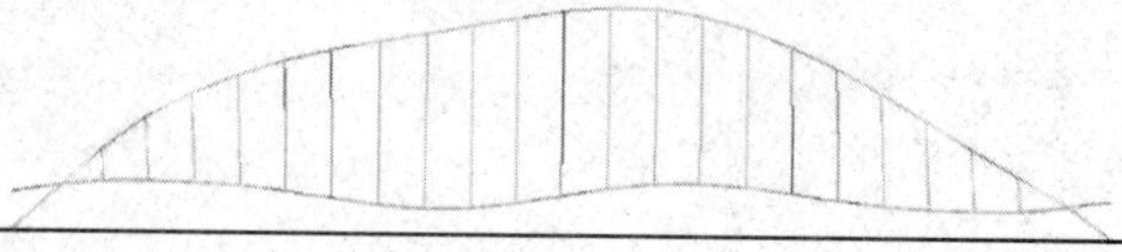

4. 人行荷载下桥梁动力响应分析

人行走会产生竖向、横向和纵向的周期激励，激励频率与桥梁自振频率相近时容易产生较大振动使人感觉不舒适，各国对桥梁的横向振动和竖向振动的舒适度均提出了响应要求。根据德国规范，竖向振动频率在 1.25～2.3 Hz 频率范围内的竖向模态、横向振动频率在 0.5～1.2 Hz 范围内的横向模态需要验算，因此，彩虹桥需要验算的竖向振动模态为第 6 阶模态、横向振动模态为第 3 阶模态，对应的振型见表 12-13。

1)竖向动力响应分析

(1)人行荷载模型

人致振动响应首先要确定人行荷载模型，人行荷载随机性很大，每个人的步行力都不相同，甚至同一个人的步行力在不同时间都会不同，再加上人群的相互影响和人与桥梁的相互作用，想要精确得到荷载模型是非常困难的，国内外规范中给出的人行荷载模型也各有不同。本例中采用德国规范 EN03 给出的谐波荷载模型，荷载模型确定后要按照最不利方式加载，即加载方向要与结构竖向振动方向一致。

行人步频按最不利情况取第 6 阶模态频率，相应的概率折减系数为 1.0，单人步行荷载的竖向力分量幅值取 280 N，行人密度按德国规范中最高交通级别取为 1.5 人/m^2，结构阻尼取 0.006。因此，对应的人行荷载模型为 $P=28.96\cos(3.52\pi t)$。

(2)人行荷载施加

利用 Midas 中的时程分析模块进行人行桥振动分析。将人行荷载以节点动力荷载的方式加载到桥面上，注意加载的方向要跟桥梁振型保持一致，这样会产生最不利效应，加载方式如图 12-42 所示。

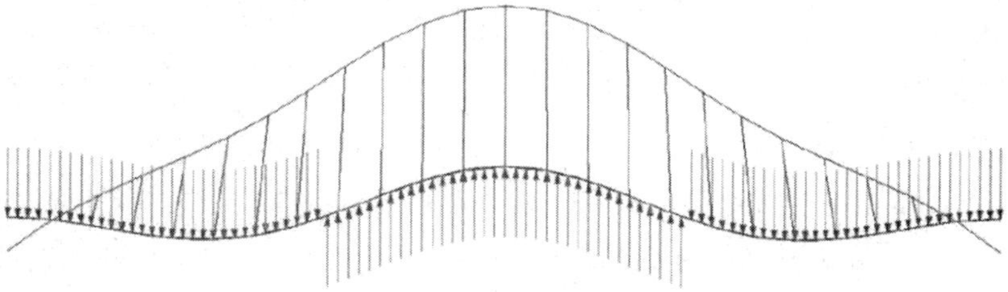

图 12-42　加载方式示意图

(3)结果分析

根据振型，桥梁振动位移最大值出现在 1/2 跨和 1/4 跨处，所以取 1/4 截面和 1/2 截面两处作为观测点，计算得到 1/4 跨处的竖向峰值加速度为 1.52 m/s^2、竖向位移值为 12.4 mm，1/2 跨处的竖向峰值加速度为 3.46 m/s^2、竖向位移值为 28.2 mm。

从结果可以看出，当行人密度处于德国规范中最高交通级别时，跨中处的竖向振动响应比较大，会给行人带来不适感。

2)横向动力响应

(1)人行荷载模型

行人步频按最不利情况取一阶横向模态频率，相应的概率折减系数为 1.0，单人步行荷载横向力分量幅值取 35 N，行人密度按德国规范中最高交通级别取为 1.5 人/m^2，取结构阻尼比为 0.006。因此，对应的人行荷载模型为 $P=3.62\cos(1.74\pi t)$。

(2)人行荷载施加

利用 Midas 中的时程分析模块进行人行桥振动分析，人行荷载的加载方式如图 12-43 所示。

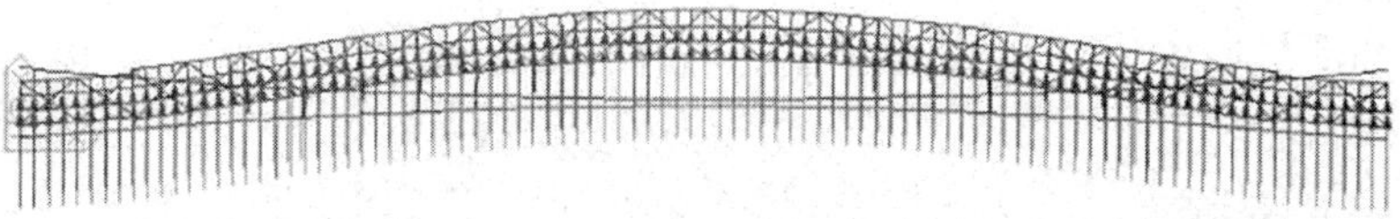

图 12-43　加载方式示意图

(3)结果分析

根据振型，桥梁振动位移最大值出现在跨中处，所以取跨中截面作为观测点，计算得到跨中处的横向峰值加速度为 1.15 m/s^2、横向位移值为 38.6 mm。

从结果可以看出，当行人密度处于德国规范中最高交通级别时，跨中处的横向振动响应比较大，会给行人带来不适感。

本章主要参考文献

[1]谭国金，孔庆雯，何昕，等．基于动力特性和改进粒子群优化算法的桥梁冲刷深度识别[J]．吉林大学学报(工学版)，2023，53(6)：1592-1600.

[2]朱鹏飞．桥梁结构抗爆防爆现状分析及对策研究[D]．成都：西南交通大学，2016.

[3]冯英骥．爆炸荷载作用下连续梁桥动力响应和破坏形式研究[D]．武汉：武汉理工大学，2019.

[4]XU Y L. Wind effects on cable-supported bridges[M]. Singapore：John Wiley & Sons，2013.

[5]SVENSSON H. Cable-stayed bridges：40 years of experience worldwide[M]. Germany：Ernst & Sohn，2012.

[6]程进，江见鲸，肖汝诚，等．风对桥梁结构稳定性的影响及其对策[J]．自然灾害学报，2002，11(1)：81-84.

[7]王勤傲．大跨度斜拉桥风致振动响应分析[D]．广东：华南理工大学，2018.

[8]Yozo Fujino，M. ASCE，Yoshitaka Yoshida. Wind-induced vibration and control of Trans-Tokyo Bay Crossing Bridge[J]. Journal of Structural Engineering，2002，128(8)：1012-1025.

[9]陈政清．桥梁风工程[M]．北京：人民交通出版社，2017.

[10]桑艳霞．单索面悬索桥颤振特性分析[D]．重庆：重庆交通大学，2019.

[11]贾布裕，陈扬文，颜全胜，等．人行桥人致横向振动研究综述[J]．土木工程学报，2023，56(12)：132-155.

[12]费梁．大跨径钢结构人行桥人致振动分析与控制[D]．南京：东南大学，2018.

[13]高道文．钢架结构人行桥人致振动分析与研究[D]．南京：东南大学，2020.

[14]陈鸿源．某异型人行桥人致振动试验与分析[D]．广东：华南理工大学，2016.

[15]王双旭．密集人群荷载作用下人行桥振动响应分析[D]．成都：西南交通大学，2020.

[16]徐斌．大跨度人行拱桥人致振动控制及涡激振动研究[D]．长春：吉林大学，2022.